SÉCULOS DE TRANSFORMAÇÕES

IAN MORTIMER

SÉCULOS DE TRANSFORMAÇÕES

Em mil anos de história, em qual século houve mais mudanças e qual a importância disso

Tradução
Milton Chaves de Almeida

1ª edição

Rio de Janeiro | 2018

Copyright © 2014 by Forrester Mortimer Ltd

Título original: *Centuries of Change: which century saw the most change and why it matters to us*

Capa: Elmo Rosa
Imagem de capa: *Dança da morte* / Lanmas / Alamy Stock Photo

Texto revisado segundo o novo
Acordo Ortográfico da Língua Portuguesa

2018
Impresso no Brasil
Printed in Brazil

CIP-BRASIL. CATALOGAÇÃO NA PUBLICAÇÃO
SINDICATO NACIONAL DOS EDITORES DE LIVROS, RJ

M863s

Mortimer, Ian, 1967-
Séculos de transformações: em mil anos de história, qual século passou por mais mudanças e qual a importância disso / Ian Mortimer; tradução de Milton Chaves de Almeida. – 1ª ed. – Rio de Janeiro: Difel, 2018.
il. ; 23 cm.

Tradução de: Centuries of change
Apêndice
Inclui bibliografia e índice
ISBN 978-85-7432-146-2

1. Civilização ocidental – História. I. Almeida, Milton Chaves de. II. Título.

18-47087

CDD: 900
CDU: 94

Todos os direitos reservados. Não é permitida a reprodução total ou parcial desta obra, por quaisquer meios, sem a prévia autorização por escrito da Editora.

Direitos exclusivos de publicação em língua portuguesa somente para o Brasil adquiridos pela:
DIFEL – selo editorial da
EDITORA BERTRAND BRASIL LTDA.
Rua Argentina, 171 – 2º andar – São Cristóvão
20921-380 – Rio de Janeiro – RJ
Tel.: (21) 2585-2000 – Fax: (21) 2585-2084

Atendimento e venda direta ao leitor:
mdireto@record.com.br ou (21) 2585-2002

Para os meus filhos
e todos os meus descendentes.
Sinto que este é o livro que nasci para escrever.
Isso não significa que este seja o livro que vocês
nasceram para ler,
mas talvez ele os ajude.

Sumário

Agradecimentos	11
Introdução	13

1001–1100
O Século XI — 23

O crescimento da Igreja do Ocidente	29
A Paz	35
O fim da escravidão	39
A engenharia estrutural	43
Conclusão	47
O principal agente de transformações	48

1101–1200
O Século XII — 51

O crescimento demográfico	53
A expansão da rede de mosteiros	57
O renascimento intelectual	61
A Medicina	67
O estado de direito	72
Conclusão	75
O principal agente de transformações	76

1201-1300
O Século XIII   79

O comércio   82
A educação formal   89
A prestação de contas   93
Responsabilidade   00
Os frades   98
As viagens   103
Conclusão   107
O principal agente de transformações   108

1301-1400
O Século XIV   111

A Peste Negra   113
As guerras de projéteis   121
O nacionalismo   126
As línguas vernáculas   132
Conclusão   136
O principal agente de transformações   137

1401-1500
O Século XV   139

A era das descobertas   141
A medição do tempo   149
O individualismo   152
O realismo e o naturalismo renascentistas   156
Conclusão   160
O principal agente de transformações   161

1501-1600
O Século XVI   163

Os livros impressos e o alfabetismo   166
A Reforma Protestante   174
As armas de fogo   180
A diminuição da violência individual   185

A criação dos impérios europeus	191
Conclusão	194
O principal agente de transformações	196

1601-1700
O Século XVII — 197

A Revolução Científica	201
A Revolução na Medicina	211
A Colonização do Mundo	215
O contrato social	220
A ascensão da classe média	223
Conclusão	226
O principal agente de transformações	228

1701-1800
O Século XVIII — 229

Os sistemas de transporte e de comunicação	231
A Revolução Agrícola	237
O liberalismo dos iluministas	242
A teoria econômica	249
A Revolução Industrial	256
A revolução política	262
Conclusão	268
O principal agente de transformações	269

1801-1900
O Século XIX — 271

O crescimento populacional e urbanização	273
Os sistemas de transporte	279
Os sistemas de comunicação	285
A saúde pública e o saneamento básico	290
O advento da fotografia	295
As reformas sociais	300
Conclusão	310
O principal agente de transformações	311

1901-2000
O Século XX   315

Os sistemas de transporte   318
As Guerras   327
A expectativa de vida   333
Os meios de comunicação de massa   336
O advento dos aparelhos eletroeletrônicos   340
A invenção do futuro   344
Conclusão   349
O principal agente de transformações   351

Conclusão: Qual século passou por mais mudanças?   353

A estabilidade e as mudanças   355
Uma escala de necessidades   357
As transformações sociais em relação à escala de necessidades 362
O fim da história?   381
O principal agente de transformações   387

Considerações Finais: Qual a importância disso   391

Anexo: Estimativas populacionais do passado   411
Notas   421
Créditos das Fotografias   443
Índice Remissivo   445

Agradecimentos

Primeiro, gostaria de agradecer a meu editor, Jörg Hensgen, por seu excelente trabalho na edição deste livro. Por sua paciência. E por seus conselhos sobre questões teológicas. Gostaria de agradecer também a meu agente literário, Jim Gill, e a meu editor de conteúdo, Stuart Williams, pelo incentivo e apoio.

Um muito obrigado especial a John e Anne Casson. Eles me contrataram para dar uma palestra por ocasião do 1.100º aniversário da diocese de Exeter, em 2009, o que me permitiu formular meu pensamento sobre a conclusão deste livro. Eles nos venderam também a antiga casa citada na conclusão do capítulo sobre o século XIII e em trechos posteriores. A casa não é apenas um valioso ponto de referência; é também intelectualmente instigante viver entre as paredes de uma edificação cujas provas físicas e documentais sobreviveram, pelo menos em parte, ao longo de oito dos dez séculos descritos nestas páginas.

Várias pessoas me auxiliaram durante a elaboração e conclusão deste estudo. Eu gostaria de agradecer especialmente ao professor Jonathan Barry, por seus comentários sobre o livro como um todo, ao Dr. Paul Dryburgh, por suas sugestões relacionadas aos capítulos sobre assuntos da Idade Média, ao Dr. Andrew Hinde, por suas recomendações no trato da questão do tamanho dos povos, e a Jonathan Camp, por suas observações sobre meus pontos de vista acerca de vários filósofos. Sou grato também a Martin Amis, por ter sugerido que eu versasse sobre os argumentos de Stephen Pinker relacionados com a diminuição da violência no século XVI.

Agradeço a minha mãe, Judy Mortimer, por suas observações sobre quanto os eletrodomésticos contribuíram para a elevação do padrão de vida de nossa família no século XX. Sou muito grato também a meus primos, Charles e Sarah Read, por terem permitido que eu ficasse hospedado com meus familiares em sua casa de veraneio em Suffolk, na qual tivemos apagões em várias ocasiões; cada um deles serviu para enriquecer a seção em que lido com a nossa dependência de energia elétrica.

Aproveito para agradecer também a todas as pessoas — numerosas demais para que eu possa citá-las aqui — que, ao longo dos anos, discutiram pacientemente comigo a questão das transformações de nossa civilização como um todo, expondo seus pontos de vista. Este livro não existiria se elas não tivessem se empolgado tanto com a ideia. Agradeço especialmente a uma vizinha próxima em Moretonhampstead, Maya Holmes, que foi a primeira a me contar sobre a relevância da fotografia conhecida como *Nascer da Terra*. Devo agradecer também a James Kidner, por mencionar a pesquisa do Instituto Gallup sobre a importância da religião ao redor do mundo; a Canon Bill Girard, por me ter apresentado alguns dos escritos do Papa Bento; ao Dr. Marc Morris, por suas sábias palavras acerca da invasão normanda e do processo de civilização dos ingleses; e a Nick Hasell, pela história dos fazendeiros aposentados que elegeram as galochas o agente de mudanças mais importante de suas vidas. Gostaria de agradecer também à jornalista de um telejornal da BBC que apresentou um resumo dos fatos mais ponderosos do século XX naquela noite do fim de dezembro de 1999 e que proferiu as palavras que inspiraram este livro.

Por fim, e acima de tudo, obrigado, Sophie.

Introdução

> A imprensa, a pólvora e a bússola — essas três mudaram por completo a face e o estado das coisas no mundo todo.
>
> Francis Bacon, *Novum Organum* (1620)

Certa noite perto do fim de 1999, eu estava em casa assistindo a um telejornal. Depois de ter apresentado as principais notícias do dia, a jornalista passou a apresentar o que, a princípio, achei que seria um resumo dos acontecimentos dos últimos doze meses, como é o costume nas noites do fim de dezembro. Naquele ano, porém, ela fez uma retrospectiva de todo o século XX. "Quando nos aproximamos do fim do século em que ocorreram *mais transformações do que em qualquer outro...*", começou. Captei aquelas palavras e comecei a refletir. Eu me perguntei: O que realmente sabemos a respeito de transformações? Como essa apresentadora pode ter tanta certeza de que sofremos mais transformações no século XX do que, digamos, no século XIX, quando as ferrovias mudaram o mundo? Ou do que no século XVI, quando Copérnico sugeriu que a Terra gira em torno do Sol e Lutero dividiu a Igreja Cristã? Logo vi a televisão preenchida por filmes em preto e branco, um cogumelo atômico, foguetes espaciais, carros e computadores. Para mim, estava claro que a afirmação da apresentadora de que o século XX fora um tempo de mais transformações do que qualquer outro se baseava na suposição de que "transformação" é sinônimo de desenvolvimento tecnológico — e que as inovações do século XX eram inigualáveis.

Nos anos transcorridos desde então, conversei sobre "transformações" com muitas pessoas. Quando perguntadas "Em que século ocorreram mais transformações?", quase todas concordam com a jornalista: no século XX, com certeza. Alguns riem da ideia de que eu poderia achar que tenha sido qualquer outro século. Geralmente, quando insisto que expliquem por que pensam assim, elas respondem citando uma ou mais de cinco conquistas ou invenções do século XX: o avião, a bomba atômica, a viagem à Lua, a internet e o telefone celular. Parece que acham que esses avanços contemporâneos tornam inferiores todas as realizações do passado e que, em comparação, as transformações em séculos anteriores ocorriam de forma quase imperceptível. Para mim, isso parece uma ilusão — a suposição de que as conquistas modernas representam as transformações mais significativas de todos os tempos e de que a pré-modernidade foi relativamente estática. Só porque um desenvolvimento alcançou o apogeu no século XX não significa que foi então que o mundo se transformou com uma rapidez jamais vista. Essa ilusão é reforçada pela nossa tendência instintiva de priorizar acontecimentos que vimos com nossos próprios olhos, pessoalmente ou pela televisão, em detrimento de acontecimentos que já não contam com testemunhas vivas.

Apenas uma minoria imediatamente considera eleger qualquer século que não o XX. Em geral, isso acontece porque essa minoria tem uma especialização profissional que as torna cientes das consequências de uma conquista tecnológica anterior — seja do estribo, do arado movido por tração animal, da prensa tipográfica ou do telégrafo. Não fui contando, mas seria uma estimativa razoável dizer que, quando propus a pergunta "Em qual século ocorreram mais transformações?", 95% das pessoas responderam que foi no século XX, em razão dos avanços tecnológicos, enquanto a maioria das restantes alega que ocorreram num século anterior, suscitadas por outra conquista tecnológica qualquer; e apenas pouquíssimas mencionaram um acontecimento não relacionado com tecnologia ocorrido numa época anterior ao ano de 1900, tal como a Renascença ou o movimento pelos Direitos das Mulheres. Se não me falha a memória, ninguém citou uma vez sequer um século anterior ao primeiro milênio, apesar de o século V ser um bom candidato, devido à derrocada do Império Romano do Ocidente.

Alguns me respondem com outra pergunta: "O que você quer dizer com *transformação*?" De início, parece uma resposta lógica. Mas é também intrigante. Afinal, todo mundo sabe o que é transformação — uma alteração de estado. No entanto, quando solicitadas a apontar o século em que ocorreu o maior número de transformações, as pessoas parecem perder a noção do significado da palavra. A longa experiência humana coletiva é grande demais para que consigamos compreender as miríades de transformações que ela abrange — considerados em conjunto, todos os diferentes fatores de mudança são incomensuráveis. Podemos calcular certas transformações específicas ao longo dos séculos — como o aumento da expectativa de vida, das taxas de natalidade, da longevidade, da estatura corporal, do consumo individual de calorias, da média salarial de trabalhadores — e, em relação a uma grande parte dos últimos mil anos, podemos quantificar coisas como frequência a igrejas, índices de violência, prosperidade relativa e níveis de instrução. Todavia, para medir quaisquer desses fatores com precisão, temos de isolá-los de todos os outros aspectos de nossas vidas. Não temos como medir diferenças nas formas de viver. Seria como tentar medir o amor.

Na verdade, medir essas diferenças é algo consideravelmente mais difícil do que medir o amor. Pelo menos o amor pode ser mensurado numa escala — por exemplo, entre considerar enviar um cartão no Dia dos Namorados até lançar ao mar mil navios para recuperar seu amado. Mas não há escalas para estilos de vida. Qualquer mudança quantificável que possa ser considerada a mais significativa poderia ser contraposta por outra transformação mensurável também. Por exemplo, com certeza o século XX foi a época em que houve o maior crescimento da expectativa de vida: ela aumentou em mais de sessenta por cento na maioria dos países europeus. Todavia, em contraste, poderíamos argumentar que homens e mulheres de séculos passados podiam alcançar os mesmos níveis de longevidade. Mesmo na Idade Média, alguns homens e mulheres viviam até 90 anos ou mais. Por exemplo: São Gilberto de Sempringham morreu em 1189, com 106 anos de idade; Sir John de Sully morreu com 105 em 1387. Hoje em dia, pouquíssimas pessoas conseguem viver tanto tempo assim. É verdade que, em números relativos, a Idade Média teve poucos octogenários — cinquenta por cento das crianças de colo não chegavam sequer à idade adulta, porém, no que se refere ao máximo tempo de vida efetivamente *possível*, houve pouca mudança no decorrer do milênio. Assim que as pessoas tentam achar um fato mensurável para responder à pergunta da "maior das transformações", outros fatos mensuráveis surgem para confundi-las. E por que elegem um deles e não outro qualquer? Como demonstrado pelo exemplo da expectativa de vida e do potencial de vida, a escolha é simplesmente uma questão de preferência pessoal.

Isso pode dar a impressão de que a pergunta não passa de mero jogo de adivinhação: objeto de curiosidade e prazerosa discussão, na forma de algo como "Quem foi o melhor rei da Inglaterra?". Mas o assunto é sério. Como tentei demonstrar em meus livros da série *Time Traveller's Guide* [*O guia para o viajante no tempo*], a compreensão das sociedades de diferentes épocas nos dá uma visão mais profunda da natureza humana do que as impressões relativamente superficiais que colhemos ao observar nosso estilo de vida atual. A história nos ajuda a ver toda a gama de nossas aptidões e inaptidões como espécie; não se trata apenas de uma visão nostálgica de hábitos antigos. Não temos como entender de fato o presente sem conhecermos o passado. É somente investigando os fatos do século XIV, por exemplo, que conseguimos ver quanto somos resistentes diante de adversidades tão catastróficas quanto a Peste Negra. Só quando estudamos acontecimentos como a Segunda Guerra Mundial, conseguimos ver como somos inovadores, altamente organizados e produtivos, quando confrontados por uma crise gigantesca. Da mesma forma, o exame da história dos governos do Ocidente dos últimos cem anos nos ensina quanto somos limitados e imediatistas em nossas democracias atuais, em que políticos cedem aos caprichos da sociedade e buscam soluções instantâneas para nossos problemas. Somente ditadores criam programas governamentais de mil anos. É a História que nos ensina quanto nossas próprias sociedades foram violentas, machistas e cruéis e como poderiam voltar a ser. Embora o estudo da História possa ter muitos objetivos, desde a compreensão de como o mundo moderno se desenvolveu até a análise de nossas preferências de entretenimento, o mais profundo e sério desses objetivos é o de revelar algo da natureza humana, em todos os seus extremos.

Este livro é uma resposta um tanto atrasada à pergunta aventada por aquela jornalista em dezembro de 1999. Contudo, devo dizer que, em minha tentativa de apontar o século em que houve mais transformações do que qualquer outro, estabeleci certos critérios. O primeiro deles consiste em minha decisão de manter a definição de "transformação" vaga e ambígua, de modo que eu consiga abarcar o maior número possível de potenciais candidatos dignos de análise em cada século. Somente na Conclusão tento diferenciá-los e classificá-los. O segundo é que examinarei apenas dez séculos: o milênio que modelou a realidade que vivemos no ano 2000. Isso não significa que renego a importância de períodos anteriores. É apenas para permitir que me concentre na cultura ocidental. Eu não queria que este livro se tornasse mais uma lista de "divisores de águas" da história mundial. O terceiro tem a ver com o fato de que o livro é sobre mudanças ocorridas dentro das fronteiras da cultura ocidental, que é, em grande parte, um produto dos países que constituíam a Cristandade na Idade Média. Somente amplio o estudo para um contexto maior nos séculos em que os próprios herdeiros da cultura latina falada e escrita estenderam seus domínios para além dos oceanos. Desse modo, neste livro, "o Ocidente" não é tratado como uma unidade geográfica, mas examinado como uma expansiva rede cultural, inicialmente concentrada nos reinos cristãos da Europa Medieval. Logicamente, não pretendo menosprezar as culturas medievais das regiões fora da Europa — esta é uma obra sobre transformações, não sobre supremacia. Se eu tivesse levado em conta o tratamento da pergunta em questão desde o aparecimento do *Homo sapiens* sobre a face do mundo, a África teria tido grande destaque neste estudo. Já se tivesse buscado respondê-la considerando os acontecimentos desde a última Era Glacial, o Oriente Médio teria figurado aqui de forma vasta e marcante. Caso eu quisesse apresentar um quadro dos altos e baixos da civilização humana, fatores como o uso de ferramentas, a descoberta do fogo, as invenções da roda e dos meios de navegação, bem como o desenvolvimento da linguagem e da religião, teriam todos sido levados em consideração. Mas essas são outras histórias, além dos objetivos deste livro.

Embora esta obra não se trate da história do mundo como um todo, também não é uma história abrangente de um conjunto de países ou de uma região. Muitos dos grandes acontecimentos da história das nações não figuram neste trabalho ou são mencionados apenas de passagem. Apesar de certas invasões terem exercido papéis significativos nas mudanças das nações — a conquista da Inglaterra pelos normandos, por exemplo, ou a chegada do comodoro americano Matthew Perry ao Porto de Tóquio em 1853 —, esses foram acontecimentos de consequências regionais. Geograficamente, certos fatores *podem* ter vasta influência na evolução histórica (como a Renascença Italiana e a Revolução Francesa, por exemplo), mas a maioria deles tem valor apenas secundário para a resposta à minha pergunta central. A unificação dos Estados alemães foi de pouca importância para, digamos, os portugueses, e a invasão da Inglaterra pelos normandos não teve nada de especialmente relevante para os sicilianos, que tinham sua própria invasão normanda para enfrentar. Da mesma forma, o surgimento da escravidão nos Estados Unidos e no Caribe aparece apenas em uma subseção do capítulo sobre o século XVII. Isso se dá porque o ressurgimento da escravidão ocorreu no que era então a periferia do mundo ocidental. Europeus do século XVII foram mais diretamente afetados pelo menos vultoso tráfico de escravos brancos, prática que vitimou centenas de milhares de pessoas da Europa Ocidental, sequestradas pelos chamados piratas barbarescos e vendidas como escravas no norte da África. Todavia, nem isso afetou tanto a cultura do Ocidente quanto as cinco grandes transformações escolhidas para compor esse capítulo. Com certeza, o ressurgimento da escravidão, tal como as batalhas entre nações, deveria constar em todo livro de história geral, mas esta obra não se destina a isso. Ela é apenas um compêndio de reflexões intelectuais sobre o desenvolvimento histórico do Ocidente com a finalidade de responder a uma pergunta específica.

Essa concentração de esforços na pergunta em questão significa, ademais, que a certos personagens e temas são dados menos destaque do que costumam ter em livros de história de uma forma geral. Amigos e colegas me perguntaram: "Como você pode ignorar Leonardo da Vinci?" e "Por que você deixou a música de fora?" É que, embora Leonardo da Vinci fosse mesmo um homem muito talentoso, suas especulações sobre questões tecnológicas não influenciaram a vida de quase ninguém durante sua existência. Pouquíssimas pessoas leram seus cadernos, e ninguém tentou construir ou montar suas invenções. Seu único importante legado foi na pintura, mas, sinceramente, não vejo onde meu estilo de vida poderia ser muito diferente do que é hoje se um ou outro pintor renascentista não tivesse existido. Se ninguém tivesse pintado quadros, a história seria outra, mas a influência de um único artista é relativamente pequena comparada com o impacto causado por, digamos, Lutero ou Copérnico. Quanto à música, é algo comum em todos os países e tem sido assim há mais de mil anos. Instrumentos, melodias e harmonias podem ter sofrido transformações na forma, e talvez haja quem argumente que a criação dos meios de gravação de música representa uma profunda transformação; contudo, a produção musical em si é uma das grandes constantes na vida do homem e é interessante mais por sua onipresença do que por sua capacidade de modificar nossa forma de viver.

Parece óbvio que as mudanças mais importantes são as que vão além das fronteiras nacionais, dos valores lúdicos e espirituais. As mais significativas são as que exerceram grande influência muito além das próprias esferas de atuação. O cientista que causa impacto *apenas* em outros cientistas é, no contexto deste livro, relativamente irrelevante; como também o historiador que influencia apenas nossas ideias sobre o passado ou o grande filósofo cujas ideias afetam apenas outros pensadores. Um amigo bem mais versado do que eu em filosofia achou estranho ler um livro que dedica tanta atenção a Voltaire e a Rousseau, mas não faz quase nenhuma menção a Hume e Kant, personalidades que ele considera muito mais importantes. Todavia, conforme ele mesmo não demorou a reconhecer, esta não é uma obra de história da filosofia. Acontece que as mensagens que Voltaire e Rousseau divulgaram tiveram um impacto direto no pensamento político do século XVIII. Kant é muito pouco citado ou comentado, pelo mesmo motivo que Mozart quase não figura neste livro: seu legado não teve nenhum efeito direto em nenhuma das principais mudanças dos últimos três séculos. Em 1789, os revolucionários parisienses não tomaram de assalto a Bastilha exigindo que a nobreza obedecesse ao "imperativo categórico" kantiano; seus líderes foram inspirados pelo contrato social de Rousseau.

Durante a composição deste livro, me deparei repetidas vezes com um problema espinhoso. Muitos dos mais importantes acontecimentos ou desdobramentos da cultura ocidental não se enquadram dentro das fronteiras temporais de somente um século. Portanto, deveríamos examinar o acontecimento em questão quando ele começou ou quando foi mais influente ou impactante? Devemos situar uma invenção quando ela foi criada ou quando se tornou conhecida e onipresente? Não existe resposta fácil para essas questões. Por um lado, parece óbvio que uma invenção não transforma o mundo senão quando passa a ser usada de forma generalizada, e por isso falo sobre o motor de combustão interna ao tratar do século XX, não do XIX. Por outro lado, se relatamos um desenvolvimento apenas quando passa a ser usado de maneira ampla, deixamos de considerar o impacto inicial. Antes do século XIX, a maioria dos ocidentais não sabia ler, mas seria um grave erro ignorar os avanços anteriores na educação, principalmente nos séculos XIII e XVI. Além do mais, se adiamos a descrição de alguns acontecimentos para a época em que se tornaram populares, corremos o risco de acumularmos ocorrências, criando a falsa impressão de um surto de transformações num século posterior e uma enganosa impressão de estagnação no anterior. Versar sobre a Revolução Industrial tratando-a como um fenômeno pertencente exclusivamente ao século XIX, por exemplo, seria menosprezar a noção de transformação industrial presente no século XVIII. Isso nos levaria também a ignorar a percepção que as pessoas têm das transformações tecnológicas que ocorrem ao seu redor, cujo início se deu numa época consideravelmente anterior àquela em que elas começaram a usar roupas feitas com máquinas. Por conta disso, fui um tanto flexível na elaboração da obra. Em resposta à afirmação da jornalista em 1999, julguei que é mais importante que os leitores entendam a ampla gama de transformações que ocorreram ao longo de muitos séculos, em vez de estabelecer algumas regras arbitrárias que resultem em uma interpretação equivocada do passado.

Em 2009, fui contratado para dar uma palestra no evento de comemoração do 1.100º aniversário da fundação da diocese de Exeter, no sudoeste da Inglaterra. Elegi como tema a questão central tratada neste livro: em qual dos últimos onze séculos ocorreram mais transformações? Na ocasião, senti que precisava não apenas ilustrar as várias mudanças que ocorreram desde 909 d.C., mas também chegar a alguma conclusão. Durante a preparação do texto para a palestra, constatei em meus estudos a existência de fenômenos recorrentes que me levaram a refletir que houve um transpasse de certos limites em algum ponto do período e que isso continuaria a afetar a humanidade para sempre. A conclusão do livro é o desenvolvimento dessa constatação. Acredito que, se a humanidade sobreviver por mais mil anos, a mudança que elegi a mais profunda de todas será considerada a ocasião mais significativa na evolução histórica da humanidade — tão importante quanto as antigas invenções ou descobertas que formaram nossa cultura: a da linguagem, da escrita, do fogo, da roda e da religião.

Meditando sobre a pergunta desde 2009 e percorrendo corredores repletos de altas estantes e salões de bibliotecas para aprofundar-me em pesquisas voltadas a este livro, senti-me psicologicamente esmagado pelo patrimônio de conhecimentos de nossa sociedade, principalmente a sua produção dos últimos sessenta anos. Numa dessas bibliotecas, certa vez, me senti paralisado pela sensação de que nunca seria capaz de saber o suficiente para escrever um livro como este de forma apropriada. Vários séculos me intimidavam, alteando-se diante de mim como sombras gigantescas. Encarei uma muralha de livros sobre as Cruzadas e me senti tão obscuro e insignificante quanto às pessoas trucidadas a golpes de espada nas ruas de Jerusalém em 1099. Entrei numa sala cheia de livros sobre a França do século XVIII e quase caí em desespero. Qualquer historiador que não sinta certo senso de humildade ao deparar-se com tanta informação está enganando a si mesmo, e toda pessoa que não se conscientize da própria incapacidade para escrever com autoridade sobre o passado da humanidade, nesta proporção, é um impostor. Logicamente, eu gostaria muito de saber *tudo*, de modo que pudesse dar a resposta mais completa e erudita possível à questão levantada, mas a mente humana só pode reter uma quantidade limitada de informações. No meu caso, tenho a vantagem de vir trabalhando na área da História inglesa desde a adolescência, inicialmente como amador, depois como estudante, arquivista e, por fim, como historiador e escritor profissional. Uma vez que é sobre a história da *Inglaterra* que venho pesquisando há trinta anos, existe uma inevitável desproporção nestas páginas, já que a maior parte das estatísticas que cito refere-se à Inglaterra, mas minha escolha das transformações não ficou limitada às que afetaram ou influenciaram esse país. Ao contrário, selecionei temas que afetaram ou influenciaram grande parte do Ocidente ou até o mundo ocidental como um todo, usando fatos e números relacionados com a Inglaterra quando ilustram os aspectos práticos de uma mudança relevante ou servem para evidenciar a verdadeira dimensão de certos acontecimentos. Isso me pareceu melhor do que ignorar o conhecimento acumulado em minha área de especialização para contrabalançar a desproporção geográfica.

É bem possível que você não concorde com minha escolha do século com o maior número de transformações. Talvez você permaneça desafiadoramente convicto de que nenhuma das guerras, crises de fome, pragas e revoluções sociais do passado sejam tão importantes quanto usar um telefone celular ou fazer compras de mercado pela internet. Não importa. O objetivo deste livro é provocar uma discussão sobre o que somos e o que fizemos no transcurso de mil anos, bem como sabermos o que somos capazes de fazer e o que está além de nossa capacidade de realização, de modo que consigamos avaliar o que nossas extraordinárias experiências ao longo dos últimos dez séculos significam para a raça humana. Se mais algumas pessoas resolverem discutir questões como essas e, dessa forma, compreenderem algo a respeito da evolução da natureza humana ao longo dessa larga faixa de tempo e concebam maneiras de aplicar essa descoberta no futuro, o livro terá alcançado a sua finalidade.

Ian Mortimer
Moretonhampstead, Devon
Julho de 2014

1001–1100

O Século XI

Escrevo estas linhas no piso superior de uma casa de três andares na pequena cidade de Moretonhampstead — chamada também de "Moreton" pela maioria das pessoas daqui —, situada no extremo leste de Dartmoor, no condado de Devon, na região sudoeste da Inglaterra. No século XI, ela era conhecida também por esse mesmo nome, Moreton — "o povoado no brejo". Contudo, o nome e o leito de granito sobre o qual foi construída são praticamente as únicas coisas do lugar que não mudaram desde então. Mil anos atrás, não havia casas de três andares aqui, tampouco de dois. As cerca de doze famílias que viviam na área moravam em casebres retangulares de pedra e terra. O único cômodo da casa era aquecido por uma lareira central, da qual a fumaça subia na direção das vigas enegrecidas. Com seus telhados cobertos de sapê de samambaia-de-metro ou palha, essas casas eram baixas e embutidas nas encostas das colinas para se evitar o clima frio e úmido do brejo. Os habitantes tinham uma vida difícil, alimentando-se principalmente de verduras, queijo e cereais de grãos resistentes que conseguiam cultivar no solo ácido, como centeio, aveia e ervilhacas. Ninguém sabia ler ou escrever; não havia padres aqui, tampouco uma igreja. É possível que, na casa pertencente ao bailio do rei, houvesse uma fonte de granito grosseiramente talhado e uma cruz, diante da qual um pregador itinerante parava para apregoar passagens do Novo Testamento, mas nada além disso. Embora se saiba da existência de cerca de vinte comunidades religiosas em Devon na época, os edifícios religiosos mais próximos eram a modesta catedral do bispo de Crediton, localidade situada a uns vinte quilômetros ao norte, e um pequeno mosteiro em Exeter, a vinte quilômetros ao leste. Nenhuma das duas, porém, passava de uma pequena capela frequentada por um punhado de padres. Assim como no caso de uma festa religiosa, a visita de um homem santo a Moreton teria sido um acontecimento raro.

As diferenças entre os estilos de vida daquela época e os de agora se acentuam ainda mais quando começamos a examinar as coisas às quais não damos muito valor. Por exemplo, quase tudo que possuo foi comprado em dado momento de minha vida, quer por mim mesmo, meus amigos ou meus familiares. Por outro lado, meu antepassado habitante de Moreton no ano 1001 talvez nunca tenha lidado com dinheiro na vida. Dinheiro *existia*, na forma de moedas de prata — o rei Etelredo de Wessex, o Despreparado, mandou cunhar um número considerável para pagar aos invasores dinamarqueses —, mas, para um chefe de família morador de Moreton em 1001, havia pouca coisa para comprar: ele mesmo tinha que fabricar a maior parte das coisas de que precisava. Se quisesse uma tigela, teria que entalhá-la de um pedaço de madeira. Se precisasse de uma capa, tinha que obter lã de ovelhas locais, transformar a lã em fios, tecer os fios num tecido e, por fim, costurar o tecido. Caso quisesse tingir sua nova capa, ele tinha que preparar as cores usando corantes naturais obtidos de plantas, tais como a pastel-dos-tintureiros (azul) ou a ruiva-dos-tintureiros (vermelha). Se porventura tivesse que pagar por alguma dessas coisas, ele o faria através de escambo: provavelmente ofereceria animais, peles, carne ou ovos — ou aquela tigela que ele entalhara com tanto esforço. Havia simplesmente muito pouca necessidade de dinheiro vivo: a maioria dos chefes de família precisava dele apenas para pagar ao senhorio ou adquirir algo como um caldeirão, uma faca ou um machado que não pudesse ser fabricado localmente. Como consequência dessa escassez de moeda corrente na região, até hoje não se achou quase nenhuma reserva oculta de moedas de prata desse período no Sudoeste da Inglaterra. A produção de moedas na Europa como um todo era muito pequena, mas, em Devon, era praticamente inexistente.[1]

O único lugar em que você precisaria de moedas de prata seria uma cidade-mercado. Contudo, no início do século XI, existiam apenas quatro lugares como esse na região de Devon inteira: Exeter (a vinte quilômetros de distância), Totnes (a trinta e cinco quilômetros), Lydford (situada do outro lado de um pântano intransitável e lamacento) e Barnstaple (a sessenta e um quilômetros). E mesmo percorrer a distância relativamente pequena até Exeter, a mais próxima dessas cidades, teria sido difícil. Era perigoso para um homem transitar sozinho por trilhas na floresta, pois corria o risco de ser atacado por ladrões ou até por lobos, que ainda circulavam à vontade pelos bosques da Inglaterra. As trilhas eram esburacadas, e seria necessário cruzar o rio Teign, cuja correnteza, no inverno, podia derrubar uma pessoa. Era arriscado também abandonar sua propriedade e deixar sua família sem proteção, já que podia ser atacada por bandidos. Como consequência disso, em 1001, pessoas comuns não faziam longas viagens. As estruturas sociais que demandariam que seus descendentes percorressem longas distâncias — as cortes de justiça, o Parlamento, feiras e redes de ordens religiosas — quase não existiam. As pessoas que viviam neste longínquo recanto do Mundo Cristão preferiam continuar no convívio de sua própria gente, onde se sentiam seguras: vizinhos e parentes eram as únicas pessoas com as quais podiam contar para proteger a si próprias e a suas famílias, fazer trocas comerciais justas e ajudá-las em épocas de fome.

Desse modo, começamos a esflorar aqui as reais diferenças entre meu estilo de vida e o de meus antepassados de Moretonhampstead. Como se vê, em 1001, a raça humana não apenas era analfabeta, supersticiosa, ignorante das coisas do mundo exterior e desprovida de orientação espiritual; ela enfrentava constantes adversidades e perigos. Fome e privações estavam em toda parte. A sociedade era violenta, e, para se proteger, você tinha que combater força com força. Além dos ladrões e assassinos conterrâneos, os vikings haviam atacado a Inglaterra intermitentemente nos dois séculos anteriores. Em 997, eles incendiaram a pequena cidade-mercado de Lydford, situada na banda noroeste de Dartmoor, e destruíram a abadia de Tavistock, localizada a sudoeste. Em 1001, retornaram a Devon e atacaram e incendiaram Exeter, antes de seguirem para o leste (para sorte de Moreton) e destruírem os povoados de Broadclyst e Pinhoe. Contudo, não havia nenhuma garantia de que não voltariam no ano seguinte, navegariam rio Exe acima para alcançar Exeter e depois se aventurariam pelas bandas do Oeste. O rei Etelredo não teria conseguido arrastar seu exército pelo que restava das estradas romanas até Devon e atravessar as trilhas florestais até Moreton com rapidez suficiente para salvar os aldeões desses ataques, mesmo se quisesse. Assim, se os vikings voltassem, tudo que os aldeões poderiam fazer era pegar suas crianças, fugir e esconder-se nos pântanos desolados ou nos bosques.

Essa descrição representa bem a realidade das outras regiões da Cristandade? Como é de imaginar, havia diferenças significativas até com relação a outras partes da Inglaterra. Se você percorresse vinte quilômetros pelas colinas, partindo de Moreton para Crediton, acabaria se deparando com uma mansão senhorial com muito mais moradores, onde o bispo de Devon era o suserano. Nessa casa, toparia até com alguns livros manuscritos: um sobre os primeiros mártires cristãos e uma enciclopédia compilada pelo erudito francês do século IX Rábano Mauro. Se você partisse de Crediton e seguisse viagem para Exeter, encontraria lá mercadores e padres vivendo entre as muralhas erguidas pelos antigos romanos. No centro da cidade, existia um mercado, mas ainda assim você ficaria surpreso com o aspecto agrário do lugar, o qual servia de moradia e abrigo para menos de mil almas. Winchester, a capital da Inglaterra então, tinha uma população de cerca de seis mil pessoas. Londres, local da maior comunidade urbana do reino então, tinha mais de dez mil habitantes, muitos dos quais residiam em Lundenwic, ou Aldwych, a área portuária a oeste da cidade. Nos condados da região sudeste, havia mais pessoas, mais igrejas e, por isso, mais padres do que em Devon. Lá, usavam-se moedas com mais regularidade, e feiras eram mais comuns. Kent, por exemplo, tinha dez burgos ou cidades com uma feira (três e meio para cada quinhentas milhas quadradas, ou quase mil e trezentos quilômetros quadrados, em comparação com 0,8 de Devon), com um número de viagens entre áreas próximas proporcionalmente maior também. E seus habitantes chegavam até a fazer viagens de longas distâncias: em regulamentações londrinas de exploração de pedágio, vemos referências a comerciantes chegando da Normandia. Todavia, embora os ataques dos vikings não tenham extinguido totalmente o comércio internacional, a ameaça representada por eles era universal. Assim como o medo da violência.

Avançando mais pelos campos, você teria achado variações ainda maiores. Diferenças em matéria de prosperidade econômica e sofisticação urbana seriam vistas em toda a Europa. Com relação à religião, em 1001, a Cristandade estava prestes a alcançar sua feição pan-europeia. O País de Gales, a Escócia e a Irlanda eram países cristãos independentes, mas assolados por violentas divisões internas, ainda mais acentuadas do que aquelas que existiam na Inglaterra. A Escandinávia estava apenas parcialmente convertida ao Cristianismo, com regiões da Noruega resistindo à conversão. No leste da Europa, o reino da Polônia havia se tornado cristão em 966. O reino da Lituânia continuou pagão, assim como os eslavos, mas o reino de Kiev — governado pelo povo rus, os vikings que deram seu nome à Rússia

— tinha começado a abraçar o Cristianismo em 988. Os magiares viviam no território que hoje é a Hungria. Um século antes, eles tinham se lançado para o oeste da Europa, avançando pelos domínios do Sacro Império Romano-Germânico e chegando ao Reino da Borgonha e à França, onde prosseguiram com suas incursões até 955. Em 1001, eles também se achavam em processo de conversão para o Cristianismo, graças ao recém-coroado Estêvão I, que tinha derrotado seu tio pagão. No norte da Espanha, os reinos cristãos de Leão (incluindo Castela) e Navarra (do qual Aragão fazia parte) e o condado independente de Barcelona tinham iniciado o movimento da Reconquista: a luta para recuperar o território formado hoje por Espanha e Portugal das mãos do califado de Córdoba, que duraria até o fim do século XV. Portanto, a partir de seu núcleo, a Cristandade se expandia rapidamente para o norte, o leste e o sul da Europa — mas não sem violar diariamente o mandamento "não matarás".

O núcleo era dominado pelo Sacro Império Romano, que se estendia do litoral norte da Alemanha até Roma, ao sul, e incluía a Áustria, o norte da Itália e a Lotaríngia (reino formado pelos Países Baixos, leste da França e Renânia). O império era governado pelo Sacro Imperador Romano-Germânico, muitas vezes o soberano de um dos numerosos ducados, marquesados, condados ou reinos que o constituíam. Contudo, em sua função de imperador, ele era um soberano espiritual eleito, escolhido por um colégio de arcebispos e senhores feudais seculares. O vizinho do império a oeste, o reino cristão da França, era governado pela dinastia recém-estabelecida de Hugo Capeto, mas tinha apenas a metade do tamanho da França moderna. A sudeste, ficava o independente reino cristão da Borgonha, cujos domínios se estendiam da Auxerre à Suíça e chegavam ao litoral mediterrânico da Provença.

Era nos reinos do Mediterrâneo que a rotina diária apresentava características mais diferentes da vida na Inglaterra. Córdoba era uma das cidades mais ricas e sofisticadas do mundo, com níveis de comércio e instrução que superavam tudo que havia de semelhante na Cristandade; seu número de habitantes talvez chegasse a meio milhão de pessoas. A arquitetura achava-se num patamar de desenvolvimento realmente esplêndido — como prova a Grande Mesquita, que existe até hoje. Segundo consta, a biblioteca do califa abrigava mais de quatrocentos mil livros. Na Itália, as pessoas viviam em cidades mais ou menos semelhantes às da época do Império Romano. Seu território era a sede das maiores comunidades mercantis do Mundo Cristão ocidental: Pavia, Milão e Amalfi tinham talvez, cada uma, entre doze mil e quinze mil habitantes, com os estados marítimo-mercantis de Veneza, Pisa e Gênova vindo logo atrás.

A única parte da Cristandade tão rica e sofisticada quanto o califado de Córdoba era o Império Bizantino, principalmente sua capital, Constantinopla, que se achava no auge da prosperidade no século XI. Embora estimativas variem muito, é possível que sua população girasse em torno de quatrocentos mil habitantes. Ele tinha, ademais, um ordenamento jurídico muito desenvolvido, relações comerciais com todo o Oriente Médio e uma riqueza de fazer cair o queixo. Em 1001, a partir do Grande Palácio, Basílio II comandava uma região que abrangia todo o litoral nordeste do Mediterrâneo, incluindo o sul da Itália, a maior parte dos Bálcãs, a Grécia e a Anatólia (a atual Turquia), e que se estendia até nada menos que a fronteira com a Palestina. Ele governava também as ilhas gregas, Chipre, Creta e parte do litoral norte do Mar Negro. Perto do Grande Palácio ficava a Basílica de Santa Sofia. Com sua enorme cúpula, de quase cinquenta e seis metros de altura, era de longe o maior edifício construído pela Cristandade. Obras de arte tinham sido levadas para lá de todas as partes do mundo antigo por Constantino, o imperador romano do século IV, e postas ali para enfeitar a cidade que ele transformara em sua capital. Antigas esculturas de bronze gregas ficavam expostas próximo aos obeliscos do Antigo Egito. Em 1001, Roma, a capital original do império, era insignificante em comparação: suas muralhas cercavam uma área que tinha apenas a metade do tamanho de Constantinopla, suas obras de arte haviam sido derruídas ou roubadas, e agora gado e ovelhas pastavam entre as ruínas das colinas da famosa cidade. Quanto ao restante do Mundo Cristão, os refinados bizantinos o consideravam uma terra de bárbaros.

Em vista dessas diferenças extremas — que vão desde um punhado de fazendeiros autossuficientes, lutando para sobreviver em suas casas com paredes de barro nas úmidas colinas de Moreton, ao brilho dourado da Córdoba muçulmana e à enorme riqueza da Constantinopla cristã —, pode parecer impossível identificar acontecimentos que tenham modificado o mundo ocidental como um todo. No entanto, apesar de tudo que os separavam, eles tinham mais coisas em comum do que os contemporâneos imaginariam. Quando, em 1043, por exemplo, o bispo de Barcelona quis comprar dois livros raros de um judeu, ele não pagou com moedas de prata, mas com uma casa e um lote de terra, demonstrando assim que até os prósperos e instruídos cidadãos da região mediterrânica podiam optar por fazer compras sem usar dinheiro.[2] Se uma onda de fome atingisse a Europa, todos sofriam incluindo os bizantinos, que enfrentavam problemas de preços altos e diminuição do comércio. Se uma doença qualquer se espalhasse por alguma parte do Mundo Cristão, matava ricos e pobres. E ninguém, em lugar nenhum, conseguia manter-se livre de atos de violência na época. A Inglaterra foi conquistada pelo duque Guilherme da Normandia em 1066, e foi outro normando, Roberto Guiscardo, que ocupou as possessões do Império Bizantino no sul da Itália, em 1060-68. Confirmando o ditado de que "aquele que mais tem é o que mais tem a perder", o imperador bizantino, Romano Diógenes, foi capturado na Batalha de Manziquerta em 1071, e, como resultado dessa derrota, a Anatólia caiu nas mãos dos turcos seljúcidas. Enquanto ainda estava no cativeiro, um golpe de Estado em Constantinopla o tirou do poder. Algum tempo depois, seus inimigos o cegaram, e ele morreu num mosteiro, por conta da infecção dos ferimentos. Francamente, ele estaria muito mais seguro em Moreton.

O crescimento da Igreja no Ocidente

Ninguém duvida de que a maioria dos estudiosos apontaria a ascensão da Igreja Católica Apostólica Romana como a maior transformação ocorrida no século XI. Isso se deu, pelo menos em parte, em consequência do fato de os Estados situados na periferia da Cristandade terem se voltado para a Igreja de Roma. Essa expansão geográfica sustentou a ascensão do papado como potência pan-europeia, tornando-a uma instituição com influência política e autoridade moral de vasto alcance. Também levou a um aumento do poder da Igreja de uma forma geral e, assim, provocou também uma série de mudanças que afetaram a sociedade como um todo. Sem esse crescimento, a Idade Média não teria seguido os caminhos que trilhou.

Entre 955 e 1100, a Cristandade ocidental dobrou de tamanho. Não foi, porém, uma transformação instantânea: muitos lugares resistiram durante décadas em aceitar a fé cristã, mas, ao longo desse período, quase toda a Europa ocidental passou a viver e adorar a Deus aos pés da cruz. As razões disso são complexas; sem dúvida, o zelo missionário teve sua parcela de contribuição, mas um fator mais importante foi o desejo dos governantes de trazer a estabilidade para seus domínios na luta contra vizinhos agressivos ou de ampliar sua autoridade pela conquista de novas terras. Para fazer essas coisas, eles precisavam de alianças, e a Igreja Católica lhes forneceu a estrutura moral em cujo âmbito poderiam estabelecer laços de confiança. E, à medida que outros príncipes foram abraçando a fé católica, a Igreja se tornou cada vez mais poderosa e atraente — num efeito bola de neve —, tornando as religiões pagãs locais insignificantes. Além do mais, os governantes viam vantagens em adotar uma religião que era, no fundo, uma espécie de ditadura. A Igreja Católica fortalecia a autoridade monárquica e, com sua filosofia de hierarquia eclesiástica, o ajudava a levar estabilidade a seu reino e a controlá-lo.

Por outro lado, naturalmente esse rápido crescimento do patrimônio da Igreja aumentou o poder político do papa, apesar de intensificar também sua rivalidade com o patriarca de Constantinopla. Pelo menos nominalmente, o papa, como sucessor do primeiro bispo de Roma, São Pedro, era superior ao rival bizantino, mas isso era raramente mencionado categoricamente e, desse modo, ficava suscetível a contestação. Numa tentativa de resolver a questão, em 1054, o Papa Leão IX enviou uma delegação a Constantinopla, com a incumbência de solicitar ao patriarca, Miguel Cerulário, que reconhecesse a supremacia do pontífice romano. Com isso, o frágil equilíbrio do passado foi abalado — e Cerulário também. Ele negou categoricamente que a Igreja Romana tinha autoridade sobre o Império Bizantino. Os delegados de Roma o excomungaram, e Cerulário reagiu excomungando-os também. Dali em diante, as Igrejas Católica Romana e Ortodoxa Grega passaram a trilhar caminhos diferentes. Por isso, 1054 é visto como um ano de grande importância na história da Igreja. Na prática, foi apenas um reconhecimento formal de uma cisão que vinha aumentando fazia séculos. Contudo, algo muito significativo para o papa foi que, pouco depois, o patriarca ficou em desvantagem nessa disputa, logo após a derrocada da autoridade bizantina na Itália, na década de 1060, e a perda da Anatólia, em 1071.

O crescente poder do papa o pôs também em situação de grande conflito com o Sacro Imperador Romano-Germânico. Em 1001, não existia ainda nenhum mecanismo oficial para a indicação de um novo papa. Às vezes, eram as famílias nobres de Roma que o escolhiam; doutras vezes, elas aceitavam a indicação feita pelo Sacro Imperador. Este se reservava o direito de designar o homem que ele considerava mais apto para ocupar o cargo, quer isso implicasse uma indicação direta por parte dele, quer providenciasse a escolha por meio de uma eleição fraudada. Por isso, os conflitos eram frequentes, com ocasionais deposições de papas pelo imperador e sua substituição por um bajulador do soberano. Em 1046, quando Henrique III tornou-se rei dos germanos e foi a Roma para ser sagrado imperador, encontrou três papas reivindicando ao mesmo tempo o título de pontífice. Havia Bento IX, que tinha vendido seu título papal, mas depois se recusara a abrir mão dele; Gregório VI, o homem que comprara o título; e Silvestre III, o candidato escolhido pelos seculares poderosos locais. Não querendo que seu título imperial ficasse manchado pela dúvida, Henrique III convocou o Concílio de Sutri, no qual os três papas foram depostos; em seguida, o imperador designou como pontífice seu próprio confessor, Clemente II. Mas logo o problema da indicação de papas voltou à cena. Em 1058, dois papas rivais, Bento X e Nicolau II, iniciaram uma guerra entre si. No ano seguinte, Nicolau II venceu a contenda e promulgou a bula papal *In nomine Domini*, que estabeleceu a norma de que todos os futuros papas fossem eleitos pelo Colégio dos Cardeais, em votação secreta, sem a intervenção do Sacro Imperador Romano-Germânico.

In nomine Domini foi apenas a primeira de uma série de reformas promulgadas pelos cardeais da Igreja, o mais eminente dos quais foi Hildebrando, que depois se tornaria o Papa Gregório VII. Essas reformas tendiam a inserir os padres em uma categoria separada de todos os outros homens. Os membros do clero católico — dos padres paroquiais aos bispos — estavam agora proibidos de se casar. Passou-se a exigir que ostentassem a aparência de sacerdotes latinos — cabeça tonsurada e barba feita — e que se expressassem como tais, usando apenas o latim em seus serviços religiosos. Foram proibidos de comprar ou vender cargos eclesiásticos, prática conhecida como simonia, além de removidos da jurisdição de tribunais seculares, e passaram a ser julgados pelo tribunal eclesiástico do bispo sob cuja autoridade serviam, tribunal em que não podiam ser condenados à morte. Porém, o mais importante foi que as reformas proscreviam a investidura de clérigos por parte de laicos. Isso quer dizer que, na prática, nenhum senhor feudal poderia nomear alguém para ocupar cargo eclesiástico; os prelados, incluindo os bispos e arcediagos de toda a Cristandade, tinham que ser nomeados pelo papa. Gregório VII chegou a fazer valer sua autoridade sobre o Sacro Imperador Romano-Germânico: ele excomungou Henrique IV duas vezes e, em certa ocasião, obrigou-o a atravessar a pé e descalço os Alpes usando uma camisa de cilício, indo até Canossa para implorar-lhe perdão. Embora as reformas tenham levado tempo para entrar em vigor — muitos resistiram à proibição de os clérigos se casarem, e alguns governantes se recusaram a abrir mão do direito de nomear dignitários eclesiásticos —, o impacto causado foi enorme. Em 1100, a Igreja havia se tornado uma organização política e religiosa independente, cuja autoridade abrangia todos os reinos, que iam da Normandia à Sicília e da Islândia à Polônia, e exercia variados níveis de influência sobre aquilo que os povos estavam começando a chamar de "o Mundo Latino".

O crescimento do poder papal foi acompanhado pelo fortalecimento da autoridade da Igreja para o povo. Padres foram investidos na condição de agentes eclesiásticos permanentes no âmago das comunidades sociais. Centros de convergência religiosa — os quais, tal como vimos em Moreton, em 1001 não passavam de simples cruzes usadas como pontos de pregações públicas e pias batismais em mansões senhoriais — foram sendo progressivamente transformados em igrejas, no verdadeiro sentido da palavra, sustentadas pelas comunidades que desejavam prestar culto ali. Já vimos que, na alvorada do século XI, o bispo de Devon, que administrava simbolicamente uma região com mais de seis mil e setecentos quilômetros quadrados, exercia autoridade sobre meras duas dezenas de comunidades religiosas católicas. Assim também, o bispo de Paderborn, do antigo reino da Lotaríngia, administrava apenas as vinte e nove igrejas existentes dentro de sua diocese de quase três mil quilômetros quadrados.[3] No entanto, já em 1100, cada um de seus bispos sucessores supervisionava centenas de paróquias. Em algumas partes da Inglaterra, o processo de formação de novas paróquias estava quase completo em fins daquele século. De acordo com o Domesday Book, um registro de patrimônios na Inglaterra em 1086, só em Kent existiam nada menos que cento e quarenta e sete igrejas; porém, segundo estimativa da contemporânea coleção de documentos Domesday Monachorum, havia no local o dobro de templos, demonstrando que o sistema paroquial já estava completamente formado na região.[4] Podemos afirmar o mesmo com relação a Sussex, onde pelo menos cento e oitenta e três de seu total posterior de duzentas e cinquenta igrejas paroquiais medievais tinham sido construídas até fins de 1100.[5] As populosas e ricas regiões de Norfolk e Suffolk tinham um número ainda maior.

Além dos clérigos que pastoreavam essas congregações, a Igreja montou uma hierarquia completa de clérigos graduados. Arquidiáconos agiam sob a jurisdição de bispos como administradores espirituais de determinada região. Decanos eram escolhidos para supervisionar igrejas colegiadas. Bispos do norte da Europa não eram mais instalados em lugares tranquilos no meio do campo; eles se mudavam para cidades, imitando seus colegas do sul da Europa. Na Inglaterra, o bispo de Crediton foi transferido para Exeter em 1050; o bispo de Dorchester se mudou para Lincoln em 1072; o bispo de Selsey foi para Chichester em 1075; o bispo de Sherborne partiu para Old Sarum (mais tarde Salisbury) em 1078; e o bispo de Elmham transferiu-se primeiro para Thetford, em 1072, e depois para Norwich, por volta de 1095. Em 1100, todos os bispos ingleses estavam instalados em cidades — locais com infraestrutura melhor e meios de comunicação mais rápidos. Poderíamos dizer que, enquanto era difícil encontrar um padre em 1001, era difícil evitá-los em 1100.

Além dos padres, arcediagos, bispos e arcebispos paroquianos, o papa era também o chefe espiritual dos monges, cujo número vinha crescendo com uma rapidez extraordinária. No começo do século X, o duque da Aquitânia tinha fundado um mosteiro em Cluny dentro de moldes revolucionários. Assim como outros mosteiros da época, a instituição deveria seguir a Regra de São Bento; ao contrário de outros mosteiros, porém, ela teria que fazer isso de forma muito rigorosa. Monges cluniacenses eram proibidos de ter relações sexuais e praticar toda espécie de corrupção, incluindo simonia e nepotismo, e ficavam sob a jurisdição direta do papa. No entanto, o aspecto mais importante do estilo de vida cluniacense foi o retorno ao hábito de rezar como a principal ocupação. Trabalhadores foram contratados para labutar nos campos agrícolas do mosteiro, o que deixou os monges livres para práticas litúrgicas. O novo modelo monástico caiu no gosto dos nobres, que consideravam trabalhos manuais indignos deles. Assim, em pouco tempo, Cluny começou a atrair fiéis e riquezas, além de homens muito talentosos para virarem abades. Nasceram outros mosteiros ligados a Cluny, e, no século XI, o conjunto se tornou a primeira ordem monástica da Cristandade. Em seu apogeu, a Ordem de Cluny compreendia quase mil mosteiros espalhados por toda a Europa. Esse projeto demonstrava o poder de uma organização de casas religiosas sob o comando de uma única liderança. Pouco depois, foram criadas ordens monásticas ainda mais austeras, tais como a Ordem dos Cartuxos, nascida em 1084, e a Ordem de Cister, em 1098.

Se parece um exército de padres e monges sendo mobilizado por seu comandante em chefe papal, é porque isso não está muito longe da verdade. Em 1095, em Clermont, França, o Papa Urbano II organizou um concílio que foi um marco decisivo na crescente influência da Igreja Católica. O imperador bizantino, Aleixo Comneno, que sofria a pressão da força hostil dos turcos seljúcidas na Anatólia, solicitara ao papa que pressionasse os nobres do Ocidente a enviar ajuda militar a seus irmãos cristãos no Oriente. Que reviravolta! No começo do século XI, Constantinopla via Roma como uma terra de bárbaros; em 1054, seu patriarca tinha excomungado os emissários do papa; mas, em 1095, os bizantinos viam o pontífice como seu possível salvador. Urbano II, ávido por sanar a cisão entre as Igrejas Ortodoxa Grega e Católica Romana e esperançoso de conseguir finalmente impor a supremacia papal à Cristandade inteira, mostrou-se bastante disposto a ajudar. Em 27 de novembro, ele fez um sermão diante de uma grande multidão, no qual exortou os cristãos a desistirem de combater uns aos outros e partirem a Jerusalém, para reconquistar o trono sagrado de seu senhor, Jesus Cristo, das mãos dos governantes do Califado Fatímida. Seu apelo foi recebido com entusiasmo, resultando na mobilização imediata de várias ondas de peregrinos armados em direção à Terra Santa, a mais famosa sendo a Primeira Cruzada. Essa expedição, formada por nobres francos e normandos, arremeteu pela Anatólia e pela Síria, conquistando a cidade de Antioquia no caminho até Jerusalém, que dominou em 15 de julho de 1099. Por si só, esse fato já é extraordinário. Imagine alguém, nos dias de hoje, indo a pé da França até Jerusalém. Agora imagine alguém fazendo isso sem ter sequer um guia de viagem, um dicionário ou dinheiro, enfrentando um calor incrível e grandes números de inimigos fortemente armados. E imagine empreender tudo isso sem jamais ter se afastado de seu povoado natal por mais que uns poucos quilômetros. É impossível compreendermos por completo a ideia de se lançar numa Cruzada. Mas a decisão de exortar as massas a avançarem em combate até os confins da Terra nos mostra o quanto a Igreja tinha evoluído.

Foi um século de avanço espantoso para a Igreja Católica. No início do período, o papa fora empossado e depois deposto pelo imperador. Além do mais, o pontífice não podia confiar nos reis e nos duques da Cristandade enredados em guerras, nem tinha como exercer sua autoridade como queria, pois estruturas administrativas e meios de comunicação eram precários, raros ou inexistentes. Onde quer que houvesse padres, estes desrespeitavam preceitos religiosos, usando seus próprios idiomas, seguindo seus próprios costumes, comprando e vendendo cargos eclesiásticos, casando-se e se comportando como homens mundanos. Contudo, no fim do século, a Igreja Católica estava unida, centralizada, organizada, poderosa e em expansão, tanto que foi capaz de fazer o imperador atravessar os Alpes descalço e até incentivar a conquista da Terra Santa. Promoveu também movimentos de instrução escolar, a criação de livros e atividades intelectuais no continente inteiro. Seu verdadeiro triunfo, contudo, foi exercer sua autoridade sobre o povo. Foi no século XI que a Igreja Católica saiu da condição de simples crença a que as pessoas se convertiam pelo batismo para a de uma vasta organização que governava a maneira de viver e morrer dos fiéis.

A Paz

Há certa ironia em descrever a Primeira Cruzada e depois afirmar que uma das maiores transformações do século XI foi o aumento da paz. A ironia é ainda maior quando consideramos que uma das razões para a paz — ou, melhor dizendo, para a inexistência de conflitos — foi obra da Igreja, que em 1095 tinha incitado seus membros a fazer guerra. No entanto, se compararmos a situação da Europa em 1001 com a de 1100, esse último ano foi tão menos violento que não podemos duvidar que a paz foi uma das maiores transformações do século XI.

Para entender essa aparente contradição, é necessário considerar a violência no contexto em que ocorreu. Sim, o século XI foi testemunha de uma longa série de guerras; porém, a palavra "guerra" assume um significado especial aqui. Quando, em 997 e 1001, os vikings atacaram Devon, eles não estavam fazendo guerra, mas simplesmente realizando atos de agressão cotidiana consagrados por uma cultura que considerava a violência como um estilo de vida. Da mesma forma, quando os magiares invadiram o Sacro Império Romano e o general muçulmano Almançor atacou o reino de Leão, essas hostilidades eram parte de conflitos culturais contínuos. Cada um dos lados via naturalmente o outro como inimigo mortal. Quando os reinos pagãos situados na periferia do Mundo Cristão foram convertidos ao cristianismo, eles logo trocaram a inimizade por uma fraternidade intercultural e uma coexistência cautelosa. Ainda assim, às vezes ainda guerreavam, e, como vimos, até papas entravam em conflito. Todavia, essas eram guerras políticas para resolver uma disputa específica, de duração limitada; conflitos não eram mais um fenômeno cotidiano. As conquistas normandas da Inglaterra (1066-71) e do sul da Itália (no correr do século XI) foram as últimas invasões ao estilo dos vikings a reinos cristãos oficialmente reconhecidos. Um perpétuo estado de matanças frequentes que existira outrora em toda a Cristandade tinha sido arredado para a periferia do Mundo Cristão e além, para as terras de adversários pagãos: os muçulmanos de Córdoba, os turcos seljúcidas e os bárbaros lituanos e eslavos.

O processo pelo qual a sociedade europeia se livrou da velha cultura de violência universal não decorre apenas do fato de os antigos inimigos pagãos terem se tornado amigos cristãos. Isso se deveu também a mudanças socioeconômicas, mais precisamente as suscitadas pelo surgimento do sistema feudal. Ao tempo das invasões dos vikings e dos magiares, os exércitos europeus combatiam a pé e não eram páreo para os velozes agressores dos mares ou os saqueadores montados a cavalo. Para defenderem suas terras e seus povos, os governantes europeus criaram forças especiais de soldados montados, cujas armaduras, capacidade de manobra e rápida mobilização conseguiam deter o avanço de invasores. Mas cavalos de guerra eram muito caros, assim como a cota de malhas de ferro que esses cavaleiros eram obrigados a usar cada vez mais para se proteger. Além disso, anos de treinamento, já desde a infância, eram necessários para se aprender a combater em montaria. Assim, os grandes nobres da Europa passaram a dotar esses cavaleiros e suas famílias com propriedades imobiliárias de tamanho considerável: criaram uma nova classe privilegiada para manter essa força militar. A organização feudal era um sistema de amparo mútuo, por meio do qual comunidades locais alimentavam e equipavam seus senhores armados e eram protegidas por eles. Esse processo, que estava a pleno vapor já em 1001, tornou cada vez mais difícil para invasores explorar a frágil sociedade camponesa, até então possuidora de precários meios de defesa. A palavra "feudal" pode ter conotações negativas no mundo moderno, mas, em 1100, a ideia que transmitia era a de que os cristãos da Europa podiam contar com melhores meios de defesa do que no passado.

Não podemos deixar de considerar que a criação de uma classe de senhores feudais para defender a Cristandade contra inimigos externos alimentou o surgimento de um novo tipo de violência, principalmente entre os próprios senhores feudais. De fato, o cronista normando Guilherme de Poitiers ressaltou o contraste entre o frequente derramamento de sangue na Normandia feudal, onde feudos vizinhos combatiam uns aos outros, com a paz relativa da Inglaterra anglo-saxônica antes de 1066. Contudo, os senhores feudais sofreram algumas pressões que serviram para incentivar a paz. A Igreja foi pioneira em várias dessas iniciativas, esforçando-se na busca de formas inovadoras para diminuir a violência. Por exemplo, um senhor feudal poderia ser forçado a fazer penitência quando cometesse um ato de crueldade abominável. Um dos homens que entrou para a história por ter cometido mais do que sua cota de atos como esses foi Fulco Nerra, conde de Anjou. Quando descobriu que a esposa cometera adultério com um fazendeiro, ele a queimou viva na fogueira, usando o vestido de casamento. Em outra ocasião, em que incentivou um massacre tão horrível que a Igreja não pôde deixar que passasse sem recriminação, foi ordenado que fizesse uma peregrinação a Jerusalém. Após mais uma atrocidade, ele foi obrigado a construir um novo mosteiro, onde os padres rezariam por sua alma. Na época em que morreu, em 1040, Fulco tinha realizado duas peregrinações a Jerusalém e fundado dois mosteiros. Embora a Igreja tenha fracassado em sua tentativa de coibir todas as tendências violentas do conde, ela fez o conde de exemplo e o forçou a cumprir essas penitências. Outros homens com certeza prestaram atenção. E somos levados a nos perguntar quantos outros atos de violência Fulco teria cometido caso seu temperamento genioso não tivesse sido reprimido. É irônico, contudo, que, influenciados por suas peregrinações e pela criação de mosteiros, alguns historiadores afirmem que ele foi uma pessoa piedosa.

Uma segunda estratégia concebida pela Igreja para restringir a violência foi o que ficou conhecido como a Paz de Deus, movimento iniciado na França no fim do século X. A campanha envolvia o uso enérgico de propaganda religiosa — principalmente com o transporte de relíquias de santos em procissões — como forma de exortar senhores feudais a buscar a paz e proteger mulheres, padres, peregrinos, mercadores e fazendeiros das consequências destruidoras da guerra. Talvez vejamos com cinismo essas medidas; porém, no século XI, a crença supersticiosa no poder de relíquias para infligir danos mortais a uma pessoa que violasse o juramento de fé religiosa não era apenas preservada em toda parte, mas piamente dada como certa. Essa crença ganhou uma importância especial por volta do ano 1033, visto como o marco de um milênio desde a morte do Cristo. Outro movimento foi o da Trégua de Deus. No início, ele proibia qualquer conflito entre a noite de sexta-feira até as primeiras horas da segunda-feira, bem como em dias de festas de santos importantes. Na década de 1040, a proibição foi ampliada, determinando que homens com idade a partir de 12 anos não participassem de brigas entre a noite de quarta-feira e a manhã de segunda, e também durante a Quaresma e o Advento. É preciso dizer que a iniciativa não deu muito certo: a Batalha de Hastings foi travada num sábado. Assim, tanto os saxões quanto os normandos violaram a Trégua de Deus. Porém, ela era o tempo todo reafirmada pelos conselhos eclesiásticos. Por isso, os senhores feudais eram frequentemente advertidos de que a Igreja não aceitava conflitos entre cristãos. Tal como o Papa Urbano deixou claro em seu sermão em Clermont no fim do século, se os cristãos quisessem ou precisassem mesmo lutar, deveriam dirigir suas energias aos inimigos da Cristandade.

É fácil zombarmos de religiosos que achavam que poderiam banir atos de violência desde a hora do chá nas quartas-feiras até às nove da segunda, mas esses movimentos tinham mais força do que a Igreja seria capaz de exercer sozinha, pois eles defendiam uma moral que os reis também endossavam. Afinal, era altamente destrutivo para os interesses de um governante se seus vassalos empregassem recursos e energias uns contra os outros. Por isso, tanto Guilherme, o Conquistador, quanto o Sacro Imperador Romano, Henrique IV, advogavam a causa da Trégua de Deus. Além disso, governantes seculares tinham seus próprios métodos para preservar a paz. Na Inglaterra, Guilherme espalhou de propósito a localização dos territórios de seus senhores feudais pelo país em lotes pequenos e separados, reduzindo assim a capacidade deles para controlar toda e qualquer extensão de terra como um sub-reino. Além disso, como o rei mantinha a posse direta dessas propriedades, os laços de vassalagem obrigavam os senhores a preservar a paz. Esses laços impunham também a noção de que as expectativas do rei com respeito ao uso de civilidade tinham que ser satisfeitas. Quer estivessem numa manhã de segunda-feira, quer na tarde de um sábado, as regras de guerra vigentes tinham que ser observadas e quase sempre incluíam as proibições da Igreja. Assim sendo, o lento processo de restrição e controle da violência entre cristãos havia começado.

O fim da escravidão

O historiador francês Marc Bloch declarou que o desaparecimento da escravidão foi "uma das mais profundas [transformações] [...] vividas pela humanidade".[6] Sem dúvida, o fim da escravidão foi uma mudança de considerável importância no período compreendido entre o ano 900 e o de 1200, mas um processo complexo também. Em primeiro lugar, conforme indicado por essa larga faixa de tempo, não se tratou de uma "abolição" repentina e completa: ainda havia escravos no Ocidente no século XIII e por vários séculos depois disso na Europa oriental. Além disso, nem todos os escravos enfrentaram as mesmas condições de escravidão: os países tinham leis diferentes restringindo o que os donos podiam fazer com eles. Além desses fatores, nem sempre fica claro, no exame das circunstâncias históricas, como a escravidão pode assemelhar-se a outras formas de servidão, principalmente no que se refere à situação do servo ou do camponês sem liberdade plena. Mesmo assim, no século XI, foram tomadas medidas significativas para limitar a escravidão, medidas que ocasionaram seu gradual desaparecimento no Ocidente — daí a introdução do assunto aqui.

A escravidão é uma instituição antiga, e a praticada na Idade Média teve suas origens no Império Romano. O princípio legal romano de *dominium* estabelece que a propriedade das coisas ia muito além do fato de simplesmente possuí-las; ela se estendia ao direito de fazer o que quisesse com suas posses — e essas "posses" incluíam pessoas. Depois que, no século V, o Império Romano se fragmentou, cada um dos novos reinos passou a aplicar seus próprios limites a esse princípio, e tanto os escravos quanto os seus donos ficaram sujeitos às disposições das leis de seu respectivo reino. Leis diferentes prescreviam se uma mulher livre que se casava com um escravo deveria tornar-se escrava ou vice-versa; ou se o homem que casasse com uma escrava sem ter conhecimento de sua situação teria o direito de repudiá-la. Em alguns lugares, o homem tinha o direito de vender a esposa como escrava, anulando assim o casamento. Já se um homem se vendesse como escravo, não necessariamente sua esposa e seus filhos se tornariam escravos também, pois tinham nascido livres, mas tampouco significava que teriam total garantia de preservar a própria liberdade. Em alguns reinos, o homem que matasse seu escravo tinha que fazer penitência, cuja severidade dependia de o escravo de ter sido culpado de uma transgressão ou de o dono tê-lo feito apenas para satisfazer um capricho. Algumas leis determinavam que o homem que tivesse dois filhos da mesma escrava tinha que libertá-la. Certas regiões aceitavam que escravos ficassem com o dinheiro que ganhassem, de modo que pudessem comprar a própria liberdade. As leis do rei Ine de Wessex, adotadas por Alfredo, o Grande, previam que, se um senhor forçasse seu escravo a trabalhar no domingo, o cativo ganharia a liberdade automaticamente e seu dono seria multado em trinta xelins.

Entre todas essas variações existe uma diferença fundamental que distingue o escravo do vilão ou do servo feudal. O dono de um domínio castelão podia impor restrições àquilo que seus servos faziam, com quem podiam casar-se, aonde podiam ir e em qual terra deveriam trabalhar, mas isso se dava em razão da ligação deles com a suserania. O servo estava vinculado à terra, e seus serviços e deveres eram herdados, transferidos ou vendidos com ela. Isso era, portanto, uma forma indireta de servidão, e daí decorriam várias outras importantes diferenças. Os poderes do senhor eram limitados por costumes, e, assim, os servos desfrutavam de certos direitos. Por outro lado, o escravo era uma propriedade, pura e simplesmente. Ele podia ser comprado e vendido independentemente do cônjuge, mas o casal também podia ser transferido como dupla. Podiam ser surrados, mutilados, castrados, estuprados, forçados a trabalhar o tempo todo (exceto, conforme mencionado, aos domingos, em alguns reinos) e até mortos, sem qualquer recriminação contra o dono. E não se tratava do fato de que escravos eram cidadãos de segunda classe. Os plebeus eram cidadãos de segunda classe. Os escravos não eram sequer cidadãos.

Talvez alguém imagine que a Igreja Cristã acabaria com a escravidão. No entanto, ela estava dividida. Por um lado, havia a visão manifestada pelo Papa Gregório, o Grande, em fins do século VI: a de que o ser humano foi criado livre por natureza e que, portanto, era moralmente justo restituir a homens e mulheres a liberdade com a qual tinham nascido. Por outro, três séculos depois, havia homens como São Geraldo de Aurillac, que libertou muitos escravos pouco antes de morrer, mas que, enquanto vivo, os considerava propriedade sua — tal como demonstrado por suas ameaças, nem um pouco santas, de mutilar vários deles por não serem obedientes o bastante.[7] Parte do problema era que, tal como vimos, a Igreja tinha influência limitada no início do século XI e carecia do poder e dos meios para fazer com que senhores de escravos inescrupulosos fossem moralmente responsabilizados por seus atos. Mas a questão decisiva era que escravos eram propriedades. Se a própria Igreja relutava em abrir mão da própria propriedade, como poderia conclamar pessoas ricas a fazer isso com as suas? Em cidades como Cambraia, Verdun e Madeburgo, o bispo chegava até a receber impostos pela venda de cada escravo. Para crescer e exercer sua autoridade, a Igreja precisava da ajuda dos ricos, cuja prosperidade dependia do trabalho escravo. É improvável que esse tipo de gente apoiasse uma instituição que condenasse sua fonte de riquezas. Logo, a Igreja se achava num dilema entre sua missão moral e a necessidade de dinheiro e influência.

Portanto, o que mudou ao longo do século XI? Para respondermos a essa pergunta, devemos saber, antes de mais nada, por que as pessoas eram escravizadas. Assim, comecemos considerando que, quase sempre, homens e mulheres capturados em guerras eram vendidos como escravos. Essa era uma prática corriqueira tanto no âmbito da Cristandade quanto em terras além da periferia dela. Escravos ingleses cristãos eram vendidos para a Dinamarca no reino de Canute. Outros escravos ingleses, capturados por piratas, eram vendidos na Irlanda. Escravos irlandeses e galeses, por sua vez, eram negociados na Inglaterra. Em inglês, a palavra "escravo" (*slave*) é oriunda dos eslavos, os quais ainda não tinham sido convertidos ao cristianismo e, por isso, eram muito vulneráveis aos ataques dos traficantes de escravos cristãos. Porém, nem toda escravização decorria de atos de guerra: algumas pessoas simplesmente se vendiam como escravas. O fato de que a escravidão podia ser uma condição imposta pela própria pessoa escravizada pode ser chocante para nós, hoje em dia; contudo, às vezes, as pessoas não tinham escolha: elas vendiam a si mesmas ou membros da família para não morrerem de fome. Já para outras, a escravidão era uma forma de punição. O ladrão pego em flagrante podia tornar-se escravo de sua vítima em vez de ser condenado à morte. Em alguns reinos, traidores eram condenados à escravidão. Clérigos que tentavam justificar a prática argumentavam que era mais piedoso escravizar um criminoso ou um soldado derrotado do que enforcá-lo. Rábano Mauro, o autor de um dos livros que seria achado na casa do bispo de Crediton em 1001, dava especial importância a essa questão.

Uma série de acontecimentos sociais acabou pondo fim a essa situação. Primeiro, vieram os movimentos da Igreja para a promoção da paz. Com um número menor de conflitos, havia menos oportunidades para escravizar o inimigo. Também ocorreu um longo período de crescimento econômico: terras improdutivas foram desmatadas, drenaram-se pântanos, surgiram novas propriedades senhoriais, e o comércio aumentou de uma forma geral. É razoável afirmar que, se as duas principais causas da escravidão estavam nos conflitos culturais e na pobreza extrema e a Europa vivia agora uma época em que havia menos de ambos, então era provável que a escravidão diminuísse. Além do mais, o aumento da prosperidade levou ao crescimento da vida urbana na Alemanha, França e Itália nos últimos anos do século XI; agora, escravos fugiam para uma grande cidade e vendiam lá o seu trabalho. De mais a mais, os senhores feudais estavam menos dispostos a se responsabilizar pela alimentação de escravos improdutivos; o camponês feudal, pessoa vinculada à terra e trabalhando de graça para o seu senhor, mas que cuidava de obter o próprio alimento, era mais econômico. Além disso, a crescente riqueza e poder da Igreja permitiu que ela fortalecesse aos poucos sua defesa de certos preceitos morais. O movimento da Paz de Deus incluía uma provisão de que escravos que fugissem durante o transcurso de uma de suas congregações podiam ficar livres para sempre. A prática de punir criminosos com a escravidão começou a desaparecer. Por fim, houve o impacto das regras de governantes individuais. Vários escritores contemporâneos afirmam que Guilherme, o Conquistador, estava convicto de que a escravidão era uma instituição bárbara e tomou providências para extinguir o tráfico.[8] No fim de seu reinado, seis em cada vinte e oito homens no domínio feudal de Moreton ainda eram tidos como escravos (*servi*), mas, no país como um todo, os escravos representavam cerca de dez por cento da população. Após a morte do Conquistador, a Igreja intensificou a mensagem de antiescravidão. Em 1102, os dignitários participantes do Sínodo de Londres declararam que "ninguém jamais deveria voltar a praticar o negócio infame, predominante em toda a Inglaterra, de vender homens como animais". Por essa época, a escravidão estava praticamente extinta na França, na região central da Itália e na Catalunha.[9] Embora sua existência ainda fosse perdurar nos países célticos por mais ou menos cem anos e, no leste da Europa, por muito mais tempo, a prática de vender seres humanos em feiras, algo que tinha sido normal no Ocidente desde os tempos pré--históricos, estava chegando ao fim depressa.

A engenharia estrutural

A quarta grande transformação ocorrida no século XI ainda perdura nas cidades em que vivemos. Em linhas gerais, em 1001, edifícios na Europa Ocidental eram pequenos e arquitetonicamente modestos, conformando-se ao estilo e ao tamanho dos exemplos deixados pelas construções romanas sobreviventes do mundo antigo. A maioria das catedrais tinha quase o mesmo tamanho de uma paróquia grande dos dias atuais, com seus telhados de madeira erguendo-se não mais do que uns doze metros acima do solo. Por volta de 1100, contudo, arquitetos e engenheiros estruturais haviam transcendido os limites de seus antepassados romanos, desenvolvendo o que conhecemos hoje como arquitetura românica. Nessa época, centenas de edifícios gigantescos, alguns com tetos abobadados medindo mais de vinte metros de altura e torres erguendo-se a quase cinquenta metros pelo céu acima, tinham sido construídos em toda a Europa, e centenas de outros estavam em construção. Da mesma forma, enquanto em 1001 existiam poucas edificações defensivas que poderíamos classificar como castelos, dezenas de milhares deles foram erguidos até o fim do século. Foi nessa época que os povos da Europa aprenderam a construir muralhas fortificadas e torres altas — e o fizeram em todas as partes da Cristandade.

A essa altura, não é surpresa saber que as crescentes ambições da Igreja foram uma influência de importância capital nesses avanços. A reconstrução de Cluny, a abadia borgonhesa no coração da então rapidamente crescente ordem dos cluniacenses, havia começado em 955. Quando, em 981, foi dedicada ao seu santo, ela era gigantesca — simplesmente impressionante para a época —, ostentando sete vãos em sua nave central e alas colaterais. No começo do século XI, ela continuou a expandir-se e foi sendo acrescida de novas características, tais como um nártex e um teto com abóbadas de berço (que era bom para a ressonância do canto gregoriano). Outra igreja gigantesca com teto de abóbadas de berço estava sendo construída nessa mesma época na abadia de São Felisberto de Tournus, a cerca de trinta quilômetros de Cluny, e, em 1001, iniciou-se a construção da Igreja de São Benigno de Dijon, situada a quase cento e trinta quilômetros ao norte. A razão de a Borgonha ter sido o primeiro lugar em que essas magníficas igrejas de estilo românico foram erguidas talvez estivesse no desejo de se construírem edifícios de pedra à prova de incêndios, após os ataques dos magiares em meados do século X. De uma forma geral, porém, a motivação de se realizarem novas construções se resume, simplesmente, ao dinheiro, que Cluny tinha de sobra. As rotas que se estendiam da Itália ao norte da França passavam pela região, trazendo mercadores, peregrinos e o dinheiro de ambos. Todavia, independentemente do verdadeiro motivo, o fato é que essas três igrejas, concluídas nas duas primeiras décadas do século XI, acabaram se tornando muito influentes. No caso de Cluny, isso aconteceu porque os priores de casas afiliadas voltavam regularmente para a casa-máter da ordem. Em seguida, eles também queriam ter uma igreja como aquela, e a partir de então a notícia se espalhou para além das fronteiras da família cluniacense.

Outra inspiração para o advento da nova arquitetura foi a Reconquista, a campanha de retomada da Espanha das mãos dos muçulmanos. Santiago de Compostela, localizada no reino de Leão, era um importante destino de peregrinos desde o século IX, mas, em 997, foi saqueada por Almançor, o general estadista da Espanha muçulmana. Almançor morreu em 1002, e o califado de Córdoba nunca se recuperou totalmente dos conflitos internos que vieram na esteira de sua morte. Os reinos cristãos da Espanha viram nisso uma oportunidade e se lançaram na ofensiva, forçando o avanço de suas fronteiras pelo território espanhol e garantindo terras para a fé cristã com a construção de castelos e igrejas. Eles incentivaram cavaleiros a unir-se a sua guerra religiosa. Os peregrinos voltaram a poder fazer suas viagens a Santiago de Compostela em relativa segurança. Tal situação fez com que um número impressionante de igrejas fosse construído ao longo das principais rotas percorridas através da França por esses viajantes a caminho da Espanha: em Tours, Limoges, Conques e Toulouse, bem como no destino final da peregrinação em si. Essas cidades ajuntavam o dinheiro dos visitantes e o investiam na ampliação das igrejas, de forma que futuros cavaleiros ficassem tomados de temor reverencial pelo portentoso monumento de Deus. À medida que o século avançava, os sucessos da Reconquista incentivavam a afluência de um número sempre maior de visitantes, cujas doações alimentavam ainda mais a rápida expansão da construção de igrejas.

O estilo românico se espalhou com extraordinária rapidez a partir do centro da França, à medida que financiadores e pedreiros de todas as regiões viam os colossos que podiam erigir. Na Normandia, o duque Guilherme supervisionou a consagração da Abadia de Jumièges em 1067 e, junto com a esposa, fundou duas grandes igrejas abaciais em Caen. O Sacro Império

Romano-Germânico abraçou a nova moda com entusiasmo, abandonando a edificação de igrejas ao estilo carolíngio em favor de grandes catedrais românicas, como a de Speyer, cuja construção começou por volta de 1030 e na qual os imperadores passaram a ser sepultados. A enorme riqueza gerada na Itália pelos florescentes Estados mercantis, como Pisa, Florença, Milão e Gênova, deu ao sul da Europa a oportunidade de seguir a tendência. A construção da Catedral de Pisa foi iniciada em 1063, e a edificação da torre da Abadia de Pomposa, com seus quase cinquenta metros de altura e nove pavimentos, data do mesmo ano. Veneza, que sempre se voltou para Constantinopla e o Oriente em busca de inspiração, em vez de para a França, também começou a construir em grande escala. Em 1063, iniciou-se a edificação da Basílica de São Marcos e, embora tivesse sido projetada com base no estilo bizantino, vemos claramente, pelo seu tamanho, que foi influenciada pelas novas igrejas da França e da Alemanha. Em fins do século XI, até a Inglaterra tinha sido contagiada pelo frenesi da construção de catedrais e abadias. Nada de importante tinha sido edificado antes da conquista normanda, mas esse grave acontecimento foi o início de muitas importantes reconstruções e fundações. Por volta de 1079, os cluniacenses começaram a construir seu primeiro mosteiro na Inglaterra, em Lewes. Com exceção da igreja de Eduardo, o Confessor, em Westminster, todas as catedrais e igrejas do reino foram reconstruídas nos cinquenta anos posteriores à chegada dos normandos.[10] Entre os marcos duradouros dessa transformação, estão partes da Abadia de Santo Albano (agora Catedral, iniciada em torno de 1077), da Abadia de Gloucester (agora Catedral, iniciada em 1087), da Catedral de Winchester (iniciada em 1079), da Catedral de Durham (iniciada em 1093) e da Catedral de Norwich (iniciada em 1096).

E daí?, talvez você se pergunte. Que importância tem isso? Afinal de contas, mudar de um estilo de arquitetura para outro está longe de representar uma transformação gigantesca na forma de viver das pessoas. Mas aqui a importância não está no simbolismo da construção de igrejas mais altas e sim na tecnologia que as tornou possíveis — inovações na área da engenharia estrutural. A construção de altas igrejas de pedra, com abóbadas capazes de suportar os ataques de magiares determinados a incendiar tudo pelo caminho, tinha óbvias implicações militares. Assim sendo, não deveria surpreender nem um pouco o fato de que o desenvolvimento da arquitetura românica tinha estreita relação com o avanço na construção de castelos.

O castelo se transformou no símbolo material do feudalismo. Quando um rei dotava um senhor feudal com um domínio, ele o tornava responsável pela segurança das pessoas que viviam lá. E, a partir do fim do século X, para protegerem suas terras, seus vassalos e sua produção, os senhores feudais começaram a construir residências fortificadas com pedras e madeira. O castelo mais antigo de que temos notícia é o de Doué-la-Fontaine, fortificado por volta de 950, possivelmente como resultado da rivalidade entre os condes de Blois e os condes de Anjou. No início do século XI, Fulco Nerra construiu Langeais e mais de uma dezena de outros castelos em seu condado de Anjou. Eram, em sua maioria, edificações construídas principalmente de masmorras com grossas paredes e entradas no primeiro andar, de forma que resistissem a ataques inimigos. Um castelo inexpugnável significava que seria pequena a probabilidade de o senhor feudal perder o controle sobre o território, mesmo que fosse invadido por seus inimigos. Tudo que ele tinha de fazer era esperar que os invasores ficassem sem comida ou baixassem a guarda, ocasião em que abandonariam o cerco ou poderiam ser derrotados num ataque-surpresa. Assim, castelos logo se tornaram o instrumento pelo qual reis e senhores feudais podiam manter controle sobre uma região e garantir segurança e estabilidade a longo prazo. Durante o século, à medida que o avanço da engenharia estrutural resultava em torres mais altas e mais fortes, fortaleciam-se também os laços feudais dos senhores com as respectivas terras.

Podemos ver a importância dos castelos para os povos da Europa examinando o que aconteceu nas regiões em que os habitantes tiveram que se virar sem eles. Em 711, o reino visigodo da Espanha simplesmente se desfez sob o ataque muçulmano, já que não tinha castelos em que a população pudesse se abrigar. Tal como vimos, os ataques dos vikings e dos magiares nos séculos IX e X levaram as comunidades locais a um estado de total impotência. E cronistas normandos atribuem o fracasso da resistência dos ingleses em 1066 à sua falta de castelos. Os únicos sistemas defensivos com os quais Guilherme, o Conquistador, teve que negociar foram os antigos e emuralhados burgos — cidades fortificadas —, mas esses lugares eram raros. Embora, em 1068, os portões de Exeter embarreirassem a invasão de Guilherme, os cidadãos da urbe não eram fortes o suficiente para guarnecer uma muralha tão longa e enfrentar forças invasoras. Logo após a rendição da população, Guilherme construiu um castelo para controlar a cidade.

Em Londres, ele edificou três castelos para exercer sua autoridade, dos quais a Torre de Londres é o único remanescente, e em York ergueu dois castelos para proteger a cidade. Ao todo, por volta do ano 1100, mais de quinhentos castelos tinham sido construídos na Inglaterra. De reino quase indefeso, o país se transformara numa terra cheia de torres. Esse mesmo tipo de mudança ocorreu na Europa inteira. Em todas as cidades italianas, por exemplo, as altas torres das famílias mais poderosas pareciam braços levantados, golpeando orgulhosamente o céu. Desse modo, ficou cada vez mais difícil para um rei conquistar a terra de outro apenas pelo uso da força. Embora a conquista da Normandia pelos franceses, em 1204, e a da Gasconha, em 1453, então dominada pelos ingleses, provasse que não era impossível, na maioria das regiões a terra era tão fortemente defendida com castelos que o sucesso das operações bélicas dependia de algo mais do que mera destreza e poderio militar: era necessário que os senhores feudais locais mudassem de lado. Nesse sentido, a manifestação física do feudalismo ajudou a aumentar a segurança da Europa e fortaleceu ainda mais o clima de paz que estava começando a se espalhar pela Cristandade.

Conclusão

Vimos que algumas das principais características que associamos ao período medieval — a supremacia do papado, a organização das paróquias, as ordens monásticas, os castelos e as grandes catedrais — quase não existiam em 1001, mas estavam completamente estruturadas por volta de 1100. Todavia, o velho mundo chegou ao fim também de outras formas. O século XI sofreu uma profunda transformação na natureza e na quantidade de guerras e violência, além de marcar o início do fim da escravidão. Talvez ainda mais extraordinário, porém, seja o nível da participação da Igreja em todos esses acontecimentos. Em última análise, até mesmo o fim das invasões dos vikings possa ser associado a essa influência, já que o Cristianismo se expandiu para a Escandinávia e terras além.

Como tudo isso afetou os meus antepassados de Moreton? Ao longo do século, padres devem ter feito visitas mais frequentes, construindo a primeira igreja local por volta do ano 1100. Tratava-se de uma construção pequena, com o interior pouco iluminado e um friso de granito grosseiramente entalhado em torno da parte exterior exibindo a árvore da vida, espirais abstratas e monstros mitológicos. Por mais primitiva que poderia ter parecido para um viajante de Bizâncio, ela ligou Moreton para sempre ao restante da Cristandade. Assim como em outros lugares da Europa cristã, aqui os paroquianos ouviam sermões sobre moralidade e religiosidade como parte de seu estilo de vida. Depois que, em 1050, a sede da administração diocesana foi transferida para Exeter, a construção de uma nova catedral no local levou ensinamentos para a região numa escala sem precedentes. Já na época de sua fundação, havia pelo menos cinquenta e cinco livros em sua biblioteca, doados pelo bispo Leofrico. A construção de um castelo real serviu não apenas para consolidar o domínio normando sobre a cidade, mas também, através do olhos atentos do xerife do rei, para impor a autoridade do soberano. Todos os grandes senhores feudais normandos com terras em Devon tinham casas em Exeter, que, em 1087, foi escolhida para a construção de um novo mosteiro beneditino. O mercado da cidade acompanhou o crescimento da população, o que incentivou a remoção de florestas e a drenagem de pântanos para aumentar a produção agrícola. As pessoas que partiam de Moreton em viagem não tinham mais que temer os vikings, e a prosperidade de Exeter oferecia muitos motivos para percorrer com mais regularidade os vinte quilômetros que as separavam da cidade. É possível que, quando partiam para lá com suas bolsas cheias de novíssimas moedas de prata, sentissem que não estavam mais lutando para sobreviver na periferia da Cristandade; agora, faziam parte de um todo bem maior.

O principal agente de transformações

As grandes transformações na sociedade raramente são obra de uma única mente, muito menos o fruto do trabalho de um único ser humano. A maioria dos grandes avanços do passado não foi o produto de um gênio só, mas de um grande número de pessoas que pensavam de forma semelhante e viam oportunidades parecidas. É, portanto, quase impossível associar transformações sociais com decisões individuais. Assim como a natureza da mudança em si, que é fácil de determinar em pequena escala, mas impossível de se fazê-lo quando existem muitos fatores relacionados com a questão, é difícil identificar a real dimensão do impacto causado por uma pessoa num continente, com repercussões pelo século inteiro. No entanto, é um exercício salutar examinarmos contribuições individuais, ainda que apenas para ver quanto foram limitadas e quanto as transformações se deveram à participação de muitos milhares de autoridades.

Em 1978, um famoso escritor americano, Michael Hart, escolheu as cem pessoas que considerava as mais influentes de todos os tempos.[11] Foi uma lista arbitrária, de uma elaboração desprovida de rigorosos critérios intelectuais (conforme indicado, na segunda edição da lista, pela inclusão do conde de Oxford como o verdadeiro autor das peças teatrais de Shakespeare). No entanto, quando criança, eu a achava muito empolgante, e, com certeza, essa era a intenção do autor. Sua lista continha duas pessoas do século XI: Guilherme, o Conquistador, e o Papa Urbano II. Embora, sem dúvida, a decisão de Guilherme de invadir a Inglaterra, em 1066, faça dele o principal agente de mudanças para todos os que vivem nesse país, suas ações foram muito menos importantes para outras regiões da Europa. Devemos considerar também que ele deixou intacta a maior parte das instituições anglo-saxônicas: a vida não mudou tanto quanto as pessoas imaginam. Quanto ao Papa Urbano II, ele pode ter desencadeado o movimento das Cruzadas e incentivado a Reconquista, mas, na Europa, as Cruzadas foram mais importantes por seu simbolismo do que por suas realizações. E, na Espanha, os reis de Navarra e Leão não precisavam de quase nenhum incentivo para combater o decadente califado de Córdoba. Não obstante, tanto Guilherme quanto Urbano II foram sem dúvida personagens importantes no processo histórico; porém, uma vez que nosso escopo é considerar os fatos ocorridos em todo o século XI na Europa, a contribuição de ambos é ofuscada pelas ações de uma personalidade que Michael Hart ignorou na sua lista — Hildebrando, também conhecido como o Papa Gregório VII.

Antes mesmo de ter se tornado papa, como arcediago da Igreja Romana, Hildebrando exerceu um importante papel ao impor a supremacia papal ao Sacro Imperador Romano. Ele foi um dos defensores da Reforma Gregoriana, a qual redefiniria o papel dos sacerdotes católicos. Sua visão do clero como um corpo separado do mundo secular, bem como sua campanha para impor a autoridade pontifícia a governantes e súditos, transformou a Cristandade. Você consegue imaginar uma Europa medieval em que o pontífice ocupava o papado por simples indicação do imperador e na qual a Igreja não tinha influência política? É bem possível que o fato de Urbano II ter recebido maciça aprovação quando pregou em Clermont em 1095 deva-se à eloquência de seu discurso e de seu zelo religioso, bem como ao fascínio causado pelas oportunidades de conquista cujo resumo apresentou no concílio, mas foi Gregório VII quem lhe deu essa plataforma. Foi Gregório que propôs a ideia de se realizar uma expedição armada para ajudar os cristãos do Oriente, em 1074. Portanto, o papel de Urbano deve ser considerado menos importante do que o de Gregório. Próximo ao fim de seu pontificado, Gregório foi expulso de Roma pelo imperador e morreu no exílio no ano seguinte, 1085, mas isso não diminui a importância de seus feitos. Nem todos os grandes homens terminam bem a vida, e, com certeza, o tipo de morte de alguém não deveria fazer que descartássemos seus sucessos durante a vida. Gregório transformou o papado na voz mais importante da Cristandade e elevou o prestígio dos clérigos acima daqueles que lutavam e dos que trabalhavam, aumentando assim o interesse pelo aprendizado e pelo debate, sem os quais a sociedade europeia não poderia ter se desenvolvido como o fez.

1101-1200

O Século XII

Na véspera do Natal de 1144, o Estado cruzado de Edessa foi dominado pelo comandante muçulmano Zengi. Todos os cavaleiros cristãos capturados foram chacinados, e suas esposas e filhos, depois de reunidos, acabaram vendidos como escravos. Foi um acontecimento traumatizante para a Cristandade. Chocado, o Papa Eugênio III incumbiu seu velho amigo e mentor, Bernardo de Claraval, de realizar pregações convocando os fiéis para uma nova Cruzada, com o objetivo de recuperar o patrimônio de Deus. Bernardo iniciara a carreira religiosa como monge cisterciense, mas acabara se revelando um diplomata de primeira categoria. Em 31 de março de 1146, ele leu em voz alta a bula papal de Eugênio na igreja de Vézelay e, com seu estilo inigualável, discursou perante a multidão ali congregada. Não demorou muito para que os homens começassem a gritar: "Cruzes! Deem-nos cruzes!", enquanto juravam combater por Jesus Cristo. Até o rei francês, que estava na congregação, comprometeu-se a ir à Terra Santa. Inspirado por seu exemplo e pela retórica de Bernardo, muitos de seus nobres fizeram a mesma coisa. Nas semanas subsequentes, enquanto Bernardo seguia viagem com destino à Alemanha para pregar diante do Sacro Imperador Romano, pessoas começaram a falar em milagres em todos os lugares por onde ele passava. O fervor religioso aumentou. Em carta enviada ao papa, o próprio Bernardo declarou: "Vossa Santidade ordenou; eu obedeci. Apregoei, e, sem demora, os cruzados se multiplicaram ao infinito. Agora, povoados e cidades estão vazios. Raramente nos deparamos com um homem para cada sete mulheres. Em toda parte, vemos viúvas cujos maridos ainda estão vivos." Por fim, em Speyer, Bernardo lançou mão de todas as suas habilidades para persuadir o relutante imperador a participar da Cruzada. Após dois dias de tentativas, ele ergueu os braços e, mantendo-os estendidos em cruz, com as mãos abertas, como se ele mesmo fosse o Cristo pregado no madeiro infame, clamou perante a corte: "Homem, que mais eu deveria ter feito por ti que não fiz?" Estupefato, o imperador se curvou e jurou lutar pela reconquista de Jerusalém.

O século XII nos oferece muitos exemplos de momentos dramáticos como esse, além de uma série magnífica de personagens extraordinários. Foi o século dos enamorados Pedro Abelardo e Heloísa, da abadessa compositora Hildegard von Bingen e do maior cavaleiro da Idade Média, Guilherme Marshal. Foi o século das figuras pitorescas, como Frederico Barba Ruiva, Henrique II e Thomas Becket. O centenário também foi testemunho da ascensão de rainhas: a imperatriz Matilde, Leonor da Aquitânia e Tamara da Geórgia. Além disso, houve uma sucessão de governantes com nomes de reis da selva — Guilherme, o Leão; o duque Henrique, o Leão; e Ricardo Coração de Leão —, bem como reis com epítetos ainda mais incomuns, tais como Davi, o Construtor; Humberto, o Santo; e Luís, o Gordo. Os nomes das ordens militares, principalmente no caso da Ordem dos Cavaleiros Templários e da Ordem dos Hospitalários, ainda impressionam. Foi a primeira grande era do cavalheirismo, o século que inventou a heráldica e popularizou o torneio das justas. Ao mesmo tempo, foi também uma época vigorosa e simples em suas manifestações culturais, rendendo os grandes poetas do latim medieval Hugh Primas e o anônimo Arquipoeta, bem como os trovadores, que compunham comoventes poemas para encantar e seduzir suas amadas (ou, mais comumente, as amadas de outros homens).

É impressionante quantas histórias e frases do período continuam bem atuais em nossa cultura. A mais famosa, talvez, seja a frase retratando o protesto de Henrique II da Inglaterra: "Não há ninguém que me livre deste padre insolente?", feita quando ele perdeu a paciência com seu chanceler, Thomas Becket, arcebispo da Cantuária. Temos também a frase atemporal proferida pelo mestre da Ordem dos Templários ao mestre da Ordem dos Hospitalários na Batalha de Cresson, em 1187, quando esse último argumentou que talvez fosse uma tolice fazer com que seiscentos cavaleiros atacassem os catorze mil soldados do exército de Saladino, dispostos em formação de combate à frente deles: "Você ama demais essa cabeça de cabelos loiros para querer perdê-la!" E como alguém pode esquecer-se da ousadia de Guilherme, o Leão, rei da Escócia, quando ele se lançou num ataque desesperado sobre os ingleses na Batalha de Alnwick, gritando: "Agora, veremos quais entre nós são mesmo bons cavaleiros!" Em meio a tanto derramamento de sangue, podemos entender por que Rogério de Hoveden, o cronista do século XII, observou que um homem "não está preparado para a batalha sem que tenha visto jorrar o próprio sangue, nem tenha ouvido o trincar dos próprios dentes quando golpeado pelo oponente ou não tenha sentido todo o peso do adversário sobre si".[1]

Esses personagens e histórias nos dão uma noção da época: sanguinária, corajosa, confiante, obstinada e impetuosa. No entanto, eles têm pouco a ver com as transformações mais profundas do período. Foram humildes camponeses, advogados e intelectuais que exerceram a influência mais decisiva no século XII. É possível argumentar que as Cruzadas aproximaram os povos do Ocidente e do Oriente, resultando no enriquecimento cultural dos ocidentais. Isso seria verdade até certo ponto, mas as relações entre leste e oeste foram mais proficuamente exploradas nas cidades em que os eruditos cristãos podiam trabalhar com manuscritos árabes e gregos num clima de relativa paz. E, embora os estados cruzados de Antioquia, Edessa, Trípoli e Jerusalém possam ter encabeçado uma mudança nos modelos de castelos que teve grande influência em toda a Europa, eles deram pouca contribuição ao desenvolvimento da função básica dos castelos, que era permitir que guarnições resistissem a cercos militares. As transformações mais profundas e significativas na sociedade ocorreriam em outras áreas.

O crescimento demográfico

O período iniciado em 1050 foi um tempo de considerável crescimento econômico na Europa. Áreas gigantescas de florestas e charnecas foram desmatadas, e grande parte de terrenos pantanosos passou por drenagens, o que aumentou significativamente as áreas de terras cultiváveis. De cima, teria sido possível ver uma região antes coberta principalmente por florestas se transformar num local dominado por campos de cultivo. Esses desflorestamentos resultaram de um acentuado aumento populacional, cujas causas ainda são discutidas entre historiadores. Uma das possíveis razões foi a introdução de um tipo de arreio próprio para cavalos tracionarem arados. Ao contrário do gado, que consegue puxar um grande peso com uma canga simples, cavalos não podem ser jungidos, já que as partes do jugo que prendem entre si os animais ferem o pescoço dos equinos, podendo interromper sua circulação arterial. Portanto, para amanhar a terra, eles precisam de uma canga muito mais protetora. Essa tecnologia, conhecida no mundo antigo, mas que depois se perdeu, foi reintroduzida no século XII. Seu uso disseminou-se, contudo, muito lentamente: mesmo no século XV, cerca de dois terços dos animais de tração usados na Inglaterra ainda eram formados por bovinos.[2] Mesmo assim, o emprego de cavalos e bois em alguns lugares só pode ter contribuído para o aumento da energia de tração disponível para limpar e amanhar a terra.

Uma causa mais importante do crescimento populacional foi o que historiadores chamam de Período Quente Medieval. A média de temperaturas subiu lentamente nos séculos X e XI e, no século XII, estava quase um grau acima da média do período anterior ao ano 900. Talvez essa diferença não pareça muito grande: afinal, quase não notamos quando o clima sofre uma mudança de apenas um grau. Todavia, como média anual, isso teve um impacto enorme. Como observado pelo historiador Geoffrey Parker, em regiões de clima temperado, "uma queda de 0,5º C na média de temperatura na primavera prolonga por dez dias o risco de ocorrer a *última* geada, enquanto uma queda semelhante na média de temperatura no outono antecipa o risco da *primeira* geada na mesma proporção. A ocorrência de qualquer um dos dois fenômenos é suficiente para destruir toda uma safra".[3] E o inverso, um aumento de apenas 0,5º C na temperatura, reduz esses riscos. Além do mais, o perigo varia de acordo com a altitude em que se acha o terreno cultivado. Segundo Parker, uma queda de 0,5º C dobra o risco de fracasso numa única colheita a baixas altitudes e aumenta em seis vezes o risco de perder duas colheitas nessas mesmas condições, mas centuplica o risco de haver perdas consecutivas de colheitas em altitudes superiores a trezentos metros. Portanto, um aumento de 0,5º C significou a diferença entre sobreviver e morrer para muitas pessoas. Menos dias de invernos rigorosos podem ter resultado na perda de menos colheitas por ocasião de geadas. Verões ligeiramente mais quentes teriam reduzido o risco de fracasso de colheitas e, com o tempo, gerado maiores safras de grãos. Por conseguinte, havia mais comida disponível e menos mortalidade infantil.

Uma modesta redução nessa mortalidade não parece uma candidata à mudança mais importante na história do Ocidente, mas, quando se verifica que o fenômeno se estendeu por toda a Europa ao longo de dois séculos e meio no Período Quente Medieval, esse fator se torna extremamente importante. As crianças sobreviventes formaram suas próprias famílias, e muitos de seus filhos sobreviveram também; esses, por sua vez, realizaram mais desmatamento e colheram alimentos suficientes para sustentar uma população ainda maior na geração seguinte. Sem os excedentes de grãos não haveria expansão cultural. Não haveria trabalhadores de sobra para construir mosteiros, castelos e catedrais, e os intelectuais teriam tido que trabalhar nos campos agrícolas em vez de se concentrarem nos livros. Essas poucas vidas extras iniciais exerceram um efeito exponencial pela simples razão de que a Europa tinha abundância de áreas potencialmente férteis. Elas só precisavam de mão de obra para se tornarem cultiváveis.

A remoção da vegetação das paisagens naturais começou por uma de duas formas — individualmente, como resultado da iniciativa de um camponês, ou coletivamente, pelo incentivo de um senhor feudal. Nos casos individuais, o administrador de uma área de cinco ou seis acres pode ter percebido que não seria capaz de alimentar sua crescente família com tão pouca terra. Mesmo num ano de boa colheita, ela não lhe teria fornecido excedente para venda no mercado ou servir como estoque de emergência, no caso de uma colheita futura ruim. Depois de identificar um ou dois acres florestados nas proximidades, é possível que fizesse um acordo com o bailio da propriedade senhorial para derrubar as árvores, cultivar a terra e administrá-la, pagando um pouco mais de aluguel. Esse tipo de avanço agradaria a todos: o camponês passava a ter mais terras para cultivar e maior segurança para sua família, e o bailio e o senhor feudal ficavam contentes com a renda adicional. Quando os filhos do camponês crescessem, poderiam ajudar a desmatar mais quatro ou cinco acres. E assim por diante.

Já os desmatamentos coletivos costumavam envolver projetos de drenagem e irrigação em larga escala. O bailio empregava os arrendatários em trabalhos de abertura de valas e construção de diques com duração de um número específico de dias. Quando os trabalhos eram concluídos, a nova terra aproveitável era partilhada entre os arrendatários existentes ou novos. Algumas propriedades pertencentes a ordens monásticas podiam ser desmatadas até por seus próprios monges, trabalhando sob as bênçãos do verdadeiro espírito da Regra de São Bento. No decurso do século XII, milhares de acres de terra europeia tiveram suas florestas derrubadas e áreas pantanosas drenadas pelos cistercienses.

É difícil medir a extensão desses desmatamentos. A alfabetização era ainda tão rara que os senhores de terras e seus empregados não faziam registros dos limites territoriais das propriedades com regularidade, muito menos dos lotes de terra administrados pelos arrendatários. Embora muitas tabelas de controle de propriedades senhoriais indicando permissão de "roçagem" de terreno — remoção da vegetação natural para fins agrícolas — tenham sobrevivido ao tempo, essas concessões individuais não determinam toda a extensão do processo. Portanto, nossa melhor medida para avaliar o fenômeno é o crescimento populacional em si. Mas isso também é difícil de quantificar. Os números mais completos que temos referentes ao período são os relacionados com a Inglaterra, em razão da excepcional conservação do Domesday Book (1086), o único censo de dados abrangente sobre um reino do século XI e sua riqueza. Estimativas feitas com base no Domesday revelam que a população da Inglaterra girava em torno de 1,7 milhão de pessoas na época. Registros dos impostos de capitação feitos a partir de 1377 demonstram que, a essa altura, a população tinha crescido para cerca de 2,5 milhões, mas esse total deve ter sido muito maior antes dos períodos de fome de 1315–22 e da Peste Negra de 1348–49. Baseados nessas e em outras fontes de dados, podemos estimar que a população aumentou de 1,8 milhão em 1100 para quase 3,4 milhões em 1200. A consequência disso é que, em 1200, as terras cultivadas na Inglaterra eram quase duas vezes mais produtivas do que tinham sido no início do século. A única explicação para um crescimento populacional dessa magnitude está no fato de que gigantescas extensões de terra do reino tenham começado a ser submetidas ao trabalho de arados. Mais terras cultiváveis eram sinônimo de mais comida, o que significa também que mais pessoas se sentiam seguras para casar-se e criar filhos, os quais passaram a ser mais bem-alimentados. E, por sua vez, todas as gerações seguintes incorporaram mais terras ao sistema agrícola, provocando uma expansão demográfica ainda maior.

Como se saiu o restante da Europa do século XII? Conforme demonstrado no Anexo (página 411), historiadores apresentam números conflitantes. Um conjunto de estimativas recentes de Paolo Malanima indica que, como um todo, a população da Europa cresceu cerca de trinta e oito por cento no século XII. Contudo, se levarmos em conta os três países com a melhor fonte documental de informações — Inglaterra, França e Itália — e montarmos um modelo representativo das principais partes da Europa com base nos números de suas populações, fazendo projeções a partir do comprovado total de oitenta e quatro milhões de pessoas no ano de 1500, obteremos um quadro muito diferente dos séculos XII e XIII, que indica que a população aumentou, respectivamente, em cerca de quarenta e nove e quarenta e oito por cento, chegando a um total de mais de cem milhões por volta de 1300. Independentemente de quais sejam os números exatos, não resta dúvida de que foi no período compreendido entre 1050 e 1250 que ocorreu o grosso dos desmatamentos, permitindo um crescimento como esse. A imagem mais famosa dessa fase histórica talvez seja a dos cruzados envoltos em cotas de malha de ferro, desferindo esmagadores golpes de maça nos capacetes de seus adversários, mas a verdadeira usina forjadora de transformações sociais no século XII foram suas propriedades, lavradas por camponeses laboriosos cujos nomes desconhecemos e cujo único memorial foi talhado no solo dos campos recém-cultivados que deixaram para trás.

A expansão da rede de mosteiros

O simples fato de o Papa Eugênio III ter designado Bernardo de Claraval para conclamar os fiéis a se lançarem na Segunda Cruzada já indicia outro importante acontecimento do século XII. Bernardo era monge, e, portanto, seria de esperar que se afastasse das coisas do mundo para viver uma vida reclusa e contemplativa. No entanto, nós o vemos viajando por toda parte, encontrando-se com reis e fazendo sermões perante multidões. Ademais, para onde quer que se dirigisse, sua fama chegava lá primeiro. Quando, em 1130, surgiu uma controvérsia em torno da escolha do papa, pediram a Bernardo que decidisse qual candidato deveria ser eleito. Ele escolheu Inocêncio II e depois viajou pela Europa durante vários anos, tentando persuadir a mudar de lado os governantes que tinham apoiado o outro candidato. Em 1145, o principal motivo de Eugênio ter sido eleito papa deveu-se ao fato de que era amigo de Bernardo. A influência e a fama de Bernardo deram também um impulso enorme ao crescimento de sua ordem religiosa. Agora, milhares de pessoas afluíam para lá com o objetivo de se unirem à ordem cisterciense, que tinha sido fundada em 1098 e cujos monges faziam votos solenes de levar uma vida austera, estritamente governados pela Regra de São Bento. Em 1152, a ordem tinha mais de trezentos e trinta mosteiros espalhados pela Europa e, na segunda metade do século, ela se expandiu ainda mais, chegando ao leste da Europa, Escócia e Irlanda. Em fins do século, tinha incorporado também várias dezenas de conventos de freiras.

Os cistercienses não eram a única ordem monástica em ascensão. A Ordem dos Cartuxos optava por uma existência ainda mais austera, vivendo em cubículos ao redor dos claustros de seus hospitais-escolas. Existiam também várias ordens de clérigos monásticos, tais como a Ordem dos Cônegos Regrantes de Santo Agostinho (os agostinianos), cujo estilo de vida se parece muito com o de monges. Guilherme de Champeaux fundou a Ordem dos Cônegos Regulares de São Vitor (os vitorianos) em 1108; Norberto de Xanten, amigo de Bernardo, criou a Ordem dos Premonstratenses em 1120; e Gilberto de Sempringham estabeleceu a Ordem Gilbertina em 1148. Quando combinado com o zelo dos cruzados, o espírito monástico ocasionou um crescimento semelhante nas ordens militares, cujos deveres incluíam rezas e a proteção de peregrinos. A Ordem dos Cavaleiros Hospitalários se desenvolveu na esteira do sucesso da Primeira Cruzada. Fundada em 1118, a Ordem dos Cavaleiros Templários recebeu o apoio entusiasmado de Bernardo de Claraval. Em Castela, na década de 1150, os cistercienses criaram sua própria ordem militar, a Ordem de Calatrava, e os Cavaleiros Teutônicos nasceram próximo ao fim do século. Essas foram apenas as ordens mais notáveis; muitas outras floresceram para proteger peregrinos em visitas à Terra Santa.

Podemos ter uma ideia bem clara do tamanho da expansão da vida monástica se examinarmos os números relacionados com a Inglaterra e o País de Gales. Em 1100, havia menos de cento e quarenta e oito dessas instituições religiosas, incluindo cerca de quinze conventos. Ao longo de apenas duas décadas, 1135-54, o número aumentou de algo em torno de cento e noventa e três para trezentos e sete: um aumento de seis novas instituições a cada ano. Em 1216, existiam por volta de setecentas casas religiosas, com outras sessenta ou setenta pertencentes aos Hospitalários e aos Templários.[4] O número de monges, cônegos e freiras aumentou numa proporção ainda maior, de cerca de dois mil para algo próximo de doze mil. Se fizéssemos uma estimativa desses totais atinentes à Europa inteira nos baseando nesses números, chegaríamos à conclusão de que deve ter havido, nos últimos anos do século XII, na parte ocidental da Cristandade, oito a dez mil instituições monásticas e cerca de duzentos mil monges, freiras e cônegos. Contudo, quando levamos em conta que a Inglaterra e o País de Gales eram regiões relativamente pouco habitadas na época, nas orlas da Cristandade, torna-se evidente que a quantidade real de homens, mulheres e instituições religiosas em 1200 era muito maior.

Por que isso aconteceu? O que levou pessoas a doar parcelas enormes de suas riquezas para patrocinar essas novas instituições religiosas? Para entendermos a motivação delas, precisamos examinar o surgimento da doutrina do Purgatório — a crença católica romana de que as almas dos mortos não vão direto para o Paraíso ou para o Inferno, mas para uma espécie de antessala espiritual, onde permanecem durante algum tempo antes de serem enviadas para cima ou para baixo. Antes do aparecimento dessa doutrina, homens e mulheres nobres que fundavam mosteiros faziam isso na esperança de que, como resultado de suas boas ações, suas almas fossem direto para o Paraíso quando morressem. Acreditavam que, se não o fizessem, passariam toda a eternidade no Inferno. Mais ou menos em meados do século XII, porém, a questão de a alma ir para o Paraíso ou para o Inferno tornou-se mais complexa. Precisamente em qual momento a alma era condenada? Isso ocorria no instante da morte ou será que rezas em favor do defunto ainda poderiam ajudá-lo a ser encaminhado para o Paraíso? Teólogos desenvolveram conceitos mais complexos em torno da antiga ideia de redenção pela prece e, por uma questão de conveniência, proclamaram que as rezas podiam de fato ajudar os mortos. Nos anos de 1150, Pedro Lombardo declarou que a prece podia ajudar tanto os moderadamente maus, amenizando seu sofrimento, quanto os razoavelmente bons, auxiliando-os a palmilhar o caminho do Paraíso.[5] Desse modo, as pessoas começaram a acreditar que essas almas não iam direto para o Paraíso ou para o Inferno. Em 1200, uma complexa doutrina sobre o Purgatório tinha sido estabelecida, levando mais e mais pessoas a doar suas riquezas a mosteiros e capelas, esperando que rezas feitas em seu benefício após a morte pudessem apressar sua passagem para um mundo de eterna bem-aventurança.

Talvez você se sinta inclinado a achar que, uma vez que todos esses novos monges e freiras ficavam enclausurados em comunidades reclusas, dificilmente poderiam influenciar o que estava acontecendo do lado de fora

— portanto, como é possível que possam representar um acontecimento importante na história do Ocidente? Mas precisamos estudar o século XII levando em conta as interligações humanas. Hoje em dia, em nosso maravilhoso mundo de intercomunicação computadorizada, acreditamos que nossos métodos de obtenção de informações e repasse de nossa maneira de ver e pensar são totalmente diferentes dos de nossos antepassados. Nos dias atuais, contamos com redes de armazenamento e transferência de informações inimagináveis para gerações anteriores. A vida monástica, contudo, proporcionava uma conexão semelhante. Era uma espécie de interligação cristã — uma rede monástica — entrelaçada ao mundo secular de padres paroquianos, escrivães e bispos políticos. Da Islândia a Portugal, da Polônia a Jerusalém, monges, cônegos e padres atravessavam as fronteiras de reinos, disseminando conhecimento e participando de discussões mais amplas. Procurando explorar a ortodoxia latina introduzida pelo Papa Gregório VII no século anterior, faziam isso usando uma linguagem comum que acabou se revelando tão internacionalmente útil quanto as linguagens de programação-padrão que estruturam a internet atual.

A rede de mosteiros da Cristandade não só disseminava conhecimento, mas o gerava também. Basta pensarmos no universo de funções que um mosteiro exerce. Construções demandavam mestres-pedreiros, escultores, entalhadores e carpinteiros. Então podemos dizer que as ordens monásticas foram importantes patronos do desenvolvimento do *design* e da arquitetura, da engenharia estrutural e das artes do século XII. Mosteiros exigiam que monges e cônegos soubessem ler. Então eram também instrumentos de disseminação da alfabetização; várias escolas para meninos (e, ocasionalmente, para meninas) foram fundadas fora do claustro, não só como parte de seus abnegados serviços, mas também para levantar recursos financeiros. Em suas bibliotecas, preservavam as obras de escritores do passado e produziam novos livros, armazenando e difundindo informações. O mosteiro de Bec, na Normandia, por exemplo, tinha uma biblioteca de cento e sessenta e quatro livros no começo do século XII e conseguiu mais cento e treze em 1164, como resultado de uma herança. Fundou também uma escola particular. Na descrição que fez das características do estabelecimento, o cronista Orderico escreveu: "Quase todos os monges de Bec pareciam filósofos, e lá até o menos instruído tinha algo a ensinar a gramáticos frívolos."[6] Quando um mosteiro fazia parte de uma catedral, o que era comum, os monges cuidavam da correspondência da administração real, trabalho que facilitou a criação de arquivos e a composição de crônicas. Os próprios monges viajavam, levando notícias entre mosteiros para toda a Europa. Em suas hortas cultivavam plantas medicinais e, nos mosteiros que tinham enfermaria, praticavam uma medicina limitada. Algumas ordens propagavam suas conquistas técnicas pelo continente, disseminando o uso da roda hidráulica, do pesado arado e de uma viticultura aperfeiçoada, ajudando, desse modo, a exploração comercial e agrícola de terras recém-desmatadas.

Nem todos os mosteiros da Europa contavam com uma biblioteca cheia de textos maravilhosos, logicamente, tampouco nem todos tinham uma escola. Mas muitos dispunham de ambos. "Um mosteiro sem biblioteca é como um castelo sem arsenal", rezava um ditado na época.[7] Os mosteiros abriam as mentes das pessoas, enchiam suas almas de instrução e incentivavam os jovens que frequentavam suas escolas a buscar mais conhecimento, e não apenas em suas bibliotecas, mas também em lugares distantes.

O renascimento intelectual

Caso você participasse de um jogo de associação de palavras com um grupo de historiadores especializados em Idade Média, a resposta à expressão "século XII" seria, sem dúvida, "renascença". Ela não tem nenhuma relação com o Renascimento Italiano de meados do século XIV ao XVI, mas com um fenômeno anterior, identificado em 1927 pelo especialista Charles Homers Haskins em Idade Média. Ele demonstrou que o século XII foi um período de renascimento cultural sem precedentes. Dois componentes desse movimento têm especial importância em nosso estudo: o primeiro é a dialética, nascida do pensamento pioneiro de Pedro Abelardo e da redescoberta das obras de Aristóteles; o segundo é a abundância de traduções do legado cultural árabe, patrimônio que permitiu a recuperação de muitos conhecimentos do mundo antigo.

Pedro Abelardo foi o filho mais velho de um cavaleiro bretão que incentivou os filhos a aprender a ler antes mesmo que fossem capazes de manejar uma espada. Inspirado pelos poucos textos aristotélicos numa tradução do século VI de Boécio, Abelardo avançou rapidamente nos estudos da lógica. Em pouco tempo, "não manejava nenhuma outra arma que não fosse a das palavras". Mas isso não fez dele um pacifista: as palavras de Abelardo eram mais afiadas e perigosas do que as espadas da maioria dos homens. Ele estudou sob a orientação de Guilherme de Champeaux na escola de São Vítor, em Paris; logo, porém, estaria vencendo seu mestre nos debates. Sua fama de erudito espalhou-se rapidamente e, em 1115, já lecionava na escola episcopal de Notre-Dame, para onde afluíam centenas de pessoas com a intenção de ouvi-lo discursar. Ele era a sensação acadêmica da época.

Foi então, no auge da fama, que ele se apaixonou por Heloísa, a sobrinha de Fulberto, um dos cônegos da catedral. Abelardo seduziu a jovem, que engravidou. Fulberto não gostou nem um pouco: mandou castrar Abelardo barbaramente. Humilhado, Abelardo refugiou-se na Abadia de Saint Denis, a norte de Paris. Lá, nas horas em que não estava em conflito com seus colegas monges, escreveu sua primeira obra teológica sobre a Santíssima Trindade. Infelizmente, isso fez com que fosse acusado de heresia por um sínodo provincial em Soissons, em 1121. Quando foi condenado e forçado a queimar seu livro, Abelardo decidiu tornar-se eremita. Ele fundou uma casa religiosa, a Abadia do Paracleto, onde se isolou do mundo. Mas o mundo não se isolou dele. Logo, estudantes começaram a se instalar em barracas montadas em torno do Paracleto. Vinte anos após sua primeira condenação por heresia, quando tinha sessenta e poucos anos, Abelardo teve que enfrentar dura oposição de Bernardo de Claraval, que queria suprimir a difusão de seus perigosos ensinamentos. Por incitação de Abelardo, que buscava provar sua inocência, foi combinado um debate em Sens entre os dois grandes oradores. Todavia, na noite anterior ao debate, Bernardo discursou em particular perante os bispos que formavam parte do conselho reunido para julgar o processo. Depois disso, Abelardo recusou-se a se manifestar em defesa própria. Mais uma vez, ele foi condenado por heresia e morreu no ano seguinte sob a proteção do abade de Cluny.

A razão de Abelardo ter despertado a fúria de tantos clérigos não estava apenas em sua personalidade combativa e no fato de ter seduzido a sobrinha de um cônego, tampouco em sua dedicação ao estudo e à difusão da lógica aristotélica. Isso ocorreu por causa de seus avanços no estudo da lógica e da dialética e porque ele usava essas formas de raciocínio para investigar questões relacionadas à fé. Na época, predominava o consenso de que raciocinar era ótimo — exceto quando isso envolvia religião. Abelardo, porém, enfrentou esse preconceito com destemor. Em seu livro *Sic et non* [Sim e não], ele fez uma análise crítica de cento e cinquenta e oito aparentes contradições nos escritos dos Padres da Igreja, considerando cada uma delas a partir de dois pontos de vista conflitantes e formulando muitos argumentos radicais para usar em debates. Por exemplo, o primeiro princípio exposto por ele em *Sic et non* é que "a fé é e não é fortalecida pela razão". Ao questionar se a lógica fortalece ou enfraquece a fé, ele pôs em xeque a máxima bíblica segundo a qual "sem fé não há entendimento". Para nós, o raciocínio de Abelardo é claro: tendemos a acreditar naquilo que achamos racional e, por outro lado, criticamos aqueles que afirmam que algo é razoável baseando-se pura e simplesmente numa convicção pessoal. Contudo, até a época de Abelardo, a fé *em si* era o meio de compreensão das coisas e do mundo. Foi Abelardo que estabeleceu a máxima de que "a dúvida leva à investigação, e a investigação conduz à verdade". E ele deu um nome a sua aplicação de lógica à religião — "teologia".[8]

Sic et non demonstra quanto Abelardo era uma pessoa destemida, quanto estava disposto a levar sua teologia para muito além das fronteiras da ortodoxia. Usando seu método dialético — examinando uma questão a partir de dois pontos de vista contrários para identificar e resolver contradições entre eles e, assim, responder à pergunta inicial com mais exatidão —, ele defendia algumas ideias que, para a época, eram simplesmente perigosas. Por exemplo, quando apresentou a proposição de que "Deus pode saber tudo", ele deixou implícita a hipótese de que talvez Deus *não* soubesse tudo. Da mesma forma, enunciou "que, para Deus, tudo é possível, e nem tudo é". Insinuar, no século XII, que talvez Deus não fosse onipotente era escandaloso. Havia até a hipótese, em *Sic et non*, de "que Deus pode ser a causa ou o autor de coisas más ou não ser". Com uma atitude que não surpreende, Abelardo não apoiou de forma categórica e incondicional a infalibilidade divina, tal como Bernardo de Claraval teria feito; ele deixou a questão em aberto para que as pessoas chegassem às suas próprias conclusões. Aliás, ele argumentava que *todos* os pontos de vista, até mesmo os dos venerados Padres da Igreja, eram simples opiniões e, portanto, falíveis. Muitos de seus colegas, para os quais questionar os escritores sagrados beirava a heresia, acreditavam que isso era ir longe demais com o racionalismo. Mas Abelardo não parou aí. Enquanto os tradicionalistas se esquivavam de debater o problema de o mistério de Deus ser uma trindade de seres divisíveis ou indivisíveis, lançando mão do argumento de uma dogmática união mística, ele os cobria de escárnio. Era ridículo propor que Deus Pai podia ser a mesma pessoa que o Filho, insistia ele, pois como alguém poderia gerar a si mesmo? Numa época em que a maioria dos analistas queria reconciliar visões religiosas conflitantes entre os Padres da Igreja que haviam engendrado a teologia medieval, Abelardo estava determinado a explorar essas diferenças.

Também na esfera da ética, Abelardo defendia a adoção de formas de pensar igualmente perigosas. Ele argumentava que a intenção era um fator de máxima importância para determinar a culpa de alguém. Em suma, se cometesse uma transgressão sem querer, a pessoa seria menos culpada do que alguém que fizesse isso deliberadamente. Sua culpa (de pouca gravidade) estava na negligência, não numa intenção criminosa. Aliás, em certas circunstâncias, a intenção podia ser o *único* fator determinante de culpa ou inocência. Se um irmão ou uma irmã que tinham sido separados ao nascer e não conhecessem um ao outro se encontrassem mais tarde na vida, se casassem e tivessem filhos, então, embora fossem claramente culpados de incesto, não deveriam ser punidos, pois não tinham a mínima consciência de que estavam cometendo um crime. O problema era que o princípio que embasava esse argumento estabelecia que senhores feudais, bispos e juízes não podiam dar a mesma punição para todos os crimes sem que cometessem uma injustiça. E Abelardo não questionava apenas indiretamente os códigos morais promulgados pela Igreja, mas fazia isso diretamente também. Por exemplo, ele argumentou que o prazer nas relações sexuais dentro do casamento era idêntico ao experimentado fora do leito nupcial. Portanto, se esse prazer era pecaminoso fora do casamento (conforme ensinava a Igreja), então era pecaminoso também dentro do casamento, já que o ato de se casar não suprimia o pecado. Porém, como a conjunção carnal dentro do casamento era fundamental para a raça humana, Deus certamente não teria feito a sobrevivência da humanidade dependente do pecado. Desse modo, o pecado das relações extraconjugais ficou claramente passível de questionamento. Com um raciocínio ainda mais controverso, Abelardo argumentou que aqueles que crucificaram Jesus Cristo não eram pecadores, pois não tinham como saber da divindade do Cristo e estavam agindo apenas de acordo com o que achavam que era correto. É fácil entender por que ele se meteu em apuros.

Abelardo não era o único em busca de novas verdades. Em todo o sul da Europa, estudiosos estavam tomando conhecimento de que um imenso tesouro de conhecimentos da Antiguidade não se perdera com a ruína do

Império Romano, tal como acreditavam antes, mas permanecia guardado nas bibliotecas árabes da Espanha e do norte da África. Lentamente os guerreiros da Reconquista retomavam os territórios das mãos dos muçulmanos e recuperavam acesso a obras literárias e aos conhecimentos do passado remoto. Toledo foi tomada pelos cristãos em 1085, e Saragoça, em 1118. Logo um pequeno exército de tradutores de todas as partes da Europa, trabalhando em cidades da Espanha e do sul da França, começava a exumar as verdades ocultas na literatura arábica — com todo o furor de um bando de ladrões de cemitério saqueando túmulos transbordantes de tesouros. Entre eles, Adelardo de Bath, Roberto de Ketton e Roberto de Chester, da Inglaterra; Gerardo de Cremona e Plato de Tívoli, da Itália; Hermano de Caríntia, da Áustria, e Rodolfo de Bruges, dos Países Baixos, além de muitos judeus espanhóis, que facilitaram o trabalho. Incentivados por Raimundo, bispo de Toledo, e Miguel, bispo de Tarazona, eles traduziram bibliotecas inteiras com obras sobre filosofia, astronomia, geografia, medicina e matemática. Como vimos, uma vez traduzidos para o latim, esses textos podiam ser copiados e lidos por intelectuais em todo o Ocidente. Juntamente com o pensamento do mundo antigo, eles deram à Cristandade as obras dos grandes matemáticos islâmicos. Em 1126, Adelardo de Bath traduziu *Zij al-Sindhind*, obra de al-Khwarizmi pela qual foram introduzidos os numerais arábicos, o ponto decimal e a trigonometria no Ocidente. Em 1145, Roberto de Chester traduziu *Kitab al-Jabr wa-l-Muqabala*, do mesmo autor, vertendo-a para o latim com o título de *Liber algebrae et almucabola*, introduzindo o termo "álgebra" e a chave para solucionar equações de segundo grau. O mais importante desses tradutores foi Gerardo de Cremona, que, até pouco antes de sua morte, em 1187, havia traduzido pelo menos setenta e um textos antigos para o latim. Entre esses, figuravam *Almagesto*, de Ptolomeu, *Os elementos*, de Euclides, *Geometria esférica*, de Teodósio, e muitos trabalhos de filosofia e medicina de autoria de Aristóteles, Avicena, Galeno e Hipócrates.[9]

Além das cidades espanholas e do sul da França em que esses tradutores trabalharam arduamente, dois outros centros conseguiram disponibilizar textos perdidos para eruditos europeus. Em Constantinopla, muitas obras antigas tinham sido preservadas em suas formas gregas originais. Foi lá, em 1136, que James de Veneza traduziu *Analíticos posteriores*, de Aristóteles, a "nova lógica" — assim designada para se diferenciar da "velha lógica" que Boécio traduzira séculos antes. No reino normando da Sicília, foram achados pergaminhos gregos provenientes da época em que o Império Bizantino tinha controle sobre a região. Livros árabes foram encontrados lá também, escritos no tempo em que a Sicília estivera sob o domínio dos muçulmanos. Para agradar aos reis intelectuais da região, Rogério II e seu filho, Guilherme I, tradutores da corte de Palermo, criaram versões latinas de *Mênon* e *Fédon*, de Platão, *Meteorologia*, de Aristóteles, vários trabalhos de Euclides e *Óptica* e *Almagesto*, de Ptolomeu. Eles traduziram também o grande compêndio de geografia de Dreses, que incluía um mapa-múndi que abrangia a Islândia, a Ásia e o norte da África.

Todas essas descobertas realmente transformaram a Cristandade como um todo? De que forma os avanços intelectuais do século XII influenciaram a vida do camponês da região central da França? Talvez não diretamente e, com certeza, não tanto quanto sua capacidade de limpar mais alguns acres de terra e alimentar uma grande família. Contudo, esperar que toda mudança tenha causado um efeito direto e imediato na população como um todo seria irrealista e simplista. Seria como perguntar se a Teoria da Relatividade de Einstein afetou as vidas de operários das fábricas contemporâneas: talvez ela não tenha causado impacto em 1905, ano em que foi publicada, mas certamente abalou o mundo em 1945, quando as explosivas consequências de seu uso colocaram um fim na Segunda Guerra Mundial. No caso do renascimento intelectual do século XII, a nova lógica de Aristóteles foi se insinuando aos poucos até afetar a sociedade como um todo. Ela fez com o que o conhecimento fosse visto de outra forma. Ensinou às pessoas que até então haviam criado enciclopédias cada vez maiores que a aquisição de conhecimento não é apenas uma questão de se acumularem mais e mais fatos: a qualidade desses fatos é igualmente importante. Escritores como João de Salisbury, que compareceu aos sermões de Abelardo em 1136 e acabou se tornando bispo de Chartres, foi apenas um de muitos intelectuais da época profundamente influenciados pela nova forma de se raciocinar. Parafraseando uma de suas mais importantes observações: não importa que três locais de peregrinação aleguem ter a relíquia da cabeça de João Batista; o importante era qual igreja tinha a posse da *verdadeira* cabeça. Portanto, só é preciso saber que os símbolos que usamos hoje para grafar números são arábicos para entender quanto devemos aos matemáticos muçulmanos cujas obras foram traduzidas no século XII. Você já tentou fazer contas de multiplicar ou dividir frações com numerais romanos? Já pensou em como conseguiria multiplicar o número π (3,1415926536...) usando numerais romanos? Ainda mais importante, antes da tradução dos tratados árabes, o conceito de zero não existia. Mas o zero é um enorme buraco redondo do qual jorraria uma quantidade infindável de pensamentos matemáticos posteriores. A necessidade de buscar novos conhecimentos deve ter passado muito acima da cabeça do camponês mourejando no campo e só lentamente foi sendo incorporada pelos homens do povo, mas, sem essa busca, o futuro da Europa teria sido muito diferente.

A medicina

Uma área do conhecimento no século XII que teve um efeito direto na vida das pessoas foi a medicina. Claro, a área em si não era nova. Existiam médicos no mundo antigo, e ideias médicas tinham sido transmitidas de inúmeras formas através dos séculos. Além de compêndios de tratamento com ervas medicinais, os anglo-saxões e os povos do continente tinham seus "livros sobre técnicas de sangria". Rábano Mauro incluiu um capítulo sobre medicina em sua enciclopédia, e o escritor Isidoro de Sevilha do século VII inseriu uma dezena ou mais de textos de autoria de Galeno, médico do século II, em seus compêndios de conhecimento. Não existia, no entanto, nenhuma coletânea sistematicamente organizada de textos sobre medicina. Havia muito poucos médicos e nenhum cirurgião, além de nenhum curso formal de medicina. Ademais, predominava a crença de que intervenções médicas eram uma tentativa de desfazer o trabalho de Deus. Escritores cristãos dos primeiros séculos da Idade Média, como Gregório Turonense, haviam enfatizado a imoralidade da medicina, já que seus praticantes buscavam alterar o julgamento de Deus. Ele deu até exemplos de homens e mulheres sendo devidamente punidos por terem procurado essa assistência, citando, por outro lado, casos de pessoas curadas milagrosamente com óleo consagrado onde a medicina havia falhado. O fato de essa visão de mundo ter perdurado até o início do século XII fica evidente na declaração de Bernardo de Claraval de que "consultar médicos e tomar remédios não convém à religião e é um ato contrário à 'pureza'".[10]

O ponto de vista aparentemente severo de Bernardo quanto a isso talvez seja mais compreensível se examinarmos alguns dos métodos de tratamento médico adotados nos séculos X e XI e considerarmos que a superstição exercia um importante papel na prática da medicina. Receitas de remédios, por exemplo, geralmente prescreviam a inclusão de excremento e partes do corpo de animais, juntamente com feitiços e amuletos. Basta um exemplo, extraído de um livro de sangria dos anglo-saxões, para ilustrarmos a questão:

> Para tratar casos de câncer, providencie bílis de bode e mel, misture uma quantidade idêntica de ambos e aplique no ferimento. [Também se pode] incinerar uma cabeça de cão de caça fresca e aplicar as cinzas no local lesado. Se a ferida não se curar, pegue um pouco de excremento de homem, desidrate totalmente, esfregue em uma superfície dura até virar pó e aplique na lesão. Caso não haja resultado, nada mais irá funcionar.[11]

Nesse contexto, a afirmação de Bernardo de que a medicina é "contrária à pureza" faz todo sentido.

A contribuição dada pelo século XII a essa área consistiu na sistematização do conhecimento, introduzindo métodos mais científicos, ensinando técnicas médicas e cirúrgicas e, sobretudo, erradicando muitas das superstições que até então permeavam a medicina. É verdade que uma grande dose de astrologia permaneceu incrustada no *corpus* médico, mas até ela passou a ser sistematizada e tratada como ciência, substituindo feitiços e amuletos, cujo uso fora predominante nos tratamentos.

Houve alguns avanços promovidos por mosteiros do século XII. A considerável coletânea de receitas médicas feita pela abadessa Hildegard von Bingen é um ótimo exemplo, ainda que não seja tão famosa quanto sua música. Contudo, a maioria dos novos métodos terapêuticos de que passou a dispor o Ocidente era importada do mundo árabe, incluindo os presentes nas obras dos antigos médicos gregos Hipócrates e Galeno e os expostos nos manuscritos de influentes praticantes de medicina árabes beneficiados pelo trabalho de ambos, tais como Avicena, Rasis, Abulcasis e Johannitius. Hipócrates, considerado o "pai da medicina", foi um médico do século V a.C. conhecido por seu *corpus* de escritos sobre medicina; ainda hoje perdura a prática de se prestar o Juramento de Hipócrates, se bem que sob uma forma modificada, por médicos recém-formados. Galeno, que viveu no século II d.C., expandiu a compreensão da teoria dos quatro humores corporais enunciada por Hipócrates: bílis negra, bílis amarela, sangue e fleuma. De acordo com ele, somente mantendo esses humores em equilíbrio, a pessoa conseguiria preservar a boa saúde. Havia cerca de dezessete de seus trabalhos menos importantes traduzidos para o latim no século XI, mas dezenas foram traduzidos no século XII.[12] Avicena foi um estudioso islâmico do século XI que assimilou os trabalhos de Galeno e Hipócrates e criou uma enciclopédia de cinco volumes sobre escritos médicos, intitulada *O Cânon da Medicina*. Ela foi traduzida por Gerardo de Cremona e acabou se tornando um compêndio médico com um valor de referência extremamente duradouro, fornecendo a base para a compreensão da disciplina médica na famosa escola de medicina de Montpellier até 1650. Rasis, um médico persa falecido no século X, foi autor de um número enorme de livros sobre medicina, incluindo dois importantes tratados médicos (*O livro sobre medicina dedicado a Mansur* e *O tratado de medicina geral*), trabalhos sobre doenças específicas e comentários críticos genéricos sobre a obra de Galeno. Já Abulcasis foi o mais importante escritor árabe sobre cirurgia médica. Johannitius traduziu para o árabe cento e vinte nove obras de Galeno, preservando-as para a posteridade. Ele compôs também uma influente introdução para as obras do antigo médico, a qual foi traduzida para o latim sob o título de *Isagoge*.

Essas traduções foram incorporadas ao desenvolvimento de um ensino sistemático da medicina. Em 1100, a cidade de Salerno, no sul da Itália, já tinha a fama de grande centro de ensino da medicina, graças principalmente à iniciativa de seu bispo, Alfano, que conseguiu beneficiar-se do trabalho de Constantino, o Africano, cidadão de Túnis que traduzira um grande número de importantes tratados de medicina em fins do século XI. Na primeira metade do século XII, um plano de estudos foi criado em Salerno para estudantes de medicina da cidade. Denominado *Articella*, consistia de uma antologia formada por *Isagoge*, *Aforismos* e *Prognósticos*, de Hipócrates, *De Urinis*, de Teófilo, e *De Pulsibus*, de Filareto; em 1190, *Tegni*, de Galeno, já tinha sido incluído no currículo. Os que conseguiam formar-se em Salerno podiam dar como certo a conquista de um emprego lucrativo nas mansões reais da Europa. Mas senhores feudais menos poderosos podiam beneficiar-se também da presença de homens da medicina na corte: conforme observado por João de Salisbury, os médicos "têm olhos para apenas duas máximas, que eles nunca violam: nunca se importe com os pobres e nunca recuse dinheiro dos ricos".[13] Para os menos abastados, porém, logo foram criados métodos de preservação da boa saúde — regimes alimentares — que passaram a ser ensinados em Salerno e divulgados em forma de poemas e conselhos por escrito. Assim, embora em 1100 quase ninguém fosse suficientemente versado em manuscritos sobre medicina para ser considerado especialista no conhecimento e tratamento de doenças, por volta de 1200 havia um pequeno, mas crescente, grupo de médicos qualificados que afirmavam conhecer os mecanismos que governavam a saúde do corpo e tratavam as poucas pessoas que tivessem condições de pagar por seus serviços.

As técnicas cirúrgicas progrediram junto com esses avanços na medicina. No começo do século, intervenções cirúrgicas no Ocidente não iam além de práticas de sangria, cauterizações de carnes putrefatas com um ferro em brasa, drenagens de tumefações, imobilização de membros fraturados com bandagens, tratamento de feridas e queimaduras com ervas, além da amputação de membros gangrenados ou cancerosos. Para o avanço nessa área, o contato de cristãos com judeus e muçulmanos na Terra Santa foi importante, já que soldados e peregrinos eram tratados por médicos de todas as religiões e nacionalidades. Um famoso relato da época conta o caso de um médico sírio que tratou de um cavaleiro com um abscesso na perna e de uma mulher febril. Ele aplicou um pequeno cataplasma sobre a perna do cavaleiro, e o ferimento logo começou a sarar. A mulher também se recuperava sob os cuidados do médico sírio (constituídos principalmente de regime alimentar especial) quando um médico cristão assumiu a responsabilidade pelo tratamento dos dois, recusando-se a aceitar que um sírio fosse capaz de ajudá-los. O novo médico perguntou então ao cavaleiro ferido se ele preferia sobreviver com uma perna ou morrer com duas. Logo que ouviu do paciente a resposta óbvia, ele providenciou um machado e mandou que amputassem a perna do sujeito. Foram necessários alguns golpes, "que fizeram com que a medula óssea escorresse, levando o paciente à morte imediatamente". Quanto à mulher, depois que foi tratada pelo médico cristão, voltou a seguir seu regime alimentar e adoeceu de novo, afetada por uma febre cada vez mais intensa. Quando viu que o estado da paciente tinha piorado, o médico europeu fez dois cortes em forma de cruz no couro cabeludo dela e aplicou sal neles. Não surpreende que, logo em seguida, ela tenha morrido também.[14] Independentemente do caráter verdadeiro ou não desses casos, está claro que, na Terra Santa, onde médicos e cirurgiões islâmicos e cristãos cuidavam dos mesmos pacientes, os métodos dos árabes, mais criteriosos, causavam boa impressão.

Recursos educacionais também fizeram com que os métodos cirúrgicos evoluíssem. As traduções de Rasis, Abulcasis e Avicena levaram à compilação, por volta de 1170, de uma coletânea de conhecimentos sobre cirurgia. Principalmente as obras de Abulcasis indicavam os instrumentos necessários à realização de operações médicas, capacitando cirurgiões a fazer mais do que apenas tratar ferimentos e amputar membros. A essa altura, essas técnicas estavam sendo ensinadas como uma refinada arte não apenas em Salerno, mas também no norte da Itália, principalmente por Rogério Frugardi. Em seu *Practica chirurgiae*, organizado por seu aluno Guido Aretino por volta de 1180, a cirurgia foi apresentada pela primeira vez por um escritor ocidental como uma ciência metódica.

A farmacologia, a terceira das ciências médicas, passou a ser estudada também no sul da Europa no século XII. Algumas receitas vinham sendo prescritas desde os tempos antigos: fazia vários séculos que o açafrão-do--prado, por exemplo, era conhecido como agente no tratamento da gota. Mas os herbários dos séculos anteriores apresentavam um número relativamente pequeno de remédios eficazes. Mais uma vez, foram os polímatas árabes que mudaram isso. A tradução de Gerardo de Cremona do *Cânon de Medicina*, de Avicena, revelou-se muito valiosa na formulação de uma teoria sobre farmacologia, usando não apenas ervas, mas também minerais. Hoje, ainda usamos palavras de origem árabe, tais como "álcool", "álcali", "alquimia" e "elixir", fato que indica o tamanho da influência árabe em nossos conhecimentos científicos comuns. Em 1200, escritores latinos já criavam suas próprias farmacopeias. O *Antidotarium Nicolai* foi editado mais ou menos nessa época, provavelmente em Salerno. Isso também fez com que surgissem tratamentos médicos que não se baseavam em superstição, feitiços e amuletos. E, uma vez que a maior parte desses conhecimentos tinha sido traduzida do árabe, eles estavam também, assim como muitos outros manuscritos sobre medicina, livres dos dogmas cristãos.

Tal como veremos ao longo deste livro, o exercício da medicina no Ocidente se desenvolveu em várias etapas. Em 1100, existiam muito poucos praticantes de medicina na Europa, mas, em 1200, havia centenas deles com qualificação para curar doenças e ferimentos ou amenizar suas sequelas — ou pelo menos que acreditavam ter esse conhecimento. Naturalmente, somente uma ínfima parcela da população tinha condições para pagar os seus serviços; no entanto, o século XII marca o início do processo pelo qual homens e mulheres passaram a confiar em outros seres humanos para salvarem seus corpos físicos, em vez de unicamente em Deus, e passaram a empregar metodicamente estratégias medicinais para enfrentar doenças, em vez de contarem apenas com rezas ou magia. De um modo geral, temos que considerar essa uma das mais profundas transformações de que trataremos neste livro.

O estado de direito

No século anterior, em toda a Europa, o corpo das leis era uma colcha de retalhos. Algumas cidades-Estado italianas simplesmente preservavam versões deturpadas da velha legislação civil do antigo Império Romano, também conhecida como direito romano. Já outras tinham adotado o sistema de leis da Lombardia feudal. No norte, a vigência das antigas leis tribais dos francos e dos germânicos perdurava. Não havia leis promulgadas por governos ou corpos legislativos, muito menos direito internacional. Os códigos legais ficavam sujeitos também a consideráveis variações regionais: tão poucas pessoas sabiam ler que as leis não eram divulgadas por escrito, e, assim, os juízes tinham de confiar na própria memória e em suas próprias opiniões. Quando, em 1066-71, a Inglaterra foi conquistada, o código de leis sofreu mudanças apenas para refletir a essência do direito normando feudal, ao passo que os antigos "estatutos" e costumes dos anglo-saxões foram mantidos. Em alguns lugares, as autoridades constituíam um júri para tratar do caso; em outros, o acusado podia ter que passar por uma provação — pela água (caso em que ele era amarrado e lançado nas águas de um rio), pelo fogo (no qual era forçado a carregar um pedaço de ferro incandescente) ou por combate (em que ele tinha que participar de um duelo). A provação por combate também era usada às vezes para decidir uma controvérsia entre as partes litigantes num processo judicial, como no caso de uma disputa pela propriedade de terras. Até mesmo as leis que governavam as atividades da Igreja — o direito canônico — existiam na forma de variantes regionais, já que bispos de certas localidades elaboravam compilações das restrições que achavam que deveriam aplicar em suas dioceses. Considerando a situação, não é de surpreender que o direito não fosse algo devidamente estudado; não existia jurisprudência.

As coisas começaram a mudar no fim do século XI, no norte da Itália. Atividades comerciais entre cidades-Estado cobrindo grandes distâncias demandavam uma forma de legislação sólida e padronizada. Por volta de 1076, uma cópia do *Digesto*, uma coletânea dos melhores jurisconsultos clássicos provenientes do antigo Império Romano, foi redescoberta em Bolonha. Era apenas parte de um conjunto de escritos jurídicos sobre direito romano, o *Corpus Juris Civilis*, que fora compilado sob as ordens de Justiniano, o imperador bizantino do século VI. Contudo, pouco depois, o *Corpus* inteiro foi identificado e estudado. No começo do século XII, Irnério, um brilhante expoente das ciências jurídicas em Bolonha, explicava aos seus alunos o significado de cada parte do *Corpus* com uma sucessão de glosas e comentários. Ele escreveu também uma série de *Questões sobre as sutilezas do direito*, incentivando debates sobre as aparentes contradições nos trabalhos das autoridades judiciárias. Na geração seguinte, um grupo de homens conhecidos pelos historiadores como glosadores deu prosseguimento ao trabalho dele, revisando o *Digesto*, com vistas a dar a devida relevância a sua utilização pelas sociedades do século XII. Por conta disso, a escola de direito de Bolonha cresceu em renome e importância, e, em 1155, um decreto imperial a pôs sob a proteção do imperador. O legado de Irnério não consistiu apenas em estabelecer Bolonha como importante centro de estudos do direito, mas também no renascimento do interesse pelo estudo das leis em todo o Mediterrâneo e no sul do Sacro Império Romano-Germânico. Em fins do século, o direito romano começava a tornar-se a língua jurídica internacional da Europa continental.

Por volta do ano 1140, um monge chamado Graciano, que quase certamente lecionou em Bolonha, compilou uma coletânea definitiva de cânones — leis sobre assuntos que se enquadram na jurisdição da Igreja. O resultado de seu esforço, com o título oficial de *Uma conciliação de cânones conflitantes* e mais popularmente conhecido como *Decretum*, foi uma tentativa de sanar as diferenças existentes entre importantes conjuntos de cânones que circulavam pela Europa. Nessa tarefa, ele adotou o método dialético de Pedro Abelardo, exposto por este pela primeira vez em *Sic et non*, listando as diferenças e apresentando argumentos contra e a favor de cada interpretação. Em pouco tempo, o *Decretum* passou a ser amplamente aceito como obra de referência sobre direito canônico e começou a ser ampliado por decretais ou leis religiosas dos papas, principalmente as do Papa Alexandre III, que pontificou na sé apostólica de 1159 a 1181. A importância disso para a Cristandade como um todo é de um valor inestimável: agora, um código de leis regia as atividades da Igreja inteira e de todas as pessoas que a integravam. Os princípios regidos pelo direito canônico não concerniam apenas à conduta dos membros do clero (tal como a venda de simonias e o casamento de sacerdotes) e à perpetração de crimes pelos ministros de Deus; eles regravam também as questões do comportamento moral de todos os cristãos — a conduta sexual do homem ou da mulher; as relações comerciais e trabalhistas; o cometimento de fraudes, subornos e falsificações; a celebração de batismos, casamentos e cerimônias fúnebres; dias santos, a elaboração de testamentos e prestação de juramento. Dali por diante, ninguém mais estava fora do alcance da lei canônica.

Além do direito romano e do canônico, foi no século XII que ocorreu a introdução da legislação. Também nesse processo, o papa serviu de inspiração. Afinal de contas, se, agindo como chefe de estado, o papa promulgava decretais por meio dos quais instituía leis para regular a vida de todos os seus "súditos", então os reis podiam fazer a mesma coisa. Assim, o imperador Frederico Barba Ruiva estabeleceu decretos para a manutenção da paz a partir de 1152. Da mesma forma, em fins do século, os reis da França e os condes de Flandres começaram a baixar decretos. Um resultado de especial importância desse processo foi que a pena de morte se tornou mais comum. A mensagem era simples: obedeça à lei ou morra.

A Inglaterra seguiu um caminho diferente. Vacário, uma autoridade em direito romano, foi levado ao país pelo arcebispo da Cantuária em 1143, mas o rei Estêvão achava que esse novo tipo de lei era uma ameaça à prerrogativa real e o silenciou. Portanto, as antigas leis e costumes dos anglo-saxões foram mantidos, complementados pelo direito normando. Todavia, a vigência desse conjunto de normas não resistiu muito à força do tempo. O rei seguinte, Henrique II, o transformou por meio de atos administrativos de seu conselho real. Em 1164, as Constituições de Clarendon definiram os limites entre as jurisdições dos tribunais temporal (ou seja, seculares) e eclesiástico. Dois anos depois, o Decreto de Clarendon foi expedido, demandando que os xerifes de cada condado averiguassem quem tinha cometido assassinato, assalto ou roubo desde a ascensão do rei ao trono, em 1154, e procurassem saber se havia alguém dando abrigo a criminosos. Independentemente dos privilégios individuais de senhores feudais e de costumes locais, esses infratores tiveram de ser capturados, constituíram-se júris, e os acusados foram forçados a passar por provações pela água. Foi a primeira vez que se exigia que a Inglaterra como um todo constituísse júris para julgar crimes. Juízes do rei percorriam o país para ouvir casos em sessões de tribunais locais. No decreto de Northampton, em 1176, Henrique II adicionou outros crimes que deveriam ser apurados e punidos pelos xerifes: falsificações, defraudações e incêndios criminosos. Ele criou também um sistema por meio do qual os juízes perfazeriam seis "itinerários" do reino e julgariam os criminosos apreendidos pelas autoridades locais, fato que assinala as origens dos juizados itinerantes dos dias atuais. Investigadores da corte deveriam confiscar os bens móveis do culpado em nome da coroa. Próximo ao fim do século, havia xerifes presidindo tribunais em todos os condados, tal como o faziam também senhores feudais em seus domínios e distritos judiciários. Existiam, ademais, tribunais centrais para a administração de justiça em Westminster, onde cidadãos comuns podiam mover ações judiciais uns contra os outros. Essa revolução judiciária proporcionaria as condições para a criação do *Tratado sobre as leis e os costumes do reino da Inglaterra*, compilado por Ranulfo de Glanville por volta de 1188, a primeira obra sobre o que se tornaria depois o direito comum da Inglaterra e, com o tempo, o fundamento do sistema de normas jurídicas dos Estados Unidos, Canadá, Austrália e Nova Zelândia.

Conclusão

A questão das transformações no século XII deixa claro quanto nossa compreensão da história é relativa. Se você pudesse questionar um homem do século XII a respeito do acontecimento mais importante de sua época, provavelmente a resposta dele seria a perda de Jerusalém para Saladino, em 1187. Foi um marco nas relações entre cristãos e Deus: uma crise de confiança para os que acreditavam que Deus sempre favoreceria a causa cristã. Todavia, de nosso ponto de vista, a perda de Jerusalém e a consequente Terceira Cruzada têm importância limitada, assim como a maioria das descobertas tecnológicas da época. Marinheiros podem até ter começado a usar a bússola magnética (cuja existência foi descrita pela primeira vez por Alexander Neckham nesse século) e o astrolábio, mas não houve nenhuma grande descoberta geográfica. O uso desses instrumentos continuou muito restrito.

Quando analisamos as cinco mudanças identificadas acima — o crescimento populacional, a expansão da rede de mosteiros, o renascimento cultural, os avanços na medicina e a aplicação sistemática da lei —, não há dúvida que foi a primeira delas que fomentou todas as demais. É verdade que, quanto à codificação das leis e ao rigor com que eram aplicadas, as vidas de homens e mulheres comuns que cultivavam a terra em 1200 diferiam claramente das vidas de seus antepassados em 1100. Os que consideram o telefone celular uma das mais significativas transformações na história da humanidade deveriam refletir se ele é mesmo tão importante quanto a aplicação da lei e a manutenção da ordem. Se você pudesse optar entre viver numa sociedade sem leis e numa sem sinal de telefonia celular, qual escolheria? Em todo caso, em certo sentido, acho que a questão da lei e da ordem fica abaixo do crescimento populacional em ordem de importância. Num aspecto fundamental, a vida em 1200 diferia da que se levava em 1100 porque as pessoas passaram a ter mais terras, mais excedentes de produção e mais chances de seus filhos poderem comer — e sobreviver — por mais um ano.

O principal agente de transformações

A ninguém, individualmente falando, se pode atribuir o mérito de ter iniciado as importantes transformações do século XII. O crescimento demográfico deveu-se às condições climáticas e à disseminação das técnicas agrícolas, nenhuma delas nascidas de políticas públicas, e tanto Henrique I quanto Henrique II tiveram enorme influência na aplicação das leis na Inglaterra, mas foram agentes de restrita importância se considerarmos a Europa como um todo. Embora Irnério tenha exercido um importante papel no desenvolvimento do ensino do direito e na revivescência do estudo da jurisprudência, ele foi apenas o primeiro de muitos professores. Podemos dizer praticamente o mesmo com relação aos tradutores dos manuscritos árabes que marcaram o início do renascimento cultural. Embora o trabalho de Gerardo de Cremona seja muito superior aos dos outros colegas, pela importância e o número de suas traduções, no fim das contas ele foi apenas um dos muitos que realizaram essa tarefa; os avanços intelectuais do século XII teriam ocorrido mesmo sem a sua contribuição. Já Graciano foi, essencialmente, um compilador de informações: se ele não tivesse reunido os cânones naquela conjuntura, é possível que a Igreja adotasse a coletânea de outra pessoa. E, apesar de ser tentador eleger Aristóteles o principal agente de transformações, isso seria um tanto desonesto. Se estudiosos do século XII não tivessem escolhido seus escritos e reconhecido o seu valor, eles teriam mofado em bibliotecas árabes e não teriam contribuído imensamente como fizeram.

Os maiores candidatos à eleição de principal agente de transformações são os dois grandes rivais dos primeiros anos do século XII. Bernardo de Claraval inspirou milhares de pessoas a empunhar a cruz e ingressar nas fileiras da Segunda Cruzada. Ele levou milhares de outras a entrar para a Ordem de Cister, influenciou eleições de papas e ajudou o desenvolvimento do que denominei "rede de mosteiros". Porém, no fim das contas, a Segunda Cruzada não deu em nada, e muitos reis se recusaram a aceitar seu apoio ao Papa Inocêncio II. Em sua tentativa de derrotar o racionalismo de Pedro Abelardo, Bernardo acabou se mostrando o maior oponente de um agente de transformações — um sólido obstáculo ao desenvolvimento intelectual e social. Portanto, os holofotes jogam sua luz sobre o brilhante, embora irascível, difícil e arrogante, Pedro Abelardo. Sua racionalidade era algo inusitado na época, e é difícil acreditar que alguma outra pessoa conseguiria propor as mesmas ideias. As verdadeiras consequências de sua teologia — que Bernardo de Claraval chamava de "estupidologia" — seriam sentidas apenas no próximo século, quando Tomás de Aquino fez a filosofia racionalista se desenvolver ainda mais, porém, mesmo no século XII, Abelardo causou um impacto enorme. Graciano adotou seu método dialético em *Decretum*. Agora, todas as universidades tinham cursos de teologia, abraçando o racionalismo de Abelardo, em vez de as ideias de Bernardo, em sua defesa da fé incondicional. Imagine se universidades da atualidade seguissem o exemplo de Bernardo e não questionassem a sabedoria tradicional, mesmo quando fosse contraditória. Portanto, por ter contribuído para tornar Aristóteles o mais importante filósofo nos estudos dos intelectuais do século XII, por seu desenvolvimento da teologia, por sua ética, por seu raciocínio crítico e pelo impacto indireto nas leis morais de toda a Cristandade por sua influência em *Decretum*, acho que Pedro Abelardo é o principal agente de transformações do século.

1201-1300

O Século XIII

Em 1227, Ulrich von Lichtenstein, um cavaleiro da Estíria (cidade que hoje ficaria na Áustria), partiu para um torneio de justas fantasiado de Vênus, a deusa, com duas longas tranças de cabelos dourados e tudo mais. Seja lá onde estivesse, da Itália à Boêmia, ele desafiava todo mundo a enfrentá-lo em uma série de justas. Prometia a seus possíveis oponentes que lhes daria um anel de ouro se participassem de três disputas com ele e o vencessem; caso fossem derrotados, deveriam curvar-se aos quatro cantos da Terra em homenagem à sua amada. De acordo com seu próprio relato, num único mês Ulrich participou de trezentas e sete justas. Ele sofreu alguns contratempos pelo caminho, tal como cair de uma grande altura quando o cesto em que estava sendo erguido até a janela da torre de sua amada quebrou. No entanto, esses incidentes não o demoveram da ideia de repetir a aventura treze anos depois. Em 1240, então com seus quarenta anos de idade, fantasiou-se de rei Arthur e partiu na companhia de seis colegas em demanda de outro torneio de justa, permitindo que os oponentes se juntassem à sua turma de cavaleiros da Távola Redonda. Numa fase posterior de sua vida, escreveu também uma história em que lamentava o declínio do amor cortês. Não poderia ser maior o contraste entre essa narrativa jovial, em que Ulrich praticamente debocha das predileções de sua época, e as ferozes lutas mortais de cavaleiros do século XII, acostumados aos sons dos próprios dentes trincando sob os golpes de clava dos adversários sobre seus capacetes.

Essa figura debochada, quixotesca e belicosa, mas romântica, parece simbolizar uma nova direção nos rumos da cultura europeia. Somos lembrados dos doces sons de harpas e flautas de menestréis do século XIII, do humor jocoso da *Peça de Daniel* (espécie de musical de fundo religioso escrito na Catedral de Beauvais), das gárgulas de aspecto grotesco e dos misereres que decoravam igrejas de toda a Europa. E também existe algo de provocadoramente subversivo no fato de Ulrich se travestir, embora outros registros o pintem como um administrador regional responsável e eficiente. Ainda que por um tempo fugidio, podemos ver o século XIII como um verão de prazerosos dias ensolarados, com todo o otimismo das músicas folclóricas do período, como "Miri it is while summer y-last" ["É só festival enquanto dura a estival!"] e "Sumer is i-coming in" ["O verão chegou!"]. Mas não podemos deixar de considerar que os primeiros anos do século foram o período do auge do poder papal, na pessoa do intransigente Inocêncio III, papa de 1198 a 1216. Foi nesse século também que se organizaram nada menos que seis Cruzadas, incluindo a infame Quarta Cruzada, convocada por Inocêncio III, mas dirigida pelos gananciosos venezianos contra a cidade cristã de Constantinopla. Após o apelo religioso de Inocêncio para a revitalização da luta na Espanha, os reinos de Aragão, Navarra, Castela e Portugal se uniram para derrotar a dinastia almóada na batalha de Las Navas de Tolosa, em 1212. Córdoba caiu ante os exércitos cristãos em 1236, e Sevilha, em 1248; por volta de 1294, toda a Península Ibérica, exceto Granada, estava nas mãos de cristãos. Inocêncio III publicou uma bula em que sancionava a Cruzada da Livônia, ocasião em que soldados teutônicos e dinamarqueses foram enviados à Livônia e à Estônia para converter os últimos pagãos da Europa à força. O mesmo papa esteve por trás da Cruzada Albigense, na qual Simão de Monforte liderou os virtuosos exércitos cristãos no massacre de milhares de cátaros "heréticos" no sudoeste da França. Quando, em 1209, em Béziers, Monforte chacinou a população inteira da cidade, o núncio papal que o acompanhava lhe disse que não se desse ao trabalho de distinguir entre os heréticos cátaros e católicos inocentes, mas assassinasse todos. "Deus reconhecerá seu rebanho", explicou o clérigo. Por fim, mas igualmente importante, foi nesse século que os exércitos mongóis de Gengis Khan cometeram atrocidades horríveis, as quais, coletivamente, constituem o pior ato de genocídio que o mundo conheceu até hoje. Não sabemos ao certo quantas pessoas foram massacradas; porém, existem estimativas de trinta milhões de vítimas, em um tempo em que a população mundial não chegava a quatrocentos milhões de pessoas.

Até mesmo as atividades recreativas do século eram sangrentas. Talvez alguns vejam os torneios de justa como algo fascinante, com cavaleiros ostentando brasões magníficos em lutas pela própria honra, mas essas disputas podiam ser fatais. Analogias com os modernos rúgbi e futebol americano, sugeridas por alguns historiadores, são simplesmente descabidas. Basta considerar o que aconteceu com a Casa da Holanda. Em 1223, o conde da Holanda morreu num torneio. Seu filho e sucessor morreu da mesma forma, em 1234, e um filho mais jovem, o regente durante a menoridade do neto, foi morto também num desses torneios, em 1238. Se três gerações de líderes europeus morressem num campo de rúgbi, talvez a comparação pudesse ser válida, mas os perigos dos torneios de justa do século XIII excediam muito os dos passatempos modernos. Em 1241, um ano após a participação de Ulrich em torneios de justa fantasiado de rei Artur, morreram, num único torneio em Neuss, Alemanha, mais de oitenta cavaleiros.[1] Portanto, quanto mais estudamos o século XIII, mais difícil fica conciliar o derramamento de sangue com a frivolidade dos romances cavalheirescos, músicas alegres sobre a chegada do verão e duelos com homens fantasiados.

Quando, porém, refletimos mais na questão, percebemos que esses extremos irreconciliáveis são como suportes de livros enfeixando uma variedade maior de fenômenos sociais. O culto do ideal do cavaleiro, o cavalheirismo, estava em ascensão desde a invenção da heráldica, pouco depois da metade do século anterior. Em seu estilo de composição, Ulrich segue o gênero dos romances cavalheirescos da tradição arturiana, mas tem também algo em comum com a poesia trovadoresca autobiográfica lavrada pelas mãos pioneiras de Guilherme, o conde da Aquitânia, que atingiu o auge no trabalho de Bernart de Ventadorn, no fim do século XII. No extremo oposto do espectro cultural, o poder da Igreja para ordenar que os cristãos lutassem contra os muçulmanos estava em declínio. Em 1228, quando o Sacro Imperador Romano-Germânico Frederico II comandou a Sexta Cruzada, não viu nisso uma oportunidade para matar membros de outra crença. Afinal, abrigara intelectuais muçulmanos em sua corte durante a vida inteira; na verdade, tinha maior apreço por eles do que pelo papa. O imperador simplesmente negociou a devolução do controle sobre Jerusalém aos cristãos, subornando muçulmanos, em vez de combatê-los. Portanto, a Sexta Cruzada foi a única expedição militar à Terra Santa, após a Primeira Cruzada, a alcançar o objetivo de devolver Jerusalém aos cristãos. Ela permaneceu cristã até 1244 — e, em marcante contraste com a Primeira Cruzada, não houve nenhum derramamento de sangue. E a Nona Cruzada, entre 1271 e

1272, foi a derradeira campanha militar do Ocidente para tentar reaver o domínio sobre os Estados cruzados. Após a perda da última fortaleza cristã, em Acre, em 1291, o espírito cruzado decaiu para a mera condição de figura de linguagem. Desse modo, Ulrich escreveu numa época em que a ascensão dos romances seculares e a popularidade das longas viagens se entremearam com o declínio do zelo dos cruzados e o enfraquecimento do sistema feudal. Embora seja notória a futilidade de seu relato e suas longas tranças loiras façam dele uma pessoa singular, o que realmente impressiona é o fato de que ele era um homem livre, escolhendo o próprio destino e expressando a realização de seus sonhos com suas próprias palavras.

O comércio

Vimos no último capítulo que a população da Europa cresceu de forma contínua a partir de 1050: em fins do século XIII, ela já passava de cento e dez milhões. Os períodos de fome generalizada de 1225-6, 1243, 1258 e 1270-71 não reduziram consideravelmente o crescimento de uma forma geral. Na Inglaterra, os números indicam que a fase de maior crescimento da população ocorreu por volta do ano 1200, a um ritmo de 0,83 por cento ao ano. Isso continuou até a década de 1220, quando foi atingida a casa de quatro milhões de pessoas. Dali por diante, a população cresceu mais lentamente, a uma média anual de algo próximo a 0,25 por cento, alcançando um pico de cerca de quatro milhões e meio em 1290. Em algumas partes do país, podemos confirmar esse ritmo de crescimento recorrendo a fontes particulares. O bispo de Winchester, por exemplo, impunha um imposto de capitação consuetudinário individual de um centavo a cada homem acima de doze anos de idade em sua propriedade de Taunton, Somerset: esse registro indica um aumento da população masculina, em 1209, de seiscentos e doze pessoas para mil quatrocentas e oitenta e oito em 1311 (um crescimento de 0,85 por cento ao ano).[2]

Essas coisas parecem indicar algo muito positivo: mais crianças sobrevivendo e formando suas próprias famílias. No entanto, a população da Inglaterra estava se aproximando de seu limite máximo. Após dois anos de desmatamentos, todas as terras disponíveis para plantio já haviam sido reivindicadas. Os proprietários não podiam dar-se ao luxo de permitir que todas as suas florestas fossem transformadas em áreas de cultivo, principalmente numa época em que a maioria das casas era feita de madeira. A falta de terras começou a limitar o crescimento populacional. Mais uma vez, os pobres voltaram a ficar sem comida suficiente para alimentar um grande número de filhos. À medida que o tamanho da prole aumentava, a renda per capita dos pobres diminuía. Os ricos, com seu hábito de consumir carne, agravavam o problema, já que a pecuária é um uso muito ineficiente da terra quando se está tentando sustentar uma grande população. Terras que poderiam ser exploradas em atividades agrícolas eram usadas para a pastagem de gado ou de rebanhos de carneiros. O resultado inevitável foi a restrição no tanto que a população podia cultivar de áreas rurais e uma consequente migração de camponeses sem terra para as cidades-mercado, onde alimentavam a esperança de conseguir um meio de ganhar a vida.

Com suas guildas e mercados, escolas, casas comerciais, igrejas góticas abobadadas, altas muralhas e enormes guaritas, as cidades eram a grande novidade no século XIII. Tanto no norte da Itália quanto em Flandres, cerca de dezoito por cento da população vivia em comunidades de dez mil pessoas ou mais por volta de 1300. Contudo, a proporção de franceses que viviam em cidades era muito menor, e existiam apenas quatro ou cinco urbes desse tamanho em toda a Inglaterra — e nenhuma na Escócia, no País de Gales ou na Escandinávia. De fato, no século XIII, a maior parte das cidades-mercado fundadas no norte da Europa era pequena: pouco mais que vilas estabelecidas em torno de uma praça central por senhores feudais esperançosos de atrair negócios para o local. No entanto, elas têm que ser levadas em conta também na composição do processo de urbanização, pois a importância de uma cidade como centro comercial não depende exclusivamente do número de seus habitantes, mas também da quantidade de pessoas que a visitam para comprar e vender coisas no mercado.

No século XIII, foram criados cerca de mil e quatrocentos novos mercados na Inglaterra, sem contar os trezentos que já existiam. Contudo, nem todos vingaram; aliás, a maioria faliu. Mas trezentos e quarenta e cinco continuavam firmes em 1600, época em que respondiam por mais da metade dos seiscentos e setenta e cinco mercados existentes então.[3] O século XIII foi, portanto, o tempo em que a Inglaterra sofreu transformações permanentes para tornar-se uma economia de mercado. Processos semelhantes de urbanização estavam em andamento em toda a Europa. Na região da Vestfália, por exemplo, onde existiam apenas seis cidades antes de 1180, o número de urbes havia aumentado para cento e trinta e oito por volta de 1300.[4] Ao todo, o número de cidades na Europa aumentou de um total de cem no século X (com metade delas na Itália) para quase cinco mil em 1300.[5] Enquanto, no século XII, os senhores feudais fundavam mosteiros para salvar suas almas, no século XIII criavam mercados para salvar seus bolsos.

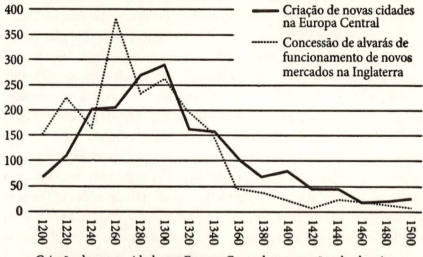

Criação de novas cidades na Europa Central e concessões de alvarás de funcionamento de novos mercados na Inglaterra a cada período de vinte anos, de 1200 a 1500[6]

Esses novos mercados não somente enriqueceram mais ainda os ricos senhores feudais, mas também tinham um benefício social mais amplo. Em fins do século XIII, quase todas as localidades da Inglaterra ficavam a doze quilômetros de uma cidade-mercado; as únicas exceções eram as áreas pouco habitadas. Em média, a distância era de cinco quilômetros, que eram percorridos a pé em cerca de uma hora. Independentemente de os mercados serem organizados uma, duas vezes por semana ou mesmo todos os dias, as pessoas iam à cidade para vender seus excedentes ou comprar produtos agrícolas frescos. Fazia-se também o comércio de animais, como gado, cabras e ovelhas, que eram levados para lá andando; já frangos, gansos e outras aves eram transportados em gaiolas de madeira por bestas de carga, enquanto mantas de toucinho eram dispostas em carroças. Ali, as pessoas podiam comprar também artigos que eram difíceis de produzir ou simplesmente caras demais para serem feitas em pequenas quantidades, tais como fivelas, bolsas de couro, facas, conchas de cozinha, panelas, chaleiras, pregos, arreios, ferraduras e estribos. Podiam adquirir peixes e queijos — importantes fontes de proteína quando vigoravam preceitos eclesiásticos proibindo o consumo de carne durante três dias da semana e todo o do Advento e a Quaresma. Alguns homens ficaram ricos usando suas carroças para comerciar um único tipo de mercadoria, como ovos ou enguias. Outros capturavam esquilos, lebres, coelhos, gatos e raposas com armadilhas e vendiam suas peles a comerciantes, que as revendiam em feiras a moradores da cidade desejosos de usá-las como enfeites de seus mantos. Além de negociarem seus estoques de maçãs, peras e castanhas, algumas pessoas estocavam seus grãos o ano inteiro para vendê-los no fim da estação, quando o preço aumentava bastante. Os mercados incentivavam todas as comunidades da Europa a reunir os recursos de sua região e oferecê-los aos que precisavam deles por um preço.

Não é de surpreender o fato de que a maioria dos mil quatrocentos e quarenta mercados da Inglaterra tenha fracassado. Cidades que não tinham concorrentes nas proximidades e tinham apoio de grandes regiões interioranas atraíam o comércio de mais produtos agropecuários, mais mercadorias e mais clientes, dominando, assim, o comércio da região. Contudo, cidades com vizinhas próximas não tinham como se transformarem em grandes centros comerciais porque as duas exploravam os recursos da mesma região. Conforme observado pelo historiador Fernando Braudel em suas "regras de tendência" das economias do mundo, "toda cidade capitalista dominante está sempre situada no centro".[7] Assim, as prósperas cidades-mercado surgiram nos centros de suas regiões e distavam, em média, uns vinte quilômetros de suas vizinhas mais próximas. Os mesmos princípios se aplicavam às grandes cidades. Lugares que forneciam uma enorme gama de produtos e serviços, incluindo funções administrativas e profissionais especializados, tais como membros de tribunais e advogados, atraíam pessoas de regiões muito mais distantes. As cidades maiores e mais prósperas eram, via de regra, as servidas pelas maiores regiões interioranas, cujas terras se estendiam por quase cinquenta ou setenta quilômetros em todas as direções. Se a cidade fosse portuária, ainda assim se enquadrava nas regras de tendência de Braudel, pois funcionava tanto como centro das atividades comerciais regionais (importando produtos), quanto como do comércio internacional (exportando produtos). Foi justamente por causa de sua localização e características geográficas que Londres se transformou num centro economicamente tão poderoso, bem como pelo fato de que se achava no centro do comércio com a emergente região dos Países Baixos (principalmente Flandres) e funcionava como importante porto de escoamento de produtos de mercadores da Liga Hanseática, a qual a coligava às cidades mercantis dos Estados Bálticos e às da região do Reno e do Mar do Norte.

O principal produto que alimentava o comércio internacional europeu era a lã. Quantidades gigantescas eram enviadas da Inglaterra para as cidades da região de Flandres, tais como Bruges e Gante. Essa rede de comércio de lã no norte era espelhada no sul por Gênova, Veneza e Florença, prósperas cidades mercantis da parte setentrional da Itália. Seus principais produtos eram seda e especiarias, comprados em Constantinopla ou adquiridos diretamente por mercadores italianos em viagens pela Ásia e depois negociados em muitas partes do Mediterrâneo. Veneza era a cidade que imperava nessas atividades comerciais entre o Oriente e o Mediterrâneo, assim como Londres e Bruges eram os principais centros de comércio de lã e tecidos. Do Mediterrâneo, especiarias e seda eram levadas para Gênova e de lá transportadas para a França, onde o condado de Champanhe funcionava como o grande centro de negócios. Seis feiras nas quatro cidades de Lagny-sur-Marne, Bar-sur-Aube, Provins e Troyes, cada uma durando dois meses, facilitavam um permanente ciclo de comércio internacional entre o norte e o sul da Europa. Chegavam a essas feiras produtos oriundos dos mais distantes lugares, como Lübeck, no Mar Báltico, Valência, localizada no litoral mediterrânico da Espanha, Santiago de Compostela, no Atlântico, e Augsburgo, cidade do sul da Alemanha. Até mercadores de Roma e da Palestina as visitavam.[8]

As feiras de Champanhe não foram uma invenção do século XIII — elas já estavam consolidadas em fins do século XII —, mas tiveram mais influência a partir de 1200. O tronco da gigantesca árvore do comércio europeu, que tinha raízes fincadas no norte da Itália e no sul da França, se ramificava em Champanhe: seus galhos principais se estendiam por Londres, Paris, Bruges e Lubeck, ramificações de apoio que alcançaram o norte da Inglaterra, Bretanha, Normandia, Flandres, Dinamarca, Alemanha e Polônia por volta de 1300. Esses galhos geraram ramos, que floresceram e deram os frutos de muitos pequenos mercados, com a maioria das cidades organizando pelo menos uma feira própria todos os anos. Na Inglaterra, cerca de mil e quinhentas novas feiras foram adicionadas às cento e quarenta e seis que existiam em 1200.⁹ Assim como os mercados, nem todas essas feiras sobreviveram, mas um grande número conseguiu. A maioria das cidades com um mercado semanal organizava pelo menos uma feira nos meses do verão, e muitas tinham mais de uma. Geralmente, elas duravam três dias e eram um espetáculo até para os que tinham pouco ou nada para negociar. Eram locais em que malabaristas e músicos faziam exibições, multidões se espremiam e negociantes se reuniam e trocavam informações. Nas grandes feiras, as pessoas podiam comprar romãs, procuradas pelos ricos por causa de suas propriedades amenizadoras de problemas estomacais, e ópio, para aliviar dores. Através dessa rede de comércio internacional, a laranja e o limão chegaram ao norte da Europa, assim como o açúcar, o cravo-da-índia, a pimenta, a seda, drogas medicinais e tapetes. Era raro encontrar esses luxos na região em 1200. Já em 1300, esses produtos podiam ser comprados em quase todas as principais cidades europeias, embora por um preço considerável.

Essas atividades comerciais levaram ao fim a velha prática do escambo: as pessoas simplesmente não podiam fazer negócios num mercado se tudo tivesse que ser negociado na base da permuta. Era necessário cunhar enormes quantidades de novas moedas. Assim, providenciaram-se a reforma e a ampliação de casas da moeda, fechando pequenas instalações particulares e provinciais, de modo que os governos pudessem controlar a circulação e distribuição de dinheiro com mais eficiência. Em todo o Mundo Cristão, a principal unidade monetária em 1200 era o centavo, que em latim era denominado *denarius* (daí o "d" em que define os centavos de libra na notação inglesa). Na França, os centavos eram chamados *deniers*; na Itália, *denari*; na Espanha, *dineros*; em Portugal, *dinheros*; na Hungria, *denars*; nos Países Baixos, *penningen*; e, na Alemanha, *pfennige*. Mas os centavos eram remanescentes de um sistema em que o uso de dinheiro era uma exceção, não a regra. Na época das feiras de Champanhe, algumas transações podiam envolver números muito grandes de moedas, e não era nada prático para mercadores de, digamos, Gênova arrastar consigo sacos de *denari* de prata através dos Alpes. Uma vez que havia uma escassez da única moeda de ouro existente na época — a *nomisma* do Império Bizantino —, alguns reinos começaram a cunhar suas próprias moedas de alto valor, tanto com prata quanto com ouro. Os venezianos passaram a cunhar *grossi* (grossas) de prata a partir de 1200. Brindisi, na Itália, começou a cunhar moedas de ouro em 1232. Florença iniciou a cunhagem de suas primeiras *fiorini d'oro* em 1252, enquanto os genoveses fizeram circular suas primeiras *genovini* do ano seguinte em diante. Na Inglaterra, Henrique III tentou usar um *"penny* de ouro", que valia vinte *denarii*, mas, como o ouro usado nas moedas valia mais do que seu valor nominal, a maioria dos exemplares foi derretida imediatamente. O famoso *ducat* veneziano foi cunhado pela primeira vez na década de 1280. França e Roma adotaram suas próprias *grossi* de prata na segunda metade do século, e, nos Países Baixos, moedas de prata de maior valor foram chamadas de *groten*. Este nome correu o mundo: na Alemanha, tornou-se *groschen*, e, na Inglaterra, a nova cunhagem de Eduardo I, em 1279, incluiu as *groats*, equivalentes a quatro *denarii*. Moedas de valor menor foram cunhadas também: embora meios-centavos e um quarto de centavo fossem usados ao dividir as moedas em partes iguais, agora passaram a produzir moedas com valores específicos. Em 1300, o dinheiro se consolidara em toda a Europa como o meio corriqueiro — e, em muitos lugares, como o único meio — de se fazer negócio.

Para os que frequentavam as feiras de Champanhe, até sacos de moedas de alto valor eram um estorvo e um perigo. Em vez de repassarem ao fornecedor enormes quantidades de lingotes de metal precioso toda vez que fechavam um negócio, mercadores começaram a fazer anotações de quem devia dinheiro a quem. Quando se sentassem para concluir o negócio, no encerramento da feira, eles podiam saldar os débitos fazendo a transferência das quantias devidas. Mas, mesmo naquela época, os negociantes perceberam que havia alternativas ao uso de moedas em toda e qualquer transação comercial. Letras de câmbio podiam ser criadas e distribuídas por agentes, que se comprometeriam a pagar determinadas pessoas em determinadas datas. Assim surgiram as atividades bancárias, pois esses agentes começaram a estender concessão de crédito a mercadores confiáveis. Eles se sentavam em assentos denominados *banche*, que deu origem à palavra "banco". Além dos sistemas de concessão de crédito e da emissão de letras de câmbio, esses estabelecimentos bancários introduziram o conceito de contabilidade por partidas dobradas: o método por meio do qual despesas e receitas eram registradas separadamente e depois confrontadas. É possível que, já em 1300, eles tenham inventado também meios de fazer o seguro de mercadorias em trânsito; registros atestam que, no século seguinte, comerciantes faziam seguro de produtos enviados para certos destinos. São famosas as principais empresas bancárias da época — a dos Ricciardi (de Lucca), dos Bonsignori (de Siena) e dos Frescobaldi, Buonaccorsi, Scali, Bardi, Acciaiuoli e Peruzzi (todos de Florença). Seus negócios eram internacionais — os Frescobaldi e os Ricciardi, por exemplo, emprestaram dinheiro a Eduardo I da Inglaterra, no século XIII. Boa parte dessa seiva da árvore comercial descrita foi suprida pela engenhosidade deles. Na próxima vez que você abrir a carteira e pegar um cartão de crédito, pense um pouco nos mercadores do século XIII.

A educação formal

Existe um marco decisivo nas provas historiográficas do ano 1200. Muito poucos registros sistemáticos do período anterior aos reinados de Ricardo I da Inglaterra (1189-99) e de Filipe Augusto da França (1180-1223) sobreviveram ao tempo. Na Inglaterra, não existe nenhum registro feito por bispos e nenhum documento sobre domínios senhoriais anteriores ao ano 1200. Exceto os registros anuais do tesouro britânico — documentos em pergaminhos com anotações de empréstimos e dívidas devidos ao rei da Inglaterra, datando do ano de 1130, elaborados pelos xerifes e vassalos do rei —, não existem outras fontes de informação de contas oficiais do reino. Com exceção das cidades-Estado italianas, onde registros de informações públicas começaram a ser feitos no século XII, os historiadores, para escrever sobre o período da Europa anterior ao ano 1200, dependem de crônicas escritas por particulares e de outras esparsas fontes de informações confiáveis, tais como cartas e concessões régias, além de escrituras públicas e documentos formais registrados por cartulários de mosteiros.

As coisas começaram a mudar na década de 1190. Parece que, de repente, houve uma explosão de registros. Na França, Filipe Augusto ordenou que o Grande Chanceler criasse as Le Trésor des Chartes no palácio real, onde se iniciou um extenso registro dos assuntos do reino. O governo inglês adotou uma política semelhante. Cópias de todas as cartas e dos documentos públicos despachados em nome do rei foram transcritas nos registros anuais — elaborou-se pelo menos um registro para cada ano do reinado — e guardados cuidadosamente em lugar seguro. Muitos desses documentos sobreviveram ao tempo. Assim, nos Registros de Confirmação [Confirmation Rolls], temos o texto de todos os atos confirmados pelo rei após 1189, enquanto, nos Registros de Concessão [Charter Rolls], estão contidas todas as concessões emitidas a partir de 1199. Desse ano em diante, passou-se a registrar também os Registros de Compensação [Fine Rolls], contendo as condições de compensações devidas ao reino, tais como por tutelas, desfrute de liberdades, privilégios e cargos oficiais. Se uma carta fosse enviada com o status de aberta ou "patente", seria transcrita nos Registros de Patentes [Patent Rolls], preservados desde 1201; se a carta fosse marcada com o selo de "fechada", ela era copiada nos Registros de Cartas Fechadas [Close Rolls], conservados desde 1204. Existem arquivos, exarados desde os primeiros anos do reinado de Henrique III (1216-72), de Inquéritos Póstumos [Inquisitions Post Mortem], resultados de diligências em torno da posse de terras de todas as pessoas que morreram na condição de detentoras de propriedades do rei. Por volta de 1300, começam a ser lavrados também os Registros de Tratados [Treaty Rolls], os Registros dos Créditos Reais [Liberate Rolls, demandando a liberação de pagamentos devidos à Coroa], os Registros Apostólicos Romanos [Roman Rolls, cartas enviadas aos papas], os Registros das Relações Anglo-Escocesas [Scotch Rolls], os Registros das Relações Anglo-Normandas [Norman Rolls], os Registros das Relações Anglo-Gascãs [Gascon Rolls], os Registros das Relações Anglo--Galesas [Welsh Rolls], os Registros de Leis [Statute Rolls] e muitos outros. Isso é apenas uma amostra de uma verdadeira montanha de registros. Entre os registros do Ministério da Fazenda encontram-se inventários dos tesouros e das joias reais e escriturações de despesas cotidianas da casa real. Foram feitos também levantamentos sobre a posse de terras em todo o reino, com vistas a serem obtidas contribuições financeiras ou serem feitas ocasionais tributações para o rei, como o Livro de Taxas e Tributos [Books of Fees, 1198-1292] e o Livro de Ajudas Feudais (1284). Em 1279, Eduardo I ordenou que se realizasse uma pesquisa para saber quais propriedades régias haviam sido concedidas a senhores feudais, na esperança de impedir que se fizessem mais invasões e apropriações dos domínios reais. Como se vê, portanto, no transcurso do século XIII, os atos e assuntos do governo central passaram efetivamente da "memória para registros escritos".[10]

Essa revolução não se limitou aos governos centrais. Em dioceses espalhadas por toda a Europa, bispos começaram a preservar seus atos em registros episcopais. Grandes magnatas e prelados passaram a fazer o mesmo. Já falamos sobre o rolo de pergaminho do bispo de Winchester: é um documento que contém informações sobre as despesas, empréstimos, taxas e outros pagamentos devidos ao bispo em sua vasta propriedade.

O SÉCULO XIII 91

Senhores feudais escrituravam os assuntos de seus domínios para registrar quais feudatários exploravam quais terras, estimativas do tempo que eles poderiam continuar a ocupá-las e dados de impostos devidos. Funcionários administrativos registravam grãos e animais produzidos para o senhor feudal como parte dos serviços dos servos. Os primeiros estatutos senhoriais datam desse século, prescrevendo regulamentos e práticas que deveriam ser observadas: explicitando, por exemplo, se cabia ao castelão pagar café da manhã aos trabalhadores na época da colheita ou se eles tinham ou não permissão de armazenar lenha. Também datam desse período os primeiros registros públicos metodicamente elaborados fora do território italiano — pergaminhos com o registro de nomes de homens livres em cidades, autos de processos judiciais e leis de burgos. Tanto na vida secular quanto na religiosa, das cidades às propriedades senhoriais mais distantes, registros começaram a ser criados e preservados de forma metódica.

Todos esses registros nos levam a perguntar: de onde vieram esses homens letrados? Se considerarmos que, em 1300, todos os monges e clérigos eram alfabetizados e que havia pelo menos um escriturário servindo em cada propriedade senhorial, então, talvez nada menos que quarenta mil homens, e isso só na Inglaterra, tinham aprendido a ler e escrever. Alguns devem ter sido instruídos nos mosteiros. Outros — principalmente os descendentes de famílias nobres, que viam a alfabetização como sinal da dignidade de sua classe — podem ter tido um professor particular. Pedro Abelardo e seus irmãos são exemplos dessa tradição. Em 1179, no Terceiro Concílio de Latrão, foi determinado que todas as catedrais passassem a ter uma escola; essa deliberação foi reforçada pelos participantes do Quarto Concílio de Latrão, presidido por Inocêncio III. Nessa última reunião, foi decretado que as catedrais que ainda não tinham uma escola deveriam criar uma para ensinar os filhos dos habitantes das urbes a ler e escrever em latim, mas também que todas as igrejas da Cristandade com suficientes recursos financeiros fizessem o mesmo. Na prática, isso determinava que todas as cidades tivessem sua própria escola.

A verdadeira força impulsionadora da educação foi simplesmente um grande aumento na demanda por homens letrados. Numa época de acentuado crescimento econômico em toda a Europa, senhores feudais e proprietários de terras começaram a achar que seus direitos tradicionais estavam sob ameaça. A prática de se registrar tudo era uma forma de preservar informações que, mais tarde, poderiam ser usadas em tribunais para provar a propriedade de terras e o uso delas. No século XIII, se alguém adquirisse um pedaço de terra ou conseguisse algum tipo de concessão, iria querer ter isso registrado por escrito, de alguma forma. Caso uma pessoa fizesse negócios numa cidade, ela iria querer que um tabelião redigisse um contrato toda vez que ela fechasse um acordo com outro comerciante. Foi essa necessidade de criar registros que encheu as escolas episcopais criadas na esteira do concílio presidido por Inocêncio III. Até mesmo uma dúzia de escolas podia fazer enorme diferença: em poucos anos, um mestre podia ensinar centenas de jovens habitantes de cidades a ler e escrever.

O alfabetismo é apenas um dos aspectos da revolução educacional no século XIII. O outro é a criação de universidades, que nasceram dos avanços intelectuais do século anterior. As origens da Universidade de Bolonha, por exemplo, remontam à faculdade de direito de Irnério. Afirma-se às vezes que as escolas de Paris eram uma "universidade" no tempo em que Abelardo lecionava. A Universidade de Salerno alega datar do século XII, em razão do papel da cidade na transcrição e distribuição de manuscritos sobre medicina na época. Na verdade, o conceito de universidade ainda estava amadurecendo no século XII. Os alunos de Abelardo o seguiam aonde quer que ele fosse; se abandonasse Paris e fosse para Melun, Corbeil ou o Paracleto, iriam junto. Era o professor que importava, não a escola. A evolução da universidade no início do século XIII propiciou uma forma de ensino muito diferente: uma pedagogia institucional, com um código de conduta, um conjunto de padrões de ensino e provas de aptidão, bem como o estabelecimento do senso de seu próprio valor social.

O primeiro uso oficial da palavra *universitas* para designar um tipo de instituição de ensino superior data de 1215, ano em que o núncio papal Robert de Courçon baixou um decreto para resolver uma disputa na Universidade de Paris. Desentendimentos eram comuns nos primeiros dias das universidades: a Universidade de Cambridge foi criada por causa de uma dissensão de quase todos os membros da Universidade de Oxford, em 1208. Todavia, apesar dos problemas iniciais, por volta de 1250, as universidades estavam firmemente estabelecidas como parte da vida educacional da Europa. Universitários esforçavam-se para obter seu grau como Mestre de Artes, estudando as sete artes liberais, divididas em *trivium* (gramática, retórica e dialética) e *quadrivium* (aritmética, geometria, astronomia e música). Da década de 1230 em diante, a conquista dessa graduação dava o direito de lecionar em qualquer lugar, sem necessidade de outro curso. Se os alunos quisessem especializar-se em direito, medicina ou teologia, teriam que prosseguir com seus estudos numa instituição especializada. Em 1300, instituições universitárias estavam consolidadas em Sevilha, Salamanca e Lérida, na Espanha; em Lisboa, Portugal (depois transferida para Coimbra); em Oxford e Cambridge, na Inglaterra; em Toulouse, Montpelier, Angers e Paris, na França; e em Vercelli, Bolonha, Vicenza, Pádua, Piacenza, Reggio, Arezo, Siena, Nápoles e Salerno, na Itália. A essa altura, tornou-se comum os clérigos desejosos de alcançar um alto cargo na Igreja frequentarem uma universidade em busca de um mestrado. Técnicas de debate, ensino e aquisição de conhecimento foram formalizadas e disseminadas por toda a Cristandade. O ensino fora padronizado e introduzido em todas as cortes da Europa, além de uma capacitada multidão de professores a ensinar às novas gerações de escriturários e intelectuais.

A prestação de contas

Hoje em dia, sabemos reconhecer o valor e as vantagens de uma sociedade alfabetizada, mas, em 1200, as pessoas ainda não tinham se apercebido da importância da educação. Afinal de contas, instruir-se era algo caro. Mandar que alguém fizesse o registro de seus assuntos também não era barato. Então, se os governos nacionais estavam fazendo o registro público de concessões, por que você precisaria de uma cópia do documento? A resposta está numa abordagem cautelosa para com as leis. Instituições monásticas e famílias nobres providenciavam cópias de alvarás reais a elas concedidos para a eventualidade de serem questionadas pelo concessor ou por terceiros. A criação da contabilidade financeira tem uma motivação semelhante. As escriturações contábeis da Idade Média que resistiram à ação do tempo são mais do que simples demonstrativos financeiros: em sua maioria, explicam *por que* foi necessário gastar essa ou aquela quantia, já que o criador dos documentos podia ser responsabilizado por alguma irregularidade. As quantias registradas nos pergaminhos contábeis do bispo de Winchester, por exemplo, eram lavradas não para informar ao bispo quanto lhe restava nos cofres, mas para que seu tesoureiro pudesse eximir-se da eventual responsabilidade por quaisquer débitos pendentes. Em suma, a necessidade de cautela, a desconfiança e o desejo de se ter mais certeza em relação a certos fatos é que induziam à prática do registro de documentos. As coisas eram metodicamente registradas para que as pessoas pudessem responsabilizar umas às outras sob o amparo da lei.

A prestação de contas não tinha nada de novo. Durante séculos, reis prestaram juramentos de posse solenes ou prometiam garantir certos direitos. Outros homens também prestavam juramentos solenes com regularidade. No entanto, existia uma diferença fundamental entre prestar juramento perante uma relíquia sagrada — caso em que Deus seria o juiz que julgaria se houve ou não quebra do juramento — e tornar-se legalmente responsável pelo cumprimento de uma promessa. Se você tivesse uma concessão ou carta do rei, podia fazê-lo assumir a responsabilidade pelo que constava nela. Antes, os governantes impunham leis aos súditos, mas não se viam obrigados a cumpri-las. Agora, as relações do rei com seu povo estavam mudando. Na década de 1190, Filipe Augusto passou a chamar-se "rei da França" em vez de usar o tradicional "rei dos francos". Na mesma época, Ricardo I fez algo parecido, passando a chamar-se "rei da Inglaterra", e não "rei dos ingleses". Essas mudanças sutis acentuavam a ideia de que os reis governavam todas as pessoas em seus reinos, incluindo os estrangeiros, e que faziam leis para *todos* que vivessem em seus domínios, não apenas para seus seguidores. Mas isso implicava também a ideia de que eles tinham o dever de proteger as fronteiras do reino contra incursões inimigas e de que se responsabilizavam pela Igreja e pelos estrangeiros dentro de seus domínios.

Foi um Sacro Imperador Romano-Germânico o primeiro a ser levado a prestar contas de seus atos a seus súditos. Na década de 1160, Frederico Barba Ruiva tentou impor um controle direto sobre as grandes cidades do norte da Itália. Quando elas resistiram, ele destruiu Milão. Em resposta, as cidades italianas formaram a Liga Lombarda e derrotaram o imperador na batalha de Legnano, em 1176. Nos subsequentes tratados de Veneza (1177) e de Constança (1183), elas instituíram o direito de governarem a si mesmas e, ao mesmo tempo, continuarem como parte do Sacro Império Romano-Germânico. O imperador foi forçado a estabelecer os tratados com seus súditos e, consequentemente, pôde ser por eles responsabilizado por seus atos.

Muito mais famoso no mundo anglófono, porém, é o episódio em torno da Carta Magna, ou da "Grande Carta", resultado de o rei João ter sido forçado a sentar-se à mesa de negociações. João nunca foi um rei popular. Sua negligência para com a Normandia resultou na conquista dessa região pelos franceses em 1204, fazendo com que grande parte de seus mais importantes nobres perdesse suas terras ancestrais. Além disso, a recusa em aceitar Stephen Langton como arcebispo da Cantuária levou a um confronto direto com o Papa Inocêncio III. Em 1208, o pontífice pôs o território inglês inteiro sob um interdito papal, com o qual proibiu que cleros de todo o reino oficiassem missas e presidissem sepultamentos. No ano seguinte, ele excomungou o rei. Em 1213, João decidiu recuar. Ele concordou em reconhecer Langton e renunciou ao trono da Inglaterra e à suserania sobre a Irlanda, entregando ambos ao domínio de Inocêncio, que restituiu a João os seus domínios como seu vassalo. O rei inglês comprometeu-se também a pagar um tributo anual ao papa no valor de mil marcos (seiscentos e sessenta e seis libras, treze xelins e quatro centavos) e prometeu participar de uma Cruzada.

Depois que conquistou o apoio do papa, João passou então a empenhar-se contra seus inimigos. Articulou uma série de alianças com o conde de Flandres e o Sacro Imperador Romano e partiu para a França na esperança de reconquistar a Normandia. Mas, tal como a maioria de seus planos estratégicos, essa empreitada foi muito malsucedida. Seus aliados foram esmagados pelos soldados do rei francês, Filipe Augusto, na Batalha de Bouvines, em 1214, e João se viu forçado a voltar para a Inglaterra de mãos vazias. Ele era agora mais impopular que nunca, e alguns lordes importantes retiraram a fidelidade que o consagravam. Em junho de 1215, ele foi compelido a aceitar a Carta Magna, que confirmava a legitimidade das antigas leis da Inglaterra e instituía uma série de direitos e liberdades para o povo inglês e a Igreja que, dali por diante, limitariam o poder real. Os senhores feudais criaram um conselho para anular e substituir o governo do rei caso ele deixasse de cumprir as condições estipuladas na carta.

A ideia de que um rei poderia ser levado a prestar contas de seus atos por seus súditos feudais dessa forma não foi vista com bons olhos pelos reinos da Europa. O antigo inimigo de João, Inocêncio III, expressou sua indignação com termos extremamente incisivos. Ele declarou que a Carta Magna era "não apenas vergonhosa e mesquinha, mas ilegal e injusta", acrescentando:

Nós nos recusamos a ignorar essa vergonhosa presunção, por meio da qual a Santa Sé seria desonrada; os direitos do rei, ultrajados; a nação inglesa, humilhada; e toda a campanha das Cruzadas seriamente ameaçada [...] Rejeitamos e condenamos totalmente esse pacto e, sob pena de excomunhão, ordenamos que o rei não se atreva a cumpri-lo e que os barões e seus aliados não insistam em fazer que ele o cumpra. Nós declaramos essa carta, juntamente com todas as promessas e garantias, quer seja para ratificá-las, quer seja para que dela resultem, nula e sem efeito para sempre.[11]

O protesto do papa foi em vão. De 1215 em diante, os reis da Inglaterra não tiveram mais liberdade para fazer tudo que quisessem. A Carta Magna foi promulgada de novo, em diferentes formas, ao longo dos anos seguintes, ganhando feição permanente em 1237. Em 1297, Eduardo I a incluiu no livro das leis.

Em todas as suas várias versões, duas importantes disposições permaneceram como cláusulas pétreas da carta. A primeira delas determinava que "nenhum homem livre poderá ser detido ou aprisionado, nem destituído de seus direitos ou posses, tampouco transformado em fora da lei ou ser exilado, e muito menos privado de sua posição social, sob nenhum aspecto [...] exceto por meio de julgamento legítimo por seus pares ou pelo sistema judiciário de nossa terra". A segunda prescrevia: "A ninguém se poderá vender, negar ou tardar a fruição de direitos ou o benefício da justiça." Nos séculos subsequentes, os reis ingleses foram frequentemente advertidos da vigência dessas estipulações — principalmente para que não encarcerassem ninguém ilegalmente. É claro que eles continuaram a fazer isso, mas, dali por diante, os defensores de qualquer pessoa presa injustamente podiam invocar a Carta Magna e acusar o rei de ter agido de forma ilegal e, portanto, como um tirano.

A maioria dos outros reinos europeus não teve algo equivalente à Carta Magna. Mas isso não significa que não foram influenciados por ela. Assim como a Revolução Francesa no século XVIII, não foi necessário que todo país passasse pela experiência do Reino do Terror para entender a importância do que acontecera. Ao contrário, temos, na criação dos parlamentos, evidências do desejo generalizado de se restringirem as ações do rei, responsabilizá-lo por seus atos e fazer que permitisse que seus súditos participassem mais da tomada das grandes decisões.

Antes, reis de toda a Europa governavam com a orientação de seus conselhos reais, formados por destacados magnatas e prelados do reino. Contudo, temos um exemplo excepcional em Leão, reino da Espanha, onde Alfonso

IX convocava representantes das cidades, além de seus senhores feudais e o clero, para aconselhá-lo em suas cortes a partir de 1188. No século XIII, isso se tornou mais comum. Da década de 1230 em diante, reis escoceses passaram a convocar homens do povo para aconselhá-los. Os reis de Portugal começaram a reunir representantes das cidades em suas cortes em 1254. Outras cidades ibéricas que tinham assembleias legislativas e controladoras de impostos eram a Catalunha e Aragão (que passaram a reunir-se a partir de 1218 e 1274, respectivamente), Valência (1283) e Navarra (1300). Na França, o equivalente mais próximo, os Estados Gerais, foi convocado pela primeira vez em 1302. Em todas essas assembleias congregavam-se representantes e advogados dos respectivos reinos para tratar dos casos processuais; concessões e outorgas de direitos eram lavradas em escritura pública; e o rei concedia audiências para ouvir apelos do povo quando se descobria que homens em cargos de responsabilidade estavam abusando de seus poderes. Ocorriam também debates sobre questões específicas, a respeito das quais o rei precisasse de aconselhamento. Com frequência havia discussões para decidir se o soberano poderia ou não aumentar tributos para financiar guerras. Portanto, a Carta Magna não é um caso isolado de imposição de restrições a um monarca, mas a indicação de uma crescente vontade de que o povo influenciasse as tomadas de decisões no governo do reino.

Na Inglaterra, o Parlamento passou a exercer uma influência muito forte, fortalecido pela Carta Magna. Em 1258, Simão de Monforte — um filho mais novo do instigador do massacre em Béziers — forçou Henrique III a concordar em aceitar as Leis de Oxford, que exigiam reuniões regulares do Parlamento. Essas reuniões deveriam incluir a participação de representantes eleitos por cidades e condados, além da presença de senhores feudais e importantes membros do clero. Os representantes do povo passaram a ficar cara a cara com o rei e negociar as condições para que ele cobrasse impostos extraordinários, algo que vivia querendo fazer para financiar campanhas militares. Geralmente, em troca, o Parlamento requeria do rei que concordasse em aceitar uma nova legislação. Em 1297, num enorme avanço do controle das monarquias inglesas por meio da Constituição, Eduardo I concordou que, dali por diante, seria necessária a aprovação do Parlamento para *toda* cobrança de impostos com essa finalidade. Isso significava, na prática, que o Parlamento podia impedir que o rei se lançasse numa guerra simplesmente ao se recusar a aprovar a liberação dos necessários recursos financeiros. Se você pensar no que foi dito no início deste livro e se lembrar da impotência do homem comum na época das invasões vikings, verá que a sociedade progrediu muito em apenas trezentos anos.

Os frades

Imagine a difícil situação do pobre Pietro di Bernardone. Homem muito trabalhador, ele era um próspero comerciante de Assis, na Úmbria, que fazia frequentes viagens às feiras de Champanhe, onde passou a gostar de tudo que fosse francês. Em uma dessas viagens, conseguiu até uma esposa francesa, uma mulher oriunda de uma distinta família provençal, e a levou para Assis. Tempos depois, para homenagear a sua querida França, ele mudou o nome de seu filho, que antes era chamado de Giovanni, para Francisco, o qual, porém, acabou se revelando uma tremenda decepção para o velho mercador. Primeiro, levou uma vida luxuosa e extravagante, gastando a riqueza do pai com os amigos. Depois, resolveu tornar-se soldado em Apúlia. Mais tarde, quando tinha vinte e poucos anos, voltou a mudar de estilo de vida. Inspirado por uma visão na qual foi informado de que deveria reconstruir a arruinada igreja de São Damião, perto de Assis, ele afanou algumas peças de tecidos caros na casa do pai e as vendeu, dando o dinheiro ao padre da igreja. O clérigo recusou-se a aceitar o dinheiro da venda de produtos roubados, deixando o jovem envergonhado. Quando o pai descobriu o que Francisco tinha feito, ficou furioso. Ele denunciou o filho às autoridades e o forçou a renunciar à herança.

Havia algum tempo que Francisco vivia como eremita, reformando igrejas locais e ajudando leprosos, quando, em fins de 1208 ou no começo de 1209, ouviu alguém lendo o capítulo dez do Evangelho de Mateus, no qual o Cristo exortava os discípulos: "Ide e pregai em toda parte, dizendo que o Reino do Céu está próximo. Curai os doentes, limpai os leprosos, ressuscitai os mortos, expulsai demônios: de graça recebestes, dai de graça também. Não leveis ouro, nem prata, nem cobre em seus alforjes, nem dinheiro algum para sua viagem, nem duas túnicas, nem alparcas, nem bordão [...]." Dali em diante, ele decidiu viver de acordo com o texto bíblico. Começou, nas proximidades de Assis, a propagar sua mensagem de viver em pobreza absoluta e em penitência. Pouco depois, viajou a Roma para um encontro com Inocêncio III, com vistas a apresentar sua visão mística sobre uma ordem de irmãos, ou *fréres* — daí "frei" e "frade" —, que se devotariam a uma vida simples. O papa ficou impressionado com Francisco e deu sua bênção. Foi assim que nasceram os franciscanos — conhecidos também como a Ordem dos Frades Menores ou Frades Cinzentos por causa de seus hábitos cinza.

Domingos de Gusmão deu menos trabalho aos pais durante sua juventude na Calaruega, no norte da Espanha. Eles eram pessoas ricas também, tidos como gente "nascida em berço nobre", o que indicava, na Espanha do século XII, que provinham de uma linhagem de guerreiros. No caso de Gusmão, porém, a família inteira era composta por pessoas muito devotas. Domingos estudou em Palência e, quando uma onda de fome assolou a Espanha, vendeu seus livros e seus pertences para levantar dinheiro e doá-lo aos pobres. Em duas ocasiões, ofereceu-se para trabalhar a fim de comprar a liberdade de dois homens que tinham sido escravizados por muçulmanos. Sua vontade de demonstrar devoção religiosa por meio de ações concretas inspirou a muitos, fazendo que acabasse sendo acolhido como cônego agostiniano na catedral de Osma.

Ele tinha trinta e poucos anos quando, em 1203, participou de uma missão diplomática na Dinamarca com o bispo de Osma. Assim que retornou, resolveu procurar Inocêncio III para solicitar permissão de partir rumo ao leste da Europa como missionário. No entanto, o papa lhe deu uma tarefa mais urgente: lidar com os hereges do sudoeste da França. Assim, Domingos foi parar no condado de Toulouse, onde tentou convencer os cátaros a voltar a professar o catolicismo ortodoxo. Com certeza, foi surpreendido por algumas crenças dos cátaros — tais como a condenação do casamento e sua recusa em aceitar a doutrina da ressurreição do corpo —, mas, ao mesmo tempo, sentiu-se inspirado por seus votos de pobreza. Por conta disso, em 1206, fundou uma casa religiosa em Prouille, onde mulheres tratadas como prostitutas e magoadas por terem sido proibidas de casar-se poderiam viver em sua própria comunidade religiosa. No decorrer dos anos seguintes, Domingos criou uma missão cujos esforços centravam-se em duas vertentes de sua profissão de fé: pregar contra crenças heréticas e defender uma vida de modéstia. Fizeram-se várias tentativas para torná-lo bispo, mas Domingos recusou-se, insistindo sempre que sua maior prioridade era fundar uma ordem de pregadores. Em 1215, ele conseguiu realizar seu sonho quando um rico cidadão de Toulouse lhe deu uma grande casa para abrigar seu crescente grupo de seguidores. Algum tempo depois, naquele mesmo ano, ele participou do Quarto Concílio de Latrão, onde apresentou a Inocêncio III sua proposta de criação de uma nova ordem religiosa. O papa morreu antes que pudesse conceder-lhe a autorização, e, assim, coube ao sucessor de Inocêncio, Honório III, dar a bênção papal oficial à fundação da Ordem dos Frades Pregadores, ou dominicanos, conhecidos também como Frades Negros.

As ordens dos Frades Cinzentos e dos Frades Negros expandiram-se com espantosa rapidez. Honório promulgou bulas papais recomendando os dominicanos, realizando eficiente publicidade da ordem em toda a parte ocidental da Cristandade, e, em 1223, aprovou a Regra da Ordem dos Franciscanos, escrita por São Francisco. O sucesso deles levou à criação de outras ordens de frades. Em 1226, Honório aprovou a criação da Ordem dos Carmelitas (Frades Brancos). Seu sucessor, Gregório IX, autorizou a fundação da Ordem de Santo Agostinho, em 1231. A ideia de religiosos fazendo votos de pobreza absoluta, castidade e obediência e pregando para as pessoas comuns de suas comunidades mostrou-se algo extremamente sedutor. Como associavam o estilo de vida mendicante dos membros da instituição com a vida exemplar do Cristo, milhares de adeptos se juntavam às ordens. E tanto os franciscanos quanto os dominicanos procuraram atender às mulheres também: os franciscanos tinham sua ordem confraterna das freiras enclausuradas, ou "Damas Pobres", da Ordem das Clarissas, fundada por Clara de Assis em 1212; os dominicanos tinham a ordem de conventos freiráticos, nascidos do convento original de Prouille. Os frades ficaram conhecidos também como esplêndidos educadores. Em 1217, dominicanos lecionavam na Universidade de Paris, bem como em Bolonha, em 1218; em Palência e Montpelier, em 1220; e em Oxford, em 1221. Trilhando um caminho parecido, os franciscanos criaram faculdades de teologia em toda a Europa, cujos exemplos mais notáveis foram nas universidades de Paris, Oxford e Cambridge.

Mas o que houve de tão importante no aparecimento dos frades? Os membros das novas ordens mendicantes se entrosaram facilmente com os componentes de uma sociedade rigorosamente dividida entre o secular e o religioso e criaram uma ponte entre pessoas que tinham muitas das virtudes dos religiosos e toda a flexibilidade dos seculares. Eram educados como monges: sabiam ler e escrever, e compreendiam latim, a linguagem internacional. Eram disciplinados como monges: seguiam um conjunto de regras e obedeciam a uma hierarquia eclesiástica. Tinham a reputação, a confiabilidade e a integridade do bom religioso. Ao contrário, porém, dos monges e de outros clérigos comuns, podiam ir aonde quisessem: não tinham obrigação de permanecer em nenhuma casa religiosa, comunidade ou paróquia. Viviam em cidades, misturando-se com as pessoas, e seus serviços eram baratos — não pediam dízimos ou prebendas para fazer suas preces e satisfazer necessidades materiais. Enquanto as ordens monásticas do século anterior constituíam uma rede que gerava, armazenava e disseminava conhecimento, os frades fizeram com que essa rede chegasse mais longe e penetrasse mais fundo e mais depressa pelas sociedades do que antes. Os frades se tornaram os diplomatas prediletos não só de governantes seculares, mas também de dirigentes da Igreja. Como mensageiros instruídos viajando e ajudando pessoas em nome de Deus, tornaram-se excelentes administradores e negociantes, além de bons inquisidores: papas e bispos passaram a contar cada vez mais com a ajuda dos dominicanos para interrogar hereges e, após 1252, até para torturá-los.

Os frades demonstraram que a Igreja era capaz de acompanhar as transformações das épocas — no sentido de que seus membros podiam viajar livremente, apregoar a palavra de Deus tanto entre comerciantes quanto entre senhores feudais e enfrentar os novos problemas relacionados com a fé —, enquanto, ao mesmo tempo, preservavam o espírito de humildade e simplicidade que caracterizou os primeiros cristãos. Se a Igreja não tivesse conseguido fazer uso desse versátil grupo de homens piedosos, com certeza a propagação das heresias teria saído de controle. Talvez, além da Cruzada Albigense, tivesse havido também Cruzadas contra os ingleses e os alemães — e a Inquisição Espanhola teria sido instituída bem antes do século XV. Dessa forma, nos três séculos posteriores a 1215, houve apenas práticas heréticas inexpressivas e geograficamente restritas na Europa. Parece que os frades, principalmente os dominicanos, exerceram um papel fundamental em proporcionar ao papa mais trezentos anos de autoridade espiritual sobre a Cristandade; um trabalho e tanto.

Por fim, devemos levar em conta a influência intelectual exercida individualmente por esses frades. Uma vez que os membros das ordens mendicantes se abstinham de riquezas materiais, mas valorizavam o aprendizado, causavam admiração e fascínio em muitos homens de interesse espiritual ávidos por se engajar intelectualmente nos principais debates da época. Entre os franciscanos, existiu uma série de teólogos, dos quais Alexandre de Hales, Boaventura, Duns Scotus e Guilherme de Ockham são os mais proeminentes. Sem dúvida, porém, o mais importante intelectual franciscano do século XIII foi o egrégio cientista e filósofo Roger Bacon, que lecionou sobre Aristóteles nas universidades de Oxford e Paris, estudou as obras gregas e árabes sobre óptica, defendeu a introdução do ensino de ciências nas universidades e escreveu um compêndio de considerável importância sobre conhecimento científico, filosofia, teologia, linguística, matemática, óptica e ciência experimental. Ele foi a primeira pessoa do Ocidente a descrever a pólvora, criou a primeira descrição dos óculos, propôs a tese de que um balão de cobre cheio de "fogo líquido" poderia voar, e era um homem dotado de uma mente muito aberta. Ele acreditava, por exemplo, que seria possível construir navios gigantescos, movidos sem remos e pilotados por uma única pessoa; que poderiam ser inventados veículos capazes de deslocar-se a velocidades altíssimas sem a necessidade de tração animal; que os seres humanos poderiam viajar em máquinas "que voassem como um pássaro"; que se conseguiriam construir pontes pênseis sobre rios de grande largura com tabuleiros ou vãos "sem pilares ou escoras"; e que mergulhadores poderiam explorar o fundo dos mares em trajes subaquáticos especiais.

Os dominicanos tiveram também alguns representantes intelectuais. Havia o místico e teólogo Mestre Eckhart; o cientista, filósofo e teólogo Alberto de Colônia (conhecido também como Alberto Magno); e o maior de todos os teólogos, Tomás de Aquino. Foi Aquino que seguiu os passos de Abelardo na aplicação da lógica aristotélica à religião e reformulou a máxima "a dúvida leva à investigação, e a investigação conduz à verdade" para "a vontade de saber leva à investigação, e a investigação conduz ao conhecimento". Embora Abelardo se dispusesse a aceitar que algumas coisas, tal como a natureza de Deus, estavam acima e além da investigação racional, Tomás de Aquino achava que tudo deveria ser submetido a uma investigação e à busca de uma explicação racional. Ele deduziu a existência de Deus a partir da natureza, argumentando que, como tudo que se move foi posto em movimento por algo, deve existir um agente primordial de movimento no elo inicial dessa corrente. Outro de seus argumentos ainda citado com frequência nos dias atuais é que, sendo o mundo um sistema ordenado e sempre renovável, isso demonstra o papel de Deus como um projetista inteligente. Podemos suspeitar que Tomás de Aquino teria produzido os trabalhos que o tornaram o teólogo mais importante da Idade Média mesmo que não tivesse sido frade, mas não podemos duvidar que ele e muitos outros foram ajudados em seu aprendizado e conhecimentos pelos recursos e pelas redes de ordens mendicantes, nem do fato de que aquilo que os inspirou a realizar façanhas ainda maiores foi a curiosidade intelectual de todos eles.

As viagens

Hoje em dia, predomina a crença de que as pessoas não viajavam para lugares distantes antes do aparecimento das ferrovias, no século XIX. Essa forma de pensar é superficialmente sustentada pelo que indicam as ramificações de nossas árvores genealógicas: antes dos meados do século XIX, nossos antepassados geralmente se casavam com pessoas da mesma paróquia ou de uma paróquia vizinha. No entanto, existe uma falha óbvia nesse argumento: só porque não cogitamos a possibilidade de percorrer longas distâncias a pé nos dias atuais não significa que as pessoas do passado não estivessem dispostas a isso. E só porque as pessoas se casavam com alguém da própria comunidade, onde podiam contar com o apoio de familiares e amigos e talvez até uma herança, não quer dizer que elas nunca iam a outros lugares.

Por outro lado, existe também um contra-argumento usado frequentemente que também é muito falho. Os vikings desbravadores de oceanos, os saxões viajantes dos mares e os romanos construtores de estradas são prova de que as pessoas viajavam para lugares distantes. Os arenitos de Stonehenge, por exemplo, foram levados para ali trazidos de Preseli Hills, no sul do País de Gales, localidade situada a pouco mais de quatrocentos quilômetros de onde estão agora. Portanto, as pessoas sempre conseguiam realizar viagens se quisessem. Ao que o estudioso, porém, deve responder: *pessoas*, sim, mas não *a maioria* das pessoas. As provas que existem a esse respeito se relacionam a indivíduos e grupos politicamente influentes, capazes de se protegerem, como os exércitos romanos, os vikings e os cruzados. Autoridades reais, por exemplo, eram protegidas por guardas do rei aonde quer que fossem. Grandes senhores feudais viajavam com grupos numerosos, acompanhados de muitos homens armados. No entanto, pessoas comuns raramente iam além do tribunal, dos pastos ou da igreja. Como vimos no capítulo sobre o século XI, viajar para muito longe de casa era simplesmente perigoso demais. A pessoa precisava ter um motivo muito sério para fazê-lo.

Contudo, no século XIII, muitas pessoas passaram a *ter* bons motivos para viajar: para participar de feiras e grandes mercados longe de casa; para receber uma concessão do rei ou ouvir uma decisão judicial de um tribunal central ou mesmo participar de sessões do Parlamento. Elas podiam ter que viajar para solicitar os serviços de um médico ou de um cirurgião. Podiam atravessar a Europa para frequentar uma universidade ou ter mesmo que percorrer a pé alguns quilômetros todas as semanas para ir à escola. Para um frade, viajar fazia parte de sua vocação. Peregrinações se tornaram muito populares no século XIII, com milhares de pessoas caminhando durante quase um dia inteiro para visitar um local sagrado ou viajando rumo a um dos três principais destinos procurados pelos cristãos — Santiago de Compostela, Roma e Jerusalém. Para comerciantes italianos, viajar fazia parte da vida diária, tanto por terra quanto por mar. Os venezianos estabeleceram entrepostos comerciais em todo o Mediterrâneo, e os genoveses tinham criado alguns postos avançados fortificados na Crimeia. Além disso, a aplicação do direito penal passou a exigir que mais pessoas viajassem. Juízes despachados para fazer valer a justiça ou realizar inquéritos faziam longas viagens. Criminosos tinham que ser levados para as cidades, onde eram julgados. Jurados que tivessem que participar de audiências tinham que ir aos locais em que ficavam os respectivos tribunais. Depois de Graciano, as normas do direito canônico passaram a determinar que arcediagos e bispos supervisionassem a vida moral de seus rebanhos, e agora as pessoas tinham que participar de consistórios ou tribunais arcediaconais. Isso podia ocorrer para se conhecer de casos de erros morais, tais como bigamia ou adultério, ou mesmo de um caso de heresia, mas também para se tratar de assuntos rotineiros, como provar a veracidade de um testamento. E, quanto mais as pessoas viajavam e mais tempo ficavam longe de casa, maior era a necessidade de se empregarem mensageiros para inteirá-las das notícias importantes de casa. Viagens resultavam em mais viagens.

E, quanto mais pessoas passaram a pôr o pé na estrada, mais fácil foi ficando fazer isso. Os grilhões que prendiam os servos aos feudos, no sentido de que não podiam deixar suas terras sem a autorização do suserano, começaram a ser partidos conforme iam a mercados e feiras. Hospedarias e casas de hóspedes de mosteiros surgiram para atender às necessidades de viajantes. Pontes de madeira deram lugar a pontes de alvenaria, assegurando a travessia de rios. A vegetação era removida das margens de estradas para impedir que ladrões ficassem de emboscada. O simples fato de que havia mais viajantes transitando por toda parte dava a eles mais segurança. Por exemplo, as pessoas se abrigavam numa hospedaria e depois partiam em grupo, de modo que pudessem defender-se caso fossem atacadas. Obviamente, quanto mais distante a viagem, maiores eram os riscos. Mas até comerciantes que atravessavam reinos estrangeiros podiam sentir-se mais seguros agora. Conforme já foi dito, a aplicação mais efetiva da lei passou a dar-lhes a vantagem de poderem tomar as devidas medidas legais se o pior acontecesse e eles fossem roubados, assaltados ou defraudados durante o caminho.

Não podemos fazer justiça às viagens no século XIII sem examinarmos às jornadas ao Extremo Oriente. Conhecimentos anteriores de geografia eram restritos ao que se preservara das histórias sobre as viagens de Alexandre, o Grande, à Índia, bem como às histórias naturais de Plínio e Solino e às de autoria dos geógrafos do mundo clássico. O mapa-múndi de Hereford ilustra o conhecimento territorial que se tinha do mundo nesse século, exibindo pouca informação sobre a região leste de Jerusalém, exceto no que diz respeito ao mar Vermelho (com um trecho indicando o local em que Moisés o atravessou), o Tigre, o Eufrates e o Ganges. Figuras de animais estranhos adornam suas margens externas. Todavia, essa ingenuidade encantadora esconde uma grande preocupação para com a ameaça provinda do Oriente. No fim da década de 1230, Ugodei, o filho de Gengis Khan, seguiu à frente dos exércitos mongóis em direção à Rússia; logo depois, seus descendentes acrescentaram partes da Alemanha, Polônia e Hungria à lista de conquistas. Em 1243, o recém-eleito Papa Inocêncio IV decidiu entrar em contato com os líderes mongóis na tentativa de convertê-los ao cristianismo. Duas missões partiram dois anos depois: uma liderada pelo franciscano Giovanni da Pian del Carpine e a outra pelo dominicano Ascelino de Cremona. O filho de Ugodei, Guyuk Khan, respondeu solicitando que o papa se apresentasse diante dele para jurar-lhe fidelidade. Compreensivelmente, o papa recusou-se a fazer isso, mas seguiram-se outras duas missões ao Oriente, dessa vez encabeçadas pelo frade dominicano André de Longjumeau e pelo franciscano Guilherme de Rubruck. Em 1254, Guilherme entrou na capital mongol de Caracorum, mas, para surpresa sua, deparou-se com o filho de um inglês, húngaro de nascença, já devidamente adaptado ao estilo de vida local, bem como uma francesa, também húngara de nascimento, e o sobrinho de um bispo normando, fato que parece confirmar a existência de todas essas viagens longas, mas sem registro, das quais quase não sabemos nada a respeito.[12]

Dez anos após essas expedições, os comerciantes venezianos Niccolò e Maffeo Polo partiram em busca de seu primeiro empreendimento comercial no Extremo Oriente. Em sua segunda viagem, levaram consigo o filho de Nicolau, Marco. Mas talvez a mais importante expedição do século XIII tenha sido a do frade franciscano João de Montecorvino, que foi enviado como emissário junto a Kublai Khan, o conquistador da China, em 1289. Ele chegou a Pequim em 1294, pouco depois da morte do líder mongol. Apesar disso, permaneceu lá e começou a converter os chineses ao cristianismo, tornando-se, em 1307, o primeiro arcebispo da cidade.

O século XIII não foi apenas um período em que as viagens se tornaram comuns para a maioria das pessoas; foi também um tempo em que os viajantes cristãos chegaram a lugares que antes tinham sido alcançados apenas por personagens de lendas. Por volta de 1300, os postos mais distantes do Mundo Cristão ficavam a quase oito mil e setecentos quilômetros de distância entre si — de Garðaríki, na Groenlândia, no oeste, a Pequim, no leste. Nenhum dos dois seria duradouro: os cristãos foram expulsos de Pequim no século XIV, e o agravamento das condições climáticas pôs um fim ao de Garðaríki no início do século XV. Mas a mudança na imaginação dos ocidentais perduraria. Temos o melhor exemplo disso nas viagens de Marco Polo. Ditado na prisão a um colega de cárcere, o livro de Polo continha informações surpreendentes sobre as grandes populações e riquezas das cidades da China e da Indonésia. As vívidas descrições que ele fez dos costumes desses povos, tão diferentes das práticas do Ocidente, deixaram os cristãos boquiabertos. Quando essas histórias começaram a vir acompanhadas das sedas e especiarias que iam sendo vendidas nos mercados e nas feiras da Europa em quantidades cada vez maiores, as pessoas passaram a alimentar curiosidade pela Ásia e pelo restante do mundo de uma forma totalmente nova. A ideia de viajar para o Extremo Oriente quando muitos o consideram um território cheio de monstros e dragões era uma temeridade; ir para lá quando se sabe que é uma terra cheia de riquezas, com um bispo cristão já devidamente estabelecido em Pequim, é algo muito sedutor.

Conclusão

Não resta dúvida de que a grande mudança no século XIII foi o comércio. Quase todo mundo subiu um degrau na escala social global: o camponês familiarizou-se com a cidade-mercado; o burguês da cidade-mercado passou a visitar a urbe com mais regularidade; e os prósperos comerciantes de grandes cidades começaram a fazer viagens a lugares mais distantes e com mais frequência até para participar de feiras internacionais. É algo que me traz ao pensamento a imagem de um homem humilde sentado em seu casebre, entalhando uma tigela de madeira. De repente, ele ouve alguém batendo à porta. Quando a abre, encontra um comerciante, oferecendo-lhe moedas de prata em troca de sua tigela. Outro negociante vem atrás do primeiro, trazendo um bode a reboque, que ele deseja vender pelas moedas que o humilde homem acabou de ganhar. E, atrás do segundo, vem um terceiro comerciante, carregando uma tigela de metal, muito mais bonita do que as de madeira que nosso humilde trabalhador entalhou a vida inteira, e a oferece em troca do bode. De uma hora para outra, nosso modesto artesão está cercado de pessoas querendo vender-lhe mercadorias ou desejosas de comprar os seus produtos. Agora, onde havia apenas silêncio, imperam gente e barulho. Por cima da algazarra, soa a voz de um pregador incentivando nosso homem a abandonar seu estilo de vida ganancioso e a passar a trilhar o caminho da indigência e da abnegação. Um escriturário senhorial também chega e lhe apresenta uma lista de seus direitos nas terras em que vive, além de uma conta indicando a porção de milho que reservou para si para o inverno. O mundo exterior entrou em sua vida, e está claro que ele veio para ficar.

Aquilo que é mais impressionante nessas transformações é seu caráter universal. Até mesmo em Moreton, a vida de todos foi afetada. Em 1207, a terra dominial adjacente à igreja foi transformada em praça comercial, com vários lotes aforados por burgueses em torno de seu perímetro. A antiga casa em que moro agora fica numa via que, no passado, demarcava o limite sul dessa praça. Na década de 1290, seu morador era um capelão chamado Adam de Moreton, o qual, com certeza, circulava entre as barracas na companhia de seu servo para comprar ovos e carne, roupas e velas. Habitantes de povoados vizinhos visitavam em dias de feira, mas também pessoas de lugares distantes, quando a feira de cinco dias era realizada aqui por ocasião da festa de Santa Margarida da Escócia. É possível também que frades fizessem pregações na praça. Em 1300, depois que Adam de Moreton foi designado vicário de St. Marychurch, a quase vinte e seis quilômetros de distância, ele vendeu a casa para um morador local, Henry Suter. Fizeram uma escritura pública atestando a transferência do bem, e, embora, provavelmente, Suter fosse analfabeto, sua família guardou com cuidado a escritura, até que, em 1525, seus descendentes resolveram vender a casa. No século XII, não teria sido feito sequer um simples registro desse tipo de transação, que dirá a preocupação de preservá-lo.

Os autos de processos dos tribunais senhoriais de Moreton começaram a ser registrados em pergaminhos na década de 1280, tal como se fazia no domínio vizinho, Doccombe (cujos pergaminhos de autos processuais ainda existem). Os habitantes de Moreton acusados de atos imorais seriam intimados a percorrer os mais de trinta e oito quilômetros que os separavam de Totnes para se apresentar no tribunal do arquidiaconato, levando consigo algumas testemunhas para atestar, sob juramento, sua inocência. Os culpados seriam forçados a seguir para o Castelo de Exeter, onde ficavam aguardando julgamento. Enquanto percorria a circunscrição de sua diocese, dedicando os altares das igrejas, então recém-construídas com a receita do comércio de lã, o bispo de Exeter visitava a paróquia. Portanto, mesmo num lugar pacato e remoto como Moreton, onde ninguém teria ouvido falar de Guilherme de Rubruck ou de Marco Polo, a vida cotidiana se transformou para sempre.

O principal agente de transformações

Se este livro fosse sobre história geral, não haveria dúvida a respeito de qual foi o principal agente de mudanças. A fama de Gêngis Khan, flutuando no oceano de sangue que se estendia da China ao mar Cáspio, não tem rival. A devastação causada por ele, continuada por seu filho e netos, para a infelicidade e a ruína do leste europeu, foi a responsável direta por fazer com que o Ocidente criasse alianças com o Oriente pela primeira vez. Seu genocídio destruiu a capacidade de o Oriente tomar a iniciativa de explorar novas oportunidades comerciais no Ocidente. Por conseguinte, ele acabou ampliando, sem querer, os horizontes da Cristandade, além de ter criado novas oportunidades para seus comerciantes. Contudo, em nossa história sobre transformações no Ocidente, Gêngis Khan é um fator irrelevante. Nesse sentido, uma figura mais influente jaz despercebida no coração da Europa, na pessoa de Lotário de Segni, também conhecido como Papa Inocêncio III.

Inocêncio III foi um dos últimos papas a influenciar governantes e autoridades de todos os níveis das sociedades de toda a Cristandade. Em sua atuação nas altas instâncias do poder, ele não apenas enfrentou com firmeza as pretensões de João da Inglaterra, mas também forçou a anulação de vários casamentos régios na Europa e promulgou a bula "Venerabilem", que finalmente instituiu os princípios norteadores da relação entre o Sacro Imperador Romano-Germânico e o pontífice. Em suas relações com as bases do Mundo Cristão, o papa compreendia os anseios das massas que ele governava espiritualmente. A boa acolhida que concedeu a Francisco de Assis é um bom exemplo disso: tivesse julgado que o mísero homem não passava de um vagabundo, ele o teria mandado embora e, com isso, rotulado de herege um fervoroso grupo de pregadores. Assim, privaria a Igreja Católica da contribuição dos frades franciscanos, que se tornaram um de seus instrumentos mais prestimosos. Podemos afirmar quase a mesma coisa com relação ao incentivo dado por ele a Domingos de Gusmão. No início, Domingos queria converter pagãos nas fronteiras da Europa; foi Inocêncio que o convenceu a aceitar a missão de corrigir os hereges, dando aos Frades Negros um de seus principais objetivos na vida religiosa. Os apelos lançados por Inocêncio aos reis espanhóis para que colaborassem com a Reconquista frutificaram na vitória em Las Navas de Tolosa, êxito que abriu o caminho para a reconquista de quase todo o território espanhol até o fim do século. Sua determinação em fazer com que toda grande igreja da Cristandade ensinasse as pessoas a ler e escrever acelerou ainda mais a disseminação do alfabetismo. Não há como duvidar que ele foi o cristão mais influente do século. Por outro lado, em certo sentido, Inocêncio foi também extremamente conservador: ele se opunha à extinção do absolutismo monárquico, conforme revela sua condenação da Carta Magna. Porém, tal como vimos no exemplo de Bernardo de Claraval, a determinação de alguém em resistir a mudanças pode acabar fazendo com que elas aconteçam — questão da qual voltaremos a tratar no fim deste livro. O papel exercido por Inocêncio na Cruzada contra os cátaros é especialmente revelador nesse particular: sua firme posição contra os hereges de uma forma geral e contra os cátaros em especial não apenas manteve a hegemonia da Igreja Católica; ela levou também à Inquisição. Em face de todos esses motivos, portanto, não vejo quem possa se equiparar a Inocêncio III como principal agente de transformações no século XIII.

1301–1400

O Século XIV

Os povos medievais nada sabiam a respeito de história social. Quando artistas representavam cenas descritas na Bíblia ou dos tempos romanos em vitrais, esculturas e iluminuras, retratavam pessoas usando roupas medievais, morando em casas medievais e viajando em navios medievais. Não obstante, imagine um monge extremamente bem-informado e criativo que vivia consultando todas as fontes históricas de que dispunha em seu mosteiro no ano de 1300. Com certeza, isso o levaria a acreditar que a humanidade foi bastante afortunada nos três últimos séculos ou, adaptando a linguagem à mentalidade religiosa da época, que Deus tinha sido bom para os cristãos. Do ponto de vista econômico, a Europa ocidental foi colhendo um sucesso atrás do outro. A população cresceu muito. As cidades onde os cidadãos viviam, outrora, com medo de ataques tinham agora bons sistemas de defesa, e áreas rurais não estavam mais sob ameaça de destruição. Com muita razão, esse monge poderia ver a Igreja como a principal arquiteta e facilitadora desses avanços. Afinal, a Igreja defendeu a paz, tanto pelo esforço de ampliar as fronteiras da Cristandade quanto pela tentativa de apaziguar as facções em guerra dentro de seus domínios, concentrando a violência praticada pelos cristãos em alvos específicos, em suas orlas e terras além. Ela fez com que muitas pessoas aprendessem a ler e escrever, além de ter criado um código moral para conduzir todos os cristãos e incentivar os tribunais a aplicar punições caso essa lei fosse violada. Nosso monge imaginário ficaria convicto de que Deus estava agindo para o bem da Cristandade inteira, de todas as formas possíveis. Cem anos depois, ele não teria tanta certeza.

Em 1300, a situação já começava a mudar. Uma série de colheitas ruins na última década do século XIII causou uma grave falta de alimentos no norte da França e nos Países Baixos. Em 1309, chuvas excessivas provocaram uma grande fome na Europa. E então as coisas foram de mal a pior. Os povos europeus tinham sofrido muitas crises de fome no passado, logicamente, mas, graças às grandes safras, a população sempre se recuperava rápido. Agora, isso havia mudado. Décadas de cultivo intensivo esgotaram o nitrogênio do solo, a tal ponto que simplesmente deixar um campo em pousio não era mais suficiente para recuperar sua fertilidade. As produções de trigo que, em 1200, eram de uma proporção de seis para um (seis sementes colhidas para cada semente cultivada) tinham caído para uma relação de dois para um por volta de 1300; a proporção de safras de cevada e centeio diminuíra de quatro para um para dois para um.[1] Com a produtividade da terra tão baixa, era impossível que a população conseguisse recuperar-se depressa. Imagine um camponês que cultivasse vinte e cinco acres — uma grande extensão de terra para um arrendamento senhorial na Inglaterra do início do século XIV. Digamos que ele tivesse milho suficiente da boa safra do ano anterior para plantar cinquenta alqueires e conseguisse um rendimento de cinco para um; portanto, ele teria obtido duzentos e cinquenta alqueires de seus vinte e cinco acres. No fim do ano, presumindo-se que estivesse confiante de que conseguiria outro rendimento de cinco para um no ano seguinte, ele poderia ter separado cinquenta alqueires de grãos de milho para usar como semeadura, a mesma quantidade para alimentar seus animais de tração e setenta e cinco para consumo próprio e da família: com isso, teriam restado setenta e cinco alqueires para negociar no mercado.[2] Entretanto, se no ano seguinte ele obtivesse uma safra ruim, com um rendimento de apenas três para um, o camponês teria colhido apenas cento e cinquenta alqueires. Nesse caso, ele não teria nenhum excedente para vender no mercado. Depois que tivesse alimentado a si mesmo, seus familiares e seus animais, ficaria com uma sobra de apenas vinte e cinco alqueires de grãos para semear — metade do que precisaria para cultivar integralmente a sua terra. Até mesmo uma boa safra no terceiro ano, com um rendimento de cinco para um, lhe teria fornecido um excedente suficiente apenas para alimentar a família e seus animais, sem que lhe restasse nenhuma sobra para o ano seguinte.

Na verdade, a situação era ainda mais grave do que a imaginada no exemplo acima. A maioria dos camponeses tinha menos de vinte e cinco acres de terra, o rendimento das safras caiu abaixo da proporção de três para um, e o clima podia causar muito mais prejuízo que uma colheita ligeiramente ruim em três anos de lavoura. Quando safras inteiras eram perdidas em razão de geadas precoces ou tardias — e a temperatura média estava diminuindo nessa época, gerando consequências terríveis para regiões altiplanas —, milhares de pessoas morriam de fome. E, quando ocorriam problemas consecutivos com a safra, as consequências eram uma verdadeira catástrofe. Portanto, a população europeia estava sofrendo antes mesmo das terríveis crises de fome de 1315-1319. Estima-se que dez por cento da população tenha morrido em decorrência dessas adversidades naturais, o que significa mais de dez milhões de pessoas em toda a Cristandade mortas por conta de fome ou de doenças resultantes de subnutrição.[3] Esses acontecimentos marcaram o fim de três séculos de expansão demográfica e comercial quase ininterrupta.

Mas isso não foi nada em comparação com o que viria a seguir.

A Peste Negra

É difícil descrever o acontecimento devastador que foi a Peste Negra. Quando eu dava palestras sobre a Inglaterra do século XIV e explicava como os anos de 1348-9 foram catastróficos, havia sempre alguém que teimava em afirmar que não podiam ter sido tão terríveis quanto a Primeira Guerra Mundial ou tão assustadores quanto a Blitzkrieg. Eu explicava então que, em quatro anos de conflito, o índice de britânicos mortos na Primeira Guerra Mundial correspondeu a 1,55 por cento da população: uma média de 0,4 por cento de mortes ao ano. Já a Peste Negra matou cerca de quarenta e cinco por cento da população da Inglaterra num período de quase sete meses, atravessando o país como uma onda devastadora: uma taxa de mortes anual de setenta e sete por cento.[4] Portanto, a taxa de mortalidade em 1348-9 foi cerca de duzentas vezes superior à da Primeira Guerra Mundial. Ou, fazendo uma comparação com os bombardeios da Segunda Guerra Mundial: para igualar o número de mortes provocado pela peste, teria sido necessário lançar sobre o Japão não apenas duas bombas atômicas (cada uma delas matando em torno de setenta mil pessoas ou 0,1 por cento da população), mas quatrocentos e cinquenta. Isso daria duas bombas atômicas sobre uma cidade diferente *todo dia*, durante sete meses. Se isso tivesse acontecido, ninguém teria duvidado de que essa fora a maior calamidade na história da humanidade. Contudo, como a peste eclodiu num passado tão remoto e nós estamos tão distantes da cultura das vítimas da época, não conseguimos avaliar tamanha proporção de mortes. Achamos muito mais fácil compreender o trauma de pais que perderam seus filhos amados na Primeira Guerra Mundial do que o infortúnio de comunidades inteiras varridas do mapa no século XIV.

A Peste Negra foi a primeira onda da segunda pandemia de uma doença enzoótica, quase sempre denominada peste bubônica, em razão dos bubões (manchas de sangue enegrecidas) que surgem na virilha e nas axilas das vítimas infectadas. Seu agente patogênico é uma bactéria, a *Yersinia pestis*, transmitida pelas pulgas de roedores, mas que pode se espalhar também pelas pulgas que parasitam seres humanos. Em certas circunstâncias, a doença pode ser transmitida pela respiração de vítimas infectadas também. Segundo raciocínio atual, se a vítima apresentar um quadro de pneumonia durante o desenvolvimento da doença, as bactérias são exaladas no ambiente, e a doença é transmitida diretamente de uma pessoa para outra. Nessa forma de disseminação, ela é incorretamente classificada como peste bubônica, quando, na verdade, assume as características da peste pneumônica, muito mais perigosa.

A primeira pandemia ocorrera oitocentos anos antes, eclodindo em 541. Essa precursora da Peste Negra conservou sua virulência durante todo o século VI, mas, com o passar dos anos, foi perdendo força, desaparecendo finalmente na década de 760. Por volta de 1347, fazia quase seiscentos anos que ninguém tivera notícias daquela peste. Por isso, ninguém estava preparado para as consequências de seu reaparecimento, que foi notado inicialmente na China, em 1331. Levada por comerciantes que percorriam a Rota da Seda, ela chegou à Crimeia no outono de 1347, onde suas vítimas embarcavam em navios genoveses com destino a Constantinopla. De lá, espalhou-se pela Sicília, Grécia, Egito, norte da África, Síria e Terra Santa. Em fins de 1347, ela chegou ao coração comercial da Cristandade — as cidades mercantis de Veneza, Pisa e Gênova — em sua perigosíssima forma pneumônica. As cidades afetadas viram corpos se amontoarem rapidamente: uma taxa de mortandade superior a quarenta por cento era comum.

Notícias da peste se espalhavam ainda mais rápido do que a infecção em si. Cidades antecipadamente alertadas fecharam seus portões a viajantes, mas nada seria capaz de manter lá fora algo tão pequeno quanto uma pulga quando os portões tinham que ser abertos ocasionalmente para permitir a entrada de alimentos e provisões. A peste não poupava ninguém: ricos e pobres, mulheres e crianças, cristãos e muçulmanos, todos pereciam. Em Túnis, Abu Zayd afirmou que "era como se a voz da vida no mundo o tivesse convocado para um grande extermínio [...] e o mundo atendesse". Agnolo di Tura fez também um relato de sua experiência em Siena:

> A mortandade começou em maio. Foi uma coisa cruel e horrível, e nem sei por onde começar a descrever suas crueldade e brutalidade [...] Pais abandonavam filhos; esposas, maridos; irmãos, entre si, pois parece que a doença atacava tanto pela respiração quanto pela visão [...] Tudo que os parentes podiam fazer era levar seus mortos para uma vala como conseguissem, sem padres, sem missas [...] E eu [...] enterrei meus cinco filhos com minhas próprias mãos [...] Tantos morreram que todo mundo acreditava que aquilo era o fim do mundo.

Florença ficou entre as mais afetadas cidades da Europa: cerca de sessenta por cento de sua população morreu. Uma testemunha ocular da cidade observou:

> Os cidadãos quase não faziam outra coisa que não fosse carregar corpos para serem enterrados; muitas pessoas morreram sem a graça da confissão ou da unção dos enfermos; muitas faleceram sozinhas e outras tantas de fome [...] Em todas as igrejas, abriam-se covas coletivas até o nível do lençol d'água; desse modo, os pobres que morriam durante a noite eram envoltos em panos mortuários rapidamente e atirados nesses buracos. De manhã, quando se deparavam com um grande número de corpos nessas covas, as pessoas pegavam um pouco de terra e a lançavam sobre os cadáveres com suas pás; e, depois, outros mais eram postos em cima deles, e então mais uma camada de terra, da mesma forma que fazemos lasanha com camadas de massa e queijo.[5]

O poeta Giovanni Boccaccio chocou-se com o tratamento dado aos defuntos ao ver que "era prática comum entre a maioria dos vizinhos, movidos tanto por medo de contaminação pelos corpos em decomposição quanto por caridade para com os mortos, arrastar os corpos para fora das casas e deixá-los estendidos na frente das portas, onde qualquer pessoa que estivesse fazendo a ronda funerária pudesse vê-los".[6] Até o escritor Florentino Giovanni Villani foi vítima da peste. As últimas palavras de sua crônica foram: "E a peste durou até.." A pestilência tapou-lhe a boca com sua mão sombria antes que ele pudesse escrever a data.

Em janeiro de 1348, a doença tinha chegado à cidade portuária de Marselha. De lá, propagou-se para o norte da França e avançou para a Espanha, a oeste. Sua letalidade não diminuiu. Em Perpinhã, oitenta dos cento e vinte e cinco tabeliães morreram, além de dezesseis dos dezoito barbeiros-cirurgiões e oito dos nove médicos.[7] O próspero negócio de empréstimos da cidade parou de funcionar totalmente. Em Avignon, França, onde os papas haviam residido desde a época em que Clemente V se mudara para lá, em 1309, um terço dos cardeais morreu. Em Languedoc e na Provença, metade da população pereceu. Mesmo assim, a doença continuou a avançar, espalhando-se em todas as direções. Givry, na região da Borgonha, que é a única com registros municipais datando de 1334 preservados, viu a média anual de sepultamentos aumentar de uma média vinte e três por ano para seiscentos e vinte e seis em apenas quatro meses — número que indica uma taxa de mortalidade de cerca de cinquenta por cento. Na Inglaterra, todas as dioceses viram mais de quarenta por cento de seus padres morrerem: a diocese de Exeter perdeu mais da metade de seus clérigos.[8] Taxas de mortalidade entre os camponeses de Worcestershire chegaram a quarenta e dois por cento em média, mas esses números frios escondem uma variedade de situações, que vão desde as de lugares afortunados, como Hartlebury (dezenove por cento), a domínios senhoriais afetados em terríveis proporções, como Aston (oitenta por cento). As duas maiores cidades da Inglaterra na época, Londres e Norwich, foram vítimas de uma taxa de mortandade de quarenta por cento. No começo de julho de 1349, um navio proveniente de Londres foi encontrado à deriva ao largo das águas da cidade portuária de Bergen, na Noruega. Quando as autoridades subiram a bordo, encontraram a tripulação inteira morta. Horrorizadas, trataram de retirar-se logo da embarcação e voltaram para o litoral. Mas era tarde demais: uma delas tinha sido infectada pela doença. Foi assim que a praga chegou à Noruega.[9]

Quantos morreram vitimados pela Peste Negra? Funcionários do papado calcularam que o número de mortos pode ter chegado a quase vinte e quatro milhões de cristãos, o que eles acreditavam corresponder a um terço da Cristandade. Pesquisas recentes indicam que o total de vítimas pode ter sido muito maior: sessenta por cento da população na maioria das regiões da França; talvez um pouco acima disso na Inglaterra, Catalunha e Navarra;

e entre cinquenta e sessenta por cento na Itália.[10] Logicamente, um número de mortes tão grande deixou as pessoas traumatizadas, já que aqueles que realizavam tarefas diárias essenciais — padres, criados, cozinheiros, vaqueiros, trabalhadores de colheitas e mães de crianças pequenas — foram simplesmente eliminados da vida cotidiana. Em 1340, poucos poderiam ter imaginado uma taxa de mortalidade tão alta quanto a provocada pela crise de fome de 1316-9, que dirá algo pior. De 1347 em diante, contudo, os europeus tiveram que se preparar para a morte. Na verdade, tiveram que fazer isso várias vezes, já que a Peste Negra foi apenas a primeira de uma série de pandemias: ela retornou em 1361-2, 1369 e 1374-5 e, dali por diante, a intervalos médios entre oito e doze anos nos três séculos seguintes. E, embora surtos subsequentes não tenham sido tão severos quanto o primeiro, ainda assim mataram milhões de pessoas. O surto de 1361-2, por exemplo, levou outros dez por cento da população da Inglaterra em menos de um ano. Um século depois, a grande irrupção de 1478-80 ceifou mais uma parcela de dez a quinze por cento da população. Mesmo trezentos anos depois da Peste Negra, novos surtos da praga conseguiam matar quinze por cento dos habitantes de uma cidade de tamanho médio; nas grandes urbes, o problema podia ser bem mais grave. Em 1563, mais de vinte por cento da população de Londres morreu, e, em 1576, parcelas ainda maiores de vítimas sucumbiram em Veneza, assim como em Sevilha, em 1649; em Nápoles, em 1656; e em Marselha, em 1720-1. Portanto, o século XIV iniciou uma era de medo. As pessoas iam para a cama sabendo que aquela noite podia muito bem ser a última.

No escopo visado por este livro, porém, a letalidade da peste não é a sua característica mais significativa. É importante lembrarmos que a sociedade não entrou em colapso. A morte de mais da metade da população não significa que as pessoas abandonaram as normas reguladoras do direito de propriedade ou que desistiram de labutar nos ciclos de plantio e colheita. O rompimento da lei e da ordem que ocorreu em alguns lugares durou pouco. Em Florença, os *becchini* (coveiros) roubavam casas vazias, extorquiam dinheiro de vítimas temerosas demais para abandonar suas casas e se aproveitavam de mulheres indefesas, mas o desrespeito à lei durou apenas algumas semanas. Embora muitos prelados e magnatas houvessem morrido em consequência da peste, foram logo substituídos. E os governantes da Europa procuraram demonstrar otimismo. Na Inglaterra, Eduardo III anunciou publicamente que faria uma viagem à França enquanto a peste assolava o país, e de fato a fez, apesar de ter ficado lá por pouco tempo. Ele também organizou um torneio de justa em abril de 1349, em Windsor, que atraiu muitos entusiastas do esporte, no qual concluiu o processo de fundação da Ordem da Jarreteira, enquanto a própria Inglaterra sofria com a peste. Sua mensagem era simples: ele acreditava que tinha a proteção especial de Deus. Além do mais, estava determinado a ostentar para o povo sua confiança na divina complacência — um fingimento ousado, visto que uma de suas filhas já fora vitimada pela doença.

Tanto no plano religioso quanto no secular, as consequências mais importantes da Peste Negra foram as de longo prazo. Antes, a sociedade medieval era rígida demais, com as pessoas achando que suas posições sociais eram instituídas por Deus. O senhor feudal era alguém criado para empunhar armas e comandar soldados em batalhas. O sapateiro exercia o ofício de sapateiro, nem mais, nem menos. O arrendatário servil de oito acres das terras de seu suserano era simplesmente isso. Esses eram os papéis que Deus escolhera para eles. Só que, agora, a grande redução no tamanho da população abriu buracos enormes nessa hierarquia inflexível. Mais importante, havia uma grave escassez de mão de obra. Trabalhadores cujas famílias haviam morrido já não tinham que aceitar uma vida de servidão: sem mais nada a perder, eles podiam simplesmente ir até a cidade mais próxima e vender seus serviços. O lavrador cujos filhos estavam morrendo de fome não tinha mais que se contentar em cultivar alguns lotes de terra para seu senhor se um proprietário rural vizinho estivesse oferecendo bons salários a trabalhadores. Caso seu senhor quisesse mantê-lo a seu serviço, teria que pagar melhores salários ou recompensá-lo com mais terras.

Nada é um delimitador mais claro entre a época final da Idade Média e o período anterior do que a Peste Negra. Embora, muito antes de 1347, as crises de fome mencionadas no início deste capítulo houvessem levado à extinção do otimismo do século XIII, a peste abalou profundamente os pilares da compreensão que as pessoas tinham do lugar que lhes cabia na Terra. Algumas tiveram que aceitar a dura realidade da aniquilação quase total de suas comunidades, e é bastante razoável que tenham se perguntado por que Deus as tratara de modo tão severo — principalmente quando o povoado vizinho talvez tivesse tido um número de vítimas muito menor. Como Deus poderia querer o melhor para a humanidade quando matava criancinhas em seus próprios berços com uma doença sofrida e assustadora? Ao esmigalhar as frágeis barreiras da sociedade, a peste suscitou profundas questões acerca das causas da doença. Muitos começaram a refletir sobre a decadência do papado desde a ascensão de Bonifácio VIII, que pontificara de 1294 a 1303. Dali por diante, os escalões mais altos da Igreja foram se enredando cada vez mais em atos de corrupção e mercantilismo. Como os papas agora estavam sob a influência de um monarca secular, o rei da França, seu prestígio aos olhos da Cristandade se reduziu a pálida sombra do luzeiro que havia sido outrora. As pessoas começaram a duvidar de que a Igreja de Roma estivesse mesmo as conduzindo na direção certa. Havia quem suspeitasse que a peste era uma punição divina lançada sobre a humanidade inteira por causa da corrupção de seus líderes religiosos.

A peste mudou também a visão que as pessoas tinham da morte. Talvez você ache que a morte é uma das poucas constantes na vida humana, mas, na verdade, ela é suscetível de alterações radicais. A morte em si não existe — ela não tem substância — e, portanto, só tem significado no cérebro dos vivos: na extinção da vida e na crença de que existe uma forma modificada de existência depois dela. É neste último sentido que estão as mudanças. Em toda a Europa do século XIV houve um profundo envolvimento com a questão da morte. A cultura literária estava permeada da ideia de demônios, Purgatório e vida após a morte. Era cada vez maior o emprego do tema da caveira em arte religiosa. Na Inglaterra, a seita dos lollardos defendia um estilo de vida mais intenso e espiritual. No fim do século, em seus testamentos, os cavaleiros e prelados lollardos passaram a enfatizar cada vez mais o caráter repugnante e pecaminoso da carne de seus testadores. *Mementi mori* — lembretes materiais dos corpos putrefacientes que todos nos tornaremos um dia — eram insculpidos em lápides ou gravados em igrejas e catedrais. Ocorreu um aumento de dotações de capelas e da criação de instituições beneficentes — a construção de pontes, escolas, asilos e hospitais para viajantes. Contudo, por baixo desses atos de piedade religiosa e manifestações de repugnância, podemos constatar a existência de algo ainda mais profundo: a perturbadora questão da verdadeira situação da humanidade aos olhos de Deus. E se Deus resolvesse destruir a humanidade inteira? Após 1348, a aniquilação da espécie humana tornou-se uma possibilidade real na mente de muitos.

No entanto, para alguns dos sobreviventes, a Peste Negra abriu um mundo de oportunidades. Tal como vimos, entre os beneficiados estavam os camponeses que descobriram que podiam negociar seus serviços por mais dinheiro do que o que ganhavam em seu domínio senhorial. Inglaterra e França aprovaram leis para impedir que o livre mercado ditasse níveis salariais, mas essas medidas surtiram pouco efeito. Os camponeses perceberam que seu trabalho era valioso para seus senhores e que, portanto, podiam insistir em ser tratados com mais dignidade do que antes. Caso contrário, podiam se rebelar. No passado, os camponeses tinham demonstrado pouca disposição para rebeliões, mas, como resultado da peste, eles adquiriram noção do próprio valor. Isso acabou provocando várias insurreições, tais como a Revolta dos Jacques, em Paris (1358), a dos Ciompi, em Florença (1378) e a dos Camponeses, na Inglaterra (1381). De fato, é notável o fato de que, durante toda a história, grandes mortandades ressaltem a importância de trabalhadores e trabalhadoras, tanto aos olhos de si mesmos quanto na visão dos que os governam.

Características da sociedade que nunca teríamos associado com a peste foram profundamente afetadas. O direito de se casar é um bom exemplo. Em 1332, uma serva moradora de Doccombe chamada Agnes de Smallridge queria casar-se com Roger Shearman, um homem livre de Moreton. A solicitação foi levada ao prior da Cantuária (o suserano do domínio senhorial de Doccombe), que se recusou a dar autorização, já que, com o casamento, Agnes ficaria livre da obrigação de servir. Todavia, embora, em 1332, a servidão ainda ditasse os caminhos da vida das pessoas e de sua felicidade, por volta de 1400 esse sistema tinha ruído em quase todas as partes da Europa ocidental. Os foros que camponeses tinham que pagar aos seus senhores diminuíram depois da quarta epidemia da peste de 1374-5, já que havia menos arrendatários, mas terras em abundância. Alguns senhores que tinham feito grandes empréstimos estavam endividados agora e se viam forçados a alugar ou vender propriedades senhoriais inteiras a empreendedores urbanos. Mulheres como Agnes de Smallridge estavam livres para se casar com quem quisessem desde que pagassem uma multa ao seu senhor. Os laços feudais que prendiam trabalhadores à terra foram substituídos por obrigações financeiras. O dinheiro ocupou o lugar da fidelidade compulsória, e o capitalismo começou a substituir o feudalismo nas áreas rurais, quando já havia triunfado nas cidades.

Só podemos tratar aqui de poucas das transformações importantes ocasionadas pela Peste Negra. Entretanto, no que se refere ao exame do período conforme o objetivo visado por este livro, os anos que vão de 1347 a 1352 talvez tenham sido os mais influentes em nossa história. Em tese, os únicos anos comparáveis são os das duas guerras mundiais, por causa das rápidas mudanças sociais e dos avanços tecnológicos que se seguiram a ambos. Mas até eles se tornam insignificantes se imaginarmos um tempo em que tanta gente morreu de repente, em agonia — e ninguém entendia por quê.

As guerras de projéteis

Uma visita a uma loja de lembrancinhas de um castelo medieval pode dar a impressão de que cavaleiros medievais viviam buscando oportunidades para se atacarem. Algumas fontes de informação contemporâneas confirmam esse ponto de vista. Os cronistas da Gasconha do século XIV revelam em seus escritos como eram frequentes essas lutas. Os anais da Irlanda medieval estão cheios de uma série de histórias sobre senhores feudais roubando o gado uns dos outros ou sobre emboscadas para assassinar o filho de alguém, em represália por um ataque semelhante no ano anterior. A verdade, porém, é que as forças militares de dois reinos raramente se enfrentavam em batalhas. Isso era simplesmente arriscado demais. Na maior parte das vezes, os exércitos só lutavam quando tinham mesmo de fazê-lo — e, de uma forma geral, isso acontecia somente quando um rei acreditava que tinha uma vantagem tão grande sobre o inimigo que não havia como ser derrotado. Saber que o inimigo estava mal-equipado, cansado, faminto, inferiorizado numericamente, sofrendo de alguma doença, com o moral baixo ou vulnerável a um ataque-surpresa podia influenciar a decisão de guerrear, mas mesmo a posse dessas informações não era nenhuma garantia de que disso resultaria uma batalha de verdade. Os reis sabiam que tudo dependia de sua própria sobrevivência. A possibilidade de um rei ser morto ou capturado em batalha não seria apenas sinônimo de derrota; as pessoas achariam que Deus estava do lado do inimigo, e, assim, a causa inteira estaria perdida. Até mesmo um exército desmoralizado e mal-equipado podia vencer uma batalha se tivesse sorte e conseguisse matar o comandante adversário.

O que realmente importava em 1300 era ter combatentes mais bem-armados e bem-treinados do que os guerreiros do inimigo — e em número maior. Daí a importância dos cavaleiros e principalmente de suas investidas em massa, que vinham sendo fator de vitórias em batalhas desde o século XI. Em formação de combate, grupos de cavaleiros armados e muito bem-preparados atravessavam a galope um campo de batalha montados em *destriers*, grandes cavalos criados especialmente para a guerra, devastando tudo que encontrassem pela frente: uma onda destruidora de lanças pontiagudas e fortificadas estraçalhando tudo em seu caminho. As únicas ocasiões em que essa tática não se revelava decisiva eram quando um erro estratégico a tornava inócua — como nas vezes em que cavaleiros avançavam demais na perseguição do inimigo e acabavam se separando do corpo principal da infantaria ou quando o chão estava tão encharcado que os cavalos perdiam velocidade e a investida se enfraquecia. No fim do século XIII, porém, os exércitos galeses e escoceses que combatiam Eduardo I da Inglaterra descobriram um eficiente sistema de defesa contra a cavalaria. Consistia em organizar seus soldados em muralhas humanas ou *schiltrons*: círculos de combatentes armados com lanças compridas, de costas uns para os outros. Eles fincavam as lanças na terra e as inclinavam para fora, de modo que os cavalos inimigos fossem espetados pelas pontas de ferro em seu avanço ou acabassem recuando. Em Bannockburn, em 1314, Roberto de Bruce, que se proclamara rei dos escoceses, neutralizou o ataque dos cavaleiros ingleses equipando seus homens com lanças de quase cinco metros de comprimento e organizando-os em *schiltrons*. Combinada com a umidade do solo, a estratégia funcionou. Os combatentes de elite da cavalaria inglesa acabaram usando seus cavalos para escapar da chacina que veio em seguida.

A batalha em Bannockburn resultou numa vitória decisiva para os escoceses, mas o irônico é que fez com a semente do predomínio militar dos ingleses germinasse durante o restante do século. Isso aconteceu porque inspirou um desejo de vingança nos senhores feudais do norte inglês que tinham o controle de terras na Escócia. Um deles era Henrique de Beaumont, soldado experiente e líder muito capaz. Outro era Eduardo de Balliol, pretendente ao trono da Escócia que estava ansioso para fazer valer sua pretensão após a morte de Roberto de Bruce, em 1329. Em 1332, esses dois homens comandaram um grupo de cavaleiros ingleses — conhecidos pelos historiadores como "os Deserdados" — rumo à Escócia para reivindicar a posse de suas terras ancestrais perdidas. Beaumont estivera em Bannockburn e sabia exatamente o que os ingleses deviam ter feito lá. Como os *schiltrons* se moviam lentamente e eram protegidos com armaduras precárias, portanto vulneráveis a ataques de flecha, ele providenciou para que mil arqueiros o acompanhassem na campanha.

Logo depois de terem chegado a Kinghorn, em Fife, os Deserdados viram-se diante de um exército enorme. Cronistas escoceses afirmam que eles foram confrontados por nada menos que quarenta mil soldados inimigos; já escritores ingleses falam em trinta mil homens.[11] Beaumont e Balliol não tinham mais de três mil guerreiros consigo, incluindo os arqueiros. Em 10 de agosto de 1332, em Dupplin Moor, eles se lançaram num combate desesperado, em uma desvantagem de dez inimigos para cada homem. Distribuídos igualmente em cada um dos flancos, os arqueiros conseguiram não apenas debandar os *schiltrons*, como também impediram o avanço dos escoceses, prendendo-os numa zona de matança entre os flancos. Os escoceses não conseguiam recuar, pois seus colegas de armas os pressionavam pela retaguarda; tudo que puderam fazer era passar por cima dos corpos dos companheiros tombados, expondo-se às flechas mortais. Um cronista do norte observou que "algo assombroso aconteceu nesse dia, de um tipo jamais visto ou de que nunca se ouvira falar numa batalha anterior: a pilha de mortos superou em altura uma lança inteira apontando para o céu". Lembre-se: em 1332, essa antiga lança tinha quase cinco metros de comprimento.[12]

A estratégia empregada por Henrique de Beaumont nesse dia tornou-se o princípio básico das técnicas de guerra modernas: não esperar o inimigo se aproximar para travar uma luta corpo a corpo, mas atirar nele antes que chegue perto demais e possa dar pancadas na cabeça ou apunhalar entranhas. O elemento-chave nessa estratégia é o emprego maciço de projéteis, que produz um efeito muito parecido com o da metralhadora. Algumas dezenas de arqueiros poderiam ter debandado um *schiltron*, mas apenas o esforço coordenado de mil conseguiria deter o ataque de uma tropa de cavaleiros bem-equipados. Embora o arco longo fosse preciso apenas quando empregado para atingir alvos num raio de duzentos metros e só conseguisse penetrar armaduras que estivessem a metade dessa distância, a tática de derrubar os principais cavaleiros do inimigo quando eles estivessem prestes a alcançá-los fazia com que se tornassem alvos praticamente estacionários, bem na frente dos arqueiros, na zona da matança. Cada um dos arqueiros conseguia disparar uma flecha a cada cinco segundos; em Dupplin Moor, isso significou um ataque mortal com doze mil flechas por minuto. E não importa que não fossem miradas diretamente no alvo; elas formavam uma verdadeira tempestade de flechas caindo a uns cem metros da frente das fileiras inglesas. Nenhum exército conseguiria avançar diante de um ataque tão letal. Não sabemos se Henrique de Beaumont tinha planejado tudo antecipadamente ou se foi pura sorte. Em todo caso, numa questão de dias, a notícia de sua vitória tinha chegado aos ouvidos de Eduardo III da Inglaterra.

No dia do nascimento de Eduardo, profetizaram que ele seria vitorioso nos campos de batalha: a notícia de Dupplin Moor deu-lhe um modelo de ação para tornar real essa previsão.[13] Um ano depois, quando tinha apenas vinte anos de idade, ele comandou um modesto, mas bem-equipado exército inglês numa batalha contra os escoceses em Halidon Hill, onde se vingou da derrota em Bannockburn. Isso foi apenas o começo. Em fins da década de 1330, quando os franceses se aliaram aos escoceses na guerra em andamento, ele usou arcos para derrotá-los tanto em terra quanto no mar. Todavia, sua mais famosa proeza, realizada em 1346, em resposta às conclamações do Parlamento, foi quando ele zarpou num navio com quinze mil homens, desembarcou na França e marchou para Paris. Na época, era impensável que um rei de um pequeno país como a Inglaterra pudesse enfrentar o poderio militar da França, o mais poderoso reino da Cristandade. Porém, em Crécy, em 26 de agosto de 1346, Eduardo induziu os franceses a atacá-lo. As flechas de seus cinco mil arqueiros traspassaram as carnes dos besteiros inimigos e depois massacraram as fileiras dos cavaleiros e soldados franceses. Em seguida, os canhões que ele mandara a tropa arrastar consigo pelas acidentadas estradas da Normandia abriram fogo contra os soldados e cavalos do inimigo, disparando virotes e balas contra suas fileiras. Embora houvessem lutado bravamente, os franceses foram aniquilados. Os acontecimentos em Crécy demonstraram aos observadores internacionais a eficácia da estratégia empregada em Dupplin Moor e em Halidon Hill: se você equipar seus soldados com armas disparadoras de projéteis, é possível derrotar um grande exército com uma tropa menor. Além disso, talvez você consiga repetir o feito várias vezes, pois o risco de seus soldados serem atingidos é menor, relativamente falando. Em todo caso, iniciara-se um novo capítulo na história das guerras no mundo.

O golpe de sorte de Eduardo foi ter um reino cheio de bons arqueiros. As frequentes incursões dos escoceses tinham levado a uma concentração de arqueiros treinados na região norte do país.[14] Ademais, o parcial rompimento da lei e da ordem em torno de 1290–1320, quando as crises de fome fizeram suas vítimas, levou muitos homens a tomar providências para defender suas comunidades. No norte da Inglaterra e na região das Marcas

Galesas, desenvolveu-se uma tradição muito positiva de fazerem isso usando arcos longos, cujo manejo era aprendido já na infância. Embora em outros países o arqueiro fosse um homem de pouco prestígio, na Inglaterra ele era admirado. Esse forte traço cultural resultou também na existência de grandes suprimentos de flechas no país. Eduardo III podia simplesmente solicitar que três milhões de setas fossem recolhidas; ele não tinha que esperar que fossem fabricadas. Seus flecheiros, disparando de forma rápida e simultânea, como unidade guerreira, acabaram se revelando seu grande trunfo em todas as batalhas.

Eduardo não era o tipo de homem inclinado a acomodar-se com uma situação favorável. Ele percebeu que aquilo que se podia fazer com arco e flecha também podia ser feito com canhões, cujas primeiras peças haviam sido trazidas da China algumas décadas antes. Nos anos de 1340, ele ordenou a produção de pólvora, mandando que a estocassem na Torre de Londres; em 1346, ele estava produzindo duas toneladas por ano. Seu canhão, de cano curto e bulbiforme, tinha um alcance de pelo menos mil e duzentos metros. Ele desenvolveu também metralhadoras rudimentares, com vários canos enfileirados e capazes de efetuar muitos disparos ao mesmo tempo. No cerco de Calais, em 1347, ele usou canhões para bombardear as muralhas. Tempos depois em seu longo reinado, no Castelo de Dover, Calais e Queenborough, ele construiu as primeiras fortificações de artilharia da história e as guarneceu de canhões para a vigilância do mar. Em fins do século, a Inglaterra e a França usavam canhões nas guerras travadas entre si. A maioria dos países europeus seguiu o exemplo. Podemos ver um exemplar do canhão Loshult, cujas origens remontam aos primeiros anos do século XIV, e do canhão Mörkö, criado mais ou menos em 1390, preservados no Statens Historika Museum, em Estocolmo. Outros canhões do século XIV encontram-se em museus na Colônia e em Nuremberg, na Alemanha, bem como em Paris e Provença, na França; em Milão, na Itália; e em Berna, na Suíça.

Apesar da posterior superioridade do canhão sobre o arco e flecha, é importante que não exageremos sua eficácia no século XIV. Naquela época, o principal valor deles estava nos cercos militares. Em 1405, o Castelo de Warkworth capitulou depois de receber sete disparos de um grande canhão. Pouco depois, um único tiro de um grande canhão fez ruir a Torre de Constable, em Berwick, forçando os escoceses à rendição. Portanto, o canhão era apenas mais uma arma de cerco: a Cristandade já estava familiarizada com a capacidade de destruição do trabuco e de outras máquinas de guerra capazes de atirar pesadas pedras contra castelos e derrubar suas muralhas. Contudo, tais armas eram lentas, pesadas e imprecisas: mil flechas eram muito mais fáceis de produzir, conservar, transportar e atirar. Foram principalmente os arcos longos, pois, que marcaram a mais importante mudança na arte da guerra. Quando Henrique V tentou imitar seu famoso bisavô e enfrentar os franceses numa batalha no território deles, ele usou canhões no cerco de Harfleur, mas recorreu ao emprego de arcos para derrotar a cavalaria francesa em Agincourt, em 1415.

Logo que Eduardo III demonstrou a eficácia de ataques maciços com arcos galeses, ele infundiu confiança em seus arqueiros para que travassem suas próprias batalhas em terras mais distantes. Assim, nas décadas de 1350 e 1360, grupos de mercenários e renegados ingleses passaram a atuar na França. Outros, como Sir John Hawkwood, levaram suas técnicas para a Itália, onde fizeram fortuna participando de guerras. Na Batalha de Aljubarrota, em 1385, um pequeno grupo de arqueiros ingleses ajudou os portugueses a derrotar a cavalaria francesa. Na própria Inglaterra, todos os homens eram obrigados a praticar tiro ao alvo para preservar essa vantagem militar sobre outros povos. Somente no século XVI, a tecnologia dos mosquetes, arcabuzes e pistolas finalmente tornou obsoleto o arco — exceto no caso de Jack "Louco" Churchill, o excêntrico oficial inglês que ainda combateu com arco e flecha na Segunda Guerra Mundial. Todavia, o princípio fundamental de um exército atacar sistematicamente o outro de certa distância, em vez de enfrentá-lo numa luta corpo a corpo, nunca foi abandonado. Ele pode ser considerado uma das mais importantes divisões entre o mundo antigo e o mundo moderno.

O nacionalismo

A maioria de nós, incluindo grande parte dos historiadores, associa a ideia de nacionalismo ao mundo moderno — principalmente por conta de sua importância contemporânea e sua função como elemento desencadeador de algumas das maiores atrocidades do século XX. Costuma-se afirmar que os monarcas medievais governavam reinos, não nações. No entanto, as raízes de nosso conceito de nacionalismo estão arraigadas na Idade Média, e ele brota com força no século XIV. Sendo mais específico, a ideia de nacionalismo manifestou-se sob três aspectos naquela época. Inicialmente, apareceu como expressão de identidade, na forma como as pessoas descreviam a si mesmas quando estavam distantes de casa ou entre gente de diferentes países. Em seu sentido eclesiástico, o termo "nação" designava um grupo de prelados de certa parte da Cristandade. E, num contexto político, o termo começou a ser usado quando um rei e seu povo se achavam unidos na busca de interesses comuns em vez de terem objetivos puramente regionais, aristocráticos ou monárquicos. Esses três tipos de nacionalismo representam, coletivamente, uma força poderosa que, podemos dizer, continua a moldar o mundo até hoje.

Do século XIII em diante, o aumento na frequência de viagens e do comércio internacional fez com que mais pessoas passassem a morar no exterior. É natural, portanto, que elas sentissem vontade de cercar-se de pessoas que falassem o mesmo idioma, compartilhassem dos mesmos laços de fidelidade e entendessem seus costumes (e suas piadas). Quando comerciantes da Liga Hanseática, a confederação das cidades mercantis alemãs e do Báltico, estabeleciam um enclave num porto estrangeiro, eles se uniam e passavam a chamar-se de "nação". Assim também, estudantes universitários provenientes do mesmo país se ajuntavam em grupos nas mais famosas universidades internacionais. No começo do século XIV, a Universidade de Paris tinha quatro "nações" reconhecidas: franceses, normandos, picardenses e ingleses. Em certas cidades fronteiriças, súditos de determinado reino usavam a palavra "nação" para distinguir a si e a seus amigos dos súditos do outro reino. Em 1305, por exemplo, os habitantes da "nação" inglesa residentes na cidade fronteiriça de Berwick apresentaram uma petição a Eduardo I solicitando que ele banisse dali os moradores pertencentes à "nação" dos escoceses. Portanto, a ideia de nacionalidade era usada para caracterizar não apenas os amigos, mas também, por conseguinte, os inimigos.

De 1274 em diante, os muitos arcebispos e bispos que participavam dos conselhos ecumênicos da Igreja passaram a reunir-se também em "nações" para discutir e votar em moções. No Concílio de Viena (1311–12), eles se dividiram em oito nações: alemães, espanhóis, dinamarqueses, italianos, ingleses, franceses, irlandeses e escoceses. Essas nações eclesiásticas não tinham nenhuma relação direta com reinos políticos: em 1311, não existia ainda um reino da Espanha, e, da mesma forma, da nação alemã faziam parte prelados de muitos estados diferentes. O conceito de nacionalidade tinha mais a ver com culturas e idiomas em comum e o hábito de viajar em grupo do que com fidelidade a um mesmo monarca secular. Em 1336, o Papa Bento XII reduziu a apenas quatro o número de nações eclesiásticas: franceses, italianos, espanhóis e alemães (com os ingleses sendo agrupados com os alemães).[15] Porém, com a supremacia do prestígio político internacional da Inglaterra após as vitórias de Eduardo III sobre a França, chegou ao fim a tradição de se incorporarem os ingleses, como subgrupo, à nação alemã, e, no Concílio de Pisa (1409), os dignitários eclesiásticos reconheceram a existência de cinco nações: ingleses, alemães, franceses, italianos e os ausentes espanhóis. No Concílio de Constança (1415) travou-se uma discussão acalorada, o que constituía de fato uma nação. Os franceses argumentavam que, uma vez que tchecos e húngaros faziam parte da nação alemã, os ingleses tinham que voltar a ser classificados como subgrupo desse grupo nacional. Já os ingleses se mantiveram firmes na defesa de sua independência, contando as mais absurdas mentiras para reforçar sua tese. Eles afirmaram, por exemplo, que as Ilhas Britânicas continham mais de cento e dez dioceses e que as Órcades (que eram governadas pela Noruega, mas, eclesiasticamente, faziam parte da nação inglesa) eram constituídas de sessenta ilhas, que, coletivamente consideradas, eram maiores do que a França.[16]

O nacionalismo eclesiástico se tornara uma questão tão controversa por ter assumido uma dimensão política. Os reis da Inglaterra, Escócia e França tinham que ampliar cada vez mais sua base de partidários, e, para isso, qualquer tipo de aliança era valioso. Por exemplo, em 1302, a disputa entre Filipe IV da França e o Papa Bonifácio VIII fez com que o pontífice promulgasse a bula *Unam Sanctam* e lançasse a ameaça de proclamar-se soberano de toda a Cristandade, tanto em assuntos seculares quanto em religiosos. Em reação, Filipe decidiu convocar os Estados Gerais da França pela primeira vez. Representantes de senhores feudais, do clero e das principais cidades vieram da nação eclesiástica da França inteira, independentemente de estarem coligados ao rei da França por laços de fidelidade ou de serem vassalos dos duques semiautônomos da Bretanha e da Borgonha. Se toda a nação eclesiástica podia ser aliciada para apoiar a causa do rei, isso fortalecia muito a sua autoridade. Da mesma forma, se, num concílio da Igreja, os representantes ingleses fossem reconhecidos como uma nação por legítimo direito, ficariam em pé de igualdade com os franceses e poderiam fazer frente às iniciativas do seu tradicional inimigo.

Na Inglaterra, Eduardo III serviu-se dos interesses nacionais para a concretização de uma ampla gama de objetivos domésticos e internacionais. Ele percebeu que seria benéfico para o país manter uma guerra constante com a Escócia e depois com a França, pois, fazendo isso, conseguiria impedir que seus mais poderosos senhores feudais brigassem entre si. Desse modo, ele conseguiu dar várias décadas de ininterrupta paz interna ao país. O Parlamento aprovou essa política e apoiou o rei em sua guerra contra a França, ainda que para isso fosse necessário cobrar mais impostos. Com a infusão de um senso de nacionalidade, os reis conseguiram fomentar um sentimento de união: aqueles que pagavam impostos numa extremidade do país faziam isso para proteger os do extremo oposto. Independentemente de onde estivessem, os ingleses eram caracterizados por sua condição de inimigos dos franceses e escoceses e por sua lealdade a todas as coisas que fossem cultural e geograficamente inglesas, não apenas seu rei. Mais ou menos da mesma forma, franceses e escoceses definiam suas nações por sua oposição aos ingleses.

O nacionalismo político foi influenciado também pelas relações entre reis e papas. Em 1305, Filipe IV arquitetou a eleição de um francês a papa, que assumiu o cargo como Clemente V. Depois de ter sido alvo de considerável hostilidade em Roma, Clemente transferiu a Cúria Romana para Avignon, em 1309. Com isso, o papado se transformou praticamente numa instituição francesa: todos os seis sucessores de Clemente e cento e onze dos cento e trinta e quatro postos cardinalícios criados antes de 1378 foram ocupados por franceses. Foi inevitável, portanto, que a Igreja se envolvesse na política do conflito entre a França e a Inglaterra. Aliás, dizia uma piada, criada pelos ingleses após a série de vitórias de Eduardo III sobre os franceses: "Agora, o papa virou francês, e Cristo se tornou inglês; logo veremos quem fará mais: o papa ou Jesus."[17] Eduardo minou ainda mais a autoridade do papa com a criação das leis para restringir indicações eclesiásticas e suas rendas na Inglaterra. Confiscou também as receitas de mosteiros cujas casas-máter eram francesas. Poetas ingleses começaram a criar letras de música zombando dos franceses, tais como podemos ver nas linhas a seguir, de autoria de Laurence Minot, da década de 1330: "França, maricas, hipócrita, encarnação do poder, ferina como o lince, venenosa, velhaca, vulpina, verdadeira Medeia, astuta, sereia, cruel, rancorosa, arrogante: você vive cheia de raiva."[18]

Já fazia muito tempo desde a época em que senhores faziam viagens frequentes entre seus domínios na Inglaterra e na França. Era um tempo distante também da ideia reinante do papa como sucessor de São Pedro, na condição de bispo de Roma. Tensões nacionais provocadas pela situação do papado se agravaram em 1378, quando o Papa Gregório XI transferiu a Santa Sé de volta para Roma. Logo depois, assim que ele morreu e escolheram um italiano para ocupar o seu lugar, os cardeais franceses que permaneceram em Avignon elegeram um rival francês como papa. Agora, dois papas reinavam sobre as várias nações da Cristandade. Os ingleses, os alemães e os italianos acatavam a autoridade do papa de Roma; já as nações francesas e espanholas, juntamente com os escoceses, apoiaram o papa francês em Avignon. Não é de surpreender que o Concílio de Constança, que se reuniu em 1415 para acabar com esse cisma, tenha despendido quase tanto tempo em debates sobre o que constituía de fato uma nação quanto em discussões sobre assuntos religiosos.

Em outras partes da Europa, variavam os graus de fidelidade aos interesses nacionais. Na Alemanha, a função e o poder do Sacro Imperador Romano-Germânico demandavam um senso de dever superior para com o império. Na verdade, porém, o que predominava era a fidelidade dos homens para com seu senhor feudal ou seu monarca. Na Península Ibérica, as diferenças culturais significavam que a fidelidade para com a corte ou a *cort* acentuava as diferenças entre os reinos de Portugal, Aragão e Castela e Leão. Os reinos escandinavos conviviam pacificamente no âmbito de uma aliança comercial, denominada União de Kalmar, formada pelos reinos da Dinamarca, Suécia (que incluía a Finlândia) e Noruega (que incluía a Islândia, a Groenlândia e as Ilhas Faroé, Shetland e as Órcades). Nesses lugares, a ideia de nacionalidade implicava um sentimento de fraternidade, e não de rivalidade feroz com uma potência vizinha. Logicamente, as coisas eram diferentes na Itália. Desde o século XII, as cidades e os nobres italianos mantinham-se divididos em duas facções, a dos guelfos e a dos gibelinos, com os primeiros apoiando o papa, e os últimos, o Sacro Imperador Romano. No século XIV, após a derrota dos gibelinos, os guelfos se dividiram em guelfos negros e guelfos brancos para que travassem disputas entre si. No fim das contas, a lealdade dos italianos não era à Itália como um todo, mas à sua cidade-Estado ou aos reinos de Nápoles e da Sicília, bem como à causa dos guelfos ou à dos gibelinos. O nacionalismo italiano só se tornaria uma força importante no século XIX.

Apesar dessas diferenças de nuança e graus de nacionalismo, foi no século XIV que os interesses nacionais se tornaram nitidamente mais importantes do que a unidade da Cristandade ou do que a autoridade do papa. Em 1300, homens poderosos eram fiéis ao seu senhor feudal em questões seculares e ao bispo local — e, em última instância, ao papa — em assuntos religiosos. Em 1400, as coisas já não eram tão simples. Havia laços de fidelidade em âmbito local e nacional. Ortodoxia religiosa, obrigações tributárias, representatividade parlamentar, idiomas, leis e costumes foram todos incluídos como subgrupos no conceito de nacionalidade. Com isso, a pessoa podia opor-se ao rei e, ainda assim, continuar fiel à sua nação. De fato, ao longo do século, as prioridades nacionais fizeram com que dois reis fossem depostos por seus parlamentos: Eduardo II, em 1327, e Ricardo II, em 1399. Chegou-se até a cogitar a destituição de Eduardo III no fim de sua longa vida, e, nos primeiros anos do século seguinte, também houve uma tentativa de se tirar Henrique IV do trono. Embora, antes de 1300, não fosse incomum que monarcas europeus perdessem seus tronos para rivais, era muito raro que o soberano de uma monarquia hereditária fosse deposto por seu próprio povo por ter deixado de agir em benefício da nação (a deposição de Sancho II de Portugal, em 1247, foi um dos raríssimos exemplos). O século XIV mudou isso. Quanto à fidelidade ao papa, em 1400, o interesse nacional tornara as pessoas descrentes da autoridade de um dos dois papas, quando não de ambos. O teólogo inglês John Wycliffe refletiu sobre a fragilidade da hierarquia eclesiástica e defendeu obediência não ao papa, mas a Cristo. Foi uma mudança notável em relação ao século anterior, quando a voz de Inocêncio III soava forte e autoritária em toda a Cristandade e fazia até os reis tremerem.

As línguas vernáculas

Costumamos achar que, em nossa época, as coisas vêm mudando rápido como nunca. Embora talvez isso seja verdade com relação ao uso de aparelhos eletrônicos, nosso jeito de falar e escrever mudou vagarosamente nos últimos tempos. No mundo anglófono dos dias atuais, milhões de pessoas conseguem ler Jane Austen e deleitar-se com seu inglês, que quase não mudou nos últimos duzentos anos. As obras de Shakespeare são quase totalmente compreensíveis, mesmo depois de quatrocentos anos de sua publicação, ainda que umas poucas palavras tenham mudado de significado e parte da gramática seja difícil de entender. Na Idade Média, contudo, idiomas mudavam com rapidez. Talvez você consiga entender boa parte de *Contos da Cantuária*, obra de fins do século XIV escrita por Geoffrey Chaucer, mas é improvável que compreenda grande parte de versos escritos em inglês médio pelos antepassados do autor de cem anos antes. Podemos dizer o mesmo com relação ao francês, que evoluiu rapidamente no início do século XIV, a partir do francês antigo (ou *langue d'oil*), para o francês médio, quando o idioma perdeu seu sistema de declinação gramatical. O alemão passou também por consideráveis mudanças a partir do alto-alemão médio, transformando-se aos poucos no idioma moderno. Mais tarde, a imprensa ajudaria a estabilizar as palavras e a sintaxe, além de estabelecer um padrão para cada idioma, mas, como não havia âncoras linguísticas no mar dos idiomas do século XVI, antes de a imprensa ter se popularizado, as línguas se transformavam a cada geração. O truísmo aqui é que, se as coisas são padronizadas, elas têm uma chance muito maior de perdurar por muitos séculos — quer sejam unidades de medida, quer sejam palavras.

O que de fato importa acerca das línguas vernáculas no contexto deste livro, porém, não são suas modificações linguísticas internas, mas o seu uso — sua história exterior, por assim dizer. As várias línguas vernáculas da Europa já eram antigas no começo do século XIV. Os primeiros documentos do francês antigo ainda existentes datam do século IX; os do anglo-saxão remontam ao VII; e de fins do século X perduram exemplares em eslavo; os mais antigos textos em norueguês e islandês provêm do século XII; e, no caso do sueco e do dinamarquês, do século XIII. Porém, o idioma mais usado em registros de informações e composições literárias formais em toda a Europa era o latim. Nos séculos XII e XIII, os trovadores aristocráticos compuseram milhares de poemas nas línguas vernáculas do sul da Europa — o galego--português, o occitano e o provençal —, mas sua importância foi em grande parte recreativa e teve pouca ou nenhuma influência nas vidas de pessoas comuns. Podemos dizer o mesmo com relação a seus melodiosos colegas germânicos, os *Minnesingers*. O que aconteceu com as línguas vernáculas da Europa após 1300 (embora um pouco antes em Castela) é que elas passaram a ser associadas às formas de nacionalismo de que tratamos acima, dessa forma consideradas por governantes os principais idiomas de seus reinos. O latim foi se tornando cada vez mais marginalizado como idioma de eruditos e clérigos. No mesmo passo em que diminuiu a influência do papa e aumentaram os interesses nacionais, cresceu a importância da linguagem comum do povo em todas as regiões.

Esse elo entre o orgulho nacional e o vernáculo fica bem claro nas evidências históricas inglesas da época. Em 1346, para conseguir o apoio do Parlamento na aprovação da cobrança de impostos extras, foi apresentado a seus membros um plano de invasão franco-normando datado de 1338, cujo teor foi descrito como "uma ordem [...] para destruir e arruinar toda a nação inglesa e seu idioma". Foi uma declaração incrível: afinal, em 1300, quase nenhum integrante da nobreza e da alta burguesia falava inglês; no entanto, menos de quatro décadas depois, sua preservação estava sendo apresentada como fator crucial para a sobrevivência da nação. Em 1362, o rei ratificou, na Lei do Direito de Petição, que os homens tinham permissão de litigar em inglês, confirmando que aquela era "a língua do país". Pouco depois, seu chanceler começou a usar o vernáculo para proferir seus discursos na abertura de sessões do Parlamento. Em 1382, outro registro parlamentar associa os interesses nacionais ao idioma inglês:

> Este reino nunca esteve diante de um perigo tão grande como agora, tanto interna quanto externamente, tal como ficará evidente para todos que tiverem bom senso e juízo: portanto, se Deus não se dignar a conceder sua divina graça à nossa terra e seus habitantes não se esforçarem para defender a si próprios, este reino ficará na iminência de ser conquistado — que Deus não o permita — e transformado em vassalo de seus inimigos; e, por conseguinte, o idioma e a nação inglesa serão totalmente destruídos: portanto, temos agora somente duas escolhas: nos rendermos ou nos defendermos.[19]

Próximo ao fim do século, o inglês havia se tornado a principal língua do país, e a maior parte da família real falava o idioma. Eduardo III criou vários lemas em inglês. Em 1399, Henrique IV fez o juramento de posse no idioma também. Para John Wycliffe e seus seguidores, era imprescindível que a Bíblia fosse vertida para o inglês para incentivar a aliança direta com Cristo em vez de com o papa, como já mencionado. Geoffrey Chaucer optou por escrever em inglês em vez de fazê-lo em francês, preservando as formas estruturais da poesia francesa, mas comunicando-se na língua da nação. O século XIV viu o florescimento do idioma inglês como componente do orgulho nacional.

Outros reinos da Europa estavam seguindo um caminho parecido. Portugal e Galícia tinham um idioma em comum no começo do século XIV, o galego-português. Era uma das línguas preferidas dos trovadores. No entanto, esse esplêndido vernáculo extinguiu-se no século XIV, conforme os falantes de português e galego passaram a trilhar caminhos diferentes. Em fins do século XIII, o castelhano foi padronizado em Toledo por força da influência pessoal do rei de Castela, Afonso o Sábio. Ele encomendou muitos trabalhos sobre direito, história, astrologia e geologia e fez questão de que fossem publicados em castelhano, de modo que seu povo conseguisse entendê-los. A tarefa iniciada por ele continuou no século XIV com os trabalhos de seu sobrinho, Juan Manuel, príncipe de Villena, e Juan Ruiz, "o Chaucer espanhol". No fim do século, o castelhano tinha substituído o galego-português como o idioma ibérico favorito dos poetas líricos. Foi também o idioma em que o nobre Pedro Lopez de Ayala escreveu suas muitas obras, incluindo crônicas, uma sátira sobre a sociedade e um livro sobre falcoaria. O aragonês passou por uma tentativa de padronização semelhante, de modo que fosse apresentado como idioma nacional. Juan Fernández de Heredia, grão-mestre dos Cavaleiros Hospitalários, criou um corpus de literatura aragonesa e engendrou uma idade de ouro para o idioma em fins do século XIV.

O francês antigo já era uma língua prestigiada em 1300: o livro de Marco Polo, com a descrição de suas viagens maravilhosas, foi escrito em francês, não em veneziano. Contudo, o idioma sofreu também uma transformação considerável em sua importância. Fora da França, perdeu terreno para outras línguas nacionais (tais como o inglês, o italiano e o castelhano), mas, dentro das fronteiras francesas, consolidou-se lentamente como idioma nacional, sobrepujando os vinte ou trinta dialetos regionais. No norte da França, o último escritor renomado a usar o dialeto picardo foi Jean Froissart, cronista e poeta de fins do século XIV. No fim do século, o francês médio começava a avançar sobre as áreas em que eram falados o occitano e o provençal. Nos povoados e nas cidades do Sacro Império Romano-Germânico, cartas, testamentos e crônicas costumavam ser escritos com mais frequência em alemão. Entre as línguas eslavas, falantes de polonês e tcheco produziram textos literários pela primeira vez. Escritos em húngaro apareceram pela primeira vez também no século XIV. Em todas as partes da Europa ocorreu uma grande migração linguística na área da educação e da composição literária do latim para os idiomas vernáculos, incentivada quase sempre por um novo sentimento de orgulho nacional e favorecida pela monarquia.

Aí chegamos ao caso da Itália, a exceção em quase todas as generalizações sobre a Europa medieval. Somente ali a ascensão do vernáculo não veio acompanhada do concomitante sentimento nacionalista que vemos em outras regiões. Os italianos tardaram em se desvincular do latim, sem dúvida pela simples razão de que a Itália havia sido o berço do idioma e era o local em que a influência da Igreja Romana permaneceu mais forte. O mais antigo documento existente escrito inteiramente em italiano vernáculo remonta a algo próximo de 960, mas exemplos de escritos nesse idioma anteriores a 1200 são raros. No século XIII, vários poetas italianos optavam por escrever em provençal, e o secretário de Marco Polo não foi o único italiano a usar o francês em suas transcrições: Brunetto Latini, o professor de Dante Alighieri, fazia o mesmo. Essa ampla variedade de línguas românicas em uso na Itália em 1300 foi descrita por Dante em seu estudo sobre o caráter nobre das línguas vernáculas, intitulado *De Vulgari Eloquentia* (ironicamente também escrito em latim). Sua grandiosa obra em verso, *A divina comédia*, foi escrita em toscano, a língua de Florença, sua terra natal. Esse trabalho foi tão respeitado em toda a Itália que, logo depois de sua publicação, tornou-se uma referência da cultura italiana, uma demonstração do que se podia fazer com o idioma vernacular. Inúmeros escritores florentinos abraçaram o desafio de ampliar os horizontes culturais com o uso da forma toscana do italiano de Dante. O florentino Giovanni Villani escreveu sua crônica no vernáculo e elogiou Dante em suas páginas. Logo após a morte de Dante, Boccaccio escreveu a primeira biografia do grande autor — em italiano, logicamente —, e, pouco depois, Petrarca produziu seus duradouros modelos de poesia no idioma italiano. Na Itália, assim como na Europa inteira, em 1400, a língua do povo havia se tornado, para ricos e pobres, letrados e iletrados, o idioma favorito.

Conclusão

Duas das quatro transformações escolhidas aqui estão inçadas de mortes e tragédias. Todavia, sob essas nuvens escuras de pestes e guerras reluzem coisas pequeninas, mas grandiosas. Na Itália, no começo do século, Giotto retratava semblantes expressivos, despejando no mundo suas dores e sofrimentos — o primeiro artista a fazer isso com certa profundidade e perspectiva. No fim do século, a arte italiana era requisitada em toda a Europa, principalmente na forma de retábulos. Já num plano mais mundano, nas cortes inglesas e francesas da década de 1330, a sensação da moda eram os botões de vestuário, os quais permitiram que as roupas fossem talhadas com elegância, de modo que se ajustassem ao corpo humano em vez de apenas penderem dos ombros, tal como tinha sido em séculos anteriores. No campo da ourivesaria, uma rosa de ouro feita por Minucchio de Siena, em Avignon, e agora exposta no La Musée de la Moyen Age, em Paris, demonstra quanto essa arte se requintara. Culturalmente falando, o século XIV foi uma época de brilhantismo. Xícaras de ouro esmaltadas abundavam nas cortes da Europa; reis e cortesãos ouviam, fascinados, os cantos e as declamações de seus menestréis; e foi então que se compuseram também alguns dos mais belos poemas de todos os tempos. Mas este livro não trata de obras-primas, mas da sociedade como um todo, e poucos camponeses tiveram contato com a arte de Giotto. Para a grande maioria das pessoas de então, o século foi marcado por crises de fome, pestes, guerras e conquistas. Todos os quatro cavaleiros do Apocalipse surgiram, e não houve quem não tremesse nas bases. Os resplandecentes tesouros e as túnicas brilhantes dos nobres podem nos mostrar o requinte do gosto medieval, mas as pessoas no século XIV estavam mais preocupadas com a proximidade da morte do que com inovações culturais e prazeres mundanos.

O principal agente de transformações

No século XIV, a peste causou mais transformações do que qualquer outra coisa ou pessoa. Contudo, se tivermos que escolher alguém que, mais do que qualquer um, tenha transformado seu mundo conscientemente, teria de ser Eduardo III da Inglaterra.

Embora Eduardo seja o único rei a ser considerado um dos "principais agentes de mudança" neste livro, hoje em dia ele é um personagem histórico quase totalmente esquecido. Quando a BBC realizou uma pesquisa, em 2002, para conhecer "os 100 maiores britânicos" de todos os tempos, muitos monarcas bem menos importantes figuraram na lista, mas Eduardo não foi incluído. Isso indica um declínio extraordinário em sua fama. Seu epitáfio na Abadia de Westminster o descreve como "o orgulho dos ingleses, a fina flor dos monarcas do passado, o modelo de rei para os pósteros, um soberano misericordioso, aquele que trouxe paz [...] o guerreiro invicto, um segundo Macabeu [...]". Mesmo após trezentos anos de sua morte, um acadêmico de Cambridge afirmou que talvez ele tenha sido "um dos maiores reis que o mundo conheceu".[20] Sua figura vem sendo desprezada nos últimos tempos porque prioridades mudam, e, com o passar do tempo, vamos deixando de dar valor a uma série cada vez maior de coisas. Hoje em dia, poucos de nós se dão ao trabalho de pensar em como o inglês se tornou o idioma da nação inglesa ou como a participação de pessoas comuns, e não a da classe de cavaleiros, acabou predominando nos campos de batalha. Além do mais, as realizações de Eduardo não são o tipo de coisa que gostamos de comemorar. Ele demonstrou, nos campos de batalha da Europa, quanto podia ser eficaz o uso de armas lançadoras de projéteis e fez mais pelo nacionalismo militante do que qualquer um de seus contemporâneos. No entanto, para julgá-lo com justiça, temos que considerar que a ideia de nacionalismo era algo muito diferente no século XIV. Forjar uma nova nação em que o rei e o Parlamento tinham que negociar entre si foi uma iniciativa inovadora na Idade Média, antecedendo em muito as monarquias absolutistas de séculos posteriores. Independentemente de você admirar Eduardo ou não, o fato é que ele tem de ser eleito o principal agente de transformações do período por sua contribuição ao desenvolvimento de técnicas de guerra, pelo grande impulso que deu ao movimento nacionalista na Inglaterra e na França, por seu papel no fomento do vernáculo e por ter desencadeado o conflito que, mais tarde, ficaria conhecido como a Guerra de Cem Anos, classificada por um especialista em história militar como "talvez a mais importante guerra da história da Europa".[21]

1401-1500

O Século XV

Talvez você se lembre da citação da obra de Francis Bacon no início deste livro: "A imprensa, a pólvora e a bússola — essas três mudaram por completo a face e o estado das coisas no mundo todo." Esses três catalisadores de mudanças foram desenvolvidos no século XV. A técnica de impressão de textos foi apresentada ao Ocidente em grande estilo quando Johannes Gutenberg publicou uma edição completa da Bíblia latina em 1455. Embora a pólvora em si já fosse conhecida havia mais de cem anos, a técnica de fundição de canhões transformou-se em algo bem mais sofisticado. O canhão de Dardanelos, por exemplo, fundido em bronze em 1464, pesa quase dezessete toneladas, tem mais de cinco metros de comprimento e é capaz de atirar uma bala com mais de meio metro de diâmetro a uma distância superior a mil e seiscentos metros. Essa arma foi usada pelos turcos para derrubar as muralhas de Constantinopla em 1453. A bússola mostrou também o seu valor nesse século, durante as travessias de exploradores pelos oceanos Atlântico e Índico. Por fim, embora Francis Bacon tenha deixado de mencionar isso, temos que considerar a importante questão da Renascença, que representa profundas e vigorosas transformações na consciência e no pensamento humano. O século XV tem sólidos argumentos para tornar-se a época que sofreu as maiores e mais importantes transformações ao longo do último milênio.

Todavia, a característica dominante do século foram as guerras. A ascensão do Império Otomano desferiu vários golpes violentos na Cristandade. Constantinopla, a capital do outrora grande Império Bizantino, foi dominada pelos turcos, com seu último imperador morrendo na defesa desesperada de sua cidade, juntamente com seus soldados. Os turcos conquistaram também a Sérvia, Albânia, Bósnia, Bulgária e a maior parte da Grécia; eles tomaram postos comerciais dos genoveses no Mar Negro e várias possessões dos venezianos no Mediterrâneo. Para os italianos, essas perdas eram apenas uma de suas muitas preocupações. Essa era a época dourada dos *condottieri*, capitães militares mercenários que vendiam seus serviços a qualquer cidade que os contratasse e eram muito requisitados. Pádua foi derrotada por Veneza em 1405, no mesmo ano em que Florença conquistou Pisa. Veneza travou uma guerra contra Milão por vinte e um anos, e ela foi encerrada somente em 1454. Gênova sucumbiu aos exércitos de Milão em 1464. O longo conflito entre Florença e Milão foi finalmente solucionado em 1440, permitindo que os florentinos se concentrassem em guerras com Nápoles e Veneza. Os napolitanos saquearam Roma em 1413. Na década de 1490, os franceses invadiram a Itália, derrotaram os florentinos e invadiram Roma no caminho de seu ataque a Nápoles. Torna-se quase cômica a tarefa de descrever o apetite aparentemente insaciável das cidades italianas por lutar entre si.

Tampouco podemos dizer que o caso dos italianos era excepcional: todos os países da Europa do século XV enfrentaram guerras, e muitos deles foram devastados por guerras civis — o tipo de conflito mais abjeto e desesperador. Em 1400 e depois também em 1500, a Inglaterra era governada por um rei, Henrique, que matara e usurpara o trono de um rei Ricardo e cujo reinado sofreu uma série de rebeliões antes que passasse o trono ao filho, também chamado Henrique. No meio dessas duas sucessões, houve muito derramamento de sangue. Henrique IV viveu em conflito com o dissidente senhor feudal galês Owen Glendower. Henrique V, por sua vez, reiniciou de forma agressiva a guerra com a França para provar a legitimidade de sua dinastia em 1415. Após sua morte, em 1422, seus herdeiros tiveram de provar seu direito aos tronos da França e da Inglaterra com repetidas vitórias. Que cálice de amarguras! Depois que os ingleses foram finalmente expulsos da França em 1453, a guerra que travavam simplesmente se transferiu para o solo inglês.[1] Essa fase do conflito, denominada Guerra das Rosas, continuou, intermitentemente, de 1455 até a Batalha de Stoke, em 1487. Quase todas as famílias proprietárias de terras na Inglaterra perderam homens ou terras.

Na Espanha, também podemos deparar com uma grande variedade de conflitos militares. Houve uma guerra com a Liga Hanseática (1419-43), a guerra civil de meados da década de 1440 e a Guerra da Sucessão da Espanha

(1475-9). Esses conflitos foram seguidos por uma invasão de Granada que durou dez anos, terminando com a conclusão da Reconquista, em 1492. Os holandeses também entraram em conflito com a Liga Hanseática (1438-41) e sofreram duas guerras civis (1470-4 e 1481-3). No leste da Europa, os lituanos travaram uma guerra civil pela sucessão do trono (1431-5); os Cavaleiros Teutônicos foram finalmente destruídos pelos poloneses em 1466; os húngaros e seus aliados combateram os turcos até serem esmagados na batalha de Varna (1444); e quatro Cruzadas foram organizadas contra os seguidores de João Huss, na Boêmia (1419-1434), sem falar na guerra de dez anos entre a Boêmia e a Hungria (1468-78). E isso é apenas a ponta do iceberg dos conflitos militares: sucederam-se muitas outras disputas locais e menos importantes.

É inevitável que nos perguntemos o que teria acontecido se tivesse havido mais paz na Europa no século XV. Teriam ocorrido mais ou menos mudanças? De fato, aqui nos defrontamos com uma questão histórica profunda. No mundo moderno, é inquestionável o fato de que conflitos aceleram o progresso tecnológico, já que os países competem entre si, e que isso pode ter um efeito positivo no desenvolvimento social. Mas esse foi o caso no século XV? As guerras na Itália proporcionaram um mundo de oportunidades aos artistas renascentistas, cujas habilidades como pintores eram úteis nas guerras de propaganda travadas entre famílias conflitantes e cidades-Estado rivais. Engenheiros, cujos conhecimentos podiam ser empregados na construção de muralhas e pontes, desfrutavam de vantagens semelhantes. Todavia, ao mesmo tempo, a militarização das cidades reduziu a disponibilidade de dinheiro para o patrocínio de artistas, cientistas e escritores. Violência e incerteza inibiram o comércio e, com isso, afetaram o vigor das cidades e dos portos cujo sustento era ameaçado por inimigos em terra e no mar. De fato, muitas cidades diminuíram sua extensão territorial. Por conseguinte, talvez seja justo afirmar que, no século de Gutenberg e Colombo, as guerras desencadearam mudanças em certo sentido e as inibiram em outro.

A era das descobertas

Uma das transformações mais profundas dos últimos mil anos foi a expansão do Ocidente para além das fronteiras da Europa. E não foi a bússola que ocasionou isso, apesar da afirmação de Francis Bacon. O instrumento foi inventado mais de duzentos anos antes, tal como vimos no capítulo sobre o século XII, mas não fez muita diferença. Navegadores do início do século XIV alcançaram as Ilhas Canárias, e, embora a notícia dessa descoberta houvesse se espalhado por toda a Europa através da indicação, por parte do papa, de um "príncipe para as Ilhas Afortunadas" (tal como as Canárias eram chamadas então), ela não resultou em mais viagens desbravadoras. Como quase sempre era o caso, o mais importante não eram inovações tecnológicas, mas o dinheiro e a vontade política de realizar expedições exploratórias, os quais, na maioria das vezes, se misturavam. A tecnologia apenas facilitava a concretização dessa ambição combinada e intensificada.

Um elemento crucial por trás do súbito desejo de descobrir novas terras foi a circulação de manuscritos descrevendo as riquezas de reinos estrangeiros. A obra escrita de Marco Polo era famosa, com suas histórias de cidades populosas, culturas estranhas e ricos tesouros. Igualmente enriquecida de descrições, se bem que quase totalmente fictícia, *As Viagens de Sir John de Mandeville*, escrita no século XIV, era ainda mais popular. Com certeza, a disseminação oral de histórias desse tipo deu a muitos pobres marinheiros a ideia de que viagens para além do horizonte poderiam ser o caminho para se conseguir fortuna. Em 1406, a tradução de Giacomo de Scarperia, para o latim, de *Geographia*, obra de Ptolomeu em oito volumes e escrita em grego no século II a.C., provocou uma discussão sobre o que havia para além das conhecidas fronteiras do mundo e, com base em latitudes e longitudes, como seria possível mapear sistematicamente o que existisse lá. Contudo, a exploração de novas terras então era algo extremamente perigoso, e, de uma forma geral, os exploradores do universo imaginário que conseguiam ler *Geographia* em latim não eram o tipo de pessoas capazes de chefiar expedições pioneiras. Os aventureiros da sociedade não eram movidos por curiosidade, mas pelo brilho do ouro. Todavia, quando um príncipe altamente instruído, que tinha uma curiosidade sem limites e condições para financiar uma expedição exploratória todos os anos, aliou-se a uma tripulação de marinheiros sedentos por tesouros, o mundo se transformou.

O príncipe em questão foi Henrique, o Navegador (1394-1460), o terceiro filho do rei João I de Portugal e bisneto de Eduardo III da Inglaterra, que, na época, tinha fama de ser o maior monarca cavalheiresco que a Cristandade conhecera desde Carlos Magno. Em 1415, o jovem Henrique, louco pela conquista de glória pessoal, persuadiu o pai a autorizar que um grande exército se lançasse ao mar e sitiasse a estratégica cidade portuária de Ceuta, do lado oposto de Gibraltar, no extremo norte da África. A expedição foi um sucesso. Ceuta foi dominada, e Portugal conquistou sua primeira cabeça de praia no que agora é o Marrocos. Mas isso foi apenas o começo. De 1419 em diante, Dom Henrique despachou navios todos os anos para explorar outras partes da África. Repetidas vezes, porém, eles fracassaram em sua tentativa de ir além do Cabo Bojador, no litoral oeste do Saara, região que era notória por suas neblinas, ondas violentas e fortes correntezas. Os marinheiros afirmaram que o "Verde Mar da Escuridão" (tal como era chamado pelos árabes) os teria feito naufragar se houvessem navegado para além desse ponto.[2] A verdade pura e simples era que, depois de terem navegado por quilômetros ao largo do desértico litoral africano, eles não viam nenhuma boa razão para arriscar suas vidas indo além. No entanto, em 1434, Gil Eanes, um dos capitães de Dom Henrique, contornou o Cabo Bojador e retornou. Aquela velha desculpa do Verde Mar da Escuridão não colava mais.

Em 1441-3, em ocasiões separadas, dois capitães, Afonso Gonçalves e Nuno Tristão, alcançaram o Cabo Branco, onde termina a costa do Saara. O retorno deles levou a exploração da África a outro nível, pois levaram de volta consigo para Portugal escravos negros e ouro em pó. Em meio à euforia causada pela iminência de conquista de riquezas, todos os temores pelos perigos do Atlântico sumiram. Em 1455, Dom Henrique contratou o navegador veneziano Cadamosto para que navegasse até a Costa da Guiné e expandisse as fronteiras do conhecimento da região ainda mais para o sul. A essa altura, os portugueses tinham começado a trocar cavalos por escravos nessa parte da África: um cavalo por nove ou dez escravos, caso você esteja curioso para saber a taxa de câmbio. Para facilitarem esse tipo de comércio, construtores navais portugueses adaptaram projetos tradicionais de embarcações às condições de navegabilidade do Atlântico, passando a fabricar caravelas providas de velas latinas, capazes de navegar ainda mais contra o vento do que qualquer outro tipo de navio construído antes. A Coroa Portuguesa manteve o ímpeto das expedições de Henrique concedendo-lhe um quinto de todos os lucros obtidos com a exploração do sul e o direito exclusivo de autorizar viagens, dando-lhe assim o direito de subcontratar o ramo de atividades exploratórias, incluindo o comércio de escravos.

O Império Português pode ter nascido do cavalheirismo e do zelo aventureiro, mas, na época da morte de Dom Henrique, em 1460, era movido pelo lucro. Quanto mais dinheiro os líderes de expedição ganhavam, mais fácil era conseguir patrocinadores para suas viagens e mais ambiciosos ficavam em se aventurar no sul. As ilhas de São Tomé e Príncipe — no grande golfo do continente africano — foram descobertas no início da década de 1470. Em 1482, o rei João II ordenou a construção de um forte em Elmina, na Costa do Ouro, para proteger e preservar os interesses portugueses na região —, o primeiro de muitos fortes desse tipo, ou "feitorias", que os portugueses construíram para administrar seu império marítimo. Dois anos depois, o rei incumbiu uma equipe de especialistas de determinar a melhor forma de calcular latitudes, analisando a posição do sol. Em 1485, Diogo Cão alcançou o Cabo da Cruz, situado ao sul do estuário do rio Congo. Em 1488, Bartolomeu Dias descobriu que, navegando para sudoeste — *afastando-se* do continente africano —, seria possível entrar na corrente de ventos soprando nessa direção e fazer com que o navio contornasse rapidamente o Cabo da Boa Esperança. Desse modo, os portugueses descobriram a rota marítima para as Índias.

Grandes descobertas são contagiantes: elas incentivam outros aventureiros a fazer suas próprias expedições. João II enviou emissários ao Cairo por terra e, por mar, a Calicute, Índia, para saber como seria possível fazer negócios com comerciantes de especiarias nessa região. Logicamente, a intenção dele era monopolizar o comércio desses produtos, tirando-o dos navegadores árabes, que até então atravessavam o Oceano Índico sem concorrência. Em 1497, Vasco da Gama zarpou com quatro navios, contornou o Cabo da Boa Esperança e navegou até a distante Índia. Dois desses navios voltaram em segurança para Portugal em 1499. A notícia da viagem fez com que o sucessor de João II, Manuel I, despachasse outra frota de treze caravelas, sob o comando de Pedro Álvares Cabral, acompanhado pelos navegadores de Vasco da Gama para ajudar a orientá-los. A frota de Cabral partiu em direção ao Oeste, atravessando o sul do Atlântico, na esperança de que seus navios fossem impulsionados pelos ventos que Dias tinha descoberto onze anos antes. Em vez disso, sua frota avançou tanto para oeste que acabou parando no litoral brasileiro. O que fora outrora um modesto avanço exploratório anual de alguns quilômetros pelo litoral da África transformou-se numa atividade de comércio global, abarcando uma região imensa, com navios partindo de Portugal para o Brasil, zarpando deste em travessias pelo Atlântico Sul e contornando o Cabo da Boa Esperança, depois subindo pela costa oriental da África e atravessando o Oceano Índico rumo a Calicute, no sul da Índia. Haviam transcorridos apenas oitenta e cinco anos desde a ocasião em que Dom Henrique sugerira ao pai que conquistasse Ceuta, com vistas a usá-la como cabeça de praia na África.

Durante muitos anos, Portugal foi o único reino empenhado na expansão marítima das fronteiras do conhecimento geográfico do Ocidente. Então era natural que navegadores italianos servissem aos interesses da Coroa Portuguesa. Assim, em 1482, um navegador genovês chamado Cristóvão Colombo foi posto a serviço de João II e partiu em seu navio para Elmina. Colombo, contudo, era um daqueles homens raros: um explorador que tinha lido *Geographia*, de Ptolomeu. Em 1485, ele apresentou uma proposta a João II: se o rei lhe desse três navios, suprimentos suficientes, o título de almirante dos mares e o direito de governar quaisquer terras que descobrisse, ele zarparia de Portugal em *direção ao Oeste* para tentar alcançar as praias da China. Ele calculou que a distância que os separava do destino era de pouco menos de cinco mil quilômetros. A razão pela qual ele achava que a China estava tão perto era porque estava se baseando nas informações de Ptolomeu, que havia subestimado grosseiramente a circunferência da Terra em cerca de trinta mil quilômetros, apenas (na verdade, ela tem pouco mais de quarenta mil).[3] Dom João, por sua vez, apresentou a proposta a seus conselheiros, que estavam perfeitamente cientes dos erros de cálculo de Ptolomeu e sabiam que a China ficava muito mais distante do que Colombo imaginava. Com isso, aconselharam o rei a recusar os serviços do ambicioso capitão genovês. Apesar disso, Colombo não desanimou e foi buscar o patrocínio de Castela. Tal como Dom João, a rainha Isabel submeteu a proposta à apreciação de seus conselheiros, que concordaram com a visão de seus colegas portugueses. Até mesmo as autoridades de Gênova, o doge de Veneza e Henrique VII da Inglaterra rejeitaram sua proposta.

O episódio parece absurdo em retrospecto, mas os eruditos da época tinham razão: Ptolomeu havia cometido um erro, e o capitão genovês estava dominado demais pela própria ambição para enxergar isso. No entanto, Colombo estava absolutamente determinado a seguir adiante com seu projeto. Ele voltou a Portugal, onde sua proposta foi de novo educadamente rejeitada por João II. Dessa vez, o navegador sabia que Bartolomeu Dias tinha contornado o Cabo da Boa Esperança e descobrira uma rota marítima paras as Índias. Então ele voltou a Castela, mais desesperado do que nunca. Em 1492, a rainha Isabel de Castela e seu marido, o rei Fernando de Aragão, haviam acabado de conquistar Granada e concluído a Reconquista. Eufóricos com o sucesso da campanha militar, eles acabaram concordando com a proposta de Colombo, com certeza presumindo que ele partiria em direção ao poente e jamais seria visto outra vez.

Em 12 de outubro de 1492, Colombo alcançou as Bahamas. Seguindo viagem, chegou a Cuba e a Hispaniola (a ilha cujo território constitui atualmente o Haiti e a República Dominicana) e construiu um forte em Hispaniola, o qual deixou guarnecido com trinta e nove homens. Em 4 de março de 1493, depois que venceu uma tempestade, ele atracou em Lisboa para fazer reparos em seu navio — e, sem dúvida, também para se vangloriar de ter provado o erro dos especialistas portugueses: estava convicto de que tinha alcançado o fabuloso Extremo Oriente de Marco Polo. Cheio de orgulho, ele enviou uma carta aberta a Fernando e Isabel, apresentando a eles e ao restante da Cristandade um relato de sua descoberta, exagerando na descrição das riquezas das ilhas que ele descobrira e insistindo que o rei e a rainha espanhóis financiassem outra expedição, da qual prometia retornar com grandes riquezas. Evidentemente, sua maior preocupação era com o próprio enriquecimento. Ao contrário dos pioneiros portugueses, que não tinham nenhum desejo de conquistar grandes extensões de terra, Colombo estava determinado a formar um império pessoal para si.

No fim do ano, seu desejo de retornar às terras descobertas foi atendido, e ele zarpou com dezessete navios e mil e duzentos colonos e soldados a bordo, todos ávidos pela descoberta de seus próprios tesouros. Contudo, ao retornar a Hispaniola, Colombo deparou com seu forte em ruínas e sua guarnição morta, eliminada pelos nativos. Ele imediatamente começou a se vingar — e nunca parou. Sua governança das terras conquistadas foi caracterizada por atos de eliminação sistemática da população indígena por meio de trabalhos forçados nas minas, destruição de famílias, escravidão, tortura, penas de morte e disseminação de doenças. O frei Bartolomeu de las Casas, que depois se tornou defensor dos direitos dos povos indígenas do Novo Mundo, observou que Colombo, em sua crueldade, reduzira a população de Hispaniola, outrora com mais de seis milhões de habitantes, para apenas sessenta mil pessoas em 1508: uma taxa de mortalidade de noventa e oito por cento em quinze anos. Os que haviam partido na companhia do capitão genovês naquela segunda viagem não se sentiam inclinados a tolerar sua destrutividade: afinal de contas, eles não conseguiram achar as riquezas que Colombo lhes prometera. Em 1500, chegou à Espanha a notícia de sua crueldade, e ele foi destituído do cargo de governador das novas terras.

As ações de Colombo são chocantes. Mas talvez não seja de surpreender que o primeiro homem a comandar uma expedição pelo Atlântico tenha sido impiedoso em sua exploração de povos indígenas. Os primeiros exploradores não estavam nem um pouco dispostos a enfrentar privações, sofrimentos e perigos nos mares pelo simples prazer de fazê-lo; faziam isso exclusivamente movidos por cobiça. Quanto maior o desejo de conquistar tesouros, maiores os riscos que estavam dispostos a correr. Colombo enfrentou o maior de todos os riscos. Se por acaso ele e seus homens se deparassem com algo de valor antes que morressem afogados no meio de uma tempestade, era certo que se apoderariam dele, torturando e matando os que tentassem impedi-los de fazer isso, e depois simplesmente seguiriam seu caminho. Alguns historiadores veem a expansão marítima dos reinos ibéricos como a extensão da Reconquista, e concordo que existem boas razões para afirmarem isso. Mas Cristóvão Colombo em si tem muito mais em comum com os vikings dos primeiros anos do século XI do que com os cruzados do século XII.

A importância da primeira viagem de Colombo foi enorme. Embora ele sempre tivesse insistido que descobrira partes da Ásia, pessoas mais sagazes perceberam que ele achara terras totalmente desconhecidas, as quais chamaram de "Novo Mundo" — e isso foi o agente catalisador de muitas transformações. No Tratado de Tordesilhas (1494), Espanha e Portugal dividiram esse novo mundo entre si, com Portugal ganhando o direito de se apropriar de todas as terras por descobrir fora dos domínios da Cristandade, desde que estivessem situadas até num ponto localizado a trezentas e setenta léguas a oeste dos Açores. Sem dúvida, a decisão de Cabral de velejar tanto para oeste a ponto de chegar no Brasil foi inspirada pelo conhecimento de que Colombo tinha descoberto terras nessa direção. Também na Inglaterra, Henrique VII patrocinou uma viagem exploratória do navegador genovês Giovanni Caboto, que resultou na descoberta de Terra Nova, em 1497. No leste, os dias de controle do comércio de especiarias por parte de árabes e venezianos estavam contados. Em 1500, os mercadores europeus já haviam notado que era muito menos oneroso transportar de navio grandes quantidades de pimenta, canela e sedas para a Europa pelas rotas marítimas dos portugueses do que transportá-las em pequenas parcelas pelas rotas terrestres controladas pelos venezianos. O consequente investimento em frotas mercantes provocou uma inversão no equilíbrio do poderio econômico. Antes, Portugal e Espanha estavam situados no limiar do mundo conhecido; agora, faziam parte de seu cerne, e, como vimos páginas atrás, "toda cidade capitalista dominante está sempre situada no centro". As famílias importantes e os mercadores desses países ficaram ricos. E, quando a prioridade sobre os negócios internacionais passou a ser a das viagens marítimas, as cidades portuárias inglesas, francesas e holandesas se achavam muito mais próximas da efervescência dessas atividades do que Veneza e Gênova.

A questão mais importante em relação à descoberta de Colombo, porém, foi que ele desfez o mito de que tudo que valia a pena se conhecer já tinha sido descoberto por gregos e romanos. Essa visão tinha sido delineada por Bernardo de Chartres no início do século XII: pensadores medievais conseguiam enxergar mais longe do que os do mundo antigo, argumentou ele, apenas porque "eram como anões em pé nos ombros de gigantes, de forma que, embora percebamos muito mais coisas do que nossos antepassados, isso não acontece porque nossa visão seja mais penetrante ou nossa estatura, maior, mas porque eles nos carregam e nos elevam a níveis mais altos graças ao seu gigantismo".

O súbito aumento no interesse pelos textos clássicos, principalmente no século XII, revela quanto a sabedoria dos antigos embasou e fomentou o pensamento medieval; e ela continuou a exercer esse papel no século XV. Graças a seu raciocínio dialético e conhecimento científico, Aristóteles continuava a ser considerado superior a todos os outros filósofos. Preconizava-se ainda a sabedoria de Galeno em seus manuscritos sobre medicina, o mesmo sucedendo a Ptolomeu por seus estudos sobre astronomia e geografia. Embora alguns personagens da Idade Média fossem capazes de formular raciocínios originais, a descoberta de Colombo demonstrou a toda a Cristandade, de forma inequívoca, que não havia nada de absoluto nos compêndios do conhecimento clássico. Sua descoberta, bem como as de Caboto e Cabral, fez em pedacinhos a autoridade intelectual de Ptolomeu, porque, se o maior geógrafo do mundo antigo deixara de perceber a existência de um continente inteiro, como se poderia confiar em quaisquer outras de suas afirmações? A última década do século XV foi, portanto, nada menos do que uma época de revolução na cognição humana: o brusco advento de uma forma totalmente nova de pensar sobre o mundo, não mais restringida por conhecimentos anteriores e, de fato, compelida a ir além deles.

A medição do tempo

É de imaginar que a invenção do relógio, no começo do século XIV, teria levado as pessoas a se darem conta dos limites do pensamento dos sábios da Antiguidade bem antes das viagens de Colombo. Um mecanismo de medição do tempo representava, com certeza, um marco decisivo na história da humanidade. Mas, quando os relógios finalmente começaram a invadir a vida cotidiana da maioria das pessoas, poucos se davam ao trabalho de lembrar que houve um tempo em que eles não existiam. Shakespeare menciona relógios em seus escritos ou chama tempo de "o'clock" (expressão que indica as horas em inglês, referindo-se ao relógio) em *Macbeth* (peça ambientada no século XI), *Vida e Morte do Rei João* (início do século XIII), *Cimbelino* (na Britânia pré-romana) e *Troilo e Créssida* (na Grécia antiga). Sua peça *Júlio César* tem até uma instrução de palco mandando que soem a pancada das horas na Roma antiga. Claro está, pois, que ele não sabia (ou talvez isso não fosse importante para ele) que não existiam relógios mecânicos no mundo antigo.

A referência mais antiga a um relógio mecânico aparece num manuscrito de 1271, na qual o autor observou que fabricantes de relógios estavam tentando produzir um disco cujos componentes completariam uma revolução a cada dia, "mas não conseguiram aperfeiçoá-lo ainda".[4] Sessenta anos depois, o problema foi resolvido. Ricardo de Wallingford, abade de St. Albans, estava desenvolvendo um relógio astronômico mecânico denominado Rectangulus quando Eduardo III lhe fez uma visita em 1332.[5] Além das horas, o mecanismo indicava os movimentos do sol, da lua e das estrelas e informava o tempo da maré alta na Ponte de Londres. Em 1335, instalaram um relógio mecânico de vinte e quatro horas na igreja de São Gotardo, em Milão. Jacopo de Dondi instalou um relógio astronômico na torre do Palazzo Capitano em Pádua, em 1344. Quatro anos depois, seu filho Giovanni começou a trabalhar no mais famoso dos relógios medievais: o "Astrarium", com sete mostradores. Os sete ponteiros indicavam o tempo em ciclos de vinte e quatro horas, além das posições da lua e dos cinco planetas conhecidos então (Mercúrio, Vênus, Marte, Júpiter e Saturno). Quando o trabalho foi concluído, em 1368, existiam relógios públicos soando as horas nas cidades italianas de Gênova, Florença, Bolonha e Ferrara, além de nos palácios reais ingleses de Westminster, Windsor, Queenborough e Kings Langley. Carlos V da França ficou tão satisfeito com o badalar de hora em hora do relógio que mandou instalar no palácio real de Paris, em 1370, que ordenou que todas as igrejas da cidade acompanhassem as suas badaladas, tocando seus sinos de hora em hora, e mandou que instalassem mais dois relógios, no Hôtel Saint-Paul e no Chateau de Vincennes.[6]

Embora essas referências indiquem inequivocamente que o relógio foi inventado no século anterior, a maioria dos trabalhadores rurais e de pequenas cidades só ouviria um deles soar as horas após o ano de 1400. No prólogo de "O Conto do Pároco", Chaucer afirma que eram "dez do horológio" — indicando com isso que a medição do tempo e o termo "relógio" eram sinônimos —, mas a personagem, nesse caso, admite que não estava usando um relógio para informar as horas, e sim que estava tentando adivinhar o horário. Em "O Conto do Jurista", o poeta descreve em detalhes a forma como as pessoas adivinhavam as horas em 1386: baseando-se na posição do sol na cúpula celeste e fazendo estimativas do tamanho da sombra de uma árvore em relação à sua altura. Não podemos afirmar, pois, que o relógio era o meio predominante de medição do tempo na época de Chaucer, e, portanto, seu impacto na vida das pessoas é mais bem representado como uma transformação ocorrida no século XV.

A crescente demanda de relógios levou ao aumento de sua produção, ao avanço das técnicas de metaloplastia e a uma maior variedade de modelos. No que se refere ao século XIV, todos os exemplares conhecidos são relógios domésticos ou mecanismos astronômicos, mas, em 1400, os primeiros relógios portáteis estavam prestes a se tornar realidade. Em 1377, Carlos V da França já tinha o seu *orloge portative*, e, por volta de 1390, o futuro Henrique IV da Inglaterra tinha um que podia ser levado num cesto.[7] Dos bens de Henrique V na época de sua morte, em 1422, fazia parte um relógio de câmara. Preservou-se também um exemplar movido a corda feito em torno de 1430 para Filipe, o Bom, duque da Borgonha. Tão grande era o ritmo de desenvolvimento do mecanismo que, por volta de 1488, o duque de Milão pôde fazer uma encomenda de três relógios de bolso movidos a corda que soavam as horas.⁸ Nessa mesma época, relógios astronômicos eram instalados em salões cívicos e palácios de duques, e relógios mecânicos simples passaram a fazer parte de igrejas paroquianas e mansões senhoriais. Pouco depois de 1493, instalaram um relógio doméstico sem mostrador, com roda de escape do tipo Vergê, na capela da mansão dos Edgcumbe em Cotehele, na Cornualha. E ele continua lá, soando as horas.

E daí? A forma como as pessoas mediam o tempo fez diferença? Ora, claro que fez. O uso do relógio mecânico foi um avanço considerável em relação ao método de Chaucer: dividir a passagem do sol pelo céu em doze partes iguais e estimar quanto tempo havia transcorrido. Havia dois problemas nesse cálculo solar. O primeiro está no fato de que isso, obviamente, induzia a imprecisões. O segundo é que a unidade temporal varia: no verão, à luz do dia, uma "hora" pode durar o dobro de uma "hora" no inverno, já que, em dada região da Terra, há um tempo de claridade duas vezes maior para ser dividido em doze horas iguais. Os relógios mecânicos padronizaram as unidades de tempo; daí a necessidade de se especificar que a nona hora do dia era a indicada de acordo com o relógio.

Conforme assim observado, muitos relógios medievais eram astronômicos. Calcular o tempo com precisão era fundamental para a rigorosa observação do sol, da lua e das estrelas. No século XXI, talvez muitos de nós não deem valor à astrologia, mas, antes de 1600, grande parte dos trabalhos das áreas da medicina, da geografia e das ciências em geral dependia do conhecimento preciso do movimento dos corpos celestes, e os relógios deram uma contribuição importante para a profissionalização dessas áreas. É desnecessário dizer que a padronização da medição do tempo foi crucial para a experimentação científica. Ademais, os relógios ajudaram a regrar o uso social e econômico do tempo. As pessoas podiam se encontrar com hora marcada e estabelecer turnos de trabalho fixos e horários de abertura de estabelecimentos comerciais. Agora, vidas profissionais eram planejadas com mais eficiência. Por isso, o relógio mecânico merece ser reconhecido como uma das grandes invenções da Idade Média, e sua popularização no século XV foi uma das mais importantes transformações da época.

Mas existe outra circunstância, mais sutil, que faz com que a propagação do uso de relógios seja uma mudança significativa. Trata-se da secularização do tempo. Na Idade Média, o tempo era monopólio da Igreja. O mundo só existia porque Deus o tinha criado, e o tempo somente existia porque Deus criara o movimento das coisas dentro da Criação. Portanto, o tempo era uma parte da Criação: ele enchia o espaço divino. Ao lado desse conceito teológico do tempo, existia outro, de natureza mais prática. O ciclo anual era visto como parte de uma ordenação divina das coisas, por meio da qual Deus tinha instituído um tempo para semear, um tempo para colher, um tempo para pastorear rebanhos e assim por diante. Dentro desse ano divino, certos dias ficavam reservados à prática de jejum — no Advento e na Quaresma — e outros para festas religiosas. Alguns dias eram dedicados à veneração de santos. Todo dia do ano tinha um número específico de horas reservado ao culto divino, tais como as da Prima, da Noa, das Completas e das Matinas. O tempo não era apenas algo sagrado; suas subdivisões tinham um significado espiritual também. Com o badalar dos sinos de seus templos, a Igreja exercia um controle diário sobre a percepção do tempo — marcando as horas nas cidades, conclamando os fiéis a rezar, anunciando falecimentos e assim por diante.

Por conta disso, o tempo não era igual ao que temos hoje: ele era uma dádiva de Deus. Era por isso que a Igreja medieval não permitia que os cristãos cobrassem juros sobre empréstimos: fazer isso era o mesmo que cobrar pelo uso do tempo, que pertencia somente a Deus, e nenhum cristão tinha o direito de vender o que era d'Ele. Contudo, à medida que o tempo foi ficando cada vez mais sujeito à medição de máquinas fabricadas pelo homem, parte de suas quase mágicas conotações religiosas foi perdida. Parecia que agora ele estava sendo controlado pelo homem — um elemento que os relojoeiros haviam domado, não uma criatura vivendo às soltas nos domínios da Criação. Mais importante, a popularização dessas máquinas criadas pelo homem passou a determinar quando a Igreja deveria soar os seus sinos e oficiar seus ritos religiosos. Embora unidades de medição de distâncias, pesos e volumes ainda variassem de um lugar para outro, a hora tornou-se a primeira unidade de medida internacionalmente padronizada, prevalecendo sobre costumes regionais e autoridades eclesiásticas.

O individualismo

Metais polidos e espelhos de obsidiana existem desde tempos muito antigos, de modo que historiadores geralmente tratam do surgimento do espelho de vidro como se ele fosse apenas mais uma variante de um velho tema. Mas o advento desses espelhos é uma transformação crucial, pois eles permitiram que as pessoas vissem a si mesmas com clareza pela primeira vez, juntamente com toda a singularidade de suas expressões e feições. Espelhos de cobre ou bronze polidos eram muito ineficientes, já que refletiam apenas cerca de vinte por cento da luz; e até espelhos de prata tinham que ser excepcionalmente lisos para exibir imagens com expressiva nitidez. Além do mais, eram extremamente caros: na Idade Média, a maioria das pessoas só veria o reflexo embaçado do próprio rosto numa poça de água.

O espelho de vidro convexo foi inventado pelos venezianos por volta de 1300, possivelmente em consequência do desenvolvimento das lentes de vidro usadas nos primeiros modelos de óculos (inventados na década de 1280). Em fins do século XIV, esse tipo de espelho já estava sendo usado no norte da Europa. O futuro Henrique IV da Inglaterra pagou seis centavos para que substituíssem um espelho seu quebrado em 1387.[9] Quatro anos depois, durante uma viagem pela Prússia, ele pagou uma libra, três xelins e oito centavos por "dois espelhos de Paris" para uso pessoal.[10] Seu filho, Henrique V, tinha três espelhos no quarto ao tempo de sua morte, em 1422, dois dos quais valiam, juntos, uma libra, três xelins e dois centavos.[11] Embora esses objetos ainda fossem caros demais para um fazendeiro ou comerciante comum, em 1500, prósperos comerciantes urbanos tinham condições de comprar esses artigos. Nesse particular, a pessoa que tivesse algum dinheiro para gastos extras era muito diferente de seu antepassado de 1400: agora, ela podia contemplar a própria imagem no espelho e, assim, saber como era vista por outros seres humanos.

A capacidade de as pessoas avaliarem a própria aparência provocou um aumento na encomenda de retratos artísticos, principalmente nos Países Baixos e na Itália. Apesar de quase todos os quadros a óleo do século XIV preservados até os dias atuais apresentarem temática religiosa, as poucas exceções são retratos. Essa tendência na encomenda de retratos intensificou-se no século XV e passou a dominar o campo da arte secular. À medida que aumentou o número de pessoas importantes que contratavam artistas para reproduzir nas telas a sua imagem, tal imagem passou a ser mais vista por outros, incentivando mais encomendas de retratos por outros. Tais obras induziam o observador a satisfazer o desejo de o retratado ser admirado e transmitiam a ideia de que ele era um homem rico ou uma mulher bem-relacionada, que valia a pena ser retratado por conta do seu status. Eles faziam com que os outros falassem dessas pessoas, tornando-as o centro das atenções.

Um dos quadros mais famosos do século é *O Casal Arnolfini*, de Jan van Eyck, pintado em Bruges por volta de 1434. A tela mostra um espelho redondo convexo pendurado na parede atrás do casal, refletindo para o artista as costas dos dois. Se *O Homem do Turbante Vermelho*, mais uma das telas de van Eyck, é o retrato do próprio artista (o que talvez seja mesmo o caso), então ele tinha também um espelho plano nessa época. Sabemos, com base nas famosas experiências de perspectiva de Brunelleschi (das quais voltaremos a tratar em breve), que já existiam espelhos planos em Florença nessa época. Após van Eyck, a criação de autorretratos começa a abundar nos últimos anos do século XV, tanto na Itália quanto nos Países Baixos. Dürer pintou muitos deles, culminando na imagem dele mesmo, aos vinte e oito anos (1500), como Cristo; sua introspecção é comparável à de Rembrandt, no século XVII. Nas mãos de artistas como esses, o espelho tornou-se um instrumento com o qual o homem podia começar a conhecer a imagem que as pessoas tinham dele. Até pouco tempo antes, artistas só retratavam a imagem de outras pessoas; agora, podiam reproduzir a própria imagem. E qualquer um que visse a intensa análise do artista na retratação do próprio rosto, em busca de pistas para a descoberta de sua própria natureza, acabaria também refletindo sobre sua própria identidade.

Tudo isso tem importância muito maior do que uma série de quadros bonitos. O simples fato de alguém se ver num espelho ou ter sua imagem reproduzida num quadro como o centro das atenções o incentivava a pensar em si mesmo de uma forma diferente. Ele começou a ver a si próprio como um ser único. Antes, os parâmetros da própria identidade limitavam-se às relações do ser com as pessoas de seu círculo de convivência ou de revelações religiosas que ele ia tendo ao longo da vida. Portanto, a individualidade, tal como a concebemos atualmente, não existia: as pessoas só entendiam a própria identidade no contexto de grupos — suas casas, suas propriedades senhoriais, suas cidades ou suas paróquias — e da relação com Deus. De vez em quando, alguém se destacava pela forma como escrevia a respeito de si mesmo — basta considerarmos a autobiografia *História Calamitatum*, de Pedro Abelardo, e o papel de protagonista de Ulrich von Lichtenstein em seus próprios romances —, mas as pessoas comuns se viam apenas como parte de uma comunidade. É por isso que, na Idade Média, o banimento e o exílio eram considerados punições tão severas. O comerciante que fosse expulso de sua terra natal perderia tudo que lhe dava identidade. Ele seria incapaz de conseguir um novo sustento, fazer empréstimos ou realizar negócios comerciais. Perderia a confiança dos que poderiam apoiá-lo e protegê-lo física, social e economicamente. Não teria ninguém que pudesse atestar sua inocência ou seus bons antecedentes em tribunais e perderia a proteção espiritual de toda congregação religiosa ou fraternidade a que pertencesse. O que aconteceu no século XV não foi bem o fim dessa identidade comunitária, mas o início de uma conscientização das pessoas de suas qualidades individuais, independentemente dos vínculos que tinham com suas comunidades. À velha noção de identidade coletiva somou-se a consolidação de um novo sentimento de autoestima.

Esse novo individualismo tinha um componente religioso também. Na Idade Média, os escritos autobiográficos normalmente não se referiam ao autor em si, mas à sua relação com Deus. Da mesma forma, as hagiografias dos anos iniciais da Idade Média são arquétipos de histórias de fundo moral de homens e mulheres trilhando o caminho de Deus. Mesmo no século XIV, um monge que fizesse a crônica de seu mosteiro ou um cidadão escrevendo sobre fatos de sua cidade incorporaria Deus em suas narrativas, já que o elemento importante da história não seria a comunidade em si, mas a relação dela com o divino. Conforme o século XIV chegava ao fim e as pessoas começavam a ver a si próprias como membros individuais de suas comunidades, elas começaram a enfatizar seus relacionamentos pessoais com Deus. É possível ver essa transformação no patrocínio de obras religiosas. Se, em 1340, um homem rico construísse uma capela para que se realizassem missas em benefício de sua alma, ele mandaria que decorassem seu interior com quadros de motivos religiosos, tais como o da Adoração dos Reis Magos. Em 1400, se o descendente do fundador da capela decidisse redecorá-la, ele mandaria que o pintassem como um dos Reis Magos. Nos últimos anos do século XV, na maioria dos casos, somente o retrato de seu patrono figuraria no quadro, com os símbolos de fé incluídos pelo artista na pintura sendo suficiente demonstração da religiosidade que o retratado desejasse manifestar.

O novo senso de individualidade estendeu-se também à maneira de se expressar das pessoas. As cartas que trocavam entre si passaram a ser mais pessoais; antes, os correspondentes restringiam-se à comunicação de formalidades e à transmissão de ordens. Agora, havia uma forte tendência a escrever a respeito de si mesmo e a revelar os próprios pensamentos e sentimentos. São inúmeros os escritos de conteúdo autobiográfico no século XV: em inglês, temos o *The Book of Margery Kempe*; em castelhano, *Las Memorias de Leonora López de Córdoba*; e, em italiano, *I Commentarii*, de Lorenzo Ghiberti. Quatro das primeiras coletâneas de cartas pessoais inglesas — de Stonor, Plumpton, Paston e Cely — são do século XV também. Pessoas comuns começaram a registrar a data e a hora de seu nascimento, de modo que pudessem recorrer à astrologia para saber mais a respeito da própria saúde e de seu destino. A nova consciência da própria individualidade levou também ao desejo de maior privacidade. Em séculos anteriores, chefes de família e seus familiares dividiam o mesmo ambiente, quase sempre se alimentando e dormindo no mesmo cômodo com seus criados. Agora, eles começaram a construir quartos particulares para si mesmos e para seus hóspedes, longe do salão principal. Assim como em muitas transformações ao longo da história, a maioria das pessoas não tinha consciência da importância do que estava fazendo. Todavia, a visão que passamos a ter de nós mesmos como indivíduos, não apenas como membros de uma comunidade, representa um importante marco na transição do mundo medieval para o mundo moderno.

O realismo e o naturalismo renascentistas

Em certo sentido, o realismo está ligado à ascensão do individualismo. Ambos contemplam novas formas de se lidar com a realidade dos seres humanos em relação com o mundo que os cerca. Ambos dão ênfase à humanidade terrena, independentemente das relações do homem com Deus. Todavia, embora o individualismo possa ser expressado como a compreensão de si mesmo e a autoestima por meio do reflexo, o realismo fica mais bem entendido se visto como intelectuais e artistas segurando um espelho diante de toda a Criação, com o objetivo de explicar o mundo e tudo que nele existe em toda a sua complexidade.

Basta que consideremos o naturalismo na arte renascentista para vermos sinais do novo pensamento. As esculturas de Lorenzo Ghiberti nas portas do batistério de Florença, criadas em 1401-22, foram um verdadeiro prodígio em razão de sua verossimilhança e do emprego ousado de técnicas de perspectiva. O famoso experimento de óptica de Brunelleschi, realizado por volta de 1420, desenvolveu ainda mais essas técnicas. Usando um grande espelho plano com um furo, ele ergueu sua própria pintura do batistério (também com um furo) de frente para o edifício. Observando o batistério real através dos dois furos e comparando-o com a imagem de sua pintura refletida no espelho, ele conseguiu descobrir as leis da geometria que governam a perspectiva, aperfeiçoando as técnicas de representação de perspectiva linear primeiro apresentadas por Giotto um século antes. A partir do segundo quartel do século XV, pintores florentinos já não tinham que se basear em estimativas para representar os seus edifícios; agora, eles podiam aplicar regras metódicas para terem certeza de que suas obras pareceriam "realistas" aos observadores. Ao mesmo tempo, o realismo invadia a esfera da arte religiosa. Artistas do norte europeu, tais como Robert Campin e Rogier van der Weyden, começaram a pintar telas de grandes dimensões, retratando cenas religiosas opulentas, em que as cabeças das personagens não apareciam mais aureoladas. Artistas italianos como Ghirlandaio e Leonardo também passaram a excluir as auréolas; já outros passaram a representá-las na forma de um fino aro luminoso, quase invisível. Talvez essas transformações artísticas pareçam insignificantes, mas refletem uma mudança nas prioridades — saindo da representação simbólica de homens e mulheres para a reprodução da aparência real deles.

No tocante à nudez, as obras do naturalismo ganharam ainda mais ênfase e interesse. Na Idade Média, representações artísticas de nudez pareciam despidas do conteúdo erótico que passaram a ter na Renascença. O Cristo nu ou seminu na cruz era um ser vulnerável, não uma figura erótica. Bufões desnudos, tocando trompete com o traseiro, retratados nas margens das páginas de salmos, não eram incluídos ali para estimular o apetite sexual de leitores educados; estavam lá para ridicularizar o orgulho dos seres humanos ou para divertir os leitores. Da mesma forma, a nudez de Adão e Eva retratada em quadros visava acentuar a vergonha moral de ambos, não a sensualidade. Contudo, no século XV, surgiu a nudez artística — de pessoas despidas, com aspecto erotizante. Na década de 1440, Donatello talhou uma estátua de Davi, personagem do Antigo Testamento, quase totalmente nu, não fosse pelo chapéu e pelas botas, permitindo a franca contemplação de seu corpo, contrastando muito das figuras discretas nas esculturas e pinturas de períodos anteriores, que não apresentavam nenhum traço de sensualidade ou de mundana materialidade. Além do mais, a obra de Donatello é uma escultura livre em pé, fora de nicho e sem nenhuma outra peça de sustentação: ela apresenta-se orgulhosa e desafiadora em sua nudez. A obra nos remete às Vênus do mundo antigo, demonstrando não apenas que Donatello era capaz de se equiparar a qualquer escultor clássico, mas também que o homem, em seu estado natural, tal como foi criado por Deus, era adequado para atrair a atenção e a admiração do público.

Nos últimos anos do século, a nudez masculina havia se tornado um tema corriqueiro, aparecendo em todo tipo de trabalho, desde o desenho *O Homem Vitruviano*, de Leonardo da Vinci, à escultura de *Davi* (1504), de Michelangelo. Obras expondo a nudez feminina, embora mais raras, apareceram pela primeira vez em *O Nascimento de Vênus* (1484), de Botticelli, em *Eva* (1485-90), de Hans Memling, num dos esboços de Michelangelo do *Sepultamento de Cristo* (1500) e na figura sedutora simbolizada em *A Vênus Adormecida* (1508), de Giorgione. No início do século XVI, pelas mãos de Giovanni Bellini e Ticiano, a nudez feminina erótica tornou-se uma forma consagrada de arte. Além da nudez física em si, pintores e escultores começaram a retratar também a nudez emocional masculina de forma mais explícita, como podemos ver em *Pietá* (1498-9), de Michelangelo, ou em seu *Escravo Rebelde* (1513). A humanidade não era mais representada como simples receptora da misericórdia ou cólera divinas, mas tornou-se um objeto adequado a estudos sérios.

O humanismo renascentista fomentou também o estudo da vida interior do homem através da criação de modelos clássicos de estudo. O declínio da influência do latim no século anterior e a expansão dos cursos universitários que preparavam jovens intelectuais apenas para a função que lhes estava destinada na vida acadêmica — o ensino de gramática, os estudos de teologia e o exercício da medicina ou a prática do direito — levou a uma reação entre as pessoas que sabiam e compreendiam o valor dos padrões de ensino do mundo antigo. O velho *Trivium* universitário acabou substituído pelas *studia humanitatis*, das quais a lógica não fazia mais parte; a história, a ética e a poesia se uniram à gramática e à retórica como principais componentes de uma boa educação. O estudo do grego foi restabelecido também, como forma de propagar o conhecimento do mundo clássico. A Academia Platônica tornou-se o modelo para um novo estabelecimento de ensino em Florença, fundado por Cosme de Médici na década de 1440, com o humanista Marsílio Ficino como reitor. Outro incentivo ao estudo do grego surgiu em 1453, após a queda de Constantinopla, quando muitos eruditos versados no idioma chegaram à Itália provenientes da cidade bizantina. Mais importante, a falta de distinção entre as artes e a ciência nas *studia humanitatis* apresentava um programa de educação aberta, ampliando horizontes em vez de limitá--los com uma imposição dogmática de obediência a manuscritos antigos. Portanto, foi um sistema de ensino que se beneficiou da principal virtude do espírito de investigação medieval: interpretar fenômenos naturais como aspectos da Criação Divina — em que tudo é possível, mas tudo ocorre por uma razão — e explicar esses fenômenos de forma apropriada.

Talvez você se pergunte se esses novos realismo e naturalismo realmente merecem ser considerados uma importante transformação. Não teriam eles simplesmente substituído uma forma de representar o mundo por outra? E com relação ao "realismo interior" com que os humanistas da Renascença se preocupavam: isso não teria sido apenas consequência de uma mudança nas prioridades da educação? Afinal de contas, mesmo que se entendam as coisas com profundidade, isso não necessariamente resulta em consequências profundas. Consideremos o caso de Leonardo da Vinci, citado frequentemente como o homem renascentista por excelência e uma das maiores mentes produzidas pelo Ocidente em todos os tempos. É justo afirmar que, visto dentro do escopo deste livro, ele não teve importância quase nenhuma. Camponeses do século XV fazendo experiências com arados tracionados por cavalos geraram consequências muito maiores na vida dos europeus do que Leonardo. Sua genialidade permaneceu ignorada por muitos, fundida às páginas de seus cadernos, o que tanto divertiria quanto impressionaria as pessoas dos séculos seguintes. A maioria de seus quadros não resistiu ao tempo, em razão de seu fascínio por novos compostos de tinta ainda não testados ou experimentados, muitos dos quais se degradaram. Mas, por outro lado, aquilo que Leonardo *representa* é de suprema importância. Embora ele não tivesse formação universitária, dedicou-se ao estudo de uma ampla gama de assuntos, desde a compreensão do funcionamento dos músculos à forma como as aves conseguem voar. E, apesar de o século XV ter apenas um Leonardo da Vinci, também havia várias centenas de pessoas de menor genialidade, mas com o mesmo grau de curiosidade e muito dispostas a investigar a realidade que as rodeava. O fato de que algumas tenham se empenhado em pesquisas e experiências aparentemente bizarras, incluindo numerologia, previsões astrológicas, angelologia e interpretação de sonhos, tem também importância. Essas coisas nos parecem anticientíficas agora porque, na Renascença, as mentalidades dotadas de curiosidade científica acabaram concluindo que eram inúteis. Portanto, as tentativas do século XV de se descobrir e explicar a natureza da realidade são comparáveis às viagens ao Novo Mundo: ambas permitiram descobertas por descartar suposições do passado e investigar o desconhecido, quer no extremo oposto do oceano, quer no movimento das asas de um pássaro em pleno voo. Em suma, o século XV foi um tempo em que os homens do Ocidente abandonaram o estudo coletivo do abstrato mistério de Deus e chegaram à conclusão de que, para entendê-Lo, era necessário estudar Sua Criação.

Conclusão

Talvez alguns leitores se surpreendam com o fato de eu não ter dado destaque ao advento da imprensa como uma importante transformação do século XV. Isso não diminui a importância da prensa tipográfica: na verdade, é provável que ela tenha sido a mais importante invenção dos últimos mil anos. Mas esse é outro exemplo de algo inventado num século que teve mais impacto em outro. O fato é que a Bíblia impressa por Johannes Gutenberg em Mainz, em 1455, foi publicada em latim, e, desse modo, ininteligível para a maioria das pessoas.[12] Além do mais, a maior parte dos livros publicados antes de 1500 era cara, equivalente em preço aos manuscritos de ótima qualidade, com margens amplas e texto caprichosamente grafado e ordenado. Nem todos os que podiam adquiri-los sabiam ler, e muitos que sabiam ler não tinham condições de comprá-los. A maioria das pessoas, analfabetas, não tinha nenhum interesse neles. Portanto, assim como o inventor da bússola, Johannes Gutenberg não mudou o mundo. As grandes mudanças que vieram da imprensa tipográfica foram ocasionadas por outras pessoas, que fizeram um uso mais amplo de seu invento no século seguinte.

A mudança mais significativa no século XV pode ser resumida pela palavra "descoberta" — a descoberta do mundo e a descoberta de si próprio. Embora as sutis transformações na percepção do próprio eu tenham passado despercebidas pela maioria das pessoas, a descoberta do Novo Mundo por

Colombo foi algo notório em toda parte, alvo de debates universais. É extraordinário o fato de que, num espaço de apenas oito anos, entre 1492 e 1500, navegadores europeus tenham descoberto dois novos blocos continentais (o continente formado pelas Américas do Norte e do Sul) e uma rota marítima para a Ásia. E isso ocorreu logo depois da exploração do sul da África. Imagine acordar um dia e ouvir pelo rádio a notícia de que exploradores acabaram de descobrir três continentes cheios de riquezas fabulosas. A comparação não é tão absurda quanto parece, pois nossa certeza de que lugares como esses não existem se assemelha muito à convicção dos eruditos que aconselharam os reis de Portugal, Castela e Inglaterra a recusar a proposta de Colombo. Como estavam enganados — e como compensaram depressa seu erro. O primeiro globo terrestre, no qual o mundo foi mapeado em três dimensões pela primeira vez, remonta a 1492 — o mesmo ano em que Colombo zarpou com suas velas desbravadoras para oeste.[13]

O principal agente de transformações

Por todo esse exposto, talvez seja óbvio qual pessoa do século XV exerceu o efeito transformador mais importante no Ocidente. Contudo, devemos considerar que Colombo foi apenas um de muitos navegadores que realizaram descobertas. Nas primeiras décadas do século, navegadores ingleses visitavam com frequência as águas do litoral da Islândia para pescar bacalhau. A Groenlândia continuou a fazer parte do Mundo Cristão até depois de 1409. Então alguns marinheiros sabiam atravessar vastas extensões das águas do Atlântico. Em 1480 e 1481, os homens de Bristol partiram em duas missões exploratórias do oceano em busca da mitológica "Illıa do Brasil". E parece que um dos principais motivos que levou Giovanni Caboto a zarpar de Bristol em 1496 e 1497 foi o fato de que esses navegadores *tinham* descoberto terras no Atlântico, o que faria deles antecessores de Colombo.[14] Existem também inquietantes indícios de que Caboto tenha percorrido a costa americana, descendo para o sul, o que significaria que ele e a sua expedição anglo-veneziana se anteciparam a Portugal na descoberta das terras sul-americanas. Independentemente da verdadeira feição dos fatos, o espírito das descobertas pairava na atmosfera do mundo nas décadas de 1480 e 1490, e não deveríamos exagerar a função pioneira de Colombo apenas com base em sua fama posterior e em seu talento para autopromoção. Tanto Henrique, o Navegador, quanto João II de Portugal foram mais perseverantes e determinados do que Colombo, e devem ser creditados com o mérito de terem sido os responsáveis pelo incentivo político e econômico da expansão europeia. Colombo atormentou os príncipes da Europa durante sete anos com solicitações para financiarem sua expedição, mas Henrique, o Navegador, passou quinze anos tentando persuadir seus navegadores a apenas navegarem além do Cabo Bojador. A visão de Dom João II de um império comercial marítimo, vinculado às suas feitorias, permitiu que o pequeno reino de Portugal estabelecesse postos na Índia sem o custo envolvido na administração de um império territorial. Em vista disso, é tentador afirmar que todos esses homens merecem ser considerados os principais agentes de transformações.

No fim das contas, porém, foi a descoberta de Colombo que acabou se mostrando a maior reviravolta na Europa então desde a Peste Negra. Foi a ambição do genovês para conseguir seu próprio território internacional que levou a Espanha a lançar-se na construção de um enorme império além-mar. Graças a Colombo, o espanhol é hoje o segundo idioma mais falado no mundo, depois do chinês. E foi o talento de Colombo para criar e expandir sua notoriedade pessoal que lhe assegurou fama em todos os países da Europa. Foi, portanto, graças a ele que, de uma hora para outra, as pessoas tiveram que encarar uma questão profunda: se os grandes escritores do mundo antigo não sabiam da existência de dois continentes, o que mais ignoravam?

1501-1600

O Século XVI

Na contagem moderna do tempo, o século XVI começou em 1º de janeiro de 1501. A contagem não era assim na época — a menos que você morasse em Gênova, na Hungria, na Noruega ou na Polônia. Em Veneza, o ano começava em 1º de março de 1501. Na Inglaterra, Florença, Nápoles e Pisa, em 25 de março. Em Flandres, era o dia da Páscoa — que varia de um ano para outro. Na Rússia, ele caía em 1º de setembro, e em Milão, Pádua, Roma e em muitos outros estados germânicos, em 25 de dezembro. Para confundir mais as coisas, na França, o ano começava em quatro épocas diferentes — no Dia de Natal, em 1º de março, em 25 de março ou no dia da Páscoa — dependendo da diocese onde a pessoa morasse. Somente em 1564, com o edito de Roussillon, estabeleceu-se que o ano-novo francês deveria passar a ser contado a partir de 1º de janeiro, decisão que começou a vigorar de 1567 em diante. Se houve um tempo em que você achava que o passado era mais simples do que o presente, esse problema de calendário deveria fazê-lo pensar melhor.

No entanto, as discrepâncias entre as datas de fim de ano não eram nem de longe o máximo da complexidade. Todas essas convenções se baseavam no calendário juliano, da Roma antiga. Com esse sistema de medição do tempo, cada período de doze meses era dez minutos mais curto do que o ano verdadeiro, conforme determinado pelo movimento da Terra em torno do sol. Dez minutos por ano talvez não pareça muita coisa, mas, no século XVI, o dia 25 de dezembro estava dez dias atrás do Natal, de acordo com a presumida data de nascimento de Jesus Cristo. Por conta disso, em 1582, o Papa Gregório XIII propôs uma solução radical: suprimir dez dias do calendário e *não* ter um ano bissexto em todo ano divisível por 100, a menos que ele fosse divisível também por 400, reduzindo assim em três dias cada período de 400 anos (esse é o sistema usado em todo o mundo atualmente). A maior parte da Igreja Católica adotou o novo calendário gregoriano em 4 de outubro de 1582, uma quinta-feira; o dia seguinte tornou-se 15 de outubro, sexta-feira. Logicamente, isso criou outro problema com relação a datas, já que a maioria dos países protestantes continuou a usar o calendário juliano até o século XVIII. Embora a Inglaterra e Florença tenham comemorado o ano-novo de 1583 em 25 de março, as festas de fim de ano dos florentinos ocorreram dez dias antes. Essas coisas revelam como a Europa nos primeiros anos da Idade Moderna era diversa — mesmo em relação a assuntos cotidianos a que não damos muita importância.

A introdução do calendário gregoriano é apenas uma das milhares de mudanças na vida diária no século XVI. Em 1500, somente as pessoas extremamente ricas viajavam de carruagem; em 1600, dizia-se que "o mundo é movido a rodas", e as pessoas viviam se queixando de acidentes de trânsito nas estradas — com razão. Em marcante contraste com as casas da Idade Média, geralmente pouco mobiliadas, contendo talvez uma mesa, alguns bancos, camas, baús, utensílios domésticos e outras poucas coisas, no século XVI as casas passaram a contar com uma multidão de móveis de madeira e tecidos para decoração, tais como cortinas, dosséis, tapetes, almofadas, armários e cadeiras. Quanto aos horários de refeições, poucas pessoas do norte da Europa tomavam café da manhã em 1501. Continuava a predominar o costume de serem feitas duas refeições diárias: o jantar se dava por volta das onze da manhã, enquanto a ceia era por volta das cinco da tarde. No entanto, à medida que mais pessoas foram se mudando para as cidades, onde buscavam ganhar o pão de cada dia trabalhando para outros moradores das urbes, o horário em que conseguiam cear foi ficando cada vez mais tarde, à noite. Isso fez com que o jantar, a principal refeição do dia, passasse a ser ingerido algumas horas depois do costume, tornando-se o almoço. Disso resultou também a necessidade de se fazer uma refeição matinal, o desjejum, para conseguir aguentar até a hora do almoço. As escolas ajudaram também a ocasionar essa mudança, pois mais e mais meninos passaram a frequentá-las, e longas horas de aulas os obrigavam a tomar café da manhã. Desse modo, por volta de 1600, essa primeira refeição diária havia se tornado algo comum em todas as cidades.

No século XVI, ocorreu também outro aumento populacional após um longo período de estagnação. As pessoas começaram a se queixar de excesso de população. A cultura do individualismo continuava a expandir-se em ritmo acelerado, e, em 1600, era possível comprar um espelho com apenas meio dia de salário de um trabalhador comum. O diário pessoal, tal como o conhecemos hoje, desenvolveu-se também, já que as pessoas passaram a fazer um número cada vez maior de crônicas sobre os acontecimentos que ocorriam em suas comunidades, compondo textos mesclados de suas experiências e reflexões pessoais. Mais e mais pessoas ricas mandavam pintar seus retratos. Então é muito mais fácil descrever a aparência de damas e cavalheiros ricos da época, ao passo que os rostos de seus antepassados da Idade Média são quase totalmente desconhecidos por nós. A maioria dos endinheirados mandava instalar vidraças nas janelas de suas casas, recurso que permitiu que se beneficiassem muito mais da claridade solar no interior de seus próprios lares do que seus ancestrais. Começou-se a criar e conservar jardins como áreas de lazer, decorados com formas geométricas, chafarizes e esculturas clássicas; antes, a jardinagem era uma atividade com fins quase totalmente práticos, destinada à produção de comida, ervas ou plantas medicinais. Para muitos moradores das cidades, a vida era muito menos uma luta pela sobrevivência do que fora para seus antepassados. Opções de estilo de vida tinham se tornado assunto de conversas em banquetes e motivos de consulta séria em manuais de conselhos.

Logicamente, as coisas eram diferentes para os que faziam parte da base da pirâmide social. É interessante considerar que, quando as primeiras peças de Shakespeare foram encenadas pela primeira vez, milhares de ingleses estavam morrendo de fome devido à grande crise de 1594-7. Mas pessoas menos abastadas sofreram mudanças em seu estilo de vida também. De acordo com o livro *Description of England* (1577), de William Harrison, as pessoas comuns tiveram três importantes melhorias em seu padrão de vida naqueles anos. Primeiro, houve uma grande proliferação de chaminés pelas cidades. Talvez isso não pareça muito animador para alguém do século XXI, mas foi um grande avanço para aqueles que antes eram forçados a se aquecer com uma fogueira acesa bem no centro do principal cômodo da casa. A fumaça dessas fogueiras circulava o tempo todo por entre as pessoas que se aqueciam, deixando suas roupas fedendo e fazendo seus olhos lacrimejarem, enchendo seus pulmões de fuligem e enegrecendo as vigas e traves da casa. A segunda era que, agora, pessoas comuns dormiam em camas com colchões de flocos de lã providas de travesseiros e lençóis de linho; antes, tinham que se contentar com colchões de palha assentados no chão e um cobertor, usando um pedaço de tronco de árvore como travesseiro. Já a terceira foi que muitas pessoas passaram a fazer suas refeições usando colheres, pratos e canecas de estanho, ao passo que, antes, quase todos os utensílios de mesa eram feitos de madeira.

Em 1600, a maioria das pessoas seguia uma rotina que você provavelmente reconheceria. Elas lavavam o rosto e as mãos e limpavam os dentes ao acordar. Por volta das oito horas, tomavam café e iam para a escola ou para o trabalho. Almoçavam por volta de meio-dia, voltavam para casa e jantavam com pratos, facas e colheres de metal enquanto se mantinham aquecidas diante de uma lareira. Iam dormir em colchões forrados com lençóis, apoiados sobre estrados de camas decentes, onde repousavam a cabeça em travesseiros macios. Caso sua maior preocupação for com a rotina do dia a dia, é bem possível que chegue à conclusão de que o século XVI foi o tempo dos maiores avanços do milênio. Contudo, o mesmo período testemunhou transformações de uma natureza muito mais profunda.

Os livros impressos e o alfabetismo

Existiam cerca de duzentas e cinquenta prensas móveis na Europa no início do século XVI; segundo estimativas, combinadas, elas haviam produzido vinte e sete mil publicações até 1500. Se cada edição teve uma tiragem de quinhentos exemplares, então talvez nada menos que treze milhões de livros podem ter circulado por uma população de apenas oitenta e quatro milhões de pessoas.[1] Embora esse número seja impressionante, devemos considerá-lo no contexto a que pertenceu. Não faz sentido afirmar que quinze por cento da população possuísse pelo menos um livro. Até mesmo a grande maioria das pessoas alfabetizadas não tinha qualquer tipo de texto impresso, que dirá as noventa por cento que não sabiam ler nem escrever. A maior parte dos livros foi impressa em latim e tratava sobre teologia, o que deve ter reduzido sua popularidade. Por outro lado, é provável que ricos colecionadores de livros tivessem vários. Se dez milhões de livros ainda estivessem preservados em 1500, essas obras provavelmente fariam parte do patrimônio de cerca de meio milhão de proprietários, muitos dos quais eram instituições. Podemos afirmar com segurança que menos de um por cento da população da Europa possuía um livro. O meio de comunicação mais popular e eficaz em 1500 ainda era o púlpito e a praça do mercado, não a palavra impressa.

O principal acontecimento que mudou essa situação foi a publicação da Bíblia na língua vernácula local. Simplesmente não havia nenhum outro livro que as pessoas sentissem tanta vontade de ler quanto ela. Queriam estudar as Sagradas Escrituras por conta própria, sem a intermediação de um padre, para melhorar sua situação na Terra, tanto aos olhos dos homens quanto aos de Deus, aumentando assim as suas chances de ir para o Paraíso após a morte. Elas queriam também entendê-la em benefício de seus familiares e amigos, de modo que pudessem aconselhá-los a levar uma vida santificada. A Bíblia era, pois, o livro de autoajuda por excelência. Existiram Bíblias vernáculas no período medieval, algumas das quais — tais como a francesa *Bible Historiale*, de Guyart des Moulins, a Bíblia provençal atribuída a Pedro Waldo e a Bíblia inglesa de John Wycliffe — foram muito influentes. Porém, elas existiam apenas na forma de manuscritos, o que significa que eram escassas e caras. A imprensa propiciou o acesso a um número de Bíblias muito maior, a um preço bem menor. Ainda assim, não foram as vantagens da tipografia em si que fizeram a diferença, mas a impressão em línguas vernáculas. Aprender a ler em latim era quase impossível sem a necessária instrução escolar, à qual pouquíssimas pessoas tinham acesso. Portanto, Bíblias impressas nas muitas línguas nacionais ajudaram muita gente a aprender a ler, além de permitir que estudassem a mensagem divina. Foi, pois, a combinação de três coisas — **a prensa móvel, o uso do vernáculo local e o significado espiritual da Bíblia** — que desafiou a hegemonia do púlpito e da praça comercial e acabou por transformar a Europa numa sociedade letrada.

Cada nação teve Bíblias publicadas em seu respectivo vernáculo em diferentes épocas. Países de língua alemã foram os primeiros a recebê-la, quando, em 1466, Johannes Mentelin fez a sua tradução. A primeira Bíblia em italiano foi impressa em Veneza por Niccoló Malemi, em 1471; a dos tchecos veio mais de uma década depois, em 1488. Em 1476, publicaram uma edição do Novo Testamento em Lyons, e, em 1487, Jean de Rély produziu uma versão impressa da *Bible Historiale*, de Des Moulins. Essas primeiras versões foram traduzidas da Vulgata latina; traduções da versão grega só vieram depois que o erudito humanista Erasmo de Roterdã produziu uma edição em grego do Novo Testamento, em 1516. Martinho Lutero concluiu a produção de uma versão alemã do Novo Testamento em 1522, baseada na edição grega de Erasmo, e colaborou com a tradução da versão alemã do Antigo Testamento, publicada em 1534. Novas Bíblias em francês foram produzidas em 1523 (Novo Testamento) e 1528 (Antigo Testamento). William Tyndale traduziu o Novo Testamento de Erasmo para o inglês e o publicou em Worms, em 1526, mas teve problemas com as autoridades por sua escolha das palavras e foi queimado vivo na fogueira inquisitorial por seus erros de tradução supostamente heréticos. Quando isso aconteceu, ele tinha traduzido apenas a metade do Antigo Testamento; seu trabalho foi concluído por John Rogers em 1537, logo depois de Miles Coverdale ter publicado a primeira Bíblia em inglês na íntegra. Em 1539, o governo inglês autorizou a publicação de uma Bíblia vernácula, a Grande Bíblia, e providenciou para que um exemplar fosse posto à disposição de todas as paróquias. Os dinamarqueses e os noruegueses passaram a dispor de uma versão do Novo Testamento em seus próprios idiomas em 1524 e da versão integral da Bíblia em 1550; os suecos tiveram sua edição vernácula do Antigo e do Novo Testamentos em 1526 e 1541, respectivamente; os povos de língua espanhola, em 1543 e 1569; os poloneses, em 1554 e 1563; e os galeses, em 1563 e 1588. Os finlandeses viram nascer os primeiros escritos literários em finlandês com a publicação do Novo Testamento, em 1548, pelas mãos de Mikael Agricola. Poucas comunidades europeias não tinham uma Bíblia editada no próprio vernáculo até 1600, embora os portugueses e os russos tivessem que esperar até o século XVIII para dispor de uma edição integral da Bíblia publicada em língua nacional.

Nunca seria demais acentuar a importância desse repentino e gigantesco aumento no número de pessoas que estavam aprendendo a ler, graças ao estudo da Bíblia em seus próprios idiomas. Antes de 1530, quase metade dos livros publicados na Inglaterra foi editada em inglês, e a outra metade era em latim, mas, na década de 1530, a proporção impressa em inglês saltou para setenta e seis por cento. Após a publicação da Grande Bíblia em 1539, esse número ultrapassou os oitenta por cento. Foi um efeito bola de neve: quanto mais livros publicados no vernáculo — principalmente Bíblias —, mais pessoas aprendiam a ler e, por conseguinte, mais demanda havia por livros novos. Na Inglaterra, a produção de livros aumentou de apenas quatrocentos títulos na primeira década do século para mais de quatro mil na última década. Em 1550, um escritor italiano queixou-se de que havia tantos livros disponíveis no mercado que ele não tinha tempo para ler sequer os seus títulos.[2] Além disso, os livros eram lidos com mais frequência. Enquanto antes livros publicados em latim tinham um único dono, que os mantinha trancafiados em sua biblioteca e só eram compartilhados com amigos confiáveis e altamente instruídos, agora a maior parte dos textos no idioma vernáculo era passada de mão em mão e lida dezenas de vezes por diferentes pessoas.

Com tanto conhecimento à disposição na forma de livros, o valor da leitura foi tornando-se cada vez mais óbvio para todos. Escolas surgiram aos montes. Universidades floresceram. O texto impresso se tornou o veículo natural de transmissão e recepção de informações. Ele era especialmente benéfico para os desejosos de desenvolver ou disseminar teorias científicas. Nos tempos anteriores ao advento da tipografia, livros científicos eram laboriosamente escritos à mão por copistas que, na maioria dos casos, não entendiam os conceitos que transcreviam, o que resultava em muitos erros. A propagação de ideias científicas era, portanto, não apenas falha, mas lenta também. A prensa tipográfica permitiu que ideias científicas se espalhassem mais rapidamente e de forma mais precisa, fazendo com que a comunidade científica da Europa se transformasse numa sociedade cujos componentes analisavam e estudavam as inovações e as críticas uns dos outros ao mesmo tempo. Isso deu aos cientistas muito mais influência do que já tinham. Quando *De Revolutionibus Orbium Coelestium* [Das revoluções das esferas celestes], de Nicolau Copérnico, foi publicada em 1543, a proliferação de exemplares da obra significou que muitos astrônomos passaram a discutir as suas descobertas ao mesmo tempo. Ademais, seu texto não pôde ser censurado pelas autoridades da Igreja, mesmo que quisessem preservar a incontestada verdade de um sistema planetário em que a Terra era o centro do universo.

Não foram apenas os tipos móveis da prensa tipográfica que permitiram que a ciência fizesse grandes avanços. Igualmente significativa foi sua capacidade de reproduzir imagens. Em 1542, Leonhart Fuchs publicou sua magnífica e maravilhosamente ilustrada *De Historia Stirpium Comentarii Insignes* [Comentários notáveis sobre a história das plantas]. Na elaboração da obra, uma equipe de artistas profissionais talhara as formas tipográficas, que pintaram à mão com as cores e as especificações determinadas pelo autor. Embora o conhecimento das ervas datasse de muitos séculos, nunca antes elas tinham recebido um tratamento científico nem tinham sido tão bem-ilustradas, e com certeza nenhum trabalho científico havia sido produzido com tamanha qualidade gráfica. A importância de imagens impressas foi ainda maior no caso da obra de André Vesálio, *De Humani Corporis Fabrica* [Da organização do corpo humano], publicada no ano seguinte. Em 1300, o Papa Bonifácio VIII havia proibido a dissecação de corpos; por causa disso, a *Anatomia Mundini*, de Mondino de Luzzi, composta em Bolonha por volta de 1315 e bastante fundamentada no trabalho de Galeno e em tratados árabes, foi a obra de anatomia de consulta durante toda a parte final da Idade Média. Foi publicada uma versão impressa em 1478, que teve quarenta edições, perpetuando assim as ideias de Galeno sobre anatomia.[3] Essas ideias, logicamente, estavam longe da perfeição, já que a dissecação de corpos humanos era vista com maus olhos nos tempos antigos também: a maior parte das conclusões de Galeno baseava-se na dissecação de corpos de animais. Assim, graves erros da compreensão da anatomia foram perpetuados por séculos. A maioria das escolas de medicina recebia por ano apenas uns poucos corpos de criminosos enforcados para dissecação, e as operações eram mais ritualistas do que experimentais. Nas raras ocasiões em que se faziam dissecações medicinais, um médico fazia a leitura de partes relevantes dos manuscritos de Galeno enquanto o cirurgião executava as necessárias incisões. A estudantes de medicina que observavam essas dissecações dizia-se que o coração tinha três ventrículos e que o fígado era formado por cinco lobos; nas salas de cirurgia da época, eles não podiam aproximar-se o suficiente dos órgãos para questionar o que era dito. Assim, a dissecação feita diante deles servia apenas para reforçar a autoridade dos professores, que, na verdade, induziam os alunos a erro. O livro de Vesálio acabou com tudo isso, estabelecendo o estudo científico da anatomia. Muitas chapas tipográficas cuidadosamente desenhadas e entalhadas mostravam o corpo dissecado em várias posições para revelar a configuração do esqueleto e as formas musculares. Essas imagens modificaram atitudes em relação à anatomia, levando cirurgiões a empenhar-se em pesquisas anatômicas pioneiras apesar das proibições da Igreja.

A arquitetura, a geografia e a astronomia também se beneficiaram muito da impressão de imagens. Apesar de a obra *Quatro livros de arquitetura* (1570), de Andreas Palladio, ter sido publicada apenas em italiano, causou grande impacto em toda a Europa por representar os princípios arquitetônicos de Vitrúvio e de outros arquitetos clássicos. Também em 1570, avanços na reprodução de imagem permitiram que Abraham Ortelius produzisse o primeiro atlas moderno usando a projeção de Mercator. A obra de Tycho Brahe, *De Nova Stella* [Sobre a nova estrela], publicada em 1573, contínha tabelas indicando em que parte do céu a supernova tinha sido vista no ano anterior. *Astronomiae Instaurate Mechanica* [Renovação da astronomia mecânica], obra do mesmo autor publicada em 1598, descrevia a tecnologia existente em seu laboratório com grandes detalhes, revelando a forma pela qual ele tinha alcançado um alto grau de precisão na medição do céu e como outros poderiam aprofundar o seu trabalho. Portanto, a imprensa, além de transmitir conhecimentos, promovia o avanço da ciência.

Talvez todos esses pontos citados sobre a revolução desencadeada pela popularização da prensa móvel sejam óbvios. Menos óbvias, porém, são suas consequências sociais. Como a disseminação da palavra *impressa* aumentou o número de pessoas alfabetizadas, ela deu mais ênfase ao papel da palavra *escrita*. Isso, por sua vez, modificou as relações entre reis e súditos. Agora, os governos procuravam coletar informações sobre todas as pessoas que moravam em seus territórios. Quase todos os países da Europa começaram a fazer registros de batismos, casamentos e sepultamentos. A Inglaterra iniciou essa prática em 1538, enquanto a França começou a fazer registros de batismos de 1539 em diante, bem como de todos os casamentos e sepultamentos a partir de 1579. Na Alemanha, onde umas poucas paróquias faziam registros públicos desde a década de 1520, a maioria dos Estados passou a fazer isso também a partir dos anos de 1540. Em Portugal, uma em cada doze paróquias já fazia registros públicos desde a década de 1520. Em 1563, o Concílio de Trento recomendou que batismos, casamentos e sepultamentos fossem registrados em todas as paróquias. Assim, num espaço de trinta anos, a maioria dos países católicos que ainda não fazia esses registros passou a fazê-lo. Na Itália, por exemplo, por volta de 1595, isso já fazia parte da rotina de todas as paróquias.

Tal prática era apenas a ponta do iceberg. Na Inglaterra, uma quantidade enorme de documentos escritos passou a ser requerida pelo Estado. Todos os tribunais de condados tinham que fazer registros de sessões trimestrais. Tribunais eclesiásticos passaram a ter que fazer registros dos documentos públicos que emitiam e preservar cópias de milhões de testamentos, inventários e contabilizações em que baseavam suas decisões. A Igreja era responsável por aplicar provas para licenciar professores escolares, cirurgiões, médicos e parteiras. A partir de 1552, magistrados foram incumbidos de outorgar alvarás a estalajadeiros e taverneiros. Em cada uma das paróquias, inspetores foram encarregados da contabilização do dinheiro recolhido e gasto na manutenção de estradas. Secretários de igrejas tinham que contabilizar os recursos financeiros das paróquias, e os supervisores dos pobres tinham que prestar contas de suas despesas. Chefes de milícias locais faziam registros das atividades de homens treinados para vigiar o litoral e das taxas cobradas às comunidades para financiar o trabalho desses soldados de meio expediente e suas provisões.

O governo abandonou a prática dos pergaminhos medievais de registro e criou diversos departamentos para lidar com diferentes aspectos da administração do reino. Próximo ao fim do século, esses departamentos começaram a criar estatísticas, estimando coisas como o número de vítimas de cada peste e o de estalagens e tabernas em funcionamento em cada um dos condados, além da centralização da preservação de registros dos impostos pagos por súditos. O governo também censurava a publicação de certos livros. Fora de Londres, a impressão de obras era permitida apenas em duas editoras universitárias, e todas as publicações tinham que ser registradas na Bolsa de Livreiros e Editores da capital, medida que permitia que autoridades do reino examinassem tudo que fosse posto no papel, censurando o que contrariasse os interesses do governo. O envolvimento do governo no controle das obras da nova cultura literária e no uso dessa cultura para monitorar a população era algo sem precedentes. Hoje em dia, talvez não nos surpreendamos com isso, mas o salto de um reino sem registro dos súditos em 1500 para um que os supervisionava em detalhes em 1600 foi enorme.

Outra consequência social menos óbvia da produção de obras pela prensa móvel em língua vernácula foi a mudança da posição das mulheres na sociedade. No período medieval, muito poucas jovens aprendiam a ler. Se uma mulher soubesse escrever, sabia que a grande maioria de seus leitores seriam homens e que, caso eles não gostassem do que lessem, poderiam silenciá-la facilmente, bastando para isso destruir seus manuscritos. A imprensa pôs um fim nisso: se um número suficiente de exemplares fosse impresso, era quase impossível que os inimigos conseguissem erradicar totalmente o trabalho de uma autora. Além disso, os textos não faziam discriminação de gênero entre os leitores: enquanto muitos professores nem sequer cogitariam a ideia de lecionar para meninas, um livro não se importava se seus leitores eram homens ou mulheres. Mulheres inteligentes logo perceberam que podiam aprender com os livros tão bem quanto os homens. E as mulheres tinham um motivo especial para querer aprender a ler. Durante séculos, elas ouviram que eram jurídica, biológica e espiritualmente inferiores aos homens e que a causa disso estava no fato de que Eva tinha oferecido a maçã a Adão no Jardim do Éden. Agora que podiam aprender a ler sozinhas, podiam interpretar a Bíblia por conta própria e expressar seus pontos de vista sobre a desigualdade entre os sexos. E podiam fazer isso por escrito, confiantes de que suas palavras alcançariam os olhos e as mentes de outras mulheres alfabetizadas. Quase não surpreende, pois, que na Inglaterra, onde o número de homens alfabetizados mais que dobrou no correr de um século, passando de dez para vinte e cinco por cento, o universo de mulheres alfabetizadas aumentou numa proporção ainda maior, saltando de menos de um por cento para cerca de dez por cento.[4]

E não satisfeitas com a mera compreensão das razões básicas do preconceito, várias mulheres tentaram restabelecer a igualdade entre os sexos. Na Itália, Túlia d'Aragona escreveu o diálogo *Sobre a infinidade do amor* (1547), no qual argumenta que não existia nada de moralmente errado no desejo sexual; imoral e misógino era associar mulheres e relações sexuais ao pecado. Gaspara Stampa, falecida em 1554, escreveu uma série de comoventes poemas líricos e emocionantes após ter sido abandonada pelo amante, nos quais demonstrou uma aptidão literária e capacidade de argumentação com que poucos homens conseguiriam rivalizar. As relações entre os sexos tornaram-se tema controverso na Itália na última década do século, e os argumentos de escritores do sexo masculino insensíveis foram refutados por várias mulheres brilhantes. Lucrécia Marinella, por exemplo, argumentou eloquentemente contra escritores misóginos do passado em seu *A nobreza e a excelência do caráter das mulheres e os defeitos e vícios dos homens* (1600). Em sua obra *O valor das mulheres, no qual se patenteiam sua nobreza e superioridade em relação aos homens* (1600), Moderata Fonte apresenta sete venezianas que discutem por que os homens e o casamento parecem destinados a tornar as mulheres infelizes e como elas estariam bem melhor se continuassem solteiras.

Na Inglaterra, discussões semelhantes eram travadas. Isabella Whitney tornou-se a primeira poetisa a publicar uma obra em inglês, expressando profunda amargura, se bem que de forma um tanto simplista, em *A cópia de uma carta, depois escrita em versos, de uma dama a seu volúvel amante* (1567). Jane Anger publicou com irascível brilhantismo sua *Proteção para mulheres* em 1589, na qual indaga: "Terá sido [alguém] um dia alvo de tanta agressão, difamação, insultos ou tratamento tão perverso e injusto quanto nós, mulheres?" A notável Emilia Lanier falou em nome de muitas quando argumentou, em seu poema "Defendendo Eva para a defesa das mulheres" (1611), que, no Jardim do Éden, a culpa pelo problema da maçã é de Adão. Deus o fez mais forte para que se responsabilizasse por Eva; portanto, se ele falhou no cumprimento do dever, por que só ela seria culpada? Na Inglaterra e na Itália, mulheres instruídas começaram a fazer traduções de textos clássicos. Em 1613, a primeira peça original escrita em inglês por uma mulher, intitulada *A tragédia de Maria*, foi publicada por Elizabeth Cary, Lady Falkland.

Tudo isso era apenas a crista de uma grande onda de escritos femininos, alguns publicados, outros não: cartas, tratados religiosos, diários, memórias e receitas. Nos últimos anos do século, livros de autoajuda com preços acessíveis, escritos por mulheres para mulheres, estavam sendo impressos e reimpressos aos milhares — a um custo unitário que não ultrapassava o equivalente a um dia do salário de um trabalhador qualificado. Eles ajudaram a moldar as personalidades das mulheres e fortaleceram seu crescente senso de individualidade. Portanto, a imprensa foi o agente desencadeador de uma nova relação entre as mulheres e o conhecimento — e, por conseguinte, entre elas e os homens.

A Reforma Protestante

Não deveria causar estranheza o fato de que o movimento da Reforma foi iniciado num Estado de língua alemã, a Saxônia. Em 1517, fazia mais de quinze anos que exemplares da Bíblia estavam disponíveis em alemão, e suas várias edições fizeram com que muitas pessoas a lessem e debatessem a respeito em ambientes particulares. Elas foram ficando cada vez mais preocupadas. Viram que existia um abismo imenso entre a Igreja dos primórdios, conforme apresentada na Bíblia, e a Igreja Católica Romana da época em que viviam. Por exemplo, no começo do século XVI, as pessoas podiam comprar um pedaço de papel de um vendedor de indulgências que supostamente serviria para absolvê-las de alguns ou de todos os seus pecados. Quanto mais dinheiro pagassem à Igreja, maior era a variedade de pecados dos quais eram absolvidas. Mas não existia na Bíblia nenhum fundamento que corroborasse essas práticas. Será que seus pecados seriam *mesmo* perdoados se comprassem um simples pedaço de papel? Algumas pessoas começaram a desconfiar que padres inescrupulosos simplesmente usavam certos trechos da Bíblia que convinham a seus próprios interesses — e suprimiam os que convinham ser silenciados. E quanto às práticas da Igreja que nem apareciam na Bíblia? A não ser por vagas referências a dízimos, os textos bíblicos nada continham a respeito de pagamentos a clérigos paroquianos. Nem havia menção de mosteiros ou de senhores feudais eclesiásticos. Toda a estrutura hierárquica da Igreja não encontrava nenhuma base nos ensinamentos de Jesus Cristo. E quanto a rosários, anéis de casamento, hinos e vestes sacras: de onde tinha vindo toda aquela parafernália religiosa? Para grande consternação de muitos, essas coisas pareciam supérfluas para os reais objetivos da religião, que consistiam em orientá-los a viver na Terra de acordo com a palavra de Deus.

Foi nesse contexto de preocupações religiosas que interveio Martinho Lutero, um monge e doutor formado em teologia pela Universidade de

Wittenberg. Indignado com as exigências de um vendedor de indulgências papais que, em troca de um pedaço de papel cujo principal objetivo era financiar os trabalhos de construção da Basílica de São Pedro, em Roma, exigia grandes somas em dinheiro de cidadãos ingênuos, Lutero começou a questionar as ações do papa. Em 31 de outubro de 1517, conforme narra a história, ele fixou uma lista de noventa e cinco teses na porta da igreja do castelo de Wittenberg. Basicamente, esses noventa e cinco argumentos diziam que a venda de indulgências não passava de um estratagema do papa para ganhar dinheiro. Lutero insistia que o pontífice não tinha poder para livrar ninguém de nenhuma punição, exceto as que ele mesmo havia imposto: cabia somente a Deus perdoar pecados e determinar o que acontecia com as almas dos mortos no Purgatório. Ele fez também veementes contestações da autoridade papal. Se o papa tinha mesmo o poder de livrar as almas do Purgatório, então por que ele simplesmente não libertava as almas dos pecadores retidas lá em vez de deixá-las sofrendo? E por que pagamentos eram necessários para que se realizassem missas em benefício de parentes falecidos? E mais importante: já que o papa era tão rico, por que simplesmente não construía a nova igreja, que tanto desejava, com seus próprios recursos?

Foram muitas as contestações da autoridade da Igreja Católica antes de 1517 — dos cátaros no século XIII, dos lollardos em fins do século XIV, de João Huss no começo do século XV —, mas o ataque de Lutero foi eficaz por exprimir com exatidão o pensamento de muitos europeus. Além do mais, ao contrário dos hereges da Idade Média, seus pontos de vista foram amplamente divulgados com a ajuda da prensa móvel. Quando, em 1520, ele foi formalmente acusado de heresia, Lutero já havia se tornado uma personalidade famosa e respeitada, e as pessoas começaram a adaptar sua crença e seu culto aos ensinamentos dele. O que começou como uma tentativa de reformar a Igreja Católica por dentro logo fragmentou a estrutura eclesiástica e a unidade da Cristandade. Reformadores de muitas vertentes tentaram adaptar a Igreja a seus próprios objetivos, espirituais ou não. Ulrico Zuínglio, João Calvino, Filipe Melâncton e Tomás Münzter atraíram seguidores para seus respectivos ensinamentos, que diferiam, entre outras coisas, quanto à questão de o batismo de crianças ser ou não aceitável ou se, durante a missa, a hóstia sagrada continha mesmo a presença de Cristo ou se era mera representação simbólica. Filipe I de Hesse, o primeiro líder político a adotar o luteranismo como religião oficial do Estado, em 1524, chegou a tentar obter o apoio de Lutero para reinstaurar a poligamia — pelo menos para atender ao seu desejo de desposar uma segunda mulher. Quando chegou o ano de 1530, a Reforma já havia se estendido para além das fronteiras dos territórios de fala germânica, alcançando as Ilhas Britânicas, os Países Baixos, a Escandinávia e o leste da Europa. Outras recusas de reconhecer a autoridade papal se seguiram. Na Inglaterra, com o Ato da Supremacia, aprovado pelo Parlamento em 1534, Henrique VIII concluiu sua cisão com Roma, e os dinamarqueses renunciaram oficialmente à Igreja Católica em favor do luteranismo em 1536. Mesmo em países em que os governantes não se rebelaram contra a Igreja, o número de protestantes cresceu depressa.

E por que isso foi tão importante? A resposta depende, em grande medida, de quem a pessoa era e onde ela morava. Os protestantes em si tiveram uma forte sensação de libertação da repressão da Igreja Católica. Práticas e costumes cerceadores, bem como antigas normas e leis, foram extintos. Cidadãos de países protestantes ficaram contentíssimos com o fato de não terem mais que pagar grandes somas em dinheiro a Roma em troca de uma indulgência ou outro tributo papal qualquer. Já não ter que fingir que o pão na missa se transformava mesmo no corpo de Cristo deve ter tirado um peso da consciência de alguns fiéis; perder o medo de acabar no Purgatório deve ter sido um alívio para muitos outros. Mas esses acontecimentos tiveram seu lado negativo também. Embora muitos pagamentos feitos à Igreja não fossem mais para Roma, não foram abolidos; simplesmente passaram a ter que ser pagos a donos de terra e proprietários de imóveis laicos. Isso suscitou novos questionamentos morais: era correto pagar dízimos eclesiásticos ao senhorio ou até a uma faculdade? Muitas pessoas perderam seu sustento por causa da abolição de costumes religiosos milenares, tais como os donos de estalagem que alojavam peregrinos em viagem para os santuários consagrados ou agentes funerários que cuidavam dos serviços de sepultamento dos ricos que existiam antes da Reforma. O movimento ocasionou também, num âmbito mais profundo, certa desorientação e confusão. A religião tinha íntima ligação com a filosofia natural ou, para usar um termo mais moderno, com a ciência; portanto, quem se inclinasse a questionar as coisas da religião acabaria questionando as proposições da ciência. Considere o problema tendo em vista a sua própria religião. Independentemente da sua crença, você crê em *algo*, quer seja na existência de Deus, quer em outra força criadora, quer na fortuita combinação de elementos químicos ou em outra coisa. Você tem uma ideia de como o mundo e tudo relacionado com ele passaram a existir. Não se trata de algo em que você *escolheu* acreditar — aquilo em que você diz acreditar em público pode ser algo bastante diferente —, mas sim de algo que você acha que tem a maior possibilidade de ser verdadeiro, baseando-se em coisas como sua formação ou experiência cultural, nas evidências que viu com os próprios olhos e em sua compreensão das afirmações e ideias de outras pessoas. Agora, imagine que aquilo em que você acredita seja categoricamente rejeitado pela metade do mundo conhecido, o qual está disposto a pegar em armas para impedir que você continue a professar seu ponto de vista. As prováveis consequências disso são que você seria levado a questionar sua compreensão do mundo ou a defender ainda mais aquilo em que acredita.

Não há como duvidar do caráter desagregador da Reforma. Mas é importante entender que não foi simplesmente um movimento que jogou protestantes contra católicos. De fato, era difícil saber com exatidão o que o termo "protestante" significa. Contudo, as pessoas tinham certeza de que aquilo que professavam na Terra afetaria o destino de sua alma imortal. Embora algumas pessoas tenham se deleitado com a fúria iconoclástica que assolou Zurique em 1524, Copenhague em 1530, a Inglaterra em 1540 e 1559 e a Holanda em 1566 — quando protestantes radicais despedaçaram, jubilosos, estátuas de santos, queimaram cruzes erguidas acima dos altares e cobriram de cal as pinturas do Juízo Final que decoravam suas igrejas —, outras ficaram transtornadas. Mesmo que a pessoa detestasse ter de pagar ao papa em troca de indulgências espúrias, isso não significava que quisesse ver os relicários dos santos destroçados e as relíquias dos santuários atiradas aos quatro ventos. A questão do Purgatório era especialmente problemática. No passado, as pessoas rezavam zelosamente pelas almas de seus antepassados; agora, diziam a elas que essas almas tinham ido direto para o Paraíso ou para o Inferno e que não havia nada que pudessem fazer com relação a isso. Em países protestantes, todos os conventos, capelas propiciatórias e mosteiros fundados para as almas de seus doadores foram fechados e vendidos pelo governo. Muitas pessoas ficaram profundamente perturbadas quando os locais de sepultamento de seus familiares foram confiscados pelo rei e vendidos a comerciantes ricos, que os demoliam ou transformavam em confortáveis residências campestres. Não tinha sido para isso que seus ancestrais haviam doado suas terras e riquezas espontaneamente à Igreja em vez de tê-las repassado como herança à geração seguinte (e, por fim, a elas).

Enquanto, no século XI, a Igreja tivesse feito muita coisa para promover a paz entre os povos da Europa, ela agora se fragmentava com violência. Nações se lançavam umas contra as outras por serem protestantes ou católicas, e facções religiosas dentro desses países lutavam entre si em guerras civis que ameaçavam a todos. Não existe melhor exemplo para o velho ditado segundo o qual "o Inferno está cheio de pessoas bem-intencionadas". Lutero queria apenas acabar com a corrupção dentro da Igreja — aspiração considerada louvável pela maioria das pessoas —, mas acabou causando mais de cem anos de guerras na Europa, a perseguição de minorias religiosas por governos europeus nos três séculos seguintes e uma intolerância religiosa que, em alguns lugares, perdura até hoje. Basta considerarmos os conflitos do século XVI para termos uma ideia da gravidade da questão. O primeiro a eclodir, em 1524-5, ficou conhecido como a Guerra dos Camponeses, uma revolta popular generalizada inspirada pelos ensinamentos de Lutero e Tomás Müntzer. A rebelião foi brutalmente esmagada por príncipes alemães — tanto protestantes quanto católicos —, e as cruéis perseguições que se seguiram foram um prenúncio dos banhos de sangue de que os católicos seriam vítimas na revolta denominada Peregrinação da Graça (1536) e na Rebelião do Livro de Oração (1549) na Inglaterra, tal como aconteceu com os protestantes dos Países Baixos (a partir de 1566) e com os franceses no Massacre da Noite de São Bartolomeu, em Paris (1572).

O clima de tensões violentas entre estados nacionais na segunda metade do século foi agravado por desconfianças suscitadas por questões religiosas. A espionagem por agentes estrangeiros era extremamente temida, e os governos começaram a espionar seus próprios cidadãos. Em cidades que outrora mantinham suas portas abertas ao acesso de estrangeiros, refugiados passaram a ser confinados em guetos destinados a protestantes ou católicos. Os que pertenciam a uma seita de uma minoria qualquer tinham que pagar pesados impostos, e suas liberdades sofriam restrições. Quando navios ingleses e espanhóis cruzavam-se em alto-mar, seus ocupantes presumiam, por conta de suas diferenças religiosas, que eram inimigos e que tinham o direito legítimo de abrir fogo uns contra os outros. Na Inglaterra, que até então havia resistido a práticas de tortura com fins políticos, o governo começou a infligir dores atrozes a católicos para forçá-los a revelar seus segredos. Na Espanha, com a finalidade de erradicar o protestantismo de seu território, a Inquisição foi expandida. O Concílio de Trento reiterou a legitimidade e a ortodoxia da Igreja Católica e tentou recuperar a força da instituição com uma série de reformas internas, incluindo o enrijecimento da disciplina entre os membros do clero e a proibição de literatura considerada herética. A nova ordem dos jesuítas recebeu especial incentivo para empenhar-se em tarefas de evangelização, administrar os assuntos da Igreja de forma mais escrupulosa e erradicar todo tipo de heresia. Com o avançar do século, o ressentimento entre católicos e protestantes aumentou ainda mais, e as diferenças políticas e religiosas eram combinadas numa mistura explosiva que ameaçava não só o bem-estar na Terra, mas também seu caminho para o Paraíso.

A Reforma desferiu um violento golpe na autoridade política da Igreja. Durante séculos, o alto clero tinha funcionado como uma espécie de oposição extraoficial aos governantes, não apenas os aconselhando, mas também os restringindo. O exemplo mais famoso na Inglaterra é o de Tomás Becket, o arcebispo da Cantuária do século XII, que se opôs a Henrique II e acabou pagando por isso com a própria vida.[5] Na maioria dos países, prelados haviam constituído um dos "estamentos" do reino, junto com a nobreza e a plebe, e, assim, tinham uma importante participação no governo das nações. Na França do século XIII, seis dos doze pares do reino eram prelados. Na Alemanha medieval, três dos sete eleitores que escolhiam o rei dos alemães — que geralmente acabava sendo coroado Sacro Imperador Romano-Germânico — eram arcebispos. Agora, em muitos lugares, a autoridade dos dirigentes da Igreja ruía junto com a hegemonia da instituição em si. Em 1559, todos os bispos ingleses que haviam sido nomeados pela finada rainha católica, Maria I, se recusaram a aceitar a determinação de Elizabeth I, que proibia a celebração de missas e sua aliança com o papa. A rainha achou por bem exonerá-los e outorgar os bispados a clérigos que concordaram não só em lhe obedecer, mas também em ceder-lhe os direitos de propriedade sobre valiosas terras da Igreja assim que fossem empossados. Afinal, esses homens não estavam em condições de restringir as decisões da monarca. Antes de 1529, quase todos os chanceleres da Inglaterra, o mais alto cargo do governo, eram bispos ou arcebispos. Durante seu curto reinado (1553-8), Maria I designou três prelados para ocupar esse posto três vezes seguidas, mas, após sua morte, jamais o grande sinete voltou a ser posto nas mãos de um clérigo. Em países católicos como a França, membros do alto clero ainda eram indicados para ocupar importantes cargos no governo

— o cardeal de Richelieu e o cardeal Mazarino são famosos exemplos de prelados do século XVII que também foram estadistas —, mas, agora, eles eram simples funcionários do Estado, não homens independentes com poder para responsabilizar ou punir o governo. Portanto, a Reforma suprimiu um importante freio ao poder dos reis. Aliás, fez mais do que isso: mesclou o poder secular com a autoridade divina ao designar reis e rainhas como chefes da Igreja de seus respectivos Estados, conforme enunciado pelo princípio *cujus regio, ejus religio* [a religião do Estado é a do príncipe governante]. Essa foi a conclusão do Tratado de Paz de Augsburgo em 1555, que pôs um fim às hostilidades entre os Estados luteranos na Alemanha e o Sacro Imperador Romano-Germânico, Carlos V da Espanha. Isso significava que a religião oficial do Estado deveria ser a crença professada por seu governante. Lutero jamais poderia ter previsto ou pretendido tal coisa: ele acabou desencadeando, sem querer, uma reação em cadeia que agora dava poderes absolutos aos reis — e negar esse poder não era apenas traição, mas também podia ser heresia.

As armas de fogo

Quando Francis Bacon declarou, em 1620, que as armas de fogo "mudaram por completo a face e o estado das coisas no mundo todo", ele não estava se referindo aos canhões do século XV. Tais armas eram usadas principalmente na destruição de muralhas de castelos e cidades. Eram versões sofisticadas das máquinas de cerco medievais e, por isso, de suma importância em conflitos de grande escala, mas não em brigas particulares. A importância delas se reflete nos avanços da arquitetura de edificações defensivas. Por volta de 1500, engenheiros militares italianos começaram a fazer experiências com as *trace italienne*: fortificações em forma de estrela com grossíssimas paredes inclinadas que, além de proporcionarem bastiões capazes de resistir às balas de canhão do inimigo, permitiam também que seus defensores fizessem a cobertura de todos os possíveis pontos de assalto com suas próprias peças de artilharia. Sob muitos aspectos, contudo, grandes canhões e as *trace italienne* representavam uma continuação da disputa medieval de muralhas contra máquinas. Foram as armas portáteis que constituíram a maior transformação. Em 1500, até as armas mais fáceis de carregar eram uma espécie de minicanhão que era quase impossível de ser levantado por uma pessoa, que dirá disparado com rapidez e precisão. Embora o soldado *fosse capaz* de manejar e disparar esse tipo de arma sozinho, quando ele finalmente conseguisse carregá-lo, mirar e acender a pólvora, já tinha sido derrotado pelo inimigo. Por isso, continuava a ser mais vantajoso usar a velha tecnologia. Um esquadrão de arqueiros era mais barato de manter e mais fácil de treinar e mais rápido de mover do que um esquadrão de atiradores equipados com arcabuzes primitivos. E os dardos de suas balestras eram mais precisos também. No que toca aos arcos de flecha galeses, os arcabuzes eram incapazes de rivalizar com seu baixo custo de produção, a velocidade de seus projéteis e sua portabilidade. Se, em 1500, uma centena de atiradores se deparasse com cem arqueiros, não há dúvida de qual teria sido o resultado. Depois que a primeira imprecisa saraivada de tiros de arcabuzes tivesse matado um punhado de arqueiros, o restante dos atiradores teria sido trucidado por flechas em questão de segundos. No século XVI, houve uma inversão nesse desequilíbrio. Se essas mesmas forças se encontrassem nos campos de batalha em 1600, os besteiros é que teriam ficado apavorados e debandado em busca de refúgio.

Várias inovações tecnológicas foram a causa dessa inversão. A padronização das balas para armas de um calibre específico permitiu não só que se fabricassem projéteis a baixo custo e em grandes quantidades, mas que fossem usados nas armas de quaisquer soldados. A introdução do mecanismo de disparo com fecho de rodete, embora fosse caro, permitiu que pistolas e armas de cano longo fossem disparadas com eficiência, sem a necessidade de queimar quilômetros de estopim. Em 1584, Guilherme I de Orange tornou-se o primeiro chefe de Estado a ser assassinado por uma pistola, e, já no fim do século, mais da metade dos soldados de ambos os lados do conflito entre a Espanha e a Holanda combatiam munidos com armas portáteis de cano longo.[6] Os mercenários suíços que dominavam as batalhas terrestres europeias no início do século XVI passaram a ter que lutar com mosquetes após uma série de derrotas que culminou na batalha de Pavia (1525). Outro indício da crescente importância de armas de fogo foi que o uso de armaduras completas praticamente desapareceu dos campos de batalha: agora, o máximo que soldados europeus usava eram o peitoral, a chapa dorsal e o elmo. Armaduras pesadas eram mais problemáticas do que vantajosas, já que restringiam os movimentos, a visão e a audição do combatente. Seu uso fazia também com que fosse fácil localizar e atirar nos nobres comandantes que usavam proteções caras. Disparada à queima-roupa, a bala de um arcabuz conseguia atravessar a blindagem até das melhores armaduras.

Alguns historiadores já falaram de uma "revolução militar" do período compreendido entre 1560 e 1660. Argumentam que foi nesse século que ocorreu a introdução da cobrança de impostos e da representatividade parlamentar que eram necessárias para sustentar grandes exércitos de infantaria equipados com armas de fogo, os quais, por sua vez, permitiram o desenvolvimento dos Estados nacionais modernos.[7] Na verdade, havia séculos que o desenvolvimento de tecnologia e estratégia militares ocorria de forma constante, pelo menos desde a criação do estribo, no começo do século VIII, para emprego em combates a cavalo. Faz mais sentido afirmar que os últimos mil e duzentos anos foram um período de *evolução* militar, e não de revoluções intermitentes.[8] Além disso, o conceito de "revolução militar" nessa época originou-se de um estudo da história dos suecos e dos dinamarqueses; contudo, a mesma combinação inovadora de cobrança de impostos, representatividade parlamentar e grandes exércitos de infantaria usando armas disparadoras de projéteis tinha ocorrido na Inglaterra duzentos anos antes.[9] Ainda assim, é inquestionável a ideia de que o desenvolvimento de armas de fogo no século XVI constitui um grande afastamento do mundo cavalheiresco dominado pela nobreza.

Podemos começar a entender essa transformação quando imaginamos um rei num campo de batalha nos anos de 1500 e 1600. Em ambas as épocas, a preservação da vida dele teria sido de suprema importância: afinal de contas, se o rei fosse morto, a batalha estaria perdida e, muito provavelmente, a guerra também. Apesar disso, na mentalidade dos homens medievais, era importante que o rei fosse visto comandando seu exército em pessoa, principalmente porque, estando presente, ele podia demonstrar da maneira mais eficaz que uma vitória de seu exército provinha de uma decisão de Deus. Em 1500, se um rei quisesse diminuir o risco de morrer no campo de batalha, ele podia usar armadura e manter-se fora do alcance dos arqueiros inimigos. Mesmo que se enfiasse no calor da batalha, dificilmente um arqueiro conseguiria identificá-lo e perfurar sua armadura a distância, e seu guarda-costas podia protegê-lo de cavaleiros inimigos que se aproximassem demais. Já em 1600, se um rei decidisse entrar na briga, ele correria risco de alguém puxar uma pistola e acertá-lo à queima-roupa.

E, ainda que resolvesse ficar afastado, poderia ser atingido pelo tiro ousado de um mosqueteiro. Os campos de batalha ficaram mais perigosos com o avançar do século. As armas transformavam a área num lugar apavorante e confuso, cheio de fumaça e barulhento, no qual a ordem natural das coisas podia ser virada pelo avesso. Um plebeu podia matar um nobre ou até mesmo um rei sem saber. Portanto, o advento das armas de fogo fez com que os reis se afastassem dos campos de batalha e deixassem o comando da tropa nas mãos de experientes soldados profissionais. Embora, em 1500, ainda não fosse raro o fato de um rei comandar o seu exército em pessoa — Ricardo III da Inglaterra lutou e morreu em Bosworth, em 1485; Luís XII e Francisco I foram capturados em combate, em 1498 e 1525, respectivamente; Jaime IV da Escócia morreu no comando do exército em Flodden, em 1513; e o rei Sebastião I de Portugal tombou em batalha em Alcácer-Quibir, no Marrocos, em 1578 —, após 1600 foram raríssimos os casos de monarcas governantes que resolveram avançar além da beira de um campo de batalha. Isso, por sua vez, teve outras consequências. Quando, na Idade Média, um rei seguia no comando de seu exército numa campanha militar, ele não podia culpar ninguém se tudo desse errado. Aquele fora o juízo de Deus sobre ele. Todavia, se ele simplesmente depositasse sua confiança num general e este fosse vencido, a derrota não significaria, necessariamente, a ausência do apoio divino: o rei podia simplesmente pôr a culpa na incompetência do general. Passou a ser rejeitada cada vez mais a ideia de que derrotas militares eram consequências de um juízo de Deus. Conflitos passaram a ser de natureza muito mais mundana.

As armas de fogo afetaram profundamente a sociedade europeia. Quando Eduardo III abria caminho para o emprego maciço de arcos, passou a ter uma vantagem excepcional sobre seus adversários. As armas de fogo acabaram com isso. Soldados não precisavam ser treinados desde a infância para disparar um arcabuz ou um mosquete; podiam aprender a técnica em semanas. Portanto, a dominância de um campo de batalha voltou a ser questão de qual era o exército mais numeroso e bem-equipado, e, assim, a velha regra de combate — de que a força mais numerosa é a mais poderosa — foi restaurada. Na década de 1470, os exércitos da França e da Espanha chegavam a quarenta mil e vinte mil homens, respectivamente. Na década de 1590, os franceses tinham um exército de oitenta mil soldados, e os espanhóis, de duzentos mil.[10] No início do século XVII, os exércitos eram ainda maiores: os holandeses mantinham uma força militar de cem mil homens; os espanhóis, de trezentos mil; e os franceses, de cento e cinquenta mil.[11] Em toda a Europa, reis e príncipes tinham que sujeitar seus povos a uma pesada tributação para financiar armas, treinamentos e soldados com vistas a empregar exércitos grandes o bastante para satisfazer seus objetivos militares. Governos que lidavam com ameaças de invasão reconheceram que precisavam de um sistema de defesa civil melhor do que a velha prática de deixar as populações rurais se armarem de espadas ou foices e se juntarem ante o alerta de invasores. Bandos de milicianos foram treinados e equipados com armas portáteis. Construíram-se paióis para atender às necessidades de suprimentos bélicos. Fortes com paredes baixas e grossas, ao estilo das *trace italienne*, foram construídos para proteger acessos a portos. Grandes nações com capacidade de gerar arrecadações tributárias imensas e montar exércitos enormes eram capazes de varrer do mapa pequenas nações, de modo que os países menores tiveram que preparar sua defesa. O resultado disso foi uma corrida armamentista em todo o continente. A guerra não era mais um acontecimento ocasional (mesmo que frequente): o ato de se preparar para a guerra tornou-se um hábito na vida diária de centenas de milhares de pessoas, já que os governos passaram a usar os períodos de paz para fortalecer suas defesas e preparar-se para o conflito seguinte.

O desenvolvimento de armas gerou também efeitos decisivos em terras além do continente europeu, pois permitiu que nações europeias dominassem os oceanos e, em anos posteriores do século, realizassem incursões de ocupação de novos territórios. Com relação a isso, precisamos ser muito específicos: não foram as armas de fogo que permitiram que a Espanha conquistasse a maior parte da América do Sul — na verdade, isso foi possível graças a uma conjugação de fatores, incluindo profecias indígenas, superstições, guerras civis locais, surtos de varíola e o fato de que clavas com ponta de pedra e arcos e flechas de curto alcance não podiam rivalizar com as lâminas de aço e as armaduras de Toledo. Contudo, os espanhóis recorreram com certeza ao emprego de canhões para proteger seus navios nas idas e vindas de suas viagens ao Novo Mundo. Navegadores ingleses e marroquinos ficavam ávidos por se apoderarem de cargas cheias de grandes quantidades de ouro e prata em navios precariamente protegidos, o que levou a uma corrida armamentista naval comparável à competição para se terem as melhores armas de fogo portáteis. Para manterem o domínio sobre seu império transmarino, os portugueses dependiam muito mais da posse de armas de fogo do que os espanhóis. Conforme observado pelo escritor português Diogo do Couto, em missões exploratórias no oceano Índico e no Extremo Oriente, seus compatriotas tinham que enfrentar inimigos munidos de armas quase tão sofisticadas quanto as dos exploradores lusos.[12] Sempre que estabeleciam um entreposto comercial ou "feitoria", eles tinham que defendê-lo com fortificações, canhões e armas portáteis. Desse modo, as nações europeias, que não controlavam nenhum dos oceanos em 1500, passaram a ser os senhorios de tudo isso por volta de 1600. Desse modo, dominaram o comércio internacional de longa distância no mundo inteiro, ainda que estivessem divididas política e comercialmente. E, graças ao seu poder de fogo naval, elas continuariam a dominar os mares até o século XX.

A diminuição da violência individual

Talvez seria de esperar que o desenvolvimento de armas de fogo portáteis resultaria no aumento da taxa de assassinatos; na verdade, aconteceu justamente o contrário. Na Idade Média, atos de violência eram generalizados e faziam parte da vida diária. Normalmente, o índice de homicídios girava em torno de quarenta a quarenta e cinco vítimas a cada cem mil pessoas, mas, às vezes, ele podia ser muito maior. Na cidade universitária de Oxford, na década de 1340, ele alcançou cento e dez vítimas para cada cem mil habitantes, proporção que não ficava muito longe da taxa de assassinatos de Dodge City, uma das mais perigosas cidades do notório faroeste americano, no auge dos duelos armados.[13] Na maioria dos casos, esses atos de violência eram totalmente espontâneos. Brigas por causa de mulheres e discussões em tavernas eram comuns. O historiador Manuel Eisner, que fez um estudo especial sobre o assunto, observa que dois dos cento e quarenta e cinco casos de homicídios julgados em Londres em 1278 foram de mortes causadas por brigas causadas por partidas de xadrez.[14] Mas, no século XV, o número de assassinatos começou a cair e, no século XVI, sofreu uma queda repentina, baixando pela metade. Conforme demonstra o gráfico a seguir, de 1500 até 1900, houve uma redução de uma constância notável na média da taxa de homicídios — algo próximo de cinquenta por cento a cada cem anos.

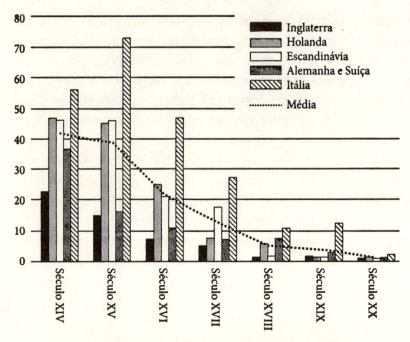

Taxas de homicídio (a cada cem mil pessoas)[15]

Esse declínio nos leva a perguntar: por que isso aconteceu? O que fez com que as pessoas em toda a Europa parassem de matar umas às outras? Existem duas explicações tradicionais. A primeira se baseia no trabalho do sociólogo alemão Norbert Elias, que defendeu em seu livro *O processo civilizador* (1939) a ideia de que o comportamento mais selvagem do ser humano foi amansado no início da Idade Moderna com a adoção de novas regras de conduta sociais e maior atenção aos preceitos de etiqueta. A violência dos aristocratas, que fora no passado muito mais comum do que os atos de agressão entre as pessoas do povo, foi domada pelas práticas de duelo e por códigos de conduta semelhantes que agora eram associados a certo "cavalheirismo". As florescentes classes urbanas se civilizaram, orgulhosas de uma vida religiosa em que abominavam a violência, e começaram a controlar a plebe trabalhadora pela pregação, em igrejas, do valor da moralidade. Aos poucos, todos passaram a aceitar o mesmo código de conduta civilizada. Já a segunda explicação tradicional é que os governos simplesmente se tornaram mais eficientes na punição de perpetradores de crimes, de forma que, por intermédio do fator dissuasório da força, a prática de crimes violentos foi mantida sob controle.

Alguns anos atrás, o psicólogo Steven Pinker tratou dessa questão em *Os anjos bons da nossa natureza* (2011). O autor emprega de forma ampla a teoria do "processo civilizador" e propõe que ele foi desencadeado por duas causas fundamentais: uma "revolução econômica" (querendo dizer com isso que os povos se beneficiaram com as trocas comerciais) e o crescente poder do Estado.[16] No que diz respeito à primeira dessas causas, ele argumenta que "se você está trocando favores ou excedentes de produção com alguém, o seu parceiro comercial subitamente se torna muito mais valioso vivo do que morto".[17] O livro de Pinker apresenta muitos argumentos interessantes, mas, quando examinamos com atenção sua explicação para a diminuição da violência no início da Idade Moderna, vemos que ela é falha. A coisa mais próxima desse tipo de "revolução econômica" ocorreu no século XIII. Aliás, nos séculos XVI e XVII, quando a taxa de homicídios caiu de forma mais acentuada na Inglaterra e na Alemanha, ambos os países estavam com suas rendas *per capita* estagnadas ou em queda. O Produto Interno Bruto (PIB) caiu por volta de seis por cento na Inglaterra, enquanto na Alemanha foi reduzido na proporção de um terço.[18] Na Inglaterra, o declínio foi sentido principalmente pela classe trabalhadora, cuja renda caiu quase pela metade.[19] Portanto, simplesmente não existe nenhuma correlação entre a economia e a diminuição da violência individual nos séculos XVI e XVII.

Pinker dá destaque também à outra explicação tradicional — o poder crescente do Estado. Contudo, em lugar de simplesmente observar que o Estado estava mais propenso a executar pessoas na forca, ele argumenta que Estados mais fortemente centralizados fizeram com que aristocratas e cavaleiros parassem de guerrear entre si e iniciassem o processo civilizador. Conforme observado por ele: "O bilhete de passagem do homem para a terra da fortuna já não era ser o cavaleiro mais durão da área, mas, sim, fazer a peregrinação à corte do rei para bajular a ele e a seus cortesãos."[20] Mas fazia séculos que os aristocratas bajulavam reis e, ao mesmo tempo, aterrorizavam os camponeses em seus domínios: uma coisa não anulava a outra. Além do mais, tal como vemos no último gráfico, a Itália da Renascença, que era a terra do comportamento cortesão, sofreu um aumento na taxa de homicídios nessa época. Embora Pinker esteja certo quando aponta o crescimento do poder do Estado como um dos motivos da redução da violência, a descrição que ele faz do mecanismo que foi usado para isso é enganosa. Para entender o que estava acontecendo, precisamos ir além das explicações tradicionais e questionar como e por que as pessoas poderiam querer aceitar o poder do Estado.

Digamos que você tenha um pomar maravilhoso, no qual frutificam maçãs de excelente qualidade — tão boas que alguns vizinhos as roubam com frequência. Após algum tempo, farto dessa situação, você começa a agredi-los com um bastão toda vez que os flagra cometendo o crime. A maioria desiste, mas uns poucos continuam a roubá-lo. Então você decide emboscar o próximo ladrão e atingi-lo com um tijolo na cabeça. Os ladrões tomam conhecimento disso e param de roubar suas maçãs, temendo você e os seus tijolos. O que isso nos diz a respeito da violência? Quando você tolerava os roubos, havia crime, mas nenhuma violência. Quando passou a tomar providências limitadas contra os ladrões, houve crime e violência. A ameaça de tijoladas assinalou o aparente fim dos atos criminosos e da violência. De acordo com Pinker, deveríamos classificar essa última fase dos acontecimentos como não violenta, pois ninguém agrediu ninguém. Todavia, se não houvesse *ameaça* de violência, os ladrões voltariam a roubar. A violência ainda existe, só que em estado latente. Foi mais ou menos isso o que aconteceu no século XVI: menos atos de violência eram postos em prática, mas um número maior deles se transformou em *probabilidade* de violência.

Pinker não leva em conta a probabilidade de violência. Seu raciocínio é que a violência, em todas as suas formas, diminuiu ao longo da história da humanidade. Essa opinião recebeu muito apoio nos últimos anos. Num artigo de análise crítica da questão, foi afirmado que "alguns estudiosos [concordaram, em linhas gerais], ao mesmo tempo e de forma autônoma, que as guerras e a violência diminuíram gradualmente nos últimos tempos [...] e até mesmo ao longo da história".[21] Essa conclusão é válida se a violência for vista puramente como atos de agressão postos em prática, isolada de todas as outras formas de emprego da força. Porém, tal como demonstra o meu exemplo do pomar, considerar violência somente atos de agressão efetivamente praticados é enxergar apenas a metade desse quadro. Se quisermos entender o que acontece quando as pessoas se abstêm de agredir umas às outras, temos que considerar o emprego da força em todas as suas formas.

Em seu estado latente, a força pode ser transferida de um agente para outro — de uma vítima prejudicada para o sistema judiciário, por exemplo. O que impede uma pessoa agressiva de ser violenta é a ideia de que sua vítima possa transferir o direito de buscar reparação a um organismo mais poderoso, tal como o Estado, que demandará uma punição mais severa. Se não houver Estado para fazer isso, o possível perpetrador não tem nada a temer; ele pode ser tão violento quanto quiser, tal como podemos observar nos altos níveis de agressão em sociedades primitivas ou no desrespeito à lei e à ordem em Florença durante a Peste Negra, quando os *becchini* roubavam e estupravam impunemente. Porém, quando o Estado se incumbe de assumir a dívida transferida da violência, ele pode esmagar o opressor, incluindo homens ricos e poderosos. É por isso que os aristocratas cessaram aos poucos de aterrorizar e maltratar seus arrendatários: isso não teve nada a ver com bajular cortes, conforme argumentação de Pinker, mas com o receio crescente de que eles seriam punidos pelo Estado se infringissem a lei. O mesmo vale para o restante da sociedade. Quando as pessoas viram que o Estado estava disposto a punir transgressores violentos, passaram a pensar duas vezes antes de recorrer à violência.

Mas o que fez com que os governos se dispusessem a agir no século XVI? Não foi simplesmente uma maior disposição para enforcar infratores, tal como tendem a afirmar explicações tradicionais. Desde o século XII, grandes números de criminosos foram enforcados por roubo e outros delitos. Portanto, a mudança deveu-se a um fenômeno de que tratamos páginas atrás: o aumento da alfabetização. A capacidade de escrever melhorou os canais de comunicação entre o governo central e os funcionários públicos exercendo seus ofícios em meio às populações. Tal como vimos, os governos passaram a gerar uma montanha de documentos. Mais importante, começaram a manter registros de todos os habitantes de determinada localidade. Após algumas décadas, vítimas de crimes passaram a confiar cada vez mais na responsabilidade do Estado pela aplicação da lei e manutenção da ordem. A pessoa prejudicada que, no passado, talvez se sentisse moralmente obrigada a sacar a faca do cinto, agora pensava: "Não vou arriscar minha vida tentando me vingar com as próprias mãos; vou procurar o condestável ou buscar justiça com base na lei." Ela optava por transferir sua vingança por três razões. Em primeiro lugar, porque passou a confiar no sistema judiciário, que vinha ficando cada vez mais eficiente; em segundo, porque este sistema judiciário tinha mais poder do que ela e dispunha de mais recursos para executar uma retaliação; e, por fim, ela mesma receava ter problemas com a lei ou deflagrar uma vendeta caso matasse o transgressor original. Ao mesmo tempo, a crescente eficiência do sistema judiciário funcionava como fator de dissuasão de atos criminosos também, aumentando a possibilidade de o infrator ser preso. Agora, o potencial assaltante de estrada concluía: "Se eu for pego, não será minha vítima patética que se vingará de mim, mas o Estado." Assim, a melhora dos meios de comunicação na sociedade e um sistema judiciário mais eficiente passaram a atuar como freio dos impulsos da vítima de buscar reparação por si mesma e da inclinação para matar dos criminosos.

Seria simplista afirmar que essa foi a única causa da diminuição da violência individual. Junto com ela, havia o componente do individualismo mais forte, parte essencial do "processo civilizador". Na segunda metade do século, o fortalecimento do senso de individualidade pode ser observado na tendência cada vez maior de as pessoas fazerem anotações em diários, fornecendo detalhes de suas vidas íntimas. Ter mais senso de si mesmo e do próprio sofrimento facilitava a percepção do sofrimento dos outros: deparamo-nos com muito mais empatia nas obras de Shakespeare e dos escritores do fim do século XVI do que nas de seus antepassados da Idade Média. Ao mesmo tempo, o individualismo e a consciência do próprio ser estavam transformando lentamente a natureza da autoestima na sociedade. Consideremos, por exemplo, aquele alto número de homicídios em Oxford em 1340: parte da razão disso era que, assim como em Dodge City, havia ali um grande número de homens jovens e ambiciosos armados de facas nos cintos e rodeados de amigos que os incitavam. As facas permaneciam em cena em 1557, quando William Harrison comentou, em sua *Description of England*, que quase todos os jovens de Londres faziam questão de carregar um punhal. Mas Harrison desaprovava bastante a prática. Agora se esperava que um homem de bom caráter recorresse à lei caso fosse injustiçado. A sociedade extremamente puritana dos primeiros anos da Inglaterra elisabetana, que era contra a violência por motivos religiosos, sem dúvida jogava um banho de água fria na confiança que um rapaz sentia ao perambular pela cidade armado com um punhal. Onde, outrora, se via com certa dignidade o homem que decidia vingar-se com as próprias mãos, agora se considerava mais digno de respeito ao homem que via esse tipo de violência como algo impróprio.

Por fim, precisamos observar que o Estado continuou a reduzir a violência por intervenção direta, tal como sempre o fizera, canalizando-a para a arena dos empreendimentos públicos, incluindo a guerra. Na Idade Média, os reis haviam controlado as facções rivais de seus reinos ao concentrar as inclinações violentas de seus súditos em inimigos externos, por meio de cruzadas ou guerras contra reinos vizinhos. Podemos ver o mesmo fenômeno nos tempos modernos: em meados do século XX, os Estados Unidos tiveram uma queda significativa no número de mortes em solo pátrio durante a Segunda Guerra Mundial.[22] Portanto, os governos ajudaram a reduzir a taxa de homicídios ao dar a seus jovens, principalmente, um objetivo socialmente respeitável em que pudessem gastar suas energias destrutivas. Não é, pois, totalmente paradoxal o fato de que o século que viu surgir as armas de fogo portáteis e exércitos gigantescos tenha sido também o que testemunhou o declínio nos atos de violência individual. O próprio Estado exerceu uma influência civilizatória, de certo modo, ao encaminhar forças privadas para atender a objetivos da esfera pública.

A criação dos impérios europeus

Nas décadas subsequentes à primeira viagem de Colombo houve um mapeamento impressionante de novas terras por parte de exploradores europeus. Com o Tratado de Tordesilhas, Portugal e Espanha dividiram entre si todo o mundo desconhecido, e ambos os países não perderam tempo em tentar tirar o máximo proveito disso. Em sua quarta viagem, em 1502, Colombo explorou o litoral ocidental da América Central. No mesmo ano e depois outra vez em 1504, Américo Vespúcio, um banqueiro florentino, e Gonçalo Coelho fizeram duas expedições para explorar as terras brasileiras em nome dos portugueses, navegando pela costa sul-americana até o Rio de Janeiro. Em 1513, Vasco Núñez de Balboa atravessou a América Central e descobriu o Pacífico. Enquanto isso, os portugueses continuavam com suas viagens exploratórias no Oriente, alcançando as Ilhas Maurício em 1507, Málaca em 1511 e a China em 1513. Desesperados com a possibilidade de perderem sua fatia do bolo nessa corrida global, em 1519, os espanhóis despacharam um capitão português, Fernão de Magalhães, e duzentos e setenta homens em cinco navios para achar um caminho ocidental para a China. Acabaram chegando ao ponto extremo da América do Sul, contornaram-no e seguiram pelo oceano Pacífico, parando nas Filipinas. Fernão de Magalhães e quase todos os seus homens morreram na viagem, mas dezoito deles retornaram ao ponto de partida num navio caindo aos pedaços, sob o comando de Juan Sebastián Elcano, em 1522, depois de terem dado a volta no mundo.

Em trinta anos, os marinheiros europeus descobriram o que havia do outro lado do Atlântico e deram a volta no globo terrestre.

O ritmo das descobertas não diminuiu. De fato, uma descoberta levava a outra. Antes do retorno de Elcano para a Espanha, Hernán Cortés levara o Império Asteca ao colapso. Pouco depois, seria a vez do Império Inca. Em 1536, Buenos Aires foi fundada na condição de colônia espanhola. "Todas as terras foram exploradas, e tudo se conhece agora", declarou o historiador espanhol Francisco López de Gómara em 1522.[23] Em 1570, quando Abraham Ortelius criou o primeiro atlas moderno, os contornos das Américas do Sul e do Norte eram de fato conhecidos, incluindo a maior parte das regiões interioranas da parte sul do continente e da região costeira oriental da América do Norte. Europa, Ásia e África apareciam no mapa de forma muito parecida com a que vemos nos dias atuais. A Austrália e a Antártida eram as únicas grandes massas de terra que ainda estavam por ser descobertas. Contudo, no mapa de Ortelius foi incluído um continente "australiano" — com base na suposição de que a Terra do Fogo era a extremidade setentrional da massa territorial da Antártida —, mas não demorou muito até a verdadeira Austrália ser avistada, em 1606. Portanto, sem dúvida, foi no século XVI que a Europa descobriu a maior parte do mundo antes desconhecido.

A diferença que isso representou para a vida no Ocidente foi colossal. Em primeiro lugar, porque expandiu enormemente as fronteiras geográficas da Cristandade. Antes, as fronteiras traçadas ao Mundo Cristão eram relativamente bem-definidas — havia regiões além das quais a Igreja Católica não exercia nenhuma influência e onde viajantes tinham que aceitar as regras dos potentados que não tinham que observar nenhum preceito de lealdade ou não tinham qualquer lealdade ou obrigações semelhantes às dos governantes cristãos. Os europeus haviam atravessado o Atlântico em 1500, mas foram necessárias décadas para que as terras recém-descobertas fossem postas na órbita de influência da Cristandade. Em 1600, porém, a América Latina era governada a partir da Europa. O continente tinha governantes europeus, usava idiomas europeus em seus governos e transportava ouro e produtos diretamente para a Europa. Na África e no Extremo Oriente, embora a soberania sobre as terras permanecesse nas mãos dos governantes locais, os portugueses conseguiam comerciar com muitas nações diferentes. Os espanhóis tinham estabelecido também um império comercial internacional, transportando prata diretamente da América Latina para a China através de escalas em Manila, nas Filipinas, cidade que fundaram em 1571. Enquanto, no passado, os venezianos viam o mundo chegar a seus mercados, agora Espanha e Portugal transformavam em mercado o mundo.

As consequentes transformações sociais e econômicas não afetaram apenas Espanha e Portugal. Pela primeira vez, a Europa experimentou os efeitos de uma inflação de longo prazo, já que rios de ouro e prata fluíam da América Latina para os cofres do tesouro espanhol e, de lá, para a economia europeia. As magníficas riquezas contadas em histórias de um fabuloso Eldorado passaram a ser emuladas pela realidade das minas de prata de Potosi, descobertas pela Espanha em 1545. Logicamente, essas histórias e descobertas incentivaram mais exploradores e conquistadores a partir em busca de fortunas. Aventureiros ingleses seguiram os passos de seus rivais espanhóis. John Hawkins, de Plymouth, chefiou três expedições triangulares, comprando ou capturando escravos negros na África e depois os trocando por ouro e prata com os espanhóis em Hispaniola, antes de zarparem de volta para a Inglaterra. Francis Drake, que partiu com Hawkins em sua terceira expedição, comandou a segunda volta ao mundo, em 1577-80, e Thomas Cavendish chefiou a terceira, em 1585-8; ambos retornaram com enorme riqueza. Mas eles foram apenas os mais bem-sucedidos de um número gigantesco de caçadores de tesouro, cujo universo variava de corsários semioficiais a simples bandidos e piratas impiedosos. Próximo ao fim do século, a turma de exploradores portugueses, espanhóis e ingleses tinha ganhado a companhia de franceses e holandeses na tentativa de explorar as riquezas do mundo.

Na volta de suas viagens, os exploradores traziam consigo mais do que apenas ouro e prata; retornavam também com muitos espécimes da flora e da fauna que achavam nos países visitados. Perus, batatas, pimentões, tomates, milho e cacau são talvez os alimentos mais conhecidos, mas, além desses, havia especiarias como baunilha, pimenta-da-jamaica e pimentas comuns. Borracha e algodão foram outras matérias-primas que apareceram na Europa, assim como corantes que antes eram difíceis ou impossíveis de serem obtidos, tais como os do pau-brasil e o de cochonilha. A introdução do tabaco nas sociedades do continente europeu, antes formadas por cidadãos não fumantes, foi uma forma totalmente inusitada de consumo de um produto agrícola. As especiarias que antes eram levadas para a Europa das terras do Oriente a um custo enorme na Idade Média — cravo-da-índia, canela, pimenta, noz-moscada e açúcar — eram transportadas agora em quantidades tão grandes que seus preços caíram drasticamente. Podemos dizer quase a mesma coisa sobre outros produtos importados do Oriente, tais como seda, cocos e berinjelas. Em 1577, William Harrison ficou pasmo "com tão grande número de ervas, plantas e frutos sazonais que são trazidos diariamente para nós das Índias, das Américas, do Ceilão [atual Sri Lanka], das Ilhas Canárias e de todas as partes do mundo". Reis, nobres e ricos comerciantes colecionavam artigos exóticos das regiões mais distantes, ostentando-os em suas residências para entreter convidados — canoas de indígenas americanos, punhais indianos, porcelana chinesa, instrumentos musicais árabes. Os mercadores também levavam para a Europa pessoas de diferentes raças. Nativos das Américas costumavam ser exibidos como objetos de curiosidade. Já os provenientes da África subsaariana eram negociados como escravos. Os portugueses foram os mais empenhados no comércio de escravos, mas a Inglaterra e a Espanha participavam também desse tipo de negócio. A própria rainha Elizabeth I financiou uma das expedições de John Hawkins de exploração do comércio escravo na década de 1560. É uma ironia cruel o fato de que o comércio escravo, considerado bárbaro e proibido por Guilherme, o Conquistador, no século XI, tenha sido incentivado no século XVI justamente por sua sucessora.

Conclusão

O século XVI mudou o que se podia comer e a que horas do dia se faria isso. Ele mudou o que as pessoas liam. Testemunhou muitas pessoas se transferirem do campo para as cidades. No norte da Europa, introduziu uma série de novos confortos domésticos e uma redução enorme na probabilidade de alguém ser assassinado. E trouxe à baila algumas das maiores preocupações da humanidade — como era o interior do corpo humano; em que parte do universo a Terra se achava; a de entender como a Criação era muito maior do que se pensava antes; e o que se deveria fazer para salvar a própria alma. Em minha tentativa de determinar a transformação mais importante do século, porém, vejo-me diante de dois candidatos especialmente fortes: a mudança para uma sociedade letrada e a ampliação do mundo. Tentar chegar à conclusão de qual dos dois foi o fator mais importante na transformação do Ocidente do século XV para o XVI é quase impossível. O dilema em si demonstra quanto esse período foi estupendo.

Se aplicarmos o teste salutar do que aconteceu aqui em Moretonhampstead, veremos que essas transformações mencionadas ocorreram em todas as partes da Europa. A criação de documentos pela paróquia tornou-se rotina, e registros relacionados com Moreton e seus habitantes eram preservados em Exeter e Londres. É muito provável que os primeiros livros impressos tenham chegado a Moreton no século XVI. Armas de fogo devem ter chegado na mesma época. Com isso, a milícia local foi totalmente reorganizada, e sua lista de chamada de 1569 revela que homens da região eram munidos com armas de cano longo. No que concerne à religião, o espírito de medo que se apossou da sociedade quando Henrique VIII tirou a Inglaterra da esfera de influência da Igreja Católica resultou na Rebelião do Livro de Oração de 1549, que começou em Sampford Courtenay (situada a cerca de vinte quilômetros de Moreton) e culminou com uma série de batalhas que deixaram mais de cinco mil mortos. Um número enorme de homens de Devon — um condado banhado pelas águas de dois mares — partiu de navio para a África e o Novo Mundo comandados por capitães devonienses, tais como John Hawkins, Francis Drake e Richard Grenville, retornando com exóticos espécimes da flora e da fauna locais e trazendo escravos negros para serem mensageiros e servos nas residências de pessoas ricas. Na esfera doméstica, a introdução do uso de chaminés e janelas envidraçadas evidencia-se em todos os lugares desta parte da Inglaterra. Na casa em que moro, a família Stoning construiu uma lareira enorme no salão principal, com uma chaminé externa, exibindo-se orgulhosa para os vizinhos. Vestígios de janelas encaixilhadas, as quais devem ter contido vidros de cristal de chumbo, são também um testemunho do conforto de que desfrutavam.

Apesar dessas coisas, talvez o acontecimento mais significativo de todos tenha sido a percepção de que a sociedade estava se transformando. Em séculos anteriores, as pessoas tinham sentido na pele que guerras, crises de forme, surtos de pestilências e pragas alteravam as circunstâncias de suas vidas temporariamente: esses acontecimentos iam e vinham. Contudo, no fim do século XVI, as pessoas começaram a examinar o passado e ver que a vida tinha sofrido uma transformação fundamental e que jamais seria a mesma outra vez. Elas não podiam "desdescobrir" o Novo Mundo. Novos livros e novas descobertas chegavam ao seu conhecimento todos os anos. No norte da Europa, as pessoas viam ruínas de mosteiros em toda parte e sabiam que a era da vida monástica tinha passado. Viam também castelos abandonados — construções inúteis, já que os canhões haviam tornado suas muralhas vulneráveis — e entendiam que a era da cavalaria também tinha ficado para trás. Cidades e condados começaram a publicar suas próprias histórias, cientes de que sua sorte era instável. De fato, escrever sobre a história passou a ser importante, com historiadores usando uma vasta gama de documentos para montar uma análise crítica fundamentada em fatos do passado em vez de apenas repetir textualmente trechos de crônicas antigas. A grande questão não era apenas o fato de que o século XVI sofreu enormes transformações, mas também que, pela primeira vez, as pessoas se tornaram cientes de que essas mudanças estavam acontecendo. Esse conhecimento é outra diferença significativa entre a mentalidade dos povos medievais e modernos.

O principal agente de transformações

O século XVI está abarrotado de nomes conhecidos. Ele viu nascer o mais famoso dos quadros, a *Mona Lisa*, pintado por Leonardo da Vinci em 1503. No ano seguinte, Michelangelo esculpiu *Davi*, talvez a mais famosa escultura do mundo. É o século em que encontramos Fernão de Magalhães, Cortés, Copérnico, Erasmo, Brahe, Bacon e Vesálio, mas também Nostradamus, Maquiavel e Paracelso. Galileu e Shakespeare nasceram em 1564 e viveram os primeiros trinta e seis anos de suas vidas nesse século. Todavia, embora a autoria de quatro dessas cinco grandes transformações citadas não possa ser atribuída a um único indivíduo, uma delas pode. A divisão da Igreja está intimamente relacionada com Martinho Lutero. Além disso, Lutero não apenas iniciou a Reforma; ele a moldou com seus sermões, hinos, traduções, escritos e correspondências sobre teologia — e com o exemplo de sua própria vida, em coisas como a decisão de tornar-se um dos primeiros padres a casar-se e formar família. Embora ele não tenha sido o único reformador protestante, se a doutrina teológica de outros pensadores religiosos teria sido ou não suficientemente clara, convincente e inclusiva para atrair uma parcela considerável da população, não sabemos ao certo. Se eles teriam tido ou não capacidade para conquistar o apoio de muitos líderes seculares para a própria causa, também é incerto. O que sabemos com certeza é que o manifesto de Lutero em 1517 provocou a mais drástica agitação religiosa dos últimos mil anos. Por essa razão, ele merece o título de principal agente de transformações do século XVI.

1601–1700

O Século XVII

O século XVII se apresenta para nós como um grande paradoxo. De um lado, foi o tempo mais infeliz para se estar vivo desde a Peste Negra. Crises de fome mataram milhões. Muitos países foram devastados por conflitos internos. Na Guerra dos Trinta Anos, partes da Alemanha conviveram com taxas de mortalidade superiores a cinquenta por cento. A França perdeu milhões de cidadãos nas Frondas, ocorridas entre 1648 e 1653. A Inglaterra foi dilacerada por guerras civis entre 1643 e 1651. Vários países se envolveram em disputas ferozes, tanto em terra quanto nos mares. Ainda assim, apesar de todos esses conflitos e tamanha devastação, a maioria das nações europeias da atualidade enxerga o século XVII como um "período áureo". Há os que dizem que a Era de Ouro espanhola começou com a conclusão da Reconquista, em 1492, e se estendeu até o fim da Guerra dos Trinta Anos, em 1648. Entre os ingleses, costuma-se afirmar que a época decorrida entre a derrota da Armada Espanhola (1588) e a morte de Shakespeare (1616) constitui os "anos dourados" da Inglaterra. Os holandeses e os franceses consideram a Era de Ouro de seus respectivos países o próprio século XVII. Todas essas nações testemunharam façanhas na esfera da arte e da literatura da mais alta categoria. Na França, temos como exemplos o Palácio de Versalhes, a arte de Poussin e Claude Lorrain, bem como as peças teatrais de Molière. A Espanha pode orgulhar-se da arte de Velázquez, Murillo e El Greco, além das joias literárias de Cervantes e Lope de Vega. Nos Países Baixos, encontramos Rembrandt, Franz Hals e Vermeer, bem como os de uma multidão de pintores de paisagens cotidianas. Em Roma, o barroco floresceu em todo o seu esplendor, e Caravaggio pintou obras-primas com sua técnica do *chiaroscuro*. Essa paradoxal combinação de crise global e florescimento cultural nos faz lembrar do famoso filme *O Terceiro Homem*, de Orson Welles: "Na Itália, durante trinta anos sob o domínio dos Borgia, os italianos tiveram guerras, terrorismo, assassinatos e derramamento de sangue, mas produziram Michelangelo, Leonardo da Vinci e a Renascença. Na Suíça, tiveram amor fraternal e quinhentos anos de democracia, e muita paz — e o que isso produziu? O relógio de cuco." Embora a ideia de que os suíços desfrutaram de "quinhentos anos de democracia e paz" esteja longe da verdade, a observação de Welles relacionando guerras a conquistas culturais pode ser aplicada ao século XVII.

Talvez possamos começar a entender esse paradoxo se refletirmos no contexto das adversidades. As pessoas prósperas moravam em casas com chaminés, janelas envidraçadas e móveis mais confortáveis e se alimentavam melhor do que seus subnutridos ancestrais, mas a expectativa de vida na Paris de fins do século XVII era de apenas vinte e três anos. Se você fosse filho de um burguês de Genebra, é possível que vivesse até os trinta, e uma filha poderia chegar aos trinta e cinco. Na Inglaterra, a expectativa de vida permaneceu no patamar razoavelmente constante de trinta anos — flutuando de baixos 24,7 anos num ano muito ruim (1658) a uma máxima de 35,3 anos num ano especialmente bom (1605). Esses números foram consideravelmente inferiores aos do século anterior, quando chegaram a ultrapassar a média dos quarenta anos e claramente ficaram abaixo de trinta.[1]

Um fator de importância fundamental que alicerçou esse panorama desolador foi a mudança climática. Nos últimos quarenta anos, historiadores têm chamado o século XVII de "Pequena Era Glacial", mas só recentemente se conseguiu verificar toda a extensão dessa situação climática. Tal como vimos no século XII, uma queda de meio grau na temperatura média fez com que houvesse a possibilidade de a primeira e a última geadas acontecerem dez dias antes e depois do normal, respectivamente, destruindo a safra inteira.[2] O risco de perdas consecutivas de safra aumentou muito, mesmo com essa pequena queda de temperatura, principalmente em grandes altitudes. Além disso, uma chuva forte podia prejudicar a safra também, reduzindo-a em um terço ou até pela metade. Como vimos no capítulo sobre o século XIV, não era necessário ocorrer a perda de uma safra inteira para que um fazendeiro não tivesse nada para negociar no mercado: uma produção na proporção de três sementes para uma em vez de cinco para uma podia deixá-lo sem nenhum excedente. E não fazia muita diferença se isso era devido à falta de nitrogênio no solo excessivamente explorado ou a um verão frio e chuvoso: caso ele precisasse de setenta por cento da produção de milho para alimentar a família e os animais de criação e separar uma parte como semeadura para a lavoura do ano seguinte, uma redução de apenas trinta por cento em uma única colheita o deixaria sem absolutamente nada para vender. Esse era o início de uma reação em cadeia. Os habitantes da cidade-mercado mais próxima ficaram sem provisão de grãos. O preço do pão aumentaria, já que mais pessoas competiam pelo pouco que havia. E, como elas passaram a ter de gastar mais com alimentos, tinham menos para gastar com coisas não essenciais, tais como móveis, alfaias, ferramentas e pequenas joias. Com a redução na demanda por esses produtos, seus preços caíram, e os artesãos que os produziam começaram a ter menor entrada de dinheiro, justamente no momento em que precisavam gastar mais com comida. No fim das contas, as pessoas no último elo da cadeia alimentar iam se debilitando, adoecendo e morrendo. Tamanho era o efeito de apenas uma colheita ruim com uma produção cinquenta por cento menor. Portanto, colheitas ruins consecutivas matavam milhares de pessoas, incluindo fazendeiros e suas famílias, que ficavam sem nada para plantar ou consumir. Mesmo sem uma geada forte, uma queda média de temperatura de dois graus no verão podia aniquilar algo entre trinta e cinquenta por cento da safra — tal como aconteceu na Europa na década de 1640.[3]

Os resultados de tais condições climáticas foram horríveis. Em 1637, um analista francês declarou que "os pósteros não acreditarão nisto: as pessoas passaram a sobreviver do consumo de plantas que encontravam nos jardins e nos campos; chegavam a procurar restos de animais mortos. As estradas ficaram juncadas de corpos humanos [...] Por fim, instaurou-se o canibalismo". Infelizmente, esse escritor se enganou: foi fácil para os pósteros acreditarem nisso. Em 1651, um analista de Saint-Quentin observou: "Das quatrocentas e cinquenta pessoas doentes que os habitantes não conseguiram ajudar, duzentas foram expulsas [da cidade], e estas nós vimos morrer uma após a outra enquanto jaziam estendidas à beira da estrada.." Dez anos depois, outro francês declarou que "as pastagens dos lobos transformaram-se em fonte de alimentos para cristãos, pois, quando acham cavalos, asnos e outros animais mortos, alimentam-se de suas carnes putrescentes".[4] A França teve um inverno especialmente rigoroso em 1692, que foi seguido pela Grande Fome de 1693-4, resultando na morte de cerca de 1,3 milhão de pessoas, de uma população total de vinte e dois milhões. O inverno de 1695-6 matou dez por cento dos noruegueses e talvez quinze por cento dos escoceses. Um terço da população da Finlândia e um décimo dos habitantes da Suécia morreram na crise de fome de 1696-7.

Além dessas faltas de alimento, as pessoas tinham que enfrentar a constante variação na incidência de doenças. Ocorreram vários surtos calamitosos de peste nas maiores cidades europeias: Milão em 1629; Veneza em 1630; Sevilha em 1647; Oslo em 1654; Nápoles e Gênova em 1656; e Viena em 1679. Londres foi vítima de uma série de graves irrupções de doença em 1603, 1625 e 1665, o que sucedeu também com Amsterdã, em 1624, 1636, 1655 e 1663-4. Mais ou menos a partir de 1630, a varíola — que antes era considerada uma doença que só acometia crianças — assumiu uma forma muito mais mortífera, tornando-se a segunda doença mais temida por adultos e crianças. Com os problemas da fome e das doenças cada vez mais preocupantes, a morte passou a exercer um papel significativo na vida das pessoas, arrebatando irmãos mais novos, pais e filhos, levando-as a concentrar o pensamento em Deus.

Esse cenário de fome e doenças ajuda a explicar um pouco o paradoxo do século e suas simultâneas "idades de ouro". As pessoas sofreram muito, porém, o que se passou a lembrar a respeito do período não foi isso, mas as coisas feitas para escapar da dor. E as pessoas estavam dispostas a fazer quase tudo. Homens que não conseguiam alimentar suas famílias esfomeadas com o pouco que tiravam do solo abandonavam a terra que sustentara seus antepassados por várias gerações e se mudavam para as cidades: cerca de seis mil pessoas se transferiam para Londres todos os anos. Muitos emigraram, e a população das colônias americanas ultrapassou, por volta de 1700, um quarto de milhão de habitantes. Um quinto da população adulta masculina da Escócia abandonou o país, a maior parte indo buscar uma vida melhor na Polônia, por incrível que pareça. Quase duzentos e cinquenta mil portugueses deixaram o solo pátrio para lançar-se em busca de riquezas em outras partes do Império Português.[5] Para muitos franceses e espanhóis, a guerra era como uma amiga. A estatura dos duzentos e cinquenta mil homens do exército de Luís XIV na década de 1690 oscilava em torno de um metro e setenta — já que o crescimento desses soldados tinha sido prejudicado na infância —, mas, enquanto destruíam todas as cidades na Renânia, com certeza se sentiam satisfeitos por não estarem em Paris, sofrendo com a crônica escassez de pão.[6] Quanto aos holandeses, seus "anos dourados" são atribuíveis não apenas à sua vitória na Guerra de Oitenta Anos contra os espanhóis, mas também às grandes riquezas do seu império.

As extremas disparidades de riqueza em todos esses países serviram também para fomentar avanços culturais, levando à competição entre todos — de negociantes e arquitetos a escritores e músicos — e deixando um legado de grandes tesouros. Os artistas da época, cercados pelos olhares inexpressivos dos famintos e pelos sorrisos de elegância afetada dos burgueses emergentes, não podiam deixar de sentir pena e desprezo. O que foi transmitido às futuras gerações foi um senso da intensidade da vida naqueles tempos. Num mundo em que todos viviam lutando para sobreviver e progredir em suas carreiras, os mais hábeis eram forçados a explorar suas capacidades ao máximo. Parafraseando as famosas palavras de Andrew Marvell, poeta do século XVII, as pessoas sabiam que não tinham "mundo e tempo suficientes". Elas precisavam agarrar todas as oportunidades que aparecessem, inovar e experimentar e, no fim das contas, ajudar a si mesmas.

A Revolução Científica

No século anterior, intelectuais começaram a perceber que nem tudo que liam nos venerados manuscritos de escritores da Antiguidade era verdadeiro. Já falamos nas discrepâncias entre os estudos anatômicos de Galeno e a verdadeira constituição do corpo humano, bem como na lacuna geográfica dos antigos geógrafos. Ambas as disciplinas tiveram que passar por um longo processo de experimentações para que descobrissem as limitações do conhecimento dos antigos. Navegadores intercontinentais deram também sua parcela de contribuição a descobertas científicas, pois precisavam de métodos matemáticos mais sofisticados para determinar sua posição, direção e velocidade nos mares. Seus trabalhos exploratórios nas terras do Novo Mundo revelaram a existência de plantas antes desconhecidas, as quais, por sua vez, forçaram botânicos a produzir novos estudos da flora do planeta. Essas descobertas suscitaram, ademais, novas questões científicas. Os que tinham um desejo sincero de compreensão da verdadeira natureza das coisas (ao contrário dos mais afeitos a fazer citações de antigas autoridades) começaram a adotar o que passou a ser reconhecido rapidamente como o método científico: propor uma questão como objeto de pesquisa, identificar um conjunto de dados apropriado que permitisse criar uma hipótese para respondê-la e, em seguida, testar essa hipótese, descartando-a em favor de uma nova, caso ela se mostrasse inadequada. Esse modelo de pesquisa foi esboçado por Francis Bacon em seu *Novum Organon*, em 1620, mas, àquela altura, já vinha sendo aplicado pela maioria dos filósofos naturais em todo o continente. Em geral, historiadores chamam essa mudança de Revolução Científica.

Entre os fenômenos observáveis que fizeram os homens adotarem uma nova maneira de pensar, foram as estrelas que mais chamaram atenção das pessoas e as forçaram a aplicar métodos inovadores de investigação. A "nova estrela" ou supernova de 1572, cuja existência teve seu mais famoso testemunho em Tycho Brahe, não entrou na atmosfera terrestre. Descobriu-se que ela era uma parte móvel do firmamento. O fenômeno estava em contradição direta com os ensinamentos de Aristóteles, segundo os quais as estrelas formavam uma estrutura cristalina ao redor da Terra e dos planetas. Brahe construiu um novo laboratório e mapeou todas as estrelas que pôde, de forma a tentar explicar a configuração dos céus. Pouco antes de sua morte, em 1601, juntou-se a ele o jovem astrônomo e matemático alemão Johannes Kepler, que observou uma "nova estrela" em 1604. Usando os dados coligidos por Tycho, Kepler formulou as duas primeiras famosas leis do movimento planetário e as publicou em sua *Astronomia Nova* (1609). Essas eram teorias cientificamente testadas: as informações de Kepler sobre o movimento do planeta Marte permitiram que ele estabelecesse que o astro seguia uma órbita elíptica; isso, por sua vez, lhe deu os meios para prever seu movimento futuro. No passado, o movimento dos planetas era objeto de mistério e fé. Agora, pertencia à esfera do conhecimento e da compreensão científica.

Enquanto Kepler cuidava da divulgação de seu manuscrito com as vantagens da máquina tipográfica, Hans Lippershey, um fabricante de lentes da cidade holandesa de Middelberg, criou um telescópio capaz de ampliar três vezes as imagens. Em 1608, ele patenteou a ideia. Em pouco tempo, a notícia de seu invento chegou a terras estrangeiras. Na Inglaterra, no ano seguinte, Thomas Harriot construiu um telescópio que lhe permitiu observar a superfície da Lua. Na Itália, Galileu criou um telescópio capaz de ampliar trinta e três vezes as imagens, que lhe permitiu observar as quatro maiores luas de Júpiter. Ele publicou o resultado de suas observações em 1610, em seu

Sidereus Nuncius [O mensageiro das estrelas]. Foi um título muito apropriado: esses telescópios eram como navios que traziam de longe conhecimentos e paisagens que, antes, estavam muito além do que os homens sonhavam. Kepler uniu-se a Galileu na exploração das luas de Júpiter, construindo para isso, em 1611, um telescópio melhorado e publicando suas descobertas no mesmo ano. Em suas *Tábuas rudolfinas*, de 1627, ele apresentou o compêndio feito por ele e Brahe das medições relacionadas com mais de mil corpos celestes. Isso permitiu que outros astrônomos vissem por conta própria se os planetas giravam mesmo ao redor do sol, conforme afirmado por Kepler.

A consequência disso ao longo do restante do século foi uma efusão de esforços investigativos e experimentais na esfera da astronomia. Construíram-se observatórios em Leiden (1633), Gdansk (1641), Copenhague (1637–42), Paris (1667–71) e Greenwich (1675–6). Em suas experiências com telescópios de refração, Johannes Hevelius percebeu que, quanto mais longo o instrumento, maiores eram os detalhes que permitia ver. Em 1647, ele construiu um telescópio de quase quatro metros, capaz de ampliar cinquenta vezes as imagens captadas. Em 1673, construiu outro, desta vez com pouco mais de quarenta e cinco metros, revestido por um invólucro de madeira. Contudo, a nova maravilha da astronomia não era muito prática, já que só podia ser usada em ambientes externos, suspensa por cordas presas a um poste de trinta metros de altura, e tremia ao sopro da mais leve brisa; porém isso nos mostra até que ponto esses astrônomos estavam dispostos a ir. Era necessário o aparecimento de um gênio para aperfeiçoar o instrumento. Esse gênio foi Isaac Newton, que inventou o telescópio refletor em 1668: esse aparelho permitia aumentar em quarenta vezes as imagens, embora tivesse apenas trinta centímetros de comprimento. Com instrumentos como esse à disposição, astrônomos iniciaram uma exploração sistemática do espaço. Muitos deles ainda são nomes famosos: Giovanni Cassini, de Gênova, que ajudou a criar o Observatório de Paris e descobriu as luas de Saturno; John Flamsteed, o primeiro astrônomo inglês a tornar-se membro da Royal Astronomical Society, catalogou um número de estrelas três vezes maior do que o de Brahe; e Christiaan Huygens, o polímata holandês cujo trabalho no desenvolvimento de lentes e telescópios permitiu que ele observasse os anéis de Saturno em detalhes pela primeira vez e determinasse que a distância entre a Terra e o Sol equivalia a vinte e quatro mil vezes o raio da Terra (com uma margem de erro de apenas 2,3 por cento).

E daí? O espaço não afeta a vida na Terra; então existe mesmo algum valor real em tudo isso? Na verdade, no começo do século XVII, muitas pessoas acreditavam que as estrelas exerciam, *sim*, um efeito direto sobre a vida na Terra. A astrologia não era apenas uma superstição das pessoas que viviam ansiosas em saber a próxima previsão do horóscopo: elas acreditavam que as estrelas eram coligadas a tudo que existia na natureza. Se a pessoa tinha uma doença, o médico tratava de perguntar quando ela se manifestou, de modo que pudesse verificar quais planetas estavam no ascendente. De forma semelhante, o cirurgião aconselhava a pessoa a mandar providenciar uma sangria quando as estrelas lhe parecessem especialmente auspiciosas. As cortes da Europa tinham astrólogos oficiais. Até os filósofos naturais levavam a astrologia a sério: uma das razões iniciais que induziram Kepler a interessar-se pelo estudo das estrelas foi seu desejo de fazer horóscopos mais precisos. Assim, quando o velho mundo de contempladores de estrelas colidiu com a nova ciência de observação astronômica, o impacto foi enorme. Agora, as pessoas podiam ver que as estrelas eram esferas que seguiam órbitas previsíveis, não árbitros quase mágicos da sorte e do sofrimento humanos. Viam que a Lua era um bloco árido de rocha montanhosa. Portanto, como essas coisas podiam influenciar a saúde e o bem-estar das pessoas? Algumas pessoas começaram a se perguntar se os demais astros do sistema solar eram habitados por seres parecidos com elas. Será que a Criação Divina se estendia a outros mundos? E, já que estava claro agora que as estrelas não se mantinham fixas numa estrutura cristalina, no que mais Aristóteles tinha se equivocado? Onde ficava o Paraíso, que deveria estar situado no lado oposto das estrelas? O simples fato de que podemos perguntar "E daí?" com relação à astronomia indica um avanço considerável da compreensão científica das coisas desde o ano de 1600.

A astronomia fomentou a investigação científica em outras áreas também. Foi o interesse pelos planetas que levou o médico inglês William Gilbert a defender em seu *De Magnete* (1600) que o espaço era um vácuo; as *electricitas*, uma força; e a Terra, um ímã gigantesco com um núcleo de ferro que completava diariamente um giro completo em torno do próprio eixo. Na Itália, Galileu tinha tanto interesse pelas leis da física na Terra quanto pelos céus noturnos. Quando jovem, ele observou o balanço de um lampadário da Catedral de Pisa e constatou que o pêndulo levava o mesmo tempo para completar um arco, mesmo com a redução da distância. Mais tarde, seus estudos das propriedades do pêndulo o levaram a projetar um relógio de pêndulo. O artefato nunca foi construído, mas a ideia chegou ao conhecimento de Christiaan Huygens, que construiu o primeiro em 1656. Muito mais preciso do que qualquer outro tipo de relógio, o invento tornou-se o padrão na produção de relógios nos trezentos anos seguintes. Em 1675, o filósofo natural inglês Robert Hooke aventou a hipótese de que o relógio de pêndulo podia ser usado para medir a força da gravidade; a experiência necessária foi realizada conforme recomendado, e, em 1671, Jean Richer provou que a teoria era válida. Huygens trabalhou também com o matemático e filósofo alemão Gottfried Wilhelm Leibniz, que projetou a primeira calculadora mecânica e desenvolveu, na mesma época que Isaac Newton, o método matemático do cálculo.

Esses homens eram polímatas. Interessavam-se não só por óptica, física e matemática, como também faziam pesquisas na área da química, biologia e botânica. Robert Boyle, que em 1675 aprofundou o trabalho de Gilbert sobre *electricitas*, demonstrando que forças elétricas podiam atravessar o vácuo, fez experiências com gases e formulou a lei de Boyle: o volume de um gás varia na proporção inversa de sua pressão. Avanços nos mecanismos de telescópios ocorriam simultaneamente ao desenvolvimento de microscópios. Galileu aproveitou a ideia do microscópio, inspirando-se nos trabalhos de Lippershey e seu colega Zacharias Jansen, e desenvolveu um modelo aperfeiçoado, que ele chamou de seu "pequeno olho". Robert Hooke fez reproduções ampliadas de "células" vegetais (conforme denominadas por ele mesmo) e moscas em sua *Micrographia* (1665). O microbiologista holandês Antonie van Leeuwenhoek superou todos os colegas em suas explorações microbiológicas. Usando microscópios com uma capacidade de ampliação de duzentas vezes, ele descobriu a existência das bactérias, espermatozoides, células sanguíneas, nematoides, algas e parasitas. Enquanto, no passado, se achava que algumas pequenas criaturas se reproduziam simplesmente duplicando suas próprias formas, agora estava claro que até mesmo as formas de vida mais diminutas eram capazes de se reproduzir sexualmente. O uso de lentes de aumento fez uma enorme diferença na compreensão do mundo natural pelo homem.

Todo esse trabalho pioneiro em prol do conhecimento científico atingiu o apogeu na *Philosophiae Naturalis Principia Mathematica* (1687), de Isaac

Newton. Embora tenha levado algum tempo para ser amplamente reconhecido, o livro foi considerado mais tarde uma das maiores façanhas científicas de todos os tempos. Nele é apresentada a teoria da gravitação universal de Newton — cuja intuição, de acordo com a lenda, lhe ocorreu quando uma maçã caiu em sua cabeça —, pondo fim ao debate sobre o que mantinha os planetas em suas órbitas. São fornecidas as proporções por meio das quais as forças da gravidade podiam ser calculadas, de forma que pudessem ser estudadas quantitativamente e não apenas compreendidas qualitativamente. A obra forneceu os meios para a medição das densidades relativas dos planetas e do sol, confirmou a teoria do heliocentrismo de Copérnico e explicou o movimento da lua, bem como a forma pela qual as marés na Terra são afetadas por ela e por que os cometas seguem determinadas rotas. Contina também a exposição das três famosas leis do movimento de Newton. Junto com seu trabalho sobre óptica, que ele iniciou na década de 1670 e finalmente publicou em 1704, essas descobertas invalidaram a maior parte do errôneo raciocínio de Aristóteles a respeito do mundo natural e proporcionaram um sistema de referência para uma experimentação mais rigorosa dos fenômenos naturais.

Um fator crítico que torna todo o trabalho citado acima tão importante é que essas descobertas eram rapidamente compartilhadas por filósofos naturais, fazendo que uns se beneficiassem dos trabalhos dos outros. Com pouquíssimas exceções, essas não foram descobertas discretas, feitas por místicos semirreclusos, que as transcreviam em manuscritos e as escondiam nos anais da ciência. Elas eram expostas em várias publicações e discutidas em toda a Europa. Homens instruídos tinham que estar cientes dos últimos debates científicos. Enciclopédias deviam estar atualizadas. Uma série de gravuras de excelente qualidade gráfica, reproduções fiéis de organismos minúsculos, podia transformar-se em campeã de venda — conforme demonstrado por *Micrographia*, obra de Hooke. Os principais filósofos naturais da época criaram também um vasto leque de instituições científicas nacionais. Em Veneza, a Accademia dei Lincei foi fundada em 1603, com Galileu como um de seus membros. Em 1652, um grupo de filósofos naturais criou, na Baviera, a Academia Naturae Curiosorum (mais tarde denominada Leopoldina), que obteve reconhecimento do imperador em 1677. A Royal Society de Londres foi estabelecida em 1660 e recebeu seu primeiro alvará real em 1662. Na França, Luís XIV fundou a Académie des Sciences, em 1666. Essas instituições começaram a distribuir entre seus membros e outros assinantes publicações periódicas com novas descobertas: *Philosophical Transactions*, da Royal Society, teve sua primeira edição publicada em 1665; *Ephemeriden*, da Academia Leopoldina, foi publicada pela primeira vez em 1670. Popularizou-se a ideia de que a humanidade tinha uma infinidade de novas descobertas pela frente; ficara claro que após algumas importantes conquistas não sobreviria uma nova estabilidade. Dali por diante, o conhecimento científico viveria em constante evolução.

Desnecessário dizer que tais descobertas tiveram uma influência enorme na filosofia da época. Em primeiro lugar, havia a natureza empírica da investigação científica. Francis Bacon não foi o único a perceber que o empirismo fechou hermeticamente o sarcófago da ciência baseada na teologia, de acordo com a qual os fenômenos naturais eram interpretados de acordo com as escrituras sagradas. Não menos significante foi a ascensão do racionalismo — a filosofia de que o conhecimento pode ser alcançado pelo uso da razão e nada mais. O mais famoso expoente dessa forma de pensar, René Descartes, é associado até hoje à fórmula dedutiva do "penso, logo existo". Mas Descartes e racionalistas posteriores, tais como Leibniz, não foram apenas homens de ciência, mas também filósofos. Daí o fato de ter permanecido uma ligação próxima entre os que faziam pesquisas científicas e os que formulavam os processos pelos quais era possível obter conhecimento científico e validá-lo. Isso ajudou a preservar os vínculos entre empirismo e racionalismo — era natural que as pessoas quisessem testar empiricamente todo tipo de conhecimento obtido por meios racionais. Apenas de vez em quando alguém se depara com um grande pensador que permitia que seu racionalismo fosse dominado pela imaginação. *Cosmotheoros* (1698), o último livro de Christiaan Huygens, por exemplo, é parcialmente dedicado ao tratamento da questão das condições de vida em Júpiter e Saturno e se os habitantes desses planetas viviam em casas e tinham água, plantas, árvores e animais. Ele chegou à conclusão de que tinham. Com o benefício de trezentos anos de pesquisas adicionais, a nós parece que essa conclusão deixa em dúvida a confiabilidade de seu racionalismo. No entanto, na época, era aceitável que homens instruídos especulassem sobre questões científicas, além de razoável que pessoas menos qualificadas acreditassem neles.

Aqui chegamos ao xis da questão. Não foram apenas os novos conhecimentos que assinalaram uma transformação de grande importância: foi a mudança da autoridade que determinava esses conhecimentos. Enquanto no período medieval os dirigentes da Igreja e os fornecedores de folclore das comunidades desfrutavam dessa autoridade, de meados do século XVI em diante os filósofos naturais assumiram essa função. Consideremos o caso de Galileu. Em 1613, ele concordou com o pedido de enviar uma carta à Grã-Duquesa da Toscana para explicar a teoria do heliocentrismo de Copérnico. A carta foi publicada, e Galileu, levado ao tribunal da Santa Inquisição em 1616. Disseram a ele que defender a ideia de um universo heliocêntrico era absurdo e herético, que a ideia de que a Terra realizava um giro completo em torno do próprio eixo não passava de uma tolice. Na ocasião, ele conseguiu safar-se, levando apenas uma advertência, mas, em 1633, foi formalmente acusado de ter voltado a ensinar o conceito de heliocentrismo, e, dessa vez, o Papa Urbano VIII mandou que o condenassem à prisão perpétua. Entretanto, algumas décadas depois, a opinião do papa sobre questões científicas tornou-se irrelevante: as pessoas passaram a recorrer aos autores de documentos científicos para aconselhá-las, não a teólogos. Essa foi a verdadeira Revolução Científica. Em 1633, a autoridade em assuntos científicos ainda era exercida pela Igreja; já em 1670, ela passou a ser privilégio da comunidade científica.

O fato de que essa mudança de autoridade pôs a religião contra a ciência tem sido considerado com frequência uma prova de que, dali por diante, ambas começaram a trilhar caminhos diferentes. Essa é uma visão equivocada. Quase todos os homens que fizeram grandes descobertas científicas eram profundamente religiosos: eles viam seu empenho coletivo como uma constante investigação da natureza da Criação Divina. Francis Bacon elaborou um sarcástico panfleto atacando o ateísmo, e, em sua *Teodiceia*, Gottfried Wilhelm Leibniz tentou conciliar sua fé cristã com sua filosofia científica, argumentando que, quando gerou o mundo, Deus criou "o melhor dos mundos possíveis". Isaac Newton era também um homem devoto, que passou a vida inteira procurando verdades científicas na Bíblia — incluindo prognósticos do fim do mundo. No século XVI, essa combinação de determinação religiosa e investigação científica acabou se revelando um coquetel inebriante, e a dimensão religiosa não deve ser subestimada. Isso é especialmente verdadeiro no caso dos que tentavam entender a Criação por meio de experiências científicas, sempre muito desejosos de combater superstições, que achavam não apenas mentirosas, mas também profanas. Enquanto a religião e a superstição passaram séculos coincidindo, agora a religião conspirava com a ciência para acabar com crenças pagãs e ensinar a verdade divina ao povo europeu.

O conhecimento científico começou a influenciar a vida diária. Práticas supersticiosas, tais como a de enterrar gatos nas chaminés de casas, caíram no esquecimento. As pessoas pararam de usar medicamentos contendo restos mortais ou excrementos de animais moídos e passaram a buscar os que tinham alguma eficácia comprovada. Todavia, o mais interessante é que pararam de acreditar em bruxaria. No século XVI, dezenas de bruxas haviam sido enforcadas na Inglaterra e no País de Gales, e centenas tinham sido queimadas vivas em outros lugares. (Somente na Inglaterra, no País de Gales e, mais tarde, nos Estados Unidos, a bruxaria era considerada crime secular, punível com enforcamento, e não heresia, que era punida com a fogueira.) No começo do século XVII, o número de mortos chegou aos milhares, com uma série de perseguições bastante severa acontecendo na Alemanha no fim da década de 1620. O mais impressionante foi que o príncipe-bispo de Bamberga construiu uma casa de bruxas em que as pessoas eram aprisionadas e torturadas sistematicamente até que confessassem seus atos de bruxaria e denunciassem a participação de outros. Depois disso, as vítimas eram queimadas vivas na fogueira ou, se dessem todas as suas posses ao príncipe-bispo, decapitadas. Em toda a Europa, dezenas de pessoas sofreram torturas horríveis e foram mortas. Mas, no século XVII, todo o aparato de perseguição de bruxaria ruiu. Na França, as últimas execuções de bruxas na fogueira aconteceram em 1679 (Peronne Goguillon e sua filha). Os últimos enforcamentos por bruxaria na Inglaterra foram realizados em 1682 (as bruxas de Bideford). Os julgamentos das bruxas de Salém de 1692 marcaram o fim do enforcamento de feiticeiras nos Estados Unidos. Na Escócia, a última execução em massa por prática de bruxaria aconteceu em 1697 (as bruxas de Paisley).

Terá sido a Revolução Científica responsável pelo fim da crença em bruxaria? Conforme opinião de um erudito: "É difícil entender exatamente como as ideias de Isaac Newton sobre o movimento dos corpos celestes, conforme expostos em sua *Principia* de 1687, poderiam tornar jurados menos propensos a condenar bruxas, muito menos como conseguiriam fazer com que aldeões se sentissem menos inclinados a lançar acusações de práticas de feitiçaria uns contra os outros."[7] Esse argumento é ainda mais válido considerando-se o fato de que, segundo estimativa, apenas sete pessoas em toda a Europa tinham condições de entender o *Principia Mathematica* de Newton quando o livro foi publicado. Se o conhecimento científico levou de fato ao declínio das superstições de um modo geral e, em específico, à redução da crença em bruxaria, como isso aconteceu?

A resposta está, primariamente, em por que as pessoas acreditavam em bruxaria. As bruxas faziam parte da cultura europeia havia vários séculos, mas, no fim do século XV, a associação entre bruxaria e heresia provocou um aumento no número de mulheres sendo levadas perante os tribunais da Igreja. Quanto mais se realizavam essas sessões judiciais, mais se espalhava a notícia de práticas de feitiçaria. Essas notícias funcionavam como anúncios, alertando as pessoas para o perigo de se envolverem com esse tipo de coisa. Embora muitas acusações de práticas de bruxaria fossem motivadas por misoginia ou simplesmente por ódio, a ideia de que ela era algo real fortaleceu-se junto com a crença de que havia forças invisíveis e inexplicáveis na natureza. A ideia de um universo heliocêntrico, a descoberta das *electricitas* e outras mudanças na compreensão científica da realidade levaram as pessoas a acreditar que existiam muitas coisas que os olhos não podiam ver. Um matemático como John Dee ainda podia aceitar a validade de coisas como alquimia e astrologia — e até ver algo promissor em experiências com sessões espíritas para entender a vontade dos anjos. Quem realmente sabia no que acreditar? É provável que a multidão de descobertas tenha levado as pessoas a duvidar de que realmente entendiam o mundo. Isso criou condições para que seus medos se disseminassem, aumentassem e, por fim, acabassem dominando o pensamento coletivo. Em meados do século XVII, no entanto, a comunidade científica conseguiu estabelecer as dúvidas da sociedade, criando um novo equilíbrio. Tal como vimos páginas atrás, o conhecimento de que os planetas não são árbitros dos destinos humanos, mas simples corpos celestes orbitando ao redor do Sol de forma previsível, tornou-se convencional, reduzindo as superstições. Instituições científicas, reconhecidas por alvarás de um ou outro rei, proporcionaram uma estabilidade inexistente desde os primeiros anos do século anterior. A pessoa não precisava entender o *Principia Mathematica* de Newton para acreditar que o próprio Newton e outros membros da Royal Society o entendiam e eram capazes de explicar muitos aspectos do universo que, inicialmente, tinham sido tão inquietantes. Com essa nova confiança, a total falta de provas empíricas de bruxaria não era difícil de interpretar: a conclusão inevitável era que até as bruxas confessas tinham sido queimadas vivas ou enforcadas sem nenhum motivo justo.

A Revolução da Medicina

No século XVII, as descobertas na área da medicina foram, em muitos aspectos, um subproduto da Revolução Científica. Todavia, suas implicações se revelaram muito profundas. Todo mundo tinha algo a ganhar com a aquisição de conhecimentos médicos porque, mais cedo ou mais tarde, problemas de saúde afetavam a todos. E não era só questão de a sociedade decidir se confiava em médicos ou em figuras da Igreja quanto a assuntos da saúde; era uma questão de convicção pessoal. No que a pessoa realmente acreditava? Se ela ou um parente adoecesse, seria melhor buscar assistência médica ou rezar?

Como vimos, existiam médicos, cirurgiões e farmacêuticos desde os tempos medievais, além de cursos de medicina desde o século XII. Por isso, talvez você suponha que, quando as pessoas adoeciam, chamavam um médico ou, quando se feriam, um cirurgião. Mas a coisa não era tão simples. Comprovantes de validade de testamento de cidadãos ingleses nos permitem saber com exatidão o que as pessoas faziam quando se achavam em estado terminal ou sofriam um ferimento mortal. Muitas pessoas preferiam não gastar dinheiro com médicos e mandar chamar um padre para socorrer sua alma. Nos casos em que a família não podia cuidar delas, pagavam a enfermeiras locais para tentar aliviar-lhes as dores, lavar suas roupas pessoais e de cama e cozinhar para elas. Constatou-se que, em 1600, menos de um em cada quinze homens dotados de razoáveis recursos financeiros pagava pelos serviços especializados de um médico quando se achava à beira da morte. Já em 1700, metade desse total passara a fazer isso.

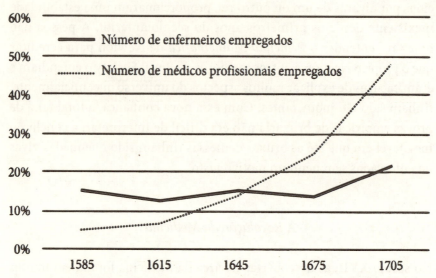

Assistência médica e serviços de enfermagem contratados por moribundos em East Kent em posse de bens móveis valendo entre cem e duzentas libras esterlinas[8]

Esse gráfico foi feito com base na região que tem, de longe, a melhor e maior fonte de dados documentais preservada, mas outras séries de registros de Berkshire e de West Sussex demonstram que mudanças semelhantes, de troca de serviços de enfermagem para médicos, ocorreram em partes do sul da Inglaterra. Outro estudo demonstrou que homens ricos de todas as regiões do país começaram a pagar médicos com uma regularidade muito maior nessa época.[9] Mesmo a distante Moretonhampstead, que ainda era inacessível a veículos sobre rodas no século XVII, teve sua primeira clínica médica em 1662, quando Joshua Smith obteve licença para exercer a profissão na cidade.[10] O interessante é que, embora a qualidade da assistência médica acessível tivesse óbvia correlação com a riqueza do paciente, a frequência de consultas por parte dos prósperos — os possuidores de bens móveis com valores superiores a duzentas libras — era apenas um pouco maior que a representada pelos números exibidos no gráfico acima. No lado oposto do espectro, algumas pessoas pobres que não tinham condições de custear assistência médica eram tratadas por um médico empregado pela paróquia. É razoável afirmar que, de uma forma ou de outra, a maioria das pessoas desejosas de desfrutar de assistência médica conseguia obtê-la em 1700.

Um dos fatores que causou essa confiança nos serviços médicos deveu-se a uma transformação da natureza da própria medicina. Se você adoecesse em 1600, sua mãe, esposa ou enfermeira o trataria administrando uma dieta alimentar terapêutica ou um remédio feito com ervas, partes de animais e outras coisas que se pudessem obter na localidade. Se você não melhorasse, a providência seguinte era chamar um médico ou o padre da paróquia. Seria bem possível que o médico, além de profissional de meio expediente, prescrevesse tratamentos caros, baseando-se na cor da sua urina e na posição das estrelas na época em que você adoeceu. Conforme, porém, demonstra o gráfico (página anterior), em 1600, mais de noventa por cento dos moribundos simplesmente mandavam chamar o padre. O médico Jesus era o único de quem os moribundos precisavam ou pelo menos era nisso que muitas pessoas acreditavam. A ênfase não estava na recuperação do paciente, mas na redenção de sua alma por meio do sofrimento — tendo-se "uma boa morte", tal como se dizia então.

À medida que o século avançou, isso começou a mudar: agora, os homens passaram cada vez mais a mandar chamar o padre *e* o médico. A razão fundamental dessa mudança estava numa abordagem mais rigorosa da medicina. Agora, os textos de Galeno não eram mais usados para instruir os alunos, que recebiam orientações muito mais científicas sobre o corpo humano. William Harvey publicou sua obra com a teoria da circulação sanguínea, *De Motu Cordis*, em 1628 — um marco na compreensão do corpo humano —, e dezenas de outros textos sobre medicina foram produzidos ao longo do século. Mas o verdadeiro desencadeador de mudanças foi um arrogante gênio suíço que morrera em 1541. Seu nome era Philippus Aureolus Theophrastus Bombastus von Hohenheim, embora seja mais conhecido na história simplesmente como Paracelso. Nos primeiros anos do século XVI, ele viajara pela Europa praticando medicina e astrologia, publicando vários textos que violavam diretamente ensinamentos consagrados e defendendo o uso de medicamentos à base de metais e compostos químicos para tratar doenças. Na década de 1590, suas ideias começaram a ser aceitas no continente inteiro. Em números cada vez maiores, farmacêuticos de toda a Europa passaram a estocar medicamentos à base de metais e substâncias medicinais naturais. Os médicos começaram a ser chamados de "doutores" — como se todos tivessem doutorado em medicina —, fato que indicava claramente uma manifestação de confiança em sua competência. Muitos deles se fixaram em pequenas cidades-mercado, de forma que, em 1650, quase todo mundo tinha um médico ao alcance. Assim, um número relativamente pequeno de profissionais foi responsável pela expansão maciça da demanda por médicos. Eles lidavam com o rápido crescimento de pacientes prescrevendo remédios eficazes ao tratamento de doenças específicas em vez de elaborarem programas terapêuticos complexos baseados em observações astrológicas, em superstições, no sabor do sangue do paciente e na cor de sua urina.

É importante que lembremos que homens e mulheres moribundos mandavam chamar o médico e o padre. A confiança nos médicos não significava uma diminuição da confiança em Deus. Na verdade, a confiança em Deus foi, em grande medida, parte da Revolução da Medicina no século XVII. Médicos e cirurgiões licenciados eram submetidos a um exame de seus valores morais para que se tivesse certeza de que eram canais confiáveis do poder curativo de Deus. Além disso, quando espécies mais exóticas da flora e da fauna foram descobertas em lugares remotos, isso originou a ideia de que Deus havia gerado antídotos para todas as doenças quando criara o mundo. Em 1608, Maria Thynne, esposa de Sir Thomas Thynne de Longleat, escreveu numa carta ao marido doente: "Lembre-se de que temos a obrigação moral de preservar a vida pelo tempo que for possível e de que o poder de Deus pode operar milagres, mas não podemos achar que, só porque Ele pode fazê-los, Ele os fará, pois, se assim fosse, Ele não teria dito que criou erva[s] para o bem do homem."[11] No século XVII, a descoberta da quina-verdadeira, no Peru, parecia confirmar essa crença: sua casca permitia um tratamento eficaz da malária, a doença que mais matou seres humanos em toda a história. Havia também outros medicamentos naturais — romãs para problemas digestivos, cólquico para gota. Parecia uma coincidência muito grande que antídotos para várias doenças pudessem ser encontrados na natureza. Desse modo, havia contexto religioso tanto para o médico que ministrava o remédio quanto para o medicamento em si. Tomar um remédio prescrito pelo médico não era igual a uma prece, mas, mesmo assim, significava se colocar nas mãos de Deus.

Portanto, ao falarmos da Revolução da Medicina, não devemos imaginar uma situação em que as pessoas abandonaram repentinamente as rezas e começaram a recorrer aos remédios. O comportamento delas transformou-se de forma gradual. A fé exclusiva nas preces evoluiu para uma mistura entre preces e tratamentos com um médico religioso; depois, para um estágio em que o médico moralmente correto atuava tanto como instrumento do poder curador de Deus quanto como ministrante de toda espécie de remédio; e, por fim, para uma fase em que o médico simplesmente receitava medicamentos sem qualquer contexto religioso. Nem todo mundo passou de um estágio para outro ao mesmo tempo; em 1700, ainda havia pessoas que confiavam mais em suas preces do que em seus médicos. Contudo, a essa altura, a maioria das pessoas estava disposta a pôr-se aos cuidados do profissional da medicina. Se pensarmos em todos os templos, capelas, igrejas e santuários construídos antes disso, na esperança de se recuperar a própria saúde, e todas as peregrinações que se realizaram, bem como em todos os santos e relíquias aos quais se dirigiram preces em benefício dos enfermos, veremos que essa transferência de esperanças de recuperação do bem-estar, antes depostas em Deus e depois nos profissionais de medicina, é uma das mais profundas revoluções pelas quais passou a sociedade.[12] De fato, é um acontecimento que marca um dos mais importantes estágios da transição dos europeus, que foram de membros de comunidades da Idade Média extremamente religiosos, que só pensavam no comunitário, a indivíduos modernos e conscientes.

A colonização do mundo

Não há quem olhe para um mapa-múndi e deixe de notar a existência de tantas localidades fora da Europa com nomes parecidos com os de cidades inglesas, holandesas, francesas e espanholas. Nova York (antiga Nova Amsterdã), Nova Hampshire, Nova Inglaterra, Nova Londres (agora Bermudas), Nova Holanda (agora Austrália) e Nova Zelândia têm todas pouquíssima coisa em comum com seus homônimos. Podemos dizer o mesmo com relação a muitas localidades do litoral leste da América do Norte: Boston, Yorktown, Plymouth, Jersey, Dover e Durham para citar apenas algumas. E existem também os lugares cujos nomes são uma homenagem a governantes franceses e ingleses: Luisiana (em homenagem a Luís XIV), Jamestown (a Jaime I), Carolina e Charlestown de Massachusetts (a Carlos I da Inglaterra), Charleston da Carolina do Sul (ao rei inglês Carlos II), Williamsburg (a Guilherme III da Inglaterra) e Maryland (à rainha inglesa Maria II). Todas essas cidades citadas receberam esses nomes no século XVII. Enquanto, no século XVI, os europeus apenas descobriram a massa continental da América do Norte, no século XVII deram nomes a ela, colonizaram suas terras, reivindicaram sua posse com documentos legais, fizeram demarcações territoriais e as defenderam com armas de canos longos.

Na época de sua morte, em 1603, a rainha Elizabeth I da Inglaterra não governava nenhum território fora dos limites das Ilhas Britânicas. As únicas exceções foram uma fracassada tentativa de colonização em Roanoke, na Virgínia, cujos habitantes morreram ou se perderam em meio a agrupamentos de indígenas norte-americanos; e Terra Nova, cuja posse foi reivindicada pela primeira vez em 1497 e depois novamente em 1583, mas continuava desabitada. O sucessor da rainha, Jaime I, concedeu um alvará, em 1606, à Virginia Company of London que resultou no estabelecimento da primeira colônia duradoura, chamada Jamestown, no ano seguinte. Em 1609, os navios de uma expedição de apoio e ressuprimento da colônia naufragou ao largo do litoral das Bermudas, onde os sobreviventes fundaram St. George's, a segunda colônia inglesa na região. Em 1611, nasceu a cidade de Henrico, na Virgínia, batizada em homenagem ao filho mais velho do rei Jaime I, o príncipe Henrique. A partir de 1616, a plantação de tabaco na Virgínia se tornou o principal sustento dessa área colonial problemática e continuou a sê-lo mesmo depois de um massacre perpetrado pelas mãos de indígenas americanos em 1622. A essa altura, comerciantes de Bristol haviam se instalado em várias partes de Terra Nova, e uma comunidade de refugiados puritanos da Inglaterra, conhecidos como os Peregrinos, tinha fundado a Colônia de Plymouth. A quantidade de tabaco exportado da Virgínia cresceu rapidamente: em 1628, mais de duzentas e cinquenta toneladas do produto foram embarcadas para a Inglaterra. Nesse mesmo ano, outro grupo de colonos ingleses fundou a Colônia da Baía de Massachusetts. Embora não houvesse ouro na região, existia a possibilidade de serem conseguidos bons lucros com o comércio de peles de animais, agropecuária e produção de tabaco.

O Novo Mundo prometia também alguma liberdade das opressões da Europa. Em 1650, havia mais de cinquenta mil colonos europeus vivendo no litoral leste americano em comunidades de governança autônoma, incluindo mil e seiscentos escravos negros, levados para lá com a finalidade de fazer a colheita das plantações de tabaco. Em 1700, esse número tinha aumentado para mais de duzentas e cinquenta mil pessoas, incluindo os mais de vinte e sete mil escravos.[13] Vastas extensões de terra estavam à disposição, fator crucial para os que acalentavam sonhos de liberdade. A província da Carolina, cuja exploração fora outorgada a oito lordes ingleses, os chamados Lordes Proprietários, em 1663, se estendia do Atlântico ao Pacífico, por uma área de dois bilhões e seiscentos milhões de quilômetros quadrados (cerca de vinte vezes o território da Inglaterra). Embora a maior parte dela não estivesse ocupada por colonos, já em 1700 algo em torno de cento e noventa e quatro mil quilômetros quadrados do litoral leste da América do Norte estavam sob o controle deles.[14] A posse de uma região ainda maior, ao sul da Baía de Hudson e em Terra Nova, foi reivindicada pelos colonos. Em fins do século XVII, as colônias americanas contavam até com dois estabelecimentos de ensino superior — Harvard (fundada em 1636) e William and Mary (criada em 1693) —, o mesmo número de universidades que a própria Inglaterra tinha.

A Inglaterra não era a única nação europeia que via a América do Norte como uma terra de oportunidades e liberdade. A Companhia da Nova Holanda, fundada em Amsterdã, em 1614, recebeu um alvará da Assembleia Legislativa da República Unida dos Países Baixos concedendo-lhe direitos de exploração comercial na América por um período de três anos. Os envolvidos na empreitada esperavam lucrar com o comércio de peles nas terras que hoje formam o Canadá. A sucessora dessa empresa, a Companhia Holandesa das Índias Ocidentais, que recebeu seu alvará em 1621, continuou a expandir o comércio de peles na América do Norte, embora tivesse direitos para explorar também quaisquer negócios comerciais que descobrisse no Atlântico, numa área que se estendia do litoral oeste da África ao Ártico. Em pouco tempo, ela passou a ter posses territoriais no rio Delaware, no atual Estados Unidos; na Costa do Ouro, na África; e nas Índias Ocidentais. Mas problemas em casa impediram que os holandeses investissem maciçamente na defesa de suas terras norte-americanas, e estas foram cedidas aos ingleses em 1664. Ao mesmo tempo, os espanhóis fortaleceram seu domínio sobre a Flórida e o Novo México, além de terem se aventurado pelo território do Texas. Uma série de companhias francesas se apossou de quase toda a região leste do Canadá, incluindo partes de Terra Nova, a área ao redor dos Grandes Lagos e um cinturão central de terras que se estendiam até o rio Mississipi e a Louisiana. Quando adicionamos a isso as possessões espanholas e portuguesas nas Américas Latina e Central, vemos que, em 1700, estados europeus exerciam domínio sobre uma extensão de terras nas

Américas muito maior do que a da Europa. Muito antes de Horace Greeley ter aconselhado a um amigo que deveria ir "para o Oeste, meu jovem, para o Oeste!", a ideia de expansão em direção ao oeste em busca de uma vida melhor estava consolidada na mente dos europeus.

E os jovens europeus tinham uma opção: eles podiam construir uma nova vida nas América do Norte ou do Sul ou entrar para o ramo do comércio internacional e embarcar em navios com destino ao Oriente. Foram os holandeses que viram os maiores benefícios no comércio com as regiões orientais. Ao tempo das Províncias Unidas (das quais faziam parte a República Holandesa e outros seis estados menores), sua população inteira chegava a apenas um milhão e meio de pessoas. Apesar disso, realizaram consideráveis avanços sobre os interesses do Império Português. O principal instrumento de seu sucesso foi a Companhia Holandesa das Índias Orientais, fundada em 1602. No ano seguinte, estabeleceram seu primeiro entreposto comercial permanente no Extremo Oriente, em Java. Em 1605, conquistaram as Ilhas Molucas. Seu quartel-general no Oriente foi estabelecido em Batávia (atual Jacarta), em 1611, onde os governadores-gerais organizaram a dominação sistemática do comércio da seda e de especiarias. Os portugueses conseguiram manter o domínio sobre o Brasil e algumas das cidades portuárias da África, mas, no Extremo Oriente, preservaram o controle somente de alguns postos comerciais: Macau, Goa e Pequenas Ilhas da Sonda. Durante o processo de captura dos portos portugueses, os holandeses descobriram a maior parte do restante do ainda inexplorado mundo, incluindo a Austrália, em 1606, e Tasmânia, Nova Zelândia, Tonga e Ilhas Fiji, em 1642-4. Além disso, em 1652, fundaram uma colônia no território da atual África do Sul para abastecer seus navios. Em 1668, quando seu império estava no auge, um analista francês calculou que os holandeses tinham seis mil navios em operação, sem falar nas pequenas embarcações de apenas um mastro. Já um jesuíta português estimou, em 1649, que esse número chegava a catorze mil e acrescentou que todos esses navios eram maiores do que os da frota portuguesa.[15] Hoje em dia, de uma forma geral, os historiadores concordam que, na década de 1660, a tonelagem total da frota holandesa girava em torno de seiscentas mil toneladas — tanto quanto a restante das frotas de navios da Europa inteira na época.

Por fim, precisamos considerar os avanços dos ingleses no Oriente, os quais tiveram como pivô a Companhia das Índias Orientais, estabelecida em 1600. Em 1612, nove lucrativos empreendimentos retornaram ao país, e, nesse mesmo ano, a companhia fundou um entreposto comercial em Surate, ao norte de Bombaim. Pouco depois, o afável diplomata inglês Sir Thomas Roe conquistou para a companhia o direito de realizar atividades comerciais pelo interior da Índia, adotando a sábia política de jamais empregar forças armadas para exigir vantagens comerciais. A companhia realizou ainda, de forma conturbada, negócios na Indonésia ao lado dos holandeses — o que passou a ser ainda mais conturbado depois que vários ingleses foram executados, acusados de traição contra a República Holandesa, em 1623. Em 1661, a companhia recebeu um grande incentivo quando os portugueses cederam o domínio sobre Bombaim à Coroa Inglesa como parte do dote nupcial de Catarina de Bragança. Isso deu aos ingleses seu primeiro território soberano na Índia, o qual logo se tornou a sede de suas atividades exploratórias na região. Sucessivas concessões de alvarás reais proporcionaram à companhia direitos de soberania na Índia: ela pôde cunhar suas próprias moedas, exercer jurisdição sobre súditos ingleses e articular acordos com governantes locais. Depois que os ingleses perderam seu entreposto comercial em Bantam, Java, a companhia desistiu de continuar tentando competir com os holandeses na Indonésia e concentrou-se no comércio com a Índia, levando de lá para a Inglaterra calicô, especiarias, seda, índigo e salitre (para a fabricação de pólvora). Em 1684, a Companhia das Índias Orientais comprou produtos no valor de oitocentas e quarenta mil libras esterlinas na Índia e os vendeu na Europa por quatro milhões.[16]

Talvez os leitores modernos prefiram se esquecer desse período de governos coloniais, mas não podemos negar que eles transformaram o mundo, incluindo a própria Europa. Primeiro, porque os territórios espanhóis e portugueses — unificados politicamente e governados por uma única coroa de 1580 a 1640 — constituíam o primeiro império do mundo "em que o sol nunca se punha", com colônias em cinco continentes. Como resultado dessa ampla rede, avanços na área da tecnologia se espalharam para além dos limites da Europa. A guerra entre portugueses e holandeses, cujos combates se deram na América Latina, Índia, África e Extremo Oriente, bem como nos oceanos Atlântico, Pacífico e Índico, e que envolveram espanhóis, franceses, britânicos, dinamarqueses e até governantes de terras coloniais, foi a primeira guerra mundial. Nesse século, a expansão colonial estabeleceu também as bases para o posterior nascimento do Império Britânico, especialmente pela conquista de soberania sobre territórios na Índia, nas Índias Ocidentais e no Canadá. Todavia, fato tão importante quanto essa transformação foi que as colônias funcionaram como válvula de escape para a pressão do crescimento populacional. Ao longo do século XVI, a população da Europa tinha aumentado em mais de um terço para cerca de cento e dez milhões de habitantes — o continente estava tão populoso quanto estivera em 1300. Sem nenhum governo levando em conta a grave questão do número crescente de pessoas para alimentar em suas políticas de planejamento, a situação na Europa estava prestes a explodir em violência. Quando ocorriam perdas de colheita, as pessoas ficavam desesperadas, correndo o risco de morrer na forca com suas invasões de propriedade alheia para roubar animais de criação ou pão. Na França, proprietários de terras começaram a tomar medidas que beiravam a tirania. Na Itália e na Espanha, senhores feudais chegavam a comandar exércitos de bandidos. Estouraram revoluções e rebeliões em toda a Europa: a Revolta de Ivan Bolotnikov, na Rússia (1606–7); a insurreição de Dózsa, na Hungria (1614); a Revolta dos Camponeses na Alta Áustria (1626); as guerras civis na Inglaterra (1643–9); a Revolta Napolitana (1647–8); e a Guerra das Frondas na França (1648–53). Além do mais, minorias católicas, protestantes e judaicas foram perseguidas em muitos países. Por isso, a oportunidade de se transferir para o Novo Mundo e viver em liberdade numa comunidade de governo autônomo, sem medo da fome ou de perseguição religiosa, era muito atraente. A ideia exercia um poderoso efeito na mente das pessoas, mesmo numa época em que o número de emigrantes ainda era pequeno. Nos dois séculos seguintes, a válvula de escape da pressão populacional se abriria de forma ainda mais escancarada, com milhões de europeus afluindo torrencialmente para o Novo Mundo, onde deram início à construção de uma sociedade que, um dia, rivalizaria com as que eles tinham deixado para trás.

O contrato social

A existência de culturas aparentemente menos sofisticadas na África e nas Américas suscitou novas questões na mente dos intelectuais europeus. Sociedades que não tinham casamento formal, dinheiro, escrita ou propriedade de terras pareciam confirmar a história bíblica de que a humanidade já existira em estado primitivo, em um "Jardim do Éden". Bastava os europeus examinarem sua própria sociedade — as armas de fogo, os livros impressos e as conquistas científicas e marítimas dos últimos cem anos — para perceber como rapidamente se afastavam desse estado original. Acima de tudo, essa coexistência de sociedades desenvolvidas e primitivas levou filósofos europeus a reconsiderarem questões de direito e moralidade. Qual era a lei natural que governava toda a humanidade? Como a humanidade progrediu moralmente de um estado de pura natureza, em que homens e mulheres pareciam obedecer ao impulso de satisfação de seus próprios desejos, para um estado em que concordaram a passar a observar regras comuns da sociedade?

Thomas Hobbes foi o primeiro importante analista do assunto. Em seu *Leviatã* (1651), ele argumentou que o surgimento da sociedade organizada se deveu inteiramente às relações humanas, não a uma intervenção divina. Ele propôs a tese de que os homens no estado de natureza tinham direitos naturais, mas viviam em condições brutais. Com o passar dos anos, eles abriam mão de alguns de seus direitos em acordos para benefício mútuo. Por exemplo, um grupo de homens podia decidir renunciar ao direito de matar uns aos outros para passar a defender-se de agressões de forasteiros. A compreensão desse acordo formava um contrato social, proporcionando a justificativa filosófica para a instituição de uma sociedade organizada ou um organismo político. Hobbes argumentou que havia apenas três tipos de sociedade — a monárquica, a democrática e a aristocrática — e que, dessas três, a monárquica era a melhor. Apenas um governo forte e politicamente centralizado, o "Leviatã", podia manter a paz e a coesão social e proteger os indivíduos e sua propriedade. Por isso, rebeliões contra a monarquia nunca eram justificáveis, ainda que o governante agisse de forma contrária aos interesses do povo. Além do mais, não deveria ser permitido que qualquer representante da religião afirmasse ter maior autoridade do que o Estado, de forma que nenhuma convicção espiritual pessoal pudesse rivalizar com a autoridade do monarca ou o direito civil.

Contemporâneos de Hobbes viam as coisas de um modo um tanto diferente, principalmente com relação a que forma de governo era ideal e até onde o povo podia ir na cobrança de responsabilidade de seus governantes. Mas quase todos concordavam que direitos naturais existiam de fato. O conceito agradava aos radicais, que o usavam para queixar-se de autoridades do governo e proprietários de terra que abusavam dos direitos do homem comum. Agradava também a outros filósofos. O mais importante deles foi John Locke, que desenvolveu a ideia ainda mais em seus *Dois tratados sobre o governo* (1689-90). Na obra, Locke argumentou que todos os homens eram iguais em estado de natureza e que tinham três direitos naturais: o primeiro e mais importante era o direito à vida; o segundo, o direito à liberdade, o de fazer o que quisessem, desde que não conflitasse com o primeiro; e o terceiro, o direito de propriedade, desde que possuí-la e usufruir dela não interferisse nos dois primeiros. Locke não concordava com a ideia de que a monarquia era sempre a melhor forma de governo e chegou a argumentar que, se o monarca não protegesse os direitos do povo, este tinha o dinheiro de destituí-lo. De fato, ele elogiou a Revolução Gloriosa (1688) na Inglaterra, que colocara esse mesmo princípio em prática pouco tempo antes. Também apoiava a Declaração de Direitos que foi aprovada pelo Parlamento logo em seguida, limitando o poder do rei. Dali por diante, o monarca não poderia mais interferir nas leis ou no funcionamento do Parlamento, tampouco formar exércitos ou cobrar novos impostos sem a autorização do Parlamento, nem tinha mais permissão para usar ou autorizar "formas de punição cruéis e incomuns". Todavia, Locke concordava com Hobbes sobre o fato de que nenhuma convicção religiosa pessoal poderia sobrepujar o contrato social. Na visão de Locke, a intolerância religiosa era uma violação ao direito de liberdade individual. Como ninguém podia provar que uma crença era verdadeira e a outra, falsa, as razões para se praticar intolerância religiosa só podiam existir nas mentes delirantes.

Desse modo, a descoberta do Novo Mundo incentivou os europeus a pensar de forma inovadora, livre do convencionalismo de uma sacerdocracia divina, e no direito de liberdade de todas as pessoas — ricos e pobres, católicos e protestantes. O irônico é que, ao mesmo tempo em que desenvolviam essas ideias, os europeus se empenhavam, na África e nas Américas, em tirar a liberdade dos povos indígenas, forçando-os a trabalhar como escravos. Apesar dessa tragédia, as tão disseminadas histórias de riquezas no Novo Mundo incutiram uma visão de vida inovadora e mais liberal na mente dos europeus. Isso, por sua vez, deu origem a ideias que acabariam chegando às Américas do Norte e do Sul nos séculos XVIII e XIX, impelindo suas respectivas lutas para se livrarem de seus dominadores coloniais da Grã--Bretanha e da Espanha.

A ascensão da classe média

Em 1709, o artista veneziano Marco Ricci retratou três ensaios de ópera numa sala de ensaios no Queen's Theatre, na Haymarket, em Londres. Esses quadros revelam um mundo marcantemente diferente da vida londrina um século antes. Nada que vemos neles poderia ter sido retratado em 1600. As vestes usadas pelos cantores eram a última moda da época, incluindo perucas com mechas encaracoladas em lugar da profusão de rufos do século anterior. Retratos e quadros exibindo paisagens naturais ladeiam as paredes da sala; antes do francês Claude (1600-82), os artistas não pintavam paisagens naturais, exceto para ilustrar uma cena de fundo religioso, e poucas pessoas penduravam quadros nas paredes de suas casas. Quanto à ópera em si, o gênero ainda não existia em Londres em 1600: o primeiro espetáculo de ópera ocorreu em Florença, em 1597, e Henry Purcell compôs a primeira ópera inglesa somente na década de 1680. Num de seus três quadros, Ricci apresenta o mais importante castrato da época, Il Niccolini, o que indica outros aspectos da realidade então: em 1600, cantores não faziam excursões internacionais e ninguém castrava meninos para que desenvolvessem vozes agudas. O público que ocupava os lugares para assistir a esses espetáculos representava uma relativa novidade também, já que cadeiras individuais eram algo incomum um século antes. Num dos quadros, um dos membros da plateia em pé até toma chá numa xícara e pires de porcelana. Enfim, o tema usado por Ricci em suas pinturas — uma cena em recinto fechado que não tem nada a ver com mitos ou lendas — é algo que não seria visto em 1600. Os quadros falam de um mundo diferente, com pessoas diferentes, gostos diferentes e ideias diferentes.

Na raiz de todas essas transformações, estava a ascensão da burguesia. Todas aquelas sedas e especiarias levadas do Extremo Oriente para a Europa não estavam sendo adquiridas pelos pobres, mas pelos novos ditadores do bom gosto, as enriquecidas classes médias. Os números a elas relacionados vinham crescendo havia séculos, principalmente como resultado dos bons lucros que mercadores urbanos conseguiam em suas operações de compra e venda. Mas, antes, não existia uma "classe média alta" como grupo social. Quando comerciantes viram suas riquezas alcançarem o nível de prosperidade da pequena nobreza ou da aristocracia, eles vendiam boa parte de seu patrimônio e compravam uma propriedade rural, passando a se classificarem como parte da classe alta. Na Inglaterra do século XVI, as maiores fortunas foram conseguidas por advogados e autoridades públicas, mas, ainda assim, os poucos bem-sucedidos coroavam suas conquistas com a compra de uma propriedade campestre. Depois de 1600, porém, as classes médias urbanas e sua riqueza cresceram tremendamente. Gregory King, pioneiro do campo da estatística, estimou que, em 1695, com exceção da aristocracia, do alto clero e de famílias da pequena nobreza detentoras de brasão, havia dez mil pessoas na Inglaterra vivendo dos rendimentos de um cargo público (excluídos membros do clero e oficiais militares), com uma renda coletiva de 1,8 milhão de libras esterlinas. Além disso, existiam no país dez mil negociantes atuando na área de comércio exterior, cuja renda conjunta chegava a 2,4 milhões de libras, bem como dez mil advogados, com remunerações totalizando 1,4 milhão de libras, e doze mil fidalgos sem cota de armas, auferindo, em conjunto, um montante de 2,9 milhões de libras esterlinas. Numa época em que a renda geral da nação era de 43,5 milhões de libras esterlinas, as classes médias altas detinham quase um quinto do total de ganhos — cerca de três vezes os rendimentos da aristocracia e das famílias da pequena nobreza possuidoras de brasão.[17]

Claro está que nem todas as pessoas podiam fingir serem aristocratas. Contudo, de um jeito ou de outro, a maioria tentava ressaltar a posição elevada que ocupava na sociedade. Elas ostentavam as últimas roupas da moda e faziam tudo para serem vistas em público — como ir ao teatro ou à opera e deslocar-se para os compromissos sociais apropriados acomodadas em carruagens puxadas por cavalos. Enchiam suas casas com todos os objetos e alfaias ostentadoras de modernidade de que podiam dispor: grandes janelas envidraçadas, quadros e gravuras decorativas, instrumentos musicais, jogos de tabuleiro com lavores em madeira ou peças de marfim, livros, espelhos com molduras douradas, tapetes, almofadas, cortinados com sanefa, toalhas de mesa bordadas, castiçais cheios de ornatos refinados, relógios de pêndulo, copos de vinho venezianos, objetos de cerâmica importados do Extremo Oriente, pratos de estanho polidos ostentando o brasão da família e móveis embutidos ou exibindo entalhes complexos. Orgulhavam-se também de sua instrução e viajavam para toda parte, de modo a ampliar seus horizontes. Muitas tinham "armários de curiosidades": artefatos estranhos que geralmente refletiam o estilo de vida de povos de lugares distantes ou antigos, tais como do Antigo Egito ou do Novo Mundo.

Gostavam também de ingerir boa comida e bebida. O século XVII viu o aparecimento de chá, café, chocolate, limonada, suco de laranja e bebidas alcoólicas como conhaque, aquavita e jenever (gim holandês). Ademais, tomaram gosto pelos vinhos que começavam a ser produzidos na França: Château Latour, Château Lafite, Château Margaux e Château Haut-Brion. Este último foi saboreado pelo londrino Samuel Pepys em 1663, segundo registro de seu diário. Foi nessa época que se introduziram champanhes espumantes nas sociedades londrina e parisiense.[18]

Sob muitos aspectos, foi essa classe urbana que criou o modelo de vida moderna. Seus membros não moravam em grandes mansões imponentes, mas em casas de proporções mais modestas. O projeto das casas conjugadas de tijolos e três andares construídas em Londres após o Grande Incêndio de 1666 serviu como modelo de construção de edifícios urbanos nos duzentos e cinquenta anos seguintes. Essas casas continham uma sala de estar e de jantar, dormitórios e lareiras menores e mais eficientes, alimentadas por carvão, combustível que passou a ser usado cada vez mais. Cozinhas — que, em séculos anteriores, ficavam quase sempre localizadas em partes independentes — foram incorporadas ao ambiente interno das residências, num local não muito distante da sala de jantar, junto com uma área de serviço para todas as tarefas de limpeza, tais como lavagem de pratos e vasilhas, limpeza de panelas e preparo de carnes, peixes e verduras. O ideal era que ficasse tudo disposto de forma ordenada. Pinturas de gênero criadas por artistas holandeses revelam as diferenças notáveis entre os cortiços de pessoas comuns, com seus interiores sombrios, velhas tábuas semissoltas e pendentes, lareiras malconservadas, poças no assoalho, cerâmicas quebradas e pessoas com roupas puídas, sujas, e as casas iluminadas, limpas e arrumadas das prósperas famílias da classe média.

Em todos esses quadros de artistas holandeses é notável a frequência com que os membros da burguesia são retratados com fisionomia séria e preocupada, enquanto a maioria dos rostos sorridentes são de pobres beberrões com narizes vermelhos. Talvez eles vivessem preocupados com os negócios ou sobrecarregados com o peso do trabalho. Pode ser que preferissem ser retratados com ares de pessoas responsáveis. Afinal, a ascensão social era um assunto sério, e a escala que essas pessoas procuravam galgar era muito alta. Embora os burgueses da Inglaterra, Holanda e França do século XVII não estivessem mais sob pressão para emular a aristocracia, cujos membros tinham casas com quarenta empregados ou mais, eles tentavam imitar seus superiores sociais em quase todos os outros aspectos. Mais e mais famílias passaram a dizer-se no direito de ostentar brasões e enviar os filhos para estudar em universidades, além de reivindicar outros símbolos de distinção social. Em 1650, um observador francês registrou em seus escritos: "Antes do século atual, não existia o hábito de serem tratadas por *madame* as esposas de assessores de autoridades do governo, advogados, tabeliães e comerciantes."[19] Na Inglaterra, era cada vez maior o número de homens que faziam questão de serem tratados por "senhor" ou, no caso das mulheres, por "senhora", ou ainda, a partir da década de 1660, por "senhorita", se não fossem casadas. A adoção de novos modismos tornou-se imprescindível. Quando Luís XIV recebeu um embaixador do imperador otomano em 1669, todo mundo ficou obcecado por tudo que fosse de origem turca — tomar café, ler histórias turcas, usar turbantes e deitar-se em tapetes e pilhas de almofadas. Para as pessoas dos séculos subsequentes que passaram a dar grande valor à necessidade de se "manterem nas últimas tendências da moda", foi ali que tudo começou. Em 1670, o dramaturgo francês Molière compôs uma sátira mordaz ridicularizando a ambiciosa classe média da época. Em sua peça *Le Bourgeois Gentilhomme,* ele conta a história de Monsieur Jourdain, o filho de um comerciante de tecidos capaz de qualquer coisa para ser reconhecido como aristocrata — e que acaba se tornando alvo de chacotas por isso.

Não devemos supor que as classes médias surgiram de um dia para o outro. Em muitos sentidos, o consumismo dos últimos anos do século XVII foi um prelúdio das ondas mais vastas de mobilidade social dos séculos XVIII e XIX. Mas o século XVII foi um tempo em que os europeus viram a estrutura da sociedade inchar-se no meio — e engordar consideravelmente acima do apertado cinturão do controle social.

Conclusão

É tentador afirmar que esse é o século que demarcou o limite entre o mundo antigo e o moderno, já que a esperança do povo pelo bem-estar deixou de ser depositada em Deus e foi para a mão dos homens. Isso reflete a transformação do mundo para um materialismo secular que pode ser observado em tudo, do contrato social de Hobbes à participação em guerras. Em séculos anteriores, o resultado de uma batalha era visto como uma indicação da vontade de Deus; já no século XVII, o desfecho dos conflitos passou a ser visto como consequência do bom ou do mau emprego que o comandante da tropa fazia dos recursos bélicos que tinha à disposição. Parece que em outros aspectos também o século XVII foi um prenúncio da era moderna, com a rápida diminuição de crenças supersticiosas, o proporcional aumento da racionalidade científica e a constante redução dos índices de violência.

Apesar disso, nem todas as novidades do século assinalam um avanço em direção à modernidade. O puritanismo na Inglaterra e nos Estados Unidos, que começou com o grande fervor religioso de seus seguidores em favor de uma reforma moral e teológica, agora fomentava a prática de injustiças monstruosas. Em 1636, John Cotton, pregador puritano da Colônia da Baía de Massachusetts, criou um código de leis modelar determinando que o casal que fizesse sexo quando a mulher estivesse menstruada deveria ser condenado à morte.[20] Em maio de 1650, a Lei do Adultério foi aprovada na Inglaterra, prescrevendo a pena de morte a quem fizesse sexo fora do casamento. É chocante ler sobre uma mulher de Devon, Susan Bounty, que foi condenada por adultério. Quando seu filho nasceu, deixaram que ela o segurasse no colo por alguns momentos; pouco depois, levaram a criança embora, e a mulher foi enforcada. No entanto, apenas seis anos mais tarde, Carlos II da Inglaterra subiu ao trono — um homem casado que teve, no mínimo, oito filhos ilegítimos com seis amantes. Não faz sentido. Fica pior ainda quando se lê sobre os julgamentos das bruxas de Salém de 1692-3, nos quais dezenove pessoas foram enforcadas e outra condenada à morte por esmagamento por recusar-se a reconhecer sua "culpa". Aí começamos a pensar nas inúmeras guerras civis, revoluções e rebeliões motivadas por crises de fome e injustiças sociais. Apesar do pensamento científico, dos direitos naturais e do refinamento da burguesia, a verdade é que o mundo moderno não surgiu com facilidade. Ele lutou muito para nascer, chorando como um recém-nascido, ensanguentado e faminto. Se nos parece agora que a maior conquista do século XVII foi sua abordagem racional ao mundo, precisamos lembrar que dezenas de milhares de pessoas perderam a vida nesse mesmo período — nas casas de detenção de bruxas, na fogueira e nas forcas da Europa.

O principal agente de transformações

Temos três fortes concorrentes ao título de principal agente de mudanças do século XVII — Galileu, Isaac Newton e John Locke. Mas deveríamos levar em conta também os azarões, principalmente William Harvey, Christian Huygens e Antonie van Leeuwenhoek. Desses seis, costuma-se considerar Isaac Newton o principal responsável por moldar o mundo moderno. Contudo, já vimos que foi necessário algum tempo para que as pessoas aceitassem os conceitos expostos em seu trabalho. A ideia de eleger o principal agente de transformações de cada século não é dar destaque a alguém que afetou o mundo profundamente muitos anos após seu tempo. Se esse fosse o critério da escolha, Aristóteles, em vez de Pedro Abelardo, teria sido o principal candidato do maior agente do século XII. Desse modo, minha escolha recai sobre Galileu. Ele não só popularizou o método de investigação científica, mas também foi o pioneiro na fabricação de instrumentos, no estudo da física elementar, na pesquisa de meios de medição do tempo e no desenvolvimento da astronomia. Ele fez mais do que qualquer outra pessoa de sua época e das seguintes para contestar a presunção da Igreja da posse do verdadeiro conhecimento, movida pela vontade de preservar sua autoridade. Ao manifestar profunda convicção em suas descobertas científicas, mesmo ao preço da própria liberdade, ele defendeu muito mais do que um conjunto de verdades científicas. Ele defendeu a própria verdade.

1701–1800

O Século XVIII

Em 1738, Bampfylde Moore Carew, um vigarista, crápula e vagabundo de Devonshire, que se autointitulava "Rei dos Ciganos", foi preso por vadiagem. As autoridades o prenderam quando ele pedia esmola a viajantes fingindo ser uma vítima de naufrágio. Durante o julgamento, o juiz mandou que ele dissesse quais lugares tinha visitado em seu tempo como navegador. Quando o malandro respondeu que estivera na "Dinamarca, Suécia, Rússia, França, Espanha, Portugal, Canadá e Irlanda", o juiz resolveu mandar que o deportassem para Maryland, Estados Unidos. Carew agradeceu ao magistrado por condená-lo ao exílio na terra da alegria (Merryland) e reagiu à perspectiva de passar o resto da vida trabalhando em regime de servidão tratando de fugir imediatamente ao chegar ao Novo Mundo. Pouco depois, foi recapturado e ganhou uma pesada argola de ferro ao redor do pescoço. No entanto, sem desanimar, ele tratou de fugir outra vez, fazendo amizade com alguns indígenas americanos, que tiraram a argola de seu pescoço com uma serra. O Rei dos Ciganos então iniciou uma viagem a pé para Nova York, aplicando golpes e pedindo esmola pelo caminho. Acabou conseguindo voltar clandestinamente para a Inglaterra. Não muito depois, enquanto passeava pelo cais de Exeter com sua paciente esposa, o pilantra cruzou com o capitão do navio que o levara para o Novo Mundo. Foi um momento constrangedor, já que a lei determinava que se enforcassem condenados que fugissem do exílio. Será que o capitão o entregaria às autoridades? Pode apostar que sim. Mas Carew teve sorte: em vez de o mandarem para a forca, ele foi enviado mais uma vez para a terra da alegria. Desnecessário dizer que o sujeito fugiu de novo e teve muito mais aventuras no caminho de volta para sua terra natal. Em 1745, com seus cinquenta e dois anos de vida, ele ditou a um biógrafo suas memórias, que se tornaram campeãs de venda no país. Cem anos depois, os ingleses continuavam a contar histórias sobre "o famigerado vagabundo e ladrão de cães de Devonshire", comparando-o a Robin Hood.

Carew enquadra-se na mesma categoria de certas personagens do século XVIII, como o pirata Edward Teach, mais conhecido como Barba Negra, e Henry Every, o Rei dos Piratas, cujas proezas foram relatadas, junto com as muitas histórias de outros grandes criminosos, em *A General History of the Robberies and Murders of the Most Notorious Pyrates* [História geral dos roubos e assassinatos de piratas famosos] (1724), de Charles Johnson. Poderíamos incluir o assaltante de estradas Dick Turpin nessa categoria de vilões heroicos também, cuja história de vida foi publicada imediatamente após sua execução, em 1739. Centenas de criminosos como esses foram enaltecidos em obras de literatura vulgar da época e até em peças teatrais, tais como *The Beggar's Opera* [A ópera do mendigo] (1728), sátira muito famosa de autoria de John Gay. Talvez essa exaltação da vida de criminosos choque o leitor. Afinal, esse foi o século do Iluminismo, da política econômica e das experiências científicas. Foi a era da elegância, da harmonia e da ordem: a música de Vivaldi, Bach, Handel, Haydn e Mozart; da arquitetura rococó; das peças de mobília de George Hepplewhite, Thomas Chippendale e Thomas Sheraton; dos quadros dos paisagistas Capability Brown e Humphry Repton; das belas esculturas de Antonio Canova; das telas de paisagens urbanas de Veneza de Canaletto e Guardi; e das obras dos franceses Watteau, Fragonard e Boucher. Até mesmo os ingleses — finalmente — conseguiram dar ao mundo pintores de importância internacional, como Joshua Reyonolds, Thomas Gainsborough, Joseph Wright, George Stubbs, George Romney e William Hogarth. Acima de tudo, essa foi uma era de revoluções — a americana, a industrial e a francesa. Mas o status de celebridade desses criminosos do século XVIII não é descabido como parece à primeira vista. De forma muito similar, a sociedade atual também testemunha a defesa de contraventores, marginais, desajustados, libertinos e iconoclastas. E John Gay teve seus sucessores também: o gênero policial é um dos mais populares, e milhões costumam assistir a filmes sobre organizações criminosas reais, tais como a Máfia. Histórias sobre Carew, o Barba Negra, Every e Turpin fizeram sucesso entre os leitores do século XVIII, que adoravam o espírito de aventura e liberdade que esses homens representavam. De fato, há certa modernidade nas contradições do século XVIII — uma mistura de respeito à lei e à ordem com um desejo romântico e impulsivo de fugir. Isso se aplica à maior parte dos aspectos da vida, desde o sexo e o crime à religião e à ópera. Em comparação com o gosto dos séculos anteriores, que podia ser salgado, azedo, agridoce ou simplesmente amargo, conforme ditado pelas circunstâncias, o gosto do século XVIII tinha certa efervescência — como fogos de artifício e os acordes de quartetos de corda explodindo acima da lama abjeta da desgraça humana.

Os sistemas de transporte e de comunicação

Antes do advento da técnica da sinalização com bandeiras para fins militares, no fim do século, a velocidade da transmissão de informações dependia da rapidez com que as pessoas conseguiam viajar. E alguns fatores podiam afetar isso: o tanto de horas de claridade diária em dada época; a condição das estradas, a qual dependia das estações do ano; o nível de riqueza do remetente, que afetava o número de montarias descamadas que podiam ser alugadas ao longo do caminho; e, por fim, a distância do destino. Se houvesse boas estradas até o fim da viagem, o mensageiro capaz de contar com várias trocas de cavalos podia viajar a grande velocidade — percorrendo até quase duzentos quilômetros num dia de verão. Mas boas estradas eram raras em 1700. Se o destino fosse um fim de mundo rural como Moreton, os atoleiros do inverno e as estradas antigas e pedregosas da época podiam retardar muito a viagem, e talvez o mensageiro levasse um dia para percorrer pouco mais de trinta quilômetros. De acordo com minhas pesquisas até o momento, a maior distância coberta por um mensageiro nos séculos anteriores a 1800 fez parte da missão de Sir Robert Carey de notificar Jaime VI da Escócia sobre a morte de Elizabeth I da Inglaterra, em março de 1603. Sir Robert percorreu a cavalo os quase seiscentos e quarenta quilômetros de Richmond a Edimburgo em menos de três dias, completando duzentos e sessenta quilômetros do percurso no primeiro dia e quase duzentos e vinte no segundo. No ano anterior, Richard Boyle tinha viajado de Cork a Londres em apenas dois dias, incluindo a travessia marítima entre Dublin e Bristol, apesar da situação das estradas em janeiro.[1] Vale observar que a maioria dos viajantes de grandes distâncias do passado não chegava nem perto dessas velocidades, considerando uma sorte conseguir percorrer cinquenta quilômetros num dia de verão.

Foi no fim do século XVII que surgiram as primeiras tentativas sérias para melhorar o sistema de transportes na Europa. Primeiro, desenvolveram-se carruagens com suspensão e construíram-se novos modelos leves de coches. Contudo, ainda mais importante foi a decisão dos governos de melhorar o estado das rodovias. Na Inglaterra, a antiga legislação que impunha às populações de certas regiões a responsabilidade pela manutenção de estradas foi abolida e substituída pela lei que determinava que os usuários de uma estrada ficavam obrigados a pagar uma taxa para sua manutenção. Passou a ser necessária a aprovação do Parlamento, na forma da Lei de Pedágio, para a construção de uma estrada específica, junto com a criação de um consórcio para cuidar de sua manutenção, mas, após a construção ser permitida, o consórcio monopolizava a cobrança de pedágio nesse trecho da rodovia e podia aplicar todos os recursos financeiros obtidos com o imposto rodoviário em sua manutenção. Em 1750, havia cerca de cento e cinquenta consórcios desse tipo na Inglaterra, proporcionando, com seus serviços, grande melhoria de acesso à região sudeste do país e às Midlands. Em meados do século houve um vertiginoso aumento no interesse pela construção de novas estradas. Mais de quinhentos e cinquenta novos consórcios foram criados entre 1750 e 1800, à medida que foram sendo abertas novas vias para o trânsito de veículos sobre rodas no restante do país. Em 1770, uma Lei de Pedágio instituiu a criação de uma nova estrada ligando Exeter a Moretonhampstead, fazendo com que os primeiros veículos sobre rodas chegassem à cidade logo em seguida. Dez anos depois, construiu-se uma estrada que atravessava o território de Dartmoor. Em 1799, uma hospedaria de Moreton, a White Hart, anunciava o aluguel de carruagens movidas por um único cavalo para que os turistas pudessem fazer passeios agradáveis pelos arredores. Foi algo que assinalou uma reviravolta marcante em relação a 1646, quando, durante a Guerra Civil Inglesa, o exército do general Fairfax havia tentado levar canhões sobre rodas para a remota cidade, mas fracassara.

O aspecto mais importante desse avanço foi a maior rapidez na transmissão de informações. Na Inglaterra, o serviço postal existia desde o século XVI, mas seus funcionários só cobriam quatro rotas: de Londres à

Irlanda, Plymouth, Dover e Edimburgo. Em 1696, somou-se a essas uma rota de entrega pela região interiorana do país, quando se criou um serviço postal entre Exeter e Bristol, ampliado, em 1735, por serviços que levavam correspondências de Lancashire para a região sudoeste e, a partir de 1740, de Bristol para a Salisbury.² A interligação dos raios da roda cujo centro era Londres tornava desnecessário o envio de cartas por intermédio da capital, e as mensagens passaram a ser entregues com mais rapidez. As estradas pavimentadas com cascalho, mantidas com a cobrança de pedágio, possibilitavam o envio mais rápido de informações a Londres também. Foi estabelecido um novo recorde de velocidade pelo tenente John Richards Lapenotière, que chegou a Falmouth em 4 de novembro de 1805, levando a notícia de que a frota inglesa tinha derrotado os franceses numa grande batalha em Trafalgar. Ele percorreu a distância de quase quatrocentos e quarenta quilômetros até o almirantado em Londres em trinta e sete horas, tendo feito vinte e uma trocas de cavalo — a um custo de quarenta e seis libras, dezenove xelins e um centavo.

Pessoas comuns perceberam também a diferença na qualidade das estradas. No século XVI, a viagem de quase trezentos e cinquenta quilômetros de Plymouth a Londres podia levar nada menos que uma semana. Nos primeiros anos do século XIX, na disputa por clientela, empresas concorrentes no transporte de carruagens anunciavam nos jornais dessas cidades que eram capazes de fazer a rota em trinta e duas horas: numa velocidade média de quase onze quilômetros por hora — pouco abaixo dos quase doze quilômetros por hora que o tenente Lapenotière alcançou.³ Essa viagem em carruagens também ficou bem mais barata do que fora cem anos no passado. Antes de 1750, um proprietário rural que viajasse de Plymouth a Londres tinha de arcar não só com a própria hospedagem e alimentação, mas também com a acomodação de seus cavalos em estrebarias e com a forragem para os animais. No caso de viagens com duração de uma semana, a despesa podia ser bem grande. Ao longo dos cinquenta anos seguintes, além da diminuição dos custos, houve um aumento no conforto e na rapidez das viagens. Em 1800, as empresas de transporte em carruagens que levavam passageiros rapidamente para Londres propagandeavam o preço "incrivelmente barato" de seus serviços. Houve melhora também nas diligências — principalmente após a introdução, em 1787, do modelo patenteado de mala-postal de John Besant. Como elas realizavam viagens sem escala, não havia necessidade de alugar um quarto numa hospedaria todas as noites, e o custo dos cavalos era dividido entre os vários usuários do serviço.

Na França ocorreu uma transformação semelhante no setor de viagens. O engenheiro Pierre-Marie-Jérôme Trésaguet desenvolveu um método de construção de estradas côncavas — providas com um sistema de drenagem automática e pavimentadas com cascalho miúdo — que melhorou muito a qualidade das viagens em carruagens. O governo progressista do ministro francês Anne-Robert-Jacques Turgot reorganizou o serviço nacional de malas-postais em 1775, diminuindo bastante o tempo necessário para se levar informações a todas as regiões do país. Em 1765, eram necessários doze dias para se levar uma mensagem de Paris a Marselha e quinze para que ela chegasse a Toulouse; já em 1780, podia se estabelecer contato entre ambas as localidades em oito dias.[4] Isso foi fundamental para a governança de um país grande como a França. Se houvesse uma demora de oito dias para que a notícia de um problema chegasse à capital, seriam necessários também oito dias para enviar de volta uma ordem com orientação sobre o que fazer. A redução do tempo para se estabelecer contato com Toulouse pela metade, em ambas as direções, tornou possível que se levassem duas semanas a menos para que uma solução chegasse.

A disseminação de informações foi facilitada por outro importante acontecimento no século XVIII — o surgimento dos jornais. No século anterior, fazia-se a divulgação de boletins de notícias de quando em vez, mas poucos eram publicados com regularidade. O francês *Gazette de France* foi publicado pela primeira vez em 1631; o espanhol *La Gazeta*, em 1661; o italiano *Gazetta di Mantova*, em 1664; e o inglês *London Gazette* (antes denominado *Oxford Gazette*), em 1665. Mas eram todos publicações semanais. O primeiro jornal de uma província britânica, o *The Norwich Post*, foi publicado em 1701, e o primeiro jornal diário, o *The Daily Courant*, chegou às bancas londrinas no ano seguinte. O número de jornais cresceu rapidamente em ambos os lados do Atlântico. O *The Boston News-Letter*, o primeiro jornal publicado com regularidade no Novo Mundo, nasceu em 1704. Em 1775, quarenta e dois jornais eram distribuídos nas colônias americanas. Vários deles — incluindo o *New York Journal* e o *Philadelphia Evening Post* — adotaram uma linha editorial de forte militância contra os britânicos na luta pela independência: um francês que visitou os Estados Unidos comentou que "sem os jornais, a Revolução Americana jamais teria sido bem-sucedida". Em 1800, havia cento e setenta e oito publicações semanais e vinte e quatro jornais diários nos Estados Unidos. O papel da imprensa mostrou-se ainda mais importante na Revolução Francesa: nos últimos seis meses de 1789, foram criados mais de duzentos e cinquenta jornais na França.[5] Logicamente, esses jornais alcançavam seus leitores por intermédio do sistema rodoviário recém-aperfeiçoado. A combinação dos serviços da prensa móvel com os do sistema de transporte fez com que o córrego irregular de notícias dos séculos anteriores se transformasse numa enchente. Foi um processo que assinalou o início da comunicação em massa entre governos e governados, até mesmo nos lugares mais distantes. Notícias dos acontecimentos em Trafalgar, por exemplo, chegaram a Moretonhampstead em 7 de novembro de 1805, provenientes de Crockernwell, um povoado que Lapenotière atravessou em 4 de novembro. Lapenotière alcançou Londres a tempo para que as notícias fossem publicadas no *London Gazette* em 6 de novembro — jornal cujos exemplares chegaram a Moreton no dia 9. Portanto, três ou quatro dias depois que o governo fazia um anúncio, ele podia alcançar todas as partes das Ilhas Britânicas. Essa rapidez de comunicação era notavelmente maior do que nos séculos anteriores, quando até a notícia da morte do rei podia chegar ao conhecimento de alguns lugares remotos somente semanas após o acontecimento.[6]

Aquilo que as estradas fizeram para as viagens, as hidrovias fizeram para o transporte de mercadorias. Em 1600, a maneira mais fácil de transportar produtos com segurança pelo território francês era usar grandes rios como o Loire, Sena, Sona e Ródano. O problema era que, em certo trecho, as cargas tinham que ser transferidas de um rio para outro, e isso não era uma tarefa fácil. O Canal de Briare, com seus cinquenta e seis quilômetros de extensão e eclusas elevando-se a quase quarenta metros de altura e depois baixando pouco mais de oitenta metros, ligando o Sena ao Loire, foi concluído em 1642. Projeto ainda mais ambicioso, o Canal du Midi, com mais de duzentos e quarenta quilômetros de extensão, foi construído entre 1666 e 1681 para ligar o Mediterrâneo ao Atlântico. Na Alemanha, os rios Óder, Elba e Weser foram interligados por canais nos primeiros anos do século XVIII. Na Inglaterra, o engenheiro James Brindley supervisionou a construção do Canal de Bridgewater, inaugurado em 1761. Ele foi encomendado pelo duque de Bridgewater, que, inspirado no projeto do Canal du Midi, percebeu os benefícios de transportar seu carvão de Worsley até Manchester por hidrovias. O sucesso do empreendimento tornou-se o catalisador da construção de mais seis mil e quinhentos quilômetros de canais na Inglaterra nos cinquenta anos seguintes. Esse meio relativamente barato de se transportar o combustível necessário à expansão de indústrias foi de vital importância para o desenvolvimento da economia da Europa. Com a inauguração do Canal du Centre, em 1784, os sistemas de hidrovias do Sena e do Sona — e, com isso, o do Ródano — foram interligados, permitindo que grandes cargas fossem transportadas diretamente de Rouen, de Paris e do Canal da Mancha para o Mediterrâneo.

Pode ser surpreendente saber que as origens da aviação remontam também ao século XVIII. Durante milhares de anos, as pessoas tentaram voar e, agora, elas finalmente conseguiram. Em 21 de novembro de 1783, Joseph-Michel e Jacques-Étienne Montgolfier realizaram, em Paris, o primeiro voo tripulado. Os corajosos homens acomodados no cesto daquele balão de ar quente, feito de saco de aniagem e papel, foram Pilatre de Rozier e o marquês d'Arlandes. Dez dias depois, em Paris, Jacques Charles e Nicolas-Louis Robert se tornaram os pioneiros no voo de um balão de hidrogênio tripulado. Todos aqueles homens que haviam se atirado de torres de igrejas medievais com asas presas ao corpo, batendo o ar desesperadamente enquanto mergulhavam para a morte; todos aqueles filósofos naturais que, desde pelo menos a época de Roger Bacon, no longínquo século XIII, haviam criado engenhocas para fazer o homem voar como os pássaros — todos eles foram finalmente vingados em sua crença de que era possível fazer o homem voar, apesar de não da forma como imaginavam.

Agora, a Europa inteira estava doida por balões. Os nomes dos corajosos aeronautas se espalharam rapidamente pelo continente. Na Grã-Bretanha, James Tytler fez o primeiro voo em Edimburgo, em agosto de 1784; Vincenzo Lunardi subiu aos ares londrinos em seu balão no mês seguinte. Em outubro, Jean-Pierre Blanchard viajou cento e doze quilômetros num balão de hidrogênio pelo sul da Inglaterra. O editor da *The London Magazine* que fez a cobertura jornalística desses voos se sentia bem cético quanto a todo esse frenesi, concluindo:

> Por [mais] que essas exibições agradem a parte mais ociosa e preguiçosa da sociedade, o prejuízo que elas causam aos homens de negócio é bem grande. É simplesmente inimaginável quanto tempo foi desperdiçado até agora com as várias exibições desse *saco de fumaça* malfeito e disforme.[7]

Logo depois, em 7 de janeiro de 1785, Blanchard, juntamente com um patrocinador americano, o Dr. John Jefferies, atravessara o Canal da Mancha a bordo de um balão, alcançando quase mil e quatrocentos metros de altitude. Depois de duas horas e meia de voo e de terem lançado tudo para fora do cesto, exceto a si mesmos, eles sobrevoaram Calais. Foi um feito assombroso, tanto que, quando Blanchard chegou a Paris em 11 de janeiro, não mais se ouviu falar em "sacos de fumaça malfeitos e disformes". Em vez disso, reportou um dos jornais:

> O aparecimento [de Blanchard] no local foi algo muito parecido como uma chegada triunfal. Desfraldaram-se bandeiras, salvas de canhões foram disparadas, sinos repicaram saudações, e autoridades marcharam em séquito para cumprimentá-lo e dar a ele e a seu companheiro a chave da cidade numa caixa dourada. Logo depois, ele foi apresentado ao rei em Versalhes, que [...] concedeu ao nosso corajoso aventureiro uma recompensa de doze mil livres (vinte e cinco libras) e uma pensão anual vitalícia de mil e duzentos livres (cinquenta e duas libras e dez xelins).[8]

Organizaram-se centenas de exibições públicas de balões na Europa e nos Estados Unidos. Em 1797, André Garnerin tornou-se pioneiro no uso de paraquedas de velame de seda dobrável, usados para o abandono emergencial de balões, iniciando com isso mais uma coqueluche que deixaria as multidões boquiabertas. Mas aquele editor da *London Magazine* tinha certa razão no que disse. O voo em balões permaneceu, em grande parte, um espetáculo para impressionar as massas, uma espécie de novidade de parques de diversão, sem nenhuma aplicação prática. É muito irônico o fato de que, depois de tantos séculos sonhando com a conquista da capacidade de voar, tudo que a humanidade podia fazer com essa nova invenção era permanecer em terra assistindo, embasbacada.

A Revolução Agrícola

O leitor que tenha se dado ao trabalho de ler o livro até esta página já deve estar ciente de que o maior desafio constante enfrentado por nossos ancestrais era a o suprimento de comida incerto e ineficiente. No século XVIII, esse problema não foi resolvido, mas houve consideráveis avanços nas técnicas agrícolas que resultaram em maiores produções de grãos e animais de criação, fatos que muito ajudaram a diminuir o medo de possíveis crises de fome.

Costuma-se afirmar que a Revolução Agrícola teve origem na Inglaterra, graças a alguns inovadores inteligentes. Um deles foi Jethro Tull, inventor de máquinas agrícolas como a semeadeira, apresentada inicialmente em seu livro *Horse-hoeing Husbandry*, em 1733. Outro foi um contemporâneo dele, Lorde Townshend, o pioneiro no desenvolvimento do sistema de "rotação de culturas Norfolk", o qual envolvia a plantação sucessiva de nabo, trevo, trigo e cevada — daí o apelido dado a seu criador, "Nabo Townshend". E também Robert Bakewell e os irmãos Charles e Robert Collings, que defendiam a ideia de serem feitas a criação e reprodução seletiva de animais de criação. Isso tudo parece criar uma bela imagem de proprietários de terras progressistas bolando melhorias — bela demais, na verdade, para os historiadores academicistas dos dias atuais. De acordo com um deles, a ideia é uma "farsa extremamente enganosa". Bakewell é descartado porque uma variedade de seus animais de criação acabou se extinguindo, e também Lorde Townshend, pois está claro agora que ele não teve participação direta na introdução do cultivo de nabos para o enriquecimento do solo. O mesmo historiador também faz pouco do papel de Thomas Coke, conde de Leicester, tido também como mais um que contribuiu para essa revolução, por considerá-lo apenas um "grande publicitário (principalmente de suas próprias realizações)".[9]

Talvez, no passado, os reformadores da agricultura tenham sido mesmo superestimados, mas eles merecem mais crédito do que recebem desses historiadores revisionistas da atualidade. Primeiro porque "grandes publicitários" eram exatamente o necessário para realizar uma transformação em âmbito nacional das práticas e técnicas agrícolas consagradas desde longa data. E, embora o livro de Jethro Tull não tenha feito com que fazendeiros saíssem correndo para encomendar máquinas para colher safras — os editores admitiram isso no prefácio da quarta edição da obra, em 1762 —, ele serviu para conscientizar as pessoas de que a melhoria mecânica era *possível*. É provável que "Nabo" Townshend tenha exagerado quando alegou que introduziu o cultivo de nabos em Norfolk, porém o fato de que um aristocrata se deixou associar com uma maneira tão humilde de melhorar o uso da terra foi uma excelente propaganda que ajudou a disseminar a prática entre as classes proprietárias de terra e entre arrendatários agrícolas. Em suma, a Revolução Agrícola só ocorreu porque uma série de reformadores fez com que as pessoas enxergassem que a agricultura podia ser bastante lucrativa. Se considerarmos a ovelha premiada de Robert Bakewell e o gado premiado de Collings por esse ângulo, veremos que não importa que uma de suas raças de animais de criação tenha se extinguido. Não foram tanto seus avanços pessoais no melhoramento genético dos animais que fizeram a diferença, mas o fato de que outros fazendeiros começaram a perceber que animais de criação não precisavam continuar com o mesmo tamanho e as mesmas características físicas que tinham desde a época em que a arca de Noé alcançara terra firme. Por que criar ovelhas esqueléticas, com pouca carne, quando poderiam ser gerados animais grandes e gordos, possibilitando lucro muito maior? Quando Bakewell começou a cobrar oitenta guinéus (oitenta e quatro libras esterlinas) ou mais pelo aluguel de seu carneiro premiado para fins de reprodução, a comunidade agrícola inteira não parou de falar nisso. Que propaganda maravilhosa para a melhoria das técnicas agropecuárias!

Assim como os navegantes exploradores do século XVI e os filósofos naturais do século XVII, os reformadores da agropecuária compartilhavam suas descobertas com outros colegas. De fato, gabavam-se de suas conquistas. E por que eles revelavam os segredos de seu ofício? Muitos viam a si mesmos como cientistas; vários foram eleitos membros da Royal Society. Talvez seja plausível supor que alguns dos que ganharam dinheiro com comércio e compraram uma propriedade rural tenham se dedicado a melhorar técnicas de agropecuária com vistas a facilitar seu ingresso na classe da pequena nobreza rural. Nesse particular, um dos desenvolvedores da agropecuária que merece ser citado é John Mortimer (nenhum parentesco com o autor), um negociante transformado em fazendeiro que comprou uma propriedade rural em Essex, onde iniciou o trabalho de melhoria de exploração de suas terras. Em dezembro de 1705, ele foi eleito membro da Royal Society, cinco meses antes do ingresso de Lorde Townshend. A obra de Mortimer em dois volumes, *The Whole Art of Husbandry or the Way of Managing and Improving Land* [A arte da agropecuária ou a melhor forma de administrar e melhorar a produtividade rural], foi publicada em 1707 e chegou à quarta edição em 1716. Entre suas muitas observações sobre a forma pela qual se poderia melhorar a agropecuária, ele cita os benefícios do uso do nabo como cultura de inverno para alimentar o gado e o plantio de trevos para recuperar o solo, assim como a eficácia geral de culturas mistas.[10] Ele recomenda a cultura de batatas pela facilidade do cultivo e principalmente para a alimentação de porcos. Explica ainda, detalhadamente, a maneira mais eficaz de melhorar a terra em cada um dos condados com o emprego de esterco, trevos e azevém. Foram proprietários rurais de mentalidade metódica e científica como Mortimer que ajudaram a ocasionar a Revolução Agrícola — pela transmissão de seus avanços a muitos outros proprietários rurais e pequenos fazendeiros.

Outro motivo que justifica a necessidade de se reconhecer o mérito desses reformadores está no fato de que eles introduziram a ideia de empreendedorismo no setor agropecuário. Antes deles, os produtores rurais eram capazes de ter na terra uma fonte de renda estável, mas não conseguiam obter grandes fortunas com sua exploração comercial; ela era mais uma forma de consolidar riquezas obtidas em outros setores. Agora, os reformadores proprietários rurais queriam melhores retornos financeiros em sua exploração da terra — e estavam dispostos a investir nisso. E não eram meros diletantes. Consideremos, por exemplo, o caso do Pantanal de Romney, no litoral sudeste da Inglaterra. Durante séculos, o lugar foi apenas criadouro de mosquitos e fonte de infestação de malária para os habitantes locais. Agora, os proprietários de terras da região começavam a transformar o que fora outrora uma armadilha úmida e mórbida numa das mais ricas áreas de pastagens da Inglaterra. Eles não fizeram isso para salvar os moradores locais do flagelo da malária; o objetivo era lucro. A esperança de conseguir safras maiores levou proprietários de terras a experimentar o sistema Norfolk de rotação quadrienal de culturas. Com esse método de cultivo, não havia mais necessidade de deixar os campos descansarem para recuperar os nutrientes esgotados do solo, tal como fora necessário no passado. Agora, o cultivo de trevos adicionava nitratos ao solo e servia para a alimentação do gado, bem como o nabo, que servia como fonte de alimento de animais de criação durante todo o inverno. Também motivados pela perspectiva de lucro, pequenos proprietários rurais foram levados a adotar novos tipos de arado no fim do século.[11] O dinheiro pode não ser sempre o melhor incentivo para se fazer algo, mas, no século XVIII, ele teve, em toda parte, a grata consequência de produzir mais alimentos.

Para os arrendatários rurais, o lucro não era reconhecido apenas em libras esterlinas, xelins e centavos, mas também em termos de segurança.

Nesse contexto, a modesta batata passou a desempenhar um papel cada vez mais importante. Ela se tornou um alimento básico para trabalhadores do noroeste da Inglaterra no fim do século XVII, e seu cultivo se espalhou lentamente para o sul, até se tornar artigo de primeira necessidade nos últimos anos do século XVIII. Nos campos de Moreton, ela foi usada para fragmentar o solo e preparar o caminho para o cultivo de milho, bem como para servir de alimento em si. Acabou mostrando-se uma excelente garantia contra perdas de safras. Além de seu cultivo ser barato e fácil, ela fornecia uma quantidade de calorias duas vezes e meia maior que a do trigo. Quando a pessoa é muito pobre e está tentando alimentar uma família cada vez maior, *essa*, com certeza, é uma inovação que vale a pena aperfeiçoar.[12]

A importância dos novos métodos dos reformadores não deveria ser julgada com base na reputação de nenhum deles, mas pela natureza das safras produzidas após sua adoção. Na Inglaterra medieval, dez milhões e meio de acres produziam quarenta e nove milhões e meio de alqueires de trigo por ano; já em 1800, onze milhões e meio de acres chegavam a gerar cento e quarenta milhões de alqueires anuais.[13] Além disso, a terra sustentava um rebanho de gado cento e trinta e três por cento maior, trinta e três por cento mais de ovelhas e cinquenta por cento mais de porcos. Todos esses animais eram muito maiores do que seus congêneres medievais. A vaca comum que fornecia setenta e seis quilos de carne na Idade Média era agora capaz de proporcionar duzentos e setenta e dois quilos; a ovelha de porte médio que fornecia quase dez quilos de carne agora dava trinta e um; e a quantidade de carne obtida com a criação de porcos aumentou de vinte e nove quilos para quarenta e cinco.[14] Quantidades extras de lã e couro eram subprodutos desse processo, tal como a quantidade adicional de esterco, que era devolvida ao solo para sustentar o ciclo agrícola. Animais desenvolvidos de forma seletiva amadureciam mais rapidamente e forneciam mais carne em menos tempo. Agora, todas as feiras agropecuárias concediam prêmios à vaca, ao porco e à ovelha de maior porte. Os quadros encomendados pelos proprietários rurais demonstram quanto eles se orgulhavam dos animais premiados retratados, todos resultados de seus próprios programas de melhoria de raça. Os cercamentos de terras comunitárias contribuíram ainda mais para o aumento da eficiência da agropecuária quando assumidos por um proprietário disposto a aumentar a produtividade. O resultante crescimento da produção de alimentos permitiu que a população da Inglaterra aumentasse de 5,21 milhões de habitantes para 8,67 milhões no transcurso de um século — uma expansão de cerca de oitenta por cento.

A Revolução Agrícola não ocorreu apenas na Inglaterra. Houve reformadores no setor em toda a Europa e um crescimento demográfico numa escala jamais vista. Isso não se deveu unicamente ao fato de que mais alimentos ajudaram as pessoas a sobreviver aos invernos mais rigorosos. Muitas meninas se beneficiaram de uma alimentação mais rica e, consequentemente, passaram a menstruar mais cedo, o que permitiu que tivessem mais filhos.[15] O tamanho das populações da França, Itália, Espanha, Portugal e Dinamarca aumentou cerca de um terço; na Suécia e na Noruega, o aumento foi de dois terços, e, na Irlanda, de quase noventa por cento. Como um todo, a população do continente aumentou mais de cinquenta por cento, de cento e vinte e cinco milhões para cento e noventa e cinco milhões de pessoas — um total muito maior do que qualquer outro já visto. Isso ressalta a importância do compartilhamento de um corpo de ideias e valores que acabaram fazendo com que proprietários de terras e arrendatários passassem a trilhar um caminho comum — em direção à conquista de riquezas para os primeiros e segurança contra as crises de fome dos últimos.

O liberalismo dos iluministas

Immanuel Kant descreveu o iluminismo como a capacidade de pensar por si mesmo, livre de convenções e dogmas. Em face de uma definição tão genérica, não é de surpreender que o termo tenha ganhado acepções extremamente variadas. Muitas vezes, o termo é considerado sinônimo das mudanças que diferenciam o mundo elegante e alegre dos romances de Jane Austen das tenebrosas fogueiras de bruxas no século XVII. É como uma caçamba de entulho intelectual na qual se misturam conceitos científicos e teorias racionalistas, juntamente com a ascensão da economia política e do declínio das superstições. Nesse sentido abrangente, o iluminismo começou com Francis Bacon e Galileu no início do século XVII, incorporou a Revolução Científica em sua totalidade e só terminou após a queda de Napoleão, em 1815. Essa definição é vaga demais e abarca um período excessivamente longo. Portanto, para o escopo deste livro, as duas transformações intelectuais consideradas componentes do iluminismo são tratadas aqui de modo independente: o liberalismo e a teoria econômica.

O elemento central do iluminismo foi a *Encyclopédie*, obra em vinte e oito volumes editada em Paris por Denis Diderot e Jean-Baptiste le Rond d'Alembert. Esse trabalho, que levou quase vinte e cinco anos para ser integralmente publicado (1752-71), era como uma eterna luz ao redor da qual voavam as mariposas da genialidade — entre elas, Montesquieu, Voltaire, Jean-Jacques Rousseau, Turgot e Louis de Jaucourt (que escreveu sozinho um quarto da enciclopédia). Porém, como um todo, o projeto era muito maior que a soma de suas partes: era uma tentativa de fazer com que a humanidade realinhasse suas relações com o mundo natural usando apenas a razão, sem recorrer a magia, superstição ou religião. Dividindo o universo do saber em três categorias — memória, razão e imaginação —, os editores criaram um sistema de classificação metódico que não dava espaço para vontades divinas ou intercessões espirituais. O objetivo deles pode ser resumido no título do tema ao qual atrelaram a obra inteira: *compreensão*.

As ambições dos editores e colaboradores eram baseadas num senso pessoal de progresso social. Em 1750, Turgot explicou isso em sua obra *Sobre os avanços sucessivos da mente humana*. Seu ponto de partida foi o deísmo: que Deus era o "principal agente de movimento" do universo — conceito que Tomás de Aquino propusera no século XIII como parte de sua argumentação para provar a existência de Deus. Na linguagem do iluminismo, Deus era o grande relojoeiro que simplesmente criara o universo e depois o deixara entregue a si mesmo. A humanidade saiu lentamente do estado de natureza e passou por três fases — a da caça de animais e coleta de frutos silvestres, a do pastoreio de animais e a das práticas agrícolas —, até chegar, por fim, na quarta e última fase, a do comércio. Ao longo do caminho, o desenvolvimento da capacidade de gerar excedentes nos setores agrícola e manufatureiro facilitou a transição de um estágio para outro. Para Turgot, a prova de que isso foi realmente "progresso" estava no fato de que a humanidade estava sempre acrescentando algo ao corpo de conhecimentos acumulados. Desse modo, a humanidade continuaria a avançar eternamente, tendo em vista que faz parte da índole humana a vontade de investigar a natureza das coisas.

O conceito de progresso também podia ser aplicado à história política. Montesquieu, Voltaire e Rousseau foram muito influenciados pela monarquia constitucional que fora estabelecida na Inglaterra em 1688-9. Voltaire passou três anos como exilado político na Inglaterra, época em que aprendeu inglês e afeiçoou-se ao país. "Como eu adoro a ousadia dos ingleses!", declarou ele numa carta sobre *A história do tonel* (1704), de Jonathan Swift. "Como adoro os que dizem o que pensam!"[16] Infelizmente, Voltaire era tão favorável à teoria político-governamental dos ingleses e tão fervorosamente contrário à monarquia absolutista francesa que, depois que voltou para a França, um exemplar de seu *Cartas filosóficas* (1734) foi queimado pelo carrasco da forca real. Voltaire entendeu o recado e abandonou Paris pela segunda vez. Após o episódio, ele ficou marcado como notório dissidente político e rebelde — apesar de ter ocupado o cargo de historiador oficial do reino na década de 1740. A partir de 1760, ele começou a abraçar as causas de várias vítimas de opressão governamental, publicando ensaios e tratados em defesa das pessoas torturadas e mortas injustamente pelo Estado. Esses atos de coragem moral, combinados com o sucesso fenomenal de *Cândido* (1759), na qual satirizou a filosofia otimista exposta em *Théodicée*, de Leibniz, e criticou duramente tanto a Igreja quanto o governo, fizeram dele um campeão da liberdade e uma celebridade nacional.

As injustiças sociais foram ainda mais ferinamente criticadas por Jean-Jacques Rousseau, contemporâneo de Voltaire. Assim como Hobbes e Locke no século anterior, o ponto de partida de Rousseau em seu *Discurso sobre a origem e os fundamentos da desigualdade entre os homens* (1754) foi a humanidade em seu estado natural. Ao contrário de Hobbes, que acreditava que o homem natural era incapaz de compreender questões morais e, portanto, só podia ter sido um ser perverso, Rousseau argumentou que, em seu estado natural, o homem não era moral nem imoral, mas fundamentalmente bom, já que os males nascidos das sociedades não existiam para tentá-lo. O homem natural de Rousseau não tinha a linguagem própria para exprimir ódio. Ele se interessava apenas por cuidar de si mesmo e ter comida suficiente, dormir e estar acompanhado por uma mulher. Ele não compreendia a morte. Ao leitor moderno, o homem natural de Rousseau talvez pareça um sujeito despreocupado. Mas condições adversas o forçavam a buscar formas de se proteger das intempéries e das ameaças de animais selvagens — e não apenas para a preservação de si mesmo, mas também em benefício de seus companheiros. Vejamos a conclusão de Rousseau:

A partir do momento em que o homem passou a ter necessidade da ajuda de outro homem; a partir do momento em que pareceu vantajoso para um homem ter provisões suficientes para dois, a igualdade deixou de existir, surgiu a noção de propriedade, o trabalho se tornou indispensável e florestas imensas transformaram-se em campos ridentes, os quais o homem passou a ter que regar com o suor do próprio rosto e onde logo se veriam crescer a escravidão e a miséria junto com as culturas agrícolas.[17]

Em sua obra mais influente, *O contrato social* (1762), Rousseau procurou compreender os limites da liberdade dentro da sociedade. O livro começa com as famosas palavras: "O homem nasceu livre e em toda parte se encontra sob ferros. Quem acredita ser o senhor de outros não deixa de ser mais escravo que eles." Rousseau prossegue argumentando que o Estado é injusto se reprime injustificadamente a liberdade do indivíduo. Para que o Estado tenha legitimidade, deve compor-se de dois elementos: um poder soberano, representando a totalidade do povo, de modo que possa expressar-lhe a vontade geral e legislar; e um órgão independente, ou seja, o governo, que impõe o cumprimento das leis e a vontade geral. Para Rousseau, era importante que o povo participasse do governo e não ser meramente representado por ele. Tudo que o Estado requeresse ao cidadão deveria ser atendido imediatamente e sem questionamento, mas nada se poderia exigir de alguém injustamente, a não ser que se estivesse respaldado pela vontade geral do povo. O domínio sobre a propriedade é concedido pelo Estado a seu proprietário presumido como um direito. O livro causou um impacto enorme. As obras de Rousseau e Voltaire forneceram as bases intelectuais para o liberalismo e a democracia e, desse modo, para a mais forte das justificativas para a eclosão da Revolução Francesa. De forma emblemática, as mortes de ambos os autores ocorreram num intervalo de algumas semanas entre si, em 1778: a de Voltaire em 30 de maio, e a de Rousseau em 2 de julho.

Uma parte fundamental da teoria social do iluminismo era a inferência de que a sociedade deveria ser menos intolerante para com diferenças de opinião. Precisamos lembrar que, no início do século, a perseguição de minorias religiosas ainda aumentava. O Edito de Nantes (1598), que concedera liberdade de culto aos protestantes franceses, foi revogado por Luís XIV em 1685. Todas as igrejas huguenotes foram demolidas, e suas escolas, fechadas; centenas de milhares de pessoas tiveram que fugir para o exterior. A Lei da Tolerância, de 1689, por meio da qual protestantes inconformistas da Inglaterra passaram a ter o direito de culto em suas igrejas, foi seguida, nesse mesmo ano, pela adoção de medidas mais severas contra os católicos, proibindo-os de morar em locais que ficassem dentro de um raio de dezesseis quilômetros de Londres. Em 1700, o governo aprovou outras medidas contra os católicos. Mas, em meados do século XVIII, com os argumentos de Voltaire, Rousseau e Turgot desfrutando de apoio popular na França e também em outros lugares, as coisas começaram a mudar. Em 1787, Luís XVI finalmente concedeu liberdade religiosa a todos os franceses. Quatro anos depois, os católicos tiveram permissão de praticar sua religião na Grã-Bretanha. Eles continuavam proibidos de ocupar cargos no governo ou frequentar universidades, mas já era um começo.

Outro indicador de que o liberalismo estava permeando aos poucos a sociedade foi uma mudança de atitude em relação ao sexo extraconjugal. Embora a restauração da monarquia na Inglaterra, em 1660, tivesse levado à abolição da lei que determinava a pena de morte a adúlteros, a perseguição contra atos sexuais ilícitos continuou a ocorrer até o século XVIII. Adúlteros, fornicadores e prostitutas eram açoitados publicamente em Londres, levados em carroças pelas ruas da cidade e submetidos a vexames públicos, com a inclusão de seus nomes em cartazes ou "listas negras" afixadas em muros e paredes das paróquias em que residiam. Aos domingos, membros do clero liam em voz alta os nomes dos infratores na igreja e os forçavam a confessar publicamente as suas transgressões sexuais. Alguns eram condenados por autoridades judiciais a trabalhos forçados. Na primeira década do século XVIII, mais de mil processos judiciais foram movidos pelas comunidades a cada ano para policiar os costumes nas cidades.[18] Contudo, essa fúria diminuiu. Não apenas as comunidades londrinas não conseguiam dar conta do crescimento da capital e do vertiginoso aumento do apetite sexual das massas, mas esse tipo de processo também passou a ser considerado injusto, pois tomavam-se medidas somente contra os pobres.[19] A ideia de liberdade incentivou ainda mais o debate. Uma mulher poderia ser mesmo presa por prostituição? Não, pois, como a prática não era ilegal, prendê-la seria infringir as determinações da Carta Magna. E quanto ao adultério? Ele era contrário à lei natural e, portanto, fora dos limites do que se poderia considerar tolerável? Ou será que simplesmente violava as leis da Igreja e, por isso, era algo cuja reação das pessoas iluminadas deveria ser a de *laissez-faire*, ou seja, deixar que se faça? O próprio Locke era de opinião que, se um homem tivesse filhos com uma ou mais mulheres fora do casamento, isso não seria contrário à lei natural, mas ele teve o cuidado de não dizer isso em público.

A questão foi primorosamente respondida pelo filósofo escocês David Hume em seu *Tratado da natureza humana* (1739-40), no qual observou que o desejo sexual era um apetite e que a "repressão do apetite não era natural".[20] Não havia como negar que a procriação era a base da sociedade.

Em 1750, a ideia de que homens e mulheres tinham o direito de fazer o que quisessem com seus corpos em ambientes íntimos estava começando a ser aceita de forma generalizada. Podemos ver a evocação literária desse princípio nos romances publicados na Inglaterra em 1748-9. Entre eles, figuram *Clarissa*, de Samuel Richardson, e *Tom Jones*, de Henry Fielding, ambos abordando os temas do sexo extraconjugal. No mesmo ano, foi publicado *Fanny Hill*, de John Cleland, romance de pornografia explícita por cujas páginas desfila um cortejo de quase todas as perversões sexuais não bestiais. O equivalente visual apareceu na França após 1740, pintado por Boucher:, quadros despudoradamente eróticos de jovens mulheres nuas e bonitas em poses provocantes. Para os que queriam chegar às vias de fato nos prazeres da carne, a prostituição se tornou mais óbvia do que fora nos dois séculos anteriores. De 1757 em diante, os nomes e os serviços de todas as prostitutas talentosas, ruins e muito ruins de West End passaram a ser publicados num catálogo comercial, intitulado *Harris' List of Covent Garden Ladies* [A lista do Harris das moças de Covent Garden]. A régia tradição de se ter amantes, tão zelosamente observada por Carlos II e Luís XIV e copiada por muitos membros da aristocracia de ambos os lados do Canal da Mancha, foi gratamente adotada pelas emergentes classes médias, para as quais o sexo era apenas mais um bem de consumo. Os países do sul da Europa sempre foram um tanto mais sofisticados em matéria de comportamento sexual. A cidade-Estado católica de Veneza, por exemplo, sempre fora relativamente mais tolerante para com casos amorosos ilícitos, mas poderíamos dizer que ela também se tornou mais liberal no século XVIII — foi quando produziu Giacomo Casanova.

Ideias liberais brotariam também no processo de disseminação do humanitarismo. Isabel, imperatriz da Rússia, aboliu a pena de morte em 1744 para grande desagrado da maioria de seus compatriotas.[21] Na Itália, o marquês de Beccaria publicou seu *Dos delitos e das penas* (1764), livro em que argumentou que nunca havia justificativa para que o Estado tirasse a vida de um ser humano, acrescentando que a prisão perpétua era um fator de dissuasão muito melhor, por causa de sua duração vitalícia. Por conta disso, Leopoldo II da Toscana aboliu a pena de morte em 1786. Voltaire compôs a introdução da edição francesa da obra de Beccaria em 1766, e, no ano seguinte, ela foi publicada em inglês. Até os países que mantiveram a pena de morte diminuíram o número de execuções determinadas pela Justiça. A média de execuções em Amsterdã foi reduzida em um sexto; em Londres, sofreu uma redução de quase um terço.[22]

As consequências do liberalismo iluminista são ainda mais notáveis quando consideramos a questão dos atos de crueldade praticados pelas autoridades do sistema penal. Agora, punições atrozes e torturas oficialmente sancionadas pareciam revelar mais sobre o caráter tirânico do Estado do que sobre a nocividade do transgressor. Na Inglaterra, a proibição de "punições cruéis e incomuns" prevista na Declaração dos Direitos dos Cidadãos (1689) fez com que condenações costumeiras como a amputação de uma das mãos ou de um membro do infrator caíssem em desuso. A partir de 1775, punições públicas passaram a ser aplicadas com menos frequência; aboliu-se o açoitamento de mulheres mais ou menos nessa mesma época; e, em 1779, o castigo de marcar o criminoso com ferrete foi substituído por uma multa. Na Inglaterra, a última mulher condenada à execução na fogueira por traição (assassinato do marido ou de um empregador) foi incinerada em 1784, e a última a ser condenada por alta traição teve esse mesmo fim em 1789. Muito antes de a execução na fogueira ser finalmente abolida em 1791, preocupações humanitárias levaram a um acordo extraoficial, graças ao qual mulheres condenadas eram piedosamente estranguladas pelo carrasco assim que a fogueira era acesa. Algumas mulheres eram absolvidas simplesmente porque os jurados achavam que uma punição tão horrível era desproporcional ao crime cometido. Foi o caso também de muitos homens que, do contrário, teriam sido enforcados. Um número crescente de ingleses passou a ser condenado ao exílio nos Estados Unidos (até 1776) ou na Austrália (a partir de 1787) em vez de serem enviados para a forca. Na década de 1770, John Howard fez uma campanha em favor da reforma das prisões britânicas, pois considerava o aprisionamento um tratamento cruel e degradante. Na França, a crueldade diminuiu também. O último francês a ser queimado vivo por sodomia consentida morreu em 1750, e o último condenado por estupro masculino, em 1783. Em 1791, organizou-se até um movimento para abolir a pena de morte na França. Infelizmente, todas as aspirações da França Revolucionária para criar um Estado mais tolerante foram por água abaixo logo depois. Contudo, sopesando benefícios e malefícios, os atos de crueldade perpetrados na Revolução Francesa deveriam ser vistos como exceção à tendência geral de humanitarismo, e não como o fim dela.

A teoria econômica

Até os últimos anos do século XVIII, a maior parte das nações europeias seguia uma série de princípios econômicos que, em seu conjunto, são denominados mercantilismo. A ideia fundamental era que havia uma quantidade limitada de riquezas no mundo e que, quanto maior fosse a parcela desses tesouros que se pudesse acumular, menos haveria para os rivais. Assim, os governos tratavam de limitar o dinheiro disponível para potências estrangeiras ao preservar uma balança comercial favorável; ao mesmo tempo, buscavam enriquecer com os lucros das atividades comerciais de seus cidadãos. Ministros criavam monopólios e franquias — como o monopólio comercial com as Índias, por exemplo — e depois outorgavam ou vendiam esses monopólios a companhias que procuravam lucrar explorando os direitos que lhes haviam sido concedidos. O comércio interno era explorado de forma semelhante por meio da cobrança de pedágios e impostos aduaneiros. O sistema atingiu o auge na França, onde, até antes de sua morte, em 1683, Jean-Baptiste Colbert comandava um vasto aparelho burocrático empenhado na cobrança de taxas e na imposição de multas, sugando eficientemente todas as atividades comerciais com regulamentos. Pouco depois, as pessoas começaram a criticar essas políticas comerciais tão restritivas. Na década de 1690, o *seigneur* de Belesbat propôs que, em vez de gastarem valiosos recursos financeiros combatendo os holandeses para conquistar seus monopólios comerciais, os franceses deveriam competir com eles comercialmente — uma nova abordagem radical, em que a liberdade e o investimento privado, em vez do controle do Estado, seriam as bases do sucesso. Seguindo a mesma linha de raciocínio, Pierre le Pesant, *sieur* de Boisguilbert, apresentou argumentos em favor do livre comércio e da limitação da interferência do governo na economia. Contudo, o mercantilismo permaneceu inabalável. A ideia de se buscar o crescimento econômico por meio de uma política de incentivo do livre comércio continuava distante da capacidade de compreensão da maioria dos dirigentes políticos.

Todavia, no começo do século XVIII, começaram a aparecer rachaduras nessa barreira de pedra econômica. Uma delas era a capacidade de aumentar a quantidade de dinheiro circulante por meio da emissão de papel-moeda. A outra era a teoria inflacionista — a crença de que, quanto mais dinheiro circulasse na economia, melhor seria para todos. A combinação de ambas podia gerar consequências graves. Em 1716, John Law, um financista escocês com ideias inflacionistas, foi nomeado chefe do banco central francês, encarregado de sanar a dívida pública francesa. Usando seu cargo como chefe da Companhia do Mississipi, na Luisiana, ele emitiu cédulas sob a garantia dos vastos trechos de terra que ainda aguardavam reivindicação no Novo Mundo. Com isso, conseguiu encher a economia de dinheiro, o que, por sua vez, ajudaria a solver a dívida pública. Como resultado, tão gigantescas passaram a ser as quantias na posse de investidores que uma nova palavra, "milionário", foi criada para designá-las.[23] Contudo, planos econômicos baseados em ativos irrealizáveis estão condenados ao fracasso, já que ficam dependentes de confiança inabalável e ingenuidade infinita. O esquema financeiro de Law faliu em 1720, o mesmo ano em que um projeto semelhante, baseado na emissão de ações da South Sea Company, fracassou na Inglaterra. Esses acontecimentos provocaram de imediato, logicamente, o afugentamento de especuladores, mas outros conseguiram ver que a teoria econômica devia ter contribuído para limitar os prejuízos. Passou a ser importante entender o que estava acontecendo na economia.

O crescente interesse pela economia foi acompanhado pelo aumento das estatísticas. Em 1600, o governo inglês já coletava dados sobre o número e as causas de mortes em Londres e em seus arredores, com a finalidade de determinar os efeitos dos surtos de pestes. Esses números passaram a ser publicados anualmente, e, em 1662, John Graunt os usou para produzir a primeira obra sobre análise estatística, *Natural and Political Observations Made upon the Bills of Mortality* [Observações naturais e políticas sobre as Tábuas de Mortalidade]. Ao mesmo tempo, um ministro do governo, Sir William Petty, que havia sido secretário particular de Thomas Hobbes, compôs vários tratados sobre economia, nos quais expôs pioneiramente sua "aritmética política", conforme denominada por ele, ou argumentos baseados em "números, pesos e medidas". Ele não apenas deu início à apuração contábil da receita da nação, como também desenvolveu também uma versão primitiva da teoria quantitativa da moeda, que tenta explicar a relação entre as mudanças na quantidade de moeda em circulação e o nível de preços no mercado. Petty procurou determinar o potencial econômico de uma quantidade limitada de moeda corrente e chegou à conclusão de que sua eficácia dependia da rapidez com que ela mudava de mãos. Seus métodos estatísticos, porém, não convenceram a todos: é famosa a sátira que Jonathan Swift fez da metodologia do ministro em sua obra *Uma proposta modesta* (1729), na qual procurou demonstrar, com uma linguagem aritmética ao estilo de Petty, como os pobres da Irlanda conseguiriam ganhar dinheiro suficiente para alimentar-se, produzindo e vendendo anualmente um excedente de cem mil crianças para servirem de alimento aos ricos. No entanto, Petty demonstrou que, com certo procedimento matemático, um economista perspicaz conseguiria calcular o caminho da prosperidade nacional com a mesma certeza com que os astrônomos conseguem computar a futura posição dos planetas. Em 1696, o estatístico Gregory King foi ainda mais longe quando elaborou um trabalho demonstrando, de forma detalhada e com precisão surpreendente, a riqueza da nação de acordo com critérios de classe social e região de moradia. Trechos desse trabalho foram publicados em 1699, no *Essay upon the balance of trade* [Ensaio sobre a balança comercial] de Charles Davenant. Foi uma obra que representou a primeira tentativa séria de apresentar um relato metódico da riqueza de um país.

Foi então que apareceu o primeiro grande economista da era do iluminismo. Richard Cantillon era irlandês de nascença e dissidente por natureza. Em Paris, ele participou do esquema financeiro de John Law, comprando e vendendo as ações absurdamente valorizadas da Companhia do Mississipi. Todavia, enquanto Law fez uma enorme trapalhada com seu jogo financeiro, Cantillon deu um golpe de mestre. Percebendo como todas aquelas jogadas inflacionárias estavam fadadas a terminar, resolveu trocar suas cédulas antes do inevitável desastre. Por conta disso, ele foi um dos pouquíssimos "milionários" que não perderam dinheiro. Tempos depois, foi morar em Londres e, antes de seu assassinato, em 1738, registrou em seus escritos o que é considerado o primeiro verdadeiro tratado de economia, intitulado *An Essay on the Nature of Commerce in General* [Ensaio sobre a natureza do comércio em geral]. A obra circulou em forma de manuscrito durante muitos anos, até que, em 1755, foi finalmente publicada. Cantillon adotava o método abstrato-dedutivo de Boisguilbert, por meio do qual o economista estabelece uma série de critérios para experiências e mantém "constantes todas as outras variáveis", testando assim um único fator numa espécie de laboratório teórico. Ele desenvolveu uma teoria em que procura explicar a forma sobre como se determina o preço de uma mercadoria, argumentando que o fator essencial não era o custo da produção em si, mas a demanda pelo produto, formulando com isso os elementos precursores das modernas "leis da oferta e procura". Ele ressaltou a importância do papel do empreendedor no enfrentamento dos riscos do mercado e teorizou que juros eram recompensa pelo risco. Aperfeiçoou a teoria quantitativa da moeda, formulada preliminarmente por Petty. Com isso, começou a romper os grilhões do mercantilismo que vinha por tanto tempo prendendo a ferros as economias europeias.

Quando o livro de Cantillon foi finalmente publicado, na França, a obra exerceu considerável influência em uma nova geração de pensadores do país. Isso deu origem à primeira "escola" de teóricos da economia, conhecidos pelos historiadores como "fisiocratas". Liderados pelo médico François Quesnay, eles apregoavam com grande fervor a doutrina do livre comércio e do *laissez-faire* — abstenção do governo de envolver-se nos negócios privados. Associando as suas teorias econômicas ao conceito de direitos naturais de Locke, defendiam a ideia de que se fizesse a cobrança de um único tributo, o do imposto sobre a terra, a qual consideravam a fonte de todas as riquezas. Seu principal artigo de fé era uma complexa tábua de complexos mandamentos matemáticos, a *Tableau Economique*, elaborada por Quesnay em 1758 para mostrar como a economia funcionava. O conde de Mirabeau, que se tornaria umas das figuras de maior destaque da Revolução Francesa, elegeu-a um dos três maiores avanços da humanidade, juntamente com a invenção da escrita e do dinheiro. Em anos posteriores, a maioria das pessoas achou-a totalmente incompreensível. Contudo, na época, ela ajudou a reforçar a ideia de que a economia era algo que podia ser estudado metodicamente. Entre os governantes que adotaram os princípios da fisiocracia na administração de seus estados figuram Carl Friedrich, marquês do Ducado de Baden, e Leopoldo II, grão-duque da Toscana. Era uma reviravolta e tanto dos dias em que ministros governamentais se aventuravam na economia: agora, eram os economistas profissionais que assessoravam governos europeus.

Foi Adam Smith quem escreveu a bíblia da economia de livre mercado e, com isso, apressou a morte do mercantilismo. Smith tinha lido Cantillon e conhecera os fisiocratas. Além do mais, era amigo de David Hume, que

Moretonhampstead, em Devon. Na Idade Média, a herdade senhorial era inacessível a veículos sobre rodas. A incorporação desses lugares ao mundo latino, por meio da construção de igrejas, é uma das mais importantes transformações ocorridas no século XI.

Castelo de Exeter, construído por Guilherme, o Conquistador, em 1068. Guilherme encontrou a Inglaterra saxônica desprovida de castelos e, portanto, relativamente fácil de conquistar. Essas fortificações proporcionaram relações políticas mais fortes entre os governantes e as terras.

Catedral de Speyer, construída entre 1030 e 1106. Enorme construção para a época, seu objetivo era demonstrar o poder dos imperadores do Sacro Império Romano--Germânico num tempo em que eles estavam perdendo autoridade para o papado.

O mural de fins do século XII na Igreja de Chaldon, em Surrey, retratando o julgamento e o tormento das almas. No século XII, surgiu a doutrina do Purgatório: as pessoas começaram a acreditar que não eram enviadas diretamente para o Paraíso ou para o Inferno e que poderiam redimir-se por meio de boas ações e preces.

Um médico árabe realizando sangria, *c.*1240. Ao longo do século XII, um grande número de manuscritos sobre medicina da Antiguidade foi traduzido do árabe em bibliotecas de várias partes do Mediterrâneo. Em Salerno, traduções deram origem a uma pioneira universidade com curso de especialização em medicina.

Parte de um vitral da Catedral de Chartres do início do século XIII, representando um comerciante de vinhos transportando um barril da bebida numa carroça. Nesse período, o comércio florescia em todo o continente europeu.

O mapa-múndi de Hereford, criado por Richard de Haldingham por volta de 1290. É uma representação espacial do conhecimento, em vez de um mapa de verdade. Jerusalém fica no centro, com o Mar Vermelho na parte superior, as Ilhas Britânicas no canto esquerdo e o Estreito de Gibraltar na parte inferior. Três quartos desse mundo — Ásia e África — estão fora dos limites da Cristandade e eram praticamente desconhecidos pelo autor.

Uma efígie de cadáver na Catedral de Exeter. A Peste Negra obrigou as pessoas a repensarem sua relação com Deus. Muitas personalidades plasmaram representações da morte como esta, uma forma de adverti-las de sua insignificância mundana e seu estado pecaminoso.

A Rosa de Ouro do papa João XXII, feita por Minucchio da Siena em 1330. A Rosa de Ouro era um presente místico dado pelo papa todos os anos a um príncipe, senhor feudal ou uma de suas igrejas favoritas, considerados merecedores da dádiva. A beleza artística e a delicadeza da rosa são um marcante contraste com nossas generalizadas suposições sobre a cultura da civilização europeia nas vésperas da Guerra dos Cem Anos e da Peste Negra.

A representação pictórica mais antiga de um canhão, extraída de um tratado sobre monarquia, escrito em 1326 por Walter de Milemete para o jovem Eduardo III. Como rei, Eduardo fez mais que qualquer outro governante de sua época para incentivar o emprego de armas disparadoras de projéteis em guerras, além da construção de bases de canhões em seus castelos no sul da Inglaterra.

Conhecido como *O Homem do Turbante Vermelho*, o quadro ao lado é provavelmente um autorretrato. Johannes van Eyck o datou de 21 de outubro de 1433, um ano antes de ter pintado *O Casal Arnolfini*, que mostra claramente a presença de um espelho no plano de fundo. Espelhos são uma das mais subestimadas inovações tecnológicas da Idade Média, embora tenham influenciado tudo, desde o uso da perspectiva ao individualismo.

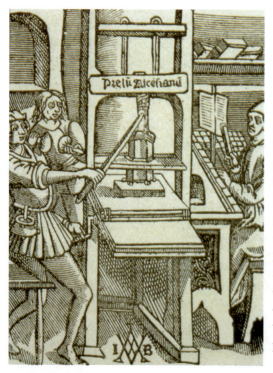

Imagem de uma prensa tipográfica, extraída de um livro impresso em 1498. Em 1620, Francis Bacon afirmou que a prensa, juntamente com a pólvora e a bússola, havia transformado o mundo. Na época, ele tinha razão, mas, em seus primeiros dias, eram impressos livros escritos em latim, obras que poucas pessoas eram capazes de ler e que um número ainda menor tinha condições de comprar. Foi somente por ocasião da impressão da Bíblia nas línguas vernáculas que a transformação que ela podia causar realmente começou.

Relógio de fins do século XV na capela de Cotehele House, Cornualha. Nos últimos anos da Idade Média, a noção de tempo sofreu uma transformação, passando de uma mesura natural e dada por Deus a uma mecânica e secular. A hora tornou-se a primeira unidade de medida padronizada internacionalmente reconhecida.

Retrato de Colombo de autoria de Sebastiano del Piombo. Ele pode ter sido um tirano brutal para com os povos das Índias Ocidentais, mas seu legado foi de suprema importância para a história do mundo, pois demonstrou a insuficiência e a imperfeição dos conhecimentos da Antiguidade, bem como as riquezas existentes num mundo desconhecido.

Mapa do atlas *Theatrum Orbis Terrarum* [Teatro do Mundo, 1570], de Abraham Ortelius. Foi o primeiro mapa publicado a usar a projeção de Mercator. Compare-o com o mapa-múndi de Hereford de *c.*1290 e você verá quantos grandes avanços foram feitos com as descobertas e registro do mundo nos séculos XV e XVI.

Antes de 1500, a maioria das pistolas era muito difícil de manejar e imprecisa. Já no decurso do século XVI, ocorreram avanços de uma rapidez notável na área da tecnologia de armas de fogo: esta pistola de caça com fecho de rodete é de 1578.

As técnicas de impressão não só foram importantes para a divulgação de textos escritos, mas também de enorme utilidade para a disseminação de conhecimentos científicos com recursos visuais. A figura ao lado é a imagem xilografada de uma íris colorida à mão da obra *De historia stirpium* (1542), de Leonhart Fuchs.

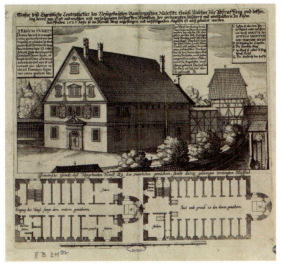

Para todos os que veem a história como uma marcha do progresso, o terror da caça às bruxas reinante nos últimos anos do século XVI e no começo do século XVII transmite uma mensagem salutar. O bispo-príncipe de Bamberg, por exemplo, projetou este edifício para os sistemáticos aprisionamento, tortura e execução na fogueira de toda mulher que ele considerasse bruxa.

No início, predominava a ideia de que, quanto maior o telescópio, maior seria a capacidade de ampliação. Este é o telescópio de quase quarenta e seis metros de Johannes Hevelius, construído pelo astrônomo em Danzig (atual Gdansk). O instrumento demonstra até onde, literalmente, os astrônomos estavam dispostos a ir.

Foi Isaac Newton quem demonstrou aos astrônomos que, quando se trata de telescópios, tamanho não é documento. O telescópio refletor de Newton, embora pequeno, era capaz de ampliar quarenta vezes o tamanho das imagens.

Um ensaio de ópera em Londres, em tela pintada por Marco Ricci em 1708. As perucas dos cavalheiros, os quadros nas paredes, o conjunto de instrumentos e a própria apresentação da ópera demonstram que se trata de um elegante evento burguês — algo impensável na Londres do século anterior.

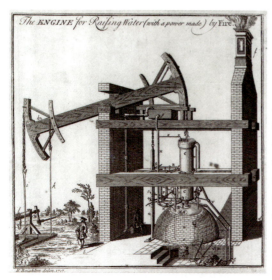

A Dartmouth dos dias atuais não é mais o que poderíamos chamar de centro industrial, mas foi a terra natal de Thomas Newcomen, o homem que inventou e fabricou a primeira máquina a vapor comercialmente viável. Este exemplar, retratado em 1718, é uma das mil e duzentas máquinas instaladas pela Europa no século XVIII.

O Juramento do Jogo da Péla, tela não concluída de Jacques-Louis David. Em 20 de junho de 1789, todos, exceto um dos quinhentos e setenta e sete membros da Assembleia Nacional Francesa, juraram continuar a reunir-se até que conseguissem a promulgação de uma constituição para França. Foi um momento crucial para a Revolução Francesa — que se tornou um campo de provas para ideias revolucionárias em toda parte.

O quadro de Thomas Allom de 1834 retratando um tear mecânico. A Revolução Industrial surgiu da necessidade de empresas comerciais, atuando no mesmo setor de atividades industriais, competirem entre si. O tear mecânico foi inventado por Edmund Cartwright em 1785; mais ou menos na época da criação deste quadro, havia 100 mil dessas máquinas operando só na Grã-Bretanha.

Anúncio, num jornal local de 1822, do serviço de transporte de passageiros entre Plymouth e Londres, capaz de percorrer, em trinta e duas horas, os mais de trezentos e sessenta quilômetros separando as duas cidades. A velocidade das viagens aumentou muito, mesmo antes do advento das ferrovias — essa mesma viagem teria levado cinco dias em 1700. A disseminação de informações cresceu rapidamente também: antes de 1700, não existia um jornal sequer na Inglaterra; por volta de 1800, vários eram publicados diariamente em Londres, entre os quais o *The Morning Post*, o *Morning Chronicle*, o *Morning Herald* e o *The Times*.

O governo francês comprou a invenção da técnica de fotografia de Louis Daguerre e a tornou de domínio público, pondo-a à disposição do mundo. Daí os "daguerreótipos" terem se tornado a espécie mais comum de fotografia até a década de 1850. Segundo consta, esta imagem de 1838 do Boulevard du Temple, Paris, foi a primeira fotografia em que se registrou a imagem de seres humanos: o homem tendo os sapatos engraxados ficou parado, junto com o engraxate, o tempo suficiente para aparecerem na imagem, durante a exposição de dez minutos.

Na Inglaterra, o principal pioneiro da fotografia foi William Fox Talbot. Esta fotografia mostra o grande navio de Isambard Brunel, o SS *Great Britain*, sendo aprestado no Cais do Canal Cumberland em 1844. Ele foi o primeiro vapor com casco de ferro e hélice propulsora, além de o maior navio do mundo na época de seu lançamento, em 1843.

Os irmãos Orville e Wilbur estavam determinados a voar. No início, fizeram experiências com planadores e depois com aeronaves motorizadas. Esta fotografia foi tirada, em 17 de novembro de 1902, por uma das testemunhas do primeiro voo de uma máquina mais pesada do que o ar, a *Flyer*, durante o teste em que o aparelho percorreu trinta e seis metros em doze segundos.

Fotografia autocromática de um soldado francês trabalhando como sentinela no Alto Reno, tirada por Paul Castelnau em 23 de junho de 1917. A fotografia minou o poder dos artistas: sob muitos aspectos: o realismo da imagem fotográfica de cenas de guerra ou de pobreza é muito mais difícil de negar do que o retratado num quadro meticulosamente pintado.

O Dr. Nagai, instrutor de medicina e especialista em raios X no Hospital de Nagasaki, em meio às ruínas da cidade após a explosão da bomba atômica, em agosto de 1945. Ele morreu logo depois, por conta dos efeitos da radiação. No século XX, as guerras passaram a afetar sociedades inteiras, não apenas soldados.

O Park Row Building, em Nova York. Erguendo-se a cento e dezenove metros de altura, era o edifício mais alto do mundo em 1900.

Com seus trezentos e setenta e cinco metros, as Petronas Towers — o conjunto de edifícios mais alto do mundo em 2000 — eleva-se a uma altura três vezes superior à do Park Row Building.

Nascer da Terra, a primeira fotografia da Terra tirada do espaço e provavelmente o mais importante registro fotográfico de todos os tempos. Ela foi feita num clima de muita euforia, na véspera do Natal de 1968, pela tripulação da Apollo 8, enquanto eles estavam na órbita lunar. A imagem forneceu, pela primeira vez, uma vista objetiva da Terra, ainda que de longe — mas o inquietante é que ela mostrou que nosso globo é um mundo relativamente pequeno e isolado no espaço.

também escrevera sobre a teoria quantitativa da moeda. A principal obra de Smith, *Investigação sobre a natureza e as causas da riqueza das nações* (1776), era um magnífico repositório intelectual de um século de pensamento econômico. Nela, Adam Smith analisa a especialização no trabalho e suas vantagens, o emprego do dinheiro, os níveis de preço, as taxas de juros e o custo da mão de obra, a natureza do progresso econômico, as implicações econômicas das colônias do Novo Mundo e os vários sistemas de economia política. Mas o ponto capital da análise é o argumento de que os interesses particulares dos comerciantes eram algo contra o qual o Estado não tinha de se resguardar, pois tais comerciantes, quando enriquecidos, aumentavam a riqueza da nação. Argumentou também com clareza em favor do livre comércio, advertindo: altas tarifas de importação incentivam o contrabando; tarifas mais baixas tornariam o contrabando de chá e bebidas alcoólicas para o país pouco rentável. Também demonstrou que a velha ideia de acumular riquezas em forma de metais preciosos era simplesmente equivocada: no fim das contas, os países não lucrariam com gigantescas pilhas de barras de ouro e prata sem fazer nada com elas. Seu livro foi um sucesso imediato. Contudo, o mais importante é que chamou a atenção dos políticos. Lorde North, primeiro-ministro na época, aceitou os argumentos de Smith no que se refere a impostos e livre comércio com a Irlanda. Seu sucessor, William Pitt, o Novo, adotou com entusiasmo a ideia de livre comércio e, em 1786, estabeleceu um acordo com os franceses que pôs em prática a visão econômica de Smith.

Todavia, o novo pensamento econômico do século XVIII não se tratava apenas de economia política; ele também se interessava em obter bons lucros. Tal como vimos na seção sobre a Revolução Agrícola, as pessoas estavam começando a investir na exploração da terra para receber melhores retornos financeiros. Algo crucial para investimentos dessa natureza era a questão do capital. Para comprar terras ou custear obras de drenagem e outras melhorias, os empresários precisavam de empréstimos. Assim, o século XVIII viu o crescimento das atividades bancárias. Em 1750, havia cerca de uma dúzia de bancos privados na Inglaterra. Já em 1784, esse número tinha aumentado para cento e vinte e, em 1793, para duzentos e oitenta.[24] Em 1800, existiam, somente em Exeter, cinco bancos concedendo empréstimos a habitantes de Moretonhampstead e redondezas — um flagrante contraste com o que vimos no início deste livro, quando o uso de dinheiro era raro no sudoeste da Inglaterra.[25] Os empréstimos financeiros concedidos por esses bancos tiveram um efeito muito maior no total de dinheiro circulante do que a emissão inflacionista de cédulas de John Law. Se alguns depositantes guardassem mil libras esterlinas num banco e ele tivesse uma política de reter uma reserva de dez por cento do total dos depósitos, então novecentas libras poderiam ser usadas em operações de empréstimo. Se essas novecentas libras fossem investidas na construção de um moinho, por exemplo, e o fornecedor dos materiais da obra depositasse o dinheiro do investimento recebido por ele em outro banco, que tivesse também uma política de reserva de dez por cento, então o segundo banco podia emprestar oitocentos e dez libras. Agora, as mil libras esterlinas originais valiam em tese duas mil setecentas e dez libras — depois de apenas duas rodadas de depósitos e empréstimos. Desse modo, os bancos conseguiam fazer render esse capital, permitindo o financiamento de vários empreendimentos agrícolas e industriais e contribuindo bastante para a prosperidade da nação.

Eu não poderia terminar esta seção sobre teoria econômica sem mencionar um dos mais importantes pensadores do século. Thomas Robert Malthus foi um clérigo inglês que sofreu grande influência das obras de Adam Smith e David Hume. Em reação ao otimismo aparentemente cego de escritores iluministas como Turgot e o inglês William Godwin, que esposavam a crença de que o progresso nunca chegaria ao fim, Malthus aplicou os princípios da nova economia à questão mais importante para toda e qualquer sociedade: se todas as pessoas tinham comida suficiente. Conforme observado por ele na primeira edição de seu influente estudo, *Um ensaio sobre o princípio da população* (1798), durante toda a história da humanidade, uma parcela significativa da sociedade jamais conseguira escapar da pobreza extrema, e tal ainda era o caso — apesar disso, os otimistas do iluminismo não apresentaram nenhuma explicação de por que o problema persistia sem nenhuma solução para aliviá-lo. Segundo Malthus:

> Foi com grande alegria que eu li sobre algumas especulações a respeito da perfectibilidade do homem e da sociedade. Fiquei entusiasmado e fascinado com o encantador quadro teórico apresentado. Desejo ardentemente a concretização dessas venturosas melhorias. Mas vejo, no meu entender, grandes e insuperáveis dificuldades no caminho da busca dessas conquistas.

Malthus observou que os números populacionais cresciam em progressão geométrica, enquanto os meios de subsistência aumentavam apenas aritmeticamente. Portanto, não apenas em tempos de escassez era impossível sustentar uma população crescente. Se um país com sete milhões de habitantes consegue alimentar seu povo com facilidade, explicou Malthus, sua população crescerá até que a quantidade de alimentos antes usada para alimentar sete milhões tenha que alimentar sete milhões e meio ou oito milhões de pessoas. Os preços dos alimentos aumentarão em razão do crescimento da demanda. Enquanto isso, os trabalhadores pobres verão que, por causa do aumento do número de pessoas dessa mesma condição, o valor de seu trabalho diminuiu, por conta do excesso na oferta de mão de obra. Desse modo, uma parcela da sociedade sofre com a falta de comida devido ao processo natural de multiplicação da espécie. Na verdade, porém, certas barreiras restringem o crescimento populacional. No exame que fez do passado, Malthus observou que, de uma forma geral, superpopulações tendiam a ser reduzidas por fome, doenças e violência. As pessoas podem também adotar medidas preventivas para limitar o crescimento populacional, como o adiamento de casamentos, o controle da natalidade, o celibato e a prática do aborto. Em todo caso, os progressistas iluministas tinham sido complacentes. Longe de estar a sociedade tendendo para uma situação de progresso, na qual todos os seus membros desfrutassem de uma constante melhoria em seu padrão de vida, argumentou Malthus, o que acontecia era justamente o contrário.

Muitas pessoas não gostaram do que Malthus disse, nem naquela época nem nos séculos subsequentes: até hoje, céticos reagem de forma extremamente negativa só de ouvir falar em seu nome. Na época, ele sofreu ataques pessoais e foi acusado de ser um homem cruel. Aqueles que acreditavam no progresso o viam como um obstáculo em seu caminho, um pregador de catástrofes. Eles estavam matando o mensageiro, é claro: não devemos culpar economistas pessimistas por crises de retração na economia; de fato, eles causam muito menos prejuízos na economia do que os otimistas. Quanto à acusação de ser cruel, Malthus estava longe disso. Ele foi um homem raro, um economista sinceramente preocupado com o drama dos pobres, em vez de obcecado por lucros. E estava com toda razão quando disse que o problema da pobreza tinha que ser resolvido se quisessem que o progresso beneficiasse a todos, e não apenas a poucos. O fato de que essas profecias funestas acabaram não se confirmando não foi porque estavam erradas, mas porque inventores e empresários tiveram sucesso na exploração de combustíveis fósseis e desenvolveram meios mais avançados de fertilização do solo e de transporte de alimentos, introduzindo novos fatores para a solução do problema. Aliás, os fatores que impediram a concretização de suas previsões continuam dependentes das reservas de petróleo. Por isso, ele continua a ser um dos mais importantes escritores da área econômica. Seu nome e o conceito de "barreiras malthusianas" são mencionados com frequência por aqueles que tentam prever o crescimento populacional e tendências econômicas. Mas, aqui, como o economista do século XVIII que menos se preocupava com lucros e que mais se importava com os pobres, ele simboliza o marco indicador de quanto o pensamento econômico avançou desde os anos do mercantilismo e dos monopólios reais.

A Revolução Industrial

Hoje em dia, é amplamente aceita a ideia de que a Revolução Industrial começou na Inglaterra, no século XVIII. Portanto, talvez o leitor se surpreenda em saber que a expressão foi cunhada, em 1799, em Berlim, por um diplomata francês para designar o que vinha acontecendo na *França*. A explicação para esse aparente paradoxo é que a "revolução" foi um processo muito gradual. No início, foi imperceptível; espalhou-se muito lentamente, partindo de numerosos começos diferentes e regionais, de várias partes da Inglaterra, até prosperar em toda a Europa. Somente no fim do século, seu caráter revolucionário foi reconhecido. Conforme observado pelo historiador Eric Hobsbawm: a Revolução Industrial "não foi um episódio com princípio e fim [...], pois sua essência era que, dali por diante, transformações revolucionárias se tornaram a regra."[26]

Atualmente, costumamos a associar a Revolução Industrial com a energia a vapor. No início, o vapor era apenas um componente das transformações — e de importância relativamente secundária. Em 1800, existiam apenas cerca de mil e duzentas máquinas a vapor empregadas em indústrias e minas, havia muito mais rodas de água criando uma maior quantidade de energia. De fato, na Grã-Bretanha, a água continuou fornecendo mais de um terço da energia para a indústria até 1838.[27] A verdadeira causa da industrialização foi a competição comercial. Se você fosse dono de um moinho e quisesse vencer seus concorrentes, teria que reduzir seus custos de produção e tirar o máximo de vantagem de todos os recursos à sua disposição. Precisaria modificar seus métodos de trabalho, adaptar-se a novos desafios e investir em pessoas, maquinário e edificações para lucrar ao máximo. Nesse sentido, as Revoluções Industrial e Agrícola foram dois lados da mesma moeda: o desejo de ganhar dinheiro com o aumento da eficiência nas práticas operacionais.

Na busca das causas fundamentais da Revolução Industrial, descobrimos dois mercados emergentes distintos. Um deles tinha a ver com a demanda de tecidos de algodão e lã; o outro, com a de carvão e metaloplastia. A necessidade de, desde o início, considerar ambos como duas revoluções industriais independentes que se agruparam numa muito maior se torna evidente se examinarmos a questão das fontes de energia. As primeiras fábricas de algodão foram construídas na década de 1740 e eram operadas pela força de animais e energia hidráulica; nenhuma delas usou energia a vapor antes de 1780. Por que, então, a produção de carvão cresceu tanto ao longo do século? Por que foi necessário o emprego de máquinas a vapor para bombear água de minas extremamente profundas, que chegavam a quase cem metros de profundidade em 1730 e duzentos metros vinte anos depois?[28] Por que a primeira ponte ferroviária (Causey Arch) foi construída com a finalidade de transportar carvão de County Durham a Tyneside já em 1726?

A resposta a essas perguntas está no fato de que, antes de 1780, havia demanda de carvão por parte de indústrias outras que não as têxteis, apesar de ser em pequena escala. Ferreiros e fundidores precisavam de carvão, como era o caso também de produtores de cerveja, gim, uísque, sal, tijolos, telhas e vidro. Todos esses ofícios precisavam de uma fonte de calor superior à proporcionada pela madeira. Embora tivesse sido tradicional o uso de carvão vegetal, era muito melhor o carvão mineral de boa qualidade, além de mais barato, já que, do século XVI em diante, a Inglaterra passou a enfrentar crises de escassez de lenha. Madeira era uma matéria-prima muito necessária na construção de casas e na indústria naval, bem como na fabricação de móveis e quase todo tipo de utensílio, mas muitas florestas tinham sido derrubadas na Idade Média e outras mais tiveram o mesmo destino no século XVI, uma vez que havia necessidade de terras para se abrigar uma população que crescia depressa. Com a falta de madeira, naturalmente as pessoas recorreram ao carvão para conseguir combustível. Casas com chaminés de tijolos podiam usar carvão em sua lareira em vez de lenha, para aquecer água usada na lavagem de roupas e outras tarefas. Muito antes de 1700, o carvão havia se tornado a principal fonte de energia de Londres, onde, durante o século XVII, a população tinha aumentado de duzentos mil para setecentos mil cidadãos, aproximadamente. A maior parte do carvão usado pela cidade — quatrocentas e quarenta e três mil e oitocentas e setenta e cinco toneladas ao ano — vinha de Newcastle, levada para a cidade pelo litoral leste da Inglaterra, uma rota de navegação tradicional que satisfazia a aparentemente insaciável demanda londrina por combustível. Em 1770, essa demanda havia dobrado de tamanho. Apesar disso, a cidade e seus subúrbios continuavam crescendo: em 1800, a população era de mais de um milhão. Ao mesmo tempo, o restante do país começava a usar o carvão como sua principal fonte de combustível. Enquanto, em 1700, a produção total das minas de carvão da Inglaterra girava em torno de 2,6 milhões de toneladas anuais, em 1800 ela era quatro vezes maior. Além disso, o carvão estava ficando mais barato, já que os custos de extração diminuíram com a mudança das atividades extratoras de muitas minas pequenas, de exploração trabalhosa, para um número de minas menor, mas de grande extensão e mais profundas. Os proprietários dessas grandes minas eram capazes de organizar sistemas de distribuição eficientes: usando mares, rios e canais, conseguiam reduzir os custos dos transportes para um quarto de centavo por tonelada por quilômetro.[29] Essa redução de custos incentivou ainda mais as pessoas a adotar o uso do carvão, e, com isso, o ciclo continuou. Em 1850, a produção de carvão da Grã-Bretanha tinha aumentado para mais de cinquenta milhões de toneladas ao ano.

A razão desse crescimento exponencial na demanda por carvão no século XIX deveu-se ao fato de que, apesar do emprego generalizado de máquinas a vapor, a matéria-prima se tornou essencial para muitos tipos de indústria. Contudo, durante a maior parte do século XVIII, os mecanismos a vapor não passavam de máquinas empregadas no bombeamento de água de minas profundas — um maquinismo movido a carvão para a produção de mais carvão. Segundo consta, a ideia original foi um produto da imaginação de Thomas Savery, de Modbury, South Devon, que patenteou, em 1698, sua "invenção para erguer água das profundezas e movimentar todo tipo de mecanismos de moinhos pela força propulsora do calor". A julgar por essa descrição, está claro que Savery sabia que a utilidade de seu invento se estenderia para muito além do setor de exploração de minérios, mas, em seu livro, *The Miner's Friend* [O amigo do minerador], ele enfatizou que a invenção seria usada principalmente na drenagem de águas de minas. Como havia apresentado sua máquina à Royal Society em 1699 e obtivera, nesse mesmo ano, um reforço da proteção dos direitos sobre sua invenção, na forma de lei aprovada pelo Parlamento, ele tinha razão para nutrir esperanças de que suas alegações estavam prestes a torná-lo um homem rico. Infelizmente, sua máquina não era muito eficiente. Contudo, um modelo desenvolvido por seu colega de Devon, Thomas Newcomen, era. Os dois inventores acabaram se tornando sócios, e, em 1712, nas dependências da Conygree Coalworks, perto de Dudley, Newcomen instalou a primeira máquina a vapor do mundo realmente funcional e comercialmente viável.

A invenção de Newcomen não transformou o mundo da noite para o dia, pois exigia uma despesa considerável para ser instalada e usava quantidades imensas de carvão. Por outro lado, as profundas minas de carvão eram justamente onde mais se necessitava da máquina a vapor. A questão era simplesmente saber se sua utilização era mais barata do que o emprego de equipes de cavalos. A princípio, a operação de máquinas a vapor era apenas onze por cento mais barata, mas isso foi suficiente para persuadir alguns empresários a investir nelas.[30] À medida que as minas foram ficando mais profundas, as economias aumentaram. Os motores de Newcomen foram instalados em centenas de minas na Inglaterra. E eram exportados também: um deles foi montado na Suécia em 1727, e, em 1740, havia exemplares desses motores em Viena; em Kassel, Alemanha; em Schemnitz, Eslováquia; em Jemeppe-sur-Meuse, perto de Liège; e em Passy, perto de Paris.[31] Em 1750, o custo da produção de energia a vapor equivalia a sessenta por cento do custo do emprego de cavalos, e, em 1770, esse total correspondia a apenas quarenta por cento — uma economia de 1½ centavo por cavalo-vapor por hora. A essa altura, máquinas a vapor estavam se espalhando rapidamente por toda a Europa, todas instaladas por engenheiros britânicos. Quando, em 1767, o engenheiro John Smeaton visitou as minas de carvão do nordeste da Inglaterra, deparou-se com nada menos do que cinquenta e sete novos motores a vapor Newcomen em operação. Ele registrou que, juntos, produziam um total de apenas mil e duzentos cavalos-vapor e entregou-se à tarefa de aperfeiçoá-los para torná-los mais eficientes. Então, em 1775, nasceu a parceria entre Matthew Boulton e James Watt para explorar o potencial da invenção de Watt de uma máquina ainda mais eficaz. Com um compressor independente, esse novo modelo consumia uma quantidade de carvão setenta e cinco por cento menor do que a do motor de Newcomen e, desse modo, tornou-se interessante para os industriais que não tinham acesso fácil a estoques ilimitados de carvão. Nesse mesmo ano, John Wilkinson encomendou uma máquina a vapor Boulton & Watt para sua fundição. Richard Arkwright mandou que instalassem uma também em sua fábrica de algodão em Wirksworth, Derbyshire, no começo da década de 1780. Foi desse ponto em diante que a revolução da energia a vapor uniu-se à dos sistemas fabris e nasceu a Revolução Industrial, tal como a concebemos nos dias atuais.

O desenvolvimento da fábrica de algodão foi consequência de uma série de inovações técnicas que permitiram que se fabricassem tecidos de maneira mais uniforme e a custos bem menores. A lançadeira volante, patenteada por John Kay em 1733, foi amplamente adotada por tecelões nas décadas de 1740 e 1750, dobrando a sua produção e criando uma demanda ainda maior por fios de algodão. Em 1741, Lewis Paul e John Wyatt abriram em Birmingham uma fábrica equipada com máquinas de fiar de cilindro inventadas por Paul. Embora a fábrica tenha fechado quatro anos depois, o conceito de Paul de fiação com cilindros foi adaptado por Richard Arkwright em seu tear hidráulico, patenteado em 1769. Arkwright, ao contrário de Paul, era um homem de negócios sagaz. Sob sua direção, a máquina de fiar algodão tornou-se lucrativa, e, quando ele morreu, em 1792, seu patrimônio pessoal girava em torno de quinhentas mil libras esterlinas. Compare isso com a renda de dez mil libras anuais do Sr. Darcy e o rendimento de cinco mil ao ano do Sr. Bingley, personagens de *Orgulho e preconceito*, livro de Jane Austen — nada mau para um homem que não tivera condições de pagar a taxa de registro de sua primeira patente.[32] Esse dinheiro veio dos sistemas mecanizados de produção em larga escala empregados nas fábricas que ele instalou em Nottingham, Cromford, Bakewell, Masson, Wirksworth, Litton, Rocester, Manchester e outras mais. Elas operavam vinte e quatro horas por dia, iluminando o céu noturno com seu fogo industrial. Tal como observado muitas vezes, Richard Arkwright criou a linha de produção muito antes de Henry Ford. Outro industrial que acumulou o mesmo tanto de fortuna foi Josiah Wedgwood, o criador da fábrica de cerâmica de alta qualidade que leva seu nome. Homem meticuloso e cuidadoso, ele instalou sua fábrica em Etruria, Staffordshire, para aproveitar um canal artificial a fim de levar matérias-primas à sua fábrica, bem como na distribuição do produto final. Ele fazia questão que fossem usados os melhores materiais e houvesse o máximo de limpeza nos locais de trabalho. Além do mais, todos os membros de sua equipe de duzentos e setenta e oito funcionários eram especialistas, distribuídos em grupos de trabalho rigorosamente organizados.[33] Ele lhes fornecia moradia no terreno da fábrica e desenvolveu um dos primeiros modelos de auxílio-doença como forma de assegurar a lealdade de seus empregados. Ao mesmo tempo, vivia empenhado no aumento da qualidade da mão de obra. O fato de que recebeu gigantescas encomendas da rainha Carlota da Inglaterra e de Catarina, a Grande, da Rússia, indicava que *sua* revolução foi além do simples processo de produção em massa e se concentrava também na qualidade do produto final.

A partir da década de 1780, a industrialização na Grã-Bretanha avançava a pleno vapor e começou a chamar a atenção de homens de negócio em toda a Europa. Na primeira metade do século, o crescimento anual da indústria do algodão girava em torno de 1,37 por cento. Já no período de 1760-70, foi de 4,59 por cento, enquanto na década de 1770 alcançou 6,2 por cento e na de 1780 subiu para 12,76 por cento. Esses consideráveis aumentos na produção se refletiram em quase todas as indústrias. A produção de ferro-gusa britânica saltou de trinta mil toneladas por ano em 1760 para duzentos e quarenta e quatro mil em 1806. As pessoas apostavam corrida para encontrar a inovação que lhes daria a tão sonhada fortuna. Nos anos de 1700-9 foram atendidos apenas trinta e um pedidos de registro de patente na Inglaterra; já em 1800-9, foram concedidos nada menos do que novecentos e vinte e quatro.[34] O século seguinte viu ainda mais transformações no setor industrial, bem como um consumo muitíssimo maior de carvão e um aumento no número de inovações: na década de 1890, o departamento de registro de patentes britânico recebeu mais de duzentas e trinta e oito mil solicitações. Mas as revoluções combinadas do século XVIII exerceram o "efeito Colombo" — não apenas transformaram as coisas para sempre, mas também mostraram às pessoas o caminho para o futuro.

A revolução política

Tal como vimos páginas atrás, a Revolução Gloriosa, guerra civil inglesa de 1688, influenciou profundamente os pensadores da Europa. A simples ideia de que um Parlamento, como representante do povo, podia destituir um rei do trono, pôr outro em seu lugar e impor ao novo monarca uma série de limitações no exercício do poder real abalou o conceito de governo monárquico. Contudo, a Revolução Gloriosa envolveu principalmente a mudança nas relações entre o monarca e o Parlamento e entre o governo e o povo. Não havia muito interesse na melhoria das relações entre cidadãos. Somente nas revoluções políticas dos últimos anos do século XVIII é que a ideia de igualdade entre os homens nasceu e ganhou força política.

A Guerra da Independência dos Estados Unidos começou como uma tentativa dos colonos de resolver uma falta de representação política no governo. Na Inglaterra, havia uma norma antiga que determinava que, em troca da autorização para a cobrança de impostos extras, os membros eleitos do Parlamento teriam influência com o rei e conseguiriam aprovar leis específicas. Os colonos americanos não influenciavam o rei nem tinham direito a dar opinião sobre o programa legislativo do governo. Não contavam com nenhum representante em Westminster, embora pagassem impostos ao Estado britânico. Isso era inconstitucional, considerando a Declaração dos Direitos do Cidadão, de 1689. A ideia de as colônias terem representantes políticos no Parlamento britânico foi debatida muitas vezes, mas sempre era rejeitada, pois a consideravam impraticável. A aprovação da Lei do Selo, em 1765, que impunha exclusivamente aos colonos mais um fardo tributário, enfrentou acirrada oposição deles, que achavam que ela era uma violação de seus direitos de súditos do monarca inglês. A Lei do Chá, de 1773, que objetivava a taxação do chá exportado para os Estados Unidos, embora a mercadoria saísse livre de impostos dos armazéns da Companhia das Índias Orientais, foi repudiada com violentos protestos na revolta conhecida como a Festa do Chá de Boston. Uma tentativa de reconciliação fracassou, e as Treze Colônias (Virgínia, Massachusetts Bay, Maryland, Pensilvânia, Delaware, Carolina do Sul, Carolina do Norte, Geórgia, Nova Hampshire, Nova Jersey, Nova York, Connecticut e Rhode Island) criaram seus próprios governos. Cada uma das colônias se assumiu como um Estado e, juntas, formaram o Congresso Continental. Por meio desse órgão, declararam-se independentes da Grã-Bretanha em 4 de julho de 1776. O texto da declaração de independência começava assim:

> Quando, durante os acontecimentos da jornada humana, torna-se necessário que um povo rompa os laços políticos que o mantiveram ligado a outro, e lhe cumpre assumir, entre as potências do mundo, um lugar independente e sob igualdade de condições, conforme a ele outorgado pelas Leis da Natureza e pela Bondade de Deus, o devido respeito à opinião dos outros povos da humanidade exige que ele declare as causas que o impelem a buscar a separação.
> Consideramos óbvias as seguintes verdades, de que todos os homens são criados iguais, que eles são dotados, pelo Criador, de certos Direitos inalienáveis, entre os quais estão o direito à Vida, à Liberdade e à busca da Felicidade; que, para usufruir desses direitos, Governos são instituídos entre os Homens, e seus justos poderes são garantidos por concessão de seus governados; que, sempre que qualquer Forma de Governo se torna fator de destruição desses objetivos, o Povo tem o Direito de modificá-lo ou aboli--lo e instituir um novo Governo, assentando suas bases nesses princípios e organizando seus poderes dessa forma, conforme lhes pareça a mais provável de lhes assegurar Segurança e Felicidade.

O governo britânico não concordou e enviou um exército para deixar clara a sua posição. A guerra que se seguiu durou até a assinatura do Tratado de Paris, realizada em 3 de setembro de 1783. Pelos termos do tratado, os britânicos cederam às ex-colônias, que passaram a chamar-se Estados Unidos da América, toda a extensão de terras a leste do Mississipi e ao sul dos Grandes Lagos. Por meio de um acordo separado, as Flóridas Oriental e Ocidental foram cedidas à Espanha.

Embora esses acontecimentos tenham sido de enorme importância para os Estados Unidos e seu futuro desenvolvimento, foi a natureza republicana da revolução que teve extraordinária repercussão em outras terras. Existiram repúblicas efêmeras no passado — por exemplo, a Commonwealth inglesa (1649–60) e a República da Córsega (1755–69) —, mas, de resto, as únicas repúblicas duradouras na Europa eram pequenas: as cidades-Estado italianas e os cantões suíços. Nunca houve nada igual à cerimônia de posse do presidente George Washington como governante de cinco milhões de pessoas. Isso gerou consequências em todo o Ocidente — e em nenhum outro lugar elas foram mais importantes do que na França, que apoiou os norte-americanos em sua luta pela independência.

Na França, a luta pela igualdade se deu num contexto diferente e teve outro objetivo. Os autores da Declaração da Independência dos Estados Unidos usaram o termo "igualdade" para expressar sua crença na ideia de que tinham o mesmo direito às liberdades desfrutadas pelos ingleses. Mas ele se aplicava apenas aos cidadãos que pagavam impostos; a maioria dos Pais Fundadores não acreditava que todos os norte-americanos eram iguais entre si. Os escravos ainda eram considerados propriedade, e, em 1776, a liberdade de se desfrutar desse bem ainda tinha primazia sobre o direito de um escravo de receber tratamento igualitário. Alguns apelos precoces surgiram em favor da abolição. Em 1780, o estado da Pensilvânia aprovou a Lei da Abolição Gradual da Escravidão, por meio da qual todos os filhos de escravos eram considerados livres ao nascer. Foi uma medida que fez com que a escravidão fosse extinta ao longo de uma geração, sem que ninguém tivesse que abrir mão de sua propriedade. Todavia, os principais estados escravistas do sul do país não seguiram o exemplo. Na França, em 1789, houve muito menos conflito entre o desejo de liberdade e de igualdade. As pessoas que exigiam liberdade queriam também igualdade com os que lhes negavam seus direitos. Na essência, ela foi, portanto, uma revolução diferente — um movimento contra a estrutura política em vez de contra os ditames imperiais de uma nação distante.

Tudo começou com uma crise financeira. Na esperança de conseguir aprovação das urgentes reformas econômicas de seu governo, o rei da França convocou uma reunião dos Estados Gerais — a primeira em cento e setenta e cinco anos. Quando os representantes do povo, o Terceiro Estado, se reuniram, eles se declararam membros da Assembleia Nacional e resolveram avançar, com ou sem os representantes da aristocracia e do clero, na reforma do governo. O rei, numa tentativa de impedi-los, mandou fechar a assembleia. Com isso, os quinhentos e setenta e sete membros da Assembleia Nacional se reuniram numa quadra de péla em 30 de junho de 1789. Lá, todos, exceto um, juraram que continuariam a reunir-se até obrigarem Luís XVI a aceitar uma Constituição. Duas semanas depois, em 14 de julho de 1789, o povo de Paris tomou de assalto a Bastilha — a prisão-fortaleza parisiense que era símbolo da tirania monárquica — e matou seu governador. Importantes membros da nobreza começaram a fugir do país. Revoltas estouraram na capital e se espalharam pela nação. O que havia começado como uma tentativa de impor uma Constituição ao rei e a seu governo se transformou numa revolução total.

Em agosto de 1789, o conde de Mirabeau apresentou a Declaração dos Direitos do Homem e do Cidadão. Esse documento, aprovado pela Assembleia Nacional em 26 de agosto, tinha grande embasamento no contrato social e no conceito dos direitos naturais, conforme esposado por Rousseau e outros pensadores políticos depois dele; foi influenciado também pelos recentes debates nos Estados Unidos. Ele continha dezessete artigos, principiando com "Os homens nascem e permanecem livres e iguais em direitos". Declarava que "a finalidade de toda associação política é a preservação dos direitos naturais e imprescritíveis do homem [...] liberdade, propriedade, segurança e resistência à opressão", e que os limites da liberdade individual só podiam ser determinados por lei. Mais adiante, afirmou que a lei "deve ser a mesma para todos, seja para proteger, seja para punir", e que "todos os cidadãos, como são iguais perante a lei, têm direito a todas as dignidades e a todos os cargos e ocupações públicos". O documento dispunha ainda sobre o direito de liberdade de encarceramento a menos que se infringisse a lei, a proibição de punições cruéis, a presunção de inocência de suspeitos até prova em contrário, a liberdade de culto religioso, de imprensa e de expressão pessoal, a responsabilidade penal de funcionários públicos e a garantia do direito de propriedade.

Tudo isso poderia ter sido apenas o auge da teoria política iluminista não fosse pelo que aconteceu em seguida. A revolução se tornou cada vez mais violenta. De 5 de outubro de 1789 em diante, quando os revoltosos parisienses marcharam para Versalhes com o canhão da cidade, visando forçar a família real a voltar para a capital, o movimento começou a ficar totalmente fora de controle. Em 1790, a nobreza foi extinta, e o clero ficou legalmente sujeito à autoridade de um governo secular. Em toda a França, houve o rompimento da lei e da ordem, e massacres ocorreram — tanto por parte do governo quanto por parte das populações. A autoridade monárquica francesa, que até pouco tempo antes fora a mais poderosa da Europa, foi reduzida a pó. O rei foi condenado por traição e executado. Muitos aristocratas, incluindo a rainha, Maria Antonieta, seguiram também para a guilhotina. Terras da Igreja foram confiscadas, e a grande Catedral de Notre-Dame foi consagrada ao Culto da Razão. Um calendário novo e revolucionário foi adotado.

No outono de 1793, nasceu o Reino do Terror. Muitas pessoas foram presas com base nas abrangentes prescrições da Lei dos Suspeitos, aprovada em 17 de setembro. O horror anárquico da revolução se espalhou como um incêndio. O Estado prendeu milhares e executou dezenas de milhares de pessoas, movido pelo receio de que violassem a liberdade do povo.

Embora os abusos subsequentes à Lei dos Suspeitos tenham sido uma tragédia nacional, não devemos permitir que nos desviem da questão mais importante: a Revolução Francesa não foi simplesmente *uma* revolução, mas *a* revolução, o teste de uma das ideias mais profundas de todo o milênio: a de que um homem vale tanto quanto qualquer outro. Era um conceito que não existia no mundo antigo, tampouco no primeiro milênio antes de Cristo. Apesar de ser algo que fazia parte do sentimento cristão em suas origens, nenhum reino cristão jamais havia tentado pô-lo em prática. Todavia, fazia séculos que a sociedade ocidental vinha se aproximando do estado de igualdade social. Transformações de cada século tratado neste livro aparecem nos dezessete artigos da Declaração dos Direitos do Homem e do Cidadão. O fim da escravidão no século XI é ressaltado na primeira linha do documento, que diz que "os homens nascem e permanecem livres". As transformações nos sistemas judiciários do século XII foram precursoras da máxima segundo a qual a única restrição à liberdade deveria ser a imposta pela lei, e que a lei é cumprida para preservar o bem comum. Vemos, refletido no princípio de que os funcionários públicos deviam responder por seus atos e de que o governo não podia prender pessoas sem uma razão justa, o desejo da sociedade do século XIII pela cobrança de prestação de contas. As relações diretas entre o Estado e seus cidadãos prefiguram-se, no século XIV, no nacionalismo e na representatividade parlamentar. O próprio conceito de individualismo que vimos surgir no século XV permeia todo o documento. As divisões religiosas do século XVI são reconhecidas na cláusula que promete a liberdade de culto, isenta de qualquer tipo de perseguição. As ideias de John Locke, a carta de Declaração de Direitos inglesa de 1689 e o *Contrato Social* de Jean-Jacques Rousseau ecoam no conceito dos direitos naturais, expresso no segundo artigo. Logicamente, seria um equívoco ver tudo isso como uma marcha contínua e ininterrupta da sociedade em direção a algo que estivesse à altura de um verdadeiro estado de "igualdade". A ideia de igualdade por si só é um conceito vago — não tem significado real, exceto quando definida com relação a uma escala de valores específicos. Mas, se pudéssemos montar um gráfico demonstrando a evolução, através das eras, dos direitos do homem comum em relação aos do restante da sociedade, a linha de tendência se apresentaria sob a forma de um "s" esticado: uma curva ascendente iniciada com o fim da escravidão na Idade Média, subindo muito lentamente a partir dos anos subsequentes à Peste Negra, até o começo do século XVIII, atingindo o início de sua descida máxima com a eclosão da Revolução Francesa, num gradiente que perdurou por mais de um século, revertendo-se apenas em meados do século XX, quando a igualdade, ou algo próximo a isso, foi alcançada.

Fora da França, as consequências imediatas da revolução foram muitas e variadas. Para conterem as forças revolucionárias, a Áustria e a Prússia declararam guerra à França em abril de 1792; a Grã-Bretanha foi envolvida no conflito logo depois. O extremismo, a violência e a injustiça do Período do Estado de Terror forçaram muitos reformistas solidários nesses países a recuar em seus intentos. Organizações como a Sociedade dos Correspondentes de Londres, cujos membros queriam estender a representação política às classes trabalhadoras, tiveram que aceitar o fato de que era prematuro tentar concretizar um projeto humanitário como esse. A condenação da Revolução no livro best-seller na época, *Reflections on the Revolution in France* [Reflexões sobre a Revolução na França], 1790, de Edmund Burke, e o incisivo rebate de Thomas Paine em seu *The Rights of Man* [Os direitos do homem], 1791, sucesso de vendas ainda maior, demonstram quanto eram profundas as diferenças de opinião. A negligência dos participantes da Revolução Francesa em lidar com o problema dos direitos femininos fez com que Mary Wollstonecraft produzisse seu *Vindication of the Rights of Women* [Em defesa dos direitos das mulheres], 1792, obra que reacendeu o debate sobre a posição das mulheres na sociedade. Portanto, a Revolução Francesa apenas assinalou o *início* da mais acentuada curva da linha de tendência de nosso gráfico da igualdade. No entanto, assim como muitos outros acontecimentos examinados neste livro, ela demonstrou o caminho a seguir e levou as pessoas a enxergar as possibilidades. Sem a Revolução Francesa, é muito pouco provável que pensadores europeus do século seguinte tratassem da questão da reforma social com base na igualdade de valores dos indivíduos. Tampouco a igualdade política teria se tornado norma no mundo ocidental.

Conclusão

Caso alguém pudesse observar do alto a Europa de 1800 com a precisão visual de um pássaro, notaria poucas mudanças em relação ao que havia visto em 1200. As cidades eram maiores e certamente existia um número maior delas, mas, de um modo geral, a paisagem continuava predominantemente rural. Mesmo que se concentrasse na Inglaterra, mal daria para perceber a gradual proliferação de fábricas e moinhos. Talvez as prateadas linhas de canais existentes aqui e ali chamassem sua atenção, ou até um moinho ou outro, ou instalações de exploração das minas. Porém, a transformação mais evidente seria, de longe, o cercamento das terras na maior parte do país. As paisagens rurais da Inglaterra não pareciam mais uma colcha de retalhos de grandes campos de cultivo, formados por lotes de terra separados, cultivados por diferentes arrendatários. O que predominava agora era o padrão moderno de pequenos lotes cercados. Mas não deveríamos dar como certo que as maiores transformações deixariam os sinais físicos mais óbvios. Assim como as aventuras aeronáuticas do século XVIII, alguns dos grandes avanços não causaram efeitos tão marcantes na terra quanto na imaginação das pessoas.

Apesar disso, é preciso manter esses campos em mente, pois representam a fonte de alimentos e, por isso, constituem "o maior desafio constante enfrentado por nossos ancestrais". Por terem conseguido ir tão longe na superação desse desafio, o século XVIII transformou por completo as relações entre a humanidade, o meio ambiente e Deus. Desde os tempos medievais, as pessoas mantinham um severo controle sobre o comportamento moral de seus vizinhos, movidas pela crença de que a prática de atos imorais na comunidade seria punida por Deus coletivamente, com uma colheita ruim, por exemplo. Assim, se membros da comunidade fizessem vista grossa para as imprudências de seus vizinhos, eles também seriam culpados de um pecado e, portanto, merecedores da punição divina. Contudo, à medida que aumentou a oferta de alimentos e menos pessoas sofreram de fome após 1710, esses receios e a preocupação com a moral diminuíram. Ao mesmo tempo, o avanço na compreensão das relações do homem com o meio ambiente fez as pessoas desvincularem sua crença em Deus das causas de suas adversidades. Quando, pois, na França da década de 1780, os suprimentos alimentícios acabaram, as pessoas culparam seus concidadãos, não Deus.

Com essa nova maneira de ver as coisas, as transformações na agricultura do século XVIII não apenas permitiram que as populações crescessem, fornecendo assim mão de obra à Revolução Industrial, mas também tornaram a sociedade mais tolerante, complacente e menos cruel.

O principal agente de transformações

Nenhuma das grandes transformações do século XVIII foi perpetuada por um único indivíduo — pelo menos não como o avanço da química, por exemplo, foi perpetuado por Antoine Lavoisier. Embora seu nome não tenha sido mencionado até agora — fato que parece excluí-lo da lista de candidatos ao posto de principal agente de transformações —, talvez seja justo afirmar que ele, juntamente com Isaac Newton, foi uma das pessoas que mais contribuíram para nossa compreensão do mundo natural nesse século. Mas o interessante é que a carreira de Lavoisier também refletiu o clima da época. Foi pioneiro o seu trabalho de identificação e organização sistemática dos elementos químicos, substituindo o velho sistema de Aristóteles de "terra, ar, fogo e água". Com seu método de decomposição da matéria para conhecer os elementos que a compunham e estabelecer as relações das partículas constituintes com o todo, ele nos faz lembrar de pensadores políticos como Rousseau, que analisou conceitualmente a sociedade para entender as relações entre o indivíduo e o coletivo. O trabalho de Lavoisier sobre combustão e oxigênio naturalmente o levou a investigar a respiração como um processo químico, e ele demonstrou que a respiração era de fato uma troca de gases e, portanto, uma lenta forma de combustão. Isso ajudou muito a desmistificar os processos do corpo humano, secularizando a compreensão da vida tal como o fizeram os editores da *Encyclopédie*. Ele enunciou a lei de conservação das massas, que determina que, em toda reação num sistema fechado, a massa total dos elementos envolvidos na reação deve ser igual à de todos os produtos no fim do processo. Esse método quantitativo lembra aquele dos economistas que tentavam medir, nessa mesma época, a riqueza das nações. Portanto, o trabalho de Lavoisier confere legitimidade ao princípio exposto pelo marquês de Condorcet em seu *Ensaio de um quadro histórico do progresso do espírito humano*, em 1795: que o progresso nas ciências levará, inevitavelmente, ao progresso nas artes, na política e na ética. Infelizmente, nem a genialidade de Lavoisier nem as semelhanças entre o seu trabalho e os dos reformadores sociais foram suficientes para salvá-lo. Quando a volátil substância da Revolução Francesa entrou em contato com o fato de que ele já recebera uma cota dos impostos pagos ao governo francês, houve uma reação extremada. Ele foi enviado para a guilhotina em 8 de maio de 1794, aos cinquenta anos de idade: mais uma vítima do Reino de Terror de Robespierre. Se houve um momento da história em que a definição kantiana de iluminismo — pensar por si mesmo, livre de dogmas — não se aplica, foi esse.

Então qual foi o principal agente de transformações? Como esse foi o século em que surgiu o primeiro novo tipo de força motriz desde a invenção dos moinhos, devemos levar em conta um dos engenheiros que tornou a Revolução Industrial possível. Seguindo essa linha de argumentação, essa pessoa teria que ser Thomas Newcomen, o primeiro grande engenheiro do setor das máquinas a vapor. Embora as máquinas a vapor de James Watt fossem muito mais eficientes, Watt apenas adaptou cerca de quinhentas máquinas construídas com base em projetos de Newcomen. A contribuição de Newcomen foi muito maior, construindo mil e duzentas máquinas a vapor na Grã-Bretanha e na Europa. Além do mais, foi Newcomen que demonstrou que a energia a vapor era vantajosa sob o ponto de vista comercial, e isso, por si só, foi uma tremenda façanha. Todavia, conforme observado páginas atrás, em 1800 a maioria dos moinhos e das fábricas ainda era movida por rodas de água. As máquinas a vapor fizeram mesmo muita diferença na vida dos povos do século XVIII? Acho que a substituição de rodas de água por mil e duzentas máquinas a vapor é uma mudança comparável à substituição de armas de assédio militar por peças de canhão no século XIV. O impacto real dessa tecnologia aconteceria no futuro.

Eu diria, pois, que o homem que mais transformações causou nas vidas das sociedades do século XVIII foi Jean-Jacques Rousseau. Seus escritos podem estar cheios de falhas, mas suas ideias inspiraram os clamores em favor da tolerância, da liberdade e da igualdade que transformaram em revolução os acontecimentos em torno de uma crise financeira de 1789. E não há como negar que a revolução deixou chocados todos os povos do Ocidente — de reis e nobres até os pobres.

1801-1900

O Século XIX

Seja lá onde você está lendo este livro, deve estar a uma distância palpável de alguma invenção do século XIX. Se estiver num trem ou num metrô, seu veículo foi inventado nesse século. É o caso também dos ônibus: Paris, Berlim, Nova York, Londres e Manchester já tinham suas primeiras linhas rodoviárias em 1830. Se você estiver num carro, ouvindo uma versão em áudio deste livro, lembre que tanto o motor de combustão interna quanto a técnica de gravação de áudio datam de fins do século XIX. Caso você esteja na cama ou num avião, sua leitura dependerá de luz elétrica, que começou a ser usada na década de 1870. Se estiver lendo enquanto relaxa numa banheira, observe que a tampa de ralo tem suas origens no século XIX. Aliás, o banheiro também: os primeiros vasos sanitários com mecanismo de descarga produzidos em massa foram exibidos em 1851 na Exposição Universal. De fato, o próprio conceito de "banheiro" foi aventado no século XIX: a primeira referência à existência de algo desse tipo numa casa inglesa consta numa frase de J. M. Barrie, enunciada em 1888: "De que adianta a política quando os canos do banheiro estouram?" Mas estou me desviando do assunto. Se você estiver lendo um exemplar impresso do livro, observe que o papel de suas folhas é feito de polpa de madeira, inventado na década de 1870 como substituto mais barato do papel fabricado à base de trapos de linho. Caso você esteja usando um computador num dos países de língua inglesa, verá que as letras da fileira superior do teclado estão dispostas de acordo com o padrão Qwerty: essa disposição de teclas vem da época de uma máquina de datilografia que começou a ser vendida em 1871. E se você estiver usando um relógio de pulso, uma calça jeans ou um sutiã — está em contato direto com uma invenção do século XIX. É bem provável que, para se ver totalmente livre do século XIX, você tenha que ficar nu no meio da selva. Mas, se esse for o caso, eu ficaria muito surpreso se você estiver lendo este livro.

O século XIX foi a era das invenções, muito mais do que o século XX. Como vimos quase no fim do capítulo anterior, a média de pedidos de patente no Reino Unido era de vinte e três mil oitocentos e vinte e seis na década de 1890; na década de 1990, essa média era menos da metade, apenas dez mil seiscentas e duas solicitações por ano. Entre as primeiras, há muitas inovações que associamos hoje com o mundo moderno — principalmente porque estamos sempre comprando seus últimos lançamentos. Torradeiras elétricas, ventiladores, máquinas de costura e chaleiras foram todos inventados no século XIX. Os primeiros fogões a gás começaram a ser vendidos em 1834, graças a James Sharp, da Northampton Gas Company. Fora dos ambientes domésticos, Londres foi a pioneira na iluminação de ruas com lampiões a gás em 1807; em 1823, havia quarenta mil lampiões a gás nas ruas da capital, e a maior parte das cidades europeias fervilhava de trabalhadores instalando sistemas de iluminação parecidos. Em recintos fechados, a iluminação elétrica e a gás eram comuns em 1900: quando a casa em Moretonhampstead em que comecei a escrever este livro foi reconstruída por volta de 1890, logo após um incêndio, foram instaladas lâmpadas a gás nas paredes do saguão de entrada e em todos os cômodos principais. É muito fácil esquecer a enorme diferença que a iluminação artificial fez na vida das pessoas — não apenas no que diz respeito à segurança quando elas precisavam sair de casa depois que anoitecia, mas também com relação ao grau de clareza com que podiam ver as cores e desfrutar das coisas nos cômodos da casa, que antes mal eram visíveis à luz de velas. E houve outras invenções do século XIX de importância crucial. O enlatamento de alimentos foi inventado por um francês, em 1806, para abastecer o exército de Napoleão. No começo da Guerra Civil Americana (1861-5) nasceu a metralhadora. Em 1886, Karl Benz patenteou seu *Motorwagen*, veículo automotor de três rodas, o primeiro modelo de carro comercial. Nas ruas de Lyons, em 1895, os irmãos Lumière começaram a produzir seus admiráveis curtas-metragens, e, no ano seguinte, inauguraram-se os primeiros cinemas públicos em Nova York e Nova Orleans. Embora o almirante Nelson tenha morrido, em 1805, no convés de um navio de madeira esburacado, disparando maciças balas de canhão pelando de quente no inimigo, em 1890 ele teria podido viajar num submarino movido a energia elétrica, capaz de disparar torpedos devastadores.

Contudo, tal como vimos muitas vezes em capítulos anteriores, invenções não são sinônimos de transformação. Apesar dos grandes esforços de James Sharp, a maior parte das pessoas não cozinhava em fogões a gás no século XIX, mas preferia usar combustível sólido. Levou tempo para que carros e cinemas se tornassem parte de nossas vidas diárias. E que me perdoem o trocadilho, mas até os sutiãs demoraram para se sustentar. É necessário enxergar além da simples novidade de algo para se avaliarem as transformações mais amplas na sociedade e poder distinguir as invenções que causaram uma profunda mudança na vida do Ocidente das que apenas facilitaram o que sempre foi feito.

Crescimento populacional e urbanização

Você deve achar que estamos chegando ao fim deste livro: já tratamos de oito séculos, só faltam mais dois. Portanto, talvez se surpreenda em saber que, historicamente falando, não estamos nem na metade do caminho. A razão dessa incongruência é que história não significa tempo, e tempo não significa história. História não é simplesmente o estudo do passado; ela trata dos *povos* do passado. O tempo em si, separado da realidade humana, é um elemento puramente da alçada de cientistas e observadores de estrelas. Se uma ilha desconhecida e inabitada fosse descoberta, ela não teria história: seu passado seria estudado por especialistas em ciências naturais, botânica e geologia. Não podemos escrever a história do Polo Sul antes de a humanidade avaliar sua importância e se aventurar a explorá-lo, tendo certos objetivos em mira. A História está inextricavelmente vinculada ao que fizemos, tanto como espécie como quanto indivíduos. Assim, um grande país como a Itália, com uma população de sessenta milhões de pessoas e um gigantesco legado cultural, tem muito mais história para contar do que uma pequena ilha com uma população minúscula. Não estou menosprezando as pequenas ilhas; isso simplesmente reflete o fato de que um país com sessenta milhões de habitantes passa, todos os dias, por uma experiência humana um milhão de vezes maior do que uma ilha com sessenta. Há um milhão de vezes mais de contatos humanos, um milhão de vezes mais de reações sociais e um milhão de vezes mais de doenças, dores e sofrimentos. Temos que considerar não apenas o tempo cronológico, mas também o tempo *humano* — ou seja, o volume de experiências que um dia ou um ano representa.

Essa metodologia de medição do tempo humano pode ser aplicada na comparação de séculos, assim como de países. Se computarmos todos os dias vividos pelos povos da Europa nos mil anos entre 1001 e 2000, veremos, conforme demonstrado a seguir, que as relativas proporções da população do milênio aparecem no gráfico à direita. Se história fosse sinônimo de tempo, o gráfico exibiria dez divisões iguais de trinta e seis graus. No entanto, as diferenças representadas nele são consideráveis. Podemos ver que, na verdade, apenas cerca de três por cento da população total da Europa no milênio vivenciou as mudanças de que tratamos no primeiro capítulo deste livro. Todas aquelas mudanças arrebatadoras do século XVI foram presenciadas por menos de seis por cento. Isso não quer dizer que devemos tratar esses séculos com maior brevidade — eles viram mudanças profundas que serviram de base para tudo que veio depois —, mas, se precisamos nos concentrar nas transformações que afetaram a vida do maior número de pessoas, então temos que nos voltar mais para os últimos dois séculos. Na verdade, os números do gráfico são uma subestimação da tendência demográfica dos povos do Ocidente contemporâneo, pois não incluem as populações dos EUA, Austrália, Canadá, África do Sul ou Nova Zelândia. Tampouco levam em conta os números dos povos ocidentalizados da América Latina, Índia e Extremo Oriente. No mundo inteiro, somente um terço da história corresponde aos oito primeiros séculos do milênio. Se a importância de determinada transformação for considerada de acordo com o número de pessoas que a viveram, então chegamos ao momento crucial. No século XIX, nem todos os países tiveram o mesmo ritmo de mudanças populacionais. Na França, a população aumentou de 28,7 milhões para 40,7 milhões (quarenta e dois por cento), fato que fez desse apenas o seu quarto maior século de crescimento demográfico desde 1001. O crescimento na Itália foi muito mais expressivo, já que sua população aumentou de 18,09 milhões em 1800 para 32,97 milhões em 1900 — um aumento de oitenta e dois por cento, o mais significativo de sua história. De modo semelhante, Espanha e Portugal tiveram crescimentos demográficos de setenta e cinco e oitenta e seis por cento, respectivamente. A população da Alemanha aumentou cento e trinta por cento, enquanto a Rússia europeia, cento e oitenta

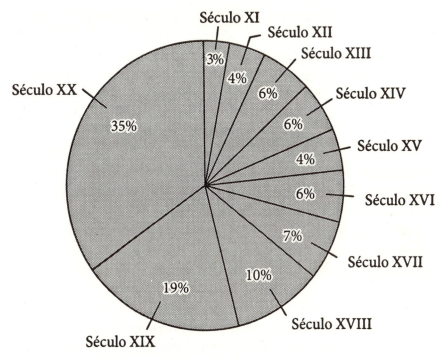

Proporções da população europeia no milênio (dias-pessoas) por século

e um por cento. A população das Ilhas Britânicas, como um todo, cresceu cento e cinquenta e três por cento, mas esse número esconde o fato de que, na Inglaterra, o berço da Revolução Industrial, ela teve o espantoso aumento de duzentos e quarenta e seis por cento. Um fenômeno como esse era simplesmente impensável no século anterior. Quando, em 1695, o estatístico Gregory King fez seus abrangentes cálculos sobre a Grã-Bretanha, ele estimou que o total de habitantes de Londres passaria de um milhão no ano de 1900 e que, no ano de 2300, a nação abrigaria em seu território uma população de 10,8 milhões de pessoas. Na verdade, a população de Londres e de seus subúrbios já havia alcançado um milhão em 1800, enquanto a do Reino Unido, como um todo, chegara a 10,8 milhões naquele mesmo ano, cinco séculos antes do previsto por King. Mas esses aumentos populacionais foram mínimos diante dos do Novo Mundo. No século XIX, a população não indígena (incluindo escravos) dos Estados Unidos aumentou cerca de mil trezentos e trinta e cinco por cento, a do Canadá cresceu cerca de mil, quatrocentos e catorze por cento, e a então recém-colonizada Austrália teve um crescimento populacional de assombrosos setenta e dois mil e duzentos por cento, passando de cinco mil e duzentas pessoas para 3,76 milhões.

De um modo geral, o crescimento demográfico foi impulsionado por dois fatores: uma maior oferta de alimentos e a melhoria nos transportes. A Revolução Agrícola não parou em 1800: seu legado foi o de uma inovação constante nas técnicas agropecuárias, acompanhada de investimentos em novas máquinas. Vieram com isso excedentes de safra, além de um aumento na produção de carne e leite. Desenvolveram-se na Europa novos e eficientes meios de armazenagem e transporte desses excedentes de produção. Em 1860, a Grã-Bretanha importava cerca de quarenta por cento de todos os alimentos consumidos por sua população. Crises de fome ainda matavam pessoas aos milhares — em Madri em 1811-12, na Irlanda em 1845-9 e na Finlândia em 1866-8 —, mas, após a chegada das redes ferroviárias de longa distância, a escassez de alimentos na Europa ocidental em tempos de paz se tornou, em geral, coisa do passado. Enquanto, outrora, as pessoas só podiam ter o número de filhos que pudessem alimentar, agora elas podiam ter quantos filhos fossem capazes de gerar. E, com a gradativa diminuição da mortalidade materna, esse número estava aumentando. Em 1700, a proporção de mulheres londrinas que morriam ao dar à luz era de cento e quarenta e quatro a cada dez mil. Já em 1800, ela caiu para setenta e sete e diminuiu para quarenta e duas em 1900.[1]

Toda essa multidão de gente a mais tinha que achar uma forma de ganhar a vida. No passado, muitas teriam sido empregadas no campo, mantendo a produção agrícola de que suas vidas dependiam. Mas as rápidas transformações na agricultura fizeram com que menos e menos pessoas fossem necessárias no setor agrícola. Com melhores sistemas de rotação de culturas, arados aperfeiçoados e máquinas movidas a vapor, fazendeiros que antes mal conseguiam produzir o suficiente para a própria subsistência e a de sua família conseguiam produzir agora o bastante para muitos. Em 1700, cerca de setenta por cento da população trabalhava nos campos de toda a Europa. Já em 1801, de acordo com o censo da Inglaterra e do País de Gales, somente dezoito por cento era empregada na agricultura; em 1901, esse número caiu para 3,65 por cento. As pessoas não conseguiam mais trabalhar no campo. Em toda a Europa, elas abandonavam seus povoados e suas raízes rurais e se dirigiram para as pequenas e grandes cidades em que fábricas ofereciam trabalho. O mesmo aconteceu nos Estados Unidos e no Canadá. Na segunda metade do século XIX, imigrantes se deparavam com a maior parte das terras do Novo Mundo já nas mãos de proprietários. Portanto, eles também tiveram que se instalar em cidades.

E as crescentes populações de ambos os lados do Atlântico precisavam de moradia. Longas fileiras de casas geminadas surgiram, principalmente nas cidades do Reino Unido, altamente industrializado e em rápido processo de urbanização. Somente a Holanda tinha passado por uma urbanização tão intensa, no fim de seus anos dourados, em 1700. Mas a proporção de habitantes das cidades holandesas estava diminuindo agora: como o país não tinha reservas de carvão, demorou a se industrializar. Em 1850, a Grã-Bretanha havia superado a Holanda na condição de grande nação mais urbanizada do mundo. Outra ocasião crucial foi o ano de 1870 — quando se tornou maior que o número de cidadãos do Reino Unido que passaram a morar em cidades em vez de no campo. Mas nem isso revela toda a extensão da mudança. De país com população predominantemente rural em 1800, com oitenta por cento de seus cidadãos morando no campo, a Inglaterra se transformou num país com setenta por cento de sua população concentrada nas cidades em 1900. Com sua própria rápida industrialização, a Bélgica e a Alemanha vinham logo atrás (com índice de urbanização, em 1900, de 52,3 e 47,8 por cento, respectivamente), por sua vez seguidas pelos Estados Unidos, com sua vasta expansão (35,9 por cento).

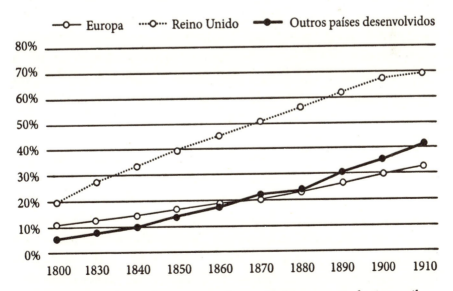

Porcentagem de populações morando em cidades com mais de cinco mil habitantes no Reino Unido, Europa e outras nações desenvolvidas (EUA, Canadá e Austrália)[2]

Cidades em crescimento não consumiam apenas alimentos e bebidas, mas também telhas e tijolos, móveis de madeira e ferramentas de ferro, carvão e gás. A infraestrutura que fornecia esses produtos — ferrovias, tubulações, navios, trens e cavalos — precisava também de quantidades gigantescas de matérias-primas, as quais tinham que ser transportadas e manufaturadas. Pequenas e grandes cidades movimentavam a economia e precisavam de empreendedores que tomassem empréstimos em bancos para aplicá-los em rodas de crescimento cada vez maiores e mais rápidas. Mas para fazerem parte desse ciclo econômico, os recém-chegados das áreas rurais tinham que conseguir emprego, que existia na forma de trabalho braçal (do qual havia oferta superabundante) ou de trabalho especializado. Com tantas pessoas morando e trabalhando em cidades, os que se dedicavam a determinado ofício tinham que competir, situação que os forçava a inovar. Tais pessoas acabaram descobrindo que tinham que obter empréstimos para investir em máquinas se quisessem ter alguma vantagem comercial sobre a concorrência. Os que optavam por não estabelecer o próprio negócio, preferindo juntar-se às fileiras de operários de fábricas, viram-se forçados a trocar o treinamento que receberam de seus pais pela capacidade de realizar uma tarefa repetitiva e específica numa máquina, trabalho que os despia de seus talentos e os transformava numa simples peça do grande aparato industrial. Desse modo, enquanto, em 1800, quase todos os trabalhadores necessitados de uma nova peça de mobília podiam muito bem comprar um pedaço de madeira, assim como talhá-lo com o máximo de capricho, em 1900 iam comprá-la pronta e acabada em lojas de departamentos. O fenômeno acabou por criar um ciclo inflacionário: o crescimento populacional impulsionava a urbanização, que provocava o crescimento da indústria e dos transportes, que, por sua vez, fomentava o aumento da população e da urbanização, o aprofundamento da especialização e assim por diante. O crescimento populacional e a urbanização intensificaram exponencialmente as transformações ocasionadas pela Revolução Industrial, pondo um fim no vínculo entre as populações e o campo, algo que existira desde o início das atividades agrícolas, na Idade da Pedra. Parafraseando o economista John Maynard Keynes, a vida na Europa, para a grande maioria dos integrantes desse crescimento populacional explosivo, não era mais uma questão de sobrevivência, mas de decidir como viver.

Sistemas de transporte

Pequenas e grandes cidades não poderiam ter crescido sem o correspondente aumento da infraestrutura de transportes que as abastecia. Assim, o século XIX incrementou os avanços anteriores nos sistemas rodoviários e nas redes de hidrovias de que tratamos no capítulo anterior. Novos canais foram construídos, a rede de estradas com pedágio foi ampliada e, fato de suma importância, as ferrovias surgiram.

Fazia séculos que vias férreas eram usadas para transportar cargas pesadas — principalmente em carroças sobre trilhos puxadas por cavalos, empregadas no transporte de carvão muito antes de 1800. Todavia, em 1804, Richard Trevithick revelou-se pioneiro na combinação da força de uma máquina a vapor ao transporte sobre trilhos nas minas de South Wales e do nordeste da Inglaterra. Em 1812, nasceu a locomotiva *Salamanca* para emprego numa mina de carvão perto de Leeds. Em 1813, William Hedley e Thomas Hackworth construíram sua *Puffing Billy* para a Wylam Colliery, mina de carvão perto de Newcastle. Ao longo da década seguinte, George Stephenson, cujo pai trabalhava na Wylam, produziu uma série de locomotivas a vapor para o transporte industrial de carvão. Na famosa inauguração da Stockton and Darlington Railway, em 1825, o próprio Stephenson dirigiu uma de suas locomotivas, a *Locomotion*, a uma velocidade de cerca de quarenta quilômetros por hora, levando a reboque um vagão cheio de passageiros. Em 1829, com sua locomotiva ainda mais famosa, a *Rocket*, ele ganhou a concorrência para operar a ferrovia de cinquenta e seis quilômetros ligando Liverpool a Manchester. A linha foi inaugurada em 15 de setembro de 1830, com direito a uma tragédia, já que o representante de Liverpool no Parlamento e recentemente exonerado ministro da Guerra William Huskisson acidentalmente caiu diante da *Rocket* e foi atropelado, perdendo uma perna e muito sangue. Stephenson correu como um louco com sua máquina — chegando a alcançar quase sessenta quilômetros por hora — para levar o agonizante parlamentar para Eccles, onde poderia receber atendimento médico, mas, infelizmente, seu esforço foi em vão. O Sr. Huskisson tornou-se, assim, um mártir do progresso. Sua morte foi tema de reportagem detalhada em todos os jornais do país e em muitos do exterior. Esse foi mais um "momento Colombo", já que todos viram escancarar-se, no átrio da imaginação, as portas para uma nova era.

Stephenson e sua *Rocket* provocaram um interesse febril por ferrovias na Inglaterra. Milhares de pessoas correram para comprar ações de projetos que prometiam levar os benefícios das ferrovias para a sua parte do mundo. Todavia, era um tipo de negócio muito caro. A empresa ferroviária tinha que obter um alvará do Parlamento para criar uma nova linha férrea — o que, por si só, podia custar milhares de libras esterlinas. Ela precisava comprar as terras que a estrada de ferro atravessaria, às vezes de centenas de proprietários diferentes. Tinha também que construir o material rodante, locomotivas e rotundas para abrigá-las, bem como estações ferroviárias, além de precisar empregar engenheiros especiais e funcionários administrativos na operação do negócio. Apesar disso, a ideia entusiasmava as pessoas. Quando finalmente começaram a funcionar, as ferrovias não geraram os imensos lucros esperados, mas se revelaram um meio de transporte rápido e barato para viagens de longa distância. Em 1840, havia dois mil e quatrocentos quilômetros de ferrovias nas Ilhas Britânicas; em 1850, o tamanho da rede era de dez mil seiscentos e cinquenta e cinco quilômetros; em 1860, de dezesseis mil setecentos e noventa; e, em 1900, de trinta e cinco mil cento e oitenta e cinco quilômetros. Ou, traduzindo isso em números de uso do serviço, as ferrovias transportavam cinco milhões e meio de passageiros em 1838, vinte e quatro milhões e meio em 1842, trinta milhões em 1845 — e depois disso o negócio de transporte ferroviário decolou de vez. A Lei das Ferrovias, de 1844, obrigou os donos de empresas de transporte ferroviário a manter em circulação, em todas as linhas, pelo menos um trem por dia para passageiros de terceira classe, com o custo da tarifa nunca superior a um centavo por milha. Com isso, em 1855, o total anual de passageiros transportados por vias férreas chegou a cento e onze milhões de pessoas; já em 1900, esse número tinha aumentado para espantosos 1,11 bilhão de passageiros.[3]

Não é exagero dizer que as ferrovias transformaram o mundo. Nos Estados Unidos, a primeira ferrovia de transporte de passageiros foi inaugurada em 1830. Na Bélgica e na Alemanha, as primeiras linhas começaram a operar em 1835; no Canadá, em 1836; na Áustria, Rússia, França e Cuba, em 1837; e na Itália, Holanda e Polônia, em 1839. Em 1841, foi inaugurada a primeira ferrovia internacional, ligando Estrasburgo à Basileia. Em 1850, Paris tinha seis estações centrais: Gare Saint-Lazare (1837), Gare Montparnasse (1840), Gare d'Austerlitz (1846), Gare du Nord (1846), Gare de l'Est (1849) e Gare de Lyon (1849). Os habitantes do amplo território norte-americano eram os que mais poderiam beneficiar-se com a nova tecnologia. Em 1835, a malha ferroviária construída pelos americanos tinha o dobro do tamanho da instalada pelos britânicos — o serviço de mala-postal Pony Express teve vida curta —, e os litorais leste e oeste foram finalmente ligados por via férrea em 1869. Em 1900, já haviam sido construídos mais de trezentos e cinquenta e quatro mil quilômetros de ferrovias nos Estados Unidos: o total combinado de estradas de ferro da Grã-Bretanha, Alemanha, Rússia, França e do Império Austro-Húngaro. Mas a participação da Europa nessa corrida era impressionante. A partir de 1883, era possível pegar o Expresso do Oriente de Paris até Constantinopla. As ferrovias haviam ligado as extremidades do mundo.

	1840	1860	1880	1900
França	496	9.167	23.089	38.109
Alemanha	469	11.089	33.838	51.678
Bélgica	334	1.730	4.112	4.591
Áustria-Hungria	144	4.543	18.507	36.330
Rússia	27	1.626	22.865	53.234
Itália	20	2.404	9.290	16.429
Holanda	17	335	1.846	2.776
Espanha	0	1.917	7.490	13.214
Suécia	0	527	5.876	11.303

Extensão, em quilômetros, de ferrovias operantes entre 1840 e 1900[4]

As consequências dessa vasta expansão da malha ferroviária foram mais do que simplesmente proporcionar conforto. As ferrovias geraram certa homogeneidade na sociedade. Antes, não havia razão para que todos os relógios de um país estivessem ajustados na mesma hora; não importava que, quando fossem cinco da tarde em Liverpool, os relógios em Manchester indicassem que eram cinco horas também. Contudo, quando trens começaram a ligar as duas cidades e a operar de acordo com uma única tabela de horários, os relógios da nação tiveram que ser sincronizados. Da mesma forma, antes do advento das estradas de ferro, os nomes dos lugares eram escritos sem nenhuma padronização: agora, as placas das estações estabeleciam a grafia oficial. Essa homogeneização chegou à construção civil também. Antes das ferrovias, as casas eram construídas com matérias-primas locais. Na região de Moreton e Dartmoor, utilizava-se granito; em Cotswolds, calcário; em Sussex, sílex; e em Kent, madeira. As ferrovias possibilitaram o transporte de tijolos duráveis e baratos para todas as cidades do país, fazendo com que se abandonasse cada vez mais o uso dos tradicionais materiais de construção. Com eles foram levados os estilos arquitetônicos, já que começaram a aparecer novas construções exibindo configurações "modernas". As ferrovias destruíram outras formas de provincianismo também. Nos dias de feira do passado, as estradas de acesso às cidades enchiam-se de fazendeiros conduzindo a pé suas cabeças de gado e seus carneiros, prontos para serem vendidos aos abatedouros da região. Depois que a estrada de ferro chegou a Moretonhampstead, em 1866, fazendeiros passaram a enviar seus animais de criação para uma nova feira agropecuária, perto da estação, onde eles eram negociados com revendedores, que os levavam de trem para Newton Abbot, cidade muito maior. Com o tempo, os fazendeiros se livraram dos revendedores e começaram a enviar seus animais diretamente para os abatedouros por trem, prática que levou ao fechamento das feiras locais. O condado de Devon, que contara outrora com cerca de setenta pequenas cidades-mercado, tinha agora seus negócios concentrados em vinte cidades de médio e grande portes, todas ligadas por vias férreas.

Hoje em dia, vemos o advento das ferrovias de modo muito favorável — como uma conquista magnífica —, mas deveríamos considerar também que a "vida moderna" foi uma experiência traumática para centenas de milhares de pessoas. Arrancadas dos povoados em que haviam sido criadas, muitas estavam despreparadas para a vida nas cidades, pois a cultura que conheciam estava firmemente baseada no complexo conjunto de relações solidárias de suas comunidades rurais. Milhares delas simplesmente perderam a capacidade de funcionar como membros da sociedade. Tanto que, em 1845, se requisitou a todos os condados da Inglaterra que abrissem um manicômio, de modo que famílias pudessem enviar para lá seus parentes que não conseguiam enfrentar a realidade. Quando examinamos os registros de internação desses lugares, deparamo-nos com centenas de casos tristes de mulheres que fitavam o canto dos recintos com o olhar perdido ou que rasgavam suas roupas e vociferavam seus delírios religiosos, bem como de homens obcecados por ideias mirabolantes de obter fortunas nas cidades ou pelo desejo ardente de fazer sexo com a rainha Vitória.[5] Até os que mantinham a sanidade mental sofriam o tormento de verem suas comunidades minguarem e seus amigos e familiares mudando-se para outras cidades. Após 1850, a taxa de frequência a igrejas diminuiu de cerca de quarenta por cento para vinte por cento em 1900. Algumas igrejas rurais foram fechadas, e suas comunidades desapareceram com elas. As médias e grandes cidades sugaram o sangue da Inglaterra rural, e as ferrovias foram os canudos por meio dos quais fizeram isso.

Para muitos, contudo, os trens criaram um mundo de oportunidades. Agora, homens e mulheres jovens podiam movimentar-se com facilidade por todo o país, e centenas de hotéis e hospedarias surgiram para atender às suas necessidades. Antes de 1850, a grande maioria dos ingleses se casava com alguém da própria comunidade ou da paróquia vizinha. Depois disso, o número de pessoas que se casavam com habitantes de outros condados e até de outros países aumentou muito. Quando penso na minha própria família, minha bisavó, Catherine Terry, é um bom exemplo da nova geração criada pelas ferrovias. A mãe dela nasceu em 1832, em Stowmarket, Suffolk, enquanto ela mesma veio ao mundo em 1863, em Woodchurch, Kent, paróquia de seu pai. Em 1883, ela foi com o pai para Plymouth, onde conheceu e se casou com John Frank Mortimer, meu bisavô, e passou a morar definitivamente em Devon. Pessoas possuidoras de recursos modestos descobriram que, pela primeira vez em suas vidas, podiam fazer longas viagens para negócios, lazer, recreação e por amor. Além do mais, podiam voltar à sua terra natal sempre que tivessem vontade. Em 1883, aquela viagem de quase trezentos e cinquenta quilômetros entre Plymouth e Londres — que demorava uma semana no século XVII para ser completada e ainda trinta e duas horas para se realizar de diligência em 1822 — podia ser concluída agora em pouco mais de seis horas de trem. Numa pequena anotação ostentando a caligrafia de minha bisavó, a respeito de uma viagem feita por ela pouco depois de seu casamento, consta: "Fui de trem de Plymouth para Waterloo, partindo às quatro horas e catorze minutos da tarde. Cheguei a Waterloo por volta das dez e meia da noite."

As ferrovias não foram a única forma pela qual a energia a vapor melhorou a locomoção. Embora muitos atribuam a William Symington a criação, em 1803, do primeiro barco a vapor, e o navio americano *Clermont* tenha transportado passageiros pelo rio Hudson na década seguinte, somente em 1838, quando Isambard Kingdom Brunel construiu o *Great Western*, um navio a vapor foi de fato projetado visando à criação de um meio de transporte oceânico motorizado capaz de viagens regulares. Até então, navios em travessias do Atlântico contavam com a boa vontade dos ventos. Se não houvesse vento ou se ele soprasse em sentido contrário, eles não conseguiriam se mover na direção desejada. Se o vento não estivesse soprando exatamente na direção certa, o capitão poderia navegar à bolina, mas o navio se deslocaria muito lentamente rumo ao seu destino. As máquinas a vapor mudaram tudo isso. Em 1843, Brunel lançou ao mar o SS *Great Britain*: o primeiro navio a vapor com casco de ferro, provido de hélice propulsora, além de o maior do mundo na época. Embora o *Great Britain* acabasse sendo empregado na rota comercial da Austrália, tais inovações no setor de navegação marítima reduziram o tempo de travessia do Atlântico de 14,5 dias e meio, necessários para o SS *Great Western* fazer a viagem em 1838, para nove dias e meio em 1855 e apenas cinco dias e meio em 1900. Milhões de imigrantes europeus zarparam para novos continentes e novas vidas, já que, com a pouca duração da travessia e o tamanho dos navios que podiam transportá-los, o custo das viagens se tornou acessível. Em 1869, a viagem da Europa para a Índia e o leste da África ficou bem mais rápida, segura e barata com a abertura do Canal de Suez. Esses avanços no setor de viagens estimularam a imaginação de Júlio Verne, o autor de *Volta ao mundo em oitenta dias* (1873). O protagonista da história, Phileas Fogg, aposta com seus amigos do Clube da Reforma, de Londres, que conseguiria dar a volta ao mundo de navio e retornar ao clube dentro dos tais oitenta dias; embora por muito pouco, ele quase perdeu a aposta. Todavia, na época em que a história foi publicada, esse tipo de viagem era possível na vida real, em razão da ligação entre as ferrovias indianas e as rotas das empresas de navegação marítima. Em 1889, um jornalista americano, Nellie Bly, realizou a façanha em apenas setenta e dois dias. Foi algo muito diferente das circum-navegações de três anos dos séculos anteriores.

No século XIX, também houve uma revolução no transporte rodoviário. O francês Nicholas-Joseph Cugnot tinha inventado, em 1769, um carro movido a energia a vapor, mas o invento não se popularizou. Nos primeiros anos do século, fizeram-se outras tentativas de se produzir veículos rodoviários movidos a vapor para que rivalizassem com as ferrovias, mas havia o problema de abastecer a máquina: pessoas com dinheiro suficiente para comprar carroças movidas a energia a vapor não queriam ter que lidar com carvão. Porém, mais ou menos a partir de 1860, graças a algumas inovações, foram apresentados ao público os primeiros veículos a vapor com características práticas. Rolos compressores permitiram a construção de estradas com pavimentação mais lisa, e máquinas de tração conseguiam transportar cargas pesadas por essas vias, tais como provisões de madeira. Além disso, tratores a vapor e arados mecânicos dispensaram os fazendeiros da necessidade de usarem cavalos.

Todavia, a verdadeira revolução nas estradas não se deveu ao domínio da energia a vapor, mas aos músculos humanos. No início da década de 1860, as primeiras bicicletas — velocípedes — surgiram. A princípio, eram feitas totalmente de madeira, mas, pouco depois, passaram a dispor de estruturas de metal e pneus de borracha. Em 1869, as Penny-Farthing começaram a ser fabricadas. Vistas como um veículo um tanto perigoso, acabaram sendo banidas do mercado com a invenção da chamada bicicleta segura, criada por John Kemp Starley em 1885. Em 1890, chegaram ao mercado a transmissão por corrente, o cárter, os manetes de freio e os pneumáticos. Para centenas de milhares de pessoas, a bicicleta tornou-se sinônimo de liberdade. Sem as despesas de manutenção de cavalos e estábulos, elas podiam pedalar cinquenta ou até setenta quilômetros por dia, alcançando lugares a que os trens não chegavam. Ou podiam embarcar num trem com suas bicicletas e ir pedalando da estação mais próxima até o destino. Desse modo, homens e mulheres podiam partir sozinhos e visitar centenas de lugares situados a quilômetros de distância sem grandes despesas. Portanto, no que diz respeito à liberdade de viajar, não foi no século XX que ocorreu a maior das transformações, mas no século XIX.

Os sistemas de comunicação

Vimos que, no século anterior, os meios de comunicação e de transporte funcionavam sob regime de estreita ligação. Embora o remetente da mensagem nem sempre tivesse que viajar no lombo de um cavalo para entregá-la em pessoa, *alguém* tinha que levá-la ao destinatário. No século XIX, esse vínculo de dependência foi rompido. Todavia, antes de penetrarmos no mundo das telecomunicações, é necessário que observemos uma inovação no sistema de envio de mensagens à moda antiga.

Em janeiro de 1837, Rowland Hill, um diretor de escola fracassado e funcionário público de baixo escalão, criou um panfleto intitulado *A reforma dos correios: a importância do serviço e sua praticidade* e o apresentou ao governo britânico. No documento, ele atacou o caro e ineficiente serviço postal da nação. O correio cobrava o dobro por uma mensagem com duas folhas de papel, em vez de taxar apenas uma, aumentava taxas do serviço para entregas em distâncias maiores e fazia incidir sobre o destinatário a responsabilidade pelas despesas postais. E, como os destinatários com frequência se recusavam a pagar, o custo da entrega de uma carta era impingido a outros usuários do serviço. Hill propôs em lugar disso um sistema uniforme: a cobrança de um centavo por cartas pesando até dezoito gramas para entrega em qualquer parte do reino, com o custo da postagem sendo pago pelo remetente. A prova do pagamento do serviço deveria ser um selo postal. Grande ideia, talvez pense o leitor. Quem poderia se opor a um sistema como esse? O principal oponente foi o chefe dos Correios, William Leader Maberly. Ele se preocupava mais com o desejo de fazer com que o serviço postal continuasse a gerar lucros do que com a necessidade das pessoas de enviarem correspondência com facilidade e a baixo custo. Hill venceu o primeiro combate dessa guerra, sendo encarregado de instituir o sistema de postagem Penny Post. A excelência de sua ideia foi confirmada quando, em 1840, lançaram o Penny Black, o primeiro selo postal do mundo, e centenas de milhares de pessoas começaram a usá-lo. Enquanto, em 1839, cada pessoa enviava três cartas por ano, em 1860 esse número aumentou para dezenove.[6] Mas Maberly contra-atacou. Apesar do aumento no número de cartas enviadas, os Correios começaram a perder dinheiro, levando Hill a perder o emprego em 1843. Nesse mesmo ano, por um capricho da sorte, a cidade de Zurique e o Brasil adotaram sua invenção de selos postais adesivos. Eventualmente, após uma mudança de governo em 1846, Hill acabou sendo reempossado no cargo — e tornou-se um herói nacional.

Ao mesmo tempo em que Hill bolava uma forma de comunicação mais eficiente pelo serviço postal, vários inventores desenvolviam um sistema para a transmissão instantânea de mensagens de longas distâncias. O primeiro sistema de mensagens por telégrafo bem-sucedido foi inventado por Francis

Ronalds em 1816. Ronalds estendeu, no quintal dos fundos de sua casa em Hammersmith, quase treze quilômetros de fio entre dois postes e conseguiu transmitir impulsos elétricos através dele, os quais faziam o mostrador do aparelho receptor indicar letras do alfabeto. Em razão de sua eficiência unicamente em tempo seco, Ronalds construiu uma versão subterrânea do sistema acondicionada em tubos de vidro. Percebendo a importância da comunicação instantânea entre pontos distantes, ele enviou uma carta ao almirantado oferecendo-se para fazer uma demonstração do invento. A resposta, assinada pelo chefe do almirantado, John Barrow, talvez tenha sido a maior mancada da história da tecnologia. Na carta, Barrow declarou que "atualmente, telégrafos de qualquer espécie são absolutamente desnecessários".[7] Por incrível que pareça, o almirantado achava que o sistema de sinalização com bandeiras que tinham acabado de adotar — ou seja, homens agitando bandeiras uns para os outros — era superior. Porém, o mais impressionante é que Ronalds conseguiu superar esse revés. Em 1823, ele publicou um relato de suas experiências e depois inventou um dispositivo por meio do qual era possível gravar automaticamente as análises de instrumentos científicos. Muitos anos depois, quando o telégrafo se consagrou como sistema de comunicação, ele enviou um requerimento ao governo solicitando que o reconhecessem como seu inventor. Sua solicitação foi atendida somente em 1870, quando o primeiro-ministro, William Gladstone, reconheceu a injustiça de que Ronalds fora vítima e concedeu-lhe o título de cavaleiro por seus esforços.

As primeiras aplicações práticas do telégrafo elétrico só começaram a aparecer em fins da década de 1830. Nos Estados Unidos, Samuel Morse e Alfred Vail desenvolveram um sistema telegráfico, por meio do qual enviaram, em 1838, o primeiro telegrama. Já em 1861, o sistema de comunicação telegráfica americano ligava os litorais leste e oeste do país. De forma independente, inventores ingleses estavam promovendo uma revolução idêntica. Charles Wheatstone e William Fothergill Cooke patentearam um sistema de comunicação telegráfica e o construíram junto com uma ferrovia de propriedade da Great Western Railway. Em 1843, um cabo telegráfico ligou Paddington a Slough. Dois anos depois, Sarah Hart, mãe de dois filhos, foi envenenada com ácido prússico em Salt Hill, perto de Slough. O assassino seguiu tranquilamente a pé para a estação, onde pegou um trem para Londres. Um vizinho ouviu gritos, encontrou a

Sra. Hart à beira da morte e chamou ajuda. O reverendo E. T. Champnes seguiu o agressor até a estação, onde viu o sujeito embarcar no trem e solicitou prontamente ao chefe da estação que enviasse a seguinte mensagem telegráfica a Paddington:

> Uma pessoa acabou de ser assassinada em Salt Hill. O suspeito do crime foi visto comprando uma passagem de trem para Londres na primeira classe, partindo de Slough às sete e quarenta e dois da noite. O sujeito tem a aparência de um *quaker* e está usando um casaco marrom que chega quase até os pés; ele está no último compartimento do segundo vagão da primeira classe.

O assassino foi reconhecido em Paddington e seguido quando entrou num ônibus. As autoridades o prenderam logo em seguida. O sujeito acabou sendo condenado à forca. Os jornais deram ampla cobertura ao acontecimento, destacando a contribuição do telégrafo na prisão do assassino. De repente, as pessoas se deram conta do advento de uma nova era. Os militares podiam até orgulhar-se de seu semáforo, mas nenhuma agitação de bandeiras podia comparar-se com essa invenção revolucionária. Pela primeira vez na história, pessoas comuns podiam enviar mensagens a lugares distantes com uma rapidez muito maior do que conseguiam vencer distâncias. Assassinos podiam até fugir num navio saindo de Liverpool com destino a Nova York para escapar da lei, mas, de 1866 em diante, quando se instalou um cabo telegráfico submarino permanente no leito dos mares, passou a ser grande a chance de que a lei estaria esperando por eles quando terminassem a travessia. A partir de 1872, tornou-se possível enviar telegramas para a Austrália, e, de 1876 em diante, para a Nova Zelândia.

Agora, com a proliferação das linhas telegráficas, era possível enviar informações quase instantaneamente para a maioria das pequenas e grandes cidades do mundo. Os últimos poucos quilômetros entre a agência telegráfica e a casa do destinatário talvez precisassem ainda ser cobertos por um mensageiro para entregar a mensagem em mãos, mas isso era mero detalhe na vantajosa ordem geral das coisas. As vantagens para os indivíduos, os negócios e as forças policiais de enviar informações com rapidez e baixo custo são óbvias. E elas foram ainda mais importantes para os governos. Consideremos o século anterior, quando Turgot reduziu o tempo necessário para se viajar entre Paris e Toulouse de quinze para oito dias. Agora, a transmissão de informações entre as duas cidades era instantânea. Se houvesse uma crise em Toulouse, as autoridades públicas locais poderiam avisar Paris rapidamente e aguardar uma pronta resposta do governo. Além disso, era justo esperar que trabalhassem em regime de estreita colaboração com o governo central; caso contrário, podiam ser questionadas. Isso foi especialmente importante para os britânicos, que controlavam um império mundial: agora, Londres podia dar ordens diretas ao vice-rei da Índia, ao alto-comissário do Canadá ou ao governador-geral da Austrália Meridional. À medida que os governos foram ficando mais vulneráveis a críticas de seus opositores no Parlamento, de jornais e do público, eles viram a necessidade de governar por vias diretas em vez de confiar a tomada de decisões a representantes.

Tudo isso teve um avanço ainda maior em 1876, quando Alexandre Graham Bell obteve patentes, na Grã-Bretanha e nos Estados Unidos, para o seu aparelho de "conversas via telégrafo", conforme costumava referir-se ao telefone. Em março daquele ano, Bell transmitiu sua primeira mensagem via telefone a seu assessor técnico, Thomas Watson, logo após ter derrubado por acidente um recipiente de vidro cheio de produtos químicos: "Sr. Watson, venha aqui! Preciso de sua ajuda!" Em 1878, conseguiu-se estabelecer contato entre Londres e Norwich, ligadas entre si por uma fiação que se estendia por cento e oitenta e cinco quilômetros. Ainda nesse mesmo ano, a cidade de New Haven teve publicado o seu primeiro catálogo telefônico. Dois anos depois, a Telephone Company publicou a primeira lista telefônica de Londres, na qual apareciam listados duzentos e cinquenta assinantes. Logo depois, surgiram os números de telefone, já que a quantidade de assinantes do serviço cresceu tanto que as telefonistas já não conseguiam dar conta das ligações. Em 1886, apareceram as primeiras cabines telefônicas, nas quais o usuário pagava dois centavos por uma ligação de três minutos. Em 1900, existiam, nos Estados Unidos, 17,6 telefones para cada mil habitantes.[8] As comunicações tinham passado por uma segunda revolução: primeiro, o telégrafo permitira que se enviassem mensagens unilaterais instantâneas a destinatários situados a grande distância; agora, o telefone tornava possível a comunicação entre duas pessoas. Também em 1900, Guilherme Marconi transmitia, por rádio, mensagens sem fio da Inglaterra para a França pelo Canal da Mancha e, em fins de 1901, ele transmitiu um sinal para o outro lado do Atlântico. A primeira mensagem de SOS marítimo foi recebida em 1899 pelo barco-farol *East Goodwin*, que levou ao resgate da tripulação do navio alemão *Elbe* pelo barco salva-vidas *Ramsgate*. Não há nem o que comparar com a corrida de trinta e sete horas do tenente Lapenotière de Falmouth a Londres para transmitir a notícia da vitória em Trafalgar.

A saúde pública e o saneamento básico

Existem três coisas comuns entre as cidades de todas as épocas: fedor, superpopulação e mendigos. Caso uma cidade não tenha alguma dessas coisas, você pode ter certeza de que ela não passou por um processo de desenvolvimento natural, mas foi organizada de acordo com as ideias de algum filantropo ou do capricho de um ditador. No começo do século XIX, não existiam cidades ostentando excelentes condições de limpeza no Ocidente. Todas as cidades eram fedorentas e escandalosamente cheias de pobres carentes. As ruas das cidades eram fétidas, mas o mau cheiro que emanava das fossas de cortiços em áreas miseráveis era ainda pior. Bairros viviam infestados de doenças. A pobreza gerava doenças, e as doenças aumentavam a pobreza, arrastando os pobres urbanos para um ciclo de misérias. Em 1842, a média de vida entre trabalhadores de Bethnal Green, por exemplo, era de dezesseis anos apenas; já entre londrinos em melhor situação, essa média chegava a quarenta e cinco anos de idade.[9] Mas, quando se tratava de tomar ações para melhorar essa situação, a sociedade parecia indiferente. Na mente da maioria das pessoas instruídas, o remédio mais eficaz para manter a si mesmas e seus familiares longe dos fedores e dos pobres era comprar uma bela casa numa arborizada região suburbana. Como e por que os pobres deveriam ter suas condições de vida modificadas para melhor não era questão de interesse público. Também por isso, procurar saber por que elas eram mais frequentemente vítimas de doenças não era uma prioridade da medicina. Um médico francês, depois que refletira nas possíveis razões que levavam os pobres de uma rua parisiense a apresentar uma taxa de mortalidade cinquenta por cento maior do que a dos burgueses de uma rua vizinha, concluiu que a culpa disso estava na imoralidade. Se fosse possível ensinar aos pobres a se comportar de maneira menos dissoluta, eles e seus filhos viveriam mais.[10] Os céticos sobre a eficácia dessas melhorias morais costumavam recorrer à velha ideia de que um miasma composto de gases exalados de matérias putrescentes criava o ar nauseabundo, que penetrava o corpo da pessoa e a fazia adoecer. A seus olhos, os pobres eram desleixados e por isso morriam. Outras explicações, como a de Girolamo Fracastoro, que argumentou, em seu *De Contagione* (1546), que enfermidades se espalhavam por meio de "sementes patogênicas", tinham sido esquecidas.[11] Houve uma paralisia na busca de profilaxias.

A grande exceção nessa paralisia foi o advento da vacinação. Na década de 1790, o médico Edward Jenner notara que ordenhadeiras que haviam se contagiado com a varíola bovina acabavam desenvolvendo imunidade à varíola humana. Em 14 de maio de 1796, Jenner colheu material das lesões de varíola de uma das ordenhadeiras que vinha sofrendo com a doença e deliberadamente inoculou James Phipps, um menino de oito anos. Seis semanas depois, fez outra inoculação no menino, dessa vez com o temido vírus da varíola humana. Phipps não desenvolveu a doença. Jenner ficou eufórico e tentou persuadir a Royal Society a publicar suas descobertas. Todavia, como eram muito poucas as evidências da eficácia do procedimento, seus membros relutaram. Em 1798, Jenner fez mais experiências e publicou os resultados em *An Inquiry into the Causes and Effects of the Variolae Vaccinae, a Disease Known by the Name of Cow Pox* [Pesquisa sobre as causas e os efeitos da varíola bovina]. Seu trabalho atraiu imediatamente a atenção de muitas pessoas. Em 1803, havia edições da obra em latim, francês, alemão, italiano, holandês, espanhol e português. Carlos IV da Espanha mandou que seus filhos fossem vacinados e enviou o médico do reino, Francisco de Balmis, além de vinte crianças de um orfanato, para a Colômbia, onde tinha ocorrido um surto de varíola. Os vírus da varíola bovina foram mantidos vivos durante a travessia do Atlântico, infectando uma criança após a outra. Desse modo, Balmis conseguiu vacinar mais de cem mil pessoas no Caribe e na América Latina. Aos poucos, os países começaram a tornar obrigatória a aplicação da vacina contra a varíola em crianças assim que nascessem, embora o Reino Unido só tenha instituído essa obrigatoriedade em 1853. No entanto, outras doenças continuaram a matar como sempre, achando, muitas vezes, um reservatório transbordante de vítimas nas cidades cada vez mais populosas da Europa e do Novo Mundo.

Foi nesse sombrio palco da medicina que entrou Ignaz Semmelweis, o médico húngaro. Em seu trabalho em uma das duas clínicas de obstetrícia gratuitas de Viena em 1846, o médico conheceu mulheres grávidas que imploravam para serem internadas na outra clínica. Faziam isso porque sua clínica apresentava taxas de mortalidade que oscilavam em torno de dez por cento, enquanto a probabilidade de uma delas morrer na outra clínica era bem menor, cerca de 2,5 por cento. E ninguém conseguia descobrir por que isso acontecia. Tudo em relação às duas clínicas era idêntico, exceto no caso dos funcionários, e na clínica de Semmelweis trabalhavam médicos altamente qualificados, ao passo que na outra havia somente parteiras. Mas então, em março de 1847, um dos colegas de Semmelweis morreu após ter sido perfurado acidentalmente por um aluno com um bisturi durante uma autópsia. Semmelweis notou que o corpo do colega falecido apresentava sintomas parecidos com os exibidos pelas mulheres que vinham morrendo em sua clínica. Ele formulou a tese de que "partículas cadavéricas" haviam sido transferidas do defunto necropsiado para o bisturi do estudante durante a autópsia e que essas partículas tinham matado seu colega. Semmelweis percebeu também que isso podia explicar por que um número maior de mulheres morria quando submetidas aos cuidados dos clínicos altamente preparados que realizavam autópsias do que quando atendidas pelas parteiras. Assim, ele passou a incentivar os membros da equipe médica de sua clínica a adotar o hábito de lavar as mãos com uma solução de água sanitária. A taxa de mortalidade caiu para o mesmo nível da outra clínica quase imediatamente.

Os alunos de Semmelweis ficaram impressionados e prontamente começaram a espalhar a notícia. No entanto, a maioria das reações iniciais ao novo hábito era negativa. Médicos declaravam que aquilo era remanescente de teorias antiquadas sobre contágio, como as "sementes patogênicas" de Fracastoro. Alguns até temiam que essa ideia de "partículas cadavéricas" soasse parecida demais com explicações místicas sobre o corpo humano, algo que viam como inimigo da ciência. Depois que o tempo de serviço de Semmelweis acabou, seu contrato não foi renovado, e a clínica voltou a seus velhos hábitos sujos e mortais. No seu próximo emprego, Semmelweis causou uma redução parecida na taxa de mortalidade de mulheres apenas com a lavagem de mãos e desinfecção de instrumentos, porém, mesmo assim, a comunidade médica rejeitou suas ideias. Eventualmente, em 1861, ele publicou sua própria versão dos fatos, mas as críticas ao seu livro apenas aumentaram sua frustração por não ser levado a sério. Ele se tornou obcecado pela rejeição de sua descoberta por médicos que se preocupavam mais com as próprias reputações do que com ajudar pacientes assustados. No fim, teve um colapso nervoso e foi internado num manicômio, onde foi espancado pelos guardas e morreu de septicemia em 1865, aos quarenta e sete anos. Duas décadas depois, um trabalho de Louis Pasteur provaria que a teoria de "partículas cadavéricas" de Semmelweis estava, em essência, correta.

Enquanto Semmelweis procurava salvar as vidas de vienenses grávidas pobres, o ativista dos direitos civis, Edwin Chadwick, se empenhava na melhoria da vida dos miseráveis de Londres. Sua atuação foi fundamental para a criação da Lei da Saúde Pública de 1848, que encorajava cidades a criar Comitês de Saúde locais com o objetivo de melhorar as condições de cortiços, redes de água e esgoto e de abatedouros urbanos. Nem todos acharam que isso era uma boa ideia. Um artigo do *The Times* declarou que "o cólera é o melhor dos militantes sanitaristas".[12] Mas a causa de Chadwick recebeu certa dose de apoio inesperado durante o surto de cólera de 1854, quando John Snow, um médico de Londres, traçou mapas retratando as prováveis origens dos novos casos da doença, acabando por descobrir que todas as vítimas retiravam suas provisões de água de um poço da Broad Street. Snow mandou que retirassem a alavanca da bomba do poço para evitar mais casos de infecção, cuja causa, conforme acabou descobrindo, era uma fossa infestada de cólera situada a alguns metros do poço. Mais importante, ele apresentou provas à Comissão Investigadora da Câmara dos Comuns de que o cólera não era contraído por contágio direto, tampouco causado por inalação de algum tipo de miasma fétido, mas pelo consumo de água contaminada. A solução, declarou ele, era melhorar o sistema de escoamento de águas e esgoto da cidade. Quando, em 1858, o Grande Fedor — um mau cheiro exalado por dejetos não tratados tão penetrante que forçou o Parlamento a suspender suas sessões — quase sufocou Londres inteira, o governo encarregou Joseph Bazalgette da reforma de todo o sistema de esgotos da capital, tarefa que o manteve ocupado até 1875. Nesse mesmo ano, foi aprovada a segunda Lei da Saúde Pública, determinando o fornecimento de água encanada e sistemas de coleta de esgoto em todas as novas casas que fossem construídas e o emprego compulsório de médicos por todos os Comitês de Saúde. Ao mesmo tempo, Georges-Eugène Haussman estava reformando Paris, provendo-a com um novo sistema de esgoto, instalado embaixo de seus bulevares. As cidades modernas não apodreceriam mais na massa dos dejetos humanos.

Apesar de sua pesquisa prática demonstrando que o cólera era transmitido pela água, John Snow não conseguiu descobrir como o poço da Broad Street transmitia a doença. Em 1861, Louis Pasteur enveredou sem querer por um caminho que acabaria levando-o à resposta. Em suas experiências com pequenas porções de sopa em placas de Petri, Pasteur demonstrou que as deixadas abertas e expostas ao ar ficavam bolorentas em pouco tempo, enquanto as porções mantidas fechadas, sem contato com o ar, não. Ele constatou também que porções de caldo permaneciam livres de bolor e fermentação quando mantidas destampadas, em contato direto com ar, porém protegidas por filtros de poeira finíssima. Concluiu com isso que as porções de sopa eram infectadas por alguma partícula existente no ar e que a causa do bolor não estava numa propriedade da sopa em si. O trabalho elaborado por Pasteur sobre o assunto inspirou outro francês, Casimir Davaine, que tinha descoberto a existência do *Bacillus anthracis*, numa análise sanguínea que fizera de carneiros infectados com antraz. Em 1863, Davaine publicou um documento demonstrando que o antraz tinha ligação com o microrganismo que observara. Na Escócia, o cirurgião Joseph Lister também percebeu o potencial do trabalho de Pasteur, suspeitando que partículas no ar poderiam ser a causa da infecção nos ferimentos de seus pacientes. Em 1865, ele começou a aplicar ácido carbólico nos curativos e nas incisões, com vistas a matar os microrganismos causadores de gangrena, obtendo bons resultados. Na Alemanha, Robert Koch trabalhou na formulação da etiologia do antraz, fazendo experiências com os bacilos que Davaine identificara. Em 1876, ele concluiu que os micróbios criavam esporos que eram inalados pelo animal ou entravam em sua corrente sanguínea e se reproduziam no sangue, acabando por matar o hospedeiro. Em 1878, ele realizou uma pesquisa que o levou a identificar o germe que causava sepse e, em 1882, descobriu o micróbio responsável pela tuberculose, uma das maiores assassinas da história. O próprio Pasteur fez experiências com inoculações no combate ao antraz, ao cólera das galinhas e à raiva. É famoso o incidente de 6 de julho de 1885, quando ele vacinou um menino de nove anos, Joseph Meister, que fora mordido por um cão raivoso dois dias antes. Graças à vacina, Joseph sobreviveu, bem como o seu irmão três meses depois, que tinha sido mordido enquanto tentava proteger outras crianças do ataque de um cão raivoso. Havia nascido a teoria microbiana da doença, tal como Pasteur a denominara.

De uma forma ou de outra, todas as descobertas da medicina são questões de saúde pública, e muitos outros avanços poderiam ser tratados aqui. Um desses foi a introdução, na década de 1840, da anestesia. Outro foi o desenvolvimento da técnica de operação cesariana. No começo do século, recorria-se a esse tipo de operação somente como último recurso, já que quase sempre resultava em grave perda de sangue e na morte da mãe. Na maioria dos casos, os médicos do século XIX preferiam optar pela craniotomia fetal — o esmagamento do cérebro do feto ingênito e sua remoção pela vagina por esquartejamento — para preservar a vida da mãe. Um dos primeiros e pouquíssimos casos de sobrevivência da mãe e do bebê de que se tem notícia ocorreu por volta de 1820 pelas mãos de um médico militar britânico na África do Sul, o Dr. James Barry, que, conforme se descobriu por ocasião de sua morte, era na verdade uma mulher que passara a carreira inteira disfarçada de homem. A partir da década de 1880, porém, esse tipo de operação passou a ser realizado com mais regularidade, obtendo-se um número de resultados positivos crescente, tanto para a mãe quanto para a criança. Ao longo do século, a expectativa de vida aumentou em toda a Europa, passando de algo em torno de trinta anos de idade para cerca de cinquenta. E, justamente por isso, as transformações acima referidas são mais do que simples motivo de orgulho para alguns profissionais da área médica. O século XIX foi um tempo em que o Ocidente descobriu a causa da maioria das doenças e, em muitos casos, aprendeu a evitá-las, a curá-las e a limitar o número de contágios.

O advento da fotografia

Não muito tempo atrás, participei de uma entrevista num programa de televisão sobre uma questão relacionada à Idade Média. Logo depois, uma pesquisadora iconográfica me telefonou para perguntar onde ela poderia achar imagens de certa personalidade histórica que eu tinha mencionado. Quando respondi que não havia nenhuma, ela disse que, nesse caso, todas as referências a ele seriam suprimidas do trabalho que fazia. Esse singelo episódio revela, de forma incisiva, quanto nossa consciência coletiva do passado — e nosso conhecimento, de um modo geral — é moldado por fontes de informação visuais.

Existe toda uma escala de valores de imagens históricas: nossa capacidade de entender o passado está intimamente relacionada com o número, a variedade e a natureza de imagens que sobreviveram ao tempo. Achamos muito mais fácil imaginar como eram as pessoas no século XVI do que as da Idade Média porque podemos ver seus rostos pintados em retratos. O século XVIII é ainda mais fácil de reconhecer, pois, além de retratos, temos registros de ruas e de interiores. Mas, entre todas as imagens históricas de que dispomos, as fotografias são as mais impressionantes. Uma das principais razões pelas quais a Primeira Guerra Mundial é muito mais significativa para o público atual do que as Guerras Napoleônicas está no fato de que podemos ver fotografias da lama e das trincheiras, dos soldados sorridentes a caminho da frente de combate. Estamos familiarizados com as imagens dos campos cobertos de corpos para os quais eles se dirigiam. Quando vemos uma fotografia em cores da Primeira Guerra Mundial, tal como a tirada pelo sistema de autocromo de Paul Castelnau, de um soldado francês de uniforme azul espiando cautelosamente as linhas inimigas por cima do parapeito de uma trincheira, seu realismo nos impressiona muito mais do que pinturas e esculturas retratando cenas semelhantes de batalhas anteriores.

Apesar disso, não é por causa de seu futuro valor para historiadores que o legado fotográfico do século XIX é tratado aqui como uma transformação importante, e sim porque a fotografia fez mais do que qualquer outra forma de registro de imagens para reformar a imagem que a sociedade tinha de si mesma. Poderíamos dizer que ela fez para a sociedade aquilo que o espelho fizera para as pessoas do século XV. Considere o fenômeno da seguinte forma: se você visse um quadro representando uma baixa nas Guerras Napoleônicas, entenderia imediatamente que o artista escolhera retratar aquele homem por uma razão especial. É quase certo que o retratado seria um oficial e você poderia concluir com alguma certeza que o motivo da pintura teria sido o de assinalar um ato de evidente coragem por parte do soldado. O quadro em si teria demandado um tempo considerável para ser produzido e, por isso, só teria sido criado depois de transcorrido "o momento" representado por ele: depois que nosso herói tivesse parado de fazer caretas de dor e seu ferimento tivesse sido tratado. Desse modo, você teria entendido que o artista compusera o quadro de forma deliberada, após ter pensado em quanto do ferimento deveria ser revelado e em quanto deveria ser ocultado. Em flagrante contraste, algumas das fotografias tiradas cem anos depois, durante a Primeira Guerra Mundial, exibem horrores reais: corpos mutilados de homens e mulheres comuns entre os escombros de suas casas, a terra sendo cuspida no ar pela força aterradora da explosão de uma bomba ou uma mulher seminua partida ao meio, junto com seu bebê, depois de um projétil de morteiro ter atingido uma maternidade.[13] Elas mostram imagens não só do instante da morte, mas também das suas consequências imediatas. Revelam o objeto situado na frente da câmera, independentemente de sua natureza, incluindo muitos detalhes que o fotógrafo talvez não tenha notado quando tirou a foto. Embora ainda houvesse, logicamente, uma significativa parcela de intenção em fotografias, muitas das quais montadas para fins de propaganda, as pessoas passaram a acreditar que a câmera capturava a realidade. Uma vez aberto o obturador da máquina, era o objeto que contava a história. Ela não era mais filtrada pela imaginação ou pela memória de um artista refinado.

A fotografia nasceu do trabalho independente de uma série de pioneiros das décadas de 1820 e 1830: Joseph Nicéphore Niépce e Louis Daguerre, na França; Henry Fox Talbot, na Inglaterra; e Hercules Florence, no Brasil. A partir de 1839, quando o governo francês comprou os direitos do trabalho de Daguerre e o transformou em domínio público, o daguerreótipo se tornou a principal forma de fotografia. Mas ele produzia imagens que seriam difíceis de carregar na carteira, já que eram fixadas em chapas de cobre polidas recobertas por uma película de nitrato de prata e preservadas sob uma lâmina de vidro. Como o tempo de exposição necessário era muito longo, era difícil produzir imagens. Ainda assim, acabaram fazendo grande sucesso. Pela primeira vez na história, pessoas que jamais teriam sequer sonhado com a ideia de mandar pintar seu retrato podiam tirar uma fotografia. Nos primeiros anos da década de 1850, o daguerreótipo foi sobrepujado pelo ambrótipo, coberto por vidro, e este, por sua vez, foi sucedido, por volta de 1860, pela ferrotipia, com base metálica, e pelo *carte de visite*, técnica que permitia a reprodução de muitas cópias da mesma imagem e sua colagem em papel acartonado. Este último tipo de imagem *cabia* na carteira. Muitos homens e mulheres da classe média davam cópias dessas imagens a familiares e amigos, da mesma forma que pessoas ricas dos séculos anteriores costumavam encomendar miniaturas de retratos seus para dar a entes queridos.

A invenção da fotografia teria servido apenas para inflar o ego da classe média se não fosse pela possibilidade de publicar imagens fotográficas. Nesse particular, a principal invenção não foi o método de Daguerre de fotografar pessoas em estúdios, mas a técnica de Henry Fox Talbot de criar negativos a partir dos quais era possível reproduzir imagens sobre papel albuminado. O primeiro livro de fotografias, o *The Pencil of Nature* [Os lápis da natureza, publicado em seis partes, 1844-6], de autoria de Fox Talbot, apresentava imagens da casa de sua família, a Abadia de Laycock, bem como imagens de natureza morta e locais importantes, como os bulevares de Paris e a ponte em Orléans. Embora ainda não fosse possível produzir fotografias de alta qualidade em massa, livros técnicos de edição limitada sobre botânica podiam conter fotografias de espécies da flora em papel albuminado, não apenas desenhos. Com o tempo, avanços na tecnologia permitiram a inclusão de ilustrações de qualidade em livros, dos quais se beneficiaram também as ciências sociais. John Thomson, que fez muitas e extensas viagens pelo Extremo Oriente entre 1862 e 1871, publicou imagens da vida na China e no Camboja que mostraram a leitores ingleses, pela primeira vez, como eram as ruas chinesas ou como as ruínas de Angkor Vat, o grande templo cambojano, se avultavam no meio da selva. Nenhum texto seria capaz de descrever essas coisas aos leitores de forma tão nítida e vívida. Apesar de alguns viajantes terem produzido, com técnicas de impressão em chapas de aço, belas e detalhadas gravuras das paisagens visitadas por eles — o nome de William Henry Bartlett vem ao pensamento —, suas imagens ainda resultavam de processos artísticos, não da ação da luz do objeto em si incidindo sobre uma chapa de metal coberta por uma película de prata. Elas não eram "reais" como uma fotografia. Embora o público ainda tivesse um gosto voraz por imagens contemporâneas produzidas por calcografia direta, conforme demonstrado pelas gigantescas tiragens da *The Illustrated London News*, na década de 1840, isso apenas mostra quanto as pessoas queriam ver *qualquer* imagem relacionada com uma notícia: caso se deparassem com uma fotografia, melhor ainda. Publicações como a *The Illustrated London News* começaram a incorporar fotografias em suas edições — primeiro na forma de gravuras, com o trabalho artístico das matrizes tentando imitar a verossimilhança da imagem original e, depois, quando a tecnologia da década de 1890 tornou isso possível, na forma de imagens obtidas por fototipia da fotografia em si. Nas publicações sobre viagens das décadas de

1880 e 1890, fotografias retratando florestas tropicais, templos em ruínas e povos exóticos de lugares remotos tornaram-se itens imprescindíveis. Não bastava mais viajar e contar a história da expedição; era necessário *mostrar* ao leitor as maravilhas que tinha visto. Com essas publicações, os europeus que viajavam apenas na imaginação começaram a visualizar o restante do mundo.

Em 1900, a fotografia já tinha se tornado um componente essencial dos mercados editorial e jornalístico. A capacidade de criar imagens que exibiam cenas reais ante os olhos do observador passou a impor-lhes cada vez mais o compromisso de fazer isso. Fotos da Guerra da Crimeia tiradas por Roger Fenton foram fototipadas para publicação na *The Illustrated London News* na década de 1850. Na década seguinte, Mathew B. Brady contratou um grupo de fotógrafos para documentar a Guerra Civil Americana (1861-5) conforme ela progredia; o trabalho deles foi publicado como fotogravuras na *Harper's Weekly*. Com as imagens lá para contar a história, o jornalismo adquiriu características mais emocionantes, descrevendo em detalhes as cenas de batalha. A fotografia ajudou também a promover a conscientização do público a respeito de mudanças sociais em contextos menos violentos, tais como o desaparecimento do estilo de vida dos índios americanos ou as condições de moradia de pessoas vivendo em cortiços. De fato, os jornalismos fotográfico e textual desenvolveram uma preocupação comum de retratar a realidade da desigualdade social e da pobreza. Em seu *London Labour and the London Poor* [O trabalho e os pobres de Londres] de 1851, Henry Mayhew apresenta um relato detalhado da pobreza em Londres, sem nada omitir na descrição das duras condições de insalubridade enfrentadas pelas pessoas. Em *Street Life in London* [A vida nas ruas de Londres], de 1878, John Thomson revelou, com o uso de imagens, a sofrida realidade dos menos afortunados em sua penosa luta pela sobrevivência. Thomas Annan registrou, em seu *The Old Closes and Streets of Glasgow* [Os antigos becos e ruas de Glasgow], de 1872, as características das áreas pobres da cidade antes que suas precárias construções fossem demolidas pelas autoridades. Em *How the Other Half Lives* [Como vive a outra parcela], de 1890, de Jacob Riis, uma combinação de texto e imagens mostra a vida dos habitantes mais pobres dos cortiços de Nova York, cujas condições de moradia iam desde redes alugadas por sete centavos de dólar ao dia em pensões a mendigos ocupando dormitórios improvisados em porões.

Portanto, a fotografia reformulou nossa visão de evidências da realidade e da verdade. Ela enfraqueceu a autoridade do artista, cujas imagens de caráter narrativo eram flagrantemente mais subjetivas do que as de uma câmera. Agora, o momento testemunhado podia ser registrado diretamente e compartilhado com milhões de pessoas. O fato de alguém querer ou não ser retratado se tornou irrelevante. Cenas de crimes passaram a ser fotografadas para preservar provas. Prisões começaram a arquivar as fotografias de todos os que passavam por seus portões. Cartazes de "Procurado" nas cidades fronteiriças norte-americanas exibiam fotografias de identificação policial de fugitivos da Justiça. Forças policiais passaram a guardar milhares de fotografias de suspeitos. Antes da fotografia, criminosos eram identificados apenas pelo nome, sexo, cor dos olhos e altura, e não havia como provar que um homem de meia-idade com um metro e oitenta de altura, olhos azuis esverdeados e cabelos castanhos ralos era o mesmo que um suspeito com as mesmas características. A partir de 1850, a fotografia passou a ser usada cada vez mais também por cientistas, principalmente na astronomia, com nebulosas sendo fotografadas em 1880, e objetos invisíveis a olho nu em 1883. Em 1900, a transformação estava quase completa. Um processo de apuração da "verdade" que, em 1800, era baseada apenas no discernimento e na capacidade de testemunhas de relatar fatos foi substituído por um sistema baseado principalmente em provas objetivas, graças, em grande medida, à fotografia.

As reformas sociais

Já tratamos de muitos e diferentes tipos de governo ao longo deste livro, mas, com exceção da Revolução Francesa, todos tinham uma coisa em comum: viam como um dever a necessidade de proteger seus cidadãos de transformações sociais. Eram conservadores. Nos anos subsequentes à Revolução Francesa, ficaram ainda mais precavidos contra reformas políticas, inclinando-se a permiti-las apenas como forma de preservar o *status quo* ao máximo. Em novembro de 1830, o primeiro-ministro britânico, Lorde Grey, justificou a apresentação da Lei da Reforma ao Parlamento com as seguintes palavras: "O objetivo de minha reforma é evitar a necessidade de revolução [...] O princípio em que pretendo basear-me para agir não é mais nem menos do que o de reformar para preservar, e não para subverter."[14] Quando foi finalmente aprovada, a Grande Lei da Reforma Eleitoral de 1832 aumentou apenas um pouco o direito de voto: dos quinhentos e dezesseis mil proprietários de terras para oitocentos e nove mil votantes, numa época em que a população do país era de 13,3 milhões.[15] Os defensores da democracia precisariam de mais algum tempo para criar a pressão necessária para ampliar o acesso aos parlamentos da Europa.

Em fins da década de 1840 veio uma explosão. Uma onda de fome em 1846, que causou uma crise financeira internacional, provocou uma série de clamores por reformas. Os franceses, que tinham desfrutado de um breve período de sufrágio universal masculino instituído pela Revolução Francesa, clamavam agora por sua restauração. Quando, em fevereiro de 1848, um banquete de reformistas em Paris foi cancelado por ordens do rei, milhares de manifestantes saíram às ruas para protestar. A Guarda Nacional e o exército acabaram unindo-se a eles, e o rei fugiu do país. Seguiu-se uma onda de revoluções pelo continente inteiro: em Berlim, Viena, Budapeste, Praga, Roma e muitas outras cidades. Contudo, todas essas insurreições foram esmagadas: parece que a restauração do sufrágio universal entre os franceses foi a única conquista duradoura dos revolucionários. O fato é que os profissionais da classe média que eram os maiores defensores de mudanças — advogados, médicos e banqueiros — eram movidos por interesses pessoais e desconfiavam da ideia de conferir poder às massas. Com certeza, não estavam dispostos a enfrentar o risco da anarquia resultante de uma revolução total. Pelo menos, monarquias estáveis lhes garantiam o incessante desfrute de suas riquezas e de seu status, ambos tão arduamente conquistados.

Todavia, num aspecto muito importante, as revoluções de 1848 não fracassaram: elas serviram como severo aviso às forças conservadoras em toda a Europa de que os acontecimentos de 1789 poderiam repetir-se — e não apenas na França. Cada onda revolucionária era como a cheia da maré avançando sobre a praia — deixando para trás uma alta marca de subida de águas revoltas como permanente aviso daquilo que poderia acontecer de novo. Até na Inglaterra, que não teve revolução em 1848, houve pressão crescente por reformas. Nesse país, o mais destacado entre os grupos radicais foi o dos cartistas, um movimento popular que lutava pela adoção de um código legal popular garantindo o sufrágio universal para os homens.

Foi também no ano de 1848 que Karl Marx e Friedrich Engels publicaram seu *Manifesto comunista*, que criou um sistema de referência intelectual para revoluções. No documento, Marx expunha, de forma sucinta mas eloquente, sua visão de lutas entre a burguesia e o proletariado ao longo da história, bem como o processo pelo qual seria possível estabelecer o Estado comunista. A obra divulgava a ideia de que o trabalhador — e não a terra — era a principal fonte de riquezas e que, portanto, os meios de produção deveriam pertencer coletivamente ao proletariado industrial. De 1848 em diante, para muitos trabalhadores, Bastilhas simbólicas por toda a Europa começaram a parecer vulneráveis.

Apesar dos impactos dos acontecimentos de 1848, os grandes avanços em direção à reforma social na primeira metade do século não foram feitos pelos revolucionários, mas por ativistas de causa única. Na Inglaterra, homens como Edwin Chadwick se dedicaram a reformar as condições de vida dos pobres. Anthony Ashley-Cooper, sétimo conde de Shaftesbury, dedicou a maior parte de sua carreira à melhoria dos tratamentos de doentes mentais e das condições de trabalho de crianças e mulheres em fábricas e minas. O nome do irlandês Daniel O'Connell ficará eternamente ligado à Lei da Emancipação dos Católicos de 1829, graças à qual os católicos passaram a ter o direito de ocupar assentos no Parlamento. Infelizmente, não há espaço aqui para descrever as muitas e diferentes iniciativas com vistas a remediar atos de crueldade, negligência e injustiça. Portanto, vamos nos concentrar em quatro dos principais componentes da reforma social no século XIX — escravidão, representatividade eleitoral, direitos das mulheres e educação —, os quais, considerados como um todo, devem dar uma ideia de como os governos passaram de agentes da resistência contra transformações sociais para fomentadores de sua concretização.

Parece-me apropriado tratar, inicialmente, do maior e mais antigo problema social de todos: a escravidão. Os pensadores iluministas tinham demonstrado que existia uma contradição total e insanável entre a validade da escravidão e a legitimidade dos direitos naturais. No entanto, os norte-americanos, que haviam declarado, em 1776, que tinham o direito de se libertar do jugo de um governo estrangeiro, mantinham parte de seu próprio povo escravizado. Em 1780, os negros, a maioria dos quais escravos, compunham mais de vinte por cento da população dos recém-independentes Estados Unidos. Para o governo de cada um dos estados americanos, o aspecto vergonhoso dessa situação — e a razão dessa hipocrisia — estava no fato de que os escravos eram propriedade privada, e a propriedade privada era amparada pela Constituição norte-americana. Tratava-se do mesmo conflito entre o direito de propriedade e o de liberdade que levara à continuidade da escravidão na Idade Média. A proposta do estado da Pensilvânia de abolir a escravidão aos poucos, libertando filhos de escravos ao nascer, não satisfazia aos anseios de pensadores iluministas e reformadores que exigiam o fim da escravidão humana. Em todo caso, apenas alguns estados adotaram a mesma estratégia. Nos estados do sul dos EUA e em outros continentes, homens e mulheres não se incomodavam em nada de comprar e vender seres humanos. Sentimentos antagônicos em torno da questão se intensificaram. Na Grã-Bretanha, fundou-se, em 1787, a Sociedade para Abolição do Tráfico de Escravos. Em 1794, a França revolucionária aboliu a escravidão em todos os seus domínios e, apesar de ela ter sido reinstituída por Napoleão em 1802, tudo indicava que em breve isso seria coisa do passado no Ocidente. Em 1807, a Grã-Bretanha e os Estados Unidos baniram o tráfico de escravos, pondo um fim a trezentos anos de comércio de seres humanos através das rotas transatlânticas. Em 1811, a Espanha aboliu a escravidão em todos os seus territórios. Assim também, em 1833, depois de muita pressão de William Wilberforce — que em 1791 apresentara no Parlamento um projeto de lei propondo o fim da escravidão —, ela foi finalmente extinta em todas as terras governadas pelos britânicos com os escravos sendo libertados imediatamente. Além disso, o Parlamento concordou em pagar vinte milhões de libras esterlinas em indenização aos donos de escravos. Nos Estados Unidos, o problema da escravidão foi uma das principais causas da Guerra Civil, iniciada em 1861. Após a vitória dos estados do Norte e da reeleição de Abraham Lincoln, ela foi abolida no país inteiro, em 1865. Quatro anos depois, Portugal aboliu a escravidão em todas as suas colônias, extinguindo assim o aval oficial à escravidão no Ocidente.

A ampliação da participação político-eleitoral era o principal objetivo dos ativistas de classe média na maioria dos países europeus. Na Grã-Bretanha, a Lei da Reforma Eleitoral de 1832 acabou com a capacidade de uns poucos proprietários de terra colocarem seus homens na Câmara dos Comuns sem terem que enfrentar considerável oposição. E, tal como pretendido por Lorde Grey, ao relaxar um pouco os liames da exclusividade do poder, evitou-se a "necessidade de revolução". Não obstante, a instituição da lei proporcionou ainda três décadas e meia de sobrevida ao poder de influência da nobreza rural, e outras duas leis, aprovadas tempos depois, no mesmo século, alguns anos mais. Temos que admitir que a nobreza rural foi bem-sucedida em preservar suas vantagens políticas por tanto tempo. Mesmo após a promulgação da terceira Lei da Reforma Eleitoral, de 1884, o número de eleitores era apenas de algo em torno de cinco milhões de homens, de uma população total de 24,4 milhões de cidadãos. Outros países do Ocidente avançaram muito mais do que a Grã-Bretanha no que se refere à representatividade eleitoral. Em 1820, todos os homens brancos podiam votar na maioria dos estados americanos, com exceção de Rhode Island, Virgínia e Louisiana. Em 1870, foi dado, nos Estados Unidos, o direito de voto a todos os adultos do sexo masculino, independentemente da cor da pele e do estado onde morassem, porém, cumpre observar que, em alguns estados do Sul, houve, por parte dos brancos, a prática de intimidações, espancamentos e outras medidas dissuasórias para limitar a capacidade de votação de negros. Tal como vimos páginas atrás, todos os franceses adultos reconquistaram o direito de voto em 1848. Em 1900, todos os adultos do sexo masculino da Suíça, Dinamarca, Austrália, Grécia, Espanha, Alemanha, Nova Zelândia e Noruega tinham o direito de votar. Embora a maioria das nações ocidentais só fosse adotar uma política de concessão de sufrágio universal a seus cidadãos no século seguinte, a inexistência desse tipo de direito estava com os dias contados.

E quanto ao direito de voto das mulheres? O primeiro abaixo-assinado requerendo o direito de voto às britânicas foi apresentado ao Parlamento em 1867, mas a solicitação foi negada. Na mesma época, renovaram-se na França clamores exigindo o direito de voto às francesas, que se viram igualmente frustradas. Alguns países, no entanto, adotaram um sistema de votação restrito para as mulheres: a Suécia permitiu que mulheres solteiras pagadoras de impostos votassem em eleições municipais a partir de 1862. Todavia, somente em 1893 um país estendeu o direito de voto a todas as suas cidadãs: foi a Nova Zelândia. A Austrália Meridional seguiu o exemplo em 1894, enquanto o restante da Austrália fez o mesmo em 1902; a Finlândia em 1907; e a Noruega em 1913. A maioria dos países europeus só concedeu o direito de voto às mulheres após a Primeira Guerra Mundial.

Por que as mulheres eram vistas pelos legisladores como fatores de tão pouca importância no processo eleitoral? Uma das razões era que os governos achavam que tinham menos a temer das mulheres — eles sabiam que era improvável que multidões delas participassem de protestos com barricadas ou que grandes números de homens ocupassem as ruas com manifestações violentas, exigindo a concessão do direito de voto a suas esposas e filhas. Mas uma razão muito mais importante era o machismo que imperava na sociedade ocidental. Em toda parte, homens e mulheres tinham um ponto de partida jurídico desigual. Desse modo, ativistas que lutavam pelos direitos das mulheres tinham outras prioridades em mente, consideradas mais importantes do que simplesmente conquistar o direito de voto. Mulheres não podiam frequentar universidades, exercer a profissão de advogada ou de médica ou ocupar um cargo público. Na legislação inglesa — que era também a base da legislação dos Estados Unidos, Canadá, Austrália e Nova Zelândia — os bens móveis de mulheres casadas pertenciam, por direito legal, a seus maridos, incluindo todo dinheiro que ganhassem. As mulheres precisavam de permissão do marido para alugar ou vender quaisquer casas ou terras que herdassem. Não tinham permissão para criar testamentos sem o consentimento do marido nem podiam levar alguém para uma visita ao próprio lar sem que ele concordasse com isso. No entanto, o marido tinha o direito de entrar nas casas dos parentes da esposa para levá-la de volta ao lar se ela fugisse, bem como o direito legal de agredi-la quanto quisesse, desde que não a matasse. Esposas não tinham permissão de prestar testemunho contra ou a favor de seus maridos em tribunais, nem o direito legal de abandoná-los. Em partes remotas da Inglaterra existia uma forma extraoficial de divórcio entre as pessoas comuns, quando o homem vendia a esposa à pessoa que fizesse a maior oferta, normalmente poucos centavos ou xelins. Segundo consta, houve um número considerável dessas vendas de mulheres em Devon.[16] Portanto, para muitas mulheres, quando a sociedade acreditava que um homem podia simplesmente espancar e até vender sua esposa, não ter o direito de voto parecia uma injustiça de importância secundária.

Consideremos a questão pelo ponto de vista da Sra. Caroline Norton, anteriormente Caroline Sheridan, que declarou: "Eu não reivindico os meus direitos. Eu não tenho direitos. Eu só tenho deveres."[17] Talvez as pessoas a considerassem uma mulher de sorte: ela era bonita, alegre e tinha herdado o senso de humor do avô, o famoso dramaturgo Richard Brinsley Sheridan. Mas seu pai morreu na África do Sul em 1817, quando ela tinha apenas nove anos, deixando a família sem um tostão. Nos cerca de dez anos seguintes, por cortesia da coroa, ela morou com a mãe e duas irmãs num apartamento do palácio de Hampton Court, livre de aluguel. Quando, aos vinte e um anos, ela alcançou a idade de se casar, suas perspectivas no mercado de matrimônio não eram muito boas, em razão de sua falta de dote. Assim, ela aceitou o pedido do único pretendente que a cortejava: o parlamentar George Norton. Seu casamento não foi apenas um fracasso, mas uma verdadeira tragédia. Logo após a lua de mel, seu obtuso marido começou a agredi--la quando os dois discutiam. Seu relacionamento foi marcado por ódio e discussões por causa de dinheiro. O marido levou embora os três filhos do casal e se recusou a deixar que ela os visitasse; um deles morreu pouco depois. A pequena herança deixada por sua mãe ao morrer foi tomada pelo marido, já que era um direito legal dele. Por fim, ela acabou por refugiar-se em seus escritos, achando na literatura uma fonte de renda modesta, que também acabou parando nos bolsos do marido. Espancada, publicamente humilhada e marginalizada, privada do convívio com os filhos e forçada a ceder os frutos de seu trabalho ao homem que era a causa de sua infelicidade, ela resolveu criticar o sistema. Assim, publicou uma série de panfletos sobre a injustiça de se privar a mãe da guarda dos filhos, conseguindo com isso forçar o Parlamento a aprovar a Lei da Custódia dos Filhos em 1839, por meio da qual mães conquistaram o direito de cuidar de seus filhos até os sete anos de idade. Animada com o sucesso nessa área, Caroline passou então a dedicar atenção à questão do divórcio.

Na época, a única forma de se divorciar na Inglaterra era obtendo-se uma anulação num tribunal eclesiástico e conseguindo a promulgação de uma lei especial pelo Parlamento, autorizando a dissolução do casamento. Mas era um processo muito caro, que somente os muito ricos podiam custear: em média, foram concedidas apenas duas autorizações de divórcio por ano na Inglaterra entre 1700 e 1857. Não só os Norton não tinham condições financeiras para se divorciarem, mas o marido de Caroline não tinha interesse algum em lhe conceder liberdade. Em 1857, em parte por causa da militância de Caroline, Lorde Palmerston conseguiu fazer que se aprovasse, em regime de urgência, a Lei das Causas Matrimoniais, apesar da oposição do futuro primeiro-ministro, William Ewart Gladstone, e do bispo de Oxford, Samuel Wilberforce (filho do ativista abolicionista). Dali por diante, o casamento tornou-se um contrato secular que podia ser rompido no tribunal de divórcios a um custo razoável.

O movimento para aliviar o sofrimento de mulheres, o qual Caroline ajudou a desencadear, logo ganhou força. Em 1870, o Parlamento aprovou a Lei da Propriedade de Mulheres Casadas, que garantia a elas o direito de propriedade pessoal e da posse dos rendimentos que ganhassem. Em 1878, Frances Power Cobbe publicou seu impressionante artigo "A tortura de mulheres casadas na Inglaterra" na *Contemporary Review*, no qual relatou, com traços de um realismo vívido e angustiante, as frequentes agressões a que homens da classe operária submetiam suas esposas, levando-as à morte às vezes pelos motivos mais fúteis. Seu esforço deu resultado. Naquele mesmo ano, a segunda Lei das Causas Matrimoniais, que autorizava as mulheres a se divorciarem de maridos que as agredissem fisicamente, foi aprovada. Em 1900, muitas das injustiças legais que causaram sofrimento a Caroline Norton e outras inúmeras mulheres não existiam mais.

Seria um erro afirmar que a experiência britânica foi algo típico do mundo ocidental. Embora grande parte dos estados americanos tenha seguido o exemplo da Grã-Bretanha na aprovação de leis que davam às mulheres o direito de posse de propriedades (na década de 1840), de administrá-las em benefício próprio (na década de 1870) e de se divorciarem (isso ganhou força após a Guerra Civil), a maioria dos países católicos só passou a autorizar o divórcio no século XX. Entretanto, em toda parte as mulheres continuaram na militância pela conquista de seus direitos. Nos Estados Unidos, a partir da década de 1850, começaram a se realizar anualmente as Convenções Nacionais dos Direitos das Mulheres. Em 1865, foi criada a Associação Geral das Mulheres Alemãs. A Sociedade pela Reivindicação dos Direitos das Mulheres começou a atuar na França no mesmo ano, e, no ano seguinte, criou-se a Associação Norte-Americana pela Igualdade de Direitos, cujos membros objetivavam lutar pelos direitos de todos os norte-americanos, independentemente de raça, sexo ou religião. Em 1869, Elizabeth Cady Stanton e Susan B. Anthony fundaram a Associação Nacional pelo Sufrágio Feminino, especialmente destinada a lutar pelo direito de voto das norte-americanas. Dois anos depois, uma organização feminista iniciou em Paris um movimento de luta pela igualdade de direitos. Em Milão, em 1881, Anna Maria Mozoni criou a Liga pela Defesa dos Interesses das Mulheres. Em 1888, numa convenção da Associação Nacional pelo Sufrágio Feminino, nasceu o Conselho Internacional de Mulheres. Foi mais ou menos nessa época que se começou a usar o termo "feminismo". As ideias de liberdade e igualdade, que, nos últimos cem anos, tinham inspirado reformadores ávidos por transformar as relações entre os homens e seus governantes em toda parte, eram defendidas agora por mulheres em seus próprios movimentos ativistas.

Podemos afirmar que os mais significativos avanços conquistados pelas mulheres no século XIX foram os que permitiram que passassem a frequentar universidades e a obter formação profissional. Embora algumas mulheres tivessem se tornado médicas e cirurgiãs em fins do século XVI, a sociedade ficara mais intolerante com mulheres exercendo funções profissionais no século XVII.[18] Em 1800, nenhum hospital, universidade, ou escola de medicina, em nenhuma parte do mundo, permitia o ingresso de estudantes do sexo feminino. Isso começou a mudar aos poucos. A Faculdade de Oberlin, uma instituição de ensino de teologia em Ohio, permitiu que mulheres frequentassem suas salas de aula a partir de 1833 e, de 1837 em diante, começou a conceder-lhes diplomas. Em 1847, a obstinada Elizabeth Blackwell conseguiu vencer todo tipo de oposição e ingressar na Faculdade de Medicina de Genebra, em Nova York, na qual se formou em 1849. Seis anos depois, a Universidade de Iowa tornou-se uma instituição de ensino misto. Em 1861, uma jornalista de trinta e sete anos, Julie-Victorie Daubié, bacharelou-se em Lyon. Em 1864 e 1865, duas russas conseguiram passar na prova de admissão do curso de medicina da Universidade de Zurique: uma delas, Nadejda Souslova, defendeu com sucesso sua tese de doutorado em 1867. Na Grã-Bretanha, Elizabeth Garrett Anderson, após estudos autodidatas, conseguiu passar no exame da Sociedade dos Farmacêuticos em 1865. Depois, foi lecionar na Escola de Medicina de Londres para Mulheres, fundada em 1874, por Sophia Jex-Blake. A primeira francesa a obter doutorado realizou tal façanha na área da medicina, em 1875. Assim, as mulheres foram aos poucos abrindo as primeiras brechas na barreira que lhes impedia o acesso ao ensino superior dominado pelos homens, principalmente nas ciências médicas. As primeiras faculdades para mulheres em Cambridge, a Girton College e a Newnham Hall, foram criadas em 1869 e 1871, respectivamente, embora a Universidade de Cambridge tenha se recusado a conceder diplomas a mulheres até 1948. A University College London foi a primeira instituição de ensino superior britânica a conceder diplomas a mulheres, em 1878, no mesmo ano em que Lady Margaret Hall, a primeira faculdade para mulheres de Oxford, abriu suas portas. Universidades suecas e finlandesas permitiram o ingresso de mulheres a partir de 1870; as neozelandesas, de 1871 em diante; as dinamarquesas, depois de 1875; e as italianas e holandesas, a partir de 1876. Em 1900, as mulheres constituíam dezesseis por cento do total de estudantes de universidades britânicas e vinte por cento do das universidades suíças, a maioria das quais, no caso dessa última, proveniente da Rússia.[19]

Não devemos achar, porém, que essa série impressionante de rupturas de barreiras fez com que as mulheres fossem aceitas em pé de igualdade nas áreas nos ambientes profissionais em 1900. A Sociedade dos Farmacêuticos, que concedeu licença a Elizabeth Garrett Anderson, modificou suas normas institucionais logo depois, com a finalidade de impedir que outras mulheres conseguissem habilitação na área. A Associação Médica Britânica fez a mesma coisa, interditando o ingresso de mulheres em sua área de atividades por dezenove anos. Médicas deram com a cara na porta em muitas enfermarias e empregos na área da medicina. Por isso, foi um momento de suma importância quando, em 1903, o comitê do Prêmio Nobel, que havia proposto a concessão da honraria unicamente a Pierre Curie, por suas pesquisas sobre fenômenos da radiação, as quais ele tinha feito em colaboração com a esposa, tomou a acertada decisão de acrescentar o nome da pesquisadora na premiação. Marie Curie ganhou outro Prêmio Nobel em 1911, tornando-se a primeira pessoa a ser agraciada duas vezes com a honraria. Não poderia haver propaganda melhor para beneficiar, como um todo, o universo acadêmico feminino. O irônico, porém, é que Marie Curie só frequentou a Universidade de Paris, onde conheceu seu futuro marido, porque a Universidade de Cracóvia, na Polônia, sua terra natal, recusava-se a aceitar estudantes do sexo feminino.

Embora o ensino superior tenha sido essencial para as mulheres se provarem capazes, é preciso considerar que aquelas que conseguiram realizar avanços vieram, em sua maioria, de ambientes privilegiados e tiveram uma educação básica de boa qualidade. Para muitas pessoas, reforma social não tinha nada a ver com a obtenção de diplomas universitários: seu objetivo principal era ter um abastecimento de água potável e comida suficiente, bem como aprender a ler e escrever. De tudo isso, a educação era o menos importante. É por isso que, em 1800, quando haviam se passado uns cinco mil anos desde a invenção da escrita, mais da metade da população do mundo desenvolvido era analfabeta.

O modelo de ensino compulsório e gratuito era o sistema prussiano, instituído em 1717 por Frederico Guilherme I e depois aperfeiçoado por seu filho Frederico II, em 1763. O Império Austro-Húngaro adotou o modelo em 1774. Horace Mann introduziu o sistema nos Estados Unidos em 1843, e o Massachusetts (onde Mann era chefe do Conselho Estadual de Educação) foi o primeiro estado a tornar o ensino básico gratuito e compulsório em 1852. A Espanha seguiu o exemplo americano em 1857, e a Itália fez o mesmo em 1859. A Inglaterra e o País de Gales tiveram conselhos de educação criados em todo o seu território, como resultado dos esforços de W. E. Forster para a promulgação da Lei da Educação em 1870, mas somente em 1880 tornou-se obrigatório que crianças com idades entre cinco e dez anos frequentassem escolas. Na França, Jules Ferry empenhou-se na aprovação de leis que tornaram o ensino obrigatório em 1881. Como consequência, a Europa e os Estados Unidos passaram, no curso de uma geração, de quase totalmente analfabetos a predominantemente alfabetizados. Alguns países, como Portugal, permaneceram por muito tempo nos últimos lugares dessa corrida, com 36,1 por cento dos homens e 18,2 por cento das mulheres alfabetizados em 1900, mas a França, cujos níveis de alfabetização de homens e mulheres haviam sido de 47 e 27 por cento nos últimos anos do século XVIII, alcançou 86,5 e 80,6 por cento em 1900, respectivamente. O Reino Unido teve um avanço semelhante, com um aumento de 60 por cento em 1800 para 97,5 por cento em 1900, entre os homens, e de 45 para 97,1 por cento no caso das mulheres. Nos Estados Unidos, os níveis de alfabetização eram, em 1900, de 89,3 por cento e 88,8 por cento, respectivamente. Foi um desenvolvimento notável — principalmente porque o número de mulheres alfabetizadas era quase tão alto quanto o de homens na virada do século. De fato, no Canadá, o total de mulheres que sabiam ler e escrever (89,6 por cento) era maior do que o dos homens (88,4 por cento) em 1900.[20] Não há dúvida de que, sem a expansão da educação, não teria sido possível sequer cogitar-se a ideia da igualdade entre os sexos nos âmbitos legal, moral e financeiro ou da igualdade de oportunidades para todos os membros da sociedade, que dirá tomar uma atitude para transformar essas coisas em realidade.

Conclusão

O século XIX trouxe uma torrente impressionante de acontecimentos. Em seus limites temporais, há uma série de transformações assombrosas: da vida no campo para a vida na cidade; de analfabetismo para a alfabetização; de viagens a cavalo para o transporte por estradas de ferro a mais de cento e cinquenta quilômetros por hora; do envio de uma mensagem da Grã-Bretanha à Austrália em seis semanas para o envio de um telegrama quase instantaneamente; de um preconceito sexual cego para a possibilidade de as mulheres protestarem por igualdade. Foi tão radical a transformação na vida cotidiana que é difícil eleger a mudança mais importante. Se existe um único símbolo que possa ser considerado uma síntese de todos os fatores, ele é o representado pela energia a vapor — os trens e os navios, os moinhos e os locomóveis transformaram totalmente o mundo. Mas a mudança de mais amplas consequências foi a das reformas sociais ou, conforme argumentei páginas atrás, a crescente aceitação de que qualquer homem vale a mesma coisa.

Um dos aspectos dessas transformações de que não tratamos ainda foi o aumento das horas de lazer. Somente quando as pessoas deixam de ter que lutar para alimentar e vestir seus familiares, elas encontram oportunidade para praticar esportes e buscar formas de entretenimento. Em fins do século XIX, a renda per capita dos britânicos deu um salto extraordinário. Um número crescente de homens e mulheres passou a dispor de tempo para assistir a eventos esportivos ou mesmo praticar esportes durante o dia e frequentar teatros, casas de espetáculo ou óperas à noite. Eles liam romances, tocavam piano e até passavam férias em outra parte do país e no exterior. Se algum dia você teve a curiosidade de saber por que muitos dos mais populares esportes coletivos do mundo — principalmente o futebol, o rúgbi e o críquete — foram inventados na Grã-Bretanha, saiba que isso aconteceu não apenas porque a maior parte do mundo era governada a partir de Londres, mas também porque os trabalhadores britânicos foram os primeiros a ter horas de lazer suficientes para fazer viagens e jogar regularmente contra outros times. Em 1900, as classes trabalhadoras de muitas outras partes do mundo ocidental passaram a dispor de tempo e dinheiro suficientes para soltar suas ferramentas e bater uma bolinha. Se consideramos os séculos passados assolados pela fome, podemos dizer que tais acontecimentos são realmente impressionantes.

O principal agente de transformações

É mais difícil escolher o principal agente de mudanças do século XIX do que de qualquer outro. Depois de frequentes debates em torno do assunto nos últimos anos, uma pequena lista com dez nomes surgiu: Alexander

Graham Bell, Louis Daguerre, Charles Darwin, Thomas Edison, Michael Faraday, Sigmund Freud, Robert Koch, Karl Marx, James Clerk Maxwell e Louis Pasteur. A maioria das pessoas prefere concentrar-se nas rivalidades imaginadas — entre os inventores (Bell contra Edison), os pesquisadores da área médica (Koch contra Pasteur) e os cientistas (Maxwell contra Faraday). A menção do nome de Darwin com frequência suscita a resposta de que Alfred Russell Wallace tinha ideias semelhantes sobre evolução e que nós somente nos lembramos de Darwin com maior clareza porque seu livro *Sobre a origem das espécies* (1859) se tornou o centro das discussões sobre religião, ciência e evolução. Daguerre também tem um forte rival em Fox Talbot, cujas contribuições para o desenvolvimento da fotografia talvez tenham sido até mais importantes. Ao longo dos anos, a superabundância de pensadores do século XIX resultou em acirrados debates acerca de quem foi o mais importante — a ponto de ocorrerem alguns murros em mesas.

A meu ver, os dois candidatos mais dignos da escolha são Charles Darwin e Karl Marx. A razão que me leva a considerar Darwin está relacionada à questão da fé. Tal como observamos no capítulo sobre o século XVI, independentemente daquilo em que você acredita, você acredita em *algo* — seja no poder criador de Deus ou na evolução das espécies resultante de um acidente químico na sopa de substâncias primordiais. Contudo, existe uma diferença fundamental entre acreditar que sua existência seja a consequência da vontade de Deus e acreditar que ela resulta de um acontecimento natural, sem nenhuma influência de forças espirituais. Você pode rezar para o Criador, mas não para uma combinação fortuita de elementos químicos na referida sopa de substâncias primordiais. Você pode acreditar que um Criador exige obediência e adoração dos fiéis; não pode pensar o mesmo das forças da evolução. Se temos que atribuir a Darwin o mérito de ter feito mais do que qualquer outra pessoa para destruir a crença de que podemos influenciar materialmente nossas circunstâncias na Terra ao rezar para um poder espiritual, deveríamos reconhecer então sua função de suma importância na que foi uma das maiores transformações sociais de todos os tempos. Todavia, sua influência nesse sentido é muito discutível. O número de fiéis que frequentavam a igreja na Inglaterra havia caído para quarenta por cento em 1850 — nove anos antes de *Sobre a origem das espécies* ter sido publicado. Além do mais, os leitores tinham um grau de compreensão da Bíblia elevado o suficiente para perceber que a inexatidão da história da Criação, conforme relatada no Gênesis, não invalidava os outros livros, principalmente o Novo Testamento. Portanto, deveríamos ver o impacto causado por Darwin na religião mais ou menos da mesma forma com que consideramos a influência exercida pelos médicos no século XVII. Só porque era um remédio o que fazia as pessoas se sentirem melhor, e não um milagre, isso não significava que Deus não tivesse nenhuma participação naquilo. O fato de a pessoa ver ou não a mão de Deus no remédio — ou na seleção natural — se devia a um sistema de crença pessoal muito mais complexo do que a aceitação de uma teoria científica.

Por isso, Karl Marx é a minha escolha do principal agente de transformações do século XIX. Não porque eu veja na história uma eterna luta de classes ou porque acredite que o capitalismo esteja fadado ao fracasso e o "proletariado", destinado ao sucesso — o caso é justamente o contrário, conforme veremos na última parte deste livro. Entretanto, Marx deu origem ao conceito dos trabalhadores da indústria como uma força histórica e ajudou a criar um movimento em massa para a emancipação da classe operária que dominou a política a partir do terceiro quartel do século. Seu pensamento envolvia mais do que simples comentários filosóficos ou econômicos: ele justificava a efetiva realização de revoluções. Marx impulsionou o socialismo, que, conforme observado por George Orwell, tem uma "mística" peculiar — a ideia de uma sociedade sem classes — pela qual as pessoas estão dispostas a lutar ou morrer.[21] As ideias de Marx levaram à organização política dos trabalhadores, a rebeliões nos locais de trabalho e a conflitos na indústria; também ocasionaram a criação de leis de bem-estar social com as quais governos esperavam conter a maré das revoluções. Sua visão da história como um conflito entre forças econômicas é convincente, e, embora possamos discordar de suas previsões, nesse ponto específico ele estava certo, sem dúvida. Social e economicamente, estamos presos a regras tão antigas quanto a sociedade em si. E a compreensão disso teve uma influência muito maior na forma como as pessoas em 1900 encaravam a sociedade e promoveram iniciativas para mudá-la do que a importante, mas abstrata, questão de a humanidade ter sido criada ou evoluído.

1901–2000

O Século XX

Em fotografias do início do século de meu bisavô John Frank Mortimer, ele aparece trajando um terno muito parecido com os usados hoje em dia. Quando penso no assunto, percebo que ele tinha muito mais coisas em comum comigo do que com o seu próprio bisavô em 1800, de quem não existe nenhuma fotografia. Ele votou em eleições nacionais e regionais. Quando jovem, passava suas noites se divertindo em rinques de patinação no gelo, gostava de apostar em cavalos de corrida, colecionava selos postais, casou-se com uma mulher de outra parte do país, e seus filhos (nascidos entre 1904 e 1908) brincavam com ursos de pelúcia e bonecas. Ele tinha uma bicicleta e um gramofone, além de um telefone, iluminação interior, água potável e um grande fogão em casa. Diferentemente da maioria das pessoas, ele também tinha uma máquina de lavar com um tambor interno operado por um sistema mecânico, já que o negócio da família envolvia tingimento e lavagem de roupas. As ruas de Plymouth, cidade em que morava, eram iluminadas à noite e patrulhadas por policiais. Ele e sua esposa, Catherine, costumavam pegar um trem ou navio para passar as férias no exterior e faziam passeios na região de Dartmoor nos fins de semana. Liam muitos romances, visitavam museus e compareciam a palestras públicas dadas por pessoas célebres e de vanguarda. Meu bisavô viveu até os setenta e dois anos, enquanto minha bisavó chegou aos oitenta e dois. Logicamente, existem diferenças entre a vida dele e a minha. Eu não sei patinar, não frequento uma igreja, não aposto em cavalos de corrida e não tenho nenhum interesse em ampliar a coleção de selos dele. Não faço a mínima ideia de como tingir roupas, não tenho empregados, e meus filhos não ficaram sob os cuidados de uma babá quando eram pequenos; no entanto, em outros aspectos, as diferenças entre nossas vidas são meras variações de temas semelhantes. Como forma de entretenimento, prefiro tocar violão em vez de colecionar selos. Vou ao cinema em lugar de frequentar rinques de patinação. Envio e-mails em vez de telegramas. O equilíbrio entre trabalho e diversão, necessidade e desejo, liberdade e responsabilidade, solidão e sociabilidade, educação e experiência era o mesmo naquela época do que é nos dias atuais.

Se levarmos isso em conta, talvez devamos nos perguntar o que realmente mudou no século XX — o que mudou *tanto* que, para muitas pessoas, é inconcebível a ideia de que algum dos outros séculos tenha passado por mais transformações? É uma questão polêmica. Existe uma história sobre uma reunião de fazendeiros aposentados de Somerset, no início da década de 1960, na qual travaram um debate sobre qual invenção fizera mais diferença para o trabalho na fazenda. O trator, os caminhões de transporte de gado, a ceifeira-debulhadora, os fertilizantes, os pesticidas, a bomba de água elétrica, as cercas eletrificadas e os silos de grãos foram incluídos na pauta de discussão. Mas todos concordaram, no fim das contas, que foram as galochas de cano alto que fizeram toda a diferença.[1] Nem sempre as mudanças mais impressionantes são as que fazem grande diferença ou representam os maiores avanços. Mais do que isso: no século XX, as coisas que achamos que realmente fizeram a diferença foram as que envolveram conforto, eficiência, velocidade e luxo.

E não deveríamos nos surpreender com isso. Tal como vimos, muitas das transformações fundamentais para a nossa sobrevivência ocorreram em séculos anteriores. Foi nos séculos XVI e XVII que a violência nas sociedades diminuiu com mais rapidez, e temos desfrutado de relativa segurança desde meados do século XVIII, apesar do que as histórias sobre Jack, o Estripador, possam levá-lo a acreditar. Com relação a reformas sociais, vimos, no fim do capítulo sobre o século XVIII, que a linha de um gráfico demonstrando a evolução dos direitos do homem comum em relação a seus contemporâneos das sociedades ocidentais se parecia com um "s" esticado. Muitas mudanças sociais no Ocidente seguem um padrão semelhante: uma curva exibindo uma lenta subida no início, seguida por uma rápida e extensa ascensão no meio e depois se nivelando quando toda a sociedade é afetada por elas e mudanças adicionais se tornam mais difíceis ou impossíveis. O desenvolvimento do fenômeno, como um todo, poderia ser denominado "curva da civilização".

Obteríamos curvas da civilização semelhantes se representássemos num gráfico a proporção da sociedade em condições de ter uma alimentação mais equilibrada, o aumento de pessoas vivendo em cidades e a parcela de adultos com acesso um carro. Sua forma aparece claramente à direita, no gráfico ilustrando a construção de ferrovias. Como podemos ver, embora o auge do número de quilômetros tenha sido alcançado somente na década de 1920, as transformações no século XX foram mínimas se comparadas com as do século precedente. Da mesma forma, quando analisamos fenômenos como abastecimento de comida, urbanização, alfabetização e taxas de homicídio, vemos que, enquanto o apogeu da curva da civilização se encontra no século XX, os aumentos maiores ocorreram em períodos anteriores.

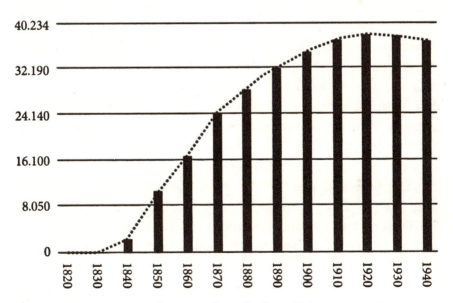

Extensão, em quilômetros, da malha ferroviária em operação no Reino Unido e na Irlanda entre 1825 e 1940[2]

Apesar disso, alimentar uma população europeia de setecentos e vinte e nove milhões de pessoas no ano 2000 era muito diferente de alimentar quatrocentas e vinte e dois milhões de europeus em 1900. Estar separado de sua família no outro lado do Atlântico era muito mais preocupante em 1900 do que no ano 2000, quando aviões conseguiam vencer distâncias em poucas horas. A discriminação racial na Grã-Bretanha era um problema político menos expressivo em 1900 do que em 2000, pois havia menos pessoas sendo vítimas diretas disso e menor ainda protestando contra esse tipo de coisa. E, obviamente, *não* ser vítima de uma bomba atômica lançada contra seu país até 1940 (quando essas coisas não existiam) era bastante diferente de não ter enfrentado um conflito nuclear no fim da Crise dos Mísseis de Cuba, em outubro de 1962, quando era bem provável que isso pudesse acontecer. O contexto é tudo quando se trata de analisar o século XX. Não foram tanto as nossas vidas que mudaram, mas o mundo em que vivemos.

Os sistemas de transporte

Este livro trata sobre "o Ocidente" — e, no século XX, "o Ocidente" espalhou-se pelo mundo como uma mancha de tinta. A maioria dos países acabou incorporando traços da cultura ocidental graças aos enormes avanços na natureza, extensão e integração dos sistemas de transporte internacionais. O fato de que meu bisavô usava, em 1900, um terno parecido com o que uso hoje é insignificante se comparado com o de que pessoas na Nova Zelândia, Argentina, Japão e China também usavam ternos todos os dias no ano 2000. O fato de que o idioma inglês quase não tenha sofrido modificações ao longo do século XX é pouco importante em comparação com o fato de ele ter se tornado o terceiro idioma mais falado no mundo e a língua franca do planeta. Mercados que eram totalmente locais em 1800 e que já tinham se tornado nacionais em 1900 viraram internacionais no século XX. Forças de oferta e procura internacionais antes de 1900 eram forças globais no ano 2000. E o mais importante agente de transformação que sustentou essa globalização foi a proliferação do motor de combustão interna.

O primeiro motor de combustão interna foi desenvolvido por Étienne Lenoir por volta de 1860 e usado num triciclo pouco depois. Seu potencial comercial ficou óbvio em 1886, quando Karl Benz pegou dinheiro emprestado com sua rica esposa, Bertha, e patenteou seu carro de três rodas movido a gasolina. Karl pode ter sido um grande engenheiro, mas era um péssimo vendedor. Em agosto de 1888, Bertha resolveu fazer algo para remediar a deficiência do marido na área do marketing. Ela pegou um dos carros sem avisá-lo e partiu de Mannheim com seus dois filhos adolescentes para uma visita à sua mãe em Pforzheim, a uns cem quilômetros de distância. O trajeto de ida e volta, de quase duzentos quilômetros, foi a primeira viagem de longa distância feita num automóvel. As pessoas ficaram chocadas quando viram uma carruagem sem cavalos deslocando-se lentamente pelas estradas. Quando notaram que o veículo estava sendo conduzido por uma mulher, ficaram ainda mais espantadas. Durante a viagem, Bertha teve que se virar como mecânica: limpando o tubo de gasolina com um grampo de cabelo e pedindo que um sapateiro melhorasse os freios, pregando um pedaço de couro nas sapatas de madeira. Apesar disso, a viagem foi um grande sucesso: sua expedição provou que a nova invenção era confiável. Em 1894, Karl iniciou a produção de seu Velo de quatro rodas, e as vendas decolaram. Em 1900, sua empresa era a maior fabricante de veículos automotores do mundo, produzindo quase quinhentos carros por ano.

O crescimento da indústria de motores nesses primeiros anos foi incrível. Em 1904, já circulavam, só nas estradas britânicas, oito mil carros, cinco mil ônibus locais e de viagem e quatro mil veículos de transporte de mercadorias. Na Grã-Bretanha, o número de motocicletas em circulação foi maior do que o de carros de 1916 (cento e cinquenta e três mil motocicletas contra cento e quarenta e dois mil carros) até 1925, quando o número de carros particulares se equiparou ao de motos (quinhentos e oitenta mil carros contra quinhentas e setenta e duas mil motocicletas). Após a Segunda Guerra Mundial, a produção de carros aumentou num ritmo ainda maior. Em 2000, havia 23,2 milhões de carros e oitocentos e vinte e cinco mil motos transitando pelas estradas da Grã-Bretanha.[3]

No mundo como um todo, é claro, era desigual o número de donos de carro, especialmente no início do século. Todavia, já no ano 2000, esse número tinha aumentado universalmente. Em 1960, existiam quatrocentos e onze veículos particulares em cada grupo de mil pessoas nos Estados Unidos, duzentos e sessenta e seis na Austrália, cento e cinquenta e oito na França e cento e trinta e sete na Grã-Bretanha, mas apenas quarenta e nove na Itália, vinte e cinco em Israel, dezenove no Japão e oito na Polônia. Para comparação, esses números em 2002 eram: oitocentos e doze em cada grupo de mil pessoas nos Estados Unidos; seiscentos e trinta e dois na Austrália, quinhentos e setenta e seis na França e quinhentos e quinze na Grã-Bretanha. Nos outros países, a proporção tinha mudado: havia seiscentos e cinquenta e seis carros em cada grupo de mil pessoas na Itália, quinhentos e noventa e nove no Japão, trezentos e três em Israel e trezentos e setenta na Polônia. Povos das partes não ocidentais do mundo continuavam tendo menos carros: a China só tinha dezesseis carros para cada grupo de mil habitantes em 2002; a Índia, dezessete; e o Paquistão, doze. Ao todo, o número de carros no mundo inteiro aumentou de cento e vinte e dois milhões em 1960 para oitocentos e doze milhões em 2002.[4]

A outra mudança imensa no setor de transportes do século XX ocorreu com o advento das viagens aéreas. O voo do primeiro veículo mais pesado do que o ar — sem o uso de gás ou ar quente para provocar ascensão — resultou dos resolutos esforços dos irmãos Wright. De 1899 a 1902, eles fizeram experiências com as características planadoras das máquinas criadas por eles, antes de instalarem um motor movido a gasolina e uma hélice artesanal em seu primeiro *Flyer*, em 1903. Em 17 de dezembro de 1903, Orville Wright decolou com seu aparelho — e conseguiu percorrer trinta e seis metros em doze segundos. Isso é menos tempo do que o que você levou para ler do início deste parágrafo até aqui; no entanto, esses doze segundos foram os mais importantes do século. Os irmãos Wright permaneceram na vanguarda do desenvolvimento do avião por uma década, sendo frequentes as vezes em que arriscaram a própria vida em testes para melhorar a estabilidade de suas máquinas. Em fins de 1905, eles haviam realizado um voo de quase trinta e nove quilômetros e, em 1908, levado um passageiro consigo a bordo. Em 1909, uma série de competidores se reuniu na França para concorrer a um prêmio de mil libras esterlinas, como os primeiros a atravessar de avião o Canal da Mancha: uma corrida que Louis Blériot venceu em 25 de julho.

Durante a Primeira Guerra Mundial, muitos governos fizeram pesados investimentos no desenvolvimento de aeronaves quando descobriram que elas eram a melhor forma de reconhecer os avanços do inimigo e localizar suas peças de artilharia e navios de guerra. Mas os aviões ainda eram um meio de transporte pouco confiável. Até o fim da guerra, eles eram pequenos e instáveis demais para que pudessem transportar pesadas cargas de explosivos em incursões de bombardeio eficazes. Depois que cessaram as hostilidades, os candidatos a bombardeiros passaram a ser usados como veículos de transporte de correspondência de longa distância. E finalmente romperam a barreira de viagens aéreas através do Atlântico. Em 14 e 15 de junho de 1919, John Alcock e Arthur Brown, pilotando sem escalas um Vickers Vimy modificado, foram de Terra Nova à Irlanda. Foi outro daqueles momentos Colombo, mostrando o futuro para as pessoas: um dia, elas voariam entre continentes também. Com efeito, naquele mesmo ano, as primeiras empresas de aviação comercial iniciaram suas atividades, transportando passageiros em viagens de ida e volta entre Londres e Paris. Governos passaram a patrocinar empresas de aviação nacionais, principalmente quando ficou clara a ameaça de empresas estrangeiras dominarem o transporte aéreo nos céus de seus países. Entretanto, as primeiras travessias transatlânticas regulares de passageiros por via aérea foram feitas pelos dirigíveis alemães Zeppelin. Somente em 1939, uma empresa começou a fornecer um serviço de transporte aéreo regular entre a América e a Europa.

Inovações técnicas durante a Segunda Guerra Mundial nos setores da aviação, das comunicações radiofônicas e dos radares contribuíram rapidamente para o aumento da segurança nas viagens aéreas. A competição entre empresas norte-americanas de transporte aéreo criou pressão para o desenvolvimento de aviões capazes de gerar lucro. O resultado foi o DC-3, avião de passageiros de vinte e um lugares, que fez sua primeira viagem em 1935. Agora, era possível atravessar o continente norte-americano em dezessete horas, assim como cruzar o Atlântico em vinte e quatro. Por conseguinte, a demanda por viagens aéreas cresceu muito. Entre 1937 e 1967, o número de voos regulares de empresas de aviação britânicas aumentou de oitenta e sete mil para trezentos e quarenta e nove mil ao ano. Ao mesmo tempo, a capacidade ampliada de aviões maiores fez com que o número de pessoas transportadas se expandisse numa proporção ainda maior: de duzentos e quarenta e quatro mil para 12,3 milhões.[5] Na década de 1970, os aviões "jumbo", tais como o Boeing 747, capazes de transportar mais de trezentos e vinte passageiros, transformaram ainda mais a acessibilidade ao transporte aéreo. Mais e mais pessoas começaram a querer viajar com o máximo de rapidez, fosse num voo doméstico a trabalho, fosse num voo internacional para passar férias numa ilha exótica. E elas queriam também poder enviar produtos e valores rapidamente a várias partes do mundo. Assim, providenciaram-se ligações entre diferentes formas de transporte, com vistas a atender essas necessidades: linhas de trem foram estendidas até cidades portuárias e aeroportos, aeroportos criaram rotas para grandes cidades, e estacionamentos de carro surgiram em toda parte. O resultado foi mais ou menos a rede de transporte global que temos hoje.

As consequências dessa transformação foram gigantescas — às vezes impressionantes, às vezes desagradáveis e, em alguns lugares, traumatizantes. O mundo inteiro passou a ser explorado comercialmente com suas fronteiras políticas talhadas e retalhadas por redes de comércio e rotas de viagem. Antigas estruturas de poder tiveram seus equilíbrios abalados por fluxos de capitais do Ocidente e foram obrigadas a se adaptar à nova realidade. Países que antes não haviam se dado conta dos recursos naturais imensamente valiosos que tinham — petróleo e urânio, por exemplo — tornaram-se capazes de exportá-los. Nações que controlavam rotas de transporte estrategicamente importantes conseguiram explorar suas posições privilegiadas. Os prósperos setores de nações geograficamente bem-situadas e cheias de recursos naturais tornaram-se os mais ricos do planeta. E os setores menos endinheirados prosperaram também, já que seus congêneres mais poderosos passaram a gastar seus excedentes não só no exterior, mas também no próprio país. A maioria dos países enriqueceu, uma vez que o comércio liberou o fluxo de recursos pelo mundo.

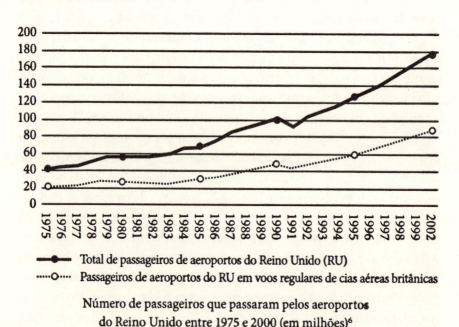

—●— Total de passageiros de aeroportos do Reino Unido (RU)
·····○····· Passageiros de aeroportos do RU em voos regulares de cias aéreas britânicas

Número de passageiros que passaram pelos aeroportos
do Reino Unido entre 1975 e 2000 (em milhões)[6]

Essa integração entre meios de transporte permitiu que máquinas fossem exportadas de forma rápida e eficiente. Facilitou a distribuição de fertilizantes artificiais e pesticidas. Permitiu que excedentes agrícolas fossem enviados para mercados compradores em grandes quantidades. Todo país que tivesse recursos financeiros para importar produtos agrícolas não estaria mais vulnerável a problemas de perdas de safra. O efeito na população mundial foi assombroso. No século anterior, ela tinha sofrido um acréscimo de cerca de seiscentos e setenta e nove milhões de seres humanos — mas quarenta e cinco por cento desse crescimento havia ocorrido nos países do mundo desenvolvido.[7] Já o total das populações dos países não europeus que se mantivera entre trezentos e sete e trezentos e cinquenta e seis milhões do ano de 1200 até 1500 e, depois, só apresentara grandes expansões nos séculos XVI, XVII, XVIII e XIX, a taxas de aumento demográfico de trinta e um, dezoito, trinta e sete e sessenta por cento, respectivamente, teve um crescimento repentino de trezentos e quarenta e dois por cento no século XX. Carretas e caminhões não ajudaram esse crescimento espantoso apenas com a distribuição de alimentos, fertilizantes e máquinas; eles facilitaram também a rápida entrega de suprimentos médicos — principalmente antibióticos — em regiões mais distantes. Desse modo, os transportes contribuíram consideravelmente para a riqueza e o bem-estar dos povos do mundo. Não devemos desconsiderar, contudo, que houve prejudicados também nessa integração. Em tempos de fartura, países que normalmente sofriam com problemas de instabilidade em seus estoques de alimentos se sentiam tentados a exportar seus excedentes a preço de banana, com baixas margens de lucro. No entanto, quando vinham as crises, eles não tinham recursos financeiros para comprar os estoques necessários pelos preços cobrados no mercado internacional, os quais refletiam a escassez de alimentos na região. Por conseguinte, alguns países em que as condições de vida eram ruins continuaram a enfrentar falta de alimentos e crises de fome. No entanto, muitos lugares conseguiram reduzir ou eliminar sua vulnerabilidade a problemas de produção de alimentos. Tanto que, em 2000, uma proporção muito menor da população mundial se achava sujeita a periódicas crises de fome em relação a 1900. O fato de que, em termos absolutos, havia mais bocas famintas para alimentar deveu-se ao aumento extraordinário da população mundial — de 1,633 bilhão para 6,09 bilhões de pessoas.

A transformação da rede de transportes mundial, liderada pelo Ocidente, resultou na exportação de muito mais coisas que apenas capitalismo e ternos. O mundo ocidental via seus valores seculares, democráticos, materialistas, igualitários, moralmente liberais como o verdadeiro auge da civilização e procurou transmiti-los ao restante do mundo. Empresários e políticos de países em desenvolvimento sentiram que, em algumas situações, poderia ser vantajoso adotar as práticas do Ocidente — ou pelo menos adaptá-las. A rápida modernização forçou cidadãos dessas nações a passar pelo mesmo processo de especialização profissional que ocorrera na Europa e nos Estados Unidos no século XIX. Muitos países não ocidentais se viram forçados a absorver as revoluções nas áreas científica, médica, agrícola e industrial no decurso de apenas algumas décadas. Não é, portanto, simples coincidência que, à medida que se ampliaram as redes de transporte, tenha havido um crescimento na produção de alimentos, expansão populacional, aumento da urbanização e elevação dos níveis de instrução. Em 1900, apenas treze por cento da população mundial vivia em cidades e somente cerca de vinte por cento sabia ler e escrever. Já no ano 2000, metade do globo vivia em áreas urbanas e mais de setenta por cento de sua população era alfabetizada. O mundo inteiro foi forçado a competir num mercado criado pela integração nos meios de transporte e pela movimentação de capitais e produtos. Os únicos refúgios da marcha do capitalismo eram as nações em que barreiras econômicas impediam a entrada da competição econômica ou nos poucos países em que obstáculos geográficos inibiam os avanços no setor de transportes e no comércio global.

Num capítulo anterior, observamos quanto os transportes foram essenciais para o crescimento das cidades. Logicamente, alimentos e outros recursos tinham que ser transportados para centros urbanos, e, quanto maior a cidade, mais meios de transporte mecanizados eram necessários. Assim, deu-se prioridade à integração dos diversos tipos de transportes, em detrimento de pedestres, jardins, ciclovias e espaços de habitação individual, com tremendas consequências para o ambiente. No ano 2000, muitas pessoas tinham passado a vida inteira em ambientes metropolitanos e raramente, talvez nunca, tinham a oportunidade de ver uma região campestre, a não ser no cinema ou na televisão. Metade da população mundial passou a viver em paisagens urbanas, tendo que suportar poluição sonora, poluição luminosa e poluição atmosférica, vendo-se constantemente incomodada por carros e vans, ônibus e bicicletas, motos e caminhões, que, movendo-se em alta velocidade, enchiam as artérias de tráfego de pistas múltiplas de todas as cidades. Mesmo à noite, os veículos dominavam a paisagem, transitando pelas áridas vias de asfalto que dividiam os quarteirões da existência humana e luzes semafóricas alternando-se entre o vermelho e o verde. Achar tranquilidade numa cidade era uma tarefa difícil e frustrante. Numerosas e enormes conurbações obrigavam seus cidadãos a viajar durante uma hora ou mais antes que pudessem ver algo que se parecesse com a paisagem rural em que viveram seus ancestrais. Talvez como resultado disso, muitas pessoas começaram a não se dar mais ao trabalho. No espaço onde Edwin Chadwick se deparava outrora com cortiços e pobreza, no ano 2000 as pessoas encontravam tudo que queriam — tanto no que se refere ao trabalho quanto à vida doméstica — e não viam razão para abandonar a vida nas cidades.

Os sistemas de transporte, ao aumentar os limites urbanos, concentram seus serviços nesses centros. Dessa forma, no século XX, os preços dos imóveis nos locais mais cobiçados sofreram aumentos estratosféricos. Para acomodar o maior número possível de pessoas em áreas tão disputadas, arquitetos começaram a construir edifícios cada vez mais altos, principalmente em centros comerciais. A edificação mais alta do mundo em 1900 era a Torre Eiffel, em Paris, com seus trezentos metros de altura — um primor não residencial. O edifício habitável mais alto do planeta era o Park Row Building, em Nova York, estendendo-se a quase cento e vinte metros de altura. Em 1931, o escritório mais alto do Empire State Building ficava a trezentos e vinte metros acima das ruas de Nova York, com seu famoso mirante elevando-se a cinquenta e três metros de altura além dele. Muitos edifícios com altura semelhante surgiram depois. Em 2000, as pessoas podiam contemplar a paisagem dos quase trezentos e setenta e cinco metros de altura em que fica o último andar das Petronas Towers, em Kuala Lumpur — apenas um pouco mais alto do que o mirante do Empire State Building, mas também ligeiramente mais do que muitos outros arranha-céus. Na década de 1970, com a construção de várias dezenas de edifícios estendendo-se a mais de noventa metros de altura no centro comercial de La Défense, a linha do horizonte a oeste de Paris passou a apresentar novas silhuetas. O edifício mais alto na Grã-Bretanha em 1900 era o do Midland Grand Hotel (oitenta metros de altura), próximo à St. Pancras Station, em Londres; já em 2000, era o One Canada Square (duzentos e trinta e cinco metros), um tanto mais alto.

Os meios de transporte transformaram não só nossas relações sociais, mas os nossos arredores físicos também. Conforme explicado no último capítulo, as comunidades foram sendo retalhadas aos poucos pelo avanço das ferrovias. Os carros infligiram prejuízos ainda maiores. O aumento do transporte rodoviário entre 1945 e 1960 tirou de operação muitas ferrovias locais, deixando milhares de pequenas cidades sem mercado ou sem uma ligação por via férrea com o centro comercial mais próximo. Muitas pessoas de áreas rurais foram forçadas a levar uma vida mais isolada ou se tornaram cada vez mais dependentes de seus carros. Ficou difícil para pessoas mais idosas continuarem a viver nas casas em que tinham morado durante a vida inteira. Viram-se forçadas a mudar-se para as cidades, porque eram velhas demais para dirigir. Ao mesmo tempo, seus netos foram obrigados a mudar-se para as cidades também, pois precisavam arrumar trabalho. Desse modo, por volta do ano 2000, a maioria dos cidadãos do Ocidente vivia entre estranhos. Quando, no passado, eles teriam conhecido pelo menos trezentas pessoas num raio de cinco ou seis quilômetros de suas casas, agora seus parentes e conhecidos se achavam espalhados por muitas pequenas e grandes cidades, geralmente em várias partes do globo.

Um processo semelhante de distanciamento ocorreu entre os fornecedores de produtos e serviços, e seus clientes. Em comunidades menores, comerciantes eram conhecidos por seus possíveis clientes, e, provavelmente, qualquer falha na entrega de produtos podia prejudicar sua reputação. Já em grandes cidades, certamente as pessoas podiam contar com um número maior de fornecedores, mas as relações distantes entre clientes e os vários estabelecimentos, que tentavam vencer os concorrentes com preços menores, nem sempre resultavam no fornecimento do melhor serviço. Quando esse padrão é aplicado a questões de saúde, a diferença é ainda mais notável. Numa comunidade local, em que as pessoas foram criadas juntas e viviam na companhia de parentes, as redes de amparo mútuo voltadas para pessoas doentes e enfermas costumavam ser muito mais fortes do que nas cidades, onde a assistência comunitária era institucionalmente organizada, cara e impessoal.

Por fim, os meios de transporte começaram não apenas a levar alimentos a todas as partes do mundo e a distribuir ferramentas e equipamentos para se cultivar a terra com mais eficiência, mas serviu também para fomentar a especialização agrícola. A integração global dos transportes obrigou fazendeiros a competir internacionalmente. Por que os cidadãos ingleses comprariam trigo da montanhosa Devon se ele podia ser importado do Kansas a um preço menor? Para aumentarem a eficiência ao máximo, fazendeiros abandonaram rapidamente o modo de produção mista que vinham praticando desde a Revolução Agrícola e passaram a concentrar-se num único tipo de produção, tal como cultivar trigo ou criar gado. Nos Estados Unidos, a agropecuária intensiva foi praticada após o início da fabricação em massa de tratores, entre 1910 e 1920. Na França, muitas regiões passaram a dedicar-se integralmente à produção de vinhos. Na Inglaterra, fazendas assentadas em terrenos ondulados se concentraram exclusivamente na produção de carne. Em 2000, não havia um único campo arável nem uma fazenda de gado leiteiro e laticínios em todos os trinta e um quilômetros quadrados da paróquia de Moretonhampstead, apesar de o setor agrícola ainda ser a segunda maior fonte de empregos (depois do turismo). Todas as fazendas produziam apenas carne de vaca e cordeiro. Pela primeira vez na história, a maioria dos países do mundo desenvolvido abria mão da possibilidade de ser autossuficiente na produção dos próprios alimentos e passou a importar pelo menos parte de suas necessidades alimentares de fornecedores estrangeiros e mais baratos. Na década de 1950, a Grã-Bretanha produziu menos de quarenta por cento do total de sua comida.[8] E esse, lógico, era o porcentual referente ao país como um todo: áreas urbanas eram totalmente incapazes de autossuficiência. Somente quando o país ingressou no Mercado Comum Europeu, em 1973, conseguiu recuperar sua autossuficiência, que passou a ser de mais de setenta por cento.

No ano 2000, o Ocidente era totalmente dependente de sua infraestrutura de transportes. As nações precisavam de combustíveis fósseis para operar as máquinas que produziam seus alimentos e também para movimentar os veículos usados em sua distribuição. O destino de todos os países passou a depender da constante produção de gasolina e óleo diesel em uma dúzia ou mais de refinarias (sete no caso do Reino Unido). É salutar refletir que, caso perdêssemos essas coisas agora, apesar de todos os avanços na produção de alimentos desde a Revolução Agrícola, a maioria da população do Ocidente enfrentaria uma crise de fome pela primeira vez em duzentos anos.

As guerras

É desnecessário dizer que, no século XX, a forma de se travarem guerras se transformou a tal ponto que não dá nem para compará-la com as velhas técnicas de combate. No início, ela ainda seguia a velha definição de soldados "avançando em ordenadas fileiras de combate e morrendo em desordenadas montanhas de corpos". Mas tanques, trincheiras, gases venenosos e arame farpado mudaram as formas e os tamanhos dessas montanhas. A importância dos caças de combate, dos bombardeiros, dos submarinos e da bomba atômica na Segunda Guerra Mundial os modificaram ainda mais, muitas vezes sem deixarem nem sequer um montinho. Na segunda metade do século, o receio era que, na melhor das hipóteses, cidades inteiras fossem pulverizadas ou, na pior, que todas as pessoas do mundo acabassem morrendo lentamente de fome ou por efeito da radiação liberada por um holocausto nuclear. No entanto, no ano 2000, estava claro que muitos dos tradicionais componentes da guerra tinham sido preservados e que, em algumas guerras civis, a pulverização instantânea talvez fosse uma morte misericordiosa. As atrocidades perpetradas durante os combates na antiga Iugoslávia, principalmente o estupro e a tortura sexual de civis e crianças, deixaram patente que a extrema brutalidade de séculos anteriores não havia diminuído. Foi como vimos no capítulo sobre o século XVI, quando tratamos da questão da diminuição da violência individual: quando se tira o potencial de violência de um poder governamental — a força repressora que impede que as pessoas se agridam umas às outras —, é provável que regridam para um estágio de comportamento mais agressivo e selvagem. A humanidade provavelmente continua cruel e impiedosa como sempre foi.

A questão aqui, porém, não é demonstrar como os conflitos mudaram no século XX, mas como a guerra modificou a sociedade ocidental. Precisamos considerar muitas mudanças coletivamente, tal como fizemos quando tratamos dos efeitos da Peste Negra. As guerras produziram frutos tecnológicos que exerceram uma influência considerável na vida civil. A Segunda Guerra Mundial, em especial, deu uma contribuição direta ao advento de tecnologias as mais diversas, como computadores, o motor a jato, caixas de leite de papelão e radares, bem como ao desenvolvimento da penicilina e de pesticidas. A tecnologia por trás dos foguetes alemães V-2 fez decolar não apenas projetos de desenvolvimento dos modernos mísseis militares, mas também a capacidade de se enviarem foguetes ao espaço e os avanços da astronomia moderna. É verdade que alguns ou todos esses avanços poderiam ter se concretizado com o tempo e que a guerra não foi bem a causa, mas um acelerador. Mesmo assim, elas apressaram muitos desenvolvimentos ao mesmo tempo e contribuíram imensamente para a transformação da vida no fim do século XX. É claro que as grandes guerras também tiveram consequências sociais e econômicas, além de repercussões para a política global, incluindo a institucionalização das relações internacionais. Mas o ponto de onde devemos partir é o da mudança mais importante de todas, ou seja, a transformação fundamental das relações entre a guerra e a sociedade.

Antes de 1900, normalmente as guerras afetavam apenas os civis que trabalhavam em fábricas de munições ou moravam muito perto da linha de frente ou em lugares pelos quais passavam exércitos e seus veículos de suprimentos. Os países envolvidos na Primeira Guerra Mundial testemunharam o advento daquilo que os historiadores denominaram "guerra total", na qual os recursos de uma nação inteira eram aplicados no esforço de guerra. Os recursos humanos eram enviados para onde quer que fosse necessário para cumprir objetivos militares. Barreiras sociais foram suspensas para aumentar ao máximo a produção das indústrias domésticas voltadas para o esforço de guerra. Criavam-se formas de racionamento, e sistemas de transporte foram redirecionados para aumentar a eficiência dos canais de suprimentos militares. Na verdade, a "totalidade" das guerras do século XX ia muito além do que esses planos socioeconômicos possam indicar. Avanços na aviação tornaram tudo e todos possíveis alvos. Mais de mil londrinos foram mortos em bombardeios aéreos lançados por dirigíveis na Primeira Guerra Mundial, e outros vinte e oito mil morreram durante ataques aéreos à cidade na Segunda. Bombardeios aéreos contra Varsóvia, Roterdã e muitas cidades alemãs destruíram centenas de milhares de vidas e milhões de formas de subsistência. Eles criaram paisagens devastadas e cheias de escombros nos centros urbanos e, em alguns casos, deflagraram tempestuosos incêndios colossais, dos quais não havia alívio para pessoas, animais ou tesouros nacionais. Os ataques aéreos da RAF a Hamburgo e Dresden, em especial, foram terríveis, matando quase metade da quantidade de civis que foram varridos da face da Terra em Hiroshima e Nagasaki, em agosto de 1945. O uso de bombas atômicas foi em si outro "momento Colombo". Dois anos depois, cientistas nucleares de Chicago ajustaram os ponteiros do "Relógio do Juízo Final" para sete minutos antes da meia-noite catastrófica, na tentativa de atrair mais a atenção do público para a probabilidade de a humanidade provocar a extinção da vida humana no planeta com artefatos tecnológicos. Em 1953, o relógio foi acertado para dois antes da meia-noite. Na ocasião da Crise dos Mísseis de Cuba, em outubro de 1962, dirigentes mundiais discutiam abertamente a questão do "abismo" da guerra nuclear. Durante o episódio, ninguém apertou o botão vermelho, mas o potencial de violência continuou a existir. Todos no planeta corriam o risco de morrer vitimados pela guerra, mesmo que não morassem nos países beligerantes ou em suas proximidades.

O crescente poder destrutivo das guerras é, com certeza, a maior ironia da civilização humana. Ideias anteriores de fim do mundo tinham sido inspiradas por histórias bíblicas do Dilúvio e do Juízo Final. É mesmo uma ironia monstruosa o fato de que a ciência — que substituiu aos poucos as explicações religiosas sobre o mundo e era usada frequentemente para menosprezar ensinamentos religiosos — tenha descoberto formas práticas de causar o extermínio em massa e os horrores previstos na Bíblia. Ainda mais irônico é o fato de que cientistas hajam criado esse possível Armagedom de forma deliberada em resposta às solicitações de dirigentes políticos eleitos democraticamente. No correr dos séculos, a combinação de poder monárquico absoluto, hierarquia social e doutrina religiosa resultou em muitas guerras e atrocidades, mas nunca chegou a ser uma ameaça capaz de acabar completamente com a espécie humana, tal como a aliança entre países democráticos e a ciência em fins do século XX. E, no entanto, a maior ironia de todas é que grande parte dos ocidentais se beneficiou com a constante escalada letal das guerras, pois elas acabaram por conferir um novo valor ao indivíduo. De fato, a guerra total — principalmente na primeira metade do século — trouxe muitas reformas sociais e econômicas que aumentaram muito o poder político, a igualdade de oportunidades e o padrão de vida dos cidadãos do Ocidente.

No começo do século, a igualdade de oportunidades foi muito relevante para as mulheres, que ainda tinham um longo caminho a percorrer para conquistar paridade socioeconômica com os homens. O trabalho em fábricas de munição na Primeira Guerra Mundial permitiu que as mulheres desfrutassem de muito mais liberdade do que antes. Muitas se viram empregadas pela primeira vez, no comando exclusivo do próprio lar e com possibilidades de viajarem sozinhas sem a necessidade da companhia de homem. Certamente, isso deve ter resultado num sem-número de pequenos conflitos domésticos quando seus maridos voltaram da guerra — *se* voltassem —, mas, de uma forma geral, foi ampla a aceitação de que as mulheres mereciam mais liberdade. Tornou-se enorme a pressão social para a concessão de direitos eleitorais a elas. Nos anos imediatamente posteriores às duas guerras mundiais, houve uma corrida na elaboração e aprovação de leis federais estendendo direitos de voto às mulheres e a homens que ainda não os tinham. O Reino Unido estendeu esse direito, em 1918, a todos os homens acima de vinte e um anos (dezenove, caso tivessem combatido na guerra) e a mulheres com mais de trinta que fossem casadas, donas de imóveis ou detentoras de títulos universitários. Polônia, Tchecoslováquia, Áustria e Hungria concederam o direito de voto a suas cidadãs nesse mesmo ano; a Holanda seguiu o exemplo em 1919, enquanto os Estados Unidos e o Canadá fizeram isso em 1920. O governo britânico deu finalmente às mulheres o mesmo direito de voto dos homens em 1928. Em 1944-5, a contribuição dada pelas mulheres na Segunda Guerra Mundial resultou na conquista de seu direito de voto na França, Bulgária, Itália e Japão, acontecendo o mesmo na Bélgica em 1948. A maior independência política e econômica de homens e mulheres foi o precursor do declínio da classe dos empregados domésticos. Grandes mansões que haviam contado outrora com uma tropa de criados foram abandonadas e jamais voltaram a abrir suas portas. Tal como acontecera durante a Peste Negra, quando a escassez de mão de obra provocara a valorização de todos os trabalhadores, a guerra total forçou a sociedade a lembrar que todos os homens eram úteis, resultando isso na liberdade universal para se trabalhar e ganhar dinheiro, votar e (no caso das mulheres) viver de forma mais independente do que antes de 1900.

Outra consequência social das guerras foi uma virada do jogo contra o imperialismo, a monarquia e o poder hereditário de uma forma geral. No início do século, meia dúzia de impérios governava o globo quase inteiro. O maior deles era o Império Britânico, do qual faziam parte Canadá, Austrália, Nova Zelândia, cerca de dois quintos da África, Índia, Guiana Britânica e algumas ilhas do Pacífico. Já o Império Francês era composto por enormes regiões do norte e do oeste da África, Vietnã e Camboja, bem como por colônias na Índia, na China e no Pacífico. O Império Russo se estendia do Oceano Pacífico ao Mar Negro. Embora bem menor territorialmente, o Império Germânico incluía territórios na África e no Pacífico. O Império Austro-Húngaro abrangia não apenas as regiões interioranas da Áustria e da Hungria, mas também a Boêmia, Eslovênia, Bósnia e Herzegovina, Croácia, Eslováquia e partes da Polônia, Ucrânia, Romênia e Sérvia. Do Império Otomano, faziam parte a Turquia, a Terra Santa, a Macedônia, o norte da Grécia e a Albânia. De uma forma ou de outra, esses impérios acabaram sendo extintos. O Império Russo se desmantelou pelas mãos dos revolucionários em 1917, enquanto os impérios alemão, austro-húngaro e otomano foram desmembrados logo após a Primeira Guerra Mundial. Tanto o império britânico quanto o francês passaram por um processo de descolonização, apressado pelas tensões econômicas sofridas sempre por uma das nações na Segunda Guerra Mundial. No que diz respeito às monarquias, no começo do século, França, Suíça e Estados Unidos eram os únicos grandes países do Ocidente não governados por um soberano hereditário. Ainda que muitas fossem monarquias constitucionais, quase todos os reis e rainhas regentes ainda exerciam enorme influência sobre os governos de suas respectivas nações. Já por volta do ano 2000, havia apenas um punhado de reis no mundo. As famílias reais britânica, belga, dinamarquesa, holandesa, norueguesa e sueca mantiveram-se aferradas aos seus tronos, e a família régia espanhola foi reinstalada após a morte do general Franco, em 1975. Todavia, mesmo nessas nações, os monarcas ficaram sujeitos ao poder dos governos eleitos democraticamente. De modo semelhante, o poder dos aristocratas foi quase totalmente erradicado: até a Câmara dos Lordes passou a ser predominantemente composta por membros designados pelo governo após março de 2000.[9] O longo processo de se cobrar responsabilidade de governantes hereditários, o qual se iniciara no século XIII, finalmente resultou na quase extinção dessa espécie.

O escala enorme e as características horrendas das guerras modernas contribuíram diretamente para uma série de tentativas para serem criadas uma legislação internacional e organizações multinacionais, com vistas a limitar a possibilidade de conflitos futuros. Antes mesmo do fim da Primeira Guerra Mundial, filantropos e políticos ingleses, franceses e americanos propuseram formas de restringir conflitos bélicos recorrendo-se a arbitramento internacional e imposição de sanções a países agressivos. A Liga das Nações foi criada como parte das negociações de paz em Versalhes, em 1919. Por uma série de razões, a instituição acabou se revelando um fiasco. Ela excluía a então recém-comunista Rússia e não se mostrou atraente para muitas outras nações, incluindo os Estados Unidos, então uma emergente superpotência econômica. Além do mais, não tinha exército e dispunha de muito pouca autoridade, já que todos os países do conselho tinham poder de veto e se mostravam indispostos a tomar providências contra seus possíveis aliados. Sua total incapacidade de fazer a coisa mais importante para a qual fora criada — impedir a deflagração de outra guerra mundial — ficou clara em 1939. Entretanto, seus vinte anos de existência e sucessos modestos conquistados pelo caminho acabaram por firmar a ideia de que relações internacionais podiam ser institucionalizadas. A sucessora da Liga, a Organização das Nações Unidas, foi criada em outubro de 1945, principalmente também para tentar evitar futuros conflitos globais. Logicamente, as verdadeiras atividades da ONU foram muito além disso, e a instituição se envolveu em questões de bem-estar social e assuntos econômicos de nações do mundo inteiro. Ela é responsável também pela Corte Internacional de Justiça, estabelecida em Haia. Embora a Liga das Nações nunca tenha conseguido reunir mais de um quarto do total das nações globais, quase todos os estados soberanos fazem parte da ONU. Poderíamos dizer que as guerras aproximaram mais o mundo no século XX. Isso resultou na revisão dos termos da Convenção de Genebra em 1949, com a finalidade de proteger civis, equipes médicas e outros não combatentes em zonas de guerra, além de soldados feridos, doentes e fuzileiros navais naufragados. Os termos da convenção, originalmente elaborados em 1864, representaram as primeiras tentativas, desde as manifestadas nos movimentos da Paz e da Trégua de Deus do século XI, para se limitar a crueldade das guerras por meio de um código moral internacional. É interessante refletir no que isso revela a respeito do desejo da humanidade pela paz e de nossa propensão aparentemente incontrolável para a prática de violências.

A expectativa de vida

Tal como acabamos de ver, as relações entre as guerras modernas e a sociedade estão cheias de ironias. Um exemplo bastante claro é o fato de que as guerras beneficiaram a área da saúde. Obviamente, as pessoas mortas, esfomeadas, sufocadas ou explodidas em pedacinhos não veriam as coisas dessa forma, mas a verdade é que as guerras exigem populações saudáveis e em boa forma física para combater nas linhas de frente e operar fábricas de munição, trens e fontes de produção de alimentos em seus respectivos países. A Primeira Guerra Mundial causou um rápido aumento nos programas assistenciais do governo para cuidar da saúde dos trabalhadores. Questões de saúde e segurança ocupacional ganharam uma importância considerável, e o envenenamento com chumbo, mercúrio e antraz foram os primeiros males a ter tratamentos regulamentados, seguidos por doenças como a silicose e o câncer de pele. A mesma guerra causou um avanço nos procedimentos de transfusão de sangue, graças à descoberta dos primeiros anticoagulantes, do citrato de sódio e da heparina, e a produção de amônia em escala industrial pela primeira vez, permitindo a fabricação de fertilizantes artificiais — no início, para suprir as necessidades do esforço de guerra alemão, mas, depois, para alimentar o mundo. A saúde psicológica de homens sofrendo de neurose de guerra forçou as autoridades a investir em pesquisas na área da saúde mental e dar assistência aos enfermos. Quanto à Segunda Guerra Mundial, foi nessa época que surgiu o primeiro antibiótico, a penicilina, produzida em massa como preparativo para as sequelas da invasão do Dia D na França, em 1944. Hoje, não damos importância a essas inovações, mas é importante considerar que, antes da produção de antibióticos, um simples arranhão no cotovelo ou no joelho podia resultar em sepse. De 1944 em diante, tornou-se possível, de repente, tratar uma série enorme de doenças, da meningite à gonorreia. Aquele mofinho que Alexander Fleming percebeu em um de seus experimentos, em setembro de 1928, com base no qual desenvolveu a penicilina, acabou se tornando um dos maiores salvadores de vidas do mundo moderno.

Embora as descobertas na área da medicina durante as duas guerras mundiais tenham sido sumamente importantes, as que vieram nos tempos de paz, tanto na área médica quanto na social, foram também de considerável importância. Países do Ocidente desenvolveram serviços de saúde nacionais com grandes subvenções públicas. Criaram-se sistemas de aposentadoria para idosos e enfermos, reduzindo assim os danosos efeitos da velhice, principalmente entre os pobres. Reformas sociais, tais como as que instituíram o auxílio-desemprego e a aposentadoria por invalidez, elevaram o padrão de vida dos necessitados a um nível muito superior ao de seus equivalentes do século XIX. Serviços de enfermagem, assistência obstétrica e cirurgia obstetrícia passaram por aperfeiçoamentos no mundo inteiro, levando a uma queda acentuada nos índices de mortalidade infantil. Na Grã-Bretanha, esse avanço causou uma redução no número de natimortos no total de partos, de 14 por cento em 1900 para 6,3 por cento em 1930; e para 0,58 por cento em 1997. A mortalidade de recém-nascidos caiu de 3,2 por cento em 1931 para 0,39 por cento em 2000.[10] Ao mesmo tempo, a taxa de mortalidade das mães sofreu uma queda extraordinária. Em 1900, cerca de quarenta e duas mães morriam a cada dez mil partos efetuados na Grã-Bretanha, e mais ou menos oitenta em cada dez mil perdiam a vida nos Estados Unidos. Em 2000, em cada grupo de dez mil mulheres de países desenvolvidos, apenas duas morriam ao dar à luz.

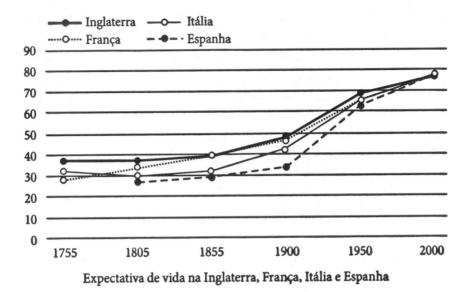

Expectativa de vida na Inglaterra, França, Itália e Espanha

Esse gráfico reflete uma situação idêntica em quase todos os países do mundo desenvolvido. No ano 2000, a expectativa de vida entre os homens era de setenta e cinco anos ou mais na Austrália, Canadá, França, Grécia, Islândia, Itália, Japão, Nova Zelândia, Noruega, Singapura, Espanha, Suécia e Suíça. No Reino Unido, essa média era de 74,8 anos e, nos Estados Unidos, de 73,9 anos. Já entre as mulheres a expectativa de vida era de oitenta anos ou mais em todos esses países citados, assim como na Áustria, Bélgica, Finlândia e Alemanha. No Reino Unido, esse índice era de 79,9 anos e, nos Estados Unidos, de 79,5 anos.[11] Bebês nascidos nos países desenvolvidos no ano 2000 tinham uma expectativa de vida equivalente quase ao dobro da registrada em 1900. Logicamente, as vidas interrompidas na infância nos primeiros anos do século afetam a estimativa de quantos anos mais os adultos podiam viver, mas, ainda assim, a expectativa aumentou consideravelmente. Em 1900, um norte-americano comum com vinte anos podia esperar viver mais 42,8 anos; já no ano 2000, ele poderia antecipar ter mais 57,8 anos de vida. Isso significava quinze anos a mais: quinze anos a mais de experiência para todos os cientistas, médicos, clérigos, políticos e professores, levando a um aumento enorme no retorno aos estudos. Como as pessoas conseguiam viver até a idade de se aposentar, os anos menos produtivos — mais ou menos os dez por cento finais de suas vidas — não prejudicavam suas carreiras.[12] Em 1900, um médico com uma expectativa de vida de 62,8 anos, formado aos vinte e cinco anos de idade, que, por problemas de saúde, parasse de trabalhar ou fizesse isso apenas em regime de meio expediente durante os dez por cento finais de sua vida, teria uma carreira com duração de 31,5 anos. Já no ano 2000, esse homem poderia continuar a trabalhar em tempo integral por mais catorze anos e até os setenta. Mas, talvez, livrar as pessoas do medo de morrer cedo foram uma mudança ainda mais significativa. Que pessoa com cinquenta e seis anos não ficaria feliz com mais quinze de saúde? Seria muito razoável afirmar que esse prolongamento da vida foi uma das mais importantes transformações de que tratamos no livro.

Os meios de comunicação de massa

Pegue um exemplar de jornal de 1901 como o *The Times* e notará imediatamente a ausência da manchete jornalística: a primeira página era quase totalmente reservada a anúncios de letras miúdas. Talvez isso o deixe ainda mais impressionado do que a ausência de fotografias. Um jornal britânico popular como o *The Daily Mail* tinha matérias maiores e mais variadas, mas a primeira página também não tinha fotografias e era cheia de anúncios. Por volta de 1914, essa situação começou a mudar. Enquanto a primeira página do *The Daily Telegraph* continuava abarrotada de pequenos anúncios, outros jornais passaram a dar prioridade a grandes notícias. Aos olhos do leitor dos dias atuais, a edição do *Glasgow Evening Times* de 2 de agosto de 1914 parece quase moderna, com sua manchete: ESTOURA A BOLHA DA GUERRA. E, logo abaixo, o subtítulo complementa: A DECLARAÇÃO DE GUERRA. A GRAVE RESPONSABILIDADE DA ALEMANHA. A GRÃ-BRETANHA ENTRARÁ NO CONFLITO? CONFERÊNCIA DECISIVA MARCADA PARA HOJE. A essa altura, jornais americanos exibiam não apenas manchetes, mas fototipias também. A mudança para esses modelos mais atraentes e formadores de opinião forçou os políticos, durante a Primeira Guerra Mundial, a prestar atenção nas mensagens de jornais e em suas formas de selecionar e apresentar notícias. Jornalistas passaram a ter cada vez mais acesso a dirigentes políticos, que não apenas precisavam do apoio dos jornais para conseguir se reeleger, como também queriam que seus programas políticos e suas decisões fossem divulgados de determinada forma. Foi o início de uma estreita mas conturbada relação entre o poder e a imprensa.

Simultaneamente ao crescimento dos jornais de grande circulação, a indústria cinematográfica passou a fornecer entretenimento e notícias com suas produções. Os primeiros filmes tinham sido exibidos na Grã-Bretanha nos anos finais do século XIX, e sua popularidade se expandiu rapidamente, à medida que iam sendo exibidos em feiras e casas de espetáculos. Em 1906, apenas em Londres, o número diário de cinespectadores era de quatro mil pessoas. As primeiras salas na Grã-Bretanha dedicadas exclusivamente à exibição de filmes foram inauguradas em 1907, ano em que se produziram quatrocentos e sessenta e sete filmes britânicos. Em consequência da promulgação da Lei da Cinematografia, em 1907, os cinemas tinham que obter licença de autoridades locais para funcionar, o que não diminuiu a rapidez com que novas salas eram inauguradas. Já em fins de 1911, a cidade de Plymouth (população: cento e doze mil e trinta pessoas) tinha pelo menos uma dúzia de cinemas, a maioria dos quais capaz de acomodar mais de trezentas pessoas.[13] Em 1910, a exibição dos primeiros cinejornais levou imagens de acontecimentos atuais a cidades do país inteiro. Na década de 1930, a atenção dos cinespectadores viu-se inundada por uma enxurrada de mensagens atuais com teores políticos, sociais e morais, já que a narração oral tornou possível transmitir informações mais rapidamente do que por meio de simples legendas. Em 1939, o Reino Unido apresentava uma frequência semanal às salas de cinema que chegava a dezenove milhões de cinespectadores. Destes, trinta e nove por cento iam ao cinema uma vez por semana; treze por cento, duas vezes por semana; três por cento, três vezes; e dois por cento, quatro; apenas doze por cento da população jamais colocava os pés numa sala de exibição.[14] Se isso parece impressionante, considere o seguinte: a frequência aumentou cerca de dois terços durante a Segunda Guerra Mundial, alcançando um pico de 31,5 milhões de idas semanais às salas em 1946. Era o equivalente a todos os adultos do país irem ao cinema pelo menos uma vez por semana. Como cinejornais eram exibidos antes de muitas atrações principais, pessoas de um extremo ao outro do país eram simultaneamente supridas de mais e mais notícias. Mas o cinema não era apenas um meio de disseminar informações de uma forma mais ampla e rápida; ele criou também astros internacionais cujos rostos eram facilmente reconhecidos por milhões de pessoas e cujas opiniões eram levadas a sério por seus admiradores. Juntos, jornais, revistas e filmes de grande circulação faziam os cidadãos se concentrarem em temas políticos e morais de fundamental importância e uniam o país em torno de uma série de debates de alcance nacional. Se as nações estavam mais integradas do que nunca no século XX, os meios de comunicação exerceram um importante papel nesse processo.

As invenções que ajudaram ainda mais nessa integração foram o rádio e a televisão. Após o início de atividades nos EUA, com transmissões locais dos resultados das eleições de 1920, as estações de rádio começaram a transmitir notícias com uma rapidez nunca vista antes. A britânica BBC, a mais antiga empresa de comunicações públicas do mundo, foi criada em 1922. Em 1934, ela passou a complementar suas transmissões radiofônicas com transmissões televisivas regulares — embora as atividades da televisão tenham sido suspensas durante a guerra (tal como aconteceu na França e na Rússia). Em 1946, mais de dez milhões de lares do Reino Unido tinham licenças para receber programas em seus aparelhos de rádio. Em 2000, o número de lares com licença para ouvir programas de rádio e assistir à programação televisiva chegava a 23,3 milhões.

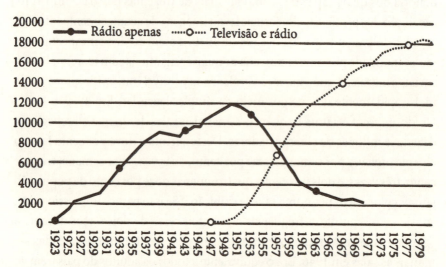

Licenças para ter acesso à programação de rádio e televisão
compradas anualmente (em milhares)[15]

Por volta de 1960, todos os países do Ocidente contavam com transmissões televisivas regulares, e muitas nações latino-americanas e do leste europeu começavam a montar seus próprios serviços. Embora as notícias não fossem transmitidas de forma instantânea ou contínua, a capacidade de interromper a programação para veicular boletins noticiosos fazia com que informações importantes pudessem ser transmitidas para toda a nação quase imediatamente. Às vezes, acontecimentos de importância nacional eram transmitidos por vários canais ao mesmo tempo. Milhões de pessoas assistiam a novelas e discutiam os dilemas morais apresentados na trama. Programas de TV levantavam questões que o universo de telespectadores inteiro se sentia obrigado a analisar. Greves, passeatas e manifestações de protesto eram levadas ao conhecimento do público nacional com boletins de notícias regulares. Questões éticas, tais como assédio moral e intimidações em escolas, homofobia e injustas diferenças de salário entre homens e mulheres, tornaram-se alvos de debates nacionais, além de motivos de reportagens. Mesmo que porventura a pessoa tivesse sido criada numa comunidade distante, formada inteiramente por brancos, a mensagem que circulava o tempo todo era o racismo ser visto como extremamente prejudicial, desagregador e moralmente errado. Tendências nascidas na capital num dia logo eram vistas por toda a nação como a última moda. Portanto, aos poucos, os meios de comunicação foram integrando a capacidade de conscientização das pessoas em todos os países. Em 2000, o rico financista da cidade tinha muito mais pontos de referência em comum com o pobre fazendeiro de uma área rural do que tinham entre si os seus respectivos antepassados em 1900.

Finalmente, em fins do século, um número crescente de pessoas começou a considerar a internet sua principal fonte de informações, aprendizagem e entretenimento. Temos que levar em conta, porém, que a era digital chegou muito tarde em nosso cronograma — tão tarde que muitas pessoas no ano 2000 mal tinham sido afetadas por ela. A internet foi montada apenas em 1969, quando quatro universidades americanas interligaram seus computadores, projetados especialmente para isso. Embora dezenas de instituições de pesquisa terem se unido a elas logo depois, somente com o crescimento da rede World Wide Web, criada por Tim Berners-Lee, que entrou em operação em agosto de 1991, esse potencial para tornar-se um canal público de comunicação em massa teve o seu valor reconhecido. O fato de ser um sistema livre da obrigação de direitos autorais levou a um crescimento extraordinário. Assim como aconteceu com as ferrovias no século XIX, houve uma euforia imediata que não conseguiu gerar lucros, porém, em fins de 1995, existiam mais de um milhão de sites ativos ao redor do mundo. Em dezembro de 2000, trezentos e sessenta e um milhões de pessoas estavam usando a internet: 5,8 por cento da população mundial. No Reino Unido, vinte e oito por cento dos adultos tinham acesso à internet em casa.[16] Em seus primeiros nove anos de existência, a World Wide Web exerceu uma influência impressionante, aproximando o mundo com seus recursos de comunicação digital, assim como os jornais, os filmes, o rádio e a televisão tinham feito com uma nação após a outra nas décadas anteriores do século. No ano 2000, contudo, ela ainda não tinha gerado um número de compras online suficiente para que começassem a surgir discussões sobre a morte das grandes ruas comerciais, tampouco tinha a força ou os atributos necessários para a mobilização política em rede que resultou na Primavera Árabe de 2010-11. Todavia, as pessoas conseguiam ver que ela transformaria o mundo num futuro não muito distante.

O advento dos aparelhos eletroeletrônicos

Enquanto eu escrevia este livro, minha família e eu nos hospedamos por um tempo num velho chalé em Suffolk. Certa noite, uma tempestade partiu os cabos de energia, e as empresas de eletricidade passaram os dias seguintes se esforçando para restabelecer o fornecimento. Foi um lembrete salutar de como somos dependentes de energia elétrica. Como o fogão da casa era elétrico, não tínhamos como esquentar nada — nem mesmo água para preparar uma xícara de chá. Os utensílios de cozinha se tornaram inúteis. Fomos privados de todas as formas de entretenimento, já que a televisão e o rádio emudeceram e, após curto espaço de tempo, a carga das baterias de nossos notebooks se esgotou. O aspirador de pó se transformou numa gloriosa caixa de poeira, e a geladeira não refrigerava mais nada. Não podíamos tomar banho, nem de chuveiro nem na banheira. A lavadora de pratos, a máquina de lavar roupas e a secadora não podiam ser usadas. Pior de tudo, a cafeteira também não. Não uso barbeador elétrico e, infelizmente, não tenho por que usar secador de cabelo, mas eles também não teriam funcionado. Logicamente, não havia nenhuma fonte de luz. Enquanto eu anotava ideias à luz de velas para a preparação deste livro, refleti sobre a eletrificação de nossas vidas.

No começo do século XX, existia apenas um aparelho elétrico comum — a lâmpada. Mas até isso estava presente apenas em um número ínfimo de casas, já que a maioria das pessoas ainda usava luz a gás. Depois da Primeira Guerra Mundial, contudo, empresas começaram a fazer propaganda de uma gama crescente de eletrodomésticos. A chaleira elétrica, que foi fabricada pela primeira vez pela Compton & Co., em 1891, só começou a fazer sucesso mesmo em 1922, quando a Swan Company passou a fabricar um dispositivo com um componente de aquecimento interno.[17] Conforme mencionado no capítulo anterior, fogões a gás existiam desde o século XIX, mas os fabricantes não haviam conseguido vendê-los em grandes quantidades porque precisavam ser ligados a uma fonte de alimentação do combustível. Porém, à medida que, nos primeiros anos do século XX, as redes de distribuição de energia elétrica começaram a se expandir pelas cidades, os ocupantes de novos apartamentos e casas passaram a usar fogões elétricos. Conjuntos habitacionais construídos na década de 1930 eram entregues aos primeiros e orgulhosos donos dos imóveis com o sistema de fornecimento de energia ligado e um fogão elétrico pré-instalado. O primeiro refrigerador comercialmente viável começou a ser vendido em 1927, permitindo que os alimentos fossem mantidos frescos por muito mais tempo. Nessa época, as campanhas de marketing em torno de aparelhos elétricos eram fortemente direcionadas a mulheres tidas como as responsáveis pela cozinha, limpeza e demais tarefas da casa. Um catálogo de vendas publicado em janeiro de 1935 exibe uma jovem na capa com o título "Toda dona de casa adora os eficientes eletrodomésticos da Magnet". Em suas páginas, o catálogo oferece dois tipos de chaleira, uma torradeira, um ferro de passar roupas, um secador de cabelo, um aspirador de pó vertical, uma enceradeira, seis tipos de aquecedores elétricos, um fogão, um "caldeirão de lavar roupa", um "estimulador muscular" (espécie de aparelho de exercícios físicos) e um aquecedor de carro (usado sob o capô para evitar danos ao motor).[18] Uma série de outros aparelhos eletrodomésticos surgiu depois. Por volta de 1970, quase todas as casas viviam cheias de aparelhos como esses, além de muitos outros: aparelhos de rádio e televisão, furadeiras elétricas e outras ferramentas, cobertores elétricos, espremedores, despertadores, chaleiras automáticas, cortadores de grama e assim por diante.

A maioria dos aparelhos de uso diário haviam se tornado confiáveis em 1970, sofrendo modificações graduais desde então. Mas, na década de 1970, o consumidor vivenciou uma mudança no tipo de dispositivos que ele podia comprar, quando os microprocessadores foram introduzidos aos produtos. Os primeiros com que me deparei quando garoto faziam parte de calculadoras de bolso. Menos de dez anos depois de eu ter visto meu primeiro computador na década de 1970, seu uso se tornou obrigatório nas escolas: de 1986 em diante, todas as minhas dissertações universitárias tinham que ser feitas com um processador de texto. Em 2000, os microprocessadores estavam em toda parte, desde painéis de carros a brinquedos infantis. Eles também aumentaram imensamente a confiabilidade das instalações elétricas nos locais de trabalho. Nos escritórios da década de 1960, seus funcionários podiam contar com os bons serviços de uma máquina de telex e fileiras de máquinas de datilografia elétricas. Já na década de 1970, foi a vez das fotocopiadoras fazerem grande sucesso, assim como os ditafones, a máquina de fax, os picadores de papel, as calculadoras portáteis e, nos últimos anos da década, os computadores. Em 2000, computadores de mesa, impressoras e scanners eram aparelhos imprescindíveis. Governos e empresas livraram-se da maior parte de seus sistemas de arquivamento de papéis. E, com o advento da internet, vieram novos sistemas de armazenamento, manipulação e distribuição de dados.

Talvez você diga que tudo isso, relativamente falando, fez pouca diferença — que aparelhos eletroeletrônicos, computadores e máquinas de fax não transformaram a natureza das coisas que fazemos, apenas permitiram que as fizéssemos com mais rapidez. Ligar um aquecedor elétrico era bem mais rápido do que acender uma lareira a carvão todas as manhãs, mas não muito diferente em seus efeitos. Enviar um e-mail era quase a mesma coisa que escrever uma carta e entregá-la imediatamente em vez de no dia seguinte. O que existe de tão diferente nisso? Mas a velocidade faz diferença. Aparelhos mais eficientes, tanto no lar quanto no escritório, permitiram que as pessoas passassem a gastar mais tempo no trabalho e na produção. Informações podiam ser transmitidas quase instantaneamente; não precisavam mais ser transcritas antes de serem enviadas. Bancos de dados enormes podiam ser consultados numa fração do tempo despendido para se compulsar um fichário, principalmente se fosse necessário ler anotações feitas com a caligrafia ilegível de outro arquivista. No século XX houve uma transformação considerável no aumento de nossa capacidade de realizações e nos tipos de trabalhos intelectuais com os quais nos tornamos capazes de lidar, graças, em grande medida, a aparelhos eletroeletrônicos.

Sentado naquele chalé em Suffolk sob precária luz de velas, fiquei pensando em outros aspectos de nossa crescente dependência de energia elétrica no século XX. Em nossos lares, passamos por um processo semelhante ao da classe trabalhadora, quando foram perdendo suas habilidades nas fábricas do século XIX. Antes da Revolução Industrial, todos os empregados de oficinas fabricavam suas próprias ferramentas e produtos — fazia parte do aprendizado dos jovens. Fabricantes de rodas de madeira sabiam passar instruções ao ferreiro para que ele produzisse qualquer coisa, desde o tipo de plaina de que precisasse até a banda de rodagem de ferro adequada aos aros das suas rodas. A maioria dos homens aprendia as técnicas de carpintaria necessárias para consertar portas e janelas de suas casas ou para produzir móveis adicionais para novos membros de suas famílias. Mas, quando os donos de fábricas adotaram as linhas de produção, seus funcionários passaram a ter que saber apenas operar suas máquinas. O uso de máquinas não requeria experiência na fabricação de ferramentas, e a habilidade de operá-la não era algo que agregava conhecimento a outro trabalhador. Portanto, o trabalho com máquinas teve o efeito de suprimir as habilidades dos trabalhadores e mantê-los num estado de desqualificação. No século XX, um processo semelhante afetou a todos nós em nossos lares. Toda dona de casa capaz de cuidar de uma cozinha em 1900 sabia preparar pães em fornos aquecidos com carvão ou lenha. Ela sabia peneirar, misturar e combinar ingredientes. Você já tentou preparar consommé sem energia elétrica? Ou fazer geleia, iniciando o preparo com a fruta em seu estado natural e raspas de chifre de veado? Ao longo do século XX perdemos um vasto cabedal de conhecimentos domésticos, a maior parte delas simples e práticas — tais como construir uma lareira capaz de ferver rapidamente uma grande quantidade de água (o que é diferente de criar uma lareira para cozinhar), passar roupas sem um ferro elétrico e sem sujá-las e a melhor forma de conservar alimentos durante meses sem geladeira. Uma das principais consequências de nossa crescente dependência de energia elétrica foi nossa capacidade cada vez menor de conseguirmos viver sem ela.

Desnecessário dizer que algo muito parecido aconteceu nos locais de trabalho. A mudança dos sistemas de fichário para os de armazenamento digital parece, à primeira vista, um processo que poderia ser facilmente revertido. Afinal de contas, não é difícil lidar com fichários. Mas essa mudança foi mais complexa do que isso. À medida que o ano 2000 foi se aproximando, consultores advertiram que muitos sistemas de computação não conseguiriam sobreviver à transição da data de dois dígitos, 99, para 00. As pessoas começaram a perceber quanto os sistemas eletrônicos podiam ser vulneráveis. Foi então que a complexidade da informatização se tornou óbvia: seus dados estavam não apenas armazenados num sistema menos confiável, mas também que não seria possível voltar a usar um sistema de armazenamento não eletrônico caso os computadores se provassem vulneráveis. Para fazer essa volta ao sistema antigo, elas teriam que começar do zero a recomposição de seus fichários. A informatização era um caminho sem volta.

É difícil avaliar a importância de uma transformação que tenha afetado todos os setores da sociedade. Tal como vimos com relação aos relógios no século XV, passamos a considerar invenções as coisas mais naturais do mundo assim que começam a fazer parte de nossas vidas. No entanto, uma das melhores formas de avaliar a importância de uma mudança é perguntar a si mesmo com que facilidade seria possível revertê-la. Depois de vários dias sem energia elétrica naquele chalé de Suffolk, acabei concluindo que provavelmente seria mais fácil reverter todas as transformações do século XIX mencionadas no capítulo anterior — com a remoção das estradas de ferro, a reinstituição da escravidão, a ressubmissão das mulheres aos homens e a destituição do direito de voto de todas as pessoas, exceto os ricos — do que abrir mão de nossa dependência de energia elétrica. Todos os nossos sistemas de armazenamento de informações dependem dela. Ela é necessária para usar os sistemas que permitem o funcionamento de nossa sociedade, de contas bancárias e pagamentos por cartões de débito e crédito ao de registros médicos, odontológicos e policiais. Sem energia elétrica, os trens modernos não funcionariam — tanto por causa da eletrossinalização ferroviária quanto por conta da força motriz — e aviões colidiriam. Os mercados de ações parariam de operar. Nosso sistema de distribuição de alimentos se desmantelaria. Os aparelhos com que nos distraímos e nos divertimos não funcionariam mais, assim como muitos de nossos eletrodomésticos essenciais. Não obstante, toda a nossa infraestrutura elétrica tem uma vulnerabilidade intrínseca. Caso fôssemos alvo de uma tempestade solar tão intensa quanto a que ficou conhecida como Evento de Carrington de 1859 — que provocou o colapso do nascente sistema telegráfico e envolveu o globo terrestre numa atmosfera semelhante à observada durante a aurora boreal —, ela poderia muito bem destruir o funcionamento de todos os satélites, sistemas de comunicação, computadores, secadores de cabelo e cafeteiras que encontrasse pelo caminho. E então seria possível entender perfeitamente a importância da dependência de energia elétrica no século XX.[19]

A invenção do futuro

Talvez você consiga lembrar-se da frase de abertura do capítulo sobre o século XIV, onde expliquei que as pessoas da Idade Média nada sabiam a respeito de história social. Desnecessário dizer, pois, que menor ainda era a ideia que elas faziam do futuro. Talvez o assombroso Roger Bacon tenha deduzido, no recolhimento de sua confraria do século XIII, que era possível fabricar automóveis, máquinas voadoras, pontes pênseis e roupas de mergulho, mas ele não tinha nenhuma visão disso como coisas futuras. Ele simplesmente achava que esses projetos de engenharia não estavam além dos limites do possível. Na Idade Média, o futuro e o passado não tinham lugar na mente das pessoas, que viviam com o pensamento absorto no eterno presente. Aos poucos, porém, acontecimentos no século XVI fizeram suas consciências se imbuírem da percepção das coisas do passado. No século XVIII, a ideia de que a sociedade ocidental vivia em estado de constantes transformações evoluiu para a forma de conceito de progresso delineado por Turgot e Condorcet, e isso fez com que as pessoas começassem a imaginar o futuro. Hegel afirmou que valores liberais continuariam a predominar, resultando numa espécie de "fim da história", já que todos os povos do mundo adotariam a mesma e mais benéfica forma de governo. Para Karl Marx, logicamente, essa forma de governo era o socialismo, e, com certeza, ele não era o único que achava que um estado socialista era o desejado produto final da evolução da humanidade. No fim do século XX, o historiador Francis Fukuyama investigou a trajetória do Ocidente até a queda do Muro de Berlim e concluiu que o restante do mundo vinha abraçando aos poucos os valores da democracia liberal.

O futuro não era encontrado apenas nas páginas dos anais de análises políticas e de ideologias utópicas. A ficção científica o introduziu a pessoas que não tinham nenhum interesse em Marx ou Hegel. Na década de 1880, vários romances tiveram como tema a questão daquilo que o futuro reservava à humanidade, lançando mão da ideia de apresentar um protagonista que adormecia e acabava acordando num tempo futuro. Os mais conhecidos são *Looking Backward 2000-1887* (1888), de Edward Bellamy, no qual os Estados Unidos são um estado socialista no ano 2000, e *News from Nowhere* (1890), de William Morris, em que o autor apresenta sua própria visão de uma futura sociedade socialista. Essas obras foram feitas com base no mundo real; eram expressões idealizadas daquilo que seus autores *esperavam* que se concretizasse em suas próprias sociedades. Muitos observadores que comentavam o "progresso" do Ocidente também tinham uma visão exageradamente otimista do futuro. Um tal de John Elfreth Watkins Jr., num artigo do *The Ladies' Home Journal* de 1900, fez algumas previsões sobre a vida no ano 2000. Ele afirmou que trens viajariam a mais de duzentos e quarenta quilômetros por hora; automóveis "seriam mais baratos do que cavalos"; fazendeiros teriam "carroças de feno automotivas"; fotografias seriam "telegrafadas pelo mundo inteiro"; o ensino universitário seria gratuito para homens e mulheres; haveria "navios de guerra aéreos e fortalezas sobre rodas"; pessoas comprariam "refeições prontas" em lojas da mesma forma que compram pães em padarias; e alimentos seriam vendidos em mercados sem que tivessem nenhum contato direto com o ar. Ele previu também, com menos sucesso, que a energia hidrelétrica substituiria o uso do carvão nos lares; moscas e mosquitos seriam erradicados; não haveria mais animais selvagens; remédios não seriam mais ingeridos por via oral; e morangueiros dariam frutos do tamanho de maçãs. Políticos que entravam no ramo de previsões costumavam ser otimistas também. Em 1930, o conde de Birkenhead afirmou em seus escritos que, durante os cem anos seguintes, "a selvageria das guerras não aumentará. O mundo civilizado está rapidamente se tornando uma unidade econômica [...] a desgraça de uma nação afeta todas as demais".[20]

Embora, no início do século XX, houvesse várias ideias de *um* futuro — *presumido* — entre os intelectuais, historiadores, filósofos, políticos e seus muitos leitores, estavam todos muito distantes de terem a verdadeira capacidade de prever o que *de fato* ocorreria. A ideia de que a sociedade progrediria até certo ponto e depois pararia de sofrer transformações quando atingisse um estado de felicidade era comum. De fato, a maioria das visões do futuro era de felicidade. Mas então a Primeira Guerra Mundial estourou. Muitos crentes no progresso ficaram sentidos e abandonaram sua presunção. Afinal, como podiam tantas nações e impérios esclarecidos causar tanta destruição entre si? Depois da Primeira Guerra Mundial, causava certa inquietação a leitura dos grandiosos relatos de historiadores antigos elogiando todas as revoluções que tinham sido fundamentais na contribuição do advento da então corrente ordem mundial — apenas para, no fim das contas, a aparentemente superior era moderna revelar-se ainda mais destruidora à vida humana do que todos os monstruosos regimes dos quinhentos anos anteriores, cheios de superstições e rígidas ordens hierárquicas. Ao mesmo tempo, as pessoas começavam a encarar o fato de que revoluções socialistas talvez jamais resultassem nos paraísos desejados por Edward Bellamy e William Morris, sem mencionar a visão de Karl Marx de uma sociedade comunista. Foi uma época fértil para o surgimento de visões distópicas da realidade, as mais famosas das quais vemos em *Admirável mundo novo* (1932), de Aldous Huxley, *The Shape of Things to Come* [A forma do que está por vir] (1933), de H. G. Wells, e *1984*, de George Orwell (1949). Talvez o mais visionário de todos — principalmente por ter sido escrito antes da Primeira Guerra Mundial — foi o conto de

E. M. Forster, *The Machine Stops* [A máquina para] (1909). Na obra, o autor imagina um planeta Terra num estado de poluição tão grande que se torna impossível viver em sua superfície; as pessoas acabam se vendo obrigadas a habitar em cubículos em áreas subterrâneas, com suas vidas controladas por uma máquina parecida com a internet, que permite que elas se comuniquem entre si por um sistema de teleconferência e supre todas as suas necessidades. Aos poucos, elas se tornam tão dependentes da máquina que perdem o contato com o mundo natural e toda compreensão do sentido da vida. Quando a máquina para de funcionar, elas se veem desprovidas de recursos ou habilidades úteis e acabam morrendo.

A arte de imaginar épocas futuras boas e ruins teve um impulso estratosférico em 1957, quando o primeiro satélite artificial, o Sputnik I, foi lançado na órbita da Terra, dando início à era da Corrida Espacial. O pouso de dois tripulantes da Apollo 11 na Lua em julho de 1969 serviu para instigar histórias de ficção científica aeroespacial a ir muito além dos horizontes alcançáveis pela visão do homem. Todavia, na época do famoso pequeno passo, porém grande salto, estava em marcha uma consideração muito mais importante sobre o futuro. Em 1956, o geólogo M. King Hubbert previra que a produção de petróleo seguiria uma curva matemática que, inicialmente, refletiria um aumento gradual na geração do produto, seguida por um forte aumento da produção, alcançando o ápice do processo, e depois a produção sofreria uma queda abrupta, quando certas reservas petrolíferas se esgotassem, tendendo a cessar totalmente, à medida que os últimos recursos fossem explorados ao longo de um período maior. O gráfico lembra a forma de um sino. Usando a mesma fórmula da curva, Hubbert previu que as então conhecidas reservas de petróleo se esgotariam em 1970. Felizmente, porém, novas reservas foram descobertas depois disso. Mas seu argumento podia ser usado também com outros recursos, como gás natural, carvão e cobre. Como era possível fazer previsões sobre padrões de consumo e estimativas em torno das reservas existentes, era possível tomar algumas precauções contra o esgotamento precoce das reservas — pelo menos em tese. Mas é preciso notar que, em fins do século XX, governos não demonstravam nenhuma determinação em limitar a exploração dos recursos minerais do planeta; eles pareciam acreditar que qualquer escassez resultaria em preços mais altos que, por sua vez, incentivariam o desenvolvimento de materiais e fontes de energia alternativos. Contudo, a conscientização de que os recursos naturais do mundo são limitados levou muitas pessoas comuns a se preocuparem com o futuro. A publicação de *Nascer da Terra* — a primeira fotografia do nosso planeta visto do espaço, tirada por um astronauta a bordo da Apollo 8 em 24 de dezembro de 1968, enquanto a nave se achava na órbita lunar — deixou muitas pessoas consternadas. Vendo aquela imagem da Terra, ficou inequivocamente claro que, independentemente da religião a que se pertence ou de quanto existe de brilhantismo na capacidade tecnológica da humanidade, os recursos naturais do nosso pequeno planeta eram tudo que nós tínhamos. Meses antes, Paul Ehrlich havia previsto em sua obra *The Population Bomb* [A Bomba Populacional] que centenas de milhões de pessoas morreriam de fome na década de 1970 em razão de uma série de barreiras malthusianas no crescimento populacional exponencial ao longo das décadas anteriores. Já outro trabalho, um relatório intitulado *Os limites do crescimento* (1972), elaborado pelo Clube de Roma, um grupo de cerca de oitenta economistas e outros intelectuais demonstrou que os cálculos em torno dos recursos naturais remanescentes, feitos com base em seu consumo atual, eram inválidos, já que o uso desses recursos continuava a aumentar ano após ano. Portanto, os recursos naturais da Terra estavam sendo consumidos muito mais rápido do que se imaginava. Mais ou menos nessa época, a UNESCO começou a fazer projeções de crescimentos populacionais de longo prazo. Em 1968, estatísticos estimaram que a população global atingiria um ápice e se estabilizaria em 12,2 bilhões de pessoas em 2075; em 1990, eles previram que essa população "estável" que se manteria em torno de 11,6 bilhões seria alcançada somente em 2200. Ao mesmo tempo, os autores do estudo reconheceram que havia uma margem de erro considerável: eles admitiram que, em 2150, caso se mantivessem altas as taxas de fertilidade humana, a população global poderia chegar até 28 bilhões de pessoas ou, se houvesse baixos níveis de sobrevivência, apenas 4,3 bilhões.

Nos últimos anos do século XX, o que fosse previsto faria parte da rotina de muitas profissões. Junto com os mapeamentos de população, urbanização, envelhecimento, pobreza e educação da UNESCO, especialistas do setor de economia tentavam prever as tendências econômicas dos próximos meses ou anos com diferentes graus de sucesso. Meteorologistas tentavam prever o tempo também com erros e acertos. Instituições dedicadas a pesquisas de opinião e de mercado tentavam prever tudo, desde o resultado de eleições políticas à probabilidade de sucesso de certos produtos nas prateleiras de supermercados. Demógrafos calculavam o aumento e o envelhecimento de populações de certas cidades e estimavam suas necessidades de moradia, educação e transporte no futuro. Autoridades locais procuravam antecipar-se na escolha de terrenos para novos conjuntos habitacionais, bem como na procura de locais para aterros sanitários e de fontes de recursos minerais. Dirigentes federais buscavam desenvolver estratégias para a criação de futuras infraestruturas e sistemas de defesa. No âmbito internacional, cientistas passaram a monitorar, de forma cada vez mais intensa, regiões glaciais da Terra em busca de sinais de aquecimento global. Em 1988, essa questão havia se tornado um problema sério, com previsões de elevação dos níveis das águas marítimas, à medida que as calotas polares derretiam, causando a destruição de muitas cidades costeiras do mundo, sem falar na extinção de um grande número de espécies. O século que começou com sonhos de utopias socialistas e venturosas predições de progresso humano terminou com milhões de pessoas fitando ansiosamente a escuridão do desconhecido.

Conclusão

Decidir o que incluir neste capítulo não foi uma tarefa fácil. Escolhi as seis mudanças já citadas para que representassem os mais relevantes aspectos da vida diária, além de alguns temas preocupantes. Alguns leitores protestarão, dizendo que eu deveria ter incluído seções inteiras sobre explorações aeroespaciais e telefones celulares; outros se irritarão por eu não ter dado atenção especial à Revolução Russa e à Grande Depressão; outros mais ficarão extremamente desapontados quando não acharem nenhuma menção sequer a Elvis Presley e Marilyn Monroe. Aliás, tenho certeza de que haverá homens que alegarão que as curvas de Marilyn Monroe exerceram uma influência muito maior nas sociedades do que todas as curvas de civilização mencionadas páginas atrás. No entanto, conforme eu disse na introdução do capítulo, havia uma necessidade de equilibrar as transformações em nosso estilo de vida com a mudança dos arredores e do contexto de nossa existência — e o impacto que as viagens espaciais causaram na maioria de nós nem se compara com o causado pelas guerras ou pelo motor a combustão. Por mais incrível que tenha sido o pouso dos astronautas na Lua, se isso não tivesse acontecido, a vida não seria muito diferente do que é atualmente, ao passo que, se as duas guerras mundiais não tivessem sido travadas ou o motor a combustão não houvesse se popularizado, a vida hoje seria quase irreconhecível.

Em minha opinião, ocorreram três mudanças muito importantes na vida no Ocidente no século XX: a globalização, a ameaça de destruição em massa e a insustentabilidade de nossos padrões de vida. Ao refletir sobre a globalização com relação aos transportes, bem como à destruição em massa nas guerras e à questão da insustentabilidade nas últimas duas seções do livro, espero ter chamado bastante atenção para essas questões. Podemos dizer qual delas representa a maior transformação do século? Somente se colocarmos o ano 2000 como limite, considerando irrelevantes todos os acontecimentos após essa data. O mundo não foi destruído por um holocausto nuclear em 2000; sistemas de eletricidade não explodiram como resultado de uma tempestade solar, tampouco o aquecimento global ou o crescimento populacional resultou num pandemônio e mortes em massa. Portanto, só posso concluir que a mais importante diferença no mundo entre 1900 e 2000 foram o transporte e suas consequências.

Na verdade, porém, não podemos colocar o ano 2000 como limite — não se quisermos que este estudo tenha relevância nos dias atuais. Como afirmei no capítulo sobre o século XIX, a história não se trata do passado, mas das pessoas, e a razão mais importante para estudarmos as sociedades de diferentes épocas é nos compreendermos — a forma como reagimos a diferentes situações, por que nos comportamos assim e o que ainda pode acontecer conosco. Contudo, os outros dois contextos continuam sendo importantes. Não podemos desprezar a ameaça de uma guerra nuclear só porque ela não aconteceu em outubro de 1962 ou depois: continuamos a conviver com esse risco. Tampouco podemos ignorar a questão do crescimento populacional apenas porque o problema não resultou, até o ano 2000, nas crises de fome previstas nas décadas de 1960 e 1970. De fato, estamos mais conscientes do que nunca de que nosso estilo de vida é insustentável. Sei, portanto, que minha escolha da evolução dos sistemas de transporte como a maior transformação do século XX é fraca. Talvez ela seja pertinente no que se refere a um estudo do passado, mas, do ponto de vista histórico, a importância das transformações do século XX ainda está sujeita a uma revisão. Como vimos, se uma catastrófica tempestade solar atingisse a Terra amanhã e destruísse a economia mundial e toda a infraestrutura de transportes, passaríamos a ter uma visão muito diferente de nossa crescente dependência de energia elétrica no último século. E devemos levar isso em conta quando tratarmos da conclusão deste livro e tentarmos determinar o que todas essas mudanças significarão para nós, não só no século XXI, mas nos vindouros também.

O principal agente de transformações

Com uma única exceção, os principais candidatos ao título de maior agente de transformações no século XX são óbvios. Os irmãos Wright, com suas persistentes tentativas de motorizar seus planadores, não apenas demonstraram ao mundo que era possível ao homem voar, mas também conseguiram fazer a aviação avançar tão depressa que acabaram por encabeçar o esforço mundial na descoberta de como praticar a aeronavegação com segurança. O trabalho sobre a relatividade de Albert Einstein o tornou não apenas um dos mais famosos ícones do século, mas também um personagem fundamental no desenvolvimento das ciências que tornaram as guerras tão perigosas, e os metais radioativos, tão valiosos. Ele teve um importante papel ao persuadir o presidente Roosevelt a autorizar a execução do Projeto Manhattan, que levou ao desenvolvimento da bomba atômica. Outro candidato que precisamos levar em consideração é Josef Stalin, que perseguiu e aterrorizou milhões de pessoas de seu próprio povo, estabeleceu o vasto império que foi a União Soviética, industrializou sua nação, equipou seu império com ogivas nucleares e desempenhou importantes papéis na derrota de Hitler e no desencadeamento da Guerra Fria.

O candidato menos óbvio e, portanto, um que merece algumas palavras explanatórias é Fritz Haber. Cientista alemão de origem judaica, sua invenção, juntamente com seu cunhado, Carl Bosch, do processo Haber--Bosch, usado na fabricação de fertilizantes de amônia, enriqueceu o mundo inteiro. Estimativas do número de pessoas que estão vivas hoje em dia graças à sua invenção giram em torno de centenas de milhões, talvez até de bilhões. Que grande benefício para a humanidade, talvez você diga, que salvador de vidas! Contudo, esse mesmo homem foi responsável também pela invenção das armas químicas. Ele não apenas inventou o gás cloro, mas supervisionou pessoalmente seu uso contra soldados ingleses e franceses em Ypres, em 1915. Segundo Max Planck, sua criação do ácido nítrico para emprego na produção de explosivos e seus fertilizantes de amônia fizeram a Primeira Guerra Mundial durar um ano a mais. Por conta disso, a história de sua vida é uma das mais conflitantes que encontramos por aí. Ele esperava provar, com suas contribuições ao esforço de guerra, que era um verdadeiro alemão patriota, apesar de ser judeu. Todavia, sua esposa, que também era cientista, ficou tão transtornada com o trabalho do marido no setor de armas químicas (sem falar com o desprezo dele pela carreira dela) que se matou com um tiro no dia em que o marido foi promovido ao posto de capitão. Mas o pior estava por vir. Após a Primeira Guerra Mundial, Haber chefiou a equipe que inventou o Zyklon B, pesticida à base de ácido cianídrico. Foi esse produto químico que os alemães usaram para matar um número gigantesco de judeus nos campos de extermínio nazistas durante a Segunda Guerra Mundial. Talvez pareça muito apropriado o fato de que, à medida que nos aproximamos do fim deste capítulo, nos deparemos com uma derradeira ironia relacionada com guerras: o fato de que o homem que salvou mais vidas do que qualquer outro tenha sido também o responsável por milhões de mortes. Assim como Lavoisier parece sintetizar o século XVIII, Haber personifica o século XX com todas as suas contradições e tragédias. No fim das contas, porém, temos que reconhecer que Haber não foi responsável pelo emprego de suas invenções em todos os seus objetivos destruidores, mas simplesmente um cientista que tentava agradar a seus patrões políticos. O verdadeiro agente desses horrores foram os políticos que abriram os portões do genocídio e da guerra.

Por isso, o principal agente de transformações do século XX tem que ser Adolf Hitler. Ele foi responsável pela eclosão da Segunda Guerra Mundial. Sua agressiva política de supremacia racial e suas violentas consequências prejudicaram o nacionalismo como instrumento de força política, embora a ideologia predominasse na Europa durante séculos. Ele concebeu e pôs em prática o Holocausto e foi o responsável direto pela perda maciça de vidas nos campos de batalha, bem como por uma destruição gigantesca em toda a Europa, África, Rússia, Oriente Médio e Extremo Oriente. Sua ameaça de criar uma bomba atômica levou Einstein a pressionar o governo americano a seguir adiante com o Projeto Manhattan. E, como não há mal que bem não tenha, a guerra iniciada por ele produziu um número enorme de avanços tecnológicos e médicos, os quais geraram grandes benefícios na segunda metade do século, desde a exploração do espaço ao emprego em massa da penicilina. Não há dúvida de que o mundo seria um lugar bem diferente se ele não tivesse existido.

CONCLUSÃO

Qual século passou por mais mudanças?

> Há, eu o sinto, uma idade na qual o indivíduo desejaria parar: tu procurarás a idade na qual desejarias que a tua espécie parasse.*
>
> Jean-Jacques Rousseau, *Discurso sobre a origem da desigualdade entre os homens* (1754)

Os últimos dez séculos desfilaram diante de você como uma sequência de candidatas de concurso de beleza especialmente feias, todas sorrindo para o público apesar da boca desdentada, das chagas pestilentas, das crises de fome, das desolações de guerra e das revoluções dolorosas. Tal como acontece em muitos concursos de beleza, podemos apresentar argumentos em defesa da escolha de qualquer um dos candidatos. É tentador classificá-los em ordem cronológica, começando pelo século XI, pois, sem as mudanças ocorridas nele, as do século XII teriam sido impossíveis, e, sem as transformações do século XII, o seguinte teria sido muito diferente, e assim por diante. Todavia, precisamos resistir a essa tentação pela simples razão de que os avanços de um século, mesmo que tenham sido fundamentais para os séculos posteriores, nem sempre representam um grau de transformações maior. Também por isso, devemos resistir à ilusão da modernidade — a impressão de que nossos avanços recentes, por serem mais sofisticados e deslumbrantes aos nossos olhos, personificam as maiores transformações. Este livro não trata de avanços. A existência humana não é uma corrida em direção às estrelas; não é nem mesmo uma corrida em busca da verdade.

---

* Tradução de Maria Lacerda de Moura, Edição Ridendo Castigat Mores, julho de 2001. (N. T.)

Ela é puro ato de equilibrismo — um avanço lento e constante por uma corda bamba, na esperança de alcançar uma situação melhor, ao mesmo tempo arriscando constantemente uma queda desastrosa, sem deixar de dar frequentes olhadas para trás enquanto se avança.

Se isso vale de alguma coisa, minha impressão é que foram nos séculos XVI e XIX que os ocupantes anteriores da minha casa testemunharam mais transformações. Contudo, minhas impressões sobre o assunto são irrelevantes aqui. É importante que eu ponha de lado minhas opiniões e eventuais preconceitos para conseguir desenvolver critérios nos quais basear uma decisão final objetiva. Esses critérios proporcionarão não apenas o contexto para a subsequente análise da questão, mas também o sistema de referência para explicar por que a questão *é realmente importante*.

Porém, o processo de escolha desses critérios tem os seus próprios problemas. Durante a elaboração deste livro, conheci um executivo de um banco de investimentos numa festa em Londres que me garantiu que o avanço mais importante dos últimos mil anos foi a criação da transferência telegráfica de valores monetários. O motivo, explicou ele, era porque sem isso "eu não poderia aproveitar oportunidades de negócios rápido o suficiente e não conseguiria fazer o que faço". Mesmo quando argumentei que talvez Colombo, Lutero, Galileu, Marx ou Hitler tivessem tido uma influência mais importante no mundo, ele não cedeu. O episódio me fez lembrar de algo que eu ouvira, num boteco de Singapura infestado de baratas, de um carpinteiro de um navio iraquiano em agosto de 1990. O sujeito me disse que os oficiais de seu navio encalharam a embarcação de propósito, pois Saddam Hussein tinha acabado de invadir o Kuwait, e, com isso, eles teriam que entrar para o exército quando voltassem. O carpinteiro estava contentíssimo por ter encalhado no Extremo Oriente, recebendo salário em dólares americanos: ele já passara vários anos lutando contra o Irã pelo exército de Saddam e havia jurado que nunca mais faria isso de novo. Se ele não estivesse em Singapura, perguntei, em qual lugar ele mais gostaria de estar?

— Londres — respondeu ele sem hesitar.

— Por quê?

— Porque lá você pode comprar remédios a qualquer hora do dia.

Como se vê, o executivo e o carpinteiro tinham prioridades bem diferentes, mas ambos os casos ilustram como aquilo que consideramos mais importante na vida depende de nossa experiência.

A estabilidade e as mudanças

Considerando a crença generalizada de que a tendência é que a sociedade sofra mais e mais transformações com uma rapidez crescente, é bastante interessante observar que, em muitos aspectos, é justamente o contrário o que acontece: as coisas tendem a se tornar cada vez mais duradouras. Para ilustrar isso, imagine que você está numa nascente no meio da floresta primordial, onde é possível ver, mais adiante, um lugar alto, no qual poderia conseguir abrigo. Se ninguém jamais caminhou do ponto onde você está agora até lá em cima, qualquer caminho pela floresta é possível. Provavelmente, o desbravador seguirá pela rota mais fácil, procurando transpor o solo encharcado e árvores caídas. Se, após algum tempo, for descoberto outro caminho mais rápido, o antigo será abandonado. Em breve, um caminho preferencial será estabelecido. Depois de séculos de uso, talvez ele se torne uma estrada. Se isso acontecer, alguém vai acabar se apossando das terras em ambos os lados, permitindo que elas sejam desmatadas e cultivadas ou usadas em projetos imobiliários. Então, todos os caminhos alternativos terão se tornado intransitáveis: agora, todos circulam pela única rota disponível. Será difícil fazer novas mudanças.

Esse exemplo simples ilustra muitas situações de nossa sociedade. As "curvas de civilização" dos gráficos estatísticos em forma de "s" que observamos sobre os séculos XVIII, XIX e XX, descrevendo o início lento, o rápido avanço e, por fim, a estabilização de tantas transformações tratadas neste livro, alcançaram esse estágio final porque o novo padrão de comportamento se tornou universal. Quando cem por cento da população adulta tem o direito de voto, é impossível aumentar isso. E, quando algo se estabelece em bases sólidas, é muito difícil modificá-lo. Todo político recém-eleito deve refletir sobre quão pouco poder ele tem de fato, sendo limitado por tantas convenções. Podemos ver essa força cristalizadora em tudo, desde a adoção de unidades de medida a códigos de leis e normas regulamentadoras do exercício de profissões. Com o tempo, certos padrões de comportamento se tornam idolatrados pela tradição, de forma que alternativas se tornam pouco familiares, menos atraentes e até ameaçadoras para a ordem estabelecida. Uma tribo dada à caça e à coleta de alimentos silvestres poderia sofrer um problema e até motins quando o rebanho de animais selvagens de que ela depende para sobreviver se muda para outra área de pasto, situada a uns cinquenta quilômetros de distância, mas sua falta de estruturas permanentes permite que seus membros se adaptem à nova situação com relativa facilidade. Se os animais se mudam para outro local, a tribo se transfere para lá também. Numa cidade moderna, porém, a falta de comida em todas as lojas situadas num raio de cinquenta quilômetros seria um problema bem mais grave. As transformações mais significativas ocorrem quando a sociedade se vê forçada a afastar-se de seus arraigados padrões de comportamento. Quando a Nova Holanda teve seu nome alterado para Austrália e Nova Amsterdã se tornou Nova York, em ambos os casos o processo de mudança foi fácil. Imagine mudar o nome da Austrália e de Nova York nos dias atuais: seria um festival de problemas de logística, transtornos políticos e caos nos sistemas de comunicação. Quanto mais solidamente estabelecidos os nossos padrões de comportamento, maior a nossa dificuldade para abandoná-los. Quanto menor o fardo que representarmos para o planeta, menos significantes precisarão ser as nossas mudanças de comportamento e menores as transformações que teremos que enfrentar.

Então por que não houve paralisações nas transformações ao longo dos séculos? Parece lógico que, se nossos padrões de comportamento tendem a cristalizar-se, então as coisas, de uma forma geral, deveriam sofrer menos e menos transformações. A explicação para esse paradoxo está em outro paradoxo: quanto mais as coisas se estratificam, mais mudam. A estabilização por si só é um fator desestabilizador. No âmbito econômico, conforme observado por Hyman Minsky, a estabilidade leva a um estado de acomodação, a excessos na concessão de crédito e a alternâncias de prosperidade e depressão. Já no que se refere a populações, conforme explicado por Malthus duzentos anos atrás, a estabilidade leva a crescimento demográfico, que por sua vez coloca pressão sobre nossos estoques de alimentos. Além disso, a exploração constante de quaisquer bens ou recursos finitos pode provocar seu esgotamento, acabando por impor transformações. Áreas de pesca se tornam saturadas. O cultivo constante da mesma região acaba esgotando as reservas de nitrogênio do solo, tornando-o infértil. Quando as jazidas de minério de uma mina se esgotam, ela se torna inútil. Além de todos esses fatores, consideremos também que muitas pessoas tiram seus salários da contribuição que dão na realização de mudanças. Construtores, arquitetos e projetistas urbanos modificam paisagens como parte de seu trabalho. De modo semelhante, cientistas, inventores e empreendedores desenvolvem nossa forma de viver. E então precisamos considerar os conflitos culturais. No início, imigrantes afluindo constantemente para uma pequena ilha podem ser bem acolhidos, mas é provável que as atitudes hospitaleiras mudem quando multidões desses forasteiros começarem a minar as tradições culturais da ilha. Até mesmo deliberadas tentativas de resistir a mudanças tendem a resultar em novos padrões de comportamento. No passado, edifícios antigos eram frequentemente demolidos para dar lugar a novas construções; agora, é possível que antigas edificações sejam preservadas e se criem novos mecanismos para impedir que as modifiquem. A única forma de uma comunidade *não* passar por constantes transformações sociais seria manter-se em estado de eterno isolamento e autossuficiência, com recursos suficientes para satisfazer todas as suas necessidades, sem risco de exauri-los, livre da necessidade de defendê-los e de avanços tecnológicos, e com uma taxa de mortalidade equivalente à de natalidade. Duvido que exista um tipo de comunidade assim nos dias atuais — embora haja a possibilidade de que algumas tribos da floresta amazônica ainda vivam de acordo com padrões de sobrevivência antigos.

Apesar disso, o fato de que podemos especular sobre o que seria necessário para que uma sociedade sofresse pouca ou nenhuma transformação significa que podemos conjecturar também acerca dos fatos que *realmente* ocasionam mudanças. A palavra-chave é "necessidade". Se uma sociedade não tem necessidade de fazer algo que não esteja fazendo no momento, então a possibilidade de isso mudar é muito pequena. Se nos ativermos a essa questão fundamental, poderemos mensurar transformações ocorridas ao longo de vários séculos avaliando suas consequências — ou seja, analisando a medida com que satisfizeram as mais importantes necessidades da sociedade. Assim, teremos que verificar quais seriam essas necessidades.

Uma escala de necessidades

O que causa um grande avanço social? Não é uma ideia genial que alguém teve e todo mundo pôs em prática; a coisa *nunca* é tão simples assim. A conjuntura social tem que apresentar condições ideais para que uma ideia floresça. Fazia anos que a bússola existia antes de passar a ser usada com regularidade nas travessias dos oceanos do mundo; muitas pessoas tinham questionado as práticas da Igreja Católica bem antes de Martinho Lutero; o sistema de telegrafia de Francis Ronalds foi rejeitado pelo almirantado britânico — e assim por diante. Tal como vimos tantas vezes neste livro, não é a invenção em si que resulta numa importante mudança, mas a sua adoção por uma considerável parcela da população. É necessário que haja suficiente necessidade da transformação em questão para que a invenção se popularize. Contudo, nem sempre essa "demanda" é expressa de forma consciente. Em 1900, poucas pessoas *demandavam* voar por longas distâncias a grande velocidade. No entanto, as vantagens do transporte aéreo logo ficaram claras. Comandantes militares, por exemplo, podiam atacar a capital do país inimigo sem ter que realizar uma invasão generalizada. As pessoas podiam viajar pelo mundo a negócios ou a lazer. Sempre houve potencial para uma série de rápidos avanços após a invenção de um motor adequado à propulsão de aeronaves. Se o motor de combustão interna existisse sessenta anos antes, em 1800, talvez o transporte ferroviário de passageiros jamais houvesse sido inventado: simplesmente não existiria demanda por ele.

O que cria um nível de demanda alto o suficiente para que uma invenção transforme o mundo? Quando estudamos os últimos mil anos, vemos que parece ter havido uma transformação fundamental no século XIII. Os Quatro Cavaleiros do Apocalipse — Peste, Guerra, Fome e Morte — provocaram mudanças ao longo de toda a história da humanidade, mas a sociedade era especialmente vulnerável a essas ameaças nos dois primeiros séculos que examinamos. A criação de castelos, a resistência às invasões dos vikings e a disseminação da influência da Igreja Católica tiveram, no século XI, estreita relação com a ameaça de conquistas e guerras. No século XII, a expansão populacional decorreu da existência de boas provisões de alimentos, e as transformações na medicina e no estado de direito buscavam enfrentar o problema das doenças e da "guerra" (no sentido de desordem social). Mas, no século XIII, o dinheiro entrou em cena. As pessoas agora faziam tudo que podiam para evitar ficar em desvantagem financeira (a menos que fossem monges). Algumas passaram a esforçar-se para enriquecer, e os comerciantes mais bem-sucedidos das cidades rivalizavam em poder e status com a velha aristocracia. As pessoas começaram a rejeitar o velho ditame social de que Deus tinha criado três estados ("aqueles que lutam", "aqueles que rezam" e "aqueles que trabalham"), à medida que a Europa foi adotando, de forma cada vez mais significativa, um intercâmbio internacional que não era mais exclusivamente impulsionado pelos imperativos de reis ou nobres, mas que levava em conta os interesses de mercados e comerciantes. Desde então, o fator de mudanças tem sido o crescente desejo de enriquecimento pessoal. Os exploradores do século XVI, os burgueses do século XVII, os reformadores da agropecuária do século XVIII e os industriais do século XIX foram todos motivados por sonhos de enriquecimento. O século XX viu empresários e empresárias transformando o enriquecimento pessoal numa arte, enquanto brincavam de "banco imobiliário da vida real" com os bens do mundo. Por isso, eu diria que as principais forças que promoveram transformações ao longo do último milênio foram: o clima e seus efeitos na produção de alimentos; a necessidade de segurança; o medo de doenças e o desejo de enriquecimento pessoal.

Embora esse conjunto de quatro forças principais não nos leve diretamente à identificação do século em que ocorreram mais transformações, ele nos fornece alguns pontos de partida. Em certa medida, as quatro se correlacionam com a hierarquia de necessidades do ser humano criada pelo psicólogo americano Abraham Maslow em 1943.[1] Ele definiu assim essas necessidades: as fisiológicas (isto é, comida, água, ar, abrigo); segurança, incluindo saúde; amor; autoestima e autorrealização pessoal. A ordem dos fatores é importante: se a pessoa não tem alimento suficiente, pouco importa que seus contemporâneos estejam produzindo grandes obras artísticas ou viajando de trem. Como afirma Maslow:

> Para a pessoa que sofre de fome crônica e extrema, a Utopia é certamente um lugar em que existe comida em abundância. Ela tende a achar que, se pelo menos tiver a garantia de que terá alimentos para o resto da vida, se sentirá perfeitamente feliz e não desejará mais nada. A vida tende a ser definida em termos de comida. Todas as outras coisas são insignificantes. Liberdade, amor, viver em comunidade, respeito, filosofia, tudo isso não passa de superfluidades inúteis, já que não servem para encher a barriga.

Se a pessoa tiver comida e água suficientes, sua maior preocupação será com sua segurança pessoal; apenas quando desfrutar de condições de segurança e saúde, ela se voltará para a necessidade do amor, suporte emocional e autoestima. Por fim, se todas as outras necessidades tiverem sido satisfeitas, sua preocupação será com a de "autorrealização". Segundo Maslow, essa última pode englobar várias coisas — como a da busca da verdade, da beleza, de satisfação e da importância pessoal, entre outras —, mas, para os objetivos que temos em mira, podemos resumir tudo com uma das frases do autor: "O músico precisa criar músicas."

A escala de valores de Maslow foi um produto de seu tempo e não se correlaciona plenamente com o que nos deparamos quando examinamos a realidade de séculos anteriores. Muitos de nossos antepassados davam mais importância à religião do que à questão da segurança ou da necessidade de ter alimentos suficientes — como, por exemplo, aquelas pessoas do século XVI que preferiam ser condenadas à morte na fogueira a renegar suas convicções ou o senhor feudal que optava por participar das cruzadas em vez de levar uma vida tranquila em sua propriedade. No caso delas, a realização pessoal tinha primazia sobre todas as outras coisas. E, enquanto Maslow considera a "libertação do preconceito" um dos aspectos da autorrealização, no século XVII, antes da ascensão do liberalismo, as pessoas acreditavam que havia virtude na exteriorização dos próprios preconceitos, e, portanto, o senso de autorrealização era muito diferente. Não obstante, o trabalho de Maslow demonstra claramente que certas necessidades têm prioridade sobre outras. Não importa se você tem ou não o mais moderno dos telefones celulares quando se está sofrendo de peste. Temos que dar mais peso à necessidade de ter comida e bebida, bem como de se manter abrigado, seguro e saudável, do que às mudanças em luxos e comodidades. Já a relativa importância de fatores ideológicos é mais difícil de avaliar. Para as pessoas que fazem greves de fome em defesa de suas convicções políticas, sua ideologia é algo mais importante do que a necessidade de alimentos; para os que lutam contra o preconceito racial, suas convicções podem ser mais importantes do que sua segurança pessoal. Ao levarmos em conta a posição variável da ideologia na hierarquia, podemos criar uma escala de necessidades historicamente mais representativa para avaliarmos as transformações na sociedade:

1. Necessidades fisiológicas: a questão de os membros de uma comunidade terem tido ou não comida, aquecimento e abrigo para a própria sobrevivência;
2. Segurança: a questão de a comunidade ter se mantido ou não livre de guerras;

3. Lei e ordem: a questão de a comunidade ter desfrutado ou não de segurança em tempos de paz;
4. Saúde: a questão de as pessoas terem se mantido ou não livres de doenças;
5. Ideologia: a questão de a comunidade ter permanecido livre ou não de exigências morais e sociais ou de preconceitos religiosos que as impediram de satisfazer quaisquer das necessidades a seguir ou as forçaram a renunciar à satisfação das necessidades acima;
6. Apoio da comunidade: a questão de as pessoas terem tido ou não companheirismo suficiente na comunidade em que viviam, incluindo satisfação sentimental;
7. Enriquecimento pessoal: a questão de as pessoas terem conseguido ou não enriquecer individualmente e realizar suas ambições ou se satisfizeram seus anseios de realização pessoal;
8. Enriquecimento coletivo: a questão de as pessoas terem conseguido ou não ajudar outros membros de sua comunidade na satisfação de quaisquer dessas necessidades mencionadas.

De um modo geral, se a resposta a uma das questões acima for "não", tanto no caso de um indivíduo quanto no de uma parte da sociedade, então o progresso parou ali (sem desconsiderar o fator condicionante da posição variável da ideologia). Se a resposta for "sim", é no critério seguinte que está a definição de sua necessidade. Logicamente, nem todas as pessoas da sociedade se achavam diante das mesmas necessidades ao mesmo tempo. Na Idade Média, se um nobre era saudável e seu país estava em paz, talvez ele tivesse satisfeitas todas as oito de suas necessidades, enquanto os camponeses que cultivavam suas terras não satisfariam nem a primeira. Apesar disso, a escala de necessidades inteira se aplicava a todos, independentemente da posição em que estivessem nela. Portanto, ela define as necessidades coletivas de uma sociedade e, ao mesmo tempo, nos permite avaliar um grande número de mudanças importantes que, de outra forma, seria impossível quantificar coletivamente. Medir a capacidade de um ser humano de satisfazer suas necessidades fisiológicas, por exemplo, nos permite mensurar os efeitos de transformações na agricultura e dos transportes ao mesmo tempo, assim como um fator de reforma social. Mudanças na lei e na ordem nos possibilitam analisar acontecimentos na esfera da ética e avaliar a eficiência da justiça. Se uma mudança não tiver correlação com uma dessas necessidades, então ela não passa, usando um termo de Maslow, de "superfluidade" e pode ser desprezada.

Transformações sociais em relação à escala de necessidades

NECESSIDADES FISIOLÓGICAS

A melhor forma de saber se os membros de uma comunidade tinham (ou não) alimentos, aquecimento e abrigo suficientes para a própria sobrevivência é verificar se sua população estava aumentando. Portanto, se essa população estivesse crescendo, seus membros tinham essas coisas. Se ela estava diminuindo, isso não significa necessariamente que não havia comida suficiente — meios contraceptivos, emigração, doenças ou guerras poderiam ter sido a causa dessa redução —, mas uma população que enfrentasse escassez de alimentos por longos períodos não aumentaria. Deve ser, portanto, relativamente fácil quantificar aumentos no suprimento de comida.[2]

Os dados presentes no Anexo (página 411) indicam claramente que foi no século XIX que ocorreram as maiores transformações na Europa (cento e dezesseis por cento), com o século XX vindo em segundo lugar (setenta e três por cento), seguido pelo XVIII (cinquenta e seis por cento), XII (quarenta e nove por cento) e XIII (quarenta e oito por cento). Nem todos os países europeus seguiram o mesmo padrão. Na Inglaterra, o século XIX foi, de longe, aquele em que houve o maior aumento populacional (duzentos e quarenta e sete por cento), seguido pelo século XVI (oitenta e nove por cento) e pelo século XII (oitenta e três por cento). Na França, o maior crescimento demográfico se deu no século XIII (setenta e um por cento), seguido pelo século XII (quarenta e oito por cento). Todavia, no que se refere a mudanças no acesso a alimentos de uma forma geral na Europa, o século XIX foi o mais proeminente.[3]

E quanto àqueles períodos em que houve queda na oferta de alimentos? Crises de fome ocorreram em todos os séculos: mesmo em meio à fartura do século XIX, milhões de irlandeses morreram de fome durante a praga da batata de 1848. Mas crises de escassez foram mais comuns nos séculos anteriores, quando a ligação entre os transportes era mais precária. Embora não possamos avaliar a gravidade do problema antes de 1200, os piores tempos de escassez depois disso se deram nas múltiplas crises de fome de 1290-1322 e 1590-1710. Todavia, como a fome diminui o interesse das pessoas por outros aspectos da vida — conforme observado por Maslow, para o ser humano faminto, a Utopia é comida —, ela restringe mudanças na sociedade. Ninguém adota o hábito de passar horas pintando quadros como da Vinci para enganar a fome. Embora trágicas, as crises de fome foram de curta duração e, a longo prazo, não tiveram impactos na sociedade. O alívio da fome foi a principal mudança em relação às necessidades fisiológicas do ser humano, e, por conta disso, o século XIX figura como o período em que ocorreram as transformações mais importantes.

SEGURANÇA

Uma comparação dos perigos militares enfrentados pelas comunidades europeias é uma tarefa mais problemática. Poderíamos simplesmente somar o número de anos em que cada país esteve em guerra, mas com isso não conseguiríamos um quadro preciso dos séculos anteriores, quando as guerras consistiam de campanhas curtas e sangrentas, seguidas por períodos de paz cheios de desconfianças mútuas. Em 1001, conflitos eram endêmicos em muitas regiões. Tempos depois, confrontos de longa duração, como a Guerra dos Cem Anos e a Guerra dos Oitenta Anos, ganharam características mais claras, já que declarações de guerra continuaram em vigor durante décadas, mas as lutas nesses conflitos eram intermitentes. A duração dessas guerras reflete a inexistência de um estado de paz permanente, não a falta de armistícios. Outra forma de tratarmos da questão seria limitarmos nossa avaliação às guerras travadas dentro de território nacional, mas isso faria excluirmos as duas guerras mundiais no que diz respeito aos britânicos — sem levar em conta os bombardeios dos quais o sul da Inglaterra foi vítima —, o que resultaria numa visão ainda mais irrealista das consequências da guerra.

O que queremos mesmo é mensurar a transformação na sensação de segurança — a vulnerabilidade em face da ameaça de uma força militar inimiga, assim como a duração da guerra. Para alcançarmos esse objetivo, seria proveitoso recorrermos ao trabalho do sociólogo Pitirim Sorokin.[4] Em 1943, ele tentou medir de várias formas o impacto relativo causado pela guerra. Num desses ensaios, ele computou o número de baixas em todas as guerras que conseguiu identificar na amostra de quatro países e calculou sua proporção em relação ao total da população desses países, chegando à seguinte comparação:

Século	População (em milhões)	Baixas militares	Proporção de baixas militares em relação à população em milhões	Porcentual de mudança
XII	13	29.940	2.303	–
XIII	18	68.440	3.802	65%
XIV	25	166.729	6.669	75%
XV	35	285.000	8.143	22%
XVI	45	573.020	12.734	56%
XVII	55	2.497.170	45.403	257%
XVIII	90	3.622.140	40.246	–11%
XIX	171	2.912.771	17.034	–58%
1901-25	305	16.147.500	52.943	211%

Estimativa de Pitirim Sorokin de baixas militares sofridas pela Inglaterra, França, Rússia e Áustria-Hungria

No uso, porém, que fazemos dos números apresentados por Sorokin, precisamos estar cientes de alguns problemas. Suas estimativas de baixas em séculos anteriores foram feitas com base em crônicas, muito incompletas por sinal, e sem dúvida os números relativos a populações dos primeiros séculos são baixos demais. Seus números referentes ao século XX incluem apenas baixas militares sofridas nos primeiros vinte e cinco anos — ele escreveu sua comparação em 1943 — e não levou em consideração a perda catastrófica de vidas na Segunda Guerra Mundial. Outro problema que precisamos levar em conta é que seus números se referem apenas a soldados, e não a civis. No entanto, apesar desses problemas, a estimativa de Sorokin constitui um bom ponto de partida para começarmos a refletir sobre a solução.

Comecemos com o problema das baixas estimativas populacionais de Sorokin referentes aos primeiros séculos do milênio: se ele tivesse acesso a dados demográficos mais exatos, a proporção de baixas militares em relação à população teria sido muito menor do que a representada na tabela. Com respeito à cobertura parcial dos acontecimentos no século XX, podemos relevar isso — considerando os números muito altos concernentes à primeira metade do século e o número muito menor de mortes na segunda metade. Quanto ao número de baixas em populações civis, é razoável supor que altos números de baixas entre militares refletem muitas mortes entre civis: com algumas exceções (tais como as Guerras Napoleônicas), normalmente, em confrontos militares antes de 1950, as partes beligerantes não tentavam poupar a vida de civis, e métodos eficazes de matança de grandes números de soldados eram igualmente eficazes na mortandade de grupos enormes de não combatentes. Se adicionássemos as mortes na Segunda Guerra Mundial aos números apresentados por Sorokin, veríamos então que foi no século XX, sem dúvida, que a sociedade sofreu o maior dos flagelos ocasionados por guerras. No que diz respeito ao aumento da vulnerabilidade das populações em geral — justamente o contrário da satisfação de nossa necessidade de segurança —, a adoção da guerra total confirma essa conclusão. O segundo lugar vai para o século XVII, não apenas por causa desses números, mas também porque o total de mortes, incluindo civis, resultante da Guerra dos Trinta Anos foi da ordem de sete milhões e meio a oito milhões de pessoas. A maioria dos estados alemães teve dizimados mais de vinte por cento de suas populações, e vários outros foram vítimas de uma taxa de mortandade superior a cinquenta por cento nesse conflito, até então sem precedentes.[5]

As formas pelas quais as guerras afetam as sociedades dependem de muitos fatores, mas, sem dúvida, o emprego de armas letais é a principal delas. Embora consideremos a Idade Média um período extremamente sangrento, suas guerras foram muito ineficazes, já que eram travadas por soldados que usavam equipamentos caros e viajavam por estradas ruins ou mares perigosos. Esses soldados tinham que matar usando as próprias mãos. Somente civis que se achavam perto de um exército morriam em decorrência da violência ou de fome e doenças provocadas pela guerra. Geralmente, os comandantes eram cautelosos em relação às batalhas, visto que não podiam dar-se ao luxo de perder soldados em terras estrangeiras. Não surpreende, pois, que os números de mortos fossem relativamente pequenos. Segundo os cálculos de Sorokin, o número de baixas militares foi aumentando lentamente, de 2,5 por cento nos exércitos do século XII para 5,9 por cento no século XVI. Ele notou um salto repentino no século XVII, para 15,7 por cento, consequência do emprego das armas de fogo desenvolvidas no século anterior, com efeitos devastadores. A taxa de mortandade permaneceu mais ou menos a mesma até o século XX, quando sofreu outro aumento considerável, saltando para 38,9 por cento.[6] Existe uma forte correlação entre a expansão do tamanho dos exércitos e a eficiência das armas da época para dizimá-los. Acrescente-se a isso o aumento da capacidade de se transportarem grandes exércitos no século XX e de se levarem armas de destruição em massa a quase todas as partes do mundo pelo ar em 1945, e não haverá dúvida de que o século XX foi a época das maiores transformações nesse particular. Assim, designar os dois primeiros lugares dessa categoria é relativamente fácil.

Ainda usando as estimativas de Sorokin, podemos dizer que o século XIV foi quando ocorreu o terceiro maior aumento na letalidade das guerras. Esse foi o século dos arcos de Eduardo III e do nacionalismo inglês, sem falar nas guerras na Itália (que não foram incluídas nos cômputos de Sorokin). No entanto, a amostra de quatro nações de Sorokin é tendenciosa para a Inglaterra e a França e, assim, para a Guerra dos Cem Anos. Podemos contrapor o século XIV ao XVI: a razão de o século *XVII* ter sido tão mortal está nas enormes transformações nos exércitos e armamentos nos anos pouco antes de 1600. Apesar de impossível de mensurar, o século XI deveria ser levado em conta também: a multidão de castelos, a força defensiva de senhores feudais e o papel estabilizador exercido pela Igreja em todo o continente contribuíram muito para a segurança das comunidades que viviam sob o risco de entrar em guerra com territórios vizinhos, ao mesmo tempo em que diminuíam os ataques dos vikings. Enquanto, em 1001, as pessoas não tinham alternativa a não ser fugir de seus agressores, que podiam aparecer sem avisar, em 1100 elas tinham um refúgio e um protetor. Essa mudança se reflete no considerável aumento da população do século XII. Quanto ao século XIX, sem dúvida houve um avanço gigantesco na tecnologia de armamentos; todavia, a maioria das guerras entre nações europeias foi travada fora da Europa, e o continente em si desfrutou de longos períodos de paz. Portanto, eu diria que o terceiro, o quarto e o quinto lugares dos séculos que mais sofreram transformações cabem, seguindo a ordem do nível de segurança desfrutado pela sociedade ou o de ameaça enfrentado por ela, aos séculos XI, XVI e XIV.

De um modo geral, guerras civis não foram incluídas nesse cômputo. Sorokin tentou mensurar fenômenos de agitação política: ele criou um sistema de classificação por meio do qual distúrbios políticos eram avaliados de acordo com sua abrangência regional ou nacional, bem como segundo seu tempo de duração, e então projetou tudo num gráfico para ver se mudanças relacionadas à segurança tinham aumentado ou diminuído. Contudo, os resultados obtidos são totalmente inúteis para nós, já que grande parte deles se baseia na disponibilidade das fontes. Como seria de esperar, ele descobriu que os países com as melhores bases documentais (Inglaterra e França) eram os mais sujeitos a distúrbios políticos, enquanto os com os registros mais escassos (Grécia e Roma antigas), os mais tranquilos. Todavia, é importante notar que agitações políticas causadas por conflitos entre interesses de classes eram raras antes da Peste Negra. Nessa época longínqua, guerras civis eram quase sempre provocadas com o objetivo de controlarem tronos. Por sua própria natureza, eram travadas em território nacional, e por isso acarretavam menos dificuldades de transportes e menos necessidade de inovação. Costumavam ser amarguradas também, uma vez que não havia glória em fazer parte do lado vencido numa guerra civil: não era raro que comandantes vitoriosos massacrassem seus adversários derrotados. Talvez por isso, tem sido relativamente pequeno o número de guerras civis de conflagração total na Europa desde o século XVII, com exceção de guerras separatistas, tais como a luta pela independência dos irlandeses no começo do século XX e as guerras da Iugoslávia e da Geórgia na década de 1990. No século XX, as mais importantes exceções foram a Revolução Russa e a consequente guerra civil, bem como a Guerra Civil Espanhola. Embora conflitos e distúrbios políticos ainda sejam comuns hoje em dia, números consideráveis de fatalidades (atingindo mais de um por cento da população) são extremamente raros no Ocidente e estão longe de rivalizar com os horrores de conflitos internacionais. E, quando uma guerra civil envolvia uma nação inteira, tal como aconteceu na Inglaterra do século XVII e na Espanha do século XX, os fatores que fizeram os séculos XVII e XX se destacarem por causa do morticínio internacional que causaram são aplicáveis também ao caso desses conflitos.

LEI E ORDEM

A maioria das nações passou a manter registros de crimes denunciados somente a partir dos últimos anos do século XIX. Além disso, esses documentos são inadequados para os nossos objetivos, já que variam quanto ao é que considerado ilegal. Algumas coisas que agora são consideradas ilícitas eram permitidas tempos atrás, e algumas tidas antes como crimes (tais como a homossexualidade) hoje em dia são legalmente aceitas. Em geral, crimes são definidos de acordo com os mutantes valores da sociedade. Todavia, existe uma espécie de crime cuja definição não é circunstancial e a respeito da qual dispomos de bons dados estatísticos: o homicídio. E, embora não disponhamos de nenhuma informação referente aos primeiros séculos do milênio, podemos ter alguma certeza de que esses anos não foram muito menos violentos do que os do século XIV.

Tal como mencionado no capítulo sobre o século XVI, a taxa de homicídios no norte protestante da Europa sofreu uma redução de cerca de cinquenta por cento a cada cem anos, a partir do fim do século XV até o ano de 1900. Ela continuou baixa durante toda a primeira metade do século XX, mas voltou a aumentar de novo na década de 1960. O século XVI viu a maior queda na taxa de homicídios, seguido pelo século XVII. No século XV, houve a terceira maior diminuição na região norte da Europa, e, ao mesmo tempo, um aumento considerável na Itália, dicotomia que confunde as médias, mas dá origem a duas mudanças simultâneas. O quarto século mais importante, sob o ponto de vista estatístico, é o XVIII. Não podemos deixar de considerar a introdução da aplicação sistemática da lei no século XII, já que isso deve ter tido alguma influência na taxa de homicídios, nem que fosse para afastar alguns dos assassinos mais desumanos da sociedade. Já sob o ponto de vista qualitativo, eu diria que este século deveria ficar na frente dos XIX e XX, com suas flutuações diminutas, e ser qualificado em quinto lugar.

SAÚDE

Quando mensuramos mudanças na área da saúde, estamos avaliando duas coisas: a relativa propensão para adoecer e a relativa capacidade de recuperação mediante tratamento médico. Não existe dúvida com relação ao século que sofreu mais transformações no que diz respeito a essa última: a Peste Negra leva todos os prêmios de devastação tenebrosa. Os médicos se viram incapazes de evitar mortes; a única coisa que podiam fazer era aconselhar as pessoas a fugir da infecção. Todavia, embora a Peste Negra tenha causado o maior impacto, a expectativa de vida no nascimento continuou quase idêntica antes e depois do acontecimento. Na França do século XIII, ela oscilou entre vinte e três e vinte e sete anos de idade, tal como ocorria no século XVII.[7] Na Inglaterra, a média da expectativa de vida no fim do século XIII era pouco acima dos vinte e cinco anos; em fins do século XVI, ela oscilava em torno dos quarenta e depois caiu para perto dos trinta e cinco, assim permanecendo até os últimos anos do século XVIII.[8] Apesar de ser justo achar que as pessoas vivas em 1348 tivessem visto sua expectativa de vida ser cortada pela metade, a perspectiva para as pessoas nascidas antes e depois da desolação da Peste Negra não era muito diferente. Apesar de a peste voltar mais ou menos a cada oito anos, devastando dez a vinte por cento das cidades por vez, o padrão de vida mais elevado e as condições de nutrição desfrutados pelos sobreviventes compensaram isso em parte. Como resultado, a saúde das populações, segundo medição com base na expectativa de vida no nascimento, sofreu extraordinárias transformações na era moderna.

País	1750	1800	1850	1900	1950	2000
Suécia	37,3	36,5	43,3	54,0	70,3	79,75
Itália	32	30	32	42,8	66,0	79,2
França	27,9	33,9	39,8	47,4	66,5	79,15
Inglaterra	36,9	37,3	40,0	48,2	69,2	77,35
Espanha	(28)	28	29,8	34,8	63,9	78,85
Média (não ponderada)	32,42	33,14	36,98	45,44	67,18	78,86
Alterações na média aritmética	–	0 ano 9 meses	3 anos 10 meses	8 anos 6 meses	21 anos 9 meses	11 anos 8 meses

Expectativa de vida em cinco países europeus[9]

Claro está, portanto, que o aumento de trinta e três anos da expectativa de vida ao longo do século XX foi muito superior a tudo que já se tinha visto. Sob o ponto de vista quantitativo, o século XIX fica em segundo lugar. Mudanças na expectativa de vida foram relativamente pequenas antes de 1800; por isso, o século XIV, mesmo com seus anos infestados de peste, parece merecer o terceiro lugar entre os que sofreram mais transformações na área da saúde. Sob o ponto de vista qualitativo, o quarto e o quinto lugares devem ficar com o século XVII, quando houve a adoção quase universal de medidas e técnicas medicinais estratégicas e chegou ao fim a era da medicina de Galeno, e o século XVI, que testemunhou a redescoberta da anatomia, a introdução do uso de medicamentos químicos e consideráveis avanços no conhecimento da medicina profissional.[10]

LIBERTAÇÃO DE PRECONCEITOS IDEOLÓGICOS

De uma forma ou de outra, as quatro necessidades precedentes, que são todas questão de vida ou morte, podem ser quantificadas. Quanto às demais, não é possível fazer nenhum tipo de quantificação ou pouco. Preconceitos ocasionados por convicção ideológica são muito difíceis de avaliar, mesmo qualitativamente, por serem numerosos e variados. Temos que levar em conta tendências como o fim da escravidão no século XI, a abolição oficial da escravidão no século XIX e a aprovação de leis contra minorias religiosas nesse meio-tempo. Precisamos considerar também as características humanitárias dos séculos XVIII e XIX e a gradual instituição de leis de proteção dos direitos de mulheres e crianças. Certas minorias enfrentaram períodos de intolerância em diferentes épocas. Os judeus foram expulsos da Inglaterra no século XIII, banidos da Espanha no século XVII e perseguidos por Hitler por um terrível revanchismo no século XX. A perseguição dos "egípcios" (ciganos) começou com sua expulsão de muitas cidades e países europeus no século XV. Na Inglaterra, a Lei dos Ciganos de 1530, que ordenava que fossem expulsos do país, foi substituída por uma segunda Lei dos Ciganos em 1554, determinando que fossem enforcados. Por fim, também não podemos ignorar os preconceitos generalizados contra pobres, crianças e mulheres.

Em uma tentativa de determinar a maior das transformações com respeito a todas essas coisas, examinemos a questão da discriminação acarretada por diferenças raciais, religiosas, sexo e classe social.

- No Ocidente, o racismo durante a Idade Média se manteve totalmente restrito à intolerância com os povos da periferia da Cristandade e os judeus; houve períodos de maiores brutalidades, como resultado das Cruzadas, e mais atos de violência antissemita, mas, de uma forma geral, essas coisas aumentaram e diminuíram ao longo dos primeiros cinco séculos. Com a exploração da África, o racismo ganhou uma nova dimensão, fazendo nascer o medo de negros em fins do século XVI, intensificado pela reintrodução da escravidão de habitantes da África subsaariana. Esse preconceito racial só parece ter diminuído bastante no século XVIII e diminuiu ainda mais no século XX.

- A discriminação religiosa teve períodos de intensificação e declínio na Idade Média — por exemplo, com a Cruzada Albigense, no século XIII; contra os lollardos, no século XIV; e as Guerras Hussitas, no século XV. Contudo, nos séculos XVI e XVII, ela atingiu o auge, com a tortura e queima de hereges, além das Guerras de Religião. A discriminação diminuiu aos poucos no século XVIII, sendo ainda mais reduzida no século XIX, até se transformar num problema restrito a uma parte do Ocidente secularizado em fins do século XX.

- Na Idade Média, preconceitos sexuais eram, no geral, menos importantes do que os com a classe social. Uma mulher da nobreza, por exemplo, era a segunda no comando em sua propriedade depois do marido e, por isso, muito mais importante do que todos os outros homens. A ritualizada humilhação de mulheres, tal como ocorria nos estupros coletivos de jovens envolvendo quase a metade dos rapazes de cidades como Dijon no século XV, por exemplo, era alimentada tanto por preconceitos de classe quanto por misoginia. Contudo, embora a condição social possa ter distorcido o conceito de machismo da época, em benefício dos pertencentes às classes superiores da sociedade, casos de preconceitos de gênero continuavam a ocorrer diariamente na maioria dos meios. Conforme demonstra a história do Jardim do Éden, estavam implícitos em todo o sistema de crenças do Cristianismo. Nos séculos XVI e XVII, graças ao crescimento generalizado da alfabetização entre as mulheres e à publicação de alguns panfletos pré-feministas, seu papel de submissão começou a ser contestado. Ao mesmo tempo, porém, a caça às bruxas aumentou a perseguição de mulheres, principalmente as de baixa condição social. No século XVII ocorreu também a desvalorização da função social da mulher em razão da crescente rigidez dos papéis tradicionalmente atribuídos aos sexos: às mulheres cabia a obrigação de cuidar da casa enquanto os maridos trabalhavam. No norte da Europa e nos Estados Unidos, o predomínio de uma visão puritana em relação ao sexo fez com que as mulheres fossem submetidas a julgamentos morais e punições por transgressão sexual, incluindo a pena de morte em casos extremos. A situação delas mudou para melhor no século XVIII e melhorou muito no seguinte, quando conquistaram o direito de ter propriedades e, em alguns países, divorciar-se de maridos agressivos. Mas foi no século XX que ocorreram as mais importantes melhorias na situação das mulheres.

- Os preconceitos de classe oscilaram muito nos primeiros séculos, quando os países deixaram de reconhecer a escravidão e depois modificaram as condições de servidão. O surgimento das cidades no século XIII deu a muitos camponeses vassalos a oportunidade de desvencilhar-se dos grilhões da serventia. O despovoamento causado pela Peste Negra aumentou muito o valor dos trabalhadores. No século XVI, o empobrecimento das classes baixas intensificou as diferenças entre ricos e pobres. A renda real do trabalhador inglês comum diminuiu muito na época (conforme demonstrado na tabela) e só começou a se recuperar no século XVIII. Em fins do século XIX, fizeram-se tentativas em todas as partes do Ocidente para se estabelecer a igualdade de direitos entre homens de todas as classes. O esforço para se romper as barreiras de classes continuou durante o século XX.

	1271–1300	1371–1400	1471–1500	1571–1600	1671–1700	1771–1800	1871–1900
Média aritmética	51,5	74,7	98,5	51,2	49,9	56,1	113,1
Porcentual de mudança	–	45%	32%	–48%	–2%	12%	102%

Indicadores das rendas líquidas reais de empregados da indústria da construção no sul da Inglaterra (1451–75 = 100)[11]

Se levarmos todas essas mudanças em consideração, parece ter havido uma tendência de ascensão da condição social das pessoas na base da sociedade ao longo de todo o milênio — passando da escravidão à servidão, depois para a vassalagem e, por fim, à condição de trabalhadores livres — com as camadas inferiores da sociedade se beneficiando de maior remuneração e poderes políticos no século XX. Isso pode ser visto como um longo, se bem que irregular, declínio no preconceito de classes. Todavia, a esse declínio temos que contrapor os preconceitos ainda maiores contra raça, religião e gênero, perceptíveis a partir de 1500. A linha da evolução do fenômeno se apresenta em forma de sino num gráfico — uma curva da intolerância —, subindo abruptamente no século XVI, alcançando um pico com uma suave curva no século XVII, antes de descer gradualmente no XVIII e rapidamente nos XIX e XX. As dificuldades financeiras da classe trabalhadora apresentam uma curva semelhante. Portanto, em termos de impacto dos preconceitos ideológicos ou da libertação deles, acho que o primeiro lugar deve ir para o século XVI (apresentando uma subida abrupta na curva da intolerância), enquanto o segundo deve ser dado ao XIX (que apresenta a mais acentuada descida) e o terceiro, para o XVIII, seguido pelos séculos XX e XVII.

APOIO DA COMUNIDADE

Quando consideramos a questão do amor, a terceira necessidade indicada por Maslow, temos que partir do pressuposto de que esse componente não sofreu grandes transformações no transcurso dos séculos. O romance é uma das poucas constantes do milênio. Porém, ocorreram algumas mudanças: na Idade Média, por exemplo, a falta de dinheiro para sustentar uma família impediu muitos homens de se casarem. Ao mesmo tempo, o feudalismo impunha ao vassalo restrições na escolha da pessoa que ele poderia esposar. Desse modo, podemos ver o declínio do feudalismo no século XIV e o aumento dos rendimentos dos camponeses nos séculos XIV e XV (conforme demonstrado na tabela apresentada na seção anterior) como sinais de que homens e mulheres passaram a ter mais facilidade de achar seus amados do que seus antecessores. No entanto, como não era vantajoso para o senhor feudal impedir que seus vassalos se casassem e procriassem, não devemos exagerar a importância desse fator, embora alguns membros da camada mais baixa da sociedade não pudessem se casar com a pessoa que escolheram até pelo menos o ano de 1400, tal era o caso também das classes superiores, já que, geralmente, os casamentos de pessoas ricas eram arranjados pela família. No que diz respeito ao amor, nem sempre esses matrimônios eram ruins, ou pelo menos não piores do que os daqueles que se casavam apaixonados, mas então deixavam de amar. O problema estava em ficar preso a vida inteira a um companheiro detestável ou indiferente. Portanto, a mudança mais importante na busca pela realização da vida sentimental foi, sem dúvida, a possibilidade de divórcio, um avanço que se disseminou nos séculos XIX e XX. Pelo menos assim, se a pessoa cometesse um erro, sua vida não seria totalmente arruinada. Quanto à vida amorosa entre pessoas do mesmo sexo, isso foi considerado crime punível com pena de morte desde a Idade Média até o século XIX, na maior parte da Cristandade. Na Inglaterra, os últimos homens a serem executados por sodomia, James Pratt e John Smith, foram enforcados em 1835; assim como o divórcio, os séculos de maiores mudanças foram o XIX e o XX.

Relações amorosas não são a única forma de afeição que precisamos considerar: existe também a questão do carinho e apoio de nossos vizinhos e amigos. Nesse particular, foi a integração de comunidades o componente da civilização que mais sofreu transformações ao longo dos séculos. Para começar, a maioria das pessoas vivia no campo, em pequenos grupos autossuficientes; para que funcionassem, precisavam ser solidários com os seus membros. De modo semelhante, habitantes de cidades dependiam do reconhecimento e do respeito dos membros de suas comunidades. As leis de muitas cidades contemplavam a rigorosa sanção penal de banir todos os habitantes que infringissem repetidas vezes seus regimentos internos. Era uma punição muito mais severa do que parece nos tempos modernos, já que fazia com que o condenado perdesse seus amigos e defensores — pessoas que atestariam sua inocência em tribunais o protegeriam nas ruas, dariam comida e emprestariam dinheiro. Essa dependência da comunidade continuou a existir mesmo quando, no fim da Idade Média, as cidades começaram a crescer; o lugar de onde a pessoa provinha era uma importante parte de sua identidade, quer esse lugar fosse uma cidade enorme, quer fosse um pequeno povoado. No século XVI, com a Reforma e o aumento das viagens, isso foi se tornando irrelevante nas grandes urbes, mas continuou importante nas pequenas cidades e nas áreas rurais. Todavia, no século XIX, o advento das ferrovias desferiu um poderoso golpe na integração comunitária em toda parte. Grandes cidades não ofereciam os mesmos vínculos de apoio mútuo e solidariedade coletiva que as pequenas cidades e povoados outrora proporcionavam a seus habitantes. Na maioria dos casos, os moradores de uma rua de cidade não tinham crescido juntos, e a proximidade recente não bastava para substituir a confiança e o sentimento de amizade nascidos da familiaridade de uma vida inteira. As pessoas passaram a viver cada vez mais distantes de seus familiares e amigos. Em meados do século XIX, elas começaram a emigrar em números ainda maiores. Portanto, os séculos XIX e XX voltam a figurar entre aqueles que testemunharam as maiores transformações, em razão da destruição das comunidades solidárias e da criação de conurbações alienantes. Um fator decisivo com respeito a qual dos dois séculos sofreu mais transformações é o nível de urbanização. Antes de 1900, em boa parte dos países ocidentais, era maior o número das pessoas que viviam no campo do que em cidades — somente a Inglaterra e a Holanda tinham mais de cinquenta por cento de urbanização nessa época. Desse modo, parece que, com relação ao mundo ocidental como um todo, houve mais transformações no século XX do que no século XIX.

Assim como ocorreu com os elementos anteriores de nossa escala de necessidades, precisamos escolher o terceiro, o quarto e o quinto séculos que mais transformações sofreram. Eu diria que o século XVI deveria ocupar o terceiro lugar, por causa do crescimento das viagens e das cisões religiosas que dividiram comunidades. A Peste Negra leva o século XIV a ficar com o quarto lugar, em razão das mortes de tantas pessoas e da devastação de muitos povoados, os quais se tornaram insustentáveis após seu despovoamento. Já ao século XII deveria caber o quinto lugar, por causa de seu crescimento, da segurança comunitária e de esforços colaborativos para o desmatamento da terra.

ENRIQUECIMENTO PESSOAL

Obviamente, existiram pessoas ricas em todos os séculos do passado, de forma que, na maioria, houve uma desigualdade social muito maior do que no século XX. Mas não temos dúvida de que foi no século XX que ocorreu a maior das mudanças na renda líquida real da população como um todo. O estudo de Angus Maddison sobre a economia mundial apresenta a seguinte estimativa do PIB *per capita* da Europa ocidental:

País	1500	1600	1700	1820	1913	1998
Reino Unido	714	974	1.250	1.707	4.921	18.714
França	727	841	986	1.230	3.485	19.558
Itália	1.100	1.100	1.100	1.117	2.564	17.759
Alemanha	676	777	894	1.058	3.648	17.799
Restante da Europa	774	894	1.024	1.232	3.473	17.921

PIB *per capita* (dólar internacional de 1990)[12]

Conforme demonstrado na tabela acima, o poder de compra das pessoas no século XX aumentou mais de quatrocentos por cento. O segundo maior aumento na riqueza geral ocorreu no século XIX. Já no que se refere aos séculos anteriores a 1800, é mais difícil fazer uma comparação, visto que Maddison simplesmente presumiu os níveis padronizados de aumento (quinze por cento por século em muitos casos). Contudo, estudos mais recentes de historiadores especializados em economia dão uma indicação das mudanças ocorridas entre 1300 e 1800, conforme demonstrado abaixo. O fato de que o aumento do PIB *per capita*, na primeira metade do século XIX, excedeu quaisquer aumentos anteriores confirma que a esse se deve atribuir o segundo lugar. O terceiro lugar fica para o século XVIII ou o XIV. Todavia, no século XIX, o PIB *per capita* médio em três dos seis países — Inglaterra, Itália e Alemanha — sofreu uma redução de cerca de vinte por cento, mais do que o aumento no século XIV ou XVIII; os números relativos à Espanha e, principalmente, à Holanda são casos excepcionais. A mudança, no século XIII, para uma economia de mercado é importante também, embora seja impossível fazer um levantamento dos dados relacionados ao fenômeno. Dado o número de mercados e feiras criados na época e o fato de que essa expansão fomentou a mudança para uma economia de base monetária, parece que, do ponto de vista qualitativo, o século XIII deve ficar com o terceiro lugar. O século XVI ficaria então com o quarto, em razão da enorme redução na renda *per capita* de vários países, entre os quais a principal exceção é a Holanda. Já o século XIV deveria vir à frente do XVIII, pois, fora da Inglaterra, as mudanças nesse último foram pequenas ou insignificantes, enquanto, após a Peste Negra, a renda *per capita* dos camponeses aumentou em toda a Europa.

País	1300	1400	1500	1600	1700	1800	1850
Reino Unido (GB após 1700)	727	1.096	1.153	1.077	1.509	2.125	2.718
Holanda (Países Baixos em 1850)		1.195	1.454	2.662	2.105	2.408	2.371
Bélgica			929	1.073	1.264	1.497	1.841
Itália	1.644	1.726	1.644	1.302	1.398	1.333	1.350
Espanha			1.295	1.382	1.230	1.205	1.487
Alemanha			1.332	894	1.068	1.140	1.428
Média	1.186	1.339	1.301	1.398	1.429	1.618	1.866
Mudança		13%	–3%	7%	2%	13%	15%

PIB *per capita* (dólar internacional de 1990)[13]

Nem toda espécie de riqueza se apresenta na forma de dinheiro. A beleza da arte renascentista da Itália e a música do início do século XIX foram uma resposta à demanda por arte refinada e música orquestral romanticista. Assim, é válido afirmar que ambas representam uma necessidade. Contudo, não podemos presumir que um século *precisava* dos valores culturais de outro. Além disso, tal como deixa clara a hierarquia de valores de Maslow, essas necessidades sublimes só têm importância para pessoas cujas exigências fundamentais e urgentes tenham sido atendidas. Nos tempos modernos, nosso desejo de enriquecimento cultural é maior do que nunca porque um número menor de pessoas enfrenta problemas de fome, frio, perigos diversos ou doenças graves do que no passado. Mas é óbvio que essas necessidades maiores somente podem ser satisfeitas porque um número superior de pessoas tem mais dinheiro para gastar com obras de artistas, escritores, músicos e produtores cinematográficos. Se as sociedades não tivessem excedentes de produção para alimentar artistas, não haveria arte. Portanto, a avalição quantitativa de mudanças na renda líquida é a melhor maneira de medir todas as formas de enriquecimento — tanto o cultural quanto o financeiro — ao longo dos séculos, sem que se tenha que fazer julgamentos subjetivos sobre os valores estéticos de alguém como, digamos, Donatello em comparação com os de Dali.

ENRIQUECIMENTO COLETIVO

A capacidade de as pessoas enriquecerem as próprias comunidades sofreu transformações ao longo de todo o milênio. No século XI, apenas aristocratas podiam dar-se ao luxo de fazer doações à comunidade, já que somente eles tinham recursos materiais e financeiros, tais como mansões e moinhos, para fazer donativos à Igreja ou a hospitais que cuidavam dos pobres. Eram também os únicos possuidores de riquezas e terras para a construção de pontes ou a concessão a seus arrendatários do direito de extrair lenha de seus bosques. No século XIII, comerciantes começaram a integrar o número dos benfeitores da sociedade; já no século XVI, os pagadores de impostos se tornaram os principais contribuintes da comunidade e da nação. E tem sido assim desde então. Na era moderna, somas imensas foram dadas à sociedade por meio de impostos, tributos indiretos, como o imposto sobre o valor agregado e de ganhos de capital, impostos sobre direitos de herança e impostos municipais. Não resta dúvida de que foi nos séculos XX e XIX que ocorreram as maiores transformações na capacidade de se enriquecer a sociedade, considerando-se os benefícios repassados aos mais necessitados, que eram quase inexistentes outrora, como o seguro-desemprego e as aposentadorias por tempo de serviço e invalidez. O montante de impostos pagos hoje em dia supera de longe os que eram exigidos na Idade Média e no começo da Era Moderna. Portanto, a capacidade de enriquecer a comunidade depende, em grande medida, do crescimento do PIB, e as mudanças que precisamos assinalar nesta seção são mais ou menos iguais àquelas com que nos deparamos no contexto do enriquecimento pessoal. Parece desnecessário, pois, discuti-las novamente aqui.

RESUMO

No que se refere às necessidades fundamentais da sociedade e usando os estudos quantitativos mais precisos existentes na atualidade, os resultados são indubitavelmente favoráveis ao mundo contemporâneo.

Necessidades	Medição	1º	2º	3º	4º	5º
Necessidades fisiológicas	Crescimento populacional	XIX	XX	XVIII	XII	XIII
Guerras	Número de baixas em relação à população, complementado com estudos qualitativos	XX	XVII	XI	XVI	XIV
Lei e ordem	Taxa de homicídios, complementada com estudos qualitativos	XVI	XVII	XV	XVIII	XII
Saúde	Expectativa de vida, complementada com estudos qualitativos	XX	XIX	XIV	XVII	XVI
Ideologia	Qualitativo	XVI	XIX	XVIII	XX	XVII
Apoio da comunidade	Qualitativo	XX	XIX	XVI	XIV	XII
Enriquecimento pessoal	Estimativa parcialmente qualitativa, complementada com o PIB *per capita* e número de mercados criados	XX	XIX	XIII	XVI	XIV
Enriquecimento coletivo	Idêntico ao de cima	XX	XIX	XIII	XVI	XIV

Ao levar em conta as necessidades que classifiquei como importantes, o século XX ocupa o primeiro lugar em cinco das oito categorias. De fato, se projetarmos essas mudanças num gráfico com um sistema de pontuação — cinco pontos para a primeira posição, quatro para a segunda, três para a terceira —, constataremos a existência de um padrão inequívoco. De acordo com nossa escala de necessidades, o século XX foi o que sofreu mais transformações. Embora eu não tenha dúvida de que a Peste Negra foi o evento mais traumatizante sofrido pela humanidade em todos os tempos, nossa capacidade de recuperação e adaptação indica que conseguimos restaurar a normalidade da maioria das coisas de nossa vida prática num tempo relativamente curto. No século XX, essa mesma capacidade de adaptação fez com que nos afastássemos mais e mais de nossos ancestrais, à medida que adotávamos espontaneamente novos padrões de comportamento. Portanto, parece que tenho que dar o braço a torcer e admitir que a apresentadora de TV daquele dezembro de 1999 estava certa, e eu, errado. Todavia, reafirmo que não me equivoquei por ter duvidado dela, pois sua opinião se baseava numa convicção injustificada de causalidade entre tecnologia e transformação social. Além do mais, tal como espero que a maioria dos leitores tenha entendido a essa altura, o mais importante não é a resposta em si, mas o que descobrimos no estudo da questão. Foi a análise crítica do abrangente conceito das transformações em pauta que nos permitiu ter uma ideia da dinâmica da longa evolução humana. Podemos ver que nem toda mudança é tecnológica: ela inclui idiomas, individualismo, filosofia, divisões religiosas, secularização, descobertas geográficas, reformas sociais e mudanças climáticas. De fato, as inovações fundamentais anteriores a 1800 foram baseadas em pouquíssimas novidades tecnológicas. No entanto, desde meados do século XIX, vivemos praticamente em outro planeta. Agora, nossas vidas e nossos meios de subsistência dependem da economia, não da terra, e é nisso que está a imensa diferença.

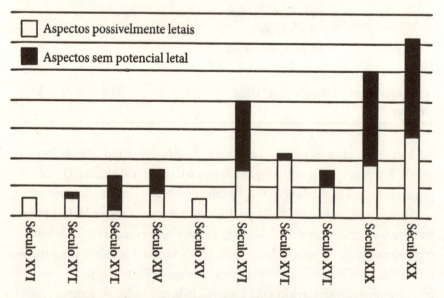

Aspectos das mudanças descritas neste livro relacionadas com a escala de necessidades

O fim da história?

Parece que os atuais habitantes do Ocidente conseguem satisfazer todas as suas necessidades. Embora os dez por cento dos menos ricos da população sem dúvida argumentem que isso não é verdade no caso deles, não é preciso explicar que sempre existirão os dez por cento de mais pobres da população, que se sentirão prejudicados de alguma forma. Contudo, sua pobreza relativa atual parece uma situação muito privilegiada se comparada com a dos dez por cento mais pobres em 1900. As injustiças e desigualdades que perduram nos dias atuais são efeitos colaterais dos sistemas com que satisfazemos as exigências da maioria da população. Mas e agora? Se tantos fatores sociais que descrevem as curvas de civilização alcançaram o auge de sua trajetória no ano 2000, o século XX *permanecerá* indefinidamente na condição do que passou por mais transformações?

Essa questão tem muito em comum com a proposta pelo historiador Francis Fukuyama em seu livro *O fim da história* (1992). Desde a época do Iluminismo, vários historiadores, economistas e filósofos têm defendido a ideia de que, um dia, a humanidade chegará a um ponto a partir do qual não poderá avançar mais. Com o tempo, todos aceitarão a sociedade que oferecer o maior número de benefícios, seja ela uma democracia liberal ou um estado socialista, e o desenvolvimento político do mundo ficará mais lento, até parar. Essa evolução — dos caçadores até o estágio final da sociedade, o qual Fukuyama acredita será uma democracia liberal — tem sido chamada de História Universal. Conforme afirma Fukuyama, ainda haverá "história" na forma de certos acontecimentos quando a História Universal atingir sua fase derradeira: guerras continuarão a eclodir e ainda surgirão doenças e invenções que castigarão e beneficiarão a humanidade, mas essas coisas não passarão de ondinhas num mar de águas plácidas. Politicamente, o mundo terá chegado a um estado ideal e imutável. Todos terão comida, educação e serviços de saúde. Quanto a ideologias, nenhum cidadão terá necessidade de se opor ao governo sob cujos auspícios ele prospera. Fukuyama achava que a queda do Muro de Berlim, em 9 de novembro de 1989, foi um sinal de que o liberalismo do Ocidente era o paradigma político que acabaria revelando-se um modelo sólido e duradouro, tanto que escreveu *O fim da história* para corroborar a tese.

Com tantas curvas de civilização indicando o ápice de numerosas transformações benéficas, é razoável concluir que a última parte deste livro (ou talvez o livro inteiro) respalda o conceito de "fim da história". Indicamos o caminho que conduzirá o homem a uma democracia igualitária e liberal que corresponde mais ou menos ao modelo político que Fukuyama acreditava que seria aceito em toda parte. Como poderia haver mais mudanças em qualquer século futuro? Uma vez chegado ao limite, não há mais o que superar. Todavia, embora seja essa uma conclusão razoável, é equivocada. Como Fukuyama e todos os renomados economistas do período anterior a 1945 — com a notável exceção de Malthus —, temos considerado somente um lado das imensas trocas econômicas que sustentam a existência humana: só temos levado em conta o aspecto da demanda. Isso quer dizer que temos examinado o que queremos: quais são nossas necessidades, como podemos nos enriquecer e as nossas nações, como podemos distribuir nossas riquezas e como podemos nos satisfazer. Mas as trocas econômicas envolvem também o lado da oferta. Fukuyama — tal como Hegel, Marx e outros personagens menos importantes da História Universal — negligencia o lado das trocas entre a humanidade e o meio ambiente.

O "lado da oferta" dessa relação consiste na disponibilidade de recursos naturais, desde coisas básicas como água, terra, ar e luz solar até madeira, carvão, minérios, petróleo e gás natural. No passado, as pessoas davam como certo a existência de terras e recursos naturais suficientes, e a única questão que importava debater era a de quem os controlaria. No entanto, quando a fotografia *Nascer da Terra* foi publicada em 1968, ela revelou, de uma forma lindamente singela, quanto a Terra era pequena e como eram limitados os nossos recursos naturais. Naquele momento, como não havia uma ameaça imediata para o alto padrão de vida da década de 1960, a imagem não instalou um clima de pessimismo. E a volúvel atenção do mundo voltou-se para outras coisas. Somente algumas almas judiciosas tentaram alertar dirigentes políticos para o iminente perigo no excesso de exploração dos recursos naturais do planeta. A maioria das pessoas em cargos de responsabilidade decidiu que era prematuro e contraproducente preocupar-se com esse tipo de coisa; era mais urgente se concentrar no incentivo de negócios, na competição internacional e, acima de tudo, no crescimento econômico.

Deveria ser óbvio para todos que um crescimento constante da produção industrial e de alimentos num planeta de tamanho limitado é impossível. Alguns economistas otimistas argumentam, porém, que um crescimento *econômico* ilimitado é possível, apesar da finitude de nossos recursos naturais. Eles dizem que é assim porque o crescimento econômico é medido pelo Produto Interno Bruto: aumentos incessantes do PIB são hipoteticamente factíveis, em razão da possibilidade de se reciclarem indefinidamente os recursos naturais, agregando-se valor a cada etapa do processo. Esses economistas otimistas costumam citar o caso do cobre como exemplo. Se o cobre presente em velhos aparelhos elétricos for reciclado e aproveitado em novos dispositivos, de tecnologia mais avançada, seu valor aumenta, contribuindo assim para o crescimento da economia. Quando os novos produtos elétricos envelhecerem e pararem de funcionar, eles serão reciclados também e usados em produtos melhores, com valor agregado, sem a necessidade de mais cobre. Entretanto, a maior parte dos recursos naturais dos quais o mundo depende não se encaixa nesse modelo. Conforme demonstrado, no início do capítulo referente ao século XIX, com o critério do volume de experiências humanas usado em historiografia, mais da metade dos últimos mil anos de vida humana foi experienciada nos últimos dois séculos. Isso significa que o consumo *per capita* de recursos minerais tem sido muito maior ao longo desses dois séculos do que antes de 1800. Se criássemos um gráfico de pizza demonstrando o consumo de metais nos últimos mil anos, ela indicaria que quase tudo dessa matéria-prima foi consumido após essa data. E, com relação ao exemplo favorito dos otimistas defensores da ideia do crescimento incessante, devemos considerar que mais de noventa e cinco por cento de todo o cobre extraído das entranhas da Terra — desde a Idade do Bronze — foram usados no século XX.[14] Quase todo o petróleo produzido no último milênio foi explorado e consumido no século XX. Quanto ao carvão, as quantidades consumidas no mesmo período superaram de longe as consumidas no século anterior, e os níveis de consumo antes de 1800 eram insignificantes em comparação. Até mesmo o uso de minério de ferro é, em grande medida, um fenômeno contemporâneo. Atualmente, o consumo de aço anual na Europa gira em torno de quatrocentos e quatrocentos e cinquenta quilos *per capita*, números que praticamente dobram em alguns países altamente industrializados. Antes de 1800, talvez esse consumo não passasse de dez quilos. Com base nessas considerações, noventa e cinco por cento de todo o minério de ferro foi consumido desde a Revolução Industrial. As reservas mundiais de minério de ferro são abundantes, mas, para se produzir aço, é necessário carvão — entre 0,15 e 0,77 tonelada dessa matéria-prima por tonelada de aço, dependendo do método de produção.[15] E, enquanto aço e cobre podem ser reciclados, o carvão, não. Tampouco o gás natural e muito menos petróleo. Desse modo, com uma população ainda maior surgindo como resultado de todo esse consumo de recursos naturais, o argumento de que podemos alcançar crescimento econômico ininterrupto com a reciclagem de cobre e aço é totalmente irrealista.

Assim, no que se refere às trocas da humanidade com a Terra, o lado da procura está de acordo com o lado da oferta. O século XX não foi apenas uma época em que satisfizemos mais do que nunca as nossas necessidades, mas também uma em que exploramos os recursos não renováveis da Terra num ritmo e com uma intensidade sem precedentes. Foi, portanto, um período diferente de todos os anteriores. Sob o ponto de vista socioeconômico, estamos vivendo num planeta recém-descoberto.

O problema é, logicamente, que só temos um planeta, e, se nossa intenção era satisfazer nossas necessidades e viver confortavelmente para sempre, esgotar uma grande parcela de seus recursos naturais mais valiosos num único século não foi uma decisão muito inteligente. Os pensadores políticos do passado — hegelianos, marxistas e liberais do século XIX — nunca enxergaram a importância do lado da oferta nas relações de troca da humanidade com a natureza. Eles se interessavam apenas pelo que a humanidade queria ou, para ser mais exato, pelo que queriam para a humanidade. Para Marx, socialismo era uma questão de quem controlava os recursos, os meios de produção e os mercados: se tudo isso fosse dominado pelo proletariado, então ele se beneficiaria. Todavia, se o número de pessoas no planeta dobrasse, a distribuição de todos esses recursos reduziria pela metade a quantidade disponível para a classe operária original, e, com isso, o crescimento populacional empobreceria o proletariado aos poucos, quer ele fosse ou não o detentor dos meios de produção. Além disso, mesmo se o tamanho da população se mantivesse praticamente inalterado, nem todos os recursos controlados pelo proletariado durariam de forma uniforme. Alguns países produtores de petróleo teriam suas reservas esgotadas antes de outros, destruindo a economia e o bem-estar social dos que dependessem deles. Com o tempo, restariam apenas alguns países com as únicas reservas petrolíferas comercialmente viáveis no mundo, fato que os poria numa posição economicamente dominante sobre aqueles cujos recursos tivessem se esgotado. A visão de Marx era, tal como todas as utopias, o ponto da meia-noite que, mesmo quando alcançado pelo ponteiro das horas, seria deixado para trás implacavelmente.

Algumas pessoas ainda acreditam que jamais esgotaremos nossos recursos naturais. Quando, em 1492, a Reconquista foi concluída e a Cristandade chegou ao fim de sua possibilidade de expansão, Colombo prontamente atravessou o oceano e descobriu Hispaniola. Cinco anos depois, Caboto chegou à Terra Nova. Esse espírito de aventura não morreu, dizem essas pessoas, e será ele que nos levará às estrelas. Infelizmente, o próprio século XX acabou com esse sonho. Conforme este livro demonstrou, o tal de "espírito de aventura" na verdade não passa de um eufemismo para a busca de tesouros ou de lucros a todo custo. Colombo e Caboto agiram inspirados por sonhos de riqueza. Tal era o caso também dos governos que os patrocinavam. A exploração do litoral africano só foi além do Cabo Bojador porque Gil Eanes descobriu ouro e escravos lá. No século XVIII, as pessoas não iniciavam experiências com novas técnicas agrícolas na esperança de produzir alimentos para o mundo; elas faziam isso visando obter lucro. Mas, no século XX, nós conseguimos entender os limites de nossa expansão: descobrimos que, financeiramente, jamais seria vantajoso ir além do sistema solar. Talvez um dia valha a pena explorar o solo de Marte em busca de minérios raros na Terra. Contudo, duvido muito que o custo multibilionário de serem enviadas missões a Marte, um planeta estéril, de atmosfera congelante e sem oxigênio, acabe revelando que é mais barato para os governos se aliarem a um país rico em recursos naturais ou de atacar um que seja econômica ou militarmente mais fraco. Além de Marte, não há esperança de se conseguir uma expansão comercial extraterrena viável. Os demais planetas do sistema solar não oferecem nenhuma condição para que os seres humanos lá se estabeleçam e iniciem atividades de exploração mineral. O sistema solar mais próximo de nós, conhecido como Epsilon Eridani, fica a 10,5 anos-luz de distância, e seus planetas não se acham numa zona habitável na órbita de sua estrela. O planeta mais próximo, depois de Marte, onde poderíamos nos estabelecer, Gliese 667Cc, se encontra a uma distância de vinte e dois anos-luz de nós. Só a tentativa de chegar lá seria um problema gigantesco. A nave espacial tripulada mais rápida que conseguimos criar é capaz de deslocar-se pelo espaço a pouco mais de quarenta mil quilômetros por hora: com essa velocidade, levaríamos quinhentos e oitenta e quatro mil e duzentos e quarenta e oito anos para realizar a viagem. E depois teríamos que voltar — uma viagem de ida e volta de mais de um milhão de anos. Esse tempo todo, portanto, jamais animaria investidores, independentemente do tamanho do retorno financeiro prometido. E também não teríamos nenhuma garantia de que *haveria* um retorno, em ambos os sentidos da palavra.

Ir além disso é se aventurar nos domínios da especulação teórica científica, quando não no campo da pura ficção científica. Em abril de 2010, Stephen Hawking aventou a hipótese de que uma espaçonave gigantesca com combustível suficiente para impulsioná-la constantemente pelo universo por dois anos poderia viajar a uma velocidade próxima à metade da velocidade da luz (cento e cinquenta mil quilômetros por segundo).[16] Já se ela tivesse bastante combustível para quatro anos, poderia alcançar noventa por cento da velocidade da luz (duzentos e setenta mil quilômetros por segundo). Desse modo, conseguiríamos reduzir o tempo da viagem de ida e volta a Gliese 667Cc para uns 58,6 anos.[17] Eu aceitaria com muita satisfação as garantias do professor Hawking de que, em razão das propriedades do espaço-tempo, os tripulantes da espaçonave sofreriam os efeitos de apenas metade do tempo decorrido em sua viagem a uma velocidade equivalente a noventa por cento da velocidade da luz: 37,3 anos, em vez dos 58,6 necessários para completar a viagem. Todavia, fico me perguntando onde se poderia instalar um tanque de combustível contendo mais de meio bilhão de toneladas de oxigênio e hidrogênio líquidos (para a viagem de ida e volta). Aliás, será que uma espaçonave tão pesada assim conseguiria decolar? Ela poderia ser abastecida no espaço? É justamente por causa de problemas assim que não sou cientista aeroespacial. E, por falar nisso, Stephen Hawking também não é. Em todo caso, só sei mesmo é que ninguém conseguirá lucrar com uma viagem a outro sistema solar. Não é a limitação tecnológica que me faz ter a convicção de que isso será sempre assim, mas a combinação da enorme distância, do fato de que não conseguimos viajar próximo à velocidade da luz e dos custos da empreitada. Comercialmente, será sempre mais vantajoso realizar trocas, negociar ou até lutar pelos recursos naturais da Terra do que gastar trilhões de dólares numa tentativa desesperada de enviar algumas pessoas, numa expedição espacial de longuíssima duração, a outro sistema solar.

Portanto, no espaço, na chamada "fronteira final", não está a solução do problema. A questão serve, porém, para que concentremos a atenção nas forças que influenciarão a natureza humana no futuro. Muitas das mudanças tratadas neste livro apresentam algo em comum: elas tratam do rompimento de barreiras. Colombo, Caboto e outros antigos exploradores conseguiram derrubar barreiras geográficas. Barreiras no entendimento humano se esboroaram com a descoberta da supernova em 1572 e as valiosas contribuições do microscópio e do telescópio. A Revolução Francesa desmantelou barreiras sociais, e, no século XIX, reformadores fizeram o mesmo em todo o Ocidente. No século XX, a estratosfera da Terra foi atravessada. Muitos desses rompimentos de barreiras poderiam ser vistos como a concretização do paradigma do "Para o Oeste, meu jovem, para o Oeste!". Você segue para o Oeste, depara-se com uma fronteira e a atravessa, descobre, conquista e enriquece. Foi esse paradigma que caracterizou a expansão dos vikings, normandos, cruzados e exploradores do Novo Mundo. Sua busca fomentou descobertas científicas, viagens exploratórias e crescimento econômico. Todavia, com a conscientização do iminente esgotamento dos recursos fósseis na Terra, essa mentalidade de rompimento de barreiras está ultrapassada. Nosso desafio agora não é de expansão, mas de autossuficiência: uma série de problemas com os quais o homem triunfante está malpreparado para lidar. Nós, *Homo sapiens*, jamais tivemos que enfrentar o problema de nossos instintos representando uma ameaça à continuidade de nossa própria existência; afinal, eles sempre foram usados em nosso benefício para a preservação de nossos genes. As fronteiras que temos pela frente agora não estão no horizonte — tampouco no espaço sideral —, mas dentro de nossas próprias mentes.

O principal agente de transformações

Nos dez capítulos deste livro, apresentei dez personalidades muito diferentes como principais agentes de mudanças. De fato, seus nomes dariam uma extraordinária lista de convidados para um jantar de gala: Papa Gregório VII, Pedro Abelardo, Papa Inocêncio III, rei Eduardo III, Cristóvão Colombo, Martinho Lutero, Galileu Galilei, Jean-Jacques Rousseau, Karl Marx e Adolf Hitler. Quatro italianos, três alemães (um deles nascido na Áustria), dois franceses e um rei da Inglaterra cujos antepassados eram todos do continente europeu. Qual deles foi o principal agente de transformações do milênio? Ou será que foi outra pessoa — alguém cuja influência transformou a vida das pessoas ao longo de vários séculos? Aristóteles, talvez? Ou Isaac Newton?

Não tenho dúvida de qual foi o principal agente de transformações do milênio. Foi Deus. Eu mesmo não acredito na existência de Deus. Mas minhas convicções pessoais são irrelevantes aqui. Embora não exista (em minha opinião), Ele exerceu mais influência no mundo ocidental do que qualquer outra pessoa. Tão grande é a ironia dessa realidade que não hesito em grafar referências a Ele à moda antiga, com inicial maiúscula. Foi a percepção da Igreja Católica sobre a vontade d'Ele que causou os movimentos da Paz e da Trégua de Deus, assim como o fim da escravidão nos séculos XI e XII. Deus foi o único agente global que trabalhou em benefício da paz durante toda a Idade Média. Foi a devoção dos cristãos a Deus que fez o Ocidente aceitar a autoridade do papa. Graças aos caminhos trilhados pelos cristãos na vida monástica, os povos do Ocidente chegaram ao Renascimento no século XII e avançaram sobre o terreno dos primórdios do conhecimento e da ciência. Antes do século XIII, os religiosos eram praticamente os únicos guardiães do privilégio do alfabetismo. Com a invenção da prensa móvel, foi o estudo da palavra de Deus na Bíblia que ensinou aos homens e às mulheres comuns a ler e, desse modo, deu às mulheres a chance de expressarem, pela primeira vez, suas ideias, pensamentos e sentimentos a grupos imensos de outras mulheres. A disseminação da alfabetização levou à melhoria da administração e da burocracia governamentais, o que, por sua vez, causou a diminuição de atos de violência. Foi a compreensão de que estavam explorando a Criação Divina que fez com que muitos cientistas dedicassem suas vidas ao desvendamento de mistérios do universo e das propriedades de espécies botânicas de várias partes do mundo. Foi a crença na ideia de que o poder de cura de Deus atuava por seu intermédio que deu confiança a muitos médicos do século XVII para tentar ajudar os doentes e enfermos. No século XIX, a noção de que Deus havia criado todos os seres humanos como iguais convenceu muitas pessoas da ideia de que defender a igualdade de direitos para homens e mulheres, brancos e negros, ricos e pobres era a única atitude moral justificável. Somente no século XX, as principais transformações analisadas neste livro parecem não ter sido ostensivamente influenciadas por Deus.

Entre as pessoas que realmente existiram, qual delas merece o título de principal agente de transformações? A verdade é: nenhuma delas merece. Contudo, forçado a escolher alguém, eu optaria por Colombo, como representante da expansão da Europa, ou Galileu, como símbolo da vitória do método científico sobre a religião. Mas essas escolhas são pessoais e altamente simbólicas; na verdade, elas não têm nenhuma importância. Estamos entrando aqui num jogo de adivinhação, e a glorificação de um personagem histórico não foi a razão de nosso esforço.

Havia três objetivos para a seção do "principal agente de transformações" de cada capítulo. O primeiro consistia em examinar sua influência: quanta diferença pode uma pessoa realmente fazer, na sociedade como um todo, ao longo de um século? Ou melhor, quão pouca? Quem na história poderia *impedir* qualquer uma das cinquenta mudanças examinadas na obra? O segundo objetivo era mostrar, por meio de exemplos, que somente escolhemos como importantes agentes de transformações as pessoas que fazem as coisas acontecerem. Se eu tivesse sugerido Robert Malthus como o agente do século XVIII — o único economista importante a estudar o aspecto da oferta nas relações de trocas da humanidade com a Terra antes dos tempos modernos —, talvez você tivesse rido de mim. Ele não *fez* coisa nenhuma. Preferimos que nossos heróis tomem atitudes e não que nos impeçam de tomá-las. É por isso que, quando se trata da necessidade de modificarmos nossa índole e abrirmos mão do paradigma "Para o Oeste, meu jovem, para o Oeste!", nossos dirigentes eleitos democraticamente talvez não consigam nos ajudar. A maioria dos principais agentes de transformações nem foi responsável pelos maiores acontecimentos em seu respectivo século. Quando se trata de transformações socioeconômicas, ninguém tem o controle absoluto da situação. E nunca teve.

O terceiro objetivo do ensaio se baseia neste princípio. Não deve ter passado despercebido ao leitor que não elegi nenhuma mulher a principal agente de transformações de um século qualquer. Tivesse eu indicado Isabel de Castela, Elizabeth I da Inglaterra, Mary Wollstonecraft ou Marie Curie, todos teriam visto isso como demagogia ou mero exemplo de atitude politicamente correta. A influência dessas mulheres não chega nem perto da exercida por Colombo ou Lutero, Galileu ou Hitler. A sociedade ocidental era radicalmente machista: nenhuma mulher, até os tempos modernos, teve a chance de se tornar a pessoa que influenciou mais profundamente a vida dos povos do Ocidente. Ao ressaltar essa inexistência de mulheres verdadeiramente influentes no passado, espero chamar atenção para a possibilidade de as coisas serem diferentes no futuro. Tanto que assinalei acima: "Nosso desafio agora não é de expansão, mas de conquista de autossuficiência: uma série de problemas com os quais o homem triunfante está malpreparado para lidar." A ênfase dada à palavra *homem* nessa afirmação não foi acidental. Os traços de caráter que normalmente associamos às mulheres, os quais têm mais a ver com alimentação e proteção do que com conquistas impregnadas de testosterona, são muito mais apropriados para nos levar ao futuro. Se os homens modificarem sua índole, com certeza as mulheres farão isso também — e existe um grande perigo nisso: não será vantajoso para o mundo se as mulheres simplesmente incorporarem os traços de caráter dos homens. No entanto, se quisermos que haja esperança para a humanidade, devemos aceitar que pode ser melhor para todos nós se o principal agente de transformações do século XXI for uma mulher.

CONSIDERAÇÕES FINAIS

Qual a importância disso

A conclusão deste livro deixa algumas perguntas sem resposta. Se a imagem do *Nascer da Terra* nos facultou a certeza de que os recursos naturais da Terra são limitados, o que isso significará para a humanidade ao longo do próximo milênio? Podemos saber qual dessas cinquenta transformações históricas será ampliada ou desfeita? Se não vamos desfrutar de um estado permanente de capitalismo liberal, irradiando a luz da prosperidade no ápice de nossas curvas de civilização pelos séculos vindouros, que espécie de mundo deixaremos como herança para os nossos descendentes?

A primeira coisa que devo dizer é que não acredito que consigamos modificar nossa índole deliberadamente, da forma que acharmos mais conveniente. Posso estar errado; talvez *seja possível* nos tornarmos criaturas dóceis, modestas, com egos e apetites minúsculos, dedicando-nos humildemente ao cultivo de nossos pequenos pedaços de terra e facilmente persuadidos a não gerar um grande número de filhos. Em *Galápagos*, romance de 1985, Kurt Vonnegut propôs que poderíamos tentar nos transformar, por evolução, em peludos mamíferos aquáticos com cabeças hidrodinâmicas, cérebros menores e mais simples e uma paixão voraz por peixes. Mas duvido que algo assim acontecerá um dia. Primeiro porque nossa tendência para nos reproduzirmos em números cada vez maiores é fundamental para o nosso sucesso como espécie; foi isso que, historicamente, permitiu que reconstruíssemos nossas sociedades, rapidamente, após uma onda de crises de fome ou um surto de peste. Além do mais, ambições pessoais fazem parte de nossa natureza. Sempre haverá pessoas que desejarão sobrepujar umas às outras, e imagino que uma parcela considerável da população continuará a ter fascínio por elas, e não só sexualmente, mas socialmente também, forçando outros mais de nós a competir entre si.

Mesmo que houvesse algum acordo político internacional capaz de moderar nosso comportamento, ele logo seria enfraquecido ou anulado. O fato é que os seres humanos não gostam de ser moderados por sistemas, regras e limitações. Adoramos ouvir falar naqueles que se libertam de restrições e opressão. Nossa paixão por liberdade é uma parte intrínseca da natureza humana. Acho, portanto, que somos como a extinta República de Veneza: condenados à extinção, pois não suportamos a ideia de sermos diferentes do que somos.

Entre todos os nossos recursos naturais cujas reservas estão fadadas a uma drástica redução, talvez o petróleo seja o caso de maior preocupação na mente de muitas pessoas. Pois ele é a base de sustentação de nossas vidas — dos alimentos aos transportes, à manutenção da lei e da ordem, do nosso sistema de defesa e dos nossos meios de entretenimento. E, em algum momento futuro do milênio atual, ele com certeza se esgotará; é só uma questão de tempo. O total das reservas de existência comprovada corresponde mais ou menos a cinquenta vezes o do consumo planetário anual, mas essa proporção está sujeita a considerável oscilação. Esse total poderia aumentar à medida que novos campos forem descobertos; em 2012, o número de reservas comprovadas era bem maior do que no ano 2000.[1] Por outro lado, esse total poderia diminuir também, já que o aumento da população e uma industrialização crescente esgotariam essas reservas mais rapidamente. Contudo, quer isso leve trinta, cinquenta ou setenta anos para acontecer, não importa. O fato é que as reservas de petróleo perderão a capacidade de atender a demanda mundial em algum momento — e, muito provavelmente, durante o tempo de vida de nossos filhos. Tal é o caso também do gás natural, do qual dependemos atualmente para a produção de fertilizantes. No instante em que escrevo estas linhas, as reservas comprovadas de gás natural equivalem a cerca de sessenta vezes o consumo global anual, mas o consumo total está aumentando entre dois e três por cento todos os anos. O gás de xisto contribuiu para aumentar muito essas reservas e talvez as aumente ainda mais; porém, esse tanto de energia adicional já está sendo vendido a baixo preço. Talvez alguém raciocine que os governos deveriam procurar economizar esse tesouro caído do céu, de modo que durasse tempo suficiente para que pudéssemos descobrir e produzir alternativas viáveis aos combustíveis fósseis. A fábula "A Cigarra e a Formiga", de Esopo — na qual a formiga trabalha muito durante o verão inteiro, preparando-se para a chegada do inverno, enquanto a cigarra vive cantando sob a luz do sol e acaba não tendo nada

CONSIDERAÇÕES FINAIS

para manter-se quando chega ao fim a estação —, ilustra bem o que acontece aos que deixam de precaver-se contra períodos de escassez futura. No entanto, governos ocidentais são, assim como as cigarras, muito imediatistas: políticos cantam para seus possíveis eleitores do momento, e não para os do futuro. Conforme mencionado na introdução do livro, somente ditadores criam programas governamentais de mil anos.

Ao se considerar isso, uma série de eventualidades se apresenta diante de nossos olhos. Num dos extremos do espectro, temos o Futuro Sustentável. Nessa hipotética conjuntura, descobrimos como produzir, com base em fontes renováveis, toda a energia e fertilizantes de que precisamos, de modo que a sociedade prossiga com suas atividades mais ou menos como sempre. Já no outro extremo do espectro, temos a Crise Universal: uma calamidade com proporções de Peste Negra, resultante de um fracasso mundial na substituição de combustíveis fósseis antes que eles comecem a esgotar-se. Minha argumentação se baseia na premissa de que a sociedade, em ambos os extremos do espectro, se torne cada vez mais estratificada e menos liberal.

Vamos começar com o desfecho mais agradável, o Futuro Sustentável. Imagine que todas as fazendas disponham de geradores hidroelétricos instalados em encostas de montanhas, com painéis solares cobrindo seus campos e turbinas eólicas encimando suas colinas. Imagine todas as casas e instalações industriais de todas as cidades brilhando com reflexos de células fotovoltaicas fixadas em suas paredes e telhados, e todas as casas de áreas rurais com uma caldeira de biomassa. Enormes geradores de energia eólica aproveitam a força dos ventos marinhos, e, acionados pelas ondas do mar, êmbolos gigantescos, instalados em túneis cavados em falésias, abastecem os sistemas de energia elétrica nacionais. Os aviões são movidos a biocombustíveis. Tratores e máquinas agrícolas usam biodiesel. Caminhonetes elétricas transportam grãos e animais para mercados urbanos, de onde são levados, por trens elétricos, para os locais de abate e preparo. Mas, até nesse estado harmonioso, haverá um nível de competição bem maior por recursos. Em especial, haverá uma disputa implacável por terras.

Tomemos o Reino Unido como exemplo. Suponha que façamos um investimento considerável em sistemas de produção de energia solar, eólica e hídrica nas próximas décadas, de forma que, por volta de 2050, possamos produzir, a partir dessas fontes, toda a energia de que precisemos.[2] É uma tremenda suposição; contudo, para fins de argumentação, suponhamos que isso seja possível. De fato, talvez seja melhor irmos ainda mais longe imaginando que, na época em que o problema da escassez de petróleo atingir um ponto crítico (seja lá quando isso acontecer), teremos condições de satisfazer não só nossas necessidades energéticas, mas também de produzirmos tanta energia de fontes renováveis que consigamos reduzir nosso consumo de petróleo, gás e carvão pela metade. Isso ainda nos deixaria com o problema da necessidade de substituição de nossa energia gerada a partir de combustíveis fósseis. Todos os tipos de biocombustíveis que estão sendo experimentados atualmente — incluindo os baseados em sementes de canola, diversas espécies de nozes, algas, grãos de milho e açúcar de beterraba — precisam de terras. Somente para satisfazer a metade da demanda atual por gasolina e diesel consumidos nos transportes rodoviários do Reino Unido seria necessário o cultivo exclusivo de 11,3 milhões de hectares — quase oitenta e sete por cento de todo o território da Inglaterra e mais do que todas as suas terras agrícolas utilizáveis atualmente. E isso não inclui as necessidades de transportes não rodoviários, tais como os de produtos industrializados, plásticos, máquinas agrícolas e combustíveis de avião.[3] E também não leva em consideração o aumento na demanda causada por crescimentos populacionais. Embora alguns talvez digam que a construção de várias dezenas de usinas nucleares seja a solução para o problema, ainda que ela fosse politicamente aceitável, seria apenas temporária. As reservas de urânio atuais são menos de cem vezes superiores ao total do consumo anual mundial, e, à medida que diminuírem as de carvão, gás e petróleo, a demanda por urânio aumentará muito, e a duração delas não excederá em muitas décadas as do petróleo.[4] Assim, a longo prazo, o Futuro Sustentável exigiria não apenas níveis estratosféricos de investimentos na produção de energia a partir de fontes renováveis, mas também a utilização de uma área agrícola absurdamente gigantesca, dedicada à produção de biodiesel, bioetanol ou um novo tipo qualquer de biocombustível, medida que criaria tensões entre a produção de alimentos e a produção de combustíveis, algo que já é politicamente explosivo em alguns países sobrecarregados.

A expansão populacional e a consequente necessidade de se construírem mais e mais residências agravam essa disputa por terras. Na Inglaterra, pequenas e grandes cidades, povoados e infraestrutura urbana ocupam 10,6 por cento do território do país como um todo.[5] Bosques, faixas litorâneas com dunas e estuários, lagos, rios, montanhas, pântanos e charnecas respondem por outros 15,9 por cento dessa ocupação territorial. Os restantes 73,5 por cento do território inglês são usados na agricultura. Aparentemente, sobraria bastante espaço para a construção de novas moradias. Contudo, todas as terras agrícolas inglesas atuais produzem apenas cerca de cinquenta e nove por cento dos alimentos de que precisamos. Logicamente, alguns tipos de alimentos são importados, já que não podem ser cultivados aqui, mas, tirando esses fatores da equação, nossa autossuficiência é de apenas setenta e dois por cento no que concerne aos alimentos que podemos produzir internamente.[6] Isso significa que até os bens agrícolas que produzimos em abundância, tais como trigo, cevada, aveia, linhaça e sementes de colza, não são produzidos em quantidades suficientes para que possamos nos dar ao luxo de reduzir a produção. Em 2008, tivemos um excedente na safra de trigo, obtendo uma colheita dez por cento superior às nossas necessidades. Foi um bom ano agrícola. Já em 2012, aconteceu justamente o contrário: uma colheita ruim nos obrigou a importar mais do que exportávamos.[7] Com relação à carne, não somos autossuficientes também.[8] Construir em terras agrícolas pode até dar um lugar para morar às pessoas, mas, a longo prazo, não servirá para ajudá-las a se alimentarem.

Talvez alguns discordem dessa última afirmação. Pode ser que argumentem que isso *ajudaria*, sim, a alimentá-las — ao gerar renda suficiente para comprar os excedentes de produção de outros países. Mas esse tipo de solução funcionaria apenas a curto prazo. Uma vez que um pedaço de terra qualquer seja usado num projeto de expansão imobiliária, ele deixa de ser útil para a produção de alimentos ou biocombustíveis. Suponha que, a cada ano, o governo permitisse que uma pequena parcela das terras agrícolas do Reino Unido passasse a ser usada em projetos habitacionais — uma porção de terras correspondente às necessidades da atual expansão demográfica. Na condição de terras agrícolas, elas valiam cerca de vinte mil libras esterlinas por hectare; agora, como terras usadas na expansão imobiliária, passaram a valer instantaneamente um milhão de libras esterlinas ou mais por hectare, dependendo da localidade. Com isso, o balanço patrimonial do país recebe um aporte de pelo menos novecentas e oitenta mil libras esterlinas por hectare de terras usadas em projetos de desenvolvimento imobiliário. Esse dinheiro extra acaba entrando na economia, ampliando e sustentando o número de empregos, bem como aumentando lucros. Agora, imagine uma situação em que continuemos fazendo isso pelo restante do século. Considerando o ritmo do crescimento populacional atual — 0,76 por cento ao ano —, a população da Inglaterra quase dobrará por volta de 2100, alcançando um total de cerca de cento e quatro milhões de habitantes.[9] A necessidade de se fornecerem moradia, postos de trabalho e infraestrutura a cinquenta milhões de pessoas a mais exigiria que cerca de 6,8 por cento do território nacional fosse destinado a projetos habitacionais, dependendo de quanto uso se houvesse feito de áreas já anteriormente ocupadas com edificações.[10] Essa parcela representa nove por cento das terras agrícolas do Reino Unido, o que indica que a produção nacional seria nove por cento menor que seus níveis atuais, a menos que os campos de cultivo remanescentes fossem submetidos a uma exploração agrícola mais intensiva. Mas esses campos agora teriam que alimentar um número de bocas muito maior. Em vez de continuar em condições de satisfazer setenta e dois por cento de nossas necessidades de consumo de alimentos atuais, nossa reduzida extensão de terras agrícolas seria capaz de suprir apenas trinta e três por cento dessas necessidades. Nós dependeríamos de alimentos produzidos no exterior. E é aí que está o grande problema, já que dois terços das nações do mundo têm populações que vêm crescendo mais rapidamente do que a da Inglaterra: a média anual de crescimento demográfico mundial atual é de 1,2 por cento. Todos esses países estão transformando rapidamente campos de produção em casas de consumo. Isso está reduzindo aos poucos sua capacidade de produzir alimentos suficientes para suas próprias populações, que dirá o suficiente para exportações. Num futuro não muito distante, o volume total de alimentos básicos oferecidos no mercado internacional alcançará um ponto máximo e depois começará a cair rapidamente. Os preços aumentarão muito no mundo inteiro, e, inevitavelmente, menos pessoas terão condições de consumi-los. Organizações de assistência e instituições de caridade internacionais serão pressionadas a não gastar seus recursos financeiros alimentando vítimas de crises de fome no estrangeiro e a voltar seus esforços para o alívio da pobreza interna de seus respectivos países. Além do mais, o modelo acima mencionado não leva em consideração as vastas extensões de terras necessárias à geração de energia e à produção de biocombustíveis — e, sem gigantescas áreas de terra sendo dedicadas à produção dessas fontes de energia, não haverá agricultura, viagens de longa distância nem nenhum avanço em direção ao Futuro Sustentável.

Esse caso exemplificado, baseado na realidade da Inglaterra, é uma projeção da situação do país daqui a oitenta e seis anos. Daqui a *apenas* oitenta e seis anos. Quanto ao restante do milênio, nossas considerações aqui são meramente teóricas, e muitos de nós esperam que a humanidade tenha outros milhares de anos de saúde e felicidade depois disso. Portanto, não tenho dúvida de que o argumento do "fim da história" de Fukuyama — segundo o qual, o mundo inteiro alcançará, um dia, um estado permanente de capitalismo liberal — é inválido. Os recursos para sustentar essa visão simplesmente não existem. Ao contrário, o capitalismo destruirá o liberalismo. À medida que a demanda por terras aumentar, teremos que escolher entre a opção de usá-las para a produção de alimentos, de energia ou torná-las locais improdutivos de novas moradias. Consequentemente, teremos que produzir um pouco de comida, um pouco de biocombustíveis, uma quantidade limitada de energia e um número cada vez menor de casas. Mas o fornecimento dessas coisas será insuficiente para alimentar, transportar e abrigar todo mundo de acordo com os padrões da atualidade. Os setores mais pobres de todas as sociedades serão os mais prejudicados, incluindo os setores mais pobres também de países relativamente ricos. Por conseguinte, as características hierárquicas da sociedade pré-industrial ressuscitarão na era pós-industrial.

A hierarquização parece ser a condição natural das sociedades humanas quando predomina a escassez de recursos. Como vimos ao longo do livro, os desejos dos ricos são satisfeitos antes das necessidades do restante da população; a consequente miséria dos pobres em tempos de crise agrava ainda mais as diferenças existentes entre eles e os ricos. Ocorre justamente o contrário em tempos de fartura, situação em que sobra mais para os pobres e diminui a riqueza relativa dos opulentos. Nos séculos XIX e XX, exploramos implacavelmente as reservas de petróleo, carvão e gás natural — reduzindo drasticamente os riscos de crises de fome e surtos de doenças e diminuindo as desigualdades relativa de riquezas. Agora, à medida que esses insubstituíveis recursos vão minguando, a estrutura social está começando a voltar ao estágio em que se achava antes do início da exploração de combustíveis fósseis.

A estratificação da sociedade não é simplesmente o resultado da chegada de um ciclo econômico insustentável ao fim da linha; sua constituição se deve também à tendência de os setores mais ricos da sociedade adotarem padrões de comportamento exclusivistas — e a exclusividade é proporcional ao tamanho das riquezas. É por isso que, no século XX, o crescimento econômico só conseguiu nivelar as desigualdades sociais até certo ponto: no fim das contas, os principais recursos continuaram em poder dos ricos, que se casam com outras pessoas ricas, preservando assim o grosso do capital. Esses padrões de exclusividade são de especial importância quando a população está crescendo. Se a população de um país dobrasse em um século, por exemplo, os ricos ficariam mais ricos (pois costumam casar-se com outras pessoas ricas, restringindo a permanência de seus bens ao mesmo número de famílias), ao passo que a renda *per capita* dos pobres diminuiria consideravelmente (já que uma pequena parte do capital disponível teria que circular por um número de pessoas duas vezes maior). O resultado é um desequilíbrio nos pratos da balança da riqueza em ambos os extremos do espectro social: os ricos ficam mais ricos, e os pobres ficam mais pobres e numerosos.

O casamento não é a única forma de comportamento exclusivista que resulta nessa concentração de riquezas. Privilégios funcionam em conjunto com sistemas de meritocracia e acabam por fortalecer os limites de classes sociais, riquezas e status. As pessoas de grande sucesso de uma geração não apenas passam seus genes inteligentes à geração seguinte, mas também bancam as melhores escolas para seus filhos, preparando-os para se entrosarem socialmente com outras pessoas ricas e bem-sucedidas, e os incentivam a buscar grandes recompensas financeiras na vida adulta. Desse modo, a geração subsequente substitui facilmente a geração anterior. A "velha rede de influências" é outra forma de comportamento exclusivista, já que pessoas em postos de autoridade escolhem as que têm origens semelhantes para ocupar outros cargos de poder. A verdade pura e simples é que, na vida, é "cada qual com seu igual". Formas exageradas desse tipo de comportamento incluem a corrupção e o apadrinhamento político. Basta considerarmos o caso da Rússia, na esteira do desmantelamento da União Soviética, para vermos como um dirigente pode criar uma hierarquia baseada em recompensas concedidas a amigos. Recentemente foi divulgado que trinta e cinco por cento da riqueza dos russos está nas mãos de apenas cento e dez pessoas — a maioria aliada de Vladimir Putin. Enquanto isso, meio milhão de cidadãos russos vivem sob um verdadeiro regime de escravidão.[11]

Pouco tempo atrás, a questão de a estratificação social e a concentração de riquezas estarem se tornando mais acentuadas foi evidenciada ainda mais por Thomas Piketty, em seu estudo *O capital no século XXI* (2013). Uma das inovadoras contribuições de Piketty é um meio de comparar a desigualdade na distribuição de riquezas em diferentes períodos — cotejando a proporção da riqueza total de um país com sua média de renda na moeda corrente da época. Na Europa do século XIX, essa proporção era superior a seiscentos e cinquenta por cento; ela caiu para duzentos e cinquenta em meados do século XX, em razão das duas guerras mundiais, mas vem aumentando de novo desde 1950, e, atualmente, gira em torno de quinhentos e cinquenta por cento.[12] Isso significa que, agora, tal como no século XIX, uma capacidade relativamente maior de gerar receita está nas mãos dos que já são detentores de riquezas consideráveis e, consequentemente, está menos nas dos trabalhadores. A explicação de Piketty para essa tendência do crescimento da riqueza em tempos de paz é que os níveis de rendimento, na forma de "lucros, dividendos, juros, aluguéis e outras formas de renda de capitais", que ele denomina r, sempre superam o nível de crescimento econômico, c.[13] Sua fórmula $r > c$ indica que os grandes rendimentos dos endinheirados os levam a enriquecer mais rapidamente do que as pessoas que trabalham para sobreviver. Isso, por sua vez, permite que os ricos reinvistam mais e mais seus rendimentos, enquanto os trabalhadores têm que consumir toda a renda na manutenção do próprio padrão de vida. Portanto, grandes riquezas criam riquezas ainda maiores, num ciclo interminável. Ele chama o resultado disso de "capitalismo patrimonial", pois as riquezas ficam cada vez mais concentradas nas mãos das famílias poderosas. Além disso, Piketty vê a ampliação da distância abismal entre r e c no futuro. Segundo ele: "Se a competição tributária continuar avançando em direção ao seu desfecho lógico — o que é provável que aconteça —, a diferença entre r e c voltará, em dado momento do século XXI, para um nível próximo ao do século XIX."[14]

O uso que Piketty faz de métodos estatísticos foi alvo de críticas dos que discordam de suas descobertas, mas a fórmula básica $r > c$ é válida. De fato, poderíamos dizer que ela é um componente inconfundível de um sistema econômico avançado.[15] Se todas as terras e recursos naturais de uma região pertencem a alguém e já estão sendo explorados ao máximo, é difícil que sua economia cresça. Se a população estiver crescendo também, ocorrerá uma disputa maior pelo capital e, assim, uma pressão constante para que r aumente. Em vista da finitude dos recursos do planeta, é provável que a regra $r > c$ de Piketty predomine sempre no Ocidente — a menos que a população sofra uma redução drástica e r diminua como resultado da inexistência de demanda por terras e outros bens de capital. É de esperar que os possuidores de grandes volumes de capital continuarão, como sempre, a prosperar mais do que o restante de nós, até que a diferença entre ricos e pobres atinja um ponto de saturação — provavelmente equivalente às desigualdades econômicas que imperaram no século XIX.

As consequências políticas dessa crescente desigualdade econômica são óbvias. Uma vez que riqueza e poder político costumam andar de mãos dadas, os ricos voltarão a ser os controladores da sociedade. A Europa oriental já vem retrocedendo nessa direção: a Rússia, por exemplo, não é o que muitas pessoas chamariam de democracia liberal. Futuro semelhante aguarda as sociedades controladas por donos de grandes riquezas. Num estudo especializado, em que se fez a avaliação da influência de vários grupos de interesse na elaboração de políticas nos Estados Unidos, com previsão para ser publicado mais ou menos na mesma data deste livro, os autores concluíram que "elites econômicas e grupos organizados representando interesses comerciais têm exercido considerável influência na política governamental americana, enquanto cidadãos comuns e grupos de interesse agindo em nome das massas têm pouca ou nenhuma influência".[16] Em suma, os Estados Unidos já dão sinais de que estão se transformando numa oligarquia. No futuro, esse padrão de relações políticas se espalhará por todo o Ocidente, à medida que os efeitos da limitação de recursos naturais aparecerem. A hierarquização econômica resulta não apenas em maiores diferenças entre ricos e pobres, mas faz com que os trabalhadores tenham muito pouco poder.

A concentração de riquezas e poder político nas mãos de um número relativamente pequeno de famílias é uma das formas pelas quais o capitalismo enfraquecerá o liberalismo. O maior empobrecimento dos pobres é a outra. Aqui, o problema crucial é que, com o nascimento de mais pessoas, a pequena porcentagem de bens em posse da metade mais pobre da população sofrerá uma diluição ainda maior. Em algumas partes da Europa, um apartamento ou uma casa já são tão caros que estão acima do poder de compra da maioria dos jovens. O preço médio de uma casa na Inglaterra é sete vezes maior do que a média salarial; em algumas partes do país, essa média é muito maior. Não é difícil saber por que essa é a nossa realidade: gente demais está competindo por terra de menos. Nossa densidade demográfica é de quatrocentas e dez pessoas por quilômetro quadrado — um grau de densidade três vezes superior ao da França (cento e vinte pessoas por quilômetro quadrado), quase três maior do que o da China (cento e quarenta e cinco) e quase igual ao da Índia (quatrocentos e dezesseis).[17] A Holanda é o único país europeu com uma densidade demográfica maior (quatrocentos e noventa e sete pessoas por quilômetro quadrado). Em países com uma densidade demográfica tão alta quanto as da Inglaterra e da Holanda, não somente a questão da aquisição de imóveis é afetada; o aluguel de imóveis aumenta também, já que seus donos têm que cobrar valores proporcionalmente maiores, de forma que compensem o seu investimento. Os ricos, que compram suas casas à vista, ficam no bem-

-bom: gastam toda a sua renda à vontade, enquanto os que pagam aluguel e os que acabaram de entrar em um financiamento gastam até um terço de sua renda simplesmente para ter onde morar. Portanto, a pequena oferta de terras empobrece os que não têm nenhuma, tal como acontecia nos dias anteriores aos fertilizantes artificiais e transportes baratos. Se alguém oferecesse aos que não têm casa própria a opção entre um financiamento a juros baixos pela vida inteira ou o direito de votos eleitorais, muitos escolheriam o financiamento barato. Isso significaria maior segurança financeira e liberdade pessoal. Desse modo, podemos ver que a curva de civilização da reforma social nem sempre é uma via de mão única. Assim como seus investimentos, o poder político de que as pessoas desfrutam pode aumentar ou diminuir.

No que se refere ao sufrágio universal, imagino que ele será preservado, continuando a ser um símbolo de liberdade por muito tempo ainda, talvez até por mais alguns séculos, mantido por ricos países ocidentais como sinal de sua aceitação de certos valores compartilhados entre si. Nenhum governo vai querer destruir esse modelo — pelo menos não de uma maneira óbvia. Em vez disso, o poder do voto será enfraquecido por meio de sistemas eleitorais controlados por partidos políticos. A ameaça ao liberalismo aqui está no fato de que os partidos políticos serão cada vez mais controlados pelas oligarquias que os bancam; eles adaptarão seus programas às exigências da elite política não eleita. Conforme demonstrado por esse estudo americano, as pessoas comuns não têm meios de instituir políticas governamentais; elas simplesmente participam de um sistema que elege representantes vinculados à elite política não eleita para aprovar iniciativas propostas por essa mesma elite. Em parte por causa disso, as outras reformas sociais dos séculos XIX e XX ficarão ainda mais vulneráveis. À medida que a renda *per capita* dos pobres diminui, é esperado que suas condições de sobrevivência se deteriorem. Trabalhadores desesperados por dinheiro se disporão a correr riscos maiores e aceitar trabalhos mais perigosos. As famílias que não conseguirem pagar aluguéis altos acabarão vivendo em condições miseráveis. Em situações de grave crise econômica, governos tomarão medidas extremas: reduzindo benefícios concedidos aos pobres, bem como os sistemas de saúde e outros serviços públicos.

Karl Marx teria uma crise de choro. Em vida, ele refutou com veemência *Um ensaio sobre o princípio da população*, de Malthus, mas, em última análise, é bem provável que sua visão seja esmagada pelas forças descritas por Malthus. Embora muitas pessoas, incluindo Marx, achem que Malthus estava totalmente equivocado, essa opinião se baseava no fato de que ele não conseguiu antever os efeitos que a tecnologia teria no processo de fornecimento de alimentos ao mundo. Como se pode ver claramente agora, inovações tecnológicas apenas adiaram o aparecimento das "barreiras malthusianas", em vez de as terem removido. Se transformações tecnológicas nos permitirem obter resultados cada vez maiores no cultivo da terra por mais cem anos, a população terá um crescimento equivalente, até que a proporção de pessoas em relação à disponibilidade de recursos naturais atinja um nível crítico; então, todo aquele comportamento exclusivista e egoísta já mencionado começará a aumentar rapidamente a distância que separa os ricos dos pobres e famintos. Mesmo que a população mundial se estabilizasse agora, em pouco mais de sete bilhões, ela ainda continuaria a crescer em relação à nossa minguante capacidade de distribuir excedentes de produção agrícola pelo planeta. Mas a população mundial está longe de estabilizada: segundo estimativas, ela alcançará nove bilhões e meio de pessoas nos próximos quarenta anos. Tampouco seremos capazes de conter esse crescimento: a China, um dos grandes países que tentou limitar seu crescimento demográfico na era moderna, com sua política de filho único adotada em 1979, viu seu número total de cidadãos aumentar trinta por cento desde então, com sua população passando de menos de um bilhão para mais de 1,355 bilhão de chineses. Portanto, podemos ter alguma certeza de que, a não ser que ocorra uma grave epidemia no mundo inteiro, a população global continuará a crescer, os meios de produção se concentrarão nas mãos de um número de pessoas relativamente menor e a estratificação social se intensificará ainda mais. É provável que ocorram revoluções por desespero, não por ambições, objetivando a distribuição de riquezas. Mas revoluções em si não servem para alimentar pessoas; simplesmente repartilham bens. À medida que o petróleo ficar mais e mais caro e os preços dos alimentos continuarem a subir, os cidadãos mais pobres não terão condições de se alimentarem direito, não conseguirão viajar e não poderão pagar aluguel, muitos menos arcar com custos de aquecimento e consumo de energia. Talvez continuem podendo votar. Muitos não se importarão com isso. A democracia será vista como algo inútil se não conseguir proporcionar um razoável padrão de vida a seus cidadãos. Para alguns, ajudar a levar comida suficiente para suas pobres residências voltará a ser algo mais importante do que estudar. A prostituição se espalhará por toda parte, principalmente entre os pobres, levando à diminuição do respeito pelas mulheres. Em tais circunstâncias, é provável que ressurja uma verdadeira classe de escravos em todo o Ocidente. A verdade é que muitas pessoas preferirão trocar a própria liberdade por comida e abrigo a ver seus familiares morrerem de fome. O sorriso político da democracia, que incute em todos a ideia de que crescimento econômico é algo "normal", se transformará cada vez mais na carranca de angústia dos desencantados e decepcionados.

É por isso que a fotografia *Nascer da Terra* é, para mim, fator de profundas reflexões. Ela mostra nossas limitações, a superficialidade de nossos bolsos e a natureza irrealista de nossos sonhos de liberdade, bem-estar universal e igualdade de oportunidades. Antes de 1968, podíamos falar em continuar avançando, aumentando e multiplicando sem parar. Aos poucos, disseminou-se a noção de que esse realmente não era o caso — de que as limitações da Terra permitiam que tivéssemos certeza sobre algumas coisas em relação ao nosso futuro. Nunca teremos mais do que temos agora. Jamais voltaremos a ter um crescimento econômico tão alto quanto os alcançados no século XX. Quando pensamos no futuro, devemos nos planejar para crises e não sermos idealistas. Pensar de forma utópica é coisa do passado.

Logicamente, acho tudo isso extremamente deprimente. Mas prefiro muito mais ver a humanidade rumando na direção do Futuro Sustentável — ainda que não consigamos alcançá-lo — a vê-la mergulhando no extremo oposto, o abismo da Crise Universal, em que as energias solar, hídrica e eólica e os biocombustíveis não fornecem uma parte significativa do inevitável deficit de energia. Em tais circunstâncias, não veremos o surgimento de uma hierarquização social gradativa, mas uma estratificação desordenada. As economias de países periféricos entrarão em colapso. Seus sistemas políticos deixarão de funcionar em curto espaço de tempo, mergulhando-os numa anarquia. Nos principais países do Ocidente, o nível de exportações cairá. As importações de alimentos diminuirão também, já que as economias de países exportadores mergulharão num poço de crises profundas. Os preços subirão, a inflação mostrará as garras, e as pessoas deixarão de comprar produtos não essenciais. Empresas dependentes da venda de produtos de luxo falirão. Nas lojas, veremos prateleiras vazias, e o racionamento logo virá. A lei e a ordem começarão a falhar. O comércio internacional entre os países do Ocidente secará. Os militares receberão ordens para ocupar as ruas. Aqueles que tiverem meios para defender seus estoques de alimentos contra a ação de saqueadores farão isso — não terão escolha. O que acontecerá depois, quando a economia encolher ainda mais e as forças armadas se dissolverem, com seus membros dispersando-se entre as comunidades para proteger suas famílias, é ao mesmo tempo fácil e terrível de imaginar. Qualquer um que dependa de serviços de saúde pública, planos de assistência empresarial, benefícios do governo e coisas assim ficará muito vulnerável. Por outro lado, os que tiverem estoques de alimentos particulares e puderem alimentar outras pessoas terão grande autoridade — desde que saibam preservá-la. Até mesmo em áreas rurais será difícil restabelecer um estilo de vida sustentável. Perdemos o domínio sobre as técnicas agrícolas que empregamos com tanto êxito durante a Revolução Industrial nos séculos XVIII e XIX, como resultado da desqualificação da população em geral e, principalmente, da mão de obra rural. Não haverá excedentes de produção para abastecer as pequenas e grandes cidades. Uma crise dessa natureza poderia causar taxas de mortalidade de nada menos que sessenta por cento ou mais, como foi o caso em algumas regiões durante a Peste Negra. É provável que a sociedade volte ao nível de civilização do século XVII, já que terá que lutar para adaptar-se a um mundo sem carros, caminhões, tratores, fertilizantes artificiais e navios de pesca motorizados. A única coisa cuja sobrevivência parece certa é o instituto da propriedade, assim como aconteceu após a Peste Negra e voltou a acontecer durante as crises do século XVII. Com a vinda de um período de estabilidade e uma população muito menor, os sobreviventes tratarão imediatamente de se apossar de todos os bens que puderem. Eles iniciarão a reconstrução da sociedade, percorrendo novamente as mesmas fases relatadas na segunda parte deste livro, talvez acabando por criar algum tipo de oligarquia prevista no conceito de Futuro Sustentável. Porém, logo após esses acontecimentos, os sobreviventes se transformarão em vassalos, tal como eram seus antepassados da Idade Média. Chefes militares independentes comandarão um novo sistema neofeudal extremamente perigoso, com soldados para defendê-los, bem como seus campos de cultivo e seus trabalhadores, contra ataques de grupos rivais.

Considerando esses dois extremos, existe alguma forma de se prever se conseguiremos achar um caminho para algo próximo do Futuro Sustentável, no qual o mundo se veria dividido por uma radical estratificação social e pobreza, mas seria essencialmente estável e relativamente pacífico, ou se teremos que passar pela prova de fogo da Crise Universal? Existem fatores que sustentam cada possibilidade. Umas das principais razões para se temer uma calamidade é o comodismo da sociedade. As pessoas que sabem pouco sobre história e são incapazes de imaginar uma redução brusca e catastrófica em suas fortunas se recusam a admitir que elas ou seus filhos terão que modificar suas ideias sobre o que constitui um estilo de vida "normal". Elas continuarão a exigir todos os privilégios da sociedade de fins do século XX — até que seja tarde demais.

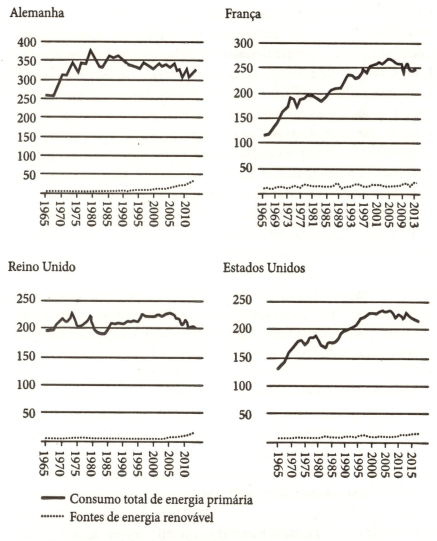

Consumo total de energia em relação ao consumo total de energia renovável, 1965-2013 (equivalente, em milhões de toneladas, à energia gerada com derivados de petróleo)[18]

O comodismo aparece claramente nesses quatro gráficos. É improvável que, até 2050, algum desses países consiga reunir meios de satisfazer pelo menos metade de suas necessidades energéticas atuais por fontes renováveis. Apenas um deles, a Alemanha, consegue extrair mais de dez por cento de suas necessidades energéticas de fontes renováveis. Embora jornais e revistas da atualidade nos digam frequentemente que as crianças nascidas hoje podem ter uma expectativa de vida menor do que a de seus pais, em razão da atual tendência à obesidade, os gráficos mostrados indicam que não demorará muito para que prognósticos de uma expectativa de vida menor passem a ser feitos justamente com base numa razão contrária: a escassez de alimentos.

Há duas razões que me levam a ter certeza de que seremos capazes de evitar uma calamidade e acabaremos conseguindo chegar ao Futuro Sustentável. Primeiro, porque ainda existe tempo para que pessoas realistas, responsáveis e inovadoras façam planos para enfrentar o problema do fim dos combustíveis fósseis. E os muito ricos se incluem nisso, pois eles têm muito a perder com uma implosão cataclísmica da economia internacional. E isso também inclui outras pessoas, como eu, perdidas no meio da multidão e bem menos privilegiadas. Vou tentar ser mais claro: quando afirmo que uma futura desigualdade maior é inevitável, não quero dizer que não vale a pena tentar limitá-la. Ainda que o grande navio da democracia e do bem-estar social esteja afundando lentamente e sua submersão pelas ondas da desigualdade e das privações pareça inevitável, a última coisa que qualquer pessoa deveria fazer é começar a abrir buracos em seu casco para que chegue logo o fim. Devemos fazer tudo que pudermos para mantê-lo à tona pelo máximo de tempo possível. Com tempo suficiente, talvez nos tornemos capazes de reduzir nossas necessidades e expectativas individuais, de forma que as sociedades possam rumar, construtivamente, na direção de um estilo de vida mais autossuficiente e sustentável. Talvez consigamos melhorar a perspectiva indicada pelos quatro gráficos anteriores. Por exemplo, se o Reino Unido aumentasse sua produção de energia de fontes renováveis num total correspondente a dois milhões e meio de toneladas de petróleo anualmente — um aumento ligeiramente menor que o obtido em 2012–13 — e, ao mesmo tempo, conseguisse reduzir seu consumo de energia primária pelo menos em um por cento ao ano — uma redução menor do que tem alcançado em média nos últimos dez anos —, então ele seria capaz de produzir energia suficiente com base em fontes renováveis para satisfazer suas necessidades totais por volta de 2059.

A segunda razão de meu otimismo está no fato de que a espécie humana é extraordinariamente adaptável. Enfrentamos a Peste Negra com um nível muito baixo de desordem social. Não só superamos uma série de guerras e crises de fome no século XVII, mas, ao mesmo tempo, também produzimos algumas das mais grandiosas obras de arte, arquitetura e literatura jamais vistas pelo mundo. Levando tudo em consideração, seria loucura apostar que a humanidade não conseguirá sair da crise iminente mais forte do que nunca. Se o devido conhecimento agrícola e técnico voltar a ser adotado pela sociedade e se fizerem uma preparação satisfatória no que diz respeito à geração de energia a partir de fontes sustentáveis, a cultivos planejados de alimentos, a produção controlada de animais e a redução da fabricação de produtos industriais desnecessários, não haverá nada que impeça que a maioria dos países do Ocidente tenha condições de manter uma população relativamente grande. Com tecnologias modernas, tais como as de geração de energia hidroelétrica e solar, além da capacidade de produzir fertilizantes artificiais com biocombustíveis, é razoável supor que um sistema altamente organizado de produção e distribuição de alimentos seja capaz de sustentar uma grande população com combustíveis fósseis. Mas ele não conseguiria proporcionar a todas as pessoas os nossos atuais padrões de vida. Veja-se, a propósito, uma observação de Paul Ehrlich feita num recente discurso na Royal Society:

> Para atendermos de forma sustentável às necessidades dos sete bilhões de pessoas que formam a *atual* população (isto é, mantendo a rotina, incluindo tecnologias e os padrões de vida do presente), precisaríamos de mais uma metade de planeta; para fazer isso se todos os cidadãos da Terra consumissem recursos equivalentes aos níveis de consumo dos Estados Unidos seriam necessários mais quatro ou cinco Terras. Ao se adicionarem os outros dois bilhões e meio de pessoas que teremos até o ano de 2050, pioraremos ainda mais nosso ataque contra os sistemas de sustentação da vida humana, pois, em quase toda parte, as pessoas lidam com sistemas com respostas instáveis, nos quais os danos ambientais se ampliam num ritmo que aumenta a cada nova pessoa.[19]

Segue-se daí que os pobres teriam que se tornar predominantemente vegetarianos, assim como os camponeses no século XIII, já que terras cultivadas com cereais básicos conseguem produzir dez vezes mais do que as usadas para sustentar animais de criação.[20] Tampouco seria possível permitir que a população voltasse a crescer à vontade. Se a humanidade conseguir adaptar-se a uma alimentação diferente, a mais tipos de trabalho envolvendo algum esforço físico, a menos viagens e a famílias menores, não haverá nada que nos impeça de avançarmos na direção do Futuro Sustentável.

Para concluirmos esta parte com uma observação positiva, provavelmente continuaremos a desfrutar por vários séculos dos benefícios que vemos indicados em certas curvas de civilização. É vantajoso tanto para o governo quanto para o indivíduo em si que todos saibam ler. Isso será, por sua vez, a garantia de que muito dos conhecimentos benéficos à humanidade não se perderá; por exemplo, é improvável que voltemos ao estado de ignorância sobre questões médicas fundamentais, tais como a circulação sanguínea ou a teoria microbiana da doença. As pessoas continuarão a desfrutar dos benefícios proporcionados pelos contraceptivos durante um bom tempo, tanto para a prática do sexo seguro quanto para evitar gravidez indesejada. Aparelhos de tecnologia avançada e baixo consumo de energia, tais como telefones e computadores, nos manterão em permanente contato. É possível que o Estado continue a coibir e punir atos de violência. Talvez até algumas coisas negativas sejam abolidas. Ao longo de todo o livro, vimos a universalidade das regras de tendência de Braudel — "toda cidade capitalista dominante está sempre situada no centro". Não é difícil prever que os atuais padrões de logística se modificarão quando não existirem mais combustíveis fósseis. Regiões mercantis sofrerão transformações radicais, tanto em âmbito local quanto na esfera internacional. Não será mais possível, do ponto de vista econômico, importar aspargos do Peru para Moretonhampstead, por exemplo. Desse modo, mercados locais recuperarão sua importância, já que as pessoas não vão querer caminhar mais que uns poucos quilômetros para comprar mantimentos. As comunidades se fortalecerão. As pessoas terão mais motivos para consolidar suas relações com os vizinhos. Provavelmente, começaremos a reverter o processo de desqualificação. De um modo geral, o esgotamento de recursos naturais não deve anular nenhuma das transformações positivas citadas nos oito primeiros capítulos do livro, e continuaremos a nos beneficiar de muitos dos avanços tecnológicos conquistados desde 1800, se bem que não da mesma forma.

Quanto ao que vou afirmar a seguir, o fato de você ver isso como um sinal positivo ou não é uma questão de opinião pessoal. Acho muito provável que a religião se torne mais predominante no Ocidente à medida que as hierarquias mais poderosas se consolidem e a maioria das pessoas se torne relativamente mais pobre. Conforme indicado pela pesquisa do Instituto Gallup sobre religião, existe uma forte correlação entre religião e pobreza em todo o mundo.

PIB *per capita*	% dos que afirmam que a religião é uma importante parte de suas vidas diárias
< $2.000	95%
$2.000–$5.000	92%
$5.000–$12.500	82%
$12.500–$25.000	70%
> $25.000	47%

A importância da religião de acordo com o nível de renda, segundo a pesquisa internacional realizada pelo Gallup (2009)[21]

Não se deve entender pelo que foi dito acima, porém, que todo apego religioso é causado pela pobreza — a relação entre riqueza e religião não é tão simples assim. É muito provável que a realidade seja justamente o contrário: o dinheiro leva à falta de devoção espiritual. Em todo caso, desconfio que as consolações da fé e as comunidades que as religiões criam voltarão a ter importância no futuro. As religiões tradicionais do mundo atenderam às necessidades de senhores e servos durante muitos séculos, aparentemente sempre satisfazendo às exigências de uma sociedade estratificada. Portanto, tenho certeza de que, quando retornarmos a esse estado de estratificação social, as religiões do mundo se adaptarão.

Em suma, a razão da importância de os séculos XIX e XX terem sido os que sofreram mais transformações deve-se ao fato de que muitos avanços ocorridos nesses dois se deram graças à abundância anômala de energia, que com certeza será revertida num tempo futuro. Assim, é muito provável que a sociedade passe, neste século ou no seguinte, por um conjunto de mudanças ainda maior do que no século XX. Pode levar cem anos ou mais, mas veremos a volta das cerradas hierarquias da era pré-industrial. Nos próximos mil anos, testemunharemos a queda da média do padrão de vida no Ocidente e a ampliação do poder dos ricos. Retornaremos a um estado de coisas em que, no que concerne à estrutura social, teremos mais em comum com o mundo de 1800 do que com o do ano 2000. Resta saber se chegaremos lá de forma dolorosa e súbita ou gradualmente.

Lá fora, o dia está radiante. Sentado aqui, ouço o badalar dos sinos da igreja de Moretonhampstead, tal como tem sido há séculos. Ouço também uma motocicleta passar, com seu motor roncando forte quando o motociclista sai de uma curva na estrada vindo de Exeter. Meu pensamento viaja para os padres que vinham a pé até aqui há um milênio e paravam diante da cruz do lado de fora desta casa, pregando a Palavra de Deus que serviria para conectar este lugarejo à vasta rede de relações da espécie humana. Amanhã, os jornais estarão cheios do lixo da vida moderna — crises internacionais, matérias sobre o mercado de ações, julgamentos de assassinatos, escândalos sexuais e um avião perdido, sem deixar vestígios, no Mar da China Meridional. No fim das contas, vejo-me perguntando o que *não* mudou nos últimos mil anos e o que não mudará nos próximos mil. À primeira vista, as respostas parecem de uma enormidade assombrosa. Mas então volto a pensar nelas. Visualizo um trovador cantando em meio às sombras produzidas pela lareira de um salão. Imagino milhares de pessoas caminhando embaixo de beirais de telhados em ruas estreitas para assistir a peças de Shakespeare. Ouço os gritos de trabalhadores rurais bêbados numa sombria hospedaria do século XVII iluminada a vela, enquanto Jan Steen estuda suas faces ruborizadas, preparando-se para retratá-los em seus quadros. Acabo sorrindo com a simplicidade da resposta. O que não muda é o fato de que continuaremos a considerar valiosas tantas coisas na vida — o amor, a beleza, as crianças, a companhia dos amigos, o hábito de contar piadas e histórias, a satisfação de comer e beber juntos, o senso de humor, as risadas, a música, o som do mar, o calor do sol, a contemplação da lua e das estrelas, o prazer de cantar e dançar...

O que não mudará? Tudo que nos permita viver o momento.

Tudo com que valha a pena sonhar. Tudo que seja inestimável.

ANEXO

Estimativas populacionais do passado

Os números referentes à população europeia dos séculos anteriores a 1500 são muito difíceis de calcular com precisão. Por sorte, Paolo Malanima cita estimativas de vários demógrafos relativas ao ano 1000 em seu estudo sobre crescimento medieval.[1] B. T. Urlanis (em 1941) estimou que a Europa tinha uma população de 56,4 milhões de habitantes; J.-N. Biraben (1969), 43 milhões; J. C. Russell (1973), 38,5 milhões; C. McEvedy e R. Jones (1978), 36 milhões; H. Le Bras (1993), 43 milhões; A. Maddison (2007), 39,2 milhões; e o próprio Malanima (2009), 47 milhões. Desconsiderando a maior e a menor dessas estimativas, a média aritmética das demais é de 42,1 milhões. Com relação à população em 1500, os mesmos demógrafos apresentam os seguintes números: 100,4 milhões (Urlanis); 84 milhões (Biraben); 81,8 milhões (Russell); 81 milhões (McEvedy e Jones); 84 milhões (Le Bras); 87,7 milhões (Maddison) e 84,8 milhões (Malanima). Mais uma vez, desconsiderando a maior e a menor, a média das populações remanescentes é de 84,5 milhões. Existe um forte consenso em torno desse total populacional no ano de 1500. Somente os dados de Urlanis, o mais antigo desses demógrafos, diferem dos da variação de cerca de 3,7 milhões da média de 84 milhões. Na visão de Massimo Livi Bacci, que recentemente fez essas contas com base em bancos de dados nacionais, a média de 84 milhões também é satisfatória.[2]

Em razão da enorme variedade de números relativos ao período anterior a 1500, refiz uma análise das estimativas de populações dos três países possuidores das mais completas bases documentais para criar minhas próprias estimativas. Felizmente, esses três países são amostras razoavelmente representativas da Europa, um dos quais fica na parte norte do continente (Inglaterra), o outro, em sua parte central (França) e o terceiro, no Mediterrâneo (Itália).

INGLATERRA

Os números das Tabelas 1.1 e 1.2, referentes ao período de 1086-1541, são baseados nas estatísticas de crescimento demográfico anual obtidas de dados relativos a propriedades senhoriais por Stephen Broadberry, Bruce M. S. Campbell e Bas van Leeuwen, todos da Universidade de Warwick, apresentadas em seu trabalho *English Medieval Population: reconciling time series and cross-sectional evidence* (2010).[3] Esses números indicam uma redução de quarenta e seis por cento no tamanho da população entre 1348 e 1351. Os estudos resultantes do levantamento de Ole Benedictow apresentam uma taxa de mortalidade na Inglaterra de cerca de 62,5 por cento nesse período.[4] Em um esforço para tentar conciliar essas diferenças numéricas, precisamos levar em conta que o número proposto por Benedictow relativo à queda do total de *pagadores de impostos* foi ligeiramente menor, entre cinquenta e cinquenta e cinco por cento, e esse número está mais perto do tamanho da população presente nas fontes que o grupo de Warwick usou. Isso nos deixa ainda com certa discrepância numérica, se bem que oscilando apenas entre quatro e nove por cento. Se levarmos em conta os cinquenta e cinco por cento do encolhimento populacional da Inglaterra apresentado por Benedictow, isso indicará que, em 1300, a população inglesa girava em torno de 5,8 milhões, 4 milhões em 1200 e 2,2 milhões em 1100 (usando estimativa retrospectiva), hipótese que faria com que a população registrada no Domesday Book deveria ser de dois milhões, o que é impossível. Todavia, os números do grupo de Warwick apresentam uma integridade que não pode ser reproduzida lançando-se mão de uma taxa de mortalidade de uma amostra e aplicando-a em outra. Por exemplo, as amostras de Benedictow com altas taxas de mortalidade podem ter tido maior crescimento demográfico do que os da amostra do grupo de Warwick no período anterior a 1348. Além disso, o grupo de Warwick concluiu que a população rural da Inglaterra alcançou um pico estimado de 4,81 milhões

ANEXO

(em 1348) e calculou que teria sido difícil alimentar esse tanto de pessoas, quanto mais se acrescentado a ele mais um milhão. Em momento algum antes de 1700, a Inglaterra teve uma população superior a 5,4 milhões de habitantes. É provável que a verdade esteja entre os dois extremos — ou seja, entre os números da estimativa do grupo de Warwick e um total de 5,4 milhões —, e optei por confiar nos números do grupo de Warwick sem maiores exames, para não exagerar no tamanho da população da Inglaterra em 1300 e, assim, também no da Europa como um todo nessa mesma época.

Ano	População	Data	População	Data	População
1086	1,71	1240	4,15	1400	2,08
1100	1,84	1260	4,30	1420	2,04
1120	2,07	1280	4,46	1440	1,96
1140	2,32	1300	4,35	1460	1,96
1160	2,61	1320	4,40	1480	2,08
1180	2,93	1340	4,57	1500	2,21
1200	3,37	1360	2,57	1520	2,34
1220	3,98	1380	2,44	1540	2,82

TABELA 1.1 Estimativa da evolução demográfica da população inglesa em períodos de vinte anos (em milhões)

O total de um milhão e meio de habitantes do ano 1000 na Tabela 1.2 é um número arredondado, resultante da suposição de que a população foi crescendo muito lentamente até por volta de 1050 e depois aumentando mais rápido, até atingir uma taxa de 0,58 por cento no século XII. A estimativa de um milhão e meio de pessoas indicaria que houve uma média de crescimento anual, entre os anos 1000 e 1086, de pouco mais de 0,15 por cento. As fontes de dados relativos a séculos posteriores constam nas notas finais.[5]

FRANÇA

Os números constantes na Tabela 1.2, referentes ao período entre 1000 e 1400, foram extraídos do trabalho de J. C. Russell.[6] Esses números altos conferem com uma estimativa de Ferdinand Lot baseada nos registros do imposto sobre lareiras do ano de 1328, segundo a qual, nesse ano, a população da França era de mais ou menos vinte e dois milhões de pessoas. As densidades demográficas de Lot foram corroboradas por estudos posteriores em torno do imposto sobre lareiras, realizados de forma independente por Norman Pounds e Charles Roome.[7] O número apresentado por eles, superior a vinte milhões, confere com a alta taxa de mortalidade de Benedictow (entre cinquenta e sessenta por cento) na França nos anos compreendidos entre 1347 e 1351. O Instituto Nacional de Estatísticas e Estudos Econômicos (INSEE, na sigla em inglês) tem um site em que propõe que as 2.411.149 lareiras registradas em 1328 nas 24.150 paróquias do reino da França indicam a existência de uma população total de dezenove milhões de habitantes no país, três milhões a menos que a estimativa de Lot.[8] Com isso em mente, presumiu-se que os 20,4 milhões de habitantes do país em 1300 não haviam aumentado muito no período anterior à Peste Negra, alcançando um pico de vinte e um milhões em 1340. Esse número seria inferior aos cento e três habitantes por milha quadrada do máximo de população sustentável que vemos como limite de densidade na Inglaterra em 1700, e inferior aos 22,6 milhões (noventa e dois habitantes por milha quadrada) da França em 1700. Foi aplicada uma redução de cinquenta por cento no tamanho da população entre os anos de 1347 e 1351 com base na estimativa de mortalidade apresentada por Benedictow. No que diz respeito à população da França, o próximo número razoavelmente confiável é de cerca de dezenove milhões e meio de habitantes em meados do século XVI.[9] Uma população de vinte e um milhões de cidadãos sofrendo de uma taxa de mortandade de cinquenta por cento teria precisado, dali por diante, de um nível de crescimento médio anual de 0,31 por cento para que tivesse recuperado seu total de dezenove milhões e meio de integrantes até 1550. Usando esse número em nossa estimativa, teríamos uma população francesa de cerca de 14,3 milhões de habitantes em 1450. É um número muito próximo da estimativa de Pounds e Roome, de acordo com a qual a densidade populacional da França nos anos vizinhos a 1450 correspondia mais ou menos a dois terços da densidade de 1328. Por isso, ele foi escolhido para figurar na Tabela 1.2. As fontes de dados relativas a séculos posteriores constam nas notas finais.[10]

ITÁLIA

No caso da Itália, aplicando-se os números de Benedictow relacionados com a mortandade provocada pela peste (entre cinquenta e sessenta por cento) com os números propostos por Federico e Malanima em seu estudo de 2004, a população da Itália seria de mais ou menos 14,9 milhões antes da peste de 1347-51.[11] Com cento e vinte e oito habitantes por milha quadrada, sua densidade demográfica seria consideravelmente maior do que a de cento e três habitantes por milha quadrada da Inglaterra em 1700 e da de noventa e dois habitantes na França nesse mesmo ano. Densidades demográficas maiores são possíveis quando redes de comércio permitem esse estado de coisas, conforme demonstrado pelas altas densidades populacionais alcançadas pela Holanda e pela Bélgica em 1700 (cento e cinquenta e três e cento e setenta e dois habitantes por milha quadrada, respectivamente), mas é difícil imaginar como a Itália, em 1300, teria conseguido sustentar uma população muito maior do que qualquer outra que teve antes de 1700, apesar de seu sistema de comércio avançado, principalmente considerando-se que poucos países vizinhos teriam grandes excedentes de produção agrícola facilmente transportáveis. Por isso, são considerados um tanto exagerados os dados apresentados por Benedictow relativos às médias de taxas de mortalidade entre os italianos causada pela Peste Negra. Contudo, uma vez que números relacionados com mortalidade causada pela Peste Negra não foram publicados na época em que Federico e Malanima prepararam o estudo deles, parece que não levaram em conta a possibilidade da existência de uma população de treze milhões de habitantes em 1300. Portanto, preferi adotar o número revisado para mais por Malanima no Capítulo 1 de sua obra *Pre-modern European Economy* (2009), na qual o autor propõe a existência de uma população de doze milhões e meio de habitantes em 1300. Fontes de informações referentes a séculos posteriores são apresentadas nas notas finais.[12]

	Inglaterra	%	França	%	Itália	%	Total	%
1000	1,50	–	7,00	–	5,80	–	14,30	–
1100	1,84	23%	8,06	15%	7,00	21%	16,90	18%
1200	3,37	83%	11,96	48%	9,90	41%	25,23	49%
1300	4,35	29%	20,41	71%	12,50	26%	37,26	48%
1400	2,08	–52%	12,26	–40%	8,00	–36%	22,34	–40%
1500	2,21	6%	16,70	36%	9,00	13%	27,91	25%
1600	4,162	89%	19,60	17%	13,273	47%	37,035	33%
1700	5,211	25%	22,60	15%	13,481	2%	41,292	11%
1800	8,671	66%	28,70	27%	18,092	34%	55,463	34%
1900	30,072	247%	40,681	42%	32,966	82%	103,719	87%
2000	49,139	63%	59,268	46%	56,996	73%	165,402	59%

TABELA 1.2 Populações da Inglaterra, França e Itália (em milhões). Favor observar que os totais e porcentuais foram calculados antes do arredondamento para mais ou para menos em duas ou três casas decimais.

A EUROPA E O RESTANTE DO MUNDO

Os números constantes na Tabela 1.2 parecem indicar uma realidade totalmente diferente das estimativas relatadas no início deste anexo. De acordo com os números referentes ao ano de 1550 apresentados por Livi Bacci, as populações de Inglaterra, França e Itália constituíam trinta e cinco por cento da população total da Europa. Já com os números propostos por Malanima, verificamos que Inglaterra, País de Gales, França e Itália tinham, juntas, 27,5 milhões dos 84,85 milhões de habitantes da Europa em 1500; tirando de nossa estimativa a população do País de Gales, com cerca de trezentos mil habitantes, teríamos um número indicando que, demograficamente, Inglaterra, Itália e França representavam trinta e dois por cento da população total da Europa. Ainda usando as estimativas de Malanima, vemos que, em 1400, os três países respondiam por 33 por cento dos habitantes da Europa; 34,9 por cento em 1300; 34 por cento em 1200; 35 por cento em 1100 e 34,5 por cento no ano 1000. Esses números nos parecem muito coerentes: nenhum índice inferior a trinta e três por cento e nenhum superior a trinta e cinco por cento. Os números da Tabela 1.2 referentes aos anos de 1500, 1600 e 1700 parecem indicar também que as populações desses três países sempre corresponderam a trinta e três por cento do total de habitantes da Europa no período anterior à Revolução Agrícola. Se é possível estimar a população da Europa usando os trinta e três por cento dos três países como amostra, então a multiplicação dos números relativos a populações na Tabela 1.2 por 1/0,33 nos dará as estimativas demográficas do "Método A" da Tabela 1.3. Por outro lado, usando os computados aumentos na Tabela 1.2 para os três países e fazendo uma estimativa retrospectiva com base nos consensuais oitenta e quatro milhões de habitantes em 1500, obteremos uma conforme o "Método B". Esses números têm uma correspondência muito próxima com a média de 42,1 milhões do ano 1000 já referida, obtida com base nos dados dos demógrafos citados no início deste anexo. Eles apresentam também uma correlação muito estreita com os números de Malanima (que parecem um tanto exagerados em comparação com os de outros estudiosos) referentes aos anos de 1200 e 1400. Todavia, o número relativo ao ano de 1300 é muito maior do que os propostos por qualquer um desses demógrafos mencionados.

Ano	Malanima (2009)	% de mudança	Método A (proporcional, multiplicado por 1/33%)	Método B (estimativa retrospectiva a partir de 84 milhões em 1500)	% de mudança
1000	47,1	–	43,3	43,1	
1100	55,6	18%	51,2	50,9	18%
1200	76,7	38%	76,4	75,9	49%
1300	93,6	22%	112,9	112,2	48%
1400	67,8	28%	67,7	67,3	–40%
1500	84,8	25%	84,5	84,0	30%

TABELA 1.3 Estimativas de populações da Europa entre os anos 1000 e 1500 (em milhões)

Os números da Tabela 1.2 por trás dos Métodos A e B são baseados nos dados mais confiáveis existentes na Europa. Não existe razão para supor que o tamanho das populações desses três países tenha sido muito acima do correspondente a trinta e três por cento da população total da Europa somente em 1300. Portanto, parece provável que a população da Europa tenha aumentado para cento e doze milhões de habitantes nesse ano. É importante o fato de que a ocasião seguinte em que a população desses três países aumentou para mais de trinta e sete milhões, em 1700, a população do continente chegou, como um todo, a cento e vinte e cinco milhões de pessoas. Uma vez que isso aconteceu antes que a Revolução Agrícola se consolidasse, ele reforça ainda mais a teoria de que as condições da Europa poderiam ter comportado uma população de cento e doze milhões de cidadãos no período anterior à Peste Negra.

O motivo para isso não ter sido proposto por demógrafos europeus no passado talvez seja porque a imensidão da contribuição da Peste Negra para a taxa de mortandade não foi reconhecida. Os números apresentados por Benedictow indicam uma queda muito maior no tamanho da população do que a imaginada pela maioria dos demógrafos anteriores a 2004. Mas não se deve achar que tenhamos simplesmente aceitado suas conclusões sobre despovoamentos sem maiores exames; na verdade, fomos bastante cautelosos, lançando mão de taxas de mortalidade consideravelmente menores do que as indicadas pelas conclusões dele. Muitos historiadores propuseram que, em 1300, a população da Inglaterra montava a cinco milhões de habitantes, e, segundo Lot, nessa época a população da França era de vinte e dois milhões. Se considerássemos válida a proposição de que foi de cinquenta e cinco por cento a taxa de despovoamento da Inglaterra entre 1348 e 1351 — ainda assim consideravelmente menor do que a de 62,5 por cento de Benedictow —, poderíamos dizer que a população da Inglaterra em 1300 era de 5,8 milhões, número que aumentaria em um milhão a amostra de três países. Já se, com base na pesquisa de Lot, adicionássemos mais um milhão à população da França, o resultado indicaria que a população da Europa era de quase cento e vinte milhões. Portanto, uma população de cento e doze milhões na Europa no ano de 1300 é uma estimativa moderada, mesmo que maior do que a proposta por todos os outros estudiosos anteriores.

Usei os números do Método B na Tabela 1.4 e ao longo de todo este livro. Quanto a estimativas da população da Europa de 1500 em diante, baseei-me nos dados de Livi Bacci apresentados em seu *Population History of Europe*, páginas 8 e 9. Os números relativos à população europeia no ano 2000 foram extraídos de um relatório da Seção de Demografia do Departamento de Assuntos Socioeconômicos das Nações Unidas: *World Population Prospects: The 2012 Revision* (2013). Quanto aos números da população mundial constantes na tabela a seguir, lancei mãos dos números apresentados por J.-N. Biraben, conforme citados pelo censo americano.[13] Estes dados não foram adaptados para justificar a estimativa de uma população maior na Europa em 1300.

Século	Europa	% de mudança	O mundo	% de mudança
1000	43	–	254	12%
1100	51	18%	301	19%
1200	76	49%	400	33%
1300	112	48%	432	8%
1400	67	–40%	374	–13%
1500	84	25%	460	26%
1600	111	38%	579	31%
1700	125	13%	679	17%
1800	195	56%	954	41%
1900	422	116%	1.633	71%
2000	729	73%	6.090	273%

TABELA 1.4 População da Europa e do mundo (em milhões)

Notas

A menos que expressamente indicado, Londres é o local de publicação das obras.

1001-1100 O Século XI

1. Com relação à Europa, veja N. J. G. Pounds, *An Economic History of Medieval Europe* (1974), p. 99. A escassez de reservas de moedas em Devon e Cornwall foi trazida à minha atenção por Henry Fairbairn, na forma de um estudo apresentado à London Medieval Society em abril de 2002.
2. C. H. Haskins, *The Renaissance of the Twelfth Century* (2ª ed., 1955, 5ª imp., 1971), p. 72.
3. Os números relacionados a Devon são tratados detalhadamente em Bill Hardiman e Ian Mortimer, *A Guide to the History and Fabric of St. Andrew's Church, Moretonhampstead* (Friends of St. Andrew's, 2012), pp. 4-5. Com respeito aos números de Paderborn, veja *the New Cambridge Medieval History*, vol. 3, p. 46.
4. Christopher Holdsworth, *Domesday Essays* (Exeter, 1986), p. 56; Neil S. Rushton, "Parochialisation and Patterns of Patronage in 11th Century Sussex", *Sussex Archaeological Collections*, 137 (1999), pp. 133-52, na p. 134.
5. Rushton, "Parochialisation", Apêndice 1.
6. Citado em Pierre Bonassie, tradução de Jean Birrell, *From Slavery to Feudalism in South-western Europe* (Cambridge, 1991), p. 1.
7. A citação do Papa Gregório, o Grande, foi adaptada do texto original constante em Frederick Pijper, "The Christian Church and Slavery in the Middle Ages", *American Historical Review*, 14, 4 (julho de 1909), pp. 675-95, na p. 676. A observação sobre São Geraldo de Aurillac foi extraída de Bonaisse, *Slavery to Feudalism*, p. 55.

8. John Gillingham, "Civilising the English? The English Histories of William of Malmesbury and David Hume", *Historical Research*, 74, 183 (fevereiro de 2001), pp. 17-43, princ. na p. 36. Sou grato ao Dr. Marc Morris por ter trazido isso ao meu conhecimento.
9. Plinio Prioreschi, *A History of Medicine. Vol. 5: Medieval Medicine* (Omaha, 2003), p. 171.
10. Marc Morris, *The Norman Conquest* (2012), p. 334.
11. Michael Hart, *The 100* (1ª ed., 1978, 2ª ed., 1992).

1101-1200 O Século XII

1. Maurice Keen, *Chivalry* (1984), p. 88.
2. John Langdon, *Horse, Oxen and Technological Innovation* (Cambridge, 1986), p. 98.
3. Geoffrey Parker, *The Global Crisis: War, Climate Change and Catastrophe in the Seventeenth Century* (2013), p. 17.
4. David Knowles e R. Neville Hadcock, *Medieval Religious Houses: England and Wales* (2ª ed., 1971), p. 494; John T. Appleby, *The Troubled Reign of King Stephen* (1969), p. 191.
5. Jacques LeGoff, tradução de Arthur Goldhammer, *The Birth of Purgatory* (1986), pp. 222-3.
6. C. H. Haskins, *The Renaissance of the Twelfth Century* (2ª ed., 1955, 5ª reimp., 1971), pp. 38-9.
7. Ibid., p. 71.
8. Ralph Norman, "Abelard's Legacy: Why Theology is Not Faith Seeking Understanding", *Australian eJournal of Theology*, 10 (maio de 2007), p. 2; M. T. Clanchy, *Abelard: A Medieval Life* (Oxford, 1999), p. 5.
9. De acordo com Charles Homer Haskins: "De uma forma geral, mais conhecimentos científicos foram transmitidos à Europa ocidental pelas mãos de Gerardo de Cremona do que por qualquer outro meio." Veja Haskins, *Renaissance*, p. 287
10. Roy Porter, *The Greatest Benefit to Mankind* (1997), p. 110.
11. Plinio Prioreschi, *A History of Medicine. Vol. 5: Medieval Medicine* (Omaha, 2003), pp. 168-9.
12. Vivian Nutton, "Medicine in Late Antiquity and the Early Middles Ages", em Lawrence I. Conrad et al. (eds.), *The Western Medical Tradition 800 BC to 1600 AD* (Cambridge, 1995), pp. 71-87.

13. Stanley Rubin, *Medieval English Medicine* (Newton Abbot, 1974), p. 105.
14. Haskins, *Renaissance*, pp. 322-7.

1201-1300 O Século XIII

1. Maurice Keen, *Chivalry* (Yale, 1984), p. 87.
2. O bispo de Winchester cobrava imposto de capitação consuetudinário de um centavo de cada um dos homens com idade acima de doze anos cm sua propriedade de Taunton, Somerset. A partir de 1209, a renda dessa tributação passou a ser registrada nos pergaminhos do bispo todos os anos. Essa renda aumentou de duas libras e onze xelins em 1209 (seiscentos e doze homens) para seis libras e quatro xelins em 1311 (mil quatrocentos e oitenta e oito homens), um aumento de 0,85 por cento ao ano. Veja N. J. G. Pounds, *An Economic History of Medieval Europe* (1974), p. 145.
3. Samantha Letters, "Gazetteer of Markets and Fairs in England and Wales to 1516", http://www.history.ac.uk/cmh/gaz/gazweb2.html. Dados baixados em 13 de março de 2014.
4. Citado em Pounds, *Economic History*, p. 251.
5. Ibid., p. 100
6. Fernand Braudel, *Civilisation and Capitalism, 15th-18th Centuries* (3 vols., 1984), iii, p. 93; Letters, "Gazetteer of Markets and Fairs".
7. Braudel, *Civilisation and Capitalism*, iii, p. 27.
8. Ibid., iii, p. 113.
9. Letters, "Gazetteer of Markets and Fairs".
10. Michael Clanchy, *From Memory to Written Record: England 1066-1307* (2ª ed., 1993).
11. Citado em W. L. Warren, *King John* (1961), pp. 245-6.
12. William Woodville Rockhill (ed.), *The Journey of William of Rubruck to the Eastern Parts of the World 1253-55* (1900), pp. 211, 223.

1301-1400 O Século XIV

1. Robert S. Gottfried, *The Black Death* (1983), p. 25.
2. É uma adaptação do exemplo apresentado por Geoffrey Parker, *The Global Crisis: War, Climate Change and Catastrophe in the Seventeenth Century* (2013), pp. 19-20.

3. Essas informações são baseadas em minhas estimativas corrigidas dos números referentes a populações da Europa no ano de 1300 constantes no Anexo.
4. Quanto à questão da taxa de mortalidade entre 1348-51 ter sido em torno de 62,5 por cento na Inglaterra, veja Ole J. Benedictow, *The Black Death, 1346-1353: The Complete History* (2004). Quanto aos quarenta e cinco por cento, veja o Anexo deste livro.
5. Benedictow, *Black Death*, p. 283, citando Marchionne di Coppo Stefani, transcrito em J. Henderson, "The Black Death in Florence: Medical and Communal Responses", em *Death in Towns* (1992), p. 145.
6. Benedictow, *Black Death*, p. 291 (taxa de mortalidade em Florença); Gottfried, *Black Death* (1983), p. 47 (Boccacio).
7. Gottfried, *Black Death*, p. 49.
8. Benedictow, *Black Death*, p. 356
9. Vários escritores incluem essa história do navio inglês em suas obras; Benedictow, *Black Death*, p. 156, informa que o episódio se deu no início de julho de 1349.
10. Benedictow, *Black Death*, p. 383.
11. Clifford Rogers, *War Cruel and Sharp: English Strategy under Edward III, 1327-1360* (2000), pp. 40-1.
12. Sir Herbert Maxwell (ed.), *The Chronicle of Lancercost* (1913), p. 271.
13. Ian Mortimer, *The Perfect King* (2006), pp. 20-1; Rupert Taylor, *The Political Prophecy in England* (Nova York, 1911; reimp. em 1967), pp. 160-4; T. M. Smallwood, "Prophecy of the Six Kings", *Speculum*, 60 (1985), pp. 571-92.
14. Afirma-se com frequência que os arqueiros de Eduardo III eram galeses. Jim Bradbury trata minuciosamente dessa questão em seu livro *The Medieval Archer* (Woodbridge, 1985; reimp. em 1998), pp. 83-90, e acha insatisfatórias as provas dessa afirmação. Na verdade, os primeiros arqueiros aos quais se atribuiu o crédito de terem conseguido avanços táticos consideráveis eram ingleses. Isso é confirmado pelas provas referentes à primeira parte do reinado de Edward III. Em 1334, o rei e seus nobres forneceram, respectivamente, quatrocentos e oitenta e um e setecentos e setenta e um arqueiros montados, mas, ao mesmo tempo, o rei convocou quatro mil arqueiros de Lancashire e mais de cinco mil de Yorkshire (veja minha biografia de Eduardo III, *The Perfect King*, pp. 119-20). Embora Bradbury conclua que o arco longo "não provém de nenhuma localidade em especial" (*Medieval Archer*, p. 84), é notável a decisão de Eduardo III de ter recorrido tanto à região norte em busca de suprimentos de arcos na primeira parte de seu reinado. Em anos posteriores, os arqueiros de Cheshire ganharam a fama de serem os melhores do país.

NOTAS 425

15. Louis Ropes Loomis, *The Council of Constance* (1961), pp. 316, 456.
16. Ibid., pp. 340-1. Em 1415, a Inglaterra tinha dezessete arcebispos e bispos; o País de Gales, quatro; a Escócia, treze (que não eram leais a Henrique V); e a Irlanda, trinta e quatro (poucos dos quais eram leais a Henrique V).
17. J. R. Lumby (ed.), *Chronicon Henrici Knighton, vel Cnitthon, monachi Leycestrensis* (2 vols., 1889-95), ii, p. 94.
18. T. B. James e J. Simons (eds.), *The Poems of Laurence Minot, 1333-1352* (Exeter, 1989), p. 86.
19. Chris Given-Wilson (ed.), *Parliamentary Rolls of Medieval England* (ed. em CD ROM, Woodbridge, 2005), Parlamento de 1382.
20. Joshua Barnes, *The History of that Most Victorius Monarch, Edward III* (1688), prefácio.
21. Rogers, *War Cruel and Sharp*, p. 1.

1401-1500 O Século XV

1. Veja outros argumentos sobre essa questão em Ian Mortimer, "What Hundred Years War?", *History Today* (outubro de 2009), pp. 27-33.
2. C. R. Boxer, *The Portuguese Seaborne Empire 1415-1825* (1969), p. 26.
3. Existiam medidas precisas sobre a circunferência da Terra — os números apresentados por Erastótenes e Posidônio no mundo antigo eram os que mais se aproximavam dos milhares de quilômetros da distância em questão —, mas esses trabalhos eram desconhecidos por Colombo.
4. Jean Gimpel, *The Medieval Machine* (2ª ed., 1988), p. 153. Um relógio astronômico com pêndulo de compensação a mercúrio é mencionado num manuscrito castelhano dessa mesma década.
5. Ian Mortimer, *The Perfect King* (2006), p. 288.
6. Gimpel, *Medieval Machine*, p. 169.
7. Lynn White Jr., *Medieval Technology and Social Change* (ed. em brochura da OUP, 1964), pp. 125-6; Ian Mortimer, *The Fears of Henry IV* (2007), pp. 92-3.
8. White, *Medieval Technology*, p. 127.
9. The National Archives, Kew, Londres: DL 28/1/2 fol. 15v.
10. Lucy Toulmin Smith (ed.), *Expeditions to Prussia and the Holy Land Made by Henry Earl of Derby* (1894), p. 93.
11. Chris Wooglar, *The Senses in Medieval England* (2006), p. 139. Os dois espelhos mais baratos custaram quinze xelins e cinco centavos e sete xelins e nove centavos; o terceiro espelho, adornado com pedras preciosas, custou três libras e dez xelins.

12. É possível que Gutenberg não tenha "inventado" a prensa tipográfica, mas se utilizado da ideia. Como se sabe muito bem, os benefícios da imprensa foram conhecidos pelos chineses séculos antes de isso ter acontecido no Ocidente, e os coreanos começaram a usar tipos móveis algumas décadas antes de Gutenberg. Ademais, segundo consta, Laurens Janszoon Coster, cidadão de Haarlem, imprimia textos em latim com tipos móveis de madeira no início da década de 1420, antes do incêndio que destruiu sua terra natal. Com certeza, a impressão com blocos de madeira vinha sendo usada no Ocidente décadas antes de Gutenberg. Asa Briggs e Peter Burke, *A Social History of the Media* (2005), p. 31.
13. Ibid., 33.
14. Evan T. Jones e Alwyn Ruddock, "John Cabot and the Discovery of America", *Historical Research*, 81 (2008), pp. 224-54.

1501-1600 O Século XVI

1. Asa Briggs e Peter Burke, *A Social History of the Media* (2005), p. 13.
2. Ibid., p. 15
3. Roy Porter, *The Greatest Benefit to Mankind* (1997), p. 312.
4. W. B. Stephens, "Literacy in England, Scotland and Wales 1500-1900", *History of Education Quarterly* 30, 4 (1990), pp. 545-71, na p. 555.
5. Na Inglaterra, outros exemplos são os bispos de Hereford e de Lincoln, que opuseram efetiva resistência ao reinado de Eduardo II; John Stratford, arcebispo da Cantuária, que tentou resistir às imposições de Eduardo III; Thomas Arundel, arcebispo da Cantuária, que se opôs a Ricardo II; Richard Scrope, arcebispo de York, que se opôs ao governo de Henrique IV; o cardeal Beaufort, que tentou provocar a abdicação de Henrique IV.
6. William P. Guthrie, *The Later Thirty Years War* (2003), p. 16; Geoffrey Parker, "The Military Revolution 1560-1660 — a Myth?", *Journal of Modern History*, 48, 2 (1976), pp. 195-214, na p. 199.
7. O debate foi iniciado por Michael Roberts, *The Military Revolution 1560-1600* (Belfast, 1956).
8. Veja informações sobre o estribo em Lynn White Jr., *Medieval Technology and Social Change* (edição em brochura da OUP, 1964), pp. 1-39, esp. p. 24.
9. Além disso, o caso do Japão demonstra que, pelo menos naquele país, foram governos ambiciosos e fortes que levaram a uma demanda por armas de fogo, e não o contrário. Veja Stephen Morillo, "Guns and Government: A Comparative Study of Europe and Japan", *Journal of World History*, 6, 1 (1995), pp. 75-106.
10. Parker, "Military Revolution", p. 206.

11. Geoffrey Parker, *Global Crisis: War, Climate Change and Catastrophe in the Seventeenth Century* (2013), p. 32.
12. C. R. Boxer, *The Portuguese Seaborne Empire* (1969), p. 49.
13. Essa proporção de cento e dez mortes em cada grupo de cem mil cidadãos equipara-se à de cento e sessenta e cinco pessoas mortas em cada grupo de cem mil adultos, a média de Dodge City. Veja Carl I. Hammer Jr., "Patterns of Homicide in a Medieval University Town: Fourteenth-Century Oxford", *Past & Present*, 78 (1978), pp. 3-23, nas pp. 11-12; Randolph Roth, "Homicide Rates in the American West", https://cjrc.osu.edu/research/interdisciplinary/hvd/homicide-rates-american-west. Dados baixados em 20 de janeiro de 2014.
14. Manuel Eisner, "Long-term Historical Trends in Violent Crime", *Crime and Justice*, 30 (2003), pp. 83-142, na p. 84.
15. Esse gráfico foi feito com base nos números de Eisner, "Long-Term Historical Trends". Nele, o número referente aos ingleses é uma simples média aritmética relacionada aos anos de 1400 e 1600, tal o caso também dos números referentes aos anos de 1650 e 1750 no que concerne à população italiana no ano de 1700.
16. Stephen Pinker, *The Better Angels of Our Nature* (2011), pp. 77-97.
17. Ibid., pp. 91-2.
18. Stephen Broadberry, Bruce Campbell, Alexander Klein, Mark Overton e Bas van Leeuwen, *British Economic Growth 1270-1870* (2011). Veja estatísticas mais detalhadas nas tabelas de PIB *per capita* na seção de "Enriquecimento Pessoal" da Conclusão, obtidas da mesma fonte.
19. B. R. Mitchell, *British Historical Statistics* (1988, edição em brochura, 2011), pp. 166-9.
20. Pinker, *Better Angels*, p. 89.
21. Azar Gat, "Is War Declining — and Why?", *Journal of Peace Research*, 50, 2 (2012), pp. 149-57, na p. 149.
22. Eisner, "Long-term Historical Trends", p. 107, citando Randolph Roth, "Homicide in Early Modern England, 1549-1800: The Need for a Quantitative Synthesis", *Crime, History and Society*, 5, 2 (2001), pp. 38-68.
23. Citado em Henry Kamen, *The Iron Century: Social Change in Europe 1550-1660* (1971), p. 6.

1601-1700 O Século XVII

1. Henry Kamen, *The Iron Century: Social Change in Europe 1550-1660* (1971), p. 13 (Genebra e Paris); E. A. Wrigley e R. S. Schofield, *The Population History of England 1541-1871: A Reconstruction* (1981), pp. 532-3.

2. Geoffrey Parker, *The Global Crisis: War, Climate Change and Catastrophe in the Seventeenth Century* (2013), p. 17.
3. Ibid., pp. 17, 57.
4. Cecile, Augon, *Social France in the XVIIth Century* (1911), pp. 171-2, 189, citado no Internet Modern History Sourcebook, http://www.fordham.edu/halsall/mod/17france-soc.asp. Dados baixados em 22 de janeiro de 2014 (duzentos moribundos à beira da estrada); Kamen, *Iron Century*, pp. 34-5 (corpos em decomposição).
5. Parker, *Global Crisis*, p. 100.
6. Com respeito à altura dos soldados, veja ibid., p. 22.
7. James Sharpe, *Instruments of Darkness: Witchcraft in Early Modern England* (1996; ed. em brochura, 1997), pp. 256, 257.
8. Os dados dessa tabela foram extraídos das Tabelas 2.3-2.5 em Ian Mortimer, "Medical Assistance to the Dying in Provincial Southern England, *circa* 1570-1720" (tese de doutorado na University of Exeter, 2 vols., 2004), pp. 92-3. A amostra em que ela se baseia vem de uma coletânea de nove mil seiscentos e oitenta e nove comprovantes de validade de testamento relativos a disposições testamentárias de cidadãos falecidos na diocese da Cantuária. As datas especificadas na tabela são os pontos medianos dos períodos de 1570-1599, 1600-1629, 1630-1659 (1649), 1660-1689 e 1690-1719. Observe que, como não existem dados relativos ao período de 1650-1659, o ano de "1645" é o que representa os comprovantes com datas dentro do período de 1630-49. Os interessados podem consultar um conjunto de gráficos feitos com base nesses dados, mas adaptados para refletir o status do falecido, na versão impressa dessa tese em: Ian Mortimer, *The Dying and the Doctors: The Medical Revolution in Seventeenth-Century England* (Royal Historical Society, 2009), pp. 19-20.
9. Teerapa Pirohakul e Patrick Wallis, "Medical Revolutions? The Growth of Medicine in England, 1660-1800", LSE Working Papers nº 185 (janeiro de 2014). Disponível em http://eprints.lse.ac.uk/56053/1/__lse.ac.uk_storage_LIBRARY_Secondary_libfile_shared_repository_Content_Economic%20history%20--%20working%20papers_WP185.pdf. Arquivo baixado em 29 de abril de 2014.
10. Ian Mortimer, "Index of Medical Licentiates, Applicants, Referees and Examiners in the Diocese of Exeter 1568-1783", *Transactions of the Devonshire Association*, 136 (2004), pp. 99-134, na p. 128. Joshua Smith era não só considerado um natural "de Mortonhampstead", mas morou também na paróquia, conforme demonstrado pelo batismo de seu filho aqui, em 1666, e por seu enterro na cidade, em 1672. Seu filho, também chamado Joshua, obteve licença para exercer a profissão de cirurgião em 1700.

11. Citado em Ralph Houlbrooke, *Death, Religion and the Family in England 1480-1750* (Oxford, 1998), pp. 18-19.
12. Veja Mortimer, *Dying and the Doctors*, p. 211.
13. http://www2.census.gov/prod2/statcomp/documents/CT1970p2-13.pdf. Arquivo baixado em 2 de janeiro de 2014.
14. http://www.lib.utexas.edu/maps/historical/ward_1912/america_north_colonization_1700.jpg. Arquivo baixado em 2 de janeiro de 2014.
15. Fernand Braudel, *Civilisation and Capitalism. Vol. 3: The Perspective of the World* (1979), p. 190; C. R. Boxer, *The Portuguese Seaborne Empire* (1969), p. 114.
16. Braudel, *Civilisation and Capitalism*, p. 522.
17. Joan Thirsk e J. P. Cooper, *Seventeenth Century Economic Documents* (Oxford, 1972), p. 780.
18. Jancis Robinson, *The Oxford Companion to Wine* (Oxford, 1994), p. 363.
19. Kamen, *Iron Century*, p. 167.
20. Faramerz Dabhoiwala, *The Origins of Sex* (2012), p. 43.

1701-1800 O Século XVIII

1. *Shakespeare's England: An Account of the Life and Manners of his Age* (2 vols., 1917), i, p. 202.
2. R. C. Tombs, *The Bristol Royal Mail: Post, Telegraph, and Telephone* (sem data), p. 11.
3. Veja um exemplo no *Plymouth and Dock Telegraph and Gazette* de 4 de maio de 1822. A segunda seção de fotografias do livro apresenta também uma imagem desse tipo de anúncio.
4. Fernand Braudel, *Civilisation and Capitalism. Vol. 3: The Perspective of the World* (1979), pp. 316-17.
5. Asa Briggs e Peter Burke, *A Social History of the Media* (2005), p. 81.
6. Segundo consta, os cidadãos das Órcades só tomaram conhecimento da abdicação de Jaime II três meses depois. J. H. Markland, "Remarks on the Early Use of Carriages", *Archaeologia*, 20 (1824), p. 445.
7. *London Magazine*, 3 (julho-dezembro de 1784), p. 313.
8. *Gentleman's and London Magazine, or Monthly Chronologer* (1785), p. 86.
9. Mark Overton, http://www.ehs.org.uk/dotAsset/c7197ff4-54c5-4f85-afad-fb05c9a5e1e0.pdf ("caricatura"); http://www.bbc.co.uk/history/british/empire_seapower/agricultural_revolution_01.shtml (avaliações depreciativas). Ambos acessados em 30 de janeiro de 2014.

10. John Mortimer, *The Whole Art of Husbandry or the Way of Managing and Improving Land* (2 vols., 4ª ed., 1716), i, pp. 32-3, 131, 157-60, ii, p. 177.
11. Liam Brunt, "Mechanical Innovation in the Industrial Revolution: The Case of Plough Design", *Economic History Review*, New Series, 56 (2003), pp. 444-77.
12. Embora, com certeza, o cultivo de batatas tenha ajudado neste particular, a área cultivada não superava dois por cento do total de terras agrícolas em 1801. Veja Mark Overton, *Agricultural Revolution in England* (Cambridge, 1996), p. 102.
13. E. A. Wrigley, "The Transition to an Advanced Organic Economy: Half a Millennium of English Agriculture", *Economic History Review*, New Series, 59, 3 (agosto de 2006), pp. 435-480, na p. 440.
14. Wrigley, "Transition", p. 451.
15. Claude Masset, "What Length of Life Did Our Forebears Have?", *Population & Societies*, 380 (2002), https://www.ined.fr/fichier/s_rubrique/18771/publi_pdf2_pop_and_soc_english_380.en.pdf (baixado em 27 de janeiro de 2014), citando Élise de La Rcohebrochard, "Age at Puberty of Girls and Boys in France: measurements from a Survey on Adolescent Sexuality", *Population: An English Selection*, 12 (2000), pp. 51-80; Peter Laslett, "Age at Menarche in Europe since the Eighteenth Century", *Journal of Interdisciplinary History*, 2, 2 (1971), pp. 221-36.
16. Ian Davidson, "Voltaire in England", *Telegraph*, 9 de abril de 2010.
17. http://www.constitution.org/jjr/ineq_04.htm. Acessado em 24 de fevereiro de 2014.
18. Faramenz Dabhoiwala, *The Origins of Sex* (2012), pp. 57-9.
19. Ibid., p. 66.
20. Ibid., pp. 103 (Locke), 108 (Hume).
21. Cyril Bryner, "The Issue of Capital Punishment in the Reign of Elizabeth Petrovna", *Russian Review*, 49 (1990), pp. 389-416, nas pp. 391 (abolição), 416 (impopularidade).
22. Entre 1651 e 1690, houve oitocentas e vinte e quatro execuções em Amsterdã; entre 1761 e 1800, esse número foi de oitocentas e trinta e nove. Em razão, porém, do significativo aumento da população da cidade (de cento e oitenta mil para duzentos e vinte mil), isso equivale à redução de um sexto na taxa de execuções judiciais. Veja Petrus Cornelis Spierenburg, *The Spectacle of Suffering* (Cambridge, 1984), p. 82. No Old Bailey de Londres, nos vinte anos entre 1680 e 1699, juízes ouviram seis mil duzentos e quarenta e quatro casos e deram mil e oitenta e duas sentenças de morte (17,3%). Um século depois (1780-99), eles julgaram catorze mil novecentos e setenta e um casos e impuseram mil seiscentas e oitenta e uma penas de morte (11,2%). Números obtidos em http://www.oldbaileyonline.org. Acessado em 27 de abril de 2014.

23. Murray Newton Rothbard, *Economic Thought Before Adam Smith: An Austrian Perspective on the History of Economic Thought* (2 vols., 1995; 2ª ed., 2006), i, p. 346.
24. Juliet Gardiner e Neil Wenborn (eds.), *The History Today Companion to British History* (1995), p. 63.
25. Esses bancos eram o Exeter Bank (1769), o Devonshire Bank (1770), o City Bank (1786), o General Bank (1792) e o Western Bank (1793). http://www.exetermemories.co.uk/em/banks.php. Acessado em 27 de abril de 2014.
26. Eric Hobsbawm, *The Age of Revolution 1789-1848* (1962), p. 46.
27. A. E. Musson, *The Growth of British Industry* (1978), p. 60.
28. Gregory Clark e David Jacks, "Coal and the Industrial Revolution 1700-1869", *European Review of Economic History*, II (2007), pp. 39-72, na p. 44.
29. Richard Brown, *Society and Economy in Modern Britain 1700-1850* (2002), p. 58.
30. Clark e Jacks, "Coal and the Industrial Revolution", p. 47.
31. Eric H. Robinson, "The Early Diffusion of Steam Power", *Journal of Economic History*, 34 (1974), pp. 91-107, na p. 97.
32. J. J. Mason, "Sir Richard Arkwright (1732-1792), Inventor of Cotton-Spinning Machinery and Cotton Manufacturer", *ODNB*.
33. Neil McKendrick, "Josiah Wedgwood and Factory Discipline', *Historical Journal*, 4 (1961), pp. 30-55, na p. 33.
34. Os dados estatísticos desse parágrafo foram extraídos de Brown, *Society and Economy*, pp. 51 (algodão), 56 (ferro-gusa), 48 (patentes). O total de vinte e duas patentes concedidas entre 1700 e 1709 foi revisado para trinta e um, de acordo com o número oficial constante em http://webarchive.nationalarchives.gov.uk/20140603184217/http://www.ipo.gov.uk/types/patent/p-about/p-whatis/p-oldnumbers/p-oldnumbers-1617.htm. Acessado em 2 de fevereiro de 2014.

1801-1900 O Século XIX

1. Robert Woods, "Mortality in Eighteenth-Century London: A New Look at the Bills", *Local Population Studies*, 77 (2006), pp. 12-23, Tabela 2 (1700, 1800); Geoffrey Chamberlain, "British Maternal Mortality in the Nineteenth and Early Twentieth Centuries", *Journal of the Royal Society of Medicine*, 99 (2006), pp. 559-63, total 1 (1900). O número relativo ao ano de 1900 refere-se à Inglaterra, e não a Londres.
2. Esse gráfico foi feito com base nos números em Paul Bairoch e Gary Goertz, "Factors of Urbanisation in the Nineteenth Century Developed Countries: A Descriptive and Econometric Analysis", *Urban Studies*, 23 (1986), pp. 285-305, nas pp. 288, 291.

3. B. R. Mitchell, *British Historical Statistics* (1988, ed. em brochura, 2011), pp. 545-7.
4. Os dados presentes nesse gráfico foram baixados em 5 de fevereiro de 2014 do Internet Modern History Sourcebook, http://www.fordham.edu/halsall/mod/indrevtabs1.asp. Essa fonte atribui ao *The Fontana Economic History of Europe*, vol. 4, parte 2, a origem dos dados. Como as estatísticas referentes ao Reino Unido não conferem com as já fornecidas, extraídas do *British Historical Statistics*, elas foram omitidas da tabela.
5. Essas informações foram obtidas com o exame dos registros de internação do St. Thomas Lunatic Asylum, em Bowhill House, Exeter, os quais estão arquivados agora no Devon Record Office, ref.: 3992F.
6. C. R. Perry, "Sir Rowland Hill", *ODNB*.
7. http://www.theiet.org/resources/library/archives/featured/francis-ronalds.cfm. Acessado em 6 de fevereiro de 2014.
8. Informações relacionadas aos EUA obtidas em http://www2.census.gov/prod2/statcomp/documents/CT1970p2-05.pdf. Baixado em 9 de fevereiro de 2014. Informações referentes ao Reino Unido obtidas do site da British Telecom, http://www.btplc.com/Thegroup/BTsHistory/Eventsintelecommunicationshistory/Eventsintelecommunicationshistory.htm. Acessado em 9 de fevereiro de 2014.
9. Roy Porter, *The Greatest Benefit to Mankind* (1997), p. 410.
10. Ibid., p. 407.
11. Vivian Nutton, "The Reception of Fracastoro's Theory of Contagion", *Osiris*, 2ª série, 6 (1990), pp. 196-234.
12. Porter, *Greatest Benefit*, p. 412.
13. Essas imagens estão presentes na publicação do *Daily Mail*, *Convenants with Death*.
14. Essa citação, tantas vezes erroneamente citada, foi feita por Grey durante um debate na Câmara dos Lordes em 22 de novembro de 1830. Veja *Hansard's Parliamentary Debates*.
15. Neil Johnston, "The History of the Parliamentary Franchise", House of Commons Research Paper 13/14 (1º de março de 2014), http://www.parliament.uk/briefing-papers/RP13-14.pdf. Baixado em 13 de fevereiro de 2014.
16. Sabine Baring-Gould, *Devonshire Characters and Strange Events* (1908), pp. 52-69.
17. K. D. Reynolds, "Norton [née Sheridan], Caroline Elizabeth Sarah", *ODNB*.
18. Em 1568, Mary Cornellys, cidadã de Bodmin, obteve licença para o exercício da medicina em toda a diocese de Exeter: Ian Mortimer, "Index of Medical Licentiates, Applicants, Referees and Examiners in the Diocese of Exeter 1568-1783", *Transactions of the Devonshire Association*, 136 (2004), pp. 99-134.

Margaret Pelling me informou também que uma mulher chamada Adrian Colman e outra chamada Alice Glavin obtiveram licenças em fins do século XVI: Margaret Pelling e Charles Webster, "Medical Practioners", em Charles Webster (ed.), *Health, Medicine and Morality in the Sixteenth Century* (Cambridge, 1979), pp. 165-236, na p. 223. Isabel Warwike, de York, conseguiu licença também em 1572. Em meados do século XVII, quando a palavra "doutor" se tornou sinônimo de "médico" e a educação formal passou a ser vista como algo fundamental para a obtenção de conhecimentos na área da especialização em medicina, mulheres foram proibidas de obter licenças para o exercício da profissão.

19. Deborah Simonton, *The Routledge History of Women in Europe since 1700* (2006), pp. 118-19.
20. Robert A. Houston, "Literacy", EGO: European History Online, http://unesdoc.unesco.org/images/0000/000028/002898eb.pdf. Baixado em 14 de fevereiro de 2014. UNESCO, *Progress of Literacy in Various Countries: A Preliminary Statistical Study of Available Census Data since 1900* (1953); os números referentes ao Reino Unido são oriundos de *Sixty-fourth Annual Report of the Registrar General* (1901), lxxxviii.
21. George Orwell, *Homage to Catalonia* (ed. da Penguin, 1989), p. 84.

1901-2000 O Século XX

1. Agradeço a Nick Hasel, da Woodbarn Farm, de Chew Magna, por me ter relatado o curioso episódio.
2. Os números constantes nesse gráfico foram extraídos de B. R. Mitchell, *British Historical Statistics* (1988, ed. em brochura, 2011), pp. 541-2.
3. Dados referentes ao período de 1904 a 1977 foram obtidos em Mitchell, *British Historical Statistics*, pp. 557-8. Dados relativos ao período de 1977 e 2000 foram extraídos de Vehicle Licensing Statistics, http://www.dft.gov.uk/statistics/series/vehicle-licensing. Acessado em 17 de fevereiro de 2014.
4. Dados sobre carros de vários países do mundo são provenientes de Joyce Dargay, Dermont Gately e Martin Sommer, "Vehicle Ownership and Income Growth, Worldwide: 1960-2030", *Energy Journal*, 28 (janeiro de 2007), pp. 143-70, na pp. 146-7.
5. Mitchell, *British Historical Statistics*, p. 561.
6. http://www.caa.co.uk/docs/80/airport_data/2000Annual/02.3_Use_of_UK_Airports%201975_2000.xls. Acessado em 18 de fevereiro de 2014. Observe que esses números da CAA não conferem com os do livro *British Historical Statistics*, já citado, no que se refere ao período de 1975 a 1980.

7. Duzentos e vinte e sete milhões na Europa, 71,1 milhões nos EUA, 4,5 milhões no Canadá, 3,7 milhões na Austrália e pouco menos de um milhão na Nova Zelândia.
8. David Colman, "Food Security in Great Britain: Past Experience and the Current View", http://www.agr.kyushu-u.ac.jp/foodsci/4_paper_Colman.pdf. Baixado em 1º de julho de 2014.
9. Com a aprovação da Lei da Câmara dos Lordes de 1999, apenas noventa e dois representantes com títulos hereditários tiveram permissão de permanecer na condição de membros da câmara.
10. http://www.parliament.uk/documents/commons/lib/research/rp99/rp99-111.pdf. Baixado em 20 de fevereiro de 2014.
11. Os níveis de expectativa de vida entre as mulheres eram os seguintes: Alemanha (80,6 anos), Austrália (82,1), Áustria (81,4), Bélgica (80,9), Canadá (81,5), Espanha (82,3), Finlândia (80,9), França (83,1), Grécia (80,8), Islândia (81,8), Itália (82,4), Japão (84,7), Nova Zelândia (80,9), Noruega (81,4), Singapura (80,2), Suécia (82,0) e Suíça (82,5). Entre os homens, eram estes os índices: Austrália (76,6), Canadá (76,0), Espanha (75,4), França (75,2), Grécia (75,4), Islândia (77,1), Itália (76,0), Japão (77,5), Nova Zelândia (75,9), Noruega (75,7), Singapura (80,2), Suécia (77,3) e Suíça (76,7). Dados colhidos em http://www.health.gov.au/internet/main/publishing.nsf/Content/FAEAAFF60030CC23CA257BF00020641A/$File/cmo2002_17.pdf. Baixado em 20 de fevereiro de 2014.
12. Esses dez por cento foram obtidos com base em números relacionados aos vários países presentes no gráfico: http://www.health.gov.au/internet/main/publishing.nsf/Content/FAEAAFF60030CC23CA257BF00020641A/$File/cmo2002_17.pdf. Isso indica que a média de vida profissional ativa varia de 84,5 por cento da expectativa de vida na Rússia a 92,8% na Dinamarca. Na maioria dos países, esse índice gira em torno de 91 por cento. No Reino Unido, ele é de 91,3 por cento.
13. A enciclopédia online de Brian Moseley sobre a história de Plymouth, http://www.plymouthdata.info/Cinemas.htm (acessado em 23 de fevereiro de 2014), menciona o Theatre de Luxe, na Union Street, inaugurado em 10 de abril de 1909; o Andrew's Picture Palace, na Union Street, inaugurado em 1º de agosto de 1910; o Belgrave Hall, na Mutley Plain, inaugurado em 11 de setembro de 1911; o Cinedrome, na Ebrington Street, inaugurado em 27 de novembro de 1911; o Cinema de Luxe, na Union Street, licenciado em 23 de março de 1910; o Cinema Picture Palace, na Saint Aubyn Streen, inaugurado em 21 de maio de 1910; o Empire Electric Theatre, na Union Street, inaugurado em 29 de julho de 1910; o Morice Town and District Picture Palace, na William Street, em Devonport, licenciado em 20 de outubro de 1910; o Paragon Picture Hall, na

Vauxhall Street, licenciado em dezembro de 1912; o People's Popular Picture Palace, na Lower Street, licenciado em 21 de dezembro de 1910; o Theatre Elite Picture Playhouse, na Ebrington Street, inaugurado em 9 de maio de 1910; o Tivoli Picture Theatre, na Fore Street, em Devonport, inaugurado em 26 de janeiro de 1911. Além desses, o Cinedrome, na Mutley Plain, foi inaugurado antes de 6 de fevereiro de 1914; o Electric Cinema, na Fore Street, em Devonport, inaugurado antes de janeiro de 1912; o Picturedrome, em Cattedown, licenciado antes de janeiro de 1912.

14. http://www.screenonline.org.uk/film/cinemas/sect3.html. Acessado em 23 de fevereiro de 2014.
15. Mitchell, *British Historical Statistics*, p. 569.
16. http://www.ofcom.org.uk/static/archive/oftel/publications/research/int1000.htm. Acessado em 23 de fevereiro de 2014.
17. http://uk.russellhobbs.com/blog/kettles-guide/the-electric-kettle-a-brief-historical-overview/. Acessado em 24 de fevereiro de 2014.
18. http://collections.museumoflondon.org.uk/Online/object.aspx?objectID=object--739956&rows=1&start=1. Acessado em 24 de fevereiro de 2014.
19. Existe uma interessante avaliação de riscos de autoria de Sir John Beddington, datada de 18 de dezembro de 2012, sobre o assunto e as consequências de um hipotético Evento de Carrington no Reino Unido. Nela, o autor afirma que os riscos a que o Reino Unido está sujeito são menores do que os dos EUA, em razão do fato de a rede de linhas de transmissão de força britânica ser bem menor que a americana. A National Grid (empresa encarregada da rede de distribuição de energia elétrica britânica) estima que um por cento dos transformadores elétricos podem ser danificados, interrompendo o serviço de distribuição de energia por vários meses, e que o sistema de aviação poderia ser afetado também. Já os efeitos nos sistemas de comunicação digital são mais difíceis de prever. http://www.parliament.uk/documents/commons-committees/defence/121220-PM-to-Chair-re-EMP.pdf. Baixado em 2 de julho de 2014.
20. O Conde de Birkenhead, *The World in 2030 AD* (1930), p. 27.

Conclusão: Em qual século houve mais transformações?

1. Abraham Maslow, "A Theory of human motivation", *Psychological Review*, 50 (1943), pp. 370-96. http://psychclassics.yorku.ca/Maslow/motivation.htm. Acessado em 4 de janeiro de 2014.

2. Talvez seja necessário acrescentar que, mesmo que houvesse uma grande população de imigrantes, a imigração em si levaria a demandas crescentes sobre os estoques de alimentos da comunidade analisada. Portanto, esse fator não precisa ser considerado à parte da questão do fenômeno da expansão demográfica natural.
3. No século XX, crescimentos populacionais eram limitados também por outros fatores, além do relacionado com a questão da oferta de alimentos — a opção de não se ter um família grande, por exemplo —, e, assim, a relação entre crescimento populacional e aumentos na oferta de alimentos foi rompida. O desenvolvimento da capacidade de cuidar de *todas* as pessoas no que se refere a *todas* às suas necessidades alimentares foi, certamente, uma conquista do século XX. Contudo, sucesso não é a mesma coisa que mudança. A transformação na capacidade de satisfazer noventa por cento das necessidades alimentares dos membros de um grupo para a de suprir cento e cinco por cento dessas mesmas necessidades (desperdiçando, portanto, uma parte disso) é menos significativa, no que respeita à satisfação de necessidades, do que o aumento dessa capacidade de setenta e cinco por cento para noventa por cento. Ainda que, no que concerne à satisfação das necessidades fisiológicas da sociedade, o século XX passasse pelo mesmo nível de transformações do século XIX, o excesso de oferta, no século XX, indicaria que parte dessa abundância, além de não ter nenhuma relação com necessidades, é desnecessária e, portanto, não passa de "superfluidade" (para usar o termo de Maslow). Todavia, tal é o abismo nas diferenças entre os dois séculos que parece não haver dúvida de que o XIX passou por avanços mais significativos na satisfação de necessidades alimentares do que o XX. Logicamente, isso se aplica somente ao Ocidente: as circunstâncias em outras partes do mundo eram diferentes; nesse aspecto, o mundo subdesenvolvido, por exemplo, sofreu mais transformações no século XX do que no XIX.
4. Pitirim Sorokin, *Social and Cultural Dynamics* (4 vols., 1943).
5. Henry Kamen, *The Century: Social Change in Europe 1550-1660* (1971), p. 43.
6. Sorokin, *Social and Cultural Dynamics* (1962, ed. em vol. Único), p. 550.
7. Ole J. Benedictow, *The Black Death, 1346-1353: The Complete History* (2004), p. 251.
8. Ibid., 252; E. A. Wrigley e R. S. Schofield, *English Population from Family Reconstitution 1580-1837* (1997), p. 614.
9. Massimo Livi Bacci, *Population of Europe* (2000), pp. 135, 166. Como essas tabelas não fornecem dados relacionados à Espanha em 1750, o número referente a 1800 foi usado. Os dados relativos ao ano 2000 são da lista presente no

capítulo 10, Nota 11, com médias aritméticas relacionadas a homens e mulheres. O total referente à Suécia em 1950 foi extraído de *International Health: How Australia Compares*, http://www.aihw.gov.au/WorkArea/DownloadAsset. aspx?id=6442459112. Acessado em 3 de março de 2014.

10. Como os dados referentes aos ingleses fornecidos por E. A. Wrigley e R. S. Schofield em 1997 (números posteriores aos usados na tabela acima) demonstram que a expectativa de vida entre 1591 e 1611 era de 38,18 anos; entre 1691 e 1711, de 37,98; e, entre 1791 e 1811, de 40,19, concluí que o efeito do início do processo de profissionalização em medicina no século XVII foi insignificante quando combinado com as adversidades da vida. Já no século XVIII, o aumento da expectativa de vida foi relativamente pequeno.
11. B. R. Mitchell, *British Historical Statistics* (1988, ed. em brochura, 2011), pp. 166-9.
12. Angus Maddison, *The World Economy: A Millennial Perspective* (2001), p. 264.
13. Stephen Broadberry, Bruce Campbell, Alexander Klein, Mark Overton e Bas van Leeuwen, *British Economic Growth 1270-1870* (2011). http://www.lse.ac.uk/economicHistory/workingPapers/2014/WP185.pdf. Baixado em 3 de março de 2014.
14. R. B. Gordon, M. Bertram e T. E. Graedel, "Metal Stocks and Sustainability", *Proceedings of the National Academy of Sciences*, 103, 5 (2006), pp. 1209-14.
15. http://www.worldcoal.org/resources/coal-statistics/coal-steelstatistics. Acessado em 4 de março de 2014.
16. Vários jornais publicaram o artigo do professor Hawking no fim de abril de 2010, redigido para promover uma série da TV. Parece que foi publicado pela primeira vez no *Daily Mail* de 27 de abril de 2010.
17. Esses 58,6 anos se constituem do seguinte: quatro anos de aceleração constante para percorrer a distância equivalente a 1,4 ano-luz; em seguida, o mesmo tempo desacelerando e depois viajando 21,3 anos para atravessar a distância correspondente a 19,2 anos-luz entre o ponto em que espaçanove alcançaria a velocidade máxima e aquele a partir do qual ela voltaria a desacelerar. Na viagem de volta, o processo se repetiria.

Considerações finais: Qual a importância disto

1. 1.668,9 bilhão de barris em 2012 comparados com 1.158,1 bilhão de barris em 2000. A menos que expressamente indicado, os dados estatísticos usados nessa seção foram extraídos do documento da BP intitulado *Statistical Review World Energy* (2013), disponível em http:// large.stanford.edu/courses/2013/ph240/ lim1/docs/bpreview.pdf. Acessado em 7 de março de 2014.

2. Atualmente, catorze por cento da eletricidade deste país é produzida por métodos sustentáveis, correspondendo essa parcela a 5,2 por cento do total de nosso consumo de energia. Veja *Renewable Energy in 2013*, pp. 1-2, https://www.gov.uk/government/uploads/system/uploads/attachment_data/file/ 323429/Renewable_energy_in_2013.pdf. Baixado em 28 de junho de 2014. Obviamente, para aumentarmos o fornecimento de energia sustentável de catorze por cento para cem por cento, precisaremos suprir não apenas outros oitenta e seis por cento de nossas necessidades energéticas atuais, mas os outros cem por cento das necessidades da população adicional que haverá no país por volta de 2050, os quais podem muito bem montar a doze milhões de pessoas a mais.
3. Um hectare de colza produz 1,1 tonelada de biodiesel ao ano, o equivalente a mil trezentos e onze litros do combustível. Um acre de beterraba produz 4,4 toneladas de bioetanol, ou cinco mil quinhentos e cinquenta e três litros (números obtidos em https://www.forestry.gov.uk/fr/bec, acessado em 23 de março de 2014). Atualmente, o consumo de combustíveis nas estradas britânicas é de sessenta e oito milhões de litros, no caso do óleo diesel, e de cinquenta e seis milhões de litros, no caso da gasolina, *por dia* (http://www.ukpia.com/industry_information/industry-overview.aspx, acessado em 22 de março de 2014). Portanto, sendo iguais todas as outras condições, precisaremos de quase 18,9 milhões de hectares de terras para produzir uma quantidade suficiente do substituto de nossas necessidades de diesel atuais e quase 3,7 milhões de hectares no caso do substituto da gasolina. O total de terras necessárias chega, pois, a 22,6 milhões de hectares; dividindo-se isso por dois, obtemos os 11,3 de hectares mencionado no texto.
4. O consumo mundial atual é de cerca de sessenta e oito milhões de toneladas de urânio por ano. As reservas conhecidas dessa matéria-prima chegavam, em 2011, a cinco mil trezentos e vinte e sete milhões de toneladas. http://www.world-nuclear.org/information-library/nuclear-fuel-cycle/uranium-resources/supply-of-uranium.aspx. Acessado em 28 de junho de 2014.
5. Bosques e matas ocupam nove por cento do território britânico (uma pequena parcela se comparada com a de nossos vizinhos europeus); faixas litorâneas com dunas e estuários constituem pouco menos de um por cento; lagos de água doce e rios representam pouco mais de um por cento; e 4,8 por cento é constituído por montanhas, pântanos e charnecas, grande parte em parques nacionais ou em outras áreas de preservação. Veja UN National Ecosystem Assessment (2012), capítulo 10.
6. Os dados estatísticos foram obtidos em http://www.agr.kyushu-u.ac.jp/foodsci/4_paper_Coman.pdf. Baixado em 16 de junho de 2014.

NOTAS 439

7. Robyn Vinter, "UK Becomes Net Importer of Wheat", *Farmers Weekly* (10 de outubro de 2012).
8. Produzimos apenas oitenta e dois por cento da carne de gado de que precisamos em 2008, cinquenta e dois por cento da carne de porco, oitenta e oito por cento da carne de carneiro e cordeiro e noventa e dois por cento da de frango. Os números são da Tabela 7.4 da UN National Ecosystem Assessment (2012).
9. O porcentual de 0,76 é o aumento anual sofrido pela população inglesa de 2001 (49.138.831) até 2011 (53.012.456). Os números divulgados pelo Office for National Statistics em junho de 2014, depois que esses cálculos foram feitos, indicavam que a população da Inglaterra continua crescendo a uma taxa de 0,7 por cento ao ano.
10. Atualmente, cerca de setenta e cinco por cento dos novos projetos residenciais concentram-se em áreas ocupadas por projetos imobiliários anteriores. Mas existe um limite na disponibilidade desse tipo de terras. A estimativa desse limite foi baseada no pressuposto de que, a cada nova década, o equivalente a dois terços a mais de novos empreendimentos imobiliários em relação à década anterior pode ser realizado em áreas urbanas; portanto, depois de 2020, apenas cinquenta por cento de novos empreendimentos residenciais serão realizados em áreas ocupadas por edificações anteriores; trinta e três por cento após 2030; vinte e dois por cento depois de 2040 e assim por diante, e somente dez por cento após 2060 — mas essa taxa se manterá constante dali para a frente. É difícil determinar o atual ritmo de expansão imobiliária desse tipo. Partindo apenas de uma análise do banco de patrimônio imobiliário nacional do Office for National Statistics, vemos que, em 2007-8, foram construídas duzentas e vinte e três mil casas na Inglaterra, o equivalente a 1,1 por cento do total de 22.288.000 de bens imóveis nacionais. Em 2012-13, foram construídas apenas cento e vinte e cinco mil casas: 0,54 por cento do total de 23.236.000 de unidades do patrimônio imobiliário nacional. A média aritmética desses dois números é ligeiramente maior do que a de nossa estimativa de 0,76 por cento; porém, o governo atual e todos os outros partidos querem que o número de novas casas aumente bastante, conforme exemplificado em 2014 num discurso da rainha. Portanto, podemos esperar um aumento consideravelmente maior na construção de novas casas em relação aos números citados.
11. Os números relativos a essas cento e dez pessoas são do Credit Suisse, *Global Wealth Report* (2013), conforme amplamente divulgado pela imprensa do Reino Unido. Quanto à escravidão, embora tenha sido oficialmente abolida, ela ainda existe em muitos países. Os dez principais acusados dessa prática são Índia, China, Paquistão, Nigéria, Etiópia, Rússia, Tailândia, Congo, Mianmar

e Bangladesh. Segundo estimativas, havia pouco menos de trinta milhões de escravos em 2013 no mundo, predominantemente na Índia, com catorze milhões. Veja http://www.ungift.org/doc/knowledgehub/resource-centre/2013/Global-SlaveryIndex_2013_Download_WEB1.pdf. Baixado em 23 de março de 2014.
12. Thomas Piketty, trad. de Arthur Goldhammer, *Capital in the Twenty-First Century* (2014), p. 165. Lançado no Brasil como *O Capital no século XXI*.
13. Ibid., p. 25.
14. Ibid., p. 356.
15. Para exemplificar isso, imagine uma situação contrária: uma economia atrasada em todos os sentidos numa região muito pouco habitada. Se um agricultor qualquer consegue um excedente de sementes e deseja cultivar alguns acres a mais em benefício de sua família, ele pode simplesmente se apossar de terras devolutas. Como não terá que pagar taxas para usar as novas terras, r não terá valor, mas c terá: assim, seu trabalho resulta em crescimento econômico. Desse modo, enquanto uma economia está em seu estágio de desenvolvimento inicial, é inevitável que o retorno de capital seja menor que o crescimento, ou $r < c$. Todavia, depois que não houver mais terras de que alguém possa se apoderar para fins agrícolas, r começará a ser positiva, já que todo novo fazendeiro à procura de terras terá que pagar arrendamento ao seu proprietário. No início, quando não existem outras pessoas disputando a posse de terras, é provável que a r permaneça baixa, mas, à medida que a população se expande, e cresce a demanda por terras, aumenta o preço que fazendeiros terão que pagar por elas. Ainda é possível, a essa altura, que r seja menor que c, pois a descoberta de uma abundância de novos recursos naturais, tais como petróleo, pode facultar níveis de crescimento econômico extraordinários; porém, no fim das contas, esse tipo de situação se mostrará insustentável. Porquanto, os recursos se esgotarão ou farão aumentar a demanda por terras e atuarão como fator inflacionário sobre r, já que as pessoas terão que competir mais pela posse de terras e pagar taxas de arrendamento mais altas. Após algum tempo, quando todas as terras da região, além de terem seus respectivos donos agora, houverem alcançado seu nível máximo de produção e recursos naturais não renováveis começarem a se esgotar, ficará cada vez mais difícil manter bons níveis de crescimento. Com isso, c diminuirá, e a regra será $r > c$.
16. Martins Gilens e Benjamin I. Page, "Testing Theories of American Politics: Elites, Interest Groups and Average Citizens", *Perspectives on Politics* (lançamento previsto para 2014).
17. Números referentes a países outros que não a Inglaterra foram extraídos de estatísticas do Banco Mundial em: http://data.worldbank.org/indicator/EN.POP.DNST. Acessado em 12 de julho de 2014. A estimativa de 53,5 milhões

de ingleses em 2013 foi obtida em http://webarchive.nationalarchives.gov. uk/20160105225204/http://www.ons.gov.uk/ons/rel/pop-estimate/population--estimates-for-uk--england-and-wales--scotland-and-northern-ireland/mid-2011-and-mid-2012/index.html. Acessado em 12 de julho de 2014. A extensão territorial da Inglaterra foi arredondada para cento e trinta mil e quatrocentos quilômetros quadrados.

18. Dados estatísticos extraídos do documento da BP intitulado *Statistical Review of World Energy* (2014).
19. Paul R. Ehrlich e Anne H. Ehrlich, "Can a Collapse of Global Civilisation be Avoided?", *Proceedings of the Royal Society B*, 280: 20122845. http://dx.doi.org/10.1098/rspb.2012.2845. Acessado em 24 de março de 2014.
20. Geoffrey Parker, *The Global Crisis: War, Climate Change and Catastrophe in the Seventeenth Century* (2013), p. 19.
21. http://www.gallup.com/poll/142727/religiosity-highest-world-poorest-nations.aspx. Acessado em 8 de março de 2014.

Anexo: Estimativas populacionais do passado

1. Paolo Malanima, "Energy and Population in Europe: The Medieval Growth" (2010), pp. 3-4. http://www.paolomalanima.it/default_file/Papers/MEDIEVAL_GROWTH.pdf. Baixado em 12 de fevereiro de 2014.
2. Massimo Livi Bacci, *Population of Europe* (2000), pp. 8-10.
3. Rascunho baixado de http://www.lse.ac.uk/economicHistory/pdf/Broadberry/Medievalpopulation.pdf, em 15 de janeiro de 2014.
4. Ole Benedictow, *The Black Death 1346-1353: The Complete History* (2004), p. 383.
5. Os números na Tabela 1.2 referentes ao período de 1541 a 1871 são números revisados concernentes ao país extraídos de E. A. Wrigley e R. S. Schofield, *English Population History from Family Reconstitution 1580-1837* (1997), p. 614. Os números relativos aos anos de 1900 e 2000 são, na verdade, os dos censos demográficos dos anos 1901 e 2001: Office for National Statistics, *Census 2001: First Results on Population for England and Wales* (2002), p. 5.
6. Na verdade, eles foram extraídos de David E. Davis, "Regulation of Human Population in Northern France and Adjacent Lands in the Middle Ages", *Human Ecology* 14 (1986), pp. 245-67, na p. 252. Os números relativos às fronteiras de 1798 foram ampliados aplicando-se um fator de 1,3, de modo que representassem a França inteira e se tornassem compatíveis com cálculos posteriores.

7. Normand Pounds e Charles C. Roome, "Population Density in Fifteenth Century France and the Low Countries", *Annals of the Association of American Geographers*, 61 (1971), pp. 116-30.
8. "Le recensement de la population dans l'Historie", http://www.insee.fr/fr/ppp/sommaire/imethsoic.pdf. Baixado em 3 de fevereiro de 2014.
9. Livi Bacci, *Population of Europe*, pp. 8-10.
10. Os números referentes aos anos de 1600 e 1700 foram extraídos de ibid., p. 8; os relativos a 1800 e 1900 são de Jacques Dupaquier, *Histoire de la population Française* (4 vols., Paris, 1988), e os do ano 2000 provêm do censo francês de 2001.
11. Giovanni Federico e Paolo Malanima, "Progress, Decline, Growth: Product and Productivity in Italian Agriculture 1000-2000", *Economic History Review*, 57 (2004), pp. 437-64.
12. Os números relativos a 1500-1800 foram extraídos de ibid., p. 446. Os dos anos 1900 e 2000 são oriundos dos dados de censo demográfico publicados pelo ISTAT.
13. https://www.census.gov/population/international/data/worldpop/table_history.php. Acessado em 3 de fevereiro de 2013.

Créditos das Fotografias

Vista de Moretonhampstead, Devon (*coleção do autor*).

Guarita do Castelo de Exeter (*coleção do autor*).

Catedral de Speyer, Alemanha (*coleção do autor*).

Mural da Igreja de Chaldron, Surrey (*coleção do autor*).

Médico árabe realizando sangria, *c.*1240 (*Bridgeman Art Library*).

Parte de uma janela com vitral do início do século XIII da Catedral de Chartres, França, representando um comerciante de vinhos (*Bridgeman Art Library*).

Mapa-múndi de Hereford (*Bridgeman Art Library*).

Efígie de cadáver na Catedral de Exeter (*coleção do autor*).

A Rosa de Ouro do Papa João XXII (*direitos autorais de Brian Shelly*).

Representação de um canhão, extraída de um tratado sobre monarquia de Walter de Milemete (*Bridgeman Art Library*).

O Homem do Turbante Vermelho, de Jan van Eyck (*Bridgeman Art Library*).

Imagem de imprensa tipográfica publicada num livro impresso em 1498 (*Bridgeman Art Library*).

Relógio na capela de Cotehele House, Cornualha (*coleção do autor*).

Retrato de Colombo pintado por Sebastiano del Piombo (*Bridgeman Art Library*).

Mapa do atlas *Theatrum Orbis Terrarum* (1570), de Abraham Ortelius, 1570 (*Bridgeman Art Library*).

Pistola de caça com fecho de rodete de 1578 (*Bridgeman Art Library*).

Íris na obra *De historia stirpium*, de Leonhart Fuchs, 1542 (*Bridgeman Art Library*).

Casa de detenção de bruxas do bispo de Bamberg (*Staatsbibliothek Bamber, shelf--mark V B 211m*).

Telescópio de Johannes Hevelius (*domínio público*).

Telescópio de Isaac Newton (*Bridgeman Art Library*).

Quadro de ensaio da ópera de Londres, pintado por Marco Ricci, 1708 (*Bridgman Art Library*).

Máquina a vapor de Thomas Newcomen, 1718 (*Getty Images*).

O Juramento do Jogo de Péla, tela não concluída de Jacques-Louis David (*Bridgeman Art Library*).

O tear elétrico, imagem de Thomas Allom, 1834 (*Bridgeman Art Library*).

Propaganda da diligência entre Plymouth e Londres, *Plymouth and Dock Telegraph and Chronicle*, 4 de maio de 1822 (*coleção do autor*).

O Boulevard du Temple, Paris, fotografado por Louis Daguerre, 1838 (*domínio público*).

SS Great Britain na Bacia de Cumberland, fotografado por William Fox Talbot, 1844 (*domínio público*).

Flyer, aeronave dos irmãos Wright que realizou seu primeiro voo em 17 de dezembro de 1902 (*Library of Congress*).

Autocromo de um soldado francês, junho de 1917, de autoria de Paul Castelnau (*Ministère de la Culture — Médiathèque du Patrimoine, Dist. RMN-Grand Palais/Paul Castelnau*).

O Dr. Nagai em Nagasaki após o bombardeio nuclear, agosto de 1945 (*Bridgeman Art Library*).

Park Row Building, Nova York (*Library of Congress*).

Petronas Towers, Kuala Lumpur (*Bridgeman Art Library*).

Nascer da Terra: a Terra fotografada da Apollo 8, 24 de dezembro de 1968.

Índice remissivo

Nascer da Terra: a fotografia da Terra tirada da espaçonave Apollo 8, 24 de dezembro de 1968 (*NASA*).

Abelardo, Pedro 52, 61-2, 63-4, 66, 73, 77, 91-2, 102, 154, 228, 387
Abulcasis 68-9, 71
Academia Naturae Curiosorum (Leopoldina) 206-7
Académie des Sciences 207
Accademia dei Lincei 206
aço 184, 298, 383-4
Acre (cidade israelense) 82
Adam de Moreton 107
Adelardo de Bath 65
adultério 37, 104, 227, 246
advogados 53, 85, 97, 224, 226, 301
África 17-8, 65-6, 69, 114, 222
   no século XIX, 284, 331
   no século XV, 143-4, 145, 193
   no século XVI, 161, 192, 194-5
   no século XVII, 192, 217-8, 219
África do Sul 218, 274, 295, 305
Agincourt, batalha de (1415) 126
Agnolo di Tura 115
agostinianos (Ordem dos Cônegos Regrantes) 58
Agricola, Mikael 168

Agrícola, Revolução 237-8, 239, 240, 242, 253, 276, 326-7, 417-8
agricultura. *Veja também* sistema feudal
   no futuro 361, 394, 396
   no século XII 275
   no século XIII 275
   no século XIV 275
   no século XIX 276
   no século XVI 238-9, 269
   no século XX 276
agropecuária 216, 239, 241, 276, 282, 326, 359
Albânia 40, 331
Albano, Santo 45
Albigense, Cruzada 80, 101, 371
Alcácer-Quibir, batalha de (1578) 183
Alcock, John 320
Aleixo Comneno, imperador bizantino 34
Alemanha *Veja também* Sacro Império Romano-Germânico; Prússia
   e fontes de energia renovável 406
   e o Império Germânico 24, 27, 30-1, 45, 73, 81, 94, 109, 1330, 134, 180, 331
   medieval 51, 179
   no século XI 45

no século XIII 81, 86-7, 88, 105
no século XIV 125
no século XIX 274, 277, 280-1, 294, 376
no século XVI 130, 163, 171, 180, 187
no século XVII 197, 209, 235
no século XVIII 259
no século XX 304, 335-6, 376
resumo sobre as condições de saúde na 294
taxas de homicídio na 185-6, 187, 317, 368, 379
Alembert, Jean Baptiste de Ron d' 243
Alexandre de Hales 101
Alexandre III, papa 73
alfabetismo
no futuro 407
no século XI 25
no século XII 60, 91-2, 189
no século XIII 109, 388
no século XIX 19, 310
no século XVI 166, 371
no século XX 310, 317
Alfonso IX, rei de Leão 96
Alfredo, o Grande, rei de Wessex 40
algodão 193, 257, 260, 261
Alighieri, Dante 135
alimentos e bebidas. *Veja também* crises de fome
comida enlatada 272, 346
horários de refeições 164, 166
na hierarquia das necessidades humanas 360
no futuro 408
no século XI 42
no século XIII 82, 112
no século XIX 272-3
no século XVI, 85
no século XVII 167
no século XVIII 233
no século XX 317, 341
resumo e importância 308, 317
utensílios de mesa 166

Aljubarrota, batalha de (1385) 126
Almançor 35, 44
almóada, dinastia 80
Alnwick, batalha de (1174) 53
al-Khwarizmi 65
Amalfi 28
América 191-2 *veja também* América do Sul; EUA
no século XVII 192-3, 215-6, 217
no século XVIII 217, 219
América do Sul
conquista e ocupação por espanhóis e portugueses da 144-5, 147, 161, 184, 191-2, 193, 218-9, 274
no século XIX 286, 291, 297
América Latina. *Veja* América do Sul
Americana, Guerra Civil (1861-5) 272, 299
Americana, Revolução (1775-83) 234
Américas, descoberta pelos europeus das 161, 192, 194, 220
amor 15, 79, 173, 198, 283
breves considerações e a importância do 410
na hierarquia das necessidades humanas 359, 373
amparo aos idosos 334
Amsterdã 200, 217, 248
Anatólia 28-9, 30, 34
anatomia 169, 170, 370
Anderson, Elizabeth Garrett 308-9
anestesia 295
Anger, Jane 173
Angkor Vat 298
Annan, Thomas 299
Anthony, Susan B. 307
antibióticos 323, 334
Antioquia 34, 53
antraz 294, 333
aquecimento global. *Veja* clima
Aquino, Tomás de 77, 102, 243
arado, uso do 14, 61, 240

Aragão 27, 80, 97, 130, 146
   idioma aragonês 134
Aragona, Túlia de 173
Arquipoeta 52
arco e flecha, arte do 125-6
Aretino, Guido 71
aristocracia 223, 224-5, 247, 264, 358
Aristóteles 269, 387
   interesse no século XII por 61, 65-6, 77, 228
   interesse no século XIII por 102
   interesse no século XV por 148
   interesse no século XVII por 202, 204, 206
Arkwright, Richard 260
Arlandes, marquês d' 236
armaduras 36, 122-3, 181-2, 184
armamentos
   arco e fecha 125-6
   artilharia e armas de fogo 125, 180-1, 182, 185, 191, 195, 221, 320, 366
   resumo e importância 183-4, 185
armas de fogo. *Veja* artilharia e armas de fogo
armas nucleares 318, 328-9, 350, 351
arquidiáconos 33
arquitetura e construção 119, 175, 230, 232, 234-5, 254, 282, 285, 325, 372, 378, 394-5, 407
   defensiva 43, 180, 366
   edifícios altos 28, 43, 325
   no século XI 43-4
   no século XII 43, 60
   no século XV 141, 144, 157, 170
   no século XVI 225, 257
   românicas 27, 43, 45
arranjos de teclado (PCs) 328, 339, 342-3, 344, 408
artes 28, 71, 60, 92, 159
   e tendência de retratação individual nas 153, 158
   ideia de perspectiva nas 135-6

   na hierarquia das necessidades humanas 377
   na religião 119, 157
   na Renascença 377
   no século XVII 197, 407
   no século XVIII 269
   obras de paisagens naturais nas 156
artilharia e armas de fogo 320
   no século XIV 125
   no século XIX 191, 195, 221, 366
   no século XV 182-3, 184-5
   no século XVI 180-1
Artur, rei 81
Ascelino de Cremona 105
ascensão do individualismo, a 152, 155-6, 164, 190, 266, 380
asilos. *Veja* doença mental
assaltantes de estradas 190, 230
assassinatos 74, 185, 198, 230, 248, 251, 410
Assis, Clara de 100
Associação Médica Britânica 309
astecas 192
Aston 116
astrolábios 75
astrologia 68, 134, 151, 156, 204, 210, 213
astronomia 65, 92, 148, 170, 202-3, 204, 228, 300, 328
atividades bancárias 88, 253, 344
Atlântico, travessias do 139, 143-4, 147, 161, 192, 217, 235, 277, 284, 289, 291, 317, 320-1
atlas. *Veja* mapas e atlas
Augsburgo 86, 180
Austen, Jane 131, 242, 260
Austrália 75, 192, 215, 218, 248, 274-5, 277, 284, 288-9, 304-5, 311, 319, 331, 335, 356
Áustria e Austro-Hungria
   Império Austro-Húngaro 281, 309, 331
   no século XII 27, 65
   no século XIX 280-1

no século XVII 220
no século XVIII 267
no século XX 331, 335, 364
autoestima e autorrealização 155-6, 190, 359, 360
aviação 236, 321, 329, 351
Avicena 65, 68-9, 71
Avignon 116, 129, 130, 136

Bacci, Livi 411, 416, 419
Bacon, Francis 13, 139, 141, 180, 196, 202, 207-8, 242
Bacon, Roger 102, 236, 344
Bahamas 146
Bakewell, Robert 238-9, 260
Balliol, Edward 122-3
Balmis, Francisco de 291
balões de ar quente 236-7
bancos. *Veja* atividades bancárias
banheira, tampões de 271
Bannockburn, batalha de (1314) 122, 124
Barba Negra. *Veja* Teach, Edward
Barbarelli, Giorgio (Giorgione) 158
Barcelona 27-8
Barnstaple 24
Barrie, J. M. 271
Barrow, John 287
Barry, Dr. James 296
Bartlett, William Henry 298
Basílio II, imperador bizantino 28
Bastilha, assalto da (1789) 19, 264, 302
batatas 193, 240-1, 362
Batávia. *Veja* Jakarta
Bazalgette, Joseph 293
BBC 12, 163, 338
Beaumont, Henrique de 122-3, 124
Bec, mosteiro de 60
Beccaria, Cesare 247-8
Becket, Thomas 52, 179
Belesbat, senhor feudal de 249
Bélgica *Veja também* Países Baixos
no século XIX 277, 280-1

no século XVIII 415
no século XX 331, 335
resumo sobre a renda per capita da 377
taxa de homicídios na 186-7, 191, 368, 379
Bell, Alexander Graham 289, 312
Bellamy, Edward 345-6
Bellini, Giovanni 158
bem-estar social 313, 333, 384, 406
Benedictow, Ole 412, 414-5, 418
beneditinos 48,
Bento IX, papa 31
Bento X, papa 31
Bento XII, papa 128
Benz, Bertha 318-9
Benz, Karl 272, 313
Berkshire 212
Bernart de Ventadorn 81
Berners-Lee, Tim 339
Berwick 125, 127
Besant, John 233
Bíblias nos idiomas nacionais 111, 133, 139, 160, 166-7, 168, 172, 174, 208, 312, 330, 388
bicicletas 285, 315, 324
biocombustíveis 393-4, 395-6, 397, 403, 407
Biraben, J.-N. 411, 419
Birkenhead, conde de 346
Blackwell, Elizabeth 308
Blanchard, Jean-Pierre 236-7
Blériot, Louis 320
Bloch, Marc 39
Bly, Nellie 284
Boaventura 101
Boccaccio, Giovanni 115, 135
Boécio 61, 65
Boêmia 79, 141, 331
Boisguilbert, Pierre le Pesant, senhor feudal de 249, 251
Bolonha 73, 92-3, 100, 150, 169
Bolotnikov, Revolta de Ivan (1606-7) 220
Bonifácio VIII, papa 119, 128, 169

ÍNDICE REMISSIVO

Borgonha 27, 43, 116, 128, 150
borracha 193, 285
Bosch, Carl 351
Bósnia 140, 331
Bosworth, batalha de (1485) 183
botânica 205, 273, 298, 388 *Veja também* jardinagem
botões 136
Botticelli 158
Boucher, François 230, 247
Boulton, Matthew 260
Bouvines, batalha de (1214) 95
Boyle, Richard 231
Boyle, Robert 205
Brady, Mathew B. 299
Brahe, Tycho 170, 196, 202-3
Brasil 144, 147, 161, 191, 193, 218, 286, 297
Braudel, Ferdinand 85, 408
Briare, Canal de 235
Bridgewater, Canal de 235
Brindisi 87
Brindley, James 235
Bristol 161, 216, 231, 233
Broadberry, Stephen 412
Broadclyst 25
Brown, Arthur 320
Bruges 86, 154
Brunel, Isambard Kingdom 284
Brunelleschi 154, 157
bruxaria 209, 210-1
Buenos Aires 192
Bulgária 140, 331
burgos 26, 46, 91
burguesia. *Veja* classes sociais
Burke, Edmund 267
bússolas 75, 139, 141, 160, 357

Cabo Bojador 143, 162, 385
Cabo Branco 143
Cabo da Boa Esperança 144-5
Cabo da Cruz 144

Caboto, Giovanni 147-8, 161
Cabral, Pedro Álvares 144, 147-8
Cadamosto, Luís 143
cadeiras 164, 223
Caen 44
café 91, 164, 166, 225-6
Calais, cerco de (1347) 125, 237
Calatrava, Ordem de 58
cálculos 145, 151, 205, 218, 275, 348, 364-5, 413
calendário 163-4, 265
Calicute 144-5
Calvino, João 175
Cambraia 41
Cambridge, Universidade de 92-3, 100, 137, 308
Campbell, Bruce M. S. 412
Campin, Robert 157
Camponeses, Guerra dos (1524-5) 178
Camponeses, Revolta dos (1381) 120
Canadá 75, 229
    no século XIX 274-5, 280, 289, 309
    no século XVII 217, 220
    no século XX 276-7, 310, 325, 331. 335
canais 235-6, 258, 268, 279
Canal da Mancha, travessias do 236-7
Canal du Centre 236
Canal du Midi 235
canhões. *Veja* artilharia e armas de fogo
Cantillon, Richard 251-2
Canute, rei da Inglaterra 41
Cão, Diogo 144
Capeto, Hugo, rei da França 27
capitalismo, futuro do 313, 323-4, 391, 397, 399, 400
Caracorum 105
Caravaggio 197
Carew, Bampfylde Moore 229, 230
Carey, Sir Robert 231
Caribe 18, 291
Carl Friedrich, marquês do Grão-Ducado de Baden 252

Carlos I, rei da Grã-Bretanha e Irlanda 215
Carlos II, rei da Grã-Bretanha e Irlanda 215, 227, 247
Carlos IV, rei da Espanha 291
Carlos V, rei da França 150, 180
Carlota, rainha da Grã-Bretanha e Irlanda 261
Carmelitas, Ordem dos (Frades Brancos) 100
Carolina 215, 217, 262
Carolina do Norte 262
carros 13, 271-2, 273, 284, 317-8, 319, 320-1, 324-5, 341, 404
carruagens 164, 224, 232-3, 234, 319
Carta Magna 94-5, 96-7, 109, 246
cartistas 301
cartórios paroquianos 195
Cartuxos, ordem dos 33, 58
carvão 225, 235, 257-8, 259, 260, 261, 277-8, 279, 285, 342-3, 346-7, 382-3, 384, 394, 397
Cary, Elizabeth, Lady Falkland 173
casamento 37, 39, 64, 74, 99, 109, 120, 171, 173-4, 220, 227, 246, 255, 283, 306, 373, 398
Casanova, Giacomo 247
Cassini, Giovanni 208
Castela 27, 40, 58, 80, 91, 130, 132, 134, 145-6, 161, 389
  e o idioma castelhano 134, 156
Castelnau, Paul 296
castelos 43-4, 45-6, 47-8, 53, 55, 61, 108, 121, 125-6, 175, 180, 195, 358, 366
castratos 223
Catalunha 42, 97, 116
Catarina de Bragança 219
Catarina II, a Grande, imperatriz russa 261
cátaros 80, 99, 109, 175
catedrais e igrejas 15, 23, 26, 30, 32-3, 34, 43-4, 45, 47-8, 55, 60, 62, 80, 83, 91, 98-9, 108, 115, 119, 150-1, 171, 177, 186, 191, 204, 215, 236, 245, 265, 283

cavaleiros 36, 44, 51-2, 53, 58, 61, 70, 79, 80-1, 119, 121, 122-3, 124, 134, 136-7, 141, 182, 187, 287, 358
Cavaleiros Teutônicos 58, 80, 141
cavalheirismo 52, 81, 143, 186
Cavendish, Thomas 193
Cely, cartas de 156
censura 169, 172
cerâmica 224-5, 261
Cerulário, patriarca de Constantinopla 30
Cervantes, Miguel de 197
cesarianas (operações) 295
Ceuta 143, 145
chá 38, 223, 225, 253, 262, 340
Chadwick, Edwin 298, 302, 325
chaleiras 340-1
chaminés 195
Champanhe, feiras de 86-7, 88, 98
Champnes, reverendo E. T. 288
Charleston 215
Charlestown 215
Chartres, Bernardo de 66, 148
Chaucer, Geoffrey 132-3, 134, 150-1
Chichester 33
China 114, 191-2, 318, 410
  densidade demográfica da 400, 402
  e armas de fogo 125
  no século XIII 106, 108
  no século XIX 298
  no século XXI 320, 331
  tentativa de Colombo de chegar 145
Chipre 28
chocolate 225
Churchill, "Louco Jack" 126
cidades 65, 89, 91, 94, 120, 127, 142, 148, 150, 165, 178, 180, 196, 200, 214-5, 218, 246, 263, 358, 369, 394, 404
  e interdependência comunitária 85-6, 154, 164, 194, 289, 325-6, 374-5
  no século XI 26-7, 33, 41, 43-4, 46-7, 51, 53, 65, 73, 83

no século XIII 83-4, 87, 92, 97, 101, 104, 376
no século XIX 233, 268, 272, 276-7, 278-9, 281-2, 283, 290-1, 293
no século XV 106-7, 111, 114-5, 116, 141
no século XX 317, 321, 324-5, 341, 349, 375
ciências 68, 71, 159, 292, 312, 330, 388
  e instituições científicas 206, 210
  no século XIII 102
  no século XVI 169, 170, 176
  no século XVIII 204, 206-7, 208-9
ciganos 229, 370
cinema 272-3, 316, 324, 336-7, 377
Ciompi, Revolta dos 120
circulação sanguínea 213, 408
circum-navegações 284
cirurgia 67, 69, 71, 104, 170, 204, 211, 294, 308, 334
cistercienses 56, 58
Claraval, Bernardo de 51, 57-8, 62-3, 67, 77, 109
Clarendon, Constituições de (1164) 74
Clarissas, Ordem das 100
classes sociais
  considerações sobre preconceitos nas 367, 371, 373, 398
  e ascensão da classe média 223, 225-6, 297-8, 301, 303
  e Marx 313
  no século XX 371
Cleland, John 247
Clemente II, papa 31
Clemente V, papa 116, 129
Clermont (navio a vapor) 284
clima 23, 47, 53-4, 76, 106, 113, 178, 198-9, 269, 359, 380, 382
Clube de Roma 348
cluniacenses 33, 43, 45
Cluny, mosteiro de 33, 43-4, 62
Cobbe, Frances Power 307
cobre 98, 102, 153, 297, 347, 383-4, 387

Coelho, Gonçalo 191
Coke, Thomas, conde de Leicester 238
Colbert, Jean-Baptiste 249
cólera 158, 293-4
Collings, Charles e Robert 238-9
Colômbia 291
Colombo, Cristóvão 141, 145-6, 147-8, 149, 161-2, 191, 261, 279, 320, 329, 359, 385, 387-8, 389
colonialismo e imperialismo
  e armas de fogo 182-3, 184-5
  no futuro 331
  no século XV 182-3, 184-5
  no século XVI 192
  no século XVII 217-8, 227
  no século XX 331
combustíveis. *Veja* energia e combustíveis
combustíveis fósseis. *Veja* energia e combustíveis
comércio 243, 322, 324, 403, 415
  controle e monopólios 249, 256
  livre-comércio e *laisse-faire* 249, 252-3
  no futuro 249
  no século XI 26-7, 29, 42
  no século XIII 82, 84-5, 86-7, 106, 108, 127
  no século XV 141, 143, 144, 147
  no século XVII 185, 194, 216-7, 218-9, 224, 239, 249
  no século XIX 303
comércio da seda 86-7, 106, 114, 147, 194, 218-9, 223
comércio de lã 24, 86, 108, 165, 241, 257
comércio de peles de animais 24, 85, 216-7
comérco de especiarias 86, 106, 144, 147, 193, 218-9, 223
Companhia das Índias Orientais 218-9, 262
Companhia Holandesa das Índias Ocidentais 217
Companhia Holandesa das Índias Orientais 218

computadores 13, 60, 271, 328, 339, 341-2, 343-4, 408
comunismo 302, 332, 346
conceito de progresso, o 243, 253-4, 255, 269, 279, 345-6, 349, 361
Condorcet, marquês de 269, 345
condottieri 140
Conques 44
Conselho Internacional de Mulheres 307
Constança, Concílio de (1415) 94, 128, 130
construção. *Veja* arquitetura e construção
contabilidade, origens da 88, 93
contrato social, o 19, 220-1, 222, 226, 245, 265-6
Cooke, William Fothergill 287
Copenhague 177, 203
Copérnico, Nicolau 13, 18, 169, 195, 205, 208
corantes e tingimento 24, 193
Córdoba 27-8, 36, 44, 49, 80, 156
Corpus Juris Civilis 73
Corte Internacional de Justiça 333
cortes. *Veja* estado de direito
Cortés, Hernán 192, 196
Costa do Ouro 144, 217
costumes sexuais 157, 205, 227
    e a experiência das mulheres através das eras 173, 307, 311, 408
    e o puritanismo 372, 374
    no século XII 74
    no século XVIII 231, 246-7
Cotehele 161
Cotswolds 282
Couto, Diogo do 185
Coverdale, Miles 168
Crécy, batalha de 124
Crediton 23, 26, 33, 41
Cresson, Batalha de (1187) 52
Creta 28
crime e castigo *Veja também* estado de direito
    e escravidão como forma de punição 18, 39, 41
    na forma de exílio 155, 229, 248
    no século XI 64
    no século XII 74-5
    no século XIII 185
    no século XIX 186, 288, 367-8, 374
    no século XVI 185, 188-9
    no século XVII 209
    no século XVIII 231, 248
    síntese e importância 300
Crimeia, Guerra da (1853-6) 299
Crise dos Mísseis de Cuba (1962) 318, 329
crises de fome 21, 56, 99, 113, 117-8, 238, 242, 268
    no século XI 25, 29, 82
    no século XIII 82, 112-3, 118, 124, 363
    no século XIX 276, 301, 362, 397
    no século XVI 165, 363
    no século XVII 197, 200, 227, 407
    no século XX 311, 323, 327-8, 348, 350, 397
    resumo sobre 353, 358-9, 362-3, 365, 391, 396, 403
cristianismo. *Veja* protestantismo; Igreja Católica Romana
Cruzadas 95-6, 109, 141, 360, 370
    Albigense 80, 101, 371
    da Livônia 80
    estudos sobre as 20
    importância das 49, 51-2, 53, 190
    nona 81
    primeira 34-5, 58, 81
    quarta 80
    segunda 77
    sexta 81
    terceira 75
Cuba 146, 280, 318, 329
Cugnot, Nicholas-Joseph 284
Curie, Marie e Pierre 309, 389

Daguerre, Louis 297-8, 312
Daily Telegraph, The 336
Darwin, Charles 312-3

ÍNDICE REMISSIVO

decanos 33
Declaração de Independência dos EUA (1776) 263
Declaração dos Direitos do Homem e do Cidadão (1789) 265-6
Decreto de Clarendon (1166) 74
Decretum 73, 77
Dee, John 210
Descartes, René 207
Deserdados, Os 122-3
desinfecção 292
desmatamentos e cercamentos 24, 55-6, 57, 82, 268
Deus
  como principal agente de transformações 388 *Veja também* religião; teologia
Devon
  no século XI 23-4, 25-6, 32, 35, 48
  no século XIX 282-3, 305, 326
  no século XVI 195, 227, 259
diários 165, 173, 190, 225
Dias, Bartolomeu 144-5
Diderot, Denis 243
dieta. *Veja* alimentos e bebidas
Dinamarca 332
  e o idioma dinamarquês 132
  no século XI 41
  no século XIV 86, 130
  no século XIX 304, 308
  no século XVI 99, 168, 176, 182, 219
  no século XVIII 229, 242
dinheiro 69, 99, 117, 120, 141-2, 144, 153, 171, 174-5, 176, 199, 286, 305-6, 311, 318, 374, 395 *Veja também* atividades bancárias; teoria econômica
  considerações sobre a riqueza e sua importância 253, 331, 373, 377, 401, 409
  e a distribuição de riquezas no futuro 398, 400, 402
  e a riqueza na escala das necessidades humanas 377, 382

e o papel moeda 250
no século XI 24, 29, 34, 40-1, 44
no século XIII 87-8, 89, 98, 358
no século XVIII 211, 220, 222, 239, 240, 249, 250-1, 252-3, 254, 257, 260, 285
direito canônico 72-3, 74, 104
Direito de Petição, Lei do (1362) 133
direito de voto. *Veja* sistema eleitoral
direito internacional 72
direitos 263, 267
  e a Carta Magna 94-5, 96-7, 109, 246
  igualdade de 307, 310, 330, 372, 388, 403
  naturais 221-2, 227, 252, 265-6, 302
discriminação. *Veja* classes sociais; preconceito; racismo; religião: tolerância religiosa; mulheres
divórcio 305-6, 307, 374
Dodge City 185, 190
doenças. *Veja* Peste Negra; saúde e medicina; peste
doenças mentais 283, 334
Domingos de Gusmão 99, 109
dominicanos (Frades Negros) 100, 101-2, 109
Donatello 157-8, 377
Dondi, Jacopo de 149
Dorchester 33
Dózsa, insurreição de (1614) 220
Doué-la-Fontaine 46
Doutrina do Purgatório, a 59, 119, 175-6, 177
Drake, Francis 193, 195
Dresden 329
Duns Scotus 101
Dupplin Moor, batalha de (1332) 123-4
Dürer, Albrecht 154
Durham 45, 215, 257

Eanes, Gil 143, 385
Earthrise (fotografia). *Veja* Terra Nascente, A
Eckhart, Mestre 102

ecologia. *Veja* meio ambiente e ecologia
Edessa 51, 53
edifícios. *Veja* arquitetura e construção
Edimburgo 231, 233, 236
Edison, Thomas 312
Edito de Nantes 245
Eduardo I, rei da Inglaterra 88-9, 90, 96-7, 122, 127
Eduardo II, rei da Inglaterra 131
Eduardo III, rei da Inglaterra
   como agente de transformações 136, 387
   e a peste 118
   e cogitação de sua destituição 131
   e guerras 124-5, 126, 128, 183, 366
   e nacionalismo 129
   e o idioma inglês 133
   e relógios 149
educação formal 134, 158, 316, 348-9, 381
   entre as mulheres 302, 310, 433
   no século XII 89
   no século XIII 89, 91, 93
   no século XIX 309, 310
   no século XV 19, 159
   no século XVI 19
Ehrlich, Paul 348, 407
Einstein, Albert 66, 351-2
Eisner, Manuel 185
El Greco 197
Elbe (navio) 290
Elcano, Juan Sebastián 191-2
Eldorado 193
eleições. *Veja* sistema eleitoral
elementos químicos 176, 213, 269, 289, 312, 352, 370
eletricidade
   aparelhos eletroeletrônicos 340, 342
   luz elétrica 271
   no futuro 350
   nossa dependência dela na atualidade 340, 350
   primeiras experiências com 271-2

Elias, Norbert 186
Elizabeth I, rainha da Inglaterra e Irlanda 179, 194, 216, 231, 389
Elmham 33
Elmina 144-5
empirismo 207
empregados domésticos 331
Encyclopédie 243, 269
energia a vapor 256-7, 258-9, 260-1, 270, 276, 279, 283-4, 285, 311
energia e combustíveis
   importância de 327, 403
   no futuro 392-3, 394-5, 396-7, 406-7, 408
   uso histórico de 256, 397
Engels, Friedrich 302
engenharia. *Veja* arquitetura e construção
engenharia estrutural. *Veja* arquitetura e construção
Epsilon Eridani 385
equipamentos de escritório 341-2
Era de Ouro espanhola 197
Erasmo de Roterdã 167
ervas medicinais 67, 214
Escandinávia *Veja também* países pelo nome
   no século XI 26, 47
   no século XIII 83, 130
   no século XIV 176
   taxas de homicídio na 317
Escócia 53, 58, 200, 294
   no século XI 26
   no século XIII 83
   no século XIV 107, 122, 128-9
   no século XVII 183, 209, 231
Escola de Medicina de Londres para Mulheres 308
escolas. *Veja* educação formal
escravidão 266-7, 372, 388, 398
   abolição no século XIX 302-3, 370
   breves considerações sobre a 39, 40-1, 42, 47

e as origens do comércio de escravos africanos 143, 146, 245, 371
e sua etimologia 47
nos Estados Unidos 18, 264
seu ressurgimento no século XVII 18, 344
eslavos 26, 32, 36, 41
Eslováquia 259, 331
Espanha
e o idioma espanhol 168, 291
no século VIII 44, 46
no século XI 27, 49
no século XII 65, 99
no século XIII 80, 86-7, 93, 96, 99
no século XIV 116,
no século XIX 222, 310
no século XV 140
no século XVI 147-8, 162, 178, 180-1, 191-2, 193-4, 197
no século XVII 183-4, 220
no século XVIII 222, 229, 242, 263, 370, 376
no século XX 274, 281, 291, 303-4, 335, 367, 369, 377
resumo sobre a expectativa de vida na, 433
resumo sobre a renda per capita da, 486
espelhos de vidro 152-3, 154, 156-7, 165, 296
esportes, jogos e passatempos 81, 118, 311
estado de direito, o 245, 248, 266
na hierarquia das necessidades humanas 191
no futuro 408
no século XI 45, 73, 75
no século XIII 72, 266
no século XVI 171, 174, 180-1, 182, 187, 189
resumo e importância 191
Estado, crescente poder do 187
Estados Unidos
a criação dos 18, 262-3, 264
e fontes de energia renovável 407

no século XIX 234, 275-6, 277, 280-1, 287, 289, 303-4, 307, 309, 310, 324
no século XX 191, 289, 319, 326, 331-2, 334-5
no século XXI 345, 400
estatísticas, governança 171, 250 *Veja também* registro de informações
Estêvão I, rei da Hungria 27
Estêvão I, rei da Inglaterra 74
estradas 25, 103, 124, 164, 171, 199, 231-2, 234-5, 280-1, 282, 285, 310, 319, 344, 355, 365, 410
estradas com pedágio 26, 232-3, 249, 279
estratificação social
e os efeitos da Peste Negra sobre a 250, 328
no futuro 397-8, 402-3, 404, 409
no século XVII 199, 204
Etelredo, o Despreparado, rei da Inglaterra 24-5
ética e moralidade. *Veja* costumes sexuais
Euclides 65-6
Eugênio III, papa 51, 57
Evento de Carrington (1859) 344
evolução 17, 20-1, 92, 182, 207, 267, 312, 316, 345, 350, 373, 380-1, 391, 413
exércitos *veja também* guerras
brevíssimo resumo histórico sobre 183, 365
no século XVI 366
Exeter 11, 23
castelo de 108
catedral de 48
diocese de 20, 26, 33, 48, 116, 195
no século XI 24-5, 33, 48
no século XIII 11
no século XVIII 229, 232-3, 253
expatriação 380
expectativa de vida *Veja também* mortalidade infantil
no futuro 406
no século XIX 295

no século XVII 198, 368
no século XX 15, 335, 369
resumo sobre 333, 335, 369, 379
explorações e descobertas 20, 66, 75, 141, 144, 146, 160-1, 169, 192-3, 195, 201, 203, 205-6, 207-8, 210-1, 214, 228, 239, 291, 295, 334, 347, 349, 380, 387, 399,
Exposição Universal (1851) 271
Expresso do Oriente 281
Extremo Oriente 105-6, 146, 185, 192, 218-9, 223-4, 274, 298, 352, 354
Eyck, Jan van 154

fábricas 66, 257, 260-1
Faculdade de Oberlin 308
Faraday, Michael 312
farmacologia 71
Faroé, Ilhas 130
Federico, Giovanni 415
feiras 26, 86-7, 88, 107, 282
Fenton, Roger 299
férias 311, 315, 321
Fernández de Heredia, Juan 134
Fernando, rei de Aragão 146
ferro 57, 70, 72, 122, 204, 229, 278, 284, 342, 383
ferro-gusa 261
ferrovias 36, 280-1, 282, 210, 344
Ferry, Jules 310
fertilizantes artificiais 322, 334, 401, 404, 407
ficção científica 345, 347, 386
Ficino, Marsílio 159
Fielding, Henry 247
Fiji, Ilhas 218
Filareto 69
Filipe Augusto, rei da França 89, 94-5
Filipe de Hesse 175
Filipe IV, rei da frança 128-9
Filipe, o Bom, duque da Borgonha 150
Filipinas 191, 193

filosofia 19, 30, 65, 77, 102, 176, 207-8, 244, 359, 380
Finlândia
no século XIV 130
no século XIX 276
no século XVI 200
no século XVII 200
no século XX 304, 335
fisiocratas 252
Flamsteed, John 203
Flandres 74, 83, 86, 95, 163 *Veja também* Países Baixos
Fleming, Alexander 334
Flodden, batalha de (1513) 183
Florença
Batistério de 156-7
no século XI 45
no século XIII 86-7, 89
no século XIV 115, 117, 120, 135
no século XV 140, 150, 154
no século XVI 158, 163-4, 189, 223
Florence, Hercules 297
Flórida 217, 263
fogões 272-3, 340-1
fome. *Veja* crises de fome
Fonte, Moderata 173
formas de tratamento 226
Forster, E. M. 347
Forster, W. E. 310
fotografia 295-6, 297-8, 299, 300, 312, 315, 336, 345, 348, 382, 403
Fracastoro, Girolamo 291-2
frades 98-9, 100-1, 107, 109
Frades Brancos. *Veja* Carmelitas, Ordem dos
Frades Cinzentos. *Veja* franciscanos
Frades Negros. *Veja* dominicanos
França
densidade demográfica da 400, 411, 415-6, 418
e fontes de energia renovável 405
e o idioma francês 134, 137

ÍNDICE REMISSIVO

e o Império Francês 331
e possessões territoriais na América do Norte 200, 219, 220
escrituração pública na 89
no século XI 27, 34, 37, 42, 44-5
no século XII 57, 65-6, 74, 89, 94, 179
no século XIII 80, 86-7, 88-9, 93, 95, 97-8, 99, 179
no século XIV 112, 116, 118-9, 120, 124-5, 126, 128-9, 134, 150
no século XIX 274, 280-1, 297, 301, 307, 310
no século XV 140, 183
no século XVI 163, 171
no século XVII 197, 199, 206, 209, 225, 249
no século XVIII 20, 229, 234-5, 244, 246-7, 248, 252, 256, 264-5, 268, 303-4
no século XX 289, 318-9, 320, 326, 331-2, 334, 338, 376
resumo da expectativa de vida na 267, 335, 369, 414
resumo de guerras da 220, 364, 366
resumo sobre a população da 242, 362
franciscanos (Frades Cinzentos) 99, 100-1, 109
Francisco de Assis 109
Francisco I, rei da França 183
Frederico Barba-Ruiva, Sacro Imperador Romano-Germânico 52, 74, 94
Frederico II, Sacro Imperador Romano-Germânico 81, 309
Frescobaldi, casa bancária dos 89
Freud, Sigmund 312
Froissart, Jean 134
Fuchs, Leonhart 169
Fukuyama, Francis 345, 381-2, 397
Fulberto (cônego de Notre-Dame) 62
futuro
imaginando e prevendo o 344-5, 346-7, 348, 393-4, 396, 403-4, 406, 408
transformações no 344, 386, 389, 399, 400

galego, o idioma 132, 134
Galeno 65, 67-8, 69, 148, 169, 170, 201, 213, 370

Galileu Galilei
as experiências de 202-3, 204-5
como agente de transformações 228, 242, 354, 387-8, 389
e instituições científicas 206
julgamento e aprisionamento de 208
o nascimento de 196
galochas 12, 316
Gama, Vasco da 144
Gante 86
Gardaríki (Groenlândia) 106
Garnerin, André 237
gás natural 347, 382, 384, 392, 397
Gasconha 47, 121
Gay, John 230
Gdansk 203
geladeiras 340, 343
Genebra, Convenção de 333
Genebra, Faculdade de Medicina de 308
Gêngis Khan 80, 105, 108
Gênova 163
no século XI 28, 45
no século XIII 86-7
no século XIV 114
no século XV 140, 145, 148, 150
no século XVII 200, 203
geografia. *Veja* explorações e descobertas; mapas e atlas
Geraldo de Aurillac, São 40
Gerardo de Cremona 65, 69, 71, 76
germes. *Veja* desinfecção
Ghiberti, Lorenzo 156
Ghirlandaio 157
gibelinos 130
Gilbert, William 204-5
Giotto 135-6, 157
Givry 116
Gladstone, William 287, 306
Glasgow 299
Glasgow Evening Times 336

Glendower, Owen 140
Gliese 667Cc 385-6
globalização 318, 350
glosadores 73
Gloucester 45
Godwin, William 254
Gonçalves, Afonso 143
governos *Veja também* monarquia
　do futuro 393, 401, 404, 408
　e o crescente poder do Estado 187
　e os direitos naturais 221-2, 227, 252, 265-6, 302
　e transformações sociais 48, 57, 193, 300, 302, 312, 357
　origens dos 16, 220-1, 222, 245, 262-3
　prestação de contas aos governados 93-4, 266
　registro de documentos e de dados estatísticos 94, 368
Grã-Bretanha *Veja também* Inglaterra; Escócia; País de Gales
　fontes de energia renovável 405
　Império Britânico 219, 331
　no futuro 392
　no século XIX 222, 256, 258, 275-3, 277, 281, 289, 303-4, 307-8, 311
　no século XVIII 222, 236, 246, 261, 263, 267, 270, 303
　no século XX 317, 319, 325, 327, 334, 336
　resumo da renda per capita 311
Graciano 73, 76-7, 104
Granada 80, 141, 146
Grande Hierarquia Universal, A 118, 131, 330
Grande Lei da Reforma Eleitoral (1832) 301
Graunt, John 250
gravação de áudio, advento da ténica de 271
gravidade 205-6
Great Britain (navio a vapor) 284
Great Western (navio a vapor) 284
Greeley, Horace 218

Greenwich, Observatório de 203
Gregório I, o Grande, papa 40
Gregório IX, papa 100, 130
Gregório Turonense 67
Gregório VI, papa 31
Gregório VII, papa 31, 49, 50, 60, 387
Gregório XI, papa, 161
Gregório XIII, papa 163
Grenville, Richard 195
Grey, Lorde 300, 303
Groenlândia 106, 130, 161
guelfos 130
Guerra Civil Espanhola (1936-9) 367
Guerra dos Cem Anos 363, 366
guerras 21, 97, 121, 125-6, 135-6, 296, 381, 407
　civis 140-1, 178, 184, 197, 220, 227, 328, 366-7
　de projéteis 121, 123-4, 137, 181-2
　de sitiamento 143
　e impacto sobre populações civis 349, 363, 368
　e taxas de homicídio 185-6, 187, 191, 379
　na hierarquia das necessidades humanas 360, 362-3, 364, 379
　no século XI 34-5, 36, 41, 47
　no século XV 139, 140-1
　no século XVI 178, 184, 188, 191, 195
　no século XVII 197-8, 220, 227
　no século XX 327-8, 329, 330-1, 332-3, 334, 346, 349, 350-1, 365, 398
　químicas 351-2
　resumo e importância 358, 365-6, 367
guerras de sitiamento 143
Guerras Hussitas 371
Guilherme de Champeaux 58, 62
Guilherme de Ockham 101
Guilherme de Poitiers 37
Guilherme de Rubruck 105, 108
Guilherme I de Orange (século XVI) 181
Guilherme I, rei da Sicília 66

ÍNDICE REMISSIVO

Guilherme III, rei da Inglaterra e Irlanda 215
Guilherme, conde da Aquitânia 81
Guilherme, o Conquistador, rei da Inglaterra 38, 42, 46, 49, 194
Guilherme, o Leão, rei da Escócia 52-3
Guiscardo. *Veja* Roberto de Altavila
Gutenberg, Johannes 139, 141, 160
Guyuk Khan 105

Haber, Fritz 351-2
Hackworth, Thomas 279
Halidon Hill, batalha de (1333) 124
Hals, Franz 197
Hamburgo 329
Harfleur 126
Harper's Weekly 299
Harriot, Thomas 202
Harrison, William 165, 190, 194
Hart, Michael 49
Hart, Sarah 287-8
Hartlebury 116
Harvard, Universidade 217
Harvey, William 213, 228
Haskins, Charles Homers 61
Hastings, Batalha de (1066) 38
Haussmann, Georges-Eugène 293
Hawking, Stephen 386
Hawkins, John 193-4, 195
Hawkwood, Sir John 126
Hedley, William 279
Heloísa 52, 62
Henrico 216
Henrique I, rei da Inglaterra 76
Henrique II, rei da Inglaterra 52, 74-5, 76, 179
Henrique III, rei da Inglaterra 31, 88, 90, 97
Henrique III, Sacro Imperador Romano-Germânico, 35
Henrique IV, rei da Inglaterra 32, 131, 133, 140, 150, 153
Henrique IV, Sacro Imperador Romano-Germânico 38

Henrique V, rei da Inglaterra 126, 140, 150, 153
Henrique VII, rei da Inglaterra 145, 147
Henrique VIII, rei da Inglaterra 176, 195
Henrique, o Navegador 142, 162
Henrique, príncipe (filho de Jaime I) 216
Henry Every 230
Hereford, mapa-múndi de 105
heresia e hereges 113
    bruxaria considerada como tal 209, 210
    cátaros 80, 99, 109
    e frades 63, 101
    no século XII 62
    no século XVI 175, 179, 180
Hermano de Caríntia 65
Hevelius, Johannes 203
hidrovias 235-6, 279
higiene 225, 261, 290, 341 *Veja também* saúde pública e saneamento básico
Hildegard von Bingen 52, 68
Hill, Rowland 286
Hipócrates 65, 68-9
Hiroshima 329
Hispaniola 146, 193, 385
Hitler, Adolf 351-2, 354, 370, 387, 389
Hobbes, Thomas 221-2, 226, 244, 250
Hobsbawm, Eric 256
Holanda. *Veja também* Países Baixos
    densidade demográfica na 400, 415
    e a América Colonial 215
    e o Império Holandês 216, 332
    no século XIII 81
    no século XIX 280-1, 375-6
    no século XV 139
    no século XVI 177, 181
    no século XVII 217, 225
    no século XVIII 277
    no século XX 331
    resumo da renda per capita da 376-7
    taxas de homicídio na 317
Holocausto 328, 350, 352

homossexualidade 368
Honório III, papa 100
Hooke, Robert 205-6
horas de lazer 165, 283, 311, 358
Hospitalários, Ordem dos 52, 58, 134
hotéis e hospedarias 283
Howard, John 248
Hubbert, M. King 347
Hugh Primas 52
humanismo 158
Hume, David 19, 247, 252, 254
Hungria 27, 87, 105, 141, 163, 220, 281, 331, 364
Huskisson, William 279
Huxley, Aldous 346
Huygens, Christian 203, 205, 207, 228

iconoclastia 177, 230
identidade
    a ascensão do individualismo 156
    os movimentos nacionalistas 135, 137
ideologia
    na hierarquia das necessidades humanas 360-1, 379
    resumo sobre preconceitos 352, 361
Igreja Católica
    como poder do bem 35, 37, 388
    e a ciência 169, 208, 228
    e a paz 41-2, 111, 388
    e a Reforma Protestante 174-5, 176-7, 179, 196
    e arquitetura 43-4, 45, 83
    e Bíblias nas línguas vernáculas 167
    e direito canônico 72-3, 74, 104
    e educação 91, 171
    e escravidão 40, 42
    e frades 98-9, 100-1, 107, 109
    e medicina 170, 211, 215
    e nacionalismo eclesiástico 127-8, 129
    e o tempo 150-1, 152
    e registro de informações 32, 82, 171
    no século XI 29, 30-1, 32, 34-5, 37-8, 40-1, 47, 178, 358
    no século XII 32, 51, 63-4, 66, 77, 358
    no século XIII 81, 94-5, 98, 101, 103, 109, 175
    no século XIV 119, 135
    no século XIX 283, 312, 358, 366
    no século XV 210
    no século XVI 164, 169, 174-5, 176, 179, 195
    no século XVII 180, 192, 211
    no século XVIII 244, 246, 265
igrejas. *Veja* catedrais e igrejas
igualdade de direitos e deveres 307, 309, 310-1, 330, 372, 388, 403
Il Niccolini 223
Ilhas Canárias 142, 194
iluminação artificial 272
imigração. *Veja* migração
imperialismo. *Veja* colonialismo e imperialismo
Império Bizantino 28-9, 30, 66, 87, 139
Império Espanhol 216
Império Otomano 139, 331
Império Romano 14, 27, 35, 39, 65, 72-3, 94, 134
Império Russo, 424
impostos
    no século XI 41, 56
    no século XIII 82, 91, 97, 378
    no século XIV 129, 133
    no século XVI 172, 175, 178, 182, 378
    no século XVII 228, 232, 249
    no século XVIII 252-3, 262, 264, 270
    no século XX 304, 378
imprensa 132, 139, 160, 167, 170, 172, 174, 235, 265, 336
In nomine Domini (bula papal) 31
incas 192

ÍNDICE REMISSIVO

Índia 105, 194, 331
  densidade demográfica da 400
  no século XIX 274, 284, 289
  no século XV 144-5, 162
  no século XVII 217, 219, 220, 249
  no século XXI 320
indígenas americanos 146, 194
Indonésia 106, 219
indulgências 174-5, 176-7
indústria têxtil 24, 164, 257, 260
Ine, rei de Wessex 40
inflação 193, 278, 403
inflacionismo 250-1, 254
Inglaterra *Veja* Grã-Bretanha
  colônias americanas e a 215-6, 217, 262
  conquistas normandas e a 17, 29, 36, 49, 72
  densidade demográfica da 275-6
  e a escravidão 18, 39, 41-2, 245, 264, 266-7, 302-3, 344
  escrituração pública na 89, 90-1, 93, 97, 107-8, 367
  guerras civis na (1643-51) 220, 222
  no século XI 23-4, 25-6, 27, 33, 37-8, 45
  no século XII 32, 42, 47, 52, 54, 57-8, 59, 65, 74-5, 76
  no século XIII 56, 82-3, 84-5, 86, 88-9, 93-4, 95-6, 97, 109, 122, 370
  no século XIV 56, 91, 112-3, 116-7, 118-9, 120, 122, 124-5, 126, 128-9, 136-7, 153, 376
  no século XIX 258, 261, 277, 279, 280, 282-3, 289, 297, 301-2, 305-6, 307, 310, 312, 326, 375
  no século XV 117, 140, 142, 145, 147, 150, 161, 372
  no século XVI 163-4, 168, 171-2, 173, 176-7, 178-9, 182-3, 187, 190, 193-4, 195, 257, 370
  no século XVII 187, 197-8, 202, 209, 212, 219, 224-5, 226-7, 229, 231-2, 235, 241, 244-5, 246, 248
  no século XXI 394-5, 396, 400
  o idioma inglês 132-3, 134, 137, 168
  resumo sobre a expectativa de vida na 335, 369, 412
  resumo sobre guerras da 364, 366-7, 412
  resumo sobre renda individual da 187, 376, 412
  resumo sobre sua população da 362, 374, 412
  taxas de homicídio na 187, 317
Inocêncio II, papa 57, 77
Inocêncio III, papa 80, 91-2, 95, 98-9, 100, 108-9, 131, 387
Inocêncio IV, papa 105
Inquisição Espanhola, a 101
Internet 14, 21, 60, 339, 342, 347
Iraque 354
Irlanda 320
  escravos da 41
  medieval 52, 95, 121
  no século XI 26
  no século XIX 276, 317
  no século XVIII 229, 233, 242, 251, 253
Irnério 73, 76, 92
Isabel, imperatriz da Rússia 247
Isabel, rainha de Castela 145-6, 389
Isidoro de Sevilha 67
Islã *Veja também* cruzadas
  e a medicina árabe 68-9, 70-1
  e os reinos espanhóis islâmicos 65
  textos antigos em bibliotecas árabes 65, 69, 77
Islândia 32, 60, 66, 130, 161, 335
Israel 319
Itália
  e as artes 17, 61, 136, 153-4, 156-7, 170, 187
  e o idioma italiano 134-5, 159, 167, 168
  expectativa de vida na, 168
  no século XI 27-8, 29, 30, 36, 42, 44-5, 47
  no século XII 57, 69, 71-2, 73, 89, 94

no século XIII 79, 84, 86-7, 91, 93, 104
no século XIV 117, 125-6, 127-8, 130, 140
no século XIX 280-1, 291, 308, 310, 319
no século XV 140, 145
no século XVI 171, 173, 180
no século XVII 198, 202, 204, 220, 234, 242
no século XVIII 247, 263
no século XX 331, 335, 369
resumo sobre a renda per capita da 376-7
resumo sobre guerras da 141, 366
resumo sobre sua população 273-4, 368, 415-6
taxas de homicídio na 186
Iugoslávia, antiga 328, 367

Jacarta (antiga Batávia) 218
Jacques, a Revolta dos 120
Jaime IV, rei da Escócia 183
Jaime I e VI, rei da Inglaterra, Escócia e Irlanda 215-6
Jamestown 215-6
janelas 165, 195, 198, 224, 342
Jansen, Zaccharias 205
Japão 113, 318-9, 331, 335
jardinagem 165
Jarreteira, Ordem da 118
Jaucourt, Louis de 243
Java 218-9
Jefferies, Dr. John, 304
Jenner, Edward 291
Jerusalém 20, 34, 37, 52-3, 60, 75, 81, 104-5
jesuítas 179, 218
Jex-Blake, Sophia 308
João de Salisbúria 66, 69
João I, rei de Portugal 142
João II, rei de Portugal 144-5, 162
João, rei da Inglaterra 94-5, 109
jogos. *Veja* esportes e jogos
Johannitius 68-9
John de Sully, Sir 15

Jones, R. 411
jornais 233-4, 235, 237, 279, 288-9, 336-7, 339, 406, 410
Juan Manuel, príncipe de Villena 134
judeus e judaísmo 65, 70, 352, 370
Jumièges, Abadia de 44
Júpiter 150, 202-3, 207
juros 152
justa, torneios de 80-1

Kalmar, União de 130
Kant, Emmanuel 19, 242, 270
Kay, John 260
Kempe, Margery 156
Kent 26, 32, 212, 282-3
Kepler, Johannes 202-3, 204
Keynes, John Maynard 278
King, Gregory 224, 251, 275
Koch, Robert 294, 312
Kuala Lumpur 325
Kublai Khan 106
Kuwait 354

Langeais 46
Langton, Stephen, arcebispo da Cantuária 95
Lanier, Emília 173
Lapenotière, John Richards 233, 235, 290
Lorrain, Claude 197
las Casas, frei Bartolomeu de 146
Las Navas de Tolosa, batalha de (1212) 80, 109
latim 31, 52, 65, 69, 87, 91, 100, 132, 135, 142, 158, 160, 166-7, 168, 291
Latini, Brunetto 135
latitudes 142, 144
Latrão, Terceiro Concílio de (1179) 91, 100
Lavoisier, Antoine 269, 270, 352
Law, John 250-1, 254
Le Bras, H. 411

ÍNDICE REMISSIVO

Leão (município espanhol) 27, 35, 44, 49, 96, 130
Leão IX, papa 30
Leeuwen, Bas van 412
Leeuwenhoek, Antonie van 205, 228
legislação. *Veja* estado de direito
Legnano, batalha de (1176) 94
Leibniz, Gottfried Wilhelm 205, 207-8, 244
Leiden 203
Leofrico, bispo 48
Leonardo da Vinci 18, 158-9, 196, 198
Leonor da Aquitânia 52
Leopoldina. *Veja* Academia Naturae Curiosorum
Leopoldo II, rei do Grão-Ducado da Toscana 248, 252
levantes. *Veja* rebeliões, revoluções e levantes
Lewes 45
liberalismo dos iluministas, o 242-3, 245-6, 248, 360
Liga das Nações 332-3
Liga Hanseática 86, 127, 140-1
Limoges 44
Lincoln 33
Lincoln, Abraham 303
línguas vernáculas 131-2, 135, 166-7, 168, 172
Lippershey, Hans 202, 205
listas de óbitos 113, 116, 195, 209, 329, 365
Lister, Joseph 294
literatura 179, 306, 407
  de ficção científica 345, 347, 386
  no século XII 65
  no século XIII 134
  no século XVII 197
  no século XVIII 230
  o surgimento das línguas vernáculas 131-2, 135, 167
Lituânia 26
Livônia, Cruzada da 80
Livro de Oração, Rebelião do (1549) 178, 195
livros 16, 18, 20, 26, 224 *Veja também* alfabetismo; educação formal
  fotografias em 298
  no século XI 27-8, 35, 41, 48
  no século XII 55, 60, 66-7, 69, 81, 99
  no século XVI 160, 166, 168-9, 170, 172-3, 195
  papel de 221
Locke, John 222, 228, 244, 246, 252, 266
Locomotion (locomotiva a vapor) 279
lollardos 119, 175, 371
Lombarda, Liga 94
Lombardo, Pedro 59
Londres
  e a Torre de Londres 47, 125
  e o Midland Grand Hotel 325
  e o One Canada Square 325
  e o Queen's Theatre 223
  no século XI 26, 47
  no século XIII 87
  no século XIV 116, 125, 149
  no século XIX 231, 235, 271-2, 275, 283-4, 287-8, 289, 290, 293, 299, 308, 311
  no século XVI 117, 185, 190, 195, 232
  no século XVII 200, 206, 215, 250, 258
  no século XVIII 200, 223, 225, 233, 247-8, 251, 267
  no século XX 321, 325, 337, 354
Londres, Sínodo de (1102) 42
Longjumeau, André de 105
Lopez de Ayala, Pedro 134
López de Córdoba, Leonora 156
López de Gómara, Francisco 192
Lot, Ferdinand 414, 418
Lotaríngia 27, 32
loucura. *Veja* doença mental
Louisiana 217, 304
Lua 14, 149, 150-1, 202-3, 204, 206
Lua, viagens à 347, 349
Lübeck 86

Luís XII, rei da França 183
Luís XIV, rei da França 200, 206, 215, 226, 245, 247
Luís XVI, rei da França 246, 264
Lumière, os irmãos 272
Lunardi, Vincenzo 236
Lutero, Martinho 13, 18, 167, 174-5, 178, 180, 196, 354, 358, 387, 389
Lydford 24-5
Lyons 167, 272

Maberly, William Leader 286
Macau 218
Maddison, Angus 375-6, 411
Madeburgo 41
madeira 24, 43, 46, 83-4, 104, 107, 164, 166, 203, 224, 257-8, 271-2, 278, 282, 285, 319, 342, 382
Magalhães, Fernão de 19, 196
magiares 27, 35-6, 43, 45-6
Magno, Alberto 102
Málaca 191
Malanima, Paolo 56, 411, 415-6, 417
malária 214, 240
Malemi, Niccoló 167
Malthus, Thomas Robert 254-5, 256, 348, 356, 382, 389, 401-2
Mandeville, Sir John de 142
Manhattan, Projeto 351-2
Manila 193
Mann, Horace 309, 310
Manuel I, rei de Portugal 144
Manziquerta, Batalha de (1071) 29
mapas e atlas 66, 105, 114, 170, 184, 192, 215, 293
Maquiavel, Niccolò 196
máquina de datilografia 271, 342
Marconi, Guilherme 289
Maria Antonieta, rainha da França 265
Maria I, raínha da Inglaterra 179

Maria II, rainha da Grã-Bretanha e Irlanda 215
Marinella, Lucrécia 173
Marselha 116-7, 234
Marshal, Guilherme 52
Marte 150, 202, 385
Marvell, Andrew 201
Marx, Karl 302, 312-3, 345-6, 354, 382, 384, 387, 401
Maryland 215, 229, 262
Maslow, Abraham 359, 360, 362-3, 373, 377
Massachusetts 215, 262, 310
Massachusetts, Colônia da Baía de 216, 227
matemática 65, 102, 205, 347
Matilde, imperatriz 52
Maurício, Ilhas 191
Maxwell, James Clerk 312
Mayhew, Henry 299
Mazarino, cardeal 180
McEvedy, C. 411
medição do tempo, a 149, 150-1, 152, 163, 274
Médici, Cosme de 159
medicina. *Veja* saúde e medicina
meio ambiente e ecologia 268, 382
meios contraceptivos 408
meios de comunicação de massa, os 336, 339
Melâncton, Filipe 175
Mementi mori 119
Memling, Hans 158
Mentelin, Johannes 167
mercadores. *Veja* comércio
mercados locais 24-5, 26, 48, 55, 83-4, 85, 87, 106, 112, 166, 199, 214, 282, 408
mercantilismo 119, 249, 252, 256
mercenários 126, 140, 181
meteorologia. *Veja* clima
Michelangelo 158, 196, 198
microprocessadores 341

microscópios 205, 387
migração 83, 134, 362
Miguel, bispo de Tarazona 65
Milão 28, 45, 94, 125, 140, 149, 150, 163, 200, 307
Minnesingers 132
Minot, Laurence 129
Minsky, Hyman 356
Minucchio de Siena 136
Mirabeau, conde de 252, 265
Mississipi, Companhia do 250-1
moeda corrente. *Veja* dinheiro
Molière 197, 226
Molucas, Ilhas 218
monarquia 301
    constitucional 244, 332
    e a liderança militar 34, 36, 45, 47, 52-3, 58, 81-2, 97, 121-2, 124-5, 126, 137, 140-1, 146, 182-3, 184
    no século XIII 97
    no século XIV 131, 135, 137
    no século XVII 221-2, 244, 246
    no século XX 331-2
Mondino de Luzzi 169
Monforte, Simão de (cruzado) 80
Monforte, Simão de (estadista — filho do citado acima) 97
monges e vida monástica 101, 258, 388
    no século XI 33-4
    no século XII 56, 58-9, 59, 60-1, 62
    no século XIV 91
    no século XVI 196
mongóis 80, 105-6
Monroe, Marilyn 349
Montecorvino, Giovanni de 106
Montesquieu, Charles-Louis de Scondat, baron de la Brède et de 243
Montgolfier, Jacques-Étienne 236
Montgolfier, Joseph-Michel 236
Montpelier 93, 100

moradias 83 *Veja também* arquitetura e construção
    no futuro 401
    no século XI 23, 26, 28-9
    no século XIX 277, 299
    no século XVI 164-5
    no século XVII 198, 225-6, 251
    no século XX 349
    prevendo as necessidades de novas 395-6, 397
moralidade. *Veja* costumes sexuais
Moretonhampstead 120-1, 408, 410
    e materiais de construção locais 327
    no século XI 23, 25, 29, 32, 47-8
    no século XIII 107-8
    no século XIX 235, 272, 282
    no século XVI 195
    no século XVII 212
    no século XVIII 231-2, 241, 253
Morris, William 345-6
Morse, Samuel 287
mortalidade infantil 54-5, 334
mortalidade materna 276, 292, 334
morte
    e visão das pessoas no século XIV 117, 119, 136
Mortimer, John 239, 240
Mortimer, John Frank 283, 315
motocicletas 319, 410
motor de combustão interna 19, 271, 318, 349, 350, 358
Moulins, Guyart des, 167
móveis. *Veja* utensílios e móveis domésticos
Mozart, Wolfgang Amadeus 19, 230
Mozoni, Anna Maria 307
Muhammad al-Idrisi (Dreses) 66
mulheres 14-5, 40, 99, 100, 210, 248
    como agentes de transformações 389
    como rainhas do século XII 52
    e efeitos do advento da imprensa na situação delas 172-3, 174

e seu status no futuro 390, 403
educação de 100, 172, 308-9, 310, 388
no século XIX 276, 282, 291-2, 302, 304-5, 306-7, 309, 311
no século XVIII 267
no século XX 330-1, 334-5, 341
resumo sobre a condição das 305, 370-1, 372
mundo clássico 105
  interesse no século XV pelo 185
  reação no século XVII ao 370
  redescoberta de seus textos no século XII 61, 73
Müntzer, Tomás 178
Murillo, Bartolomé Esteban 197
música 18, 68, 80-1, 92, 129, 194, 224, 230, 360, 377, 410

nacionalismo 137, 266, 352, 366
  as origens do 126-7, 129, 130
  e as línguas vernáculas 132
Nações Unidas, Organização das (ONU) 333, 419
Nagasaki 329
Nápoles 93, 117, 130, 140, 163, 200
Napolitana, Revolta (1647-8) 220
Navarra 27, 49, 80, 97, 116
navegações 17, 25, 143, 162, 258, 284 *Veja também* explorações e descobertas
navios 102, 111, 114, 145-6, 178, 184, 191, 203, 216, 218, 278, 284-5, 320, 346, 404
  a vapor 311
  caravelas 143-4
  necessidades 101, 104, 184, 283, 334, 347, 381-2, 384, 394-5, 396-7, 406-7, 409
  e mudanças 321, 327, 349, 357, 362-3, 380
  uma escala de 357, 359, 360-1, 370, 375, 377-8, 379
Neckham, Alexander 75
Nerra, Fulco, conde de Anjou 37, 46
Neuss 81

Newcomen, Thomas 259, 260, 270
Terra Nova 147, 216-7, 320, 385
Newton, Isaac 203, 205-6, 208-9, 210-1, 228, 269, 282, 387
Nicolau II, papa 31
Niépce, Joseph Nicéphore 297
Noite de São Bartolomeu, Massacre da (1572) 178
Norberto de Xanten 58
Norfolk 32, 238, 240
Normandia 26, 29, 32, 37, 44, 47, 60, 86, 95, 124
normandos 17, 29, 34, 37-8, 45-6, 48, 65, 72, 74, 105, 127, 133, 387
North, Lorde 253
Norton, George 305-6, 307
Noruega
  e o idioma norueguês 132
  no século XI 26
  no século XIV 116, 128, 130
  no século XIX 304
  no século XVI 163, 168
  no século XVII 200
  no século XVIII 242
  no século XX 332, 335
Norwich 33, 45, 116, 234, 289
Nostradamus 196
Nova York 215, 229, 262, 271-2, 288, 299, 308, 356
  e o Empire State Building 325
Nova Zelândia 75, 215, 218, 274, 288, 304-5, 318, 331, 335
Novo México 217
numerais arábicos e romanos 65-6, 67
Núñez de Balboa, Vasco 191

o Ocidente, conforme definição do autor no livro 17
O'Connell, Daniel 302
óculos 102, 153
ônibus 271, 288, 319, 324

ópera 223-4, 230-1
operações bancárias. *Veja* atividades bancárias
Órcades, Arquipélago das 128, 130
Orderico 60
Ortelius, Abraham 170, 192
Orwell, George 313, 346
Oslo 200
ourivesaria 136
Oxford 190, 234, 308
Oxford, conde de 49
Oxford, Universidade de 92-3, 100, 102, 185

Pacífico, Oceano 191, 217, 219, 331, 404
Paderborn, bispo de 32
padres 23-4, 26, 31-2, 33-4, 35, 37, 47, 52, 60, 63-4, 98, 115-6, 117, 167, 174, 196, 211, 213-4, 410
padronização na medição do tempo, a 151
Pádua 93, 140, 149, 163
Paine, Thomas 267
País de Gales
   escravos do 41
   no século XI 26
   no século XII 58-9
   no século XIII 83, 90, 103, 122
   no século XIV 125-6
   no século XIX 276, 310
   no século XV 140
   no século XVI 168, 181, 209, 416
Países Baixos 112, 153-4, 197, 217, 377 *Veja também* Holanda; Bélgica; Flandres
   no século XII 27, 65
   no século XIII 86-7, 88
   no século XVI 176, 178
países em desenvolvimento 323
Palência 99, 100
Palestina 28, 86
Palladio, Andrea 170
Palmerston, Lorde 306
papado 51, 57, 60, 73-4
   e cismas 100, 129, 130
   e o direito canônico 72-3, 74, 104
   eleições para 31, 49, 77
   no século XI 29, 30-1, 32-3, 34, 36, 38, 41, 47, 49, 50
   no século XIII 80-1, 92, 95-6, 99, 101, 105, 108-9, 119
   no século XIV 90, 116, 128-9, 130-1, 132-3
papel 49, 50, 68, 76, 92, 101-2, 109, 137, 148, 154, 171-2, 174-5, 200, 235-6, 238, 241, 250, 252, 271, 286, 297-8
Paquistão 320, 439
Paracelso 196, 213
Paracleto, Mosteiro do 62, 92
paraquedas 237
Paris 100, 102
   e a Torre Eiffel 325
   e o La Défense 325
   no século XII 62, 85, 92
   no século XIV 93, 120, 124-5, 127, 136, 150
   no século XIX 271, 280-1, 288-9, 293, 298, 301, 307
   no século XVI 153, 178
   no século XVII 198, 201
   no século XVIII 203-4, 234, 236-7, 243-4, 251, 259, 263-4
   no século XX 309, 321, 325
Paris, Universidade de 92, 100, 127, 309
Parker, Geoffrey 54
parlamentos 25, 96-7, 104, 124, 129, 131, 133, 137, 176, 222, 232, 259, 262, 279, 280, 289, 293, 300, 301-2, 303-4, 306
partos 334
Pasteur, Louis 293-4, 312
Paston, as cartas de 156
patentes 90, 261, 289
Patriarcas dos Peregrinos (Pilgrim Fathers) 216
Paul, Lewis 260
Pavia 28, 181

Pavia, batalha de (1525) 181
Paz de Deus, movimento da 37, 42
Peça de Daniel 80
penicilina 328, 334, 352
Pensilvânia 262, 264, 303
Pepys, Samuel 225
Pequenas Ilhas da Sonda 218
Pequim 106
Peregrinação da Graça (1536), revolta da 178
peregrinações 37, 104, 215
Perpinhã 116
Perry, comodoro Matthew 17
peste 135-6, 171, 200, 250, 358, 360, 391, 415
Peste Negra 56, 113-4, 115-6, 117-8, 119, 120, 162, 189, 197, 267, 328, 331, 367-8, 369, 372, 375-6, 379, 393, 404, 407, 414-5, 418
Petrarca 135
petróleo 256, 322, 347, 382-3, 384, 392, 394, 397, 402, 405-6, 440
Petty, Sir William 250-1, 252
Pian del Carpine, Giovanni 105
Piketty, Thomas 398-9
Pilgrim Fathers. *Veja* Patriarcas dos Imigrantes
Pinhoe 25
Pinker, Stephen 11, 187-8, 189
Pipe Rolls, The. *Veja* registros anuais do tesouro britânico
piratas 18, 41, 193, 230
Pisa 28, 45, 114, 140, 163, 204
Pisa, Concílio de (1409) 128
Pitt, o Novo, William 253
Platão 66
Plato de Tívoli 65
Plumpton, cartas de 156
Plymouth 193, 233, 283, 315, 337
Plymouth, Colônia de 215-6
poesia. *Veja* literatura
Polo, Marco 106, 108, 134-5, 142, 146
Polônia 60
    e o idioma polonês 134
    no século X 26, 32
    no século XIII 105
    no século XIX 280
    no século XV 86
    no século XVI 163
    no século XVII 200
    no século XX 309, 319, 331
pólvora 13, 102, 125, 139, 181, 219
Pomposa, Abadia de 45
populações
    considerações de Malthus sobre 254-5, 256, 348, 356, 382, 389, 401-2
    e colonialismo, 149
    e crescimento demográfico no século XII 53-4, 56, 76
    e crescimento demográfico no século XIII 76, 83, 362
    e crescimento demográfico no século XIV 164
    e crescimento demográfico no século XIX 273-4, 276, 278, 324
    e crescimento demográfico no século XVI 220
    e crescimento demográfico no século XVII 220
    e crescimento demográfico no século XVIII 242, 256
    e crescimento demográfico no século XX 348, 350, 396, 402
    e padrões de mudança 356, 358, 362, 379, 384, 411-2, 414
    no futuro 394-5
    resumo sobre a importância das 412, 436
porcelana 194, 223
Portugal 60
    e o idioma português 132, 134
    e o Império Português 143, 200, 218
    no século XI 27
    no século XIV 80, 93
    no século XIX 274, 291, 303, 310
    no século XV 143, 145-6, 147-8

no século XVI 183, 185, 191-2, 193-4
no século XVII 200, 217-8, 219, 242
no século XVIII 168, 229
Pounds, Norman 414
Poussin, Nicolas 197
Pratt, James 374
preconceito 62, 173, 311, 354, 360-1, 370-1, 372-3 *Veja também* classes sociais; racismo; religião; intolerância religiosa; mulheres
Premonstratenses, Ordem dos Cônegos Regulares 58
Primeira Guerra Mundial
　aviação na 320
　e ataques com gás 351-2
　e cobertura da imprensa 296, 336, 340
　e conceito de progresso 346
　e fotografia 296-7
　e os direitos das mulheres 304, 330
　e saúde 333
　e seus efeitos nas populações civis 329, 331-2
　taxas de mortandade na 113, 219, 329
prisões 248, 300
privacidade 156
prostitutas 99, 246-7
protestantismo *Veja também* puritanos
　e a Reforma Protestante 174-5, 176-7, 178-9, 180, 196
　　no século XVII 220, 245, 368
　　no século XVIII 222
Prouille 99, 100
Prússia 153, 267, 309
Ptolomeu 66, 142, 145, 148
Puffing Billy (locomotiva a vapor) 279
Purcell, Henry 223
puritanos 216

Quesnay, Dr. François 252

Rábano Mauro 26, 41, 67
racionalismo 63, 77, 207

racismo 339, 370-1
rádio 161, 289, 321, 338-9, 340-1
Raimundo, bispo de Toledo 65
raiva (doença) 294
Ranulfo de Glanville 75
Rasis 68-9, 71
Royal Society de Londres 206-7, 211, 239, 259, 291, 407
realismo 156-7, 159, 296, 307
rebeliões, revoluções e levantes 21, 220-1, 216, 227, 402
　no século XIV 120
　no século XIX 301-2, 313, 324, 346, 353
　no século XVI 140, 169, 182
　no século XVIII 230, 257, 261-2
Reconquista, a 27, 44, 49, 65, 109, 141, 146-7, 197, 385
recursos naturais 322, 348
　no espaço sideral 385-6
　o futuro dos 348, 382-3, 384-5, 391-2, 399, 400, 402, 408, 440
redação de cartas 89, 90, 94-5, 96, 134, 155-6, 286
Reforma Protestante, A 174-5, 176-7, 179, 180, 196
reformas sociais 300, 311, 316, 330, 334, 380, 401
registros anuais do tesouro britânico (*Pipe Rolls*) 89
registros de informações públicas e particulares 89
registros históricos 89, 90, 92-3, 94, 105, 108, 116, 132, 171-2, 189, 195, 367
relações sociais. *Veja* vida em sociedade
religião 348 *Veja também* cristianismo; islamismo; monges e vida monástica; protestantismo; Igreja Católica Romana
　e a arte religiosa 119, 157
　e a medicina 170, 211, 215
　e tolerância religiosa 178, 222
　na hierarquia das necessidades humanas 360

no futuro 373, 389, 408-9
no século XI 23, 26, 30-1, 35, 38, 50-1
no século XII 62-3, 67
no século XIII 80, 100, 102
no século XIV 118-9, 128
no século XIX 307, 312-3
no século XV 130-1, 152, 155
no século XVI 173-4, 175-6, 190, 195-6
no século XVII 180, 208-9, 222
no século XVIII 231, 243, 246
resumo sobre 371
relógios 149, 150-1, 198, 205, 224, 281, 343
relógios de pulso 271
Rély, Jean de 167
Rembrandt 154, 197
Renascença, a 14, 17, 139, 157, 159, 160, 187, 198
renascimento intelectual, o 61, 66
republicanismo. *Veja* sistemas republicanos
Revolução Francesa 300, 301, 387
Revolução Gloriosa (1688) 222, 262
Revolução Industrial, A 19, 256-7, 260, 269, 270, 275, 278, 342, 383, 404
Ricardo de Wallingford 149
Ricardo I, o Coração de Leão, rei da Inglaterra 89, 94
Ricardo II, rei da Inglaterra 131
Ricardo III, rei da Inglaterra 183
Ricci, Marco 223
Ricciardi (estabelecimento bancário) 88-9
Richardson, Samuel 247
Richelieu, cardeal de 180
Richer, Jean 205
Riis, Jacob 299
riqueza. *Veja* dinheiro
Roanoke 216
Roberto de Bruce, rei da Escócia 122
Robert de Courçon 92
Robert, Jacques Charles 236
Robert, Nicolas-Louis 236
Roberto de Altavila 29

Roberto de Chester 65
Roberto de Ketton 65
Rocket (locomotiva a vapor) 279, 280
Rodolfo de Bruges 65
Roe, Sir Thomas 219
Rogério de Hoveden 53
Rogier van der Weyden 157
Rogério II, rei da Sicília 66
Rogers, John 168
Roma 27-8, 30-1, 34, 50, 86, 88, 98, 104, 119, 129, 130, 140, 149, 163, 175-6, 196, 301, 348, 367
Romano Diógenes, imperador bizantino 29
Romney, Pantanal de 240
Ronalds, Francis 287, 358
Roome, Charles 414
Roosevelt, Franklin D. 351
Rosas, Guerras das (1455-87) 140
Rousseau, Jean-Jacques, 19, 243-4, 245-6, 265-6, 269, 270, 353, 387
Rozier, Pilatre de 236
Ruiz, Juan 134
Russell, J. C. 411, 414
Rússia 309 *Veja também* União Soviética
no século XI 26
no século XIII 105
no século XVII 163, 220
no século XVIII 229, 247, 261, 267, 274, 280
no século XX 281, 332, 338, 352, 364
no século XXI 398, 400

Sacro Império Romano-Germânico *Veja também* Alemanha
e suas relações com o papado 27, 49
no século XI 27
no século XII 73, 94
no século XIV 134
Saddam Hussein 354
Saladino 52, 75
Salamanca (locomotiva a vapor) 279
salários 118, 165, 174, 339, 359, 356

Salém, julgamentos das bruxas de 209, 227
Salerno 69, 70-1, 92-3
Salisbury (antiga Old Sarum) 33, 66, 69, 233
salvação espiritual 59
Sampford Courtenay 195
Sancho II, rei de Portugal 131
saneamento. *Veja* saúde pública e saneamento
Santiago de Compostela 44, 86, 104
São Tomé e Príncipe, Ilhas de 144
Saragoça 65
satélites 344, 347
Saturno 150, 203, 207
saúde e medicina. *Veja também* Peste Negra; peste
  mulheres na área da 308-9
  na hierarquia das necessidades humanas 361
  no século XI 29
  no século XII 61, 65, 67, 68-9, 70-1, 72, 76
  no século XIX 290-1, 293, 295
  no século XVI 148, 151, 158, 165, 170, 213, 370
  no século XVII 211, 213, 214-5
  no século XX 326, 333-4, 336, 359
  resumo e importância 368-9, 370, 379, 381, 396, 401, 404
saúde pública e saneamento básico 290, 293, 295, 404
Savery, Thomas 258-9
Scarperia, Giacomo de 142
schiltrons 122-3
Sebastião I, rei de Portugal 183
Segunda Guerra Mundial (1939-45) 16, 66, 126
  aviação na 321, 327-8
  e avanços tecnológicos 319, 321
  e número de mortos 113, 364-5
  e o Holocausto 352
  e os direitos das mulheres 331
  e saúde 334
  e taxas de homicídio 191
  efeitos sobre populações civis 332, 337
  o papel de Hitler na 352
segurança. *Veja* violência; guerras
selos e postagem 90, 262, 286
Selsey, bispo de 33
Semmelweis, Ignaz 291-2, 293
Sempringham, São Gilberto de 15, 58
Sérvia 140, 331
serviços postais 232-3, 286
serviços públicos 401
Sevilha 80, 93, 117, 200
Shaftesbury, Anthony Ashley-Cooper, sétimo conde de 302
Shakespeare, William 49, 131, 149, 165, 190, 196-7, 410
Sharp, James 272-3
Sherborne 33
Sicília 32, 65-6, 114, 130
Siena 89, 93, 115, 136
Silvestre III, papa 31
simonia 31, 33, 74
Singapura 335, 354
Síria 34, 114
sistema eleitoral 304, 315, 338, 348
  no futuro 400-1, 402
sistema feudal 36, 82
sistemas republicanos 217-8, 219, 263, 392
Smeaton, John 259
Smith, Adam 252-3, 254
Smith, Joshua 212
Snow, John 293-4
socialismo 313, 345, 384
Sociedade dos Correspondentes de Londres 267
Sol 13, 144, 149, 150-1, 163, 203, 206, 210, 219, 392, 410
Sorokin, Pitirim 363-4, 365-6
Souslova, Nadejda 308
South Sea Company 250
Speyer 45, 51
St. George's 216

Stálin, Josef 351
Stampa, Gaspara 173
Stanton, Elizabeth Cady 307
Starley, John Kemp 285
Stephenson, George 279, 280
Stonehenge 103
submarinos 273, 288, 327
Sucessão da Espanha (1475-9), Guerra da 140
Suécia
  e o idioma sueco 132
  no século XIV 130
  no século XIX 281, 304
  no século XVI 168, 182
  no século XVII 200, 229
  no século XVIII 242, 259
  resumo sobre a expectativa de vida na 335, 369
Suez, Canal de 284
Suffolk 12, 32, 283, 340, 342, 344
sufrágio. *Veja* sistema eleitoral
Suíça 27, 125, 198, 304, 309, 332, 335
superstições 68, 184, 209, 210, 214, 242, 346
Sussex 32, 212, 282
Suter, Henry 107
Sutri, Concílio de (1046) 31
Swift, Jonathan 244, 251
Symington, William 283

tabaco 193, 216
Talbot, Henry Fox 297-8, 312
Tamara, rainha da Geórgia 52
Tasmânia 218
Taunton 82
Tavistock 25
taxas de homicídio 186, 317
Tchecoslováquia 331 *Veja também* Boêmia; Eslováquia
  e o idioma tcheco 134
Teach, Edward (o Barba Negra) 230
telefones 14, 21, 76, 289, 315, 349, 360, 408
telégrafos 14, 286-7, 288-9
telescópios 202-3, 205, 387
televisão 13-4, 295, 324, 338-9, 340-1
Templários, Ordem dos 52, 58
Teodósio 65
Teófilo 69
teologia
  frades e 98-9, 100-1, 107, 109
  no século XII 63-4, 77
  no século XVI 158, 166, 174, 196, 207
  teoria econômica 243, 249, 250, 254
Terceiro Homem, O (filme) 198
Terra Nascente, A (fotografia) 10
Terry, Catherine 283
Texas 217
The Daily Mail 336
The Times 293, 336
Thetford 33
Thomson, John 298-9
Thynne, Maria 214
Thynne, Sir Thomas 214
Ticiano 158
Toledo 65, 134, 184
Toulouse 44, 93, 99, 234, 288-9
Tonga 218
Tordesilhas, Tratado de (1494) 147, 191
torturas 101, 146, 178, 307, 328, 371
Totnes 24, 108
Tournus 43
Tours 44
Townshend, Lorde 238-9
trabalho *Veja também* agricultura; fábricas; sistema feudal; salários
  antes do século XIX 276, 278
  e Marx 302, 313
  no século XIX 342-3
  no século XX 342-3, 396, 401, 408
trace italienne 180, 184
Trafalgar, batalha de (1805) 233, 235, 290
transmissões radiofônicas. *Veja* rádio
Trégua de Deus, movimento da 38, 333, 388

ÍNDICE REMISSIVO

Trento, Concílio de (1536) 178
Trento, Concílio de (1563) 171
Trésaguet, Pierre-Marie-Jérôme 234
Trevithick, Richard 279
tribunais. *Veja* estado de direito
Trinta Anos, Guerra dos (1618-48) 197-8, 365
Tristão, Nuno 143
trovadores 52, 81, 132, 134, 410
tuberculose 294
Tull, Jethro 238
Túnis 69, 115
turcos. *Veja* Império Otomano; turcos seljúcidas
turcos seljúcidas 29, 34, 36
Turgot, Anne-Robert-Jacques 234, 243, 246, 254, 288, 345
Turpin, Dick 230
Tyndale, William 167
Tytler, James 236

Ugodei Khan 105
Ulrich von Lichtenstein 79, 154
Unam Sanctam, bula 128
UNESCO 348
União Soviética 351, 398 *Veja também* Rússia
universidades 77, 169, 226, 246
   e o acesso de mulheres a 305, 308-9
   na Europa 92, 100, 102, 127
   nos Estados Unidos 217, 339
University College London 308
urânio 322, 394
urbanização. *Veja* cidades
Urbano II, papa 34, 49
Urbano VIII, papa 208
Urlanis, B. T. 411
utensílios e móveis domésticos
   de cozinha 166, 240, 340
   no século XI 75
   no século XIX 272, 278
   no século XVI 164

   no século XVII 198-9, 224
   no século XVIII 257
   no século XX 343

Vacário 74
vacinação 291
Vail, Alfred 287
Valência 86, 97
varíola 184, 200, 291
Varna, batalha de (1444) 141
vasos sanitários 271
Vega, Lope de 197
Velázquez 197
Venerabilem, bula 109
Veneza 392
   no século XI 28, 45
   no século XIII 86, 94
   no século XIV 114
   no século XV 140, 145, 148, 167
   no século XVI 163
   no século XVII 200, 206
   no século XVIII 230, 247
Veneza, Tratado de (1177) 94
Verdun 41
Vermeer, Jan 197
Verne, Júlio 284
Versalhes 197, 237, 265, 332
Vesálio, André 169, 170, 196
Vespúcio, Américo 191
Vestfália 83
vestuário
   no século XI 20
   no século XIII 80, 107, 111
   no século XIV 136
   no século XIX 283, 311
   no século XVII 165, 211, 224-5, 258
   no século XX 315, 341, 343-4
viagens aéreas. *veja* aviação
viagens e sistemas de transporte *Veja também* explorações e descoberttas; viagens espaciais

no futuro, 519
   no século XI 25-6, 44
   no século XIII 82, 86, 98, 103-4, 105-6, 107, 127, 129, 134
   no século XIX 233, 258, 276, 279, 280, 283-4, 298, 310-1
   no século XVI 184, 191, 193
   no século XVII 233, 235, 283
   no século XX 320-1
viagens espaciais 347, 349, 385-6
vida em sociedade, a 357
vidas dos santos 155
Viena 127, 200, 259, 291, 301
Viena, Concílio de (1311-12) 127
Villani, Giovanni 115, 135
vinho 224, 225, 326
violência 141 *Veja também* guerras
   no século XI 26, 29, 35-6, 37-8, 47
   no século XIII 111
   no século XVI 178, 185-6, 187-8, 189, 190-1
vikings 25-6, 35-6, 46-7, 48, 98, 103, 147, 358, 366, 387
Virgínia 216, 262, 304
Vitorianos (Ordem dos Cônegos Regulares de São Vítor) 58
Voltaire 19, 243-4, 245-6, 248
Vonnegut, Kurt 391

Waldo, Pedro 167
Wallace, Alfred Russell 312
Warkworth, Castelo de 125

Washington, George 263
Watkins, John Elfreth, Jr. 345
Watson, Thomas 289
Watt, James 260, 270
Wedgwood, Josiah 261
Welles, Orson 198
Wells, H. G. 346
Wheatstone, Charles 287
Whitney, Isabella 173
Wilberforce, William 303, 306
Wilkinson, John 260
William and Mary College (faculdade) 217
Williamsburg 215
Winchester 26, 45, 82, 90, 93
Wollstonecraft, Mary 267, 389
Worcestershire 116
Wright, os irmãos 320, 351
Wyatt, John 260
Wycliffe, John 131, 133, 167

Xetlância, 162
xisto, gás de 392

York 47

Zayd, Abu 115
Zengi 51
Zeppelins 321
zero, conceito de 67
Zuínglio, Ulrico 175
Zurique 177, 286
Zurique, Universidade de 308

Impresso no Brasil pelo
Sistema Cameron da Divisão Gráfica da
DISTRIBUIDORA RECORD DE SERVIÇOS DE IMPRENSA S.A.
Rua Argentina, 171 – Rio de Janeiro, RJ – 20921-380 – Tel.: (21)2585-2000